JN427434

第五版

高麗墓誌銘集成

金龍善 編著

翰林大學校 出版部

〈圖版1〉 李子淵 墓誌銘 (本文 p. 20)

〈圖版2〉 任懿 墓誌銘 (本文 p. 43)

〈圖版3〉 金復尹 墓誌銘 (本文 p. 100)

〈圖版4〉 朴璜 墓誌銘 (本文 p. 129)

〈圖版5〉 崔士威 墓誌銘 (本文 p. 25)

〈圖版6〉 王沖 墓誌銘 (本文 p. 175)

〈圖版7〉 劉邦儀 墓誌銘(石棺銘) (本文 p. 106) (앞면)

(뒷면)

〈圖版8〉 崔忠獻 墓誌銘 (本文 p. 329)

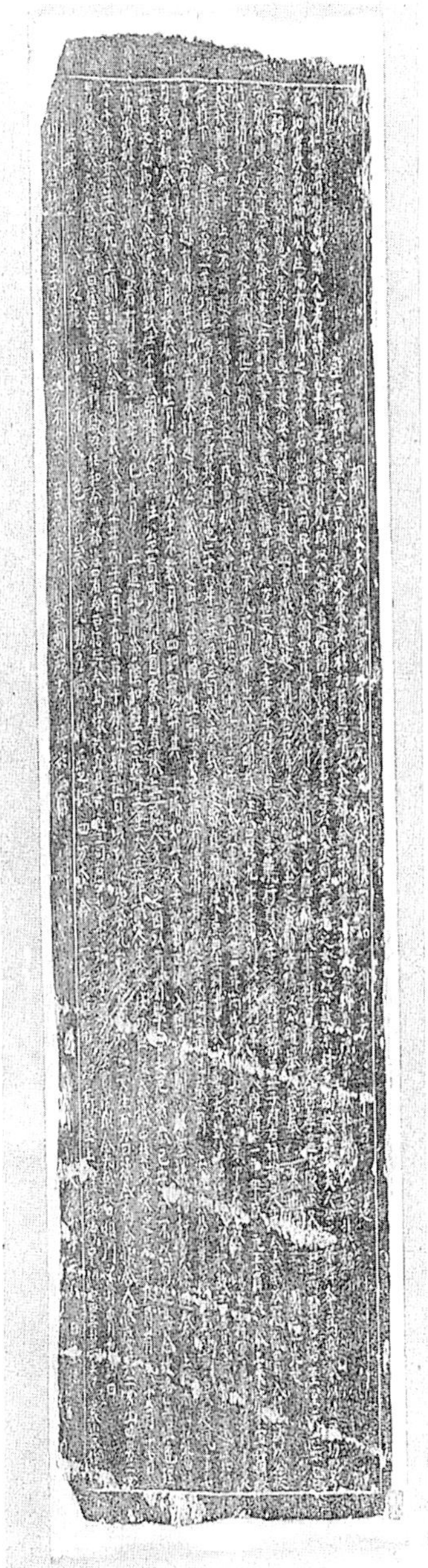

〈圖版9〉 鄭仁卿 墓誌銘 (本文 p. 423)

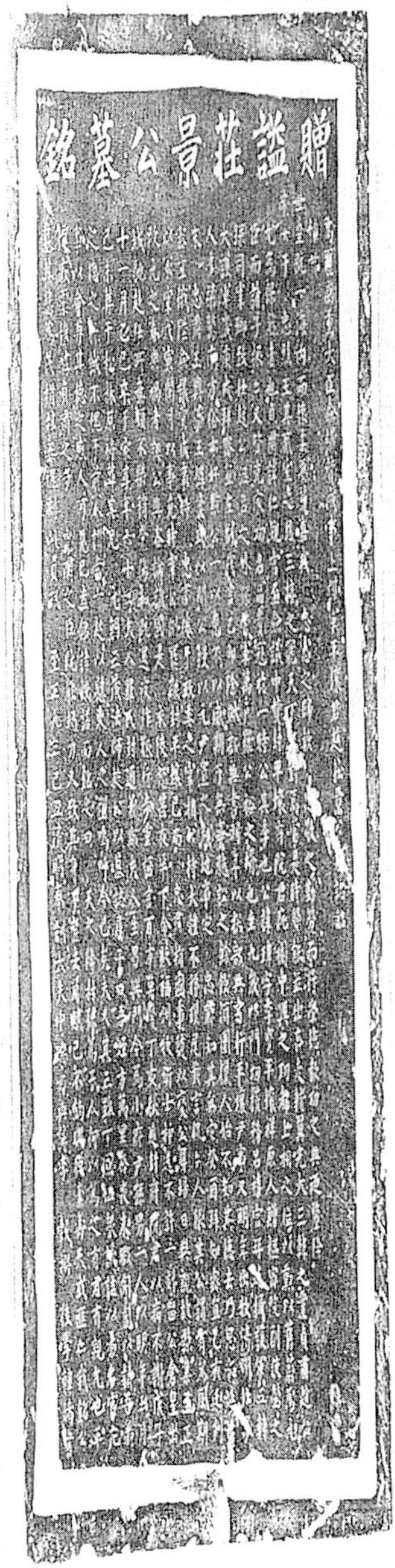

〈圖版10〉 趙瑋 墓誌銘 (本文 p. 543)

〈圖版11〉 鄭僅 妻 金氏 墓誌銘（本文 p. 37）

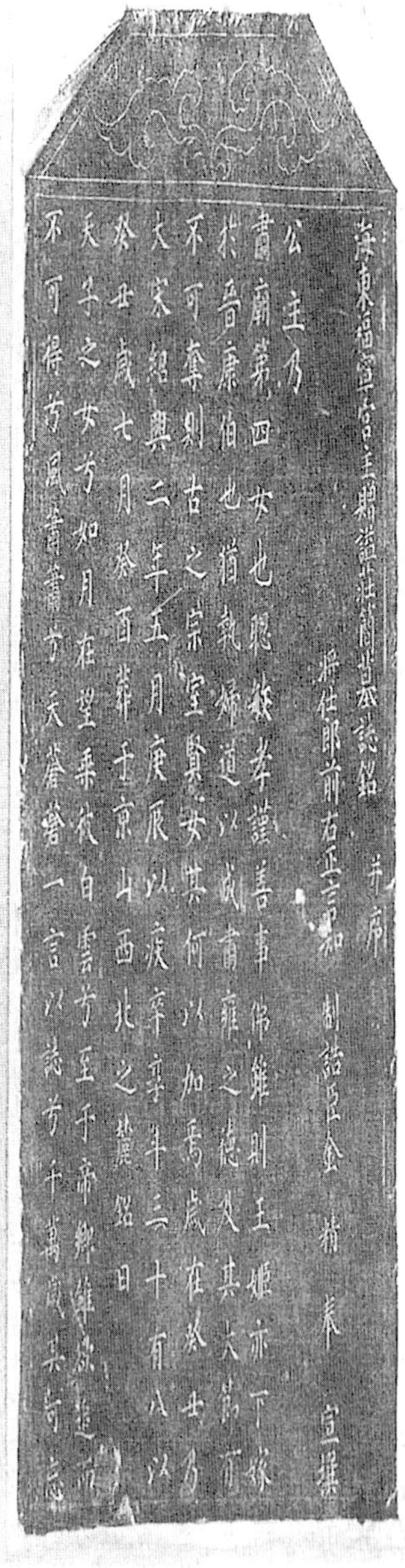

〈圖版12〉 王湎 妻 福寧宮主 王氏 墓誌銘（本文 p. 56）

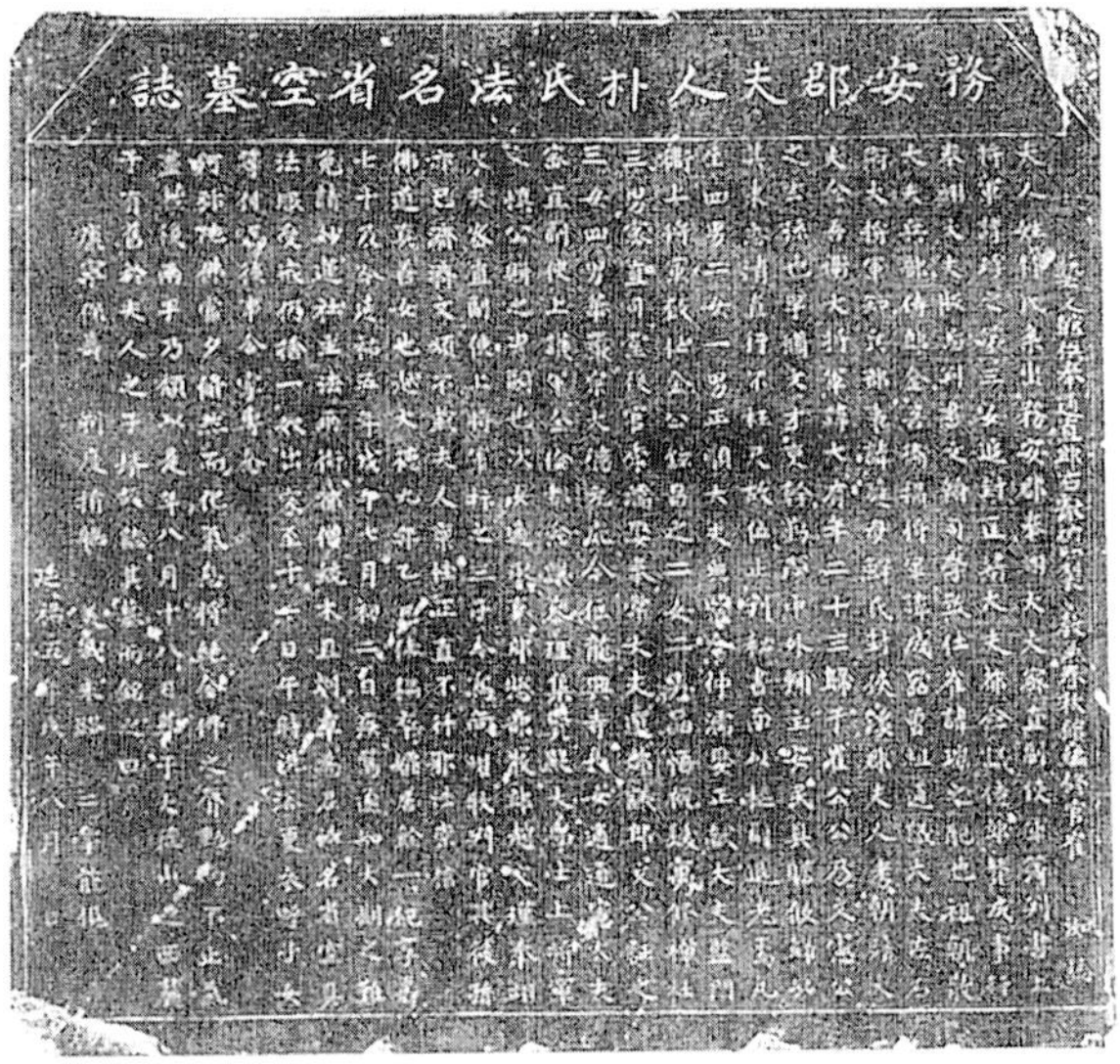

〈圖版13〉 崔瑞 妻 朴氏 墓誌銘 (本文 p. 436)

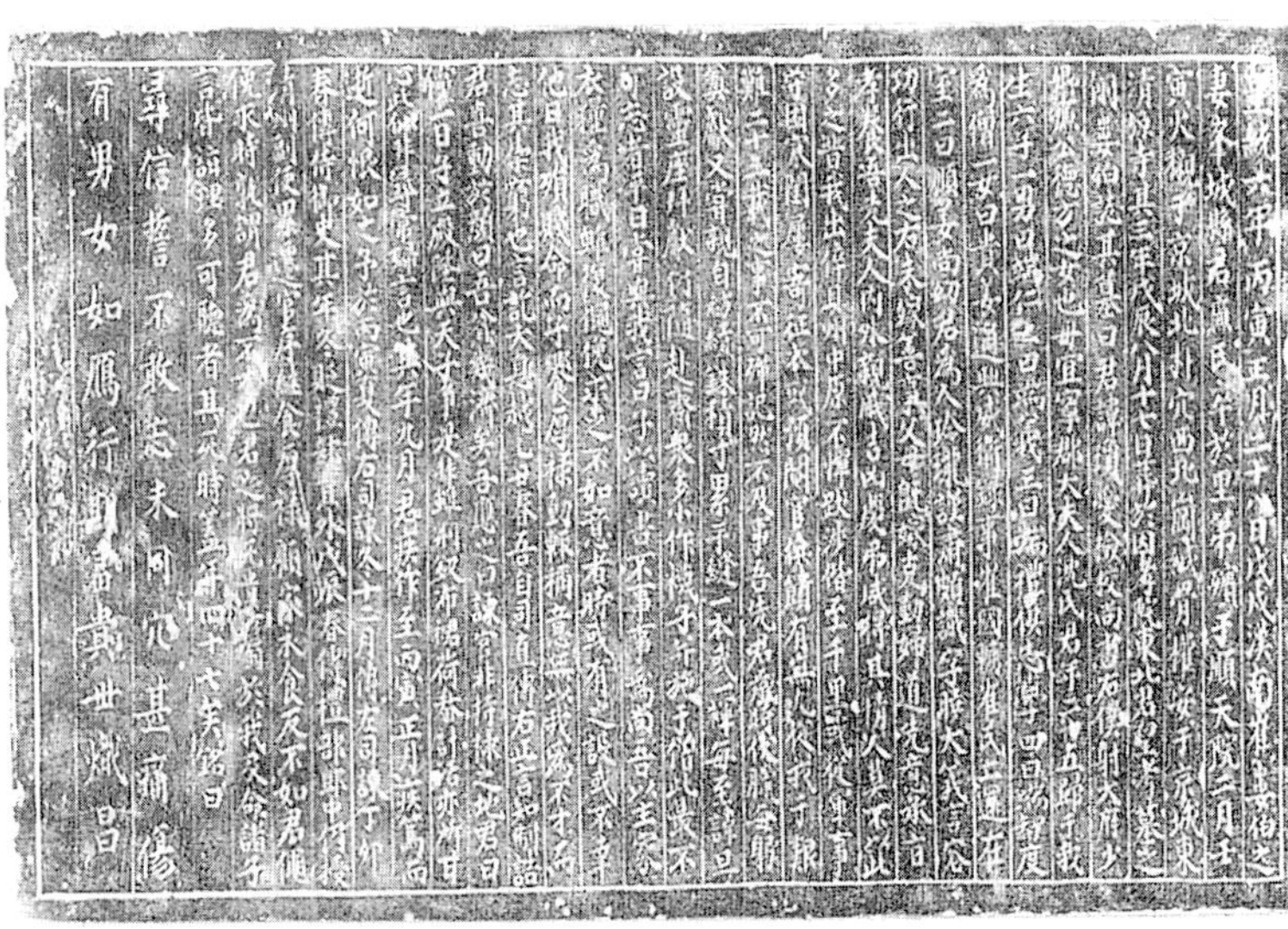

〈圖版14〉 崔斐伯 妻 廉瓊愛 墓誌銘 (本文 p. 93)

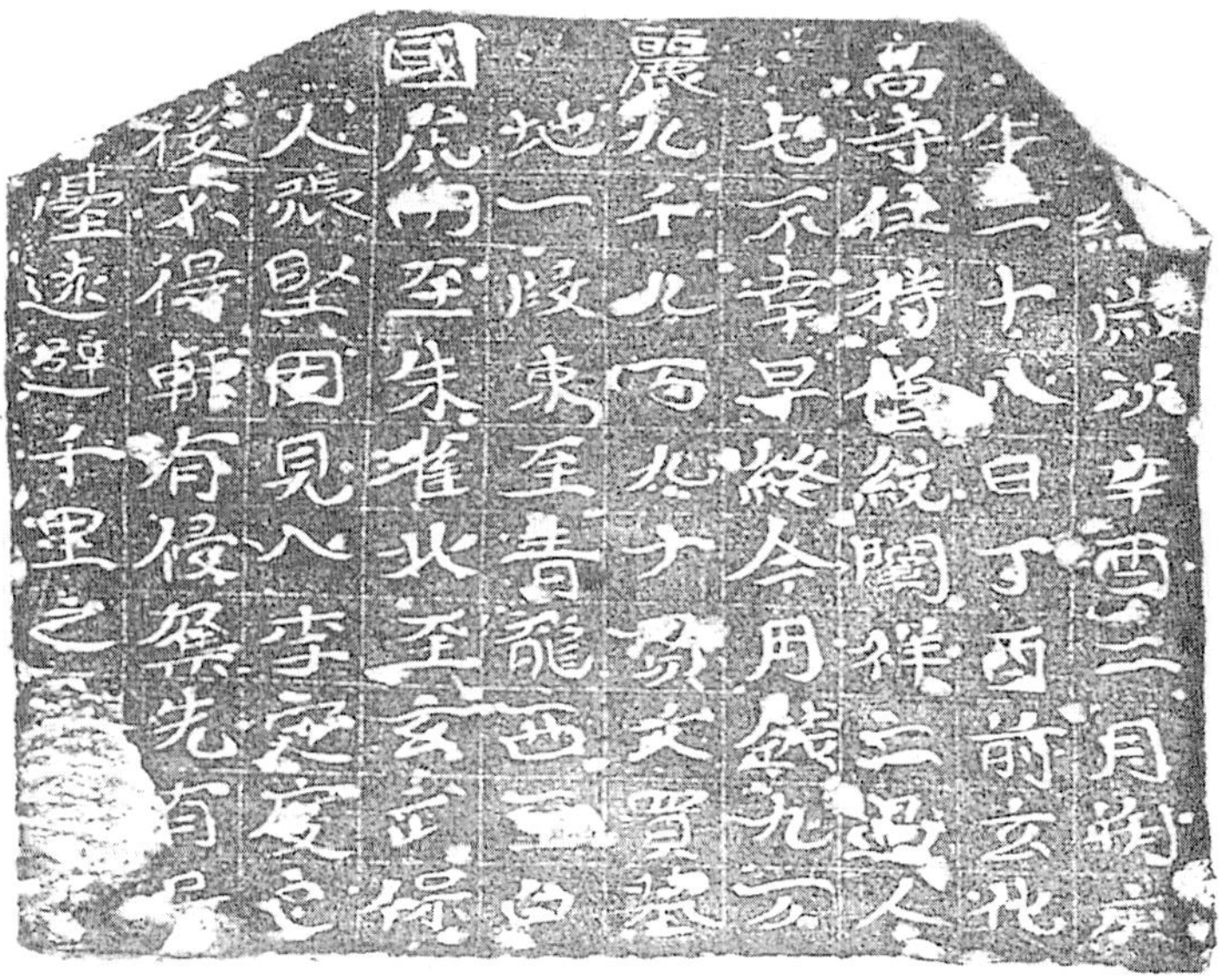

〈圖版15〉 (僧)闡祥 墓誌銘(買地券) (本文 p. 72)

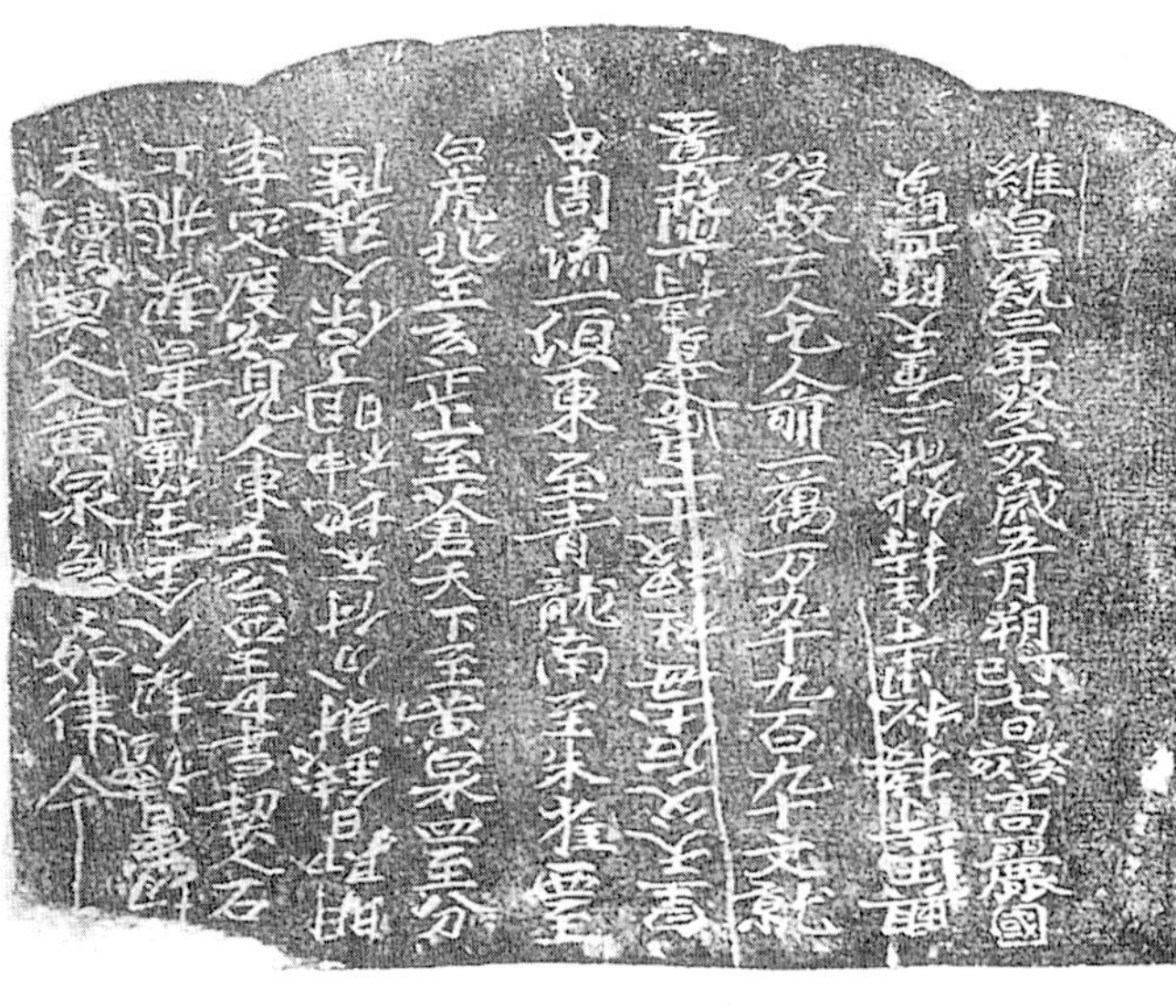

〈圖版16〉 (僧)世賢 墓誌銘(買地券) (本文 p. 78)

제五판을 내면서

『고려묘지명집성』을 처음 펴낸 것은 一九九三년이다。一九九七년에 이 책을 수정·증보하여 개정판을 낸 뒤 二〇〇一년에 제三개정판이 나왔고、二〇〇六년에 제四개정판이 나왔으니 꼭 六년 만에 개정판을 내는 셈이다。초판이 나온 지 二〇년이 채 되지 않은 시기에 이렇게 다섯 번째 개정판을 펴내게 된 것은 변함 없이 격려를 보내주시는 독자 여러분의 덕택이라고 생각하여 다시 한 번 고개 숙여 감사를 드린다。아울러 진실로 신뢰할 수 있는 자료집을 만들라는 여러분의 한결 같은 질책에、부족한 능력이나마 편자로서의 책임감을 새삼 다짐하는 바이다。

그 동안 매번 개정판을 낼 때에는 새롭게 읽은 글자를 보충하거나 잘못된 판독을 바로 잡는 한편으로、그 사이에 새로 발견된 묘지명들을 증보형식으로 덧붙여 소개하였다。그러나 이번 개정판에는 판독문의 정오만 바로 잡았을 뿐、새로운 묘지명은 덧붙이지 않았다。제四개정판이 나온 이후 二十여 개의 묘지명이 새로 소개되었는데、책의 분량 문제 등을 감안할 때 이들을 별도의 책으로 묶어 소개하는 것이 더 낫다고 생각되었기 때문이다。

새로 펴내는 이 『고려묘지명집성』 제五개정판이 고려사회를 이해하는 데 보다 정확한 길잡이가 되어주기를 바라며、이 책의 간행에 많은 도움을 준 한림대학교 출판부장 정용희 교수께도 감사를 드린다。

二〇一二년 一월

편자 씀。

제四판을 내면서

一九九三년에 『고려묘지명집성』의 초판이 나온 이래、一九九七년과 二〇〇一년에 이어 五년만에 네 번째 개정판을 내게 되었다。

이번의 개정판에는 그 동안 새로 알려진 고려묘지명 八점을 증보편에 수록하는 한편으로、이전의 책에서 미처 읽어내지 못한 글자나 잘못된 부분 여러 곳을 바로 잡았다。이로써 마음 놓고 이용할 수 있는 자료집을 만든다는 처음의 출간 목표에 한 걸음 더 가까이 가게 되지 않았나 생각한다。어려운 출판 상황 아래에서도 짧은 기간 동안에 이와 같은 책을 四판까지 찍도록 성원해 주신 독자 여러분께 다시 한 번 감사를 드린다。

이 책을 내면서 소중한 자료를 아낌없이 제공해 주신 나가모리 미쯔노부(長森美信) 일본 天理大學 교수、趙明濟 松廣寺 성보박물관 선임연구원께 특히 감사를 드린다。아울러 출판의 노고를 새롭게 맡아 준 한림대학교 출판부의 최영재 교수 및 이재석 계장께도 감사를 드린다。

二〇〇六년 五월

편자 씀。

제三판을 내면서

二〇〇〇년기의 첫 해에 『高麗墓誌銘集成』의 세 번째 개정증보판을 펴낸다. 一九九三년에 초판이 나오고, 一九九七년에 개정판이 나왔으니 四년 만에 다시 새 판이 나온 것이다. 一〇년이 채 되지 않는 기간에 이렇게 세 번째 판을 만들게 된 것은 오로지 독자 여러분의 격려 덕분이라고 생각한다. 오늘에 이르기까지 여러모로 도움을 주신 분들께 깊은 감사를 드린다.

그 동안 편자는 이 책을 많은 사람들이 보다 쉽게 이용하기 위해 한문으로 된 묘지명을 우리말로 옮겨보기로 마음을 먹었다. 마침 작년에 얻은 연구년 휴가를 이용하여 본격적으로 번역작업을 시작하면서, 자료를 다시 정리하고 수집하는 한편 원문을 더욱 자세하게 검토하였다. 그리하여 九개의 새로운 묘지명을 이 책에 추가하게 되었고, 제대로 읽어내지 못한 글자들도 상당 부분 새롭게 판독해 내었다. 뿐만 아니라 잘못 읽혀진 채 개정판에서도 미처 고쳐내지 못한 글자들도 많이 바로잡게 되었다.

처음 이 책을 엮으면서 무엇보다도 누구나 신뢰할 수 있는 사료집을 만들겠다고 다짐하였는데, 그 다짐을 실제로 이행한다는 것이 얼마나 어려운 일인가 하는 점을 이번에도 절실하게 느낀다. 그러나 새로운 개정판에서는 원래의 약속에 가능한 한 충실하고자 애썼다는 점을 밝혀두고자 한다. 또 원문 자체가 잘못된 부분들은 이번에 함께 펴내는 『역주 고려묘지명집성』에서 각주를 통하여 밝혀 놓았으므로 참고하기 바란다. 아울러 『고려묘지명집성 색인』도 원문과 번역본의 항목을 함께 찾아

볼 수 있도록 새롭게 만들었으므로、많이 이용해 주기를 부탁드린다。

이 책을 펴내면서도 많은 분들로부터 도움을 받았다。특히 국립 중앙박물관의 金東宇 학예연구사、경기도 박물관의 金成煥 연구부장、국립민속박물관의 李文鉉 학예연구사、국민대학교의 朴宗基 교수、문화류씨대종회의 柳甲善 선생、한국정신문화연구원의 許興植 교수、한림대학교의 吳洙彰 교수는 새로운 자료를 소개해 주거나 구하여 주었다。한림대학교 사학과의 金泰旭강사、盧成昊、金順玉 조교와 대학원생인 金榮範、崔小英 씨는 교정과 색인 작업을 비롯한 여러 가지 일을 기꺼이 도와 주웠다。이 자리를 빌어 이 분들에게 특히 감사를 드리고자 한다。

마지막으로 어려운 가운데에서도 『高麗墓誌銘集成』의 새 개정판을 출간하도록 배려해 준 한림대학교 아시아문화연구소의 崔昌熙 소장과 李一宰 교수에게도 사의를 표하는 바이다。

二〇〇一년 一二월

편자 씀。

修正·增補를 하면서

『高麗墓誌銘集成』이 처음 간행된 것은 一九九三년 四월이다. 여기저기 흩어져 있는 高麗의 墓誌들을 한군데에 모으고 잘못 판독된 글자를 바로 잡아 연구자들에게 적으나마 도움을 주고자 시작한 일이었다. 탐스러운 결실을 맺은 편자로서는 감회가 깊었지만, 그것도 벌써 四년이나 지난 일이 되었다.

책이 출판된 뒤 많은 분들로부터 진심이 실린 격려를 받았다. 특히 한국일보社에서는 一九九四년도의 「한국出版文化賞」의 수상작(史料부문)으로 선정해 주어 기대 밖의 영예를 누리기도 하였다. 이 책의 再版을 찍어 내게 되면서 그동안 여러가지로 격려해 주신 분들께 마음 속 깊은 감사를 드리는 바이다.

그런데 누구나 신뢰할 수 있는 史料集을 만들겠다는 편자의 처음의 기대와는 달리, 초판이 간행되자마자 상당히 많은 誤字가 있음을 알게 되었다. 그것은 여러 이유를 굳이 댈 필요도 없이, 능력이 부족한 편자가 오롯하게 책임져야 할 몫일 뿐이다. 때문에 분에 넘치는 격려를 받을 때마다 편자는 그만큼 커지는 부끄러움에 자책할 수밖에 없었다.

다행히 이번에 재판의 기회를 맞아 그동안 이용자 여러분에게 끼쳤던 불편을 조금이라도 줄일 수 있게 되어 편자로서는 마음이 훨씬 가벼워짐을 느낀다. 이번 개정판에는 적지 않은 글자를 다시 읽어내고 오자를 바로 잡는 동시에, 새로 조사된 二개의 묘지명을 덧붙였다。그리고 초판의 「人名索引」 부록 대신 綜合索引인 『高麗墓誌銘集成 索引』을 별책으로 만들어 이용에 도움을 주고자 하였다。

이번의 작업에도 당연히 많은 분의 도움을 받았다。특히 자료를 새로이 구하는데 힘써주신 金正基 前 翰林大 교수, 閔賢九 高麗大 교수, 辛鍾遠 江原大 교수, 尹根一 문화재관리국 학예연구관 및 좋은 書評을 써주신 朴龍雲 高麗大 교수에게 감사를 드린다。그리고 바쁜 중에도 궂은 일을 도맡아 해준 翰林大 史學科의 金泰旭 조교, 아시아文化硏究所의 여러분에게 여전히 고마운 뜻을 전한다。

李基白선생님에게는 개정판을 내면서도 「最善의 노력」이라는 용어를 당당하게 쓰지 못하는 못남을 사죄드리고자 한다。나름대로 애를 썼지만, 천성이 게으르고 모자란 편자에게는 선생님의 뜨거운 담금질이 앞으로도 더 필요할 뿐이다。이 점, 二〇여 년이 넘으시는 지도에도 불구하고 염치없게도 아직도 간절하게 느끼고 있다。이용자 여러분의 많은 叱正도 기다리는 바이다。끝으로 북녘 땅 어디엔가 상당 수 흩어져 있을 高麗墓誌銘 자료들을 마음놓고 조사할 수 있는 그날이 하루 빨리 오기를 간절히 기대한다。

一九九七년 九월

편자 씀

머리말

墓誌銘이란 일반적으로 한 인물의 이름과 家系와 行績 등을 적어서 무덤에 함께 매장하는 金石文을 말한다. 기록하는 재료나 방법은 약간씩 차이가 있지만, 그 기록의 대부분은 매우 자세하면서도 생생하기 때문에, 한 개인에 대한 충실한 傳記的 資料가 될 뿐만이 아니라 그가 속한 집단이나 사회를 이해하는 데 있어서도 중요한 자료가 된다.

이 책은 현재 전해지고 있는 고려시대의 묘지명 모두를 모아 엮은 것으로서, 官吏 237명, 女性 49명, 僧侶 20명, 모두 306명에 대한 묘지명이 수록되어 있다. 이 중 『高麗史』 列傳에 立傳되거나 附傳된 인물이 96명이므로, 결국 210명의 개인에 관한 풍부하고도 새로운 자료를 이들 묘지명은 전해 주고 있는 것이다. 이러한 고려묘지명의 존재는 數的으로나 내용면에 있어서 다른 어느 시대, 어떤 종류의 금석문 보다 방대한 것으로서, 그 사료적 가치도 『高麗史』 列傳의 그것과 맞먹는다고 하여도 지나친 말은 아니라고 생각된다.

이러한 고려묘지명은 그동안 많은 분들의 노력을 통하여 정리되고 연구되어 왔다. 고려시대를 공부하고 있는 編者 자신도 이 묘지명을 주된 자료로 이용하고 있어서 기왕에 정리된 결과에 큰 도움을 받고 있으나, 그것을 이용하는 과정에서 몇 가지 불편을 느끼게 되었다. 특히 묘지명은 實物이나 拓本으로 된 것도 있지만 각 文集이나 族譜 등에 수록된 것도 상당수 있기 때문에, 여기저기 흩어져 있는 문헌들을 일일이 찾아내고 뒤져야만 한다는 일은 참으로 성가신 일이었다。그리고 활자화되어 있는 묘지명에는 誤字가 가끔씩 눈에 띄어서、무언가 잘못되어 있지 않나 의심이 갈 때마다 이들을 확인하려고 하여도 原資料와 직접 대조해 보지 않는 한 原文의 확인 자체가 불가능한 경우가 대부분이었다。

이에 따라 편자는 이러한 불편을 덜어보고자 묘지명 자료를 한군데에 모으고 그들을 다시 판독해 보려는 작업을 구상하게 되었다。그러므로 이 책의 편찬은 원래는 개인적인 필요성에서 시작되었던 것이다。그런데 이 과정을 지켜 보시던 李基白선생님께서 일반에게도 그 결과를 알리면 좋지 않겠는가 권유하여서 본격적인 정리작업에 들어가게 되었다。이러한 과정에서 편자는 적지 않은 부분을 새로이 판독하고、그동안 알려지지 않았던 묘지명도 상당수 찾아낼 수 있었다。자료를 새로 발굴해 내고 정리한다는 것은 매우 신나는 일이었다。가능하면 원자료를 직접 조사하여 검토한다는 원칙 아래 일일이 소장처를 확인하여 연락을 하거나 직접 찾아가 자료를 구하려 하였다。그러나 拓本을 한다거나 사진을 얻어내는 일이 여러가지 면에서 보통 힘든 일이 아니었다。입수한 자료를 가지고 새로이 검토하는 문제도 편자 개인의 한정된 힘에 의존하기에는 예상과는 달리 너무도 힘들고 고된 작업이었다。또 원고가 만들어진 뒤 출판사가 결정되기까지에도 몇 차례 어려운 문제에 부딪치게 되었고、막상 組版이 끝나서 校正을 보는 과정과 색인을 만드는 일도 원고를 만드는 것보다 몇 배나 더 신경을 쓰게 하였다。

어떻든 이제 이 책이 간행될 수 있게 되어 매우 기쁘다。이러한 작업은 누군가가 반드시 해야할 일이라고 느껴오고 있던 만큼、또 이 책은 사료에 보다 충실할 것을 본령으로 삼는 역사학 연구자들에게 그만큼 도움을 줄 수 있으리라는 점에서 더욱 그러하다。다만 이 책에는 원자료와의 대조 자체가 까다로운 것들도 있고 또 사진을 구하지 못한 것들도 약간 있어서 예상하지 못한 잘못이 없는지 염려가 되지만、이 부분은 앞으로 여러분의 教示를 받아 고쳐나갈 것을 약속드린다。그러나 신뢰감있는 자료집으로서의 역할을 기대하는 이 책에 적으나마 功이 있다면、이 책을 펴내는 과정에서 여러분의 도움이 컸던 만큼、그 공로는 편자 자신보다는 도와주신 분들에게 더 많이 바쳐져야 한다고 생각한다。특히 李基白 선생님은 본인을 가르쳐주신 스승으로서뿐만이 아니라、처음부터 끝까지 이 작업을 지켜 보면서 격려해 주셨다。여러군데 귀찮고 어려운 부탁을 마다 않고 손수 하시어 자료를 쉽게 구할 수 있도록 해 주셨고、또 이 책이 마침내 빛을 볼 수 있게 되기까지 얼마나 많은 勞苦를 베풀어 주셨는지 헤아릴 수 없을 정도이다。선생님의 이러한 격려와 도움이 없었다면、진정 이 책은 본인이 아닌 다른 사람을 통하여 간행되기를 기다려야 했을 것이다。

그밖에도 많은 분들이 도와 주었다。자료와 사진을 구하는 데는 특히 國立中央博物館의 韓炳三 館長을 비롯하여 遺物科의 李准求 과장과 金泓植、李衫熙 선생 및 李源福 國立淸州博物館長이 큰 도움을 주었고、梨花女子大學校 博物館의 秦弘燮 前館長과 崔淑卿 館長을 비롯한 박물관 직원 여러분도 한결같은 성의로 대해 주었다。그리고 金塘澤 全南大 교수、閔賢九 高麗大 교수、邊東明 全南大 강사、宋日基 全南大 교수、辛鍾遠 江原大 교수、李一宰 翰林大 교수、李鍾宣 湖巖美術館 副館長、李泰鎭 서울大 교수、鄭求福 精神文化硏究院 교수、許南進 서울大 교수、許興植 慶北大 교수、黃石淵 변호사(이상 가나다順) 등 여러분에게서도 많은 도움을 받았다。자료를 정리하는 데에는 編者의 全北大 재직시 대학원 학생이었던 柴貴善양과 柳浩錫군이、색인을 만들 때에는 翰林大

대학원의 金泰旭、吳暎燮군이 큰힘이 되어 주었다。翰林大의 盧爀眞、吳春澤、表教烈 교수는 여러 가지 귀찮은 부탁을 자신의 일처럼 흔쾌하게 처리해 주었다。이 모든 분들에게 깊은 감사를 드리는 바이다。

끝으로 墓誌銘의 사료적 가치를 높이 이해하시고、이 집성의 간행을 선뜻 결정해 주신 翰林大學校 아시아文化研究所의 崔永禧 소장님에게 각별한 사의를 전하고자 한다。崔永禧 소장님의 배려가 아니었던들 이 책의 간행은 여전히 無望한 상태에 놓여 있었을 것이다。아울러 편집상의 까다롭고 궂은 일을 도맡아 해 준 아시아文化研究所의 洪淳祐선생과 廣明社 職員 여러분의 노고에도 고마운 뜻을 전한다。裝幀을 맡아 이 책을 더욱 돋보이게 해 준 尹凡牟 우리미술문화연구소 소장에게는 舊友의 情을 표하는 바이다。

1993年 4月

編者

일러두기

一、이 墓誌銘集成에는 實物 이외에도 拓本만 남은 것、文集이나 族譜 혹은 著書 등 다른 기록에 수록되어 있는 高麗時代의 墓誌銘을 모두 망라하여 싣도록 하였다。단 墓誌銘 이외에 買地卷、石棺誌 등도 수록된 것이 있는데 모두 墓誌銘으로 명칭을 통일하여 수록하였다。

二、墓誌銘은 高麗前期、高麗武人政權時代、高麗後期(上)、高麗後期(下)、年代未詳의 다섯 편으로 나누어 作成年代順으로 배열하고 이에 일련번호를 적어 놓았다。

三、모든 墓誌銘은 그 所在處 또는 수록되어 있는 典據와 만들어진 年代를 적어서 자료로 이용하는데 도움을 주도록 하였다。또한 所在處의 각 墓誌銘에 대한 所藏番號 혹은 整理番號가 확인된 것은 所在處 밑에 그 番號를 밝혀둠으로서 이용자의 편의를 도모하도록 하였다。

四、墓誌銘은 判讀된 것을 되도록 原資料와 마찬가지 형식으로 적도록 하였다。그리고 글자가 모호한 것과 缺失 등으로 인하여 판독이 불가능한 것들 중에서、다른 기록이나 추측을 통하여 보완이 가능하다고 생각되는 것은 □안에 적어 넣어서 참고하도록 하였다。단 다른 글자로도 판독될 가능성이 있을 때에는 이를 그 옆에 ( )안에 적어 넣거나 ?를 해두었다。그리고 略字、異字、俗字、古字 및 書體의 相異에 따른 글자는 가능하면 원상태대로 표기하도록 하였으나、부득이한 경우 正字로 표기하였다。또한 文集이나 族譜 등에 수록된 墓誌銘의 판독문 중 誤字가 분명하다고 판단되는 것은 編者의 適意에 따라 修正해 두었다。

五、實物이나 拓本 등을 통하여 원상태를 확인할 수 있는 墓誌銘에는 ( )안에 行數를 표시하고、文集이나 族譜 등에 수록되어 원래의 行을 구분할 수 없는 것들은 이용의 편의를 위하여 ①②③…으로 行數를 표시하였다。

六、이들 墓誌銘이 이미 活字化되어 실려 있는 것은〔揭載〕항목으로、또한 이들에 대하여 언급한 論著들 가운데 필요하다고 생각되는 것들은〔參考〕항목으로 실어서、이용자가 아울러 참조하도록 하였다。

七、本書에서 典據로 이용한 주요 金石文集 및 一般文集의 版本은 다음과 같다。

『大東金石書』(朗善君 李俁 編、1667：韓國金石文全書、亞細亞文化社、서울、1976、影印本)

『海東金石苑』2책 (劉喜海 劉承幹 編、1922：韓國金石文全書、亞細亞文化社、서울、1976、影印本)

『朝鮮金石總覽』2책 (朝鮮總督府 編、1922：韓國金石文全書、亞細亞文化社、서울、1976、影印本)

『韓國金石文追補』(李蘭暎 編、1963：韓國金石文全書、亞細亞文化社、서울、1976、影印本)

『韓國金石遺文』(黃壽永 編、一志社、서울、1976)

『韓國金石全文』3책 (許興植 編、亞細亞文化社、서울、1984)

『高麗名賢集』5책 (成均館大學校 大東文化研究院、서울、1980、復刊本)

『東文選』4책 (學東叢書4・5、學習院 東洋文化研究所、日本 東京、1970)

『雜同散異』46책 (韓國學古辭典叢書、亞細亞文化社、서울、1981。―그러나 이 文集의 墓誌銘에는 誤記된 부분이 상당히 있어서 編者가 適意로 修正하였다)

目 次

II、高麗 武人政權時代

Ⅲ、高麗 後期 上(忠烈王—忠定王)

Ⅵ、增 補

Ⅰ、高麗 前期

一、金殷說 墓誌銘

典據 『慶州金氏族譜』(京畿 高陽、一九八五)
年代 光宗十九年(戊辰、九六八)(推定)

① 新羅敬順王金傅第四子侍中侍郎有高麗平章事殷說卒于戊辰三月初四日己丑葬
② 于城北十里鍾岩下五龍山南麓雙龍合金壬坐之原兄則鎰次鍠次鳴鍾弟曰重錫曰
③ 鍵曰鐥曰鍾子江陵君泰華

〔參考〕『慶州金氏世蹟譜』(咸興慶州金氏派譜所、一九二五)
金蓮玉、「高麗時代 慶州金氏의 家系」(『淑大史論』一一・一二合、一九八二)
金龍善、「新資料 高麗 墓誌銘 十七點」(『歷史學報』一一七、一九八八)

二、蔡仁範 墓誌銘

所在 서울 國立中央博物館(No. 新 七八八四)
年代 顯宗十五年(遼 太平四年、一〇二四)

(1) 公墓誌銘幷序
(2) 興禮讓之風俗尙神仙之道孔聖欲居而何陋徐生不返以

(3) 案矣　公姓蔡諱仁範是大宋江南泉州人也隨本州持禮使
(4) 寖東達扶桒以　光宗朝御宇之亁德八年覲我　明庭應玆
(5) 宗駐留便賜官告一通拜爲禮賓省郎中仍賜第宅一區幷賦獲田莊
(6) 諸物等凡其所須並令官給　公以愽通經史富有文章蘊王佐之大
(7) 碩學加之廉謹薦以溫良歷賛　累朝咸推稱職至　成宗朝授以閤
(8) 拜爲尙書禮部侍郎至　穆宗朝繼叨　寵用之次以統和十六年歲在
(9) 月十五日啓手足于私第享年六十有五矣此際　睿情是悼遂贈爲禮部尙
(10) 賻贈尤厚擇以是月□晨葬于五冠山也初有閨室崔氏封爲淸河郡大夫人先
(11) 公而卒所生有一男官爲內史侍郎同內史門下平章事監修國史　公後所娶張氏
(12) 亦封爲淸州郡君所生有三男孟爲閤門祗候仲爲軍器主簿季爲出家依止佛住寺大
(13) 德沙門復有二女並適人從禮理家可箴享年不永近歲俱亡然有嗣子兄弟姊妹所生
(14) 男女諸孫等甚亦蘩盛亦各入仕爲官也　公洎于　今上纔登寶位之年便加
(15) 恩寵贈尙書右僕射焉今者惟嗣子相國与諸舍弟等以其　先塋之處松楸則拂漢
(16) 磨霄雖云拱矣丘壟則襟山帶水有所闕焉待以利年仍更卜兆莫不山包四秀地帶三
(17) 陽眠牛偃臥以呈祥白鶴逥翔而薦吉乃營馬鬣且異虎墳儉匪闕儀豊無越禮粤以太
(18) 平四年歲在甲子十一月十二日　遷葬于法雲山東麓禮也素車白馬執紖執紼者
(19) 豈可勝數乎嗚呼積善之徵歿而弥著飾終之禮魂而可知恐年紀寖遙丘陵遷變俾刊
(20) 貞石竇于玄扃謹爲銘曰

(21) 伯夷遺址　箕子故開　風傳木鐸　境墜蓬山　仲尼何陋　徐福不還　哲人君子
(22) 實所躋攀[一]　禀氣嵩華　降靈中夏　越彼大洋　賓于王者　時遇文明　道光儒雅
(23) 秩小宗伯　奄歸泉下[二]　善慶有徵　嗣子持衡　勳高致主　勁草推誠　懇切追遠
(24) 累茵感情　欲修玄寢　穆卜新塋[三]　龍耳巉巖兮牛崗峭崱　營玆馬鬣兮崇彼兆域
(25) 安厝禮成兮哀榮情極　陵谷遷變兮永光厥德[四]
(26) 　　　　太平四年歲在閼逢閹茂辜月十有二日　　　竪

三、劉志誠 墓誌銘

所在　서울 國立中央博物館(No. 新 五八一八)
年代　靖宗十一年(遼 重熙十四年、一〇四五)

(1) 故中散太夫尙書右僕射判閤門事輕車都尉謚質良彭城劉公改葬墓誌文
(2) 公諱志誠太宋楊州人也遷仕　我朝階至將仕郎登仕郎儒林郎超授朝散太夫
(3) 朝議太夫中散太夫官至內薗丞禮賓注簿閤門祇候通事舍人閤門副使閤
(4) 門使引進使禮賓少卿禮部侍郎禮賓卿禮部尙書工部尙書尙書右僕射職
(5) 至翰林茶酒副使知閤門事判閤門事勳至輕車都尉以重熙八年歲在己卯
(6) 夏六月二十四日啓手足于私第之正寢生年六十有八　上聞之震悼輟視
(7) 朝一日賻贈加等命有司監視喪事贈謚曰質良即以其年秋七月七日具鹵

(8) 簿鼓吹歸葬于城東法雲山西南之塋久也其嗣子將仕郎禮賓注簿同正
(9) 行千牛衞錄事叅軍事炫取重熙十四年乙酉十月九日辛酉奉移靈骨改
(10) 葬于奇秀之地順也所冀垂後之令名與沉珉而不朽者矣謹記

〔揭載〕『海東金石苑』補遺二、六七五—六七七
『韓國金石文追補』、八三
『韓國金石全文』中世上、四七五—四七六

四、柳邦憲 墓誌銘

所在 서울 國立中央博物館 (No. 無番)
年代 文宗五年(辛卯、一〇五一)

(1) 太宋高麗國故內史令謚貞簡公墓誌并序
(2) 粤自實天生德仲尼演廣於人文維嶽降神山甫賛輿於王室厥后代弘學校踵
(3) 選儒英棟臣茂盛乎漢唐幹器茹連乎辰卞有若量包河海識洞古今摛黻漢之
(4) 才潤成於謨誥展綸天之略光輔於朝家者於　我貞簡公見之矣公姓柳氏諱邦憲
(5) 字民則全州人曾祖諱其休性儉直仕至角干古官号祖諱法攀少閑虎藝仕百濟至
(6) 右將軍父諱潤謙字　受益爲人亮直牋毫爲事仕爲檢務租藏至大監並古官號母
(7) 李氏潭陽郡人外祖諱廉岳有識度知百濟將亂隱名不仕李氏癸卯歲三月始
(8) 有娠甲辰正月十五日生年甫丱角襲家業拳拳躭學究五經及疏義無不精

(9) 覽年十七丁父憂三年服闋擧明經不利時　光宗始尙製術以詩賦取人　光
(10) 公應鄕貢進士乹元十年壬申九月五日一擧中科首　勑可攻文博士自此轉光
(11) 文校書郞又加光文郞又加國子主簿又加四門博士雍熙四年丁亥　成宗初踐
(12) 祚命儒臣對策　公又中科首　上褒之制可御事右司員外郞賜緋史舘
(13) 修撰官又加起居舍人知　制誥又加禮部郞中賜紫統和十三年乙未
(14) 制可通直郞中樞直學士又轉國子司業知貢擧　穆宗卽位制可禮
(15) 部侍郞右諫議大夫餘如故　時穆宗頗好畋獵行幸　公旣居諫
(16) 職故頻抗章疏辭甚勁直引古論今不避諱斥　上雖不從意有
(17) 慙赧十八年庚子　制可翰林學士知貢擧又加中樞副使　公上疏再諫山
(18) 獵之事　上又不從然知公有致君之節　制可秘書監中樞使二十一年甲辰
(19) 奉勑撰　獻和大王陵神道碑　上覽之嘉歎　制可判翰林院事左散
(20) 騎常侍叅知政事監修國史上柱國正議大夫河東縣開國侯食邑三百戶二十
(21) 四年丙午　制可內史侍郞平章事金紫興祿大夫二十七年己酉　敎可門下
(22) 侍郞平章事封考爲佐丞妣爲承化郡大夫人妻白氏爲上黨郡大君七月
(23) 寢疾八月十二日卒于私第　上悼之詔曰痛失股肱之佐愴虧耳目之
(24) 資十四日差使　勑吊敎可侍中贈謚曰貞簡公二十日命有司葬于都之西
(25) 山禮也享年六十六年二十九登仕自牽絲至屬纊凡三十七年皆文物典章
(26) 之職也洎乙卯年尙書都事冲玄沐漏泉之澤追贈內史令以光幽壤者矣

(27) 偉乎事迹勳庸英聲茂實順考歷揚而可見何煩濡染以具陳今所記
(28) 者移安塋域之根由耳　公自向九原已踰三紀松栢深根於幽隧莓苔鎖
(29) 碧於玄宮孝子等每當節變之期虔薦時思之奠雖　音容尙遠莫逐
(30) 於披瞻而　魂骨猶存冀加於洗浴爰開舊塚奉徙新墳擇松岳北面徵
(31) 音大利向座以辛卯八月六日甲辰改葬于玆乃爲銘曰
(32) 公之生兮當半千　輔相元后力迴天　經綸略兮亞房杜　德行科兮次淵騫
(33) 霍光柱兮無奈堅　傳說舟兮濟巨川　柱毁舟摧何太促　公之去兮入九泉
(34) 卜商地下修文郞　居易冥路作詩仙　自昔收精到今日　臺扃長夜四十年
(35) 音容兮雖莫覩　骨木兮尙存焉　驟思申乎沐浴　兼欲改乎松埏
(36) 擇吉地兮得牛眠　卜良晨兮協巢蓮　辭舊墳兮安新宅　奠酹陳兮躬告虔
(37) 曰余承繼夫土田　又襲門業絲是牽　欲報劬勞想無緣　述宣遺美將遠傳
(38) 今旣具錄平生迹　磨琢貞珉詞是鐫

〔揭載〕 關野貞、『朝鮮古蹟圖譜』 七(朝鮮總督府、서울、一九一五)
『朝鮮金石總覽』 上、二六五—二六七
『韓國金石全文』 中世上、四七六—四七八

〔參考〕 『高麗史』 九三 柳邦憲傳
葛城末治、「柳邦憲墓誌」(『朝鮮金石攷』、一九三五)

五、李隴西公 墓誌銘

所在 서울 國立中央博物館(No. M. 四三〇一三)
年代 文宗十三年(遼 淸寧五年、一〇五九)

(1) 卒承務郎檢校軍器少監隴西李公墓誌銘 并序
(2) 夫善之積也不在其身而必逮其子孫德之□□?有乎天而下及乎泉隧□□□
(3) □□世世攸尙敦□義則元□所□北?□□□皆得言而究矣隴西公諱□□
(4) □□咸?昌縣人也曾祖大師三重大匡□議令翼戴公諱堅遠祖國子注簿□
(5) □□□孝英父大相左右衞大將軍諱彥昇妣大原王氏唐□□大君大□
(6) □□□內議令諱鐵之一女也而曾高□以功名赩然公之生也應熊
(7) 熊之祥奮鸞鳳之質龍脅□□而鍾□□行忠孝□銘心人倫之秀
(8) □□盡□夫矣頁□顯宗大王新□賃□仍於己酉年中始因家蔭耶
(9) □□謇直之□□□而不怠淸濂□□力務以□□歷仕四朝迄于今
(10) □□登上壽矣公妻□□□邑戶長連翰之長女也有二男一女也一男前
(11) 國子進士將仕郎寧德城判官兼勸農使良醞令同正幹方於丙申年中別蒙
(12) 天□赴□□前試擢占狀元及第二男幹機□丙申年中國子祭酒楊公□□
(13) 試擢□□□□□女適明經第一及第文林郎衞尉注簿同政行平壤□□□

(14) 錄事朴□□定以公由枝葉之所資保幹□□不朽然而命兮如露□
(15) 也有涯以清寧五年己亥二月初六日寢疾卒于京內孝家院春秋
(16) 八十二仍以五月初九日□□京北九龍山東南崗兆協龜言封成馬
(17) □□外諸員而典記於遺芒限以千霜庶言於□□□毫志實無愧直辭銘曰
(18) 清寧之□　岳瀆之□　維君毓之　挺此奇異
(19) 相考之休　燕翼之□　維君承之　事諸王侯
(20) 志在奉親　情專報國　世服清風　人歌令德
(21) 謂保天儉　恒居帝域　倏兩歸登　幽然處嘿
(22) □□□卜　高墳是成　外植松檟　□歲□□
(23) □□□□　勒石爲銘　丘夷淵□　□□□□

〔掲載〕『韓國金石文追補』、八三—八四
『韓國金石全文』中世上、四八五—四八六

六、李子淵 墓誌銘

所在　서울 國立中央博物館(No. 本 九九五一)
年代　文宗十五年(遼 清寧七年、一〇六一)

(1) 高麗國故推誠佐運保社功臣開府儀同[三]司檢校大師守大傅三重太匡門下侍中[判]尚書吏部三司事上

(2) 柱國監修國史贈守太師中書令章和李公墓誌銘幷序

(3) 將仕郎尙書兵部員外郎知制誥賜緋[魚]袋李成美製

(4) 公諱子淵字若冲其先邵城人也高曾大父皆歷貴□名芬俊域籍

(5) 繼　王家故中樞副使吏部侍郎累贈司空諱翰樂浪郡大夫人崔

(6) 氏考妣也考之長姊安孝國太夫人是爲□德靖二宗與　今上之

(7) 外祖母也其族系之滋盛實　社稷之源府　公天生偉量嶽降英

(8) 標襟韻清通□華穎秀大平中　顯[宗]右文興化親選穀雄　公以

(9) 二上得進[士]乙科鶚手忞飛龍頭騁價解褐良醞令尋遷御書留院

(10) 官直史館秘書省校書郎監門衛錄事叅軍事擢拜監察御史衣繡

(11) 之譽允洽於朝倫演綸之能須歸於大□就加右補闕知制誥賜緋

(12) 德宗紹承　禹服屢軫　高忞簡喉□之攸司匪賢良而莫處帶授

(13) 中樞院右副承宣賜金紫又加刑部吏部二員外吏部郎中御史雜

(14) 端左副承宣寃滯之獄精断而用□銓衡之權正擧而毋枉霜網再

(15) 肅　天咫不違　靖宗繼統　睿眷彌厚特授起居注餘並如故又

(16) 加內史舍人中樞院知奏事給事中知尙書吏部事侍郎禮賓卿朝

(17) 請朝議二大夫再知吏部事未幾册拜中樞副使餘如故又加□□

(18) 大夫知中樞院事右散騎常侍柱國□拜中樞使餘並如[啟]□□

(19) 寵於□書以誰聯萬民之瞻屬赫師而僉仰信乎股肱良哉□事康

(20) 哉　今上唐虞啓運稷契爲臣以謂天下安危非伯始而不究朝
(21) 中倚賴非□公而勿居以　公爲檢校尙書右僕射册拜吏部尙
(22) 書叅知政事判尙書禮部事又加興祿大夫守司空上柱國遙授西
(23) 京留守使□□□餘並如故册拜內史侍郎同內史門下平章事又
(24) 加特進檢[校]□□權判尙書刑部事重熙中社稷之設因巡未置
(25) 詔稽舊制　命築新壇　公監視其事酌宜以畢　鑾輿備
(26) 采　躬展於報祈雷解沛　恩普沾於□庶以領使之重
(27) 詔加開府儀同三司其年　公之長女封爲　王妃尋加守大
(28) 尉册拜門下侍郎同內史門下平章事又加檢校太保推誠佐運保
(29) 社功臣拜門下侍中判尙書吏部事監修國史　國家順
(30) 天心之眷佑固邦本於緜長克樹　元良俾登　儲副以元舅
(31) 之貴加檢校大師又加守大傅重大匡三重大匡判三司事辛卯年
(32) □知貢擧事人之麟鳳與琳琅杞梓皆出門下矣　公樞庭翊亮
(33) 相府經綸二十有年閒公家之利知無不爲以　寵戚之貴不驕
(34) 於人以爵祿之重不矜於物懸忠貞於日月服禮義於衣裳其□泰
(35) 山之高早歌於頹秀台星之爛先兆於殞芒寢疾數夕以辛丑秋八
(36) 月三十日卒于妙覺寺法宇中享年五十有九嗚呼痛極　王宸
(37) 悲纏椒掖朝市之喧幾罷緇黃之涕交流　上亟命有司申□禭

(38) 之禮復　遺中貴將法賻之儀　詔贈守大師中書令謚曰章
(39) 和蓋　聖皇褒紀國戚元臣之至也　公啓手之際方寸益明
(40) 綽有遺言俾從佛域荼毗之法爰稟　理命奉　靈骨以其年
(41) 十月初六日歸葬于臨津縣境內所順也　公娶樂浪郡京兆氏
(42) 陰儀婦德貞一代之秀以　王妃副君之故累加雞林國大夫人
(43) 有子八人長曰頲檢校衛尉卿行尙書右丞知閤門事次曰頔殿
(44) 中少監次曰碩禮部員外郞次曰顗閤門祇候出爲楊州使次曰韶
(45) 顯少創周羅一捷于瑜伽業大選場爲大德次曰顥尙食直長同正
(46) 次曰顯先　公而逝次曰顏禮賓主簿同正員女三人並配
(47) 至尊長爲延德宮主王妃　大子及國原侯其子也次爲壽寧宮
(48) 主朝鮮侯其子也次爲崇慶宮主世嗣繁延家聲烜赫自有書契已
(49) 來未見踵於　公而同曰語者歟惜哉命之在天匪生人之能制
(50) 乎握管杳嗟爲之銘曰
(51) 翠阜兮寥寥　寒泉兮咽咽　玄扃兮一閉　素凡兮長別
(52) 嗟琁昊之莫問　痛□林之遽折　陵遷谷變兮珉斯貞
(53) 雪白蘭芳兮不滅

〔揭載〕『韓國金石文追補』、八五—八六
『韓國金石全文』中世上、四九五—四九八

〔參考〕『高麗史』九五 李子淵傳
藤田亮策、「李子淵と其の家系」(『青丘學叢』一三・一五、一九三三・一九三四 ;『朝鮮學論考』、一九六三)
尹庚子、「高麗王室과 仁州李氏와의 關係」(『淑大史論』二、一九六五)
金潤坤、「李資謙의 勢力基盤에 對하여」(『大丘史學』一〇、一九七六)
李萬烈、「高麗 慶源李氏 家門의 展開過程」(『韓國學報』二一、一九八〇)

七、(僧) 金爛圓 墓誌銘

所在 서울 國立中央博物館(No. 本 一〇四五九)
年代 文宗二六年(壬子、一〇七二)(推定)

(1) 九龍山福興寺故 王師都僧統
(2) 贈謚景德國師墓誌并序
(3) 國師諱爛圓俗姓金氏其先安山
(4) 郡人也故尙書左僕射諱兢弼祖
(5) 也故檢校太師上柱國謚安平公
(6) 諱殷傳考也故安孝國大夫人李
(7) 氏妣也故中樞使兵部尙書忠贇
(8) 兄也故首座弘疇?師也 師自削
(9) 周羅脫身于豪戚間遭遇累朝歷
(10) 揚緇秩纔及順耳陟爲 王師智
(11) 慧花果自然成就賛謂人中之師
(12) 子矣嗚呼以咸雍二年丙午冬十
(13) 月八日示化報年六十八僧夏五
(14) 十七□永震悼感□迦文之入涅
(15) 槃即以其月 詔護葬事權窆于
(16) 五龍山南崗更取[壬]子冬十月竪
(17) 碑塔□九龍山福興寺乹隅尋奉
(18) 靈骸移安于玆地順也門弟等弗

(19) 朽是圖乃爲墓誌
(20) 九龍山兮山之秀
(21) 景德師兮師之尊
(22) 彼佛刹兮旣證果
(23) 此靈本兮且安□

〔揭載〕『韓國金石文追補』、八七
『韓國金石全文』中世上、四九九―五〇〇
〔參考〕許興植、「高麗中期 華嚴宗派의 繼承―元景王師를 중심으로―」(『韓國史硏究』三五、一九八一：改題「般若寺 元景王師碑蔭記」、『高麗佛敎史硏究』、一九八六)

八、崔士威 墓誌銘

所在 서울 國立中央博物館(No. 新 五八三九)
年代 文宗二九年(遼 咸雍 一一年、一〇七五)

(1) 高麗國卒太師三重大匡內史令崔貞肅公廟誌
(2) 夫公諱士威字動寰漢南道廣州牧管內水州人也曾祖諱徐選爲戶長祖韓用
(3) 爲檢校工部侍郎父融藝爲大尉母庾氏爲國大夫人金海府阿干蒔行之女也公有六
(4) 男一女一男忠恭爲御史中丞二男忠敬爲殿中內給事三男遵儉爲司宰丞四男忠諾爲
(5) 內史書令史五男忠永爲尙書戶部郞中六男令言爲試閤門祇候女婿金敬和爲尙書
(6) 吏部郞中公歲八十一重熙十年[辛][巳]三月四日卒　詔謚曰貞肅公其月二十四日國葬於佛日寺
(7) 法雲山之陽也有季男令言隔三十五年取乙卯十一月八日改葬于松林縣境內松峴也公之

(8) 歷官次第未有記之始從幹吏終陟槐司德爲朝之駿寶身爲國之龜鏡言爲世之規
(9) 矩行爲人之模範以忠事　君以理乞骸輔弼所能述敷奚究雖然也稍撮其中行跡焉
(10) 貴承　王命獨断時宜造立三寶并宮室者三所也審其名焉玄化寺奉恩寺大廟者也
(11) 況又自陳奏牘使奉　曰僉倉立修營寺舍宮厶者一十五所也普濟寺金堂及羅漢殿
(12) 醫王寺圭衆院西京四天三寺其京長樂宮　大祖眞殿延州境內鎭北靈化寺宣州神衆寺
(13) 珍島縣占察院市津縣境內布川彌勒院狼川郡開通寺啓星寺皆次斤山正陽寺水
(14) 州資福寺松林縣境內普賢舘等也公爲侍御史時　方今聖考洪　龍坐大良院之時有
(15) 僕射金到陽同謀呂后將害漢儲公奏差檢衛俾逭阽危仍長少陽終　登大寶者也有
(16) 中外人吏百姓僞造公牒斜刑貢物公獨奏察已後無有其儻也戊午年十二月中契丹國兵馬
(17) 發來入境傳書云受命執捉背主臣佐也公奉　命獨荅書曰無有背逆之徒通傳則丹
(18) 人迴兵公則時獨奏急發三軍追步到熊浦班嶺所擒馘殺傷人馬駱駞及奪掠將去鄉
(19) 人頓留者不可勝數也丹國使大尉耶律行平到此群公商議勸留累年公獨固奏還送
(20) 本國也庚戌年兵難仍以百工案牘皆以燒亡返正後公獨奏請與主典五年之間中外
(21) 工匠姓名成籍各司分附也公致政已來回辞祚俸季月酒果矣至今二十四壬辰五月二十五
(22) 日別降　宣旨封公爲　顯宗朝配饗功臣其年十月二十五日　宣陵祭巳後許一子蔭官者也
(23) 歷揚所務誰可同儕尺寸伊皐錙銖稷契致　君如垚舜致俗若成康終身不辱守道
(24) 甚夷爲物外之淸玣作風前之勁草略銘行錄永示將來設至乾折棟而坤折輿英名辶播深
(25) 爲陵而高爲谷茂績長存云爾　咸雍十一年歲在旃蒙單閼辜月上旬　謹誌

〔揭載〕『海東金石苑』補遺二、六七七—六八三
『韓國金石文追補』、八八—八九
『韓國金石全文』中世上、五〇二—五〇五
〔參考〕『高麗史』九四 崔士威傳
朴龍雲、「高麗時代 水州崔氏家門 分析」(『史叢』二六、一九八二)

九、李頲 墓誌銘

所在 서울 國立中央博物館(No. 新 五八六一)
年代 文宗三一年(遼 太康三年、一〇七七)

(1) 高麗國故大中太夫守太傅兼門下侍中上柱國贈謚貞憲李公墓誌銘并序
(2) 文林郎守尙書禮部員外郎趙 惟阜 撰
(3) 公諱頲字百藥樹州邵城縣人也曾王父諱許謙贈尙書左僕射太子
(4) 太傅王父諱翰尙書左僕射太子太保贈謚安敬考諱子淵守太師兼中
(5) 書令贈謚章和妣金氏雞林國大夫人內史侍郎平章事諱因謂之女
(6) 也公即中書長子受天地粹靈風神秀異幼嗜學長工詩若美景良辰
(7) 花朝月夕必須 命筆成篇略無虛日每一章一句出無脛而走疾於
(8) 珠玉人爭傳寫都下紙貴觀其 諷詠之旨大義畢備無蜂胥鶴膝之
(9) 病奚翅嘲風月弄花草而已哉況至典墳無不 探賾其文足以華一

(10) 國其才足以取一第然繇自賈誼之年多相如之病先公不許應擧之
(11) 事强令門蔭出　身年二十授內庫副使二十三遷禮賓省主簿二十
(12) 五加閤門祗候二十八轉尙書考功員外郞出知楊州三十一秩滿歸
(13) 朝復爲尙書戶部員外郞三十二加正郞兼賜緋魚三十二拜衛尉少
(14) 卿知閤門事三十五轉尙書右丞三十六改授尙書吏部侍郞賜紫金
(15) 魚袋三十八加殿中監知尙書吏部事四十以本官同知中樞院事兼
(16) 三司使四十四授右散騎常侍四十六轉戶部尙書中樞使權西京留
(17) 守使四十七改授吏部尙書四十八拜爲叅知政事判三司事柱國五
(18) 十一加中大夫中書侍郞同中書門下平章事判尙書兵部事西北面
(19) 兵馬事兼西京留守使上柱國僅三十年自郞署至于宰衡所著　功
(20) 績皆布在　國史此不具載弟有四並耀朱輪之榮妹有三同爲金屋
(21) 之貯其名諱德業　章和公誌文中甚詳又略而不書凡　吾皇之子
(22) 皆　我公之甥勢之熱旣若斯秩之華又如彼不　恃貴以慠物常
(23) 蹈謙而理身娶王氏封上黨縣君贈中書令諱可道第三女容色穠美
(24) 德爲九族冠生六男四女長子曰資仁年二十二擧進士擢第始授秘
(25) 書省校書郞累遷今爲閤門祗候者以其束立之儀逈出入右故也次
(26) 曰資義京市署丞次曰資忠尙書戶部主事次曰資孝良醞令俱以蔭
(27) 資早登仕徑各負才名有鑠聽之志時謂芝蘭玉樹優龍劣虎次爲比

(28) 丘止玄化寺法名世良次曰劾而未名長女適右散騎常侍三司使金
(29) 良鑑之嫡男雜織署丞義□次二女次三女並在室次四女未筓縣君
(30) 先　公七旬六日而亡　公悼往之色不形于外　達觀之思亞於鼓
(31) 盆而　吟叙懷詩云三五年來養病姿素喰　君祿合人譏稍同南?國
(32) 休文瘦徒羨西河子夏肥只學因緣精進切縱逢花酒極歡稀今春偶
(33) 失糟糠伴梁上翻嫌雙燕飛其落句之意傍人聞之尚猶悽愴況於
(34) 夫婦之間能無念乎嗚呼四十年來業詩者絶筆於此焉未幾　患脚
(35) 浹旬不療　上宣麻誥加大中大夫守太傅兼門下侍中擢長男爲昇
(36) 朝官或輟　御醫以看侍或傾　內帑以祈延迺至　儲皇及　后妃
(37) 親王等施捨財寶不可勝紀枉駕問視旁午道路而祿窮命盡神　佛
(38) 難留以五月十三日　薨于京城內　佛恩寺是歲太宋熙寧十年龍
(39) 集丁巳也　捐館之夕無呻吟聲盥手足整衣冠坐念　阿弥陁佛名
(40) 号又自受　菩薩八戒訖伏枕而終春秋五十有三識者爲蒼生惜焉
(41) 上聞之不視朝三日贈謚曰　貞憲　傷嗟之念有異於常情奠賻之
(42) 儀特加於彝例哀榮兼備今古罕儔是月二十三日壬申　命有司監
(43) 護喪事以笠法荼毗于西畿山麓諸孤等號奉　遺骸權安　佛寺晨
(44) 夕饗祀一如事生又以其年孟冬月二十日丁酉從龜筮之長葬于臨
(45) 津縣白嶽近　先塋禮也　公自不惑之年深信因果奉公之外讀

(46) 大藏經爲身計部秩一周復而將半若　佛言不食寘祐可知惟皐早
(47) 以寒微過叨　溫待論課見託遜辭罔由課虛雖昧於妙辭摭　實幸
(48) 無於媿色謹爲銘曰
(49) 展矣英胄　生于慶門　珠瀛量闊　瓊樹姿溫　學不由師
(50) 心惟至道　目獵百家　胷包万古　詩高元白　筆妙鍾張
(51) 餘風承絢　懿戚聯芳　端遇濬明　歷揚華顯　名首瑠瓶
(52) 味調玉鉉　補天五色　柱國十圍　寵而益戒　貴不作威
(53) 早悟蕉身　恒探蓮藏　人等我觀　色空俱忘　甘泉易竭
(54) 秀木先摧　涉洹有夢　遊岱不迴　人駭失舟　帝嗟亡鑑
(55) 東閤風酸　北堂月慘　流光屢換　遠日俄丁　青烏告吉
(56) 縞駟戒行　幽穸欲扃　勒珉是樹　如蘭之馨　厥德不朽
(57) 　時大康三年丁巳十月　日　銘
(58) 　將仕郞翰林院待詔梁　肅華　筆

〔掲載〕『海東金石苑』補遺二、六八三―六九二
『朝鮮金石總覽』上、二七九―二八三
『韓國金石全文』中世上、五〇五―五〇九

〔參考〕藤田亮策、「李子淵と其の家系」(『靑丘學叢』一三・一五、一九三三・一九三四：『朝鮮學論考』、一九六三)
尹庚子、「高麗王室과 仁州李氏와의 關係」(『淑大史論』二、一九六五)
李萬烈、「高麗 慶源李氏 家門의 展開過程」(『韓國學報』二一、一九八〇)

一〇、(僧) 王煦 墓誌銘

所在 서울 國立中央博物館(No. 本 二九三)
年代 肅宗六年(遼 乾統一年、一一〇一)

(1) 高麗國大聖日興王寺故國師　詔謚大覺大和尚墓誌銘并序
(2) 　朝散大夫秘書少監知制誥賜紫金魚袋臣朴浩奉　宣撰
(3) 我大覺國師法諱釋煦字義天爲避西宋國諱多用字爾文宗仁孝聖
(4) 王之第四子妣仁睿大后夢感黃龍以娠焉乙未歲九月二十八日誕
(5) 生而有非常之相年跨十一文考異其頴悟召靈通寺故景德國師爲
(6) 親敎而出家就佛日寺戒壇受具則夙習警矣一代宗乘無不自解洎
(7) 景德歸寂師繼法門而當世之學佛者有戒律宗法相宗涅槃宗法性
(8) 宗圓融宗禪寂宗師於六宗並究至極外及六經七略之書各發醇趣
(9) 故文考褒爲廣智開宗弘眞祐世僧統順宗宣宗恩礼甚厚累加法号
(10) 大遼天佑皇帝再寓經籍茶香金帛以結信緣忽元豐乙丑歲師以微
(11) 行越海巡遊宋境而主客郎中楊傑被詔導引自密水至汴河直上宸
(12) 殿且訪丞相旣而歷問六宗中錚錚者則淨源懷璉擇其慧琳從揀等
(13) 五十餘人也此輩還識我國師胷襟之妙蘊乎越明年言還本國者定

⒁ 有所以也宣宗以文考創成興王寺從來無主掌詔國師爲住持而演

⒂ 講横亘禪詋精密者有年矣尒后仁睿與宣宗昇遐師以安居海印寺

⒃ 洎我聖上之登極也增友睦而與佛事急命中使召徵而再住興王寺

（裏面）

⒄ 昔者大后以盛域本無天台性宗啓願創立國清寺將欲興行其法始

⒅ 拓基址而今上告成丁丑歲五月詔國師兼持文考嘗□許我聖上投

⒆ 佛而天爲継體事重未果其志即以國師捨俗今則上以同年生第五

⒇ 愛子零染而爲我國師哲資以酬疇昔之願由是助我國家之盛業者

(21) 至矣今年十月三日册爲國師是月五日國師怛化而上聞之震悼尋

(22) 輟朝命有司備礼茶毗已遷靈骨於靈通寺東山築石室以殯焉偉矣

(23) 哉國師處世之万化我聖上追崇之衆美曁國師門下傳六宗之濟濟

(24) 者光於國史亦載塔碑此不具書略述大槩其銘曰

(25) 師之德足以継諸佛　化足以益衆生　行足以扶正道

(26) 智足以發大誠而銘之以此足以流其光明

(27) 　　　[宣]德郎秘書郎賜緋臣高　世俑奉　宣書

(28) 　　　[是]歲大宋建中靖國元年 大遼乾統元年 十一月四日刻[石]

〔揭載〕『朝鮮金石總覽』上、二九三－二九五
『韓國金石全文』中世上、五三一－五三三

〔參考〕『高麗史』九〇 宗室一 大覺國師煦傳
「靈通寺大覺國師碑」(『朝鮮金石總覽』上、三〇五—三一六)
「僊鳳寺大覺國師碑」(『朝鮮金石總覽』上、三二九—三三四)
(同碑陰記、『增補韓國金石遺文』、四七〇—四七二)
葛城末治、「興王寺大覺和尚墓誌」(『朝鮮金石攷』、一九三五)
『大覺國師文集』
內藤雋輔、「高麗の大覺國師に關する研究」(『支那學』三—九・一〇、一九二四:『朝鮮史研究』、一九六一)
池內宏、「高麗朝の大藏經」(『東洋學報』一四—一、一九二四:『滿鮮史研究』中世編二、一九三七)
高橋亨、「大覺國師義天の高麗佛教に對する經綸に就いて」(『朝鮮學報』一〇、一九五六)
김상기、「대각국사 의천에 대하여」(『국사상의 제문제』三、一九五九:『東方史論叢』、一九七四)
趙明基、「大覺國師의 天台의 思想과 續藏의 業績」(『白性郁頌壽記念 佛教學論文集』、一九五九)
趙明基、『高麗大覺國師와 天台思想』(經書院、一九六四)
洪庭植、「高麗天台宗 開立과 義天」(『韓國佛教思想史』、圓光大出版局、一九七五)
崔柄憲、「天台宗의 成立」(『한국사』六 고려 귀족사회의 문화、국사편찬위원회、一九七五)
李永子、「義天의 天台會通思想」(『佛教學報』一五、一九七八)
許興植、「高麗前期 佛教界와 天台宗의 形成過程」(『韓國學報』一一、一九七八:改題「天台宗의 形成過程과 所屬寺院」、『高麗佛教史研究』、一九八六)
李載昌、「大覺國師 義天의 天台宗 開立」(『韓國天台思想研究』、東國大出版部、一九八三)

一一、(僧)景廉 墓誌銘

所在 서울 國立中央博物館(No. 本 一四一六二)
年代 肅宗七年(遼 乾統二年、一一〇二)

(1) 乾統二年壬午六月日
(2) 內帝釋院厨都監判
(3) 官右街僧錄同正行
(4) 副?僧正景廉亦銀
(5) □壹ロ□用良交?
(6) □□□

〔揭載〕『韓國金石文追補』、八九
『韓國金石全文』中世上、五三三—五三四

一二、鄭穆 墓誌銘

典據 『東萊鄭氏一統譜』（京城、一九三五）
年代 肅宗十年（遼 乾統五年、一一〇五）

① 榮陽鄭大夫墓誌（前面題額）
② 朝散大夫檢校禮賓卿行攝大府卿賜紫金魚袋榮陽鄭公諱穆無字本東萊人大父諱
③ 之遠爲郡長父諱文道或爲郡長公十八歲辭親游學辛勤奮志以克樹立抵咸雍二年
④ 丙午擧中于成均旣而名聞曄曄與□大蘇幹並許齊名時有志于場屋者翕然稱之外
⑤ 舅檢校將作監廣陵高公諱益恭聞公之秀穎良用惜之越咸雍七年辛亥以一女妻之
⑥ 明年春 聖考文宗親較士于廣殿賜題曰止水鑑形詩仲尼爲百王師賦上先自親製
⑦ 是詩有云晝窺天子日夜孕庶民星公與英髦輩偕赴比其進呈與 御製一句相合上
⑧ 尤歎之賜公以丙第拜秘書省校書郞同正其預籍仕版□□文武百辟比比相面公一

⑨ 以和與諒接之不爲崖岸斬絶之行卒莫與公有猜忌者其在族姓亦罔間言是皆公之
⑩ 所有樂易之性沉厚之德也越大康二年丙辰授以軍器主簿通判高州洎政滿携家造
⑪ 京今相國魏▨廷尹公瓘與公雅好有忘勢位之交自是公間詣幕府必促席均禮詡詡
⑫ 歡笑以爲已眞知也云嘗誦白傳詩虫全性命因無毒木得天年爲不材之句以敎兒息
⑬ 又以詩誡之云爲言三四小兒童達已登朝路不同爲吏固遵房杜術業儒終究孔姬風
⑭ 在家必意皆成孝報國無忘其盡忠汝若依行余所訓此生何必致覊窮越大康十年甲
⑮ 子出莅永淸縣其年海內旱民無聊生轉於溝壑者往往有之公下車旣不數月縣之西
⑯ 有德池原火燎幾許里民始懼焉會麥禾登熟有稗不種離離厥原公因使人刈獲得實
⑰ 五十餘石以爲軍儲或爲民所獲者又不知其幾逮二年冬大遼國封册使副一行人來
⑱ 歸本朝次宿縣之東迎德驛公率縣寨吏迎將焉禮文尤縟庖供舘候又可佳者遼人有
⑲ 云縣非永淸即榮城也其時接伴前相國邵公褒薦于朝召拜直史舘有遺愛政抵今二
⑳ 十年間縣人有饋苞苴者綿不絶焉則羊公緖餘其可尙矣又烏知縣人不竪碑於峴首
㉑ 也公修宣宗實錄一卷附于史典其遺藁家有傳焉越大安九年拜監察御史其年春夏
㉒ 東民

(裏面)

㉓ 榮陽鄭大夫墓銘(裏面題額)
㉔ 飢歉　宣宗命公授爲春夏番東北面兵馬判官甲仗別監兼宣撫于高和長平寧仁興
㉕ 元現德靜邊凡七州以穀□一千八百七十餘石醬鹽三百一十餘石以濟窮無告者凡

㉖ 九千九百九人公言余雖給以公儲實亦惠于斯民不少焉未幾又拜殿中內給事出守
㉗ 金州厥受命初閭巷親舊有告言曰某州在祀典之神凡幾百位威靈慘酷致夭於人每
㉘ 有刺史戾至例不踰月即遭虐罰聞是語已妻孥懼然日夜皆憚其歸公無變色且曰神
㉙ 旣聰明正直無所濫罰于人稱□必無患哉自下車比及三載無有黃態臺駘之祟召拜
㉚ 左拾遺知制誥此神所佑正直也必矣累遷至殿中侍御史公立朝無□容左右之□以
㉛ 直誠從事謹愼自規其云爲操守卒無敗戾越壽昌三年丁丑又拜起居郞其年秋　今
㉜ 主上御宣政殿親定海內罪名命宰相近輔進侍焉公獨昂然秉筆墀上直書君言是亦
㉝ 古所謂左史謹識之分也累薦至刑部禮部侍郞每受俸之日惠及內外親姻與閭巷賤
㉞ 小及除是官凡所分賚三十五石以是里人不敢有忽歛聚家戶營爲佛事燃燈路傍以
㉟ 祈公之福壽越乾統五年春又拜三品官公□數年已來有疾不瘳藥餌不絕及是年三
㊱ 月疾革二子漸侍側有憂色公云道之將行命也歟道之將廢命也歟兒何憂焉五月乙
㊲ 卯卒于龍興寺德海院是月辛酉依佛制火葬于寺之西崗其祖送豚飾莫非如儀庚午
㊳ 拾骨假安于帝京東北安佛寺又其年十月九日癸酉權知太史監侯郭子仁卜宅兆來告
㊴ 吉甲申遲明歸葬于弘護寺西南原春秋六十六有子四人長曰濟以吏術就仕即今衛尉主簿通判
㊵ 靈光郡次曰漸衛尉主簿同正次曰澤入內侍雜織署丞季曰沆尙州牧司錄兼掌書記
㊶ 衛尉主簿漸以下三子並以進士登第顯達于世昔人有云有其德者宜有後眞不誣矣
㊷ 遂以平生事誌之餘在碑與行狀云其銘曰
㊸ 承傳之易　創始之艱　有嗣繁衍　肇蹟孤寒　昔聞貞諒　善壽以安　今其何謬

㊹ 奄向幽關 嗚呼已矣 泣涕汍瀾

㊺ 乾統五年 十月 日 沙門膺亮 上石

〔參考〕 金龍善、「新資料 高麗 墓誌銘 十七點」(『歷史學報』 一一七、一九八八)

一三、鄭僅 妻 金氏 墓誌銘

所在 서울 國立中央博物館(No. 新 五八〇七)

年代 睿宗五年(宋 大觀四年、遼 乾通十年、一一一〇)

(1) 故太
君金
氏墓
誌銘(題額)

(2) 故追封靈光郡太君金氏墓誌銘

(3) 太君姓金氏故相國匡文公諱行瓊之第二

(4) 女也適追封檢校軍器監滎陽鄭公諱僅

(5) 鄭公先於二十三年太安四年戊辰七月二十九日

(6) 卒太君年甫七十二於丁亥十一月二十二日以疾

(7) 卒屬纊不乱殯于京北山地藏寺後三年

(8) 太宋大觀四年　本朝乹統十年庚寅二月
(9) 壬寅葬于京東朝陽山南岳之南麓東蓮
(10) 寺之東原男西京留守判官禮部員外郞
(11) 克恭粗誌其略銘曰
(12) 惟是先妣之室旣固旣安庶幾無窮以
(13) 利其嗣人

〔揭載〕『海東金石苑』補遺 二、六九二―六九三
『朝鮮金石總覽』上、二九五―二九六
『韓國金石全文』中世上、五三九―五四〇

一四、崔思諏 墓誌銘

所在 서울 서울大學校博物館
年代 睿宗十一年（宋 政和六年、一一一六）

(1) 高麗國守太師中書令忠景崔公墓誌銘（題額）
(2) 大宋政和五年歲在乙未春二月戊午三重大匡輔正致理推誠奉國佐命功臣開府儀同三司守太師中書令
(3) 判尙書吏部事監修國史上柱國大寧郡開國侯食邑二千五百戶食實封一千五百戶致仕崔公以病薨于闕
(4) 東慈雲寺善積院移殯于闕南佛恩寺　上聞之震悼其護喪贈賻之厚尤異於常賜謚曰忠景越丙寅賜以鹵

簿
(5)葬於京城西面西方岬越明年丙申歲多十月卜吉於京城西北山移葬焉公諱思諏字嘉言姓崔氏少名思順
(6)其先安西都護海州人也饗年八十歲曾祖諱溫贈太子太保以子而貴祖諱冲三重大匡守太師中書令贈謚
(7)文憲考諱惟吉守司空尙書左僕射判三司事贈太尉妣朴氏封大原郡大夫人公幼而入學博通經史子集而
(8)爲文必本於仁義性命之說雖藉祖蔭階于仕進而專以發策決科爲志至於　文宗在宥之十八年癸卯歲就
殿
(9)試遂中乙科仍歷官淸要洎　我聖考肅宗知公尤深而用之尤重故至於冢宰而致政焉越乙酉年多十月
(10)今上登極尊崇舊德仍授守太師中書令推誠奉國功臣大寧郡開國侯食邑二千五百戶食實封一千五百戶
(11)公之爲人也謙和畏愼慈惠恭儉而口不道非法之言身不爲非法之行以是行已亦以是待人故在官視事四
(12)十有二年於公家無纖芥之失其在近官十有年在誥院十有一年在兩府十有一年公之爲政也不肯輕變
(13)祖宗之法又不肯作爲新法以擾風俗其在致仕十年憂國之心無減於在位之日故門人弟子朝夕謁見則當
(14)以輔國之道語之多不及私語於戱公之道德功業自有三韓以來固無倫比矣公娶李氏封慶原郡大夫人先
(15)公二十六年而卒公終不更娶子男二人長曰源今爲試尙書右丞次曰溱今爲試考功郎中皆以門蔭而仕女
(16)四人長適禮部侍郎宋琰封大寧郡夫人次適門下侍郎平章事李資謙封朝鮮國大夫人次適吏部郎中文
(17)公美封大寧縣君次適中書侍郎平章事柳仁著封大寧郡夫人其孫衆多不可勝記也門人登仕郎尙書刑部
郎
(18)中知制誥兼太子司經韓忠謹記公之行事與世譜爲其行狀廼略而爲墓誌取爲銘曰　文宗聖世賢人衆多得
(19)公尤喜寵嬖無他　宣宗繼統用公未至於穆　英廟任公勿貳有大施爲同心一志登庸其崇冢宰之位

(20) 上方御極公在於家尊崇舊德寵命日加位極一品台座熒煌年至八十富貴壽康家慶有餘公孫復始有初
(21) 有終盡善盡美海深弗測地厚莫量惟公道德與之可方維男維女官封有章三韓世族孰與並昌元功懿
(22) 實久而弥芳墓有誌銘傳之無疆
(23) 　　大宋政和六年歲在丙申冬十月　日　　誌

〔揭載〕『韓國金石文追補』、九二―九三
『韓國金石全文』中世上、五五三―五五六
〔參考〕『高麗史』九六 崔思諏傳
朴龍雲、「高麗時代의 海州崔氏와 坡平尹氏 家門 分析―高麗 貴族家門 硏究(一)―」(『白山學報』二三、一九七七)

一五、崔繼芳 墓誌銘

所在 서울 國立中央博物館(No. 本 八〇三五)
年代 睿宗十二年(宋 政和七年、一一一七)

(1) 高麗國守司空[左]僕射叅知政事和順崔公墓誌銘 并序
(2) 登仕郎尙書戶部郎中知　制誥兼太子司經　賜緋魚袋韓　沖　撰
(3) 洪範五福曰壽曰富曰康寧曰攸好德曰考終命人而有此五福而貴者未甞見之
(4) 矣今於金紫光祿大夫檢校司徒守司空尙書左僕射叅知政事判三司事柱國崔
(5) 公目之矣公饗年七十二歲豈不壽乎世祿有重豈不富乎善保大和□無疾□豈
(6) 不康寧乎性所好者唯道與德豈不攸好德乎知進知退能終天期而無夭豈不考

(7) 終命乎公大師諱士威之曾孫也昔在　穆宗之世姦臣擅權將以社稷歸于異姓
(8) 而　聖祖顯宗得繼　大祖之位而傳正統於萬世者大師之所衛也故三韓已來
(9) 之功臣孰能與於此乎漢書所謂慶流後裔者也公生於重熙十四乙酉年厥初生
(10) 也父視之曰此兒必繼大師之芳故名之曰繼芳及其壯也相者柳公亮聞其語聲
(11) 曰此人今雖無位後必大貴矣公諱繼芳字復時姓崔氏其先出於水州三韓之大
(12) 族也曾祖諱士威三重大匡推忠同德盡節衛主匡國功臣開府儀同三司守大師
(13) 內史令漢南郡開國侯食邑一千五百戶贈謚貞肅祖諱忠恭御史中丞追贈尙書
(14) 右僕射考諱惟恕試尙書工部員外郞追贈戶部尙書妣金氏封樂浪郡大夫人中
(15) 樞使兵部尙書元晃之女　明懿大后母之姉也其先新羅人也有弟三人一曰尙
(16) 之出家爲慈恩宗僧統次曰贇今爲工部尙書三司使次曰僉爲大府寺主簿早卒
(17) 有一妹適戶部尙書兼大子詹事金沇公少有大志而數奇故就成均之試而不得
(18) 中會　順宗爲太子入侍於東宮翼衛多年至於大康癸亥年　順宗即位以其功
(19) 辶爲內臣至於　宣獻兩朝亦不離於近職壽昌元年乙亥　聖考肅宗受□即位
(20) 公以　皇后之戚尤蒙寵眷凡諸供進膳食特命公監之　上謂左右曰朕知某之
(21) 忠故使監朕之所食　皇后自內召公曰　上之所命公其愼之吾亦恃公之忠□
(22) 厥後歷官中外□於日九之遷越乙酉年冬十月　上方登極褒寵溢厚不數年□
(23) 至於宰輔夫是之謂積善之家必有餘慶公侯之孫必復其始者矣公之爲人□□
(24) 柔勤儉忠孝而被服操履甚於寒儒故事母至孝有老萊之遺風蒞官行事能盡□

(25) 心不以□[險][易]其節其待人也溫恭而有禮其於已也儉而有法不營營於利欲實
(26) 可謂淑人君子也天慶三年癸巳歲年當六十九乞骸得請退安于家越丙申年[夏]
(27) 六月乙丑以疾而薨殯于闕東普通寺　上聞之慟焉輟視朝賻贈有厚賜謚曰和
(28) 順越壬申權葬于城東長峯山越明年春二月甲申其子等更卜吉於城西面西方
(29) 岬之左麓移葬焉嗚呼孝哉公娶閔氏封龜城郡夫人試閤門祗候諱寧之女其先
(30) 剛州人也子男二人長曰諴少以門蔭登仕然有志於爲文而抗表請試中天慶四
(31) 年殿前乙科被召入爲近臣今爲寫經院判官次曰觀奧出家女一人適監察御史
(32) 崔□氵□□□□之人也識公行事尤詳敢錄其世譜及諸行止□事爲行狀又略
(33) 而爲墓誌銘曰
(34) 顯宗社稷　大師功臣　有後於國　維公其人
(35) 厥初生也　父視有言　是兒必貴　能嗣祖門
(36) 名玆在玆　盡善盡美　相者聞聲　□□□位
(37) 始糸震邸　翼衛有功　隨龍而仕　昵侍九重
(38) 肅宗受禪　王室重興　公爲后屬　獘擢尤增
(39) 超翔右職　絕類離倫　上方登極　肺附其親
(40) 優游有密　愼發樞機　爰立作相　爕理不違
(41) 名遂而退　復性自怡　箕範五福　唯公得之
(42) 大師門閥　巍然復開　子孫萬世　顯哉承哉

(43) 大宋政和七年歲次丁酉二月　日書手石　麟書

〔揭載〕『韓國金石文追補』、九三—九五
『韓國金石全文』中世上、五五六—五五九
〔參考〕朴龍雲、「高麗時代 水州崔氏家門 分析」(『史叢』二六、一九八二)

十六、任懿 墓誌銘

所在　서울 國立中央博物館(No. 本 一三八一二)
年代　睿宗十二年(遼 天慶七年、一一一七)

(1) 貞敬公墓誌銘(題額)
(2) 高麗故[佐][理][功][臣]三重大匡開府儀同三司檢校太傅守太尉門下侍郎同中書門下平章事判尚書刑部事上
柱國
(3) 致仕貞敬任公墓誌銘
(4) 文林郎寶文閣校勘軍器主簿同正皇甫　翰　撰
(5) 公諱懿字忠恭姓任氏羅州定安人也尚書工部員外郎贈太子太傅諱顯之子母曰陽原郡大夫人李氏公擧
進士
(6) 中咸雍六年　御試丙科授秘書省校書郎遷國原公府典籤太康八年以例出掌忠州牧書記　宣宗即
位召
(7) 爲神虎衛錄事叅軍兼直翰林院入內侍管奏不三歲試閤門祇候累遷禮部員外郎賜緋銀魚改右司員外郎

太安

(8)十年以吏部郎中御史雜端知制誥爲中樞院右副承宣賜服金紫　肅宗之立有逆黨捕討狼藉朝廷皆寒懼重

(9)足時公以中書舍人爲右承宣出入禁中言色自若人有以宿憾誣毁公者　肅宗雅知公醇正無它不聽遂命公

(10)告嗣事于北遼使還拜朝散大夫刑部侍郎充史館修撰壽昌二年以攝司宰卿出爲全州牧使理有聲入拜大僕卿

(11)諫議大夫六年奉使中朝爲公副者冒貨利公笑視之不少介意擧止中矩宋人目敬焉及還　上嘉其廉拜御史

(12)大夫歷礼兵二部尙書大子詹事乹統四年判御史臺事俄拜同知樞密院事明年轉院使吏部尙書兼大子賓客判

(13)三司事　今上踐祚拜檢校司徒尙書左僕射叅知政事判樞密院事知六年貢擧前是場屋選題多被譏議至有

(14)諠譁動主司改試及公出題理切時事而語新有據所取亦一時名士學者以爲美談明年加開府儀同三司柱國判

(15)尙書刑部事又明年加檢校大保中書侍郎同中書門下平章事是時　國家新破東女眞置九城而虜常來爭我?

(16)師屢北元帥尹公瓘吳公延寵並罷就第虜亦乞和九年七月授公節鉞以今相國金[公]副之往諭女眞還侵地

諸將
(17) 在外久苦戰聞有命收兵便雜燒器仗欲弃城脫歸公至?令止之曰虜雖乘勝亦莫吾測今苟謀收入無辞以示
强後
(18) 必生患於是召虜酋諭以逆順禍福之說甚辯虜皆叩頭誓天曰復得舊地足矣敢有非心願世世不爲寇公乃
發卒
(19) 檢?戰俻資糧空其城墮毁之然後還其地虜人至奉老幼歸之無敢攘奪者抵今國賴以寧旣還權判尙書吏部
事十
(20) 年以三重大匡守大尉門下侍郎同中書門下平章事上柱國致仕天慶四年賜號佐理功臣明年加[檢]校大傅
享年
(21) 七十有七以七年五月壬子卒于家　上震悼輟朝贈謚曰貞敬即以其年八月甲申葬于京城北八德山公
爲人
(22) 廉正謹愼歷事三朝出入險夷未甞有小過尤爲　宣廟寵遇然不以榮貴驕人立朝論議迎究事幾當時或
不盡
(23) 用已而歷歷驗之果如公言居家不營產雖兒婦與語不狎給待賓客淡如也久而益親及老乞骸唯以點檢方
藥看
(24) 佛書爲樂甞笑語人曰吾念生平百爲乃一夢也至臨終無疾苦倏忽如瞑遂逝矣嗚呼可謂篤行君子也公娶
贈衛
(25) 尉寺卿李齊頲之女封樂浪郡夫人子男二人長元淑閤門祗候季元敱國子監主簿女二人長適左司郞中陳

嘉猷

(26) 次適秘書少監御書檢討官李珦公之葬也其孤元敳屬翰以銘辝不獲已乃爲文曰

(27) 公於宣廟　實謂遭時　人不厭貴　其恭可知　李黨之誅　讒言相扇　□卒以完

(28) 其忠可見　東事旣失　衆危而兢　公出一定　其功可稱　位列三公　年過七十

(29) 終始靡愆　其節可立　名與實副　行與謚形　有如不□　請考斯銘

〔揭載〕『韓國金石文追補』、九〇—九一

『韓國金石全文』中世上、五四九—五五三

〔參考〕『高麗史』九五　任懿傳

藤田亮策、「高麗任懿墓誌」(『朝鮮金石瑣談』、『青丘學叢』十九、一九三五：『朝鮮學論考』、一九六三)

朴龍雲、「高麗時代의　定安任氏・鐵原崔氏・孔巖許氏　家門　分析—高麗　貴族家門　研究(二)—」(『韓國史論叢』三、一九七八)

十七、尹彥榮 妻 柳氏 墓誌銘

所在　日本　京都大學　綜合博物館(No. 二九一—一)

年代　睿宗十二年(遼　天慶七年、一一一七)

(1) 河源郡君柳氏墓誌(題額)

(2) 儒林郎尙書禮部員外知　制誥李　德允　述

(3) 夫人姓柳氏其先本河源郡今承天府也故

(4) 銀青光祿大夫檢校太傅守司空門下侍中
(5) 上柱國匡肅公之第四女　明懿太后之
(6) 弟也少有賢行以癸未年歸門下侍中文敬
(7) 公鈴平伯天水公第三子左司郎中尹彥榮
(8) □無爲內行閑靜接內外宗族皆有法祖內
(9) 史門下侍郎平章事判尙書刑部事上柱國
(10) 襄毅公諱韶妣樂浪國大夫人金氏外祖檢
(11) 校太子太師中樞院使兵部尙書諱元晃皆
(12) 出國之盛族　明懿太后　肅宗朝之
(13) □妃而　今上之聖妣也夫人爲國之大
(14) 舅而貴寵雖至而心不自矜而善室家之政
(15) 至天慶七年丁酉七月七日忽然病作即其
(16) 日卒於私第年三十九己未以天慶七年十
(17) □□六日葬靈骨於京北山普賢嶺東永期
(18) □□□銘曰　貴而不矜兮□謂之德仁
(19) 　□□□□誰使之然　顏容逝兮花落流
(20) 　□□□□□婺光在天

〔揭載〕『海東金石苑』補遺二、六九三－六九七

『韓國金石全文』中世上、五五九ー五六〇

一八、劉載 墓誌銘

所在　未詳（日人 舊藏）
年代　睿宗十四年（宋 宣和元年、一一一九）

(1) 卒守司空尙書右僕射判工部事定懿公銘
(2) 公姓劉氏諱載字君濟大宋泉州溫陵人也自丱角好讀
(3) 書著名鄕校甞語人曰君子以不家食吉吾豈瓠爪也哉
(4) 慨然拂衣至于海東時　宣宗大安五年也上知其來試以
(5) 文藝喜見于色初命叅監門衛軍事　肅宗即位超拜右
(6) 史兼三字東宮侍讀旣而掌南省禮闈得士百餘人其所薦
(7) 拔擢占上第者多矣甲申春自禮部侍郎諫議大夫同知
(8) 貢擧選士獲三十餘人皆一時英彥至今舘翰多出門下故
(9) 時人咸曰公之知人監若神明後進儒生多以此稱美之天性
(10) 純直不事矜餙風雨不渝歲寒一節致位文昌相守司空
(11) 遽有知止之心援經請老優遊里巷享年六十七歲於戊
(12) 戌三月十五日順受而逝　今主上聞之震悼賻贈金穀賜
(13) 謚爲定懿公勑百官會葬已亥三月二十六日改葬于北山之陽

(14) 長男通事舍人及次男主簿升卿泣請僕紀其行狀僕出
(15) 公門下不敢固辭勉爲之誌其銘曰
(16) 展也劉公　來自皇宋　文章禮樂　惟公一新
(17) 作輔文昌　善終而逝　遺文尙在　學者有師
(18) 銘以紀德　永示無極
(19) 　己亥三月二十六日門人尹伊錫述進士林謙書

〔揭載〕『海東金石苑』補遺二、六九七—七〇〇
　　『韓國金石全文』中世上、五六一—五六二
〔參考〕『高麗史』九七 劉載傳

一九、柳子維 墓誌銘

所在　서울 國立中央博物館(No. 本 一〇四八八、一〇—七)
年代　睿宗十四年(己亥、一一一九)

(1) 銀青光祿大夫檢校司徒守司空尙書[右]?
(2) 僕射判工部事良平公柳氏之室
(3) 公諱子維己亥十一月二十四日卒
(4) 詔御事備葬具兼
(5) 贈謚册

〔揭載〕『韓國金石文追補』、二四一—二四二
　　『韓國金石全文』中世上、五六二—五六三
〔編者註記〕『高麗史』十三 睿宗 世家 八年 十二月 條의 記事에는 柳子維가 尙書右僕射判工部事에 임명되었다는 기록

이 나온다。 따라서 本文 第三行의 己亥年은 睿宗十四年(一一一九)이 될 것이다。

二〇、(僧) 柳祀雲 墓誌銘

所在 未詳(日人 舊藏)
年代 睿宗一五年(庚子、一一二〇)

(1) 弘護寺住持等觀僧統墓誌銘幷序
(2) 諱祀雲俗姓柳氏世爲大族祖邦
(3) 憲內史令贈謚貞簡公父周鐸尙
(4) 舍奉御大平十一年始生八歲而
(5) 依華嚴出家至十二年受具戒又
(6) 二十四年而赴選爲大德累加以
(7) 至僧統其道行才辯翕然有名於
(8) 時大覺國師一代宗匠之是一也
(9) 亦嘗從而學訓之又　文宣二
(10) 王皆召致　大內與之爲師以嘗
(11) 問經義洎　宣王莅位爲創弘
(12) 護寺未訖垂崩當今　聖主以
(13) 爲主者而公應其選其見尊於當
(14) 世如此以乾統四年歲次甲申十
(15) 一月二十五日乙未端坐化于方
(16) 丈越明月三日壬寅弟子等依本
(17) 法焚之收其骨以翌年七月二十
(18) 五日庚申藏于五冠山麓因銘之
(19) 片石以志之
(20) 歷五朝而福聖代　生兮氣之聚
(21) 鎭一國而爲僧[統]　死兮氣之離
(22) 忽乎何適　唯有枯骨
(23) 芸乎何之　墳如在玆
(24) 千秋万歲

(25) 勿毁勿移
(26) 改葬庚子年八月十四日壬午
（裏面）
(27) 師自太平十一
(28) 年辛未始生重
(29) 熙甲午王輪寺
(30) 選後至乹統甲
(31) 申示化春秋七
(32) 十四利世之間
(33) 不離講下侍終
(34) 學徒三百人中
(35) 通經對義法理
(36) 實行一百餘人
(37) 略銘記

〔掲載〕『韓國金石文追補』、二六六—二六七
『韓國金石全文』中世上、五三五—五三七

二二、朴景仁 墓誌銘

所在　서울 國立中央博物館(No. 新 五八二七)
年代　睿宗十七年(宋 宣和四年、一一二二)

(1) 章簡公墓誌　清寧三年丁酉生
(2) 公諱景仁姓朴氏字令裕其先北京都尉朴赤烏
(3) 自新羅入竹州爲察山侯又入平州置十谷城等
(4) 十三城歸于弓裔主厥後子孫蕃昌自　我大祖
(5) 統合時至于今不絶繼嗣公自幼博通經籍有文
(6) 章傑然見稱於世擧進士第稟性剛確有不可奪
(7) 之志自任以國家理乱之體遇事敢言爲當塗者
(8) 所忌歷事四朝踐揚言責文翰之任居多演潤忠
(9) 言讜論雅合　上意　上許公以忠諫智謀有大
(10) 臣之節將有大用之意礼待甚厚擢置樞密而以

(11) 風痺之疾累上表乞解機任而不允特　賜名醫
(12) 御藥以診視之累加礼部尙書守司空判翰林院
(13) 事又引年乞退　上益褒嘉加光祿大夫檢校太
(14) 子太保守司空左僕射叅知政事判礼部事太子
(15) 少師修國史令致仕厥疾大漸不幸而於辛丑年
(16) 六月二十九日薨于燒身寺　上聞之哀悼降使
(17) 吊祭誄書賜諡曰章簡遂命有司礼葬于城東大
(18) 德山之西麓今遷葬于牛峯郡屯伊山以東麓公
(19) 曾祖諱曰朴琮少府監皇祖諱曰忠厚大子大保
(20) 皇考諱曰寅亮左僕射叅知政事諡曰文烈公兄
(21) 弟八人位皆顯達子二人孝廉今國舅李相之壻
(22) 孝先右承制金牀平之壻妻銀川縣君趙氏都官
(23) 員外郎倫簡之女也兄弟子孫足以光大文烈公
(24) 之後也偉歟積善之家必有餘慶爲不誣矣時壬
(25) 寅年二月十七日誌　門人韓　即由　撰

〔揭載〕『海東金石苑』補遺二、七〇〇—七〇三
『朝鮮金石總覽』上、三〇三—三〇四
『韓國金石全文』中世上、五六三—五六四

〔參考〕『高麗史』九五 朴寅亮傳 附 朴景仁傳
鄭淸柱、「新羅末·高麗初 豪族의 形成과 變化에 대한 一考察—平山朴氏의 一家門의 實例 檢討—」(『歷史學報』一一八、一九八八)

二三、李氏 女 墓誌銘

所在　서울 國立中央博物館(No. 新 五八九〇)
年代　仁宗元年(癸卯、一一二三)

(1) 癸卯九月二十一日故李氏女辛未生
(2) 土命同年十月二十七日丙午葬此

〔揭載〕『海東金石苑』補遺二、七〇四
『韓國金石文追補』、二五二
『韓國金石全文』中世上、五六五—五六六
〔編者註記〕十月二十七日이 丙午가 되는 癸卯歲는 仁宗元年(一一二三)이다。(『韓國史』年表、震檀學會編、一九五九 및
『海東金石苑』補遺二、七〇四의 註記 참조)

二三、王字之 妻 金氏 墓誌銘

所在 서울 國立中央博物館(No. 本 八六〇九)
年代 仁宗八年(宋 建炎四年、一一三〇)

(1) 黃驪郡夫人金氏故[尙]書吏部尙書叅知政事王字[之]
(2) 之妻考檢校大子少師廷砥祖檢校大師將作監子華
(3) 曾祖檢校司空尙書右僕射慶廉平生心奉內敎不飮
(4) 酒醴不茹葷血於大宋立炎四年庚戌七月十日感疾
(5) 卒享年六十有八夫人有一男有一女男毅爲尙書工
(6) 部員外郎娶判將作監事徐鈞之女女適尙書刑部侍
(7) 郎李公儀以是年八月二十六日葬于臨江縣細谷□
(8) 西山之原夫之塋北其銘曰
(9) 猗歟夫人 溫柔育德 宜于室家 慶流胤息
(10) 命也有涯 天奪其魄 已矣平生 万世窀[穸]

〔揭載〕『韓國金石文追補』、九五
『韓國金石全文』中世上、五九二
〔參考〕藤田亮策、「高麗王字之妻金氏墓誌」(『朝鮮金石瑣談』、『青丘學叢』一九、一九三五:『朝鮮學論考』、一九六三)

二四、徐鈞 墓誌銘

所在 서울 國立中央博物館(No. 新 五八一三)
年代 仁宗十年(金 天會十年、一一三二)

(1) [高]麗國卒朝散大夫判將作監事致仕濮陽公
(2) 徐鈞其先利川郡人大宋淳化三年成宗即位
(3) 之十二年契丹伐我入北鄙上幸安北將割地以畀
(4) 嶺爲關公之曾祖中書令章威公曦獨發憤揮
(5) □力排其議方一戰自決未幾虜折簡召元帥
(6) □□難之左右無可行者公慷慨義形於色因請
(7) 行奏曰臣往則彼必退矣無勞聖情乃以孑然一身
(8) 冒賊百万圍中與虜帥抗衡不屈指陳人義虜
(9) 爲之喪膽而遁國家至今全有西北千万里地賴其
(10) 力也故家世皆以强蔭取卿相數矣而況公寬
(11) 厚莊重而有守其中者猶泰山莫之能移也嘗

(12) 出宰于興礼中原大率寛平清簡邑稱其理
(13) 自後國家數遣使沙汰清濁凡經郡牧者陰相
(14) 投刺獨公自若也以如彼功力之後有如是德行之實
(15) 位不過卿監世所惜也然猶桑楡之晩樂其退休未
(16) 甞有歉然之色而居常樂也內尤信大慈悲藏大金
(17) 天會十年壬子春秋七十三無疾而登假十一月三日安
(18) 葬于白岳山之麓祖惟傑左僕射考靖平章事
(19) 妣金氏平章事元鼎女也公娶李氏給事中唐鑑
(20) 之女也生男六人生女四人次序名位鏤之于
(21) 背矣銘曰　徐氏之世　于列有光
(22) 惟公之偉　大臣之方　言寡行敏
(23) 動靜有常　陰功厚德　厥後必昌
(24) 誌其髣髴　庶幾無疆

(裏面)

(25) 長元成佛都監判官次潁觀玄
(26) 化寺□紫大師恭[景]靈殿[判]
(27) [官]次□□□□同正次□內侍授
(28) 書郎同正次□春坊公子女四人長

(29) 適金?□之西面判官□辛丑冬十
(30) 月先公而死次適王毅前試兵
(31) 部郎中次適李淑晨前內侍試
(32) 尙衣直長次適高陽堅書籍店錄
(33) 事孫男九人孫女七人皆幼唯長女
(34) □□永□□爲春坊□使□
(35) 天會壬子冬十一月日書

〔揭載〕『海東金石苑』補遺二、七一三—七一六
『朝鮮金石總覽』上、三三四—三三五
『韓國金石文追補』、九六(長元成佛都監 墓誌銘)
『韓國金石全文』中世上、六〇三—六〇六
〔參考〕張東翼、「高麗墓誌 四例 檢討」(『大丘史學』十九、一九八一)

二五、王演 妻 福寧宮主 王氏 墓誌銘

所在 서울 國立中央博物館(No. 新 五八五四)
年代 仁宗十一年(宋 紹興三年、一一三三)

(1) 海東福寧宮主贈謚莊簡墓誌銘 并序
(2) 将仕郎前右正言知 制誥臣金 精 奉 宣撰
(3) 公主乃

(4) 肅廟第四女也聰敏孝謹善事佛雖則王姬亦下嫁
(5) 於晋康伯也猶執婦道以成肅雍之德及其大節有
(6) 不可奪則古之宗室賢女其何以加焉歲在癸丑乃
(7) 大宋紹興二年五月庚辰以疾卒享年三十有八以
(8) 癸丑歲七月癸酉葬于京山西北之麓銘曰
(9) 天子之女兮如月在望乘彼白雲兮至于帝鄉雖欲追而
(10) 不可得兮風蕭蕭兮天蒼蒼一言以誌兮千萬歲其可忘

〔揭載〕『海東金石苑』補遺 二、七〇五—七〇六
『朝鮮金石總覽』上、三三五—三三六
『韓國金石全文』中世上、六〇六—六〇七
〔參考〕『高麗史』九一 公主 肅宗四女 福寧宮主傳

二六、張文緯 墓誌銘

所在 서울 國立中央博物館(No. 本 一三八六八)
年代 仁宗十二年(甲寅、一一三四)

(1) 檢校禮部尙書守試司宰少卿賜紫金魚袋張公墓誌銘
(2) 權知四門博士金吾衛錄事叅軍事芮樂全述
(3) 公諱文緯姓張氏洪川人也□大父渭□尙舍奉御同正大父瑨尙舍

(4) 奉御父齊望檢校軍器少監□公少擧成均試又以高祖蔭籍于胥吏
(5) 凡□走六官尙篤學不倦應□累策于省試不中及召入內侍省間一
(6) 年詣殿試擢進士第初赴乇□有政績遂調明福宮錄事三遷爲四門
(7) 助[敎]出管靜邊分道軍事以□略境人例當坐免　公前此從軍督戰
(8) 斬首六級鹵牛馬四十三頭□捕鄉人背者男女十三人
(9) 上以此寬之遷掖庭內謁者□遷崇明府注簿不久授試閤門祗候知
(10) 樹州時州民飢荒　公省力役使民服公田不闕者斬菱苑播厥穀連
(11) 歲大穰以充賦貢又州之東郊厥土泉濕江水或決農失歲功
(12) 公乃掘地二千五百許步以等水行民不受其害矣秩滿遷試司宰丞
(13) 兼樞密院堂後官又遷中書[注]書天慶八年拜權知監察御史屬按察
(14) 使以樹州理狀聞是年拜眞御史歷西京留守通判刑工二部員外郞
(15) □□州牧都官員外郞戶部郞中爲試司宰少卿散秩禮部尙書享年
(16) □十有三終于家維甲寅歲十一月二十七日壬申卜葬于帝京西南
(17) □開城府境地山其孤進士忠正請銘以葬其銘曰
(18) □□張公　一代之雄　旣仕而顯　又壽而終　已矣已矣　惟名無窮

〔揭載〕『韓國金石文追補』、九六－九七
『韓國金石全文』中世上、六〇七－六〇八

二七、安稷崇 墓誌銘

所在 서울 國立中央博物館(No. 新 五八一四)
年代 仁宗十三年(金 大德元年、一一三五)

(1) 朝議大夫工部尙書三司使致仕安公墓誌銘
(2) 公諱稷崇其先大祖時功臣大匡安樂洞州人也曾祖諱仁
(3) 表檢校少府監祖諱鼎和追封少府監皇考諱申祚追封
(4) 大子大傅皇妣金氏樂浪郡大夫人國子祭酒左諫議大夫尙
(5) 賔之女也公性溫雅寬厚少好學文中南宮選肅宗即政三
(6) 年上命中書舍[人]尹瓘等使入宋詔選名士以補下節公
(7) 被擧隨行越庚[辰]歲入內侍給使公舊諱稷謂上見公才
(8) 器欲崇用之賜今名焉逮至甲申中第初受將仕郎良
(9) 醞丞同正睿宗即政四年擢式目錄事累歷華秩至癸
(10) 已歲奉使入宋及還天子賜上以大晟新樂[至]?今郊享宗廟
(11) 奏之者此也乙未歲拜權知祗侯翌年以殿中內給事通判
(12) 西京留守政滿拜監察御史至□以吏部郎中遷中書
(13) 舍人丙午二月上欲行醮祀公被讀詞之命入齋于省是夜

(14) 會有賊臣犯闕上御神鳳樓欲安輯之公不離盡忠輔
(15) 導及賊放火焚□□出御南宮人皆奔匿公親奉車駕
(16) 小無他腸賊執仗衛一皆殺之公獨免焉者賊亦知公
(17) 素守忠義故也上以此益重之於□月授刑部侍郎知制
(18) 誥一年三遷歷國子祭酒左諫議大夫未戌年間再掌
(19) 西北面兵馬事位□工部尙書三司使洎甲寅冬懇乞
(20) 骸骨上重違所請仍令致仕許以見任之半俸階至朝
(21) 議大夫勳至檢校大子大亻乙卯四月二十三日以壽終享
(22) 年七十於二十九日茶毗于涌嵒山之東五月初二日拾
(23) 遺骨其年八月十九日葬于松林縣境內炬峯山東
(24) 麓公娶守司空左僕射判工部事柳子維之第二女也子
(25) 男二人長曰居中少中丙第今爲樹州判官禮賓主簿次
(26) 曰居正獲承官廕加將仕郎良醞令同正有一女適將仕郎
(27) 良醞令同正李文著嗚呼惟公之終始罕有比焉有
(28) 志之士以此期之銘曰
(29) 公之素守　惟義與忠　險夷不易
(30) 賊不害公　進無超越　退不廢窮
(31) 始終無悔　罕有比豈　人臣之道

(32) 貴此中庸　託筆誌銘　以[輝]幽宮

〔揭載〕『海東金石苑』補遺二、七一六—七二〇
『韓國金石文追補』、九七—九八
『韓國金石全文』中世上、六〇九—六一一

二八、鄭沆 墓誌銘

所在　서울 國立中央博物館(No. 新 五八四六)
年代　仁宗十五年(南宋 紹興七年、一一三七)

(1) 高麗國故禮部尚書知樞密院事鄭文
(2) 安公墓誌銘
(3) 公諱沆字子臨其先本東萊郡人也考
(4) 諱穆攝大府卿祖諱文道曾祖諱之遠
(5) 皆爲本郡戶長母高氏封上黨郡夫人
(6) 檢校將作監諱益恭之女也大府府君
(7) 有四子曰濟曰漸曰澤公則季也濟未
(8) 顯早卒漸澤皆以文章材幹有名于朝
(9) 公幼而敏悟學若夙成大府府君最所
(10) 鍾愛年二十三擧進士及第　肅宗臨
(11) 軒覆試擢寘第二人俄屬內侍出爲尙
(12) 州牧掌書記秩滿　睿宗召復內侍授
(13) 直史舘移直翰林院轉神虎衛錄事軍
(14) 器主簿皆兼翰林院天慶六年春受
(15) 旨爲執奏處心平直出納惟允俄轉將
(16) 作大府主簿權知閤門祗候明年拜右
(17) 正言知制誥論事鯁亮不避權貴當途
(18) 者忌之以殿中內給事通判全州牧召
(19) 還爲左正言知制誥轉右司諫時
(20) 今上初即位元舅李資謙當國忌大臣

(21) 不附已者及朝中剛正之士誣罪盡逐
(22) 之下遷公爲殿中內給事累遷禮部員
(23) 外郎復知制誥丙午夏李氏敗以刑部
(24) 員外郎權知承宣未幾轉禮部郎中餘
(25) 並如故明年即眞　朝廷新去大蠹百
(26) 事草創公悉心獻納多所釐革　上亦
(27) 倚以爲重尋加試禮賓少卿殿中秘書
(28) 少監左副承宣充史館修撰官賜金紫
(29) 服又進右承宣禮部侍郎翰林侍讀學
(30) 士大子左諭德大宋紹興三年掌成均
(31) 試遷朝散大夫左承宣吏部侍郎又除
(32) 國子祭酒翰林學士知制誥兼大子左
(33) 諭德明年同知貢擧得士之盛前無與
(34) 比尋爲秘書監樞密院知奏事兼大子
(35) 左庶子俄試國子監大司成餘並如故
(36) 公前後以恩及勞累散官至大子大保

(裏面)

(37) 會　朝廷多故　上欲大用公以究其材
(38) 而病奪其命嗚呼痛哉公爲人學無所不
(39) 通然未嘗以氣待物聰明辯博而守之以
(40) 嘿剛果正直而行之以和遇人恂恂惟謹
(41) 而不可干以私其在　上前持大議論必
(42) 傅經義辨奏亹亹不窮　上每咨重焉又
(43) 久處近密練達朝廷規制凡求墜典逸禮
(44) 者皆就公訪焉既疾　上差御醫官二人
(45) 護視比疾革下　批爲通議大夫知樞密
(46) 院事禮部尙書翰林學士承旨知制誥以
(47) 示平日欲大用之意　詔下而卒實紹興
(48) 六年十一月二十七日辛卯也　上聞之
(49) 震悼爲不視朝賻祭有加等贈謚文安粤
(50) 十二月十三日火其柩于京城南彰信寺
(51) 南山之麓收遺骸權厝京北山寂炤佛寺
(52) 至明年閏十月十二日庚午遷葬于松林
(53) 山丁向之原禮也漸刑部郎中御史雜端
(54) 澤給事中大子賛善大夫與公皆年止五
(55) 十七歲吁其異哉公之平生一無所愧而

(56) 行已履德亦無蹇于道者其遭時遇
(57) 君如此其密而年不及耆壽位未登宰輔
(58) 使其所蓄不克大施于天下凡知與不知
(59) 所以悼痛咨嗟而未旣者以此也公娶王
(60) 氏左僕射叅知政事景烈公諱國髦女也
(61) 累封江陵郡夫人生子男四人餘皆早夭
(62) 其季曰嗣文以蔭爲將仕郎良醞丞同正
(63) 今相國任公壻也女三人長適侍御史知
(64) 制誥崔惟淸次適內弓箭庫判官李綽昇
(65) 次適內侍戶部員外郎金貽永
(66) 銘曰
(67) 壽吾不知　命亦偶然　胡畀之德
(68) 而薄其年　端遇于聖　位弗究焉
(69) 惟德之茂　惟聖之遇　年位薄厚
(70) 夫豈足顧　嗚呼後之慕我公之德
(71) 者來我玄堂之路而已

〔揭載〕『海東金石苑』補遺二、七〇七—七一三
『韓國金石文追補』、九八—一〇〇
『韓國金石全文』中世上、六一一—六一六
〔參考〕『高麗史』九七 鄭沆傳

二九、李公壽 墓誌銘

所在 日本 東京大學 大學院 工學系研究科 建築學專攻研究室
年代 仁宗 十六年(戊午、一一三八)

(1) 推忠衛社同德功臣三重大匡開府儀同三司檢校大師守太傅門下侍中判尚書吏禮部事西京留守事監修
國史上柱國致仕贈謚文忠李公墓誌并序

(2) 男朝散大
夫翰林侍讀[學]士樞密院右承宣尚書左丞知制誥 賜紫金魚袋 之氏 撰
(3) 公姓李氏其先信州人也□三世祖兵馬使大匡奇平出守邵城因家焉邵城後改仁州今爲[仁]州人也公諱公
壽字元老本諱壽及爲相加公焉公在童丱已不凡外祖文
(4) 和公嘗撫其頂謂諸孫□□兒當遠到非爾輩所及既長喜讀書工爲文早入國子監試後以父蔭爲良醞令非
其好也去而學進士中大安二年及第爲弓箭庫判官累遷
(5) 金吾衛錄事試大學[博][士]直翰林院及 睿廟爲皇太子以選爲詹事府主簿不數日遷試司直明年拜右拾遺
知制誥其年冬奉使契丹還朝以殿中內給事通判黃州徙
(6) 爲西京留守判官明年□ 上行幸公盡力營辦供費充給而民不知擾 上嘉其能及旋駕特命公從行公辭
曰故事旋駕之日惟知留一人從之自副以下無與焉安可
(7) 儌異思以撓典常乎 上嗟異其言從之及秩滿入爲試禮部員外郞居二歲除試卽眞明年改刑部賜緋魚五
月御史臺因吏卒捕人致死事詆奏 上知非其罪復改禮
(8) 部乾統六年轉左司郞中又爲禮部左司二郞中遷秘書少監卽改司宰少卿知兵部事九年擢爲御史中丞賜
金紫明年遷兵部侍郞是時 上患府衛多闕謂宰相曰選
(9) 軍司兵馬所總誰□堪某任者宰相皆以公對故居是任首尾十四年至今雖虎夫悍卒語公之事無不嘆慕天
慶二年加延英殿學士未幾遷禮部侍郞翰林侍讀學士明
(10) 年改兵部復爲禮部加右諫議大夫居一歲遷朝散大夫衛尉卿知尚書都省事又爲秘書監知刑部事同知天
慶六年禮部貢擧歲中遷國子監大司成兼直門下省明年擢

(11) 爲右散騎常侍同修國史明年加工部尙書又明年夏改吏部十二月除右僕射未幾遷于左仍同修國史自初拜拾遺□至爲尙書皆知制誥唯再爲禮部員外日不兼蓋

(12) □經詆奏故爾□十有重望淹回侍從議者惜其脫矣而公處之恬如也甲辰冬　上知公可大用擢爲金紫光祿大夫檢校司空守司空叅知政事歲中加檢校司徒明年

(13) 進中書侍郎平章事判刑部事于時朝鮮國公擅權日久國不堪貳　上於時義不得已欲□之重其事問計於公公曰蔓草難圖然同惡滿朝勢難輕擧故待其便又問太

(14) 尉金公仁存亦同公議樞密副使智祿延等輕躁不能謀朝鮮公先事作亂遂逼　上出幸其居　上度勢難保密詔欲禪位於朝鮮公朝鮮公遣人傳示兩府相顧皆不知所

(15) 言公徐曰□　雖有詔國公必不如命叅政李公資德亦以公言爲然□□公聞之意沮其事遂寢是歲加守太尉門下侍郎移判禮部事一日公與平章事拓公俊京在省

(16) 拓公出一□紙視之乃　御札也云社稷方殆爾與平章事李某戮力公覽訖與拓公向□拜謝坐議移日其後拓公坐兵部議選公坐選軍司視事　上遣內人趙義走報

(17) 拓公事急□請入內拓公聞命即報公遂走入公亦隨走至廣化門已閉　上聞公至甚喜命開門隙內之二公相與定亂其夕　上還宮賜坐共食謂曰今日之事二公之

(18) 力也其□相我以底于成二公拜謝不數日除拓公門下侍中判吏部事拓公讓于公不受六月賜號推忠衛社功臣加三重太匡開府儀同三司守太保判吏部事後四日

(19) 加守太[傅]修國史上柱國明年六月又知禮部貢擧未幾改兵部兼[西]京留守使于?二月又改吏部遷監修國史戊申三月進加門下侍中公素患風痺又不樂與凶人同朝

(20) 居數□□罷甚堅章凡四上　上優詔允之辛亥七月加同德功臣以本官致仕公天資闓厚未甞以聲色加人
其事上以不欺爲忠其行已以勤儉爲心故其動靜纖悉謹
(21) 而有法至於臨大節偉如也是以天下之人論鉅人長者則必以公爲首噫公之仕也唯知公家之利不暇於他
及其得謝也日以讀佛書作佛事爲樂飮食起居尙康强不
(22) 衰至丁巳夏舊疾漸劇七月十六日薨于西方精舍　上聞之震悼輟視朝一日贈謚曰文忠以明年五月六日
葬于開城府牛峯郡押實村之南原曾祖贈門下侍中安敬
(23) 公諱翰妣樂浪郡大夫人崔氏祖贈司宰卿諱子祥妣河源郡大夫人柳氏考中書侍郞平章事文顯公諱預妣
海陵郡大夫人崔氏門下侍中文和公惟善之女也繼母上
(24) 黨郡大夫人王氏門下侍郞平章事懋崇之女也公早喪妣事之如已生公娶金氏衛尉卿寶威之女封樂浪郡
大夫人先公二十九歲卒子男六人長曰之氐樞密院右承
(25) 宣翰林侍讀學士尙書左丞知制誥次曰之幹良醞令同正先公二十四歲卒次曰之茂右司諫知制誥次曰之
惠與佛氏號討源了性重大師今住天冠寺次曰之懿尙舍
(26) 直長次曰之喆刪定都監判官先公十歲卒女二人長適兵部侍郞金永錫次幼卒孫男十八人其三早亡孫女
九人其一早亡嗚呼公平生百爲一無可忙意謂神之所勞
(27) □登上壽豈圖天降酷罰奄至於此攀號摧慕無復生意猶以嗣祭爲大苟延餘喘以至今日忍復以荒略不文
之辞銘諸泉壤乎然述先德示後世人子之所自盡也之氐
(28) 雖不肖其可不勉姑摭可以傳信于後者泣書其一二焉銘曰
(29) 遇泰之世　征吉乃通　犯難以濟　鮮克有終　公初筮仕　秉心維恭　密勿王事　蹇蹇匪躬　粤自

乙亥 至丁未冬 其間變故 僂數難窮 玉石俱碎

(30) 蕭蘭共傷 維公含德 渾大而方 不彼不此 我立中英 包承何愧 欲歙而張 投虎畀北 洗日飛光 百度旣正 四國是皇 不待年及 旋以弓藏

(31) 幅巾笑歎 綠野之堂 始終一德 孰得而名 典刑雖泯 尙有老成 謂冥飴背 必亨遐齡 今其逝矣 無復儀刑 維我諸孤 皇皇無依 班衣之樂

(32) 已矣永□ 蒼天何酷 降罰不遲 後雖千鍾 其亦奚爲 惟期樹立 不墮丕基 泣血以誓 銘以藏之

〔揭載〕 關野貞、『朝鮮古蹟圖譜』 七(朝鮮總督府、서울、一九一五)
『韓國金石文追補』、一〇〇―一〇三
『韓國金石全文』 中世上、六一六―六二〇

〔參考〕 『高麗史』 九五 李子淵傳 附 李公壽傳
藤田亮策、「李子淵と其の家系」(『青丘學叢』 一三・一五、一九三三・一九三四:『朝鮮學論考』、一九六三)
尹庚子、「高麗王室과 仁州李氏와의 關係」(『淑大史論』 二、一九六五)
金潤坤、「李資謙의 勢力基盤에 對하여」(『大丘史學』 一〇、一九七六)
金潤坤、「高麗 貴族社會의 諸矛盾」(『한국사』 七 무신정권과 대몽항쟁、一九七七)
李萬烈、「高麗 慶源李氏 家門의 展開過程」(『韓國學報』 二一、一九八〇)

三〇、李公著 墓誌銘

所在 서울 國立中央博物館(No. M. 四三〇一)
年代 仁宗十六年(南宗 紹興八年、一一三八)

(1) 故隴西公墓誌

(2) 君諱公著姓李氏父奉御師象祖卿

(3) 徽□曾祖叅政周憲外祖叅政祚仁
(4) 甲子年登第相次轉職外牧四政終
(5) 爲太子少保享年八十六時大宋紹
(6) 興七年十一月二十四日終于家平昔
(7) 常讀金剛盤若故無疾而逝越戊午
(8) 二月十七日藏骨于牛峯郡古兎城東

〔揭載〕『韓國金石文追補』、一〇三
『韓國金石全文』中世上、六二〇—六二一

〔參考〕藤田亮策、「簡單なる高麗墓誌銘三例」(『朝鮮金石瑣談』、『青丘學叢』一九、一九三五 :『朝鮮學論考』、一九六三)

三一、(僧) 王玄應 墓誌銘

所在　서울 國立中央博物館(No. 本 一二九二九)
年代　仁宗十七年(己未、一一三九)

(1) 高麗洛都歸法寺住持
(2) 見性寂炤首座玄應者
(3) 立都第十五王肅宗之子
(4) 也太歲下元己未二月十
(5) 三日甲子薨卒二十一日
(6) 壬申荼毗以三月初五日
(7) 乙酉拾舍利藏於八德山
(8) 陽地時姑洗五日記

〔揭載〕『韓國金石文追補』、一〇四
『韓國金石全文』中世上、六二一

〔參考〕藤田亮策、「高麗歸法寺玄應墓誌」(『朝鮮金石瑣談』、『青丘學叢』一九、一九三五 :『朝鮮學論考』、一九六三)

三二、(僧)朴聰諝 墓誌銘

所在 서울 國立中央博物館(No. 本 一〇四八八、一〇一九)
年代 仁宗十七年(己未、一一三九)

(1) 高麗國洪圓寺第七
(2) 代住持廣濟僧統諱
(3) 聰諝字梵眞俗姓朴
(4) 氏文烈公朴寅亮第
(5) 二子也亨年八十六
(6) 僧臘七十五下元甲
(7) 子五十六年己未夏
(8) 五月庚辰十七日丙
(9) 申在興王寺感德院
(10) 右脇而化二十三日
(11) 壬寅洪圓寺南道空
(12) 蘭若南崗茶毗收遺
(13) 骨七月己卯十九日
(14) 丁酉安措於靈秀山
(15) 弘護寺之西山

〔揭載〕『韓國金石文追補』、一〇四—一〇五
『韓國金石全文』中世上、六二二—六二三

三三、崔思全 墓誌銘

所在 光州 國立光州博物館
年代 仁宗十八年(庚申、一一四〇)

(1) 公諱思全字恤世姓崔氏其先耽津縣人也祖尙藥直長名
(2) 哲父將作監名靖皆以醫術進仕於朝公性質直忠正智
(3) 謀過人自少精於其術年十有五歲宣宗時召入殿內謂
(4) 曰醫者宜也十全爲上汝是上醫也因稱名曰思全御筆
(5) 賜之自是歷仕數代常見親信時外戚擅權政令私出
(6) 肆其惡於中外一國之民至於婦人小子擧皆疾首
(7) 相悲不忍荼毒上患之丙午春二月與一二大臣欲擧義
(8) 除害而賊臣先認犯闕以至宮室焚蕩上失所依
(9) 辟在私第受制於外家其時附外者立見功賞衞上者
(10) 反被流殺時滿朝卿士盡皆附外公獨不然忠誠奉
(11) 上終始一節時賊類益熾權臣跋扈將肆不測之謀上
(12) 稍認欲以全身遠害將讓位於外家公諫曰三韓者
(13) 三韓之三韓也非止陛下之三韓也先君太祖勤勞以致請
(14) 勿忽之上哭泣良久乃曰汝若復之生死而肉骨也公稽首
(15) 再拜密告以謀和誘彼黨之渠魁掃蕩凶類上謂
(16) 曰復正三韓載安宗社皆公之力也特下詔旨以爲三韓
(17) 後壁上功臣仍許子孫入仕公以功曾任守大尉門下侍郎
(18) 平章事年六十三引年乞退不居成功敬信佛法

(19) 不事産業至己未年三月六日以疾卒即收其骨越翼
(20) 年二月二十七日葬于城南薔薇山麓瓦谷欲遠其傳强

(裏面)

(21) 爲之銘曰
(22) 公之懿德 質直多謀 自少受業
(23) 醫家者流 十全之妙 爲上所優
(24) 常於寢殿 泮渙爾游 歷朝侍衞
(25) 終始不離 久結親信 益思護持
(26) 介然守節 夷險何移 有事必告
(27) 爲王蓍龜 屬當丙午 外戚專權
(28) 人多朋附 我獨不然 二月之災
(29) 効死王前 五月之變 以智圖全
(30) 元惡即除 衆疑頓息 家國益安
(31) 祖宗血食 顧此之由 惟公有力
(32) 忠衞之勤 示之罔極 媚玆一人
(33) 嘉乃丕績 錫寵于家 圖形於壁
(34) 人之云亡 厥譽愈赫 欲遠其傳
(35) 銘之在石

〔揭載〕『朝鮮金石總覽』上、三三六－三三八
『韓國金石全文』中世上、六二三－六二五
〔參考〕『高麗史』九八 崔思全傳

三四、(僧) 闡祥 墓誌銘

所在 서울 國立中央博物館(No. 本 一二九二八)
年代 仁宗十九年(辛酉、一一四一)

(1) 維歲次辛酉二月朔庚
(2) 午二十八日丁酉前玄化
(3) 高 寺住持僧統闡祥亡過人
(4) 乞不幸早終今用錢九万
(5) 麗 九千九百九十貫文買墓
(6) 地一段東至青龍西至白
(7) 國 虎南至朱雀北至玄武保
(8) 人張堅固見入李定度之
(9) 後不得轉有侵奪先有居
(10) 臺遠避千里之□□□

(裏面)

(11) 急急如律令勑

〔揭載〕『韓國金石文追補』、一〇六
『韓國金石全文』中世上、六三三－六三四
〔參考〕藤田亮策、「玄化寺住持闡祥墓誌」(『朝鮮金石瑣談』、『青丘學叢』一九、一九三五:『朝鮮學論考』、一九六三)

三五、(僧) 王澄儼 墓誌銘

所在 日本 東京國立博物館(No. 二六七九三)
年代 仁宗十九年(南宋 紹興一一年、一一四一)

(1) 故圓明國師墓誌
(2) 承事郞試尙書禮部侍郞翰林侍讀學士知 制誥賜紫金魚袋臣權 適奉 敎撰
(3) 國師諱澄儼 始名澄信 睿廟時以避 大宋皇帝御諱故特 賜改名
(4) 肅廟第四子也母曰明懿大后柳氏生有異質雖金玉玩好交
(5) 於前而恬不以爲顧八歲於大遼壽昌三年丁丑詣京南興王
(6) 寺投大覺國師四年戊寅落髮於明慶殿受具於佛日寺自
(7) 是服膺學問通華嚴大旨乾統二年壬午受 命住重光寺
(8) 五年乙酉 詔除僧統賜号福世 睿廟時累住洪圓開泰歸信
(9) 寺天慶八年戊戌特 詔住興王寺己亥因疾辞興王有 旨移住崇善
(10) 寺辛丑復住歸信及 今上嗣位 詔加五敎都僧統丙午退居歸信先
(11) 是師雖歷住名藍而以宗親之故特留京師但遙領而已至是
(12) 知外戚擅權欲危 王室超然有遁世之志抗章乞退
(13) 上優詔從之遣中使護送其時宗室名臣相踵斥逐而師獨

(14) 泰然不及於難時人以此服其先知辛亥　上旣平禍乱乾
(15) 断萬幾遣中使召還京師居興王寺凡十餘年以師太叔之
(16) 尊禮遇弥渥大宋紹興十一年大金皇統元年辛酉春正月
(17) 師甞謂門人曰吾壽不過今年聞者莫測其所以至四月
(18) 十二日忽感微疾門人以日者之言欲移居以避之師曰吾大
(19) 期已至避之何爲遂不出十八日夜夢日將墜于地以手捧
(20) 之詰旦因以所夢語門人曰吾果不起矣二十一日入滅顔色如
(21) 平時享年五十有二　上聞之震悼不視朝三日册贈國
(22) 師謚曰圓明　勑吊會葬一如大覺故事二十八日茶毗
(23) 于興王寺城西天德山之南麓五月二十三日收骨奉安于承天
(24) 府藥山村之北原仍　命臣適爲之銘曰　生王宮　入佛域
(25) □□□　兩全德　提一乘　福邦人　天不憖　返其眞　□無常
(26) □□□　一彈指　三世具　宅兆吉　神遊安　一塵中　大涅槃

〔揭載〕 關野貞、『朝鮮古蹟圖譜』七（朝鮮總督府、서울、一九三五）
『朝鮮金石總覽』上、三四二ー三四四
『韓國金石全文』中世上、六三一ー六三三

〔參考〕 『高麗史』九〇　宗室一　圓明國師澄儼
葛城末治、「興王寺圓明國師墓誌」（『朝鮮金石攷』、一九三五）

三六、崔學鸞 墓誌銘

所在　日本 京都大學 綜合博物館（No. 一四四二）
年代　仁宗二〇年（壬戌、一一四二）

(1) 墓誌
(2) 儒林郎檢校大子
(3) 大保行試尚舍奉
(4) 御賜緋魚袋崔學
(5) 鸞和順縣人也考
(6) 翼臣監察御史母
(7) 金氏封丹陽郡大
(8) 夫人公以文章取
(9) 仕歷任中外官至
(10) 尚舍奉御而卒享
(11) 年七十一壬戌正月十五日葬于
(12) 若頭山東麓云

〔掲載〕『海東金石苑』補遺五、九三〇－九三一
『韓國金石全文』中世下、一〇四七

〔編者註記〕 이 墓誌銘이 作成된 年代는 元宗三年(壬戌、一二六二)으로 비정되어 왔다。그러나 『高麗史』 一五 仁宗 世家 三年(一一二五) 五月 條에는 「壬申朔 遣司宰少卿陳淑·尙衣奉御崔學鸞如金」이라는 기사가 나오고있다。따라서 이 銘文 第(11)行의 壬戌年은 仁宗二〇年(一一四二)으로 비정되어야 할 것이다。

三七、(僧) 朴敎雄 墓誌銘

所在 未詳(舊 慶尙北道 聞慶郡 山北面 金龍里 金龍寺 寫本所藏)
年代 仁宗二〇年(金 皇統二年、一一四二)

① 卒國淸寺住持了說演妙弘眞慧鑑妙應大禪師墓誌銘
② 師諱敎雄字應物鎬京人其先朴氏年九歲投長慶寺禪師釋贇落髮大安五年於佛日
③ 寺受戒性自少精敏學祖心印禪法比壯通念曉析叢林中無不推美贇禪師沒謁雙峯
④ 寺禪師翼宗爲師會大覺國師肇立台宗募集達摩九山門高行釋流方且弘揚敎觀開
⑤ 一佛乘最上法門宗禪師樂聞其敎遂就學焉師亦隨之自以爲其時於是學智者大師
⑥ 所說五時八敎三諦三觀之旨固已不離其傳名聲大振乾統九年國家始闢台宗大選
⑦ 使國師主盟別白善否升黜之詳而師褎然爲擧首答在上上品授大德五年授大師赴
⑧ 太選弁師又在上品詔爲國淸寺覆講師發明經論傳法學徒數年于玆天台宗旨欝而
⑨ 復發窒而復通无何宗禪師入寂門弟以身徇利皆紛競適他唯師守正不爲執遷時有
⑩ 一宗長以師傑然獨立不禮於其門爲疾將害之而未果適乘時執事貶住洪州白嵓寺
⑪ 寺在山谷間虎豹之害往往有之師恬然自若住七年許行益修德益進非但發揮宗旨

⑫旁探華嚴瑜伽性相言諦以至儒墨老莊醫卜陰陽之說無不窮其源而涉其流一日往
⑬遊伽耶寺見瑜伽論百卷廢古藏中俛仰嘆息負而還歸讀之尤謹師之用心而后可知
⑭己天慶五年中圓明國師聞之謂師之德行可以範儀於當世以薦帝左右睿考於是授
⑮三重大師仍轉華藏寺是歲大旱於長齡殿說法會以祈雨命吾師與大禪師嗣宣爲主
⑯伴演揚蓮花六比權實之源渙然氷釋未始有畛域睿考聽而悅之賜貼袈裟各一領藏
⑰經道場賜紫己亥歲轉住三乘寺明年授禪師又賜官誥一道及衲掩脊一領上即位賜
⑱紫繡貼袈裟一領仍轉月峰寺又轉外帝釋院至乙卯歲轉住國淸寺仍授大禪師賜滿
⑲繡袈裟一領並官誥一道庚申歲京師旱詔至日月寺主講妙法蓮花經以祈雨至講藥
⑳草喩品一地一雨之比大雨越皇統二年七月十六日疾坐龍樹院西閣嗽口焚香與門
㉑弟子言溫溫如平常俄而入室向西端坐而化年六十七以八月初五日闍毗于城西靑
㉒枀西岑十月十四日葬骨於城東若頭山鷲頭寺東南峰銘曰
㉓塊然獨立置其滑涽惟寂惟寞自本自根心傳迦葉一笑彌溫深造自得目擊則存後遊
㉔台嶺入不二門了悟玄鏡見曉衆昏釋林楨榦敎海淵源鑱之于石誓不可諼
㉕門人禪師四員三重九員重大師大德道官入選學徒竝一百三十有四人
㉖　皇統二年壬戌十月十四日　謹誌

〔揭載〕『朝鮮金石總覽』上 附錄、五五八—五六〇
『韓國金石全文』中世上、六三四—六三六

三八、(僧) 世賢 墓誌銘

所在 서울 國立中央博物館(No. 新 五八〇六)
年代 仁宗二一年(金 皇統三年、一一四三)

(1) 維皇統三年癸亥歲五月朔丁巳七日癸亥高麗國
(2) 賢世師大重三能妙持住寺川校檢寺王興
(3) 歿故亡人乞人前一萬万九千九百九十文就
(4) 嘉件與得買邊一十稷社母土后父天皇
(5) 田周流一頃東至靑龍南至朱雀西至
(6) 白虎北至玄武上至蒼天下至黃泉四至分
(7) 陸張人保了明神地天任分財錢日即明
(8) 李定度知見人東王公西王母書契人石
(9) 上飛契書簿主金人契讀書切
(10) 天讀契人入黃泉急〻如律令

〔揭載〕『海東金石苑』補遺二、七二〇―七二二
『韓國金石全文』中世上、六三六―六三七
〔參考〕藤田亮策、「玄化寺住持闡祥墓誌」(『朝鮮金石瑣談』、『靑丘學叢』十九、一九三五:『朝鮮學論考』、一九六三)
〔編者註記〕이 墓誌의 (2)·(4)·(7)·(9)行은 文章을 거꾸로 하여 글자를 새겼다。뒷면에는 銘文을 새기다만듯、앞面과 같은 (1) 維~國 (2) 興~歿 (3) 故~天 (4) 父后土母 (5) 得의 글자가 똑바로 쓰여져 있다。

三九、許載 墓誌銘

所在 서울 國立中央博物館(No. 新 五八七七)
年代 仁宗二二年(甲子、一一四四)

(第一石)

(1) 卒開府儀同三司檢校大保戶部尙書致仕許公　墓誌銘并序

(2) 　文林郞試尙書禮部侍郞知　制誥賜紫金魚袋金　精　撰

(3) 維甲子歲四月十六日吾友試禮部員外郞

(4) 許純移書于僕曰吾父亡矣請爲之銘予知公

(5) 甚詳不敢辭焉公諱載字壽康孔嵒人也[曾]

(6) 祖玄於　景宗朝擧進士中甲科尋拜儒?[林]郞

(7) 攻文博士別有功迹爲功臣贈少府少監祖[元]中

(8) 乙科拜內史舍人知制誥考正官至大倉丞不

(9) 幸早夭妣金氏贈江陵郡大夫人年八十五而終

(10) 公早孤事母善孝然家貧母老不能繼祖業遂

(11) 飮恨乃托外高祖三韓功臣金公兢廉門蔭爲

(12) 吏自兒童凜然若成人常以守節奉公立志

(13) 肅廟在宥時出任鐵州防禦判官理行第一及

(第二石)

(14) 還京輦入內宧遂爲　睿廟所深知凡事之

(15) 大小關乎國體者皆預焉洎　睿廟用事東

(16) 鄙公以兵馬錄事從之往往有雋功偉績越一

(17) 日拓定九城以兵馬判官入守吉州其時九城中
(18) 唯吉最近虜境以故虜攻之日甚元帥與僚屬
(19) 皆奮然欲救之至于再至于三遂不尅於是虜
(20) 乘勝日以勁兵來功其城幾爲虜所敗公獨出
(21) 奇令人一夜督置重城訖虜皆膽落乃退公嬰
(22) 城固守凡一百三十餘日矣虜遂納款請和甚切
(23) 國家開許然後反　命噫三軍得完首領皆公
(24) 力也　睿王以謂祖宗時雖有元與慈州之
(25) 固守莫之先矣於是備禮陛見勞慰甚
(26) 厚常次擢用今　主上即位嘗論功詔曰惟
(27) 守吉之尤難外援未來賊攻漸急城壞將陷
(28) 勢迫甚危力窮難支計無從出卿乃躬督
(29) 疲卒密築重墻橫身登陣冒矢捍敵以二
(30) 千之餘衆却六萬之銳鋒俾師有庸唯
(31) 爾之力故　我聖考將大用而未果逮于
(32) 寡人念膚公而不忘乃累加奬拔位至守
(33) 司徒中書侍郎同中書門下平章事判尙書
(34) 兵部事越丙午歲大內有變公以至誠衛

(35) 社但孤直無術而不遜遽爲當時用事者所
(36) 沮然　上深知公無他姑欲寧群議乃貶豊
(37) 州防禦使公恬然不以爲憂一切蒞事有
(38) 踰少壯時且豊城在西海濵與皇宋大遼

(第三石)

(39) 等兩國通路甚邇國初築城以備不虞而
(40) 太平日久無復爲慮由是墻壁皆爲風雨所
(41) 漂迫鞠爲茂草民不聊生公慨然申報朝廷
(42) 得旨修復之凡一千三百四十餘閒遂作新
(43) 器械以待暴客又報朝廷以近道州郡輸
(44) 轉米留納上件城永充軍資其餘獄頌若
(45) 決江河民到于今思之如父母及調滿拜兵
(46) 部尙書致仕公天賦疾惡如仇讎不避權貴
(47) 故多有忌憚者遂乘隙逗遏　王命公謂
(48) 死生禍福天也曾不芥蔕但數年閒俸祿
(49) 頓絕止賣財資以備日給若將終身焉賴
(50) 諫官言事改授開府儀同三司戶部尙書
(51) 依前致?仕?至乙卯歲西京叛　上命將討?

(第四石)

52)□西人閉城逆　命經年不降
53)上問群臣曰奈何群臣皆以出軍攻城爲
54)上策公獨上書云露師於外爲賊所擒
55)古或有之況西京臣嘗再從事留守其
56)城險固眞古所謂金城不可攻破宜築
57)城於傍藏兵休卒以待其降　上深
58)然之以其書付中軍兵馬使於是設五城
59)加以矩堙攻之然後乃降故　上深重
60)之然年旣老矣竟不牽復豈其命歟公
61)先夫人李氏生一男一女而沒封廣評郡
62)大君次娶崔氏生一男鈞母與子並早世
63)今夫人上黨郡夫人金氏事公謹順出
64)自至誠然無子亦可惜也公男純娶平
65)章事趙公仲璋女女適定州使閤門祇
66)候愼永鄰公享年八十三以是年
67)春二月日乙未薨于家三月十日辛
68)酉火葬于汀州界內東麓　上聞之

(69) 軫悼特加賻贈焉有 詔拜大傅至秋八
(70) 月十八日丁酉藏骨于此乃銘曰
(71) 白首一節 惟公其人 于彼東鄙
(72) 功業嶙峋 位登廊廟 自任經綸
(73) 遽然遭變 數歲固窮 時有一士
(74) 諫之以忠 群疑頓釋 俸祿乃豊
(75) 懸車故里 和易怡怡 蕭然化去
(76) 侍側莫知

〔揭載〕『海東金石苑』補遺二、七二二―七三〇
『韓國金石文追補』、一〇七―一〇九
『韓國金石全文』中世上、六三八―六四三

〔參考〕『高麗史』九八 許載傳
朴龍雲、「高麗時代의 定安任氏・鐵原崔氏・孔巖許氏 家門 分析―高麗 貴族家門 研究(二)―」(『韓國史論叢』三、一九七八)

四〇、朴宗夏 墓誌銘

所在 未詳
年代 仁宗二十四年(金 皇統六年、一一四六)

(1)朴宗夏興麗府人也官至登
(2)仕郞尙衣奉御同正壬戌十一月
(3)十八日以病終越仁宗末年皇統丙
(4)寅九月十七日營葬于此

〔揭載〕『朝鮮金石總覽』上、三四七(原 所在地가 平安南道廳이라고 밝히고 있다)
『韓國金石全文』中世上、六五三

四一、崔時允 墓誌銘

所在　서울 國立中央博物館(No. 本 八六〇七)
年代　毅宗卽位年(金 皇統六年、一一四六)

(1)安北大都護府副使借尙書戶部侍郞賜紫金魚袋崔君墓誌
(2)君諱時允字大和忠原人也曾祖光追封衛尉主夫祖阜追封
(3)神虎衛將軍皇考諱洪嗣守大傅門下侍郞平章事判吏礼部
(4)事贈諡貞敬公母新豊郡大夫人白氏君?幼以蔭職筮仕初拜
(5)景靈殿判官又補閣官歷位軍器主夫適會徵文見詆淹滯数
(6)年未甞形戚〃色以壯志自負久之朝廷知其輕狀遂差弓箭
(7)庫判官　睿廟嚮學於內中置淸讌寶文閣屢召學士大夫
(8)講論仍命宗匠爲記例賜宰輔時貞敬公懸車使公壻政堂文
(9)學京兆公富儀裁謝表〃中言及君无妄之災　睿廟覽表
(10)愕然感動即授與威衛錄事又遷試將作主夫再歷宣博二城

(11) 守及拜常叅官秩至尙書戶部員外郞歲在大金國皇統三年
(12) 以借戶部侍郞賜紫金魚袋爲安北大都護府守踰年又遷黃州
(13) 牧守因中書省論列不果行又踰年卒于任實皇統五年十一
(14) 月初七日也享年六十二歲方君之在疾長子權知式目都監
(15) 錄事宗夫聞之星夜奔　赴視疾藥療无効遂至奄忽嗚呼命
(16) 也夫君娶張氏戶部侍郞禹先之女子三人宗夫宗之宗恂宗
(17) 夫今爲奉元殿直權知式目都監錄事宗之以昌州防禦判官
(18) 在任早亡宗恂登司馬試又籍貞敬公蔭補胥史女四人長
(19) 適延慶宮錄事晋佐臣次適殿中內給事同正彭夢齡次適衛
(20) 尉主夫同正金伸抗次未嫁在室君婦張氏隨君赴所任先公
(21) 一年卒子宗夫赴喪拾遺骨畀?至京師置于城外天台寺朔
(22) 望奉祀不闕君又殂逝奉喪如初遂以皇統六年十月十八日
(23) 甲寅合葬于長端縣西北山之南麓礼也君性忠壯不苟
(24) 細未嘗區〃於世利伋〃於權貴仕至於郞位而止理或然也
(25) 然君父貞敬公橫步　宣肅睿三朝文章事業赫然炤人見
(26) 目爽人肝膽爲一時重望要其陰功隱德不以私產與民爭
(27) 利不以私賂與民枉法爲善之報其在後裔方未艾也銘曰
(28) 貞敬公之陰德未報於君身君以忠壯自處爵位未能極

(29) 臻誰其享之子孫振〃

(30) 時丙寅年十月十有八日前?□ 李元膺誌堉夢□書

〔揭載〕『韓國金石文追補』、一二一—一二二
『韓國金石全文』中世上、六四八—六六〇

〔參考〕朴龍雲、「高麗前期 文班과 武班의 身分 問題-高麗貴族 家門研究(三)-」(『韓國史研究』二一·二二合、一九七八)

四一、裵景誠 墓誌銘

所在 서울 國立中央博物館(No. 新 五八五一)
年代 毅宗卽位年(金 皇統六年、一一四六)

(1) 公諱裵景誠其先俠溪人也少以書筭筮仕甞
(2) 爲　睿宗潛邸時府吏至　龍飛初召入
(3) 內侍　上知其無它累加叙用　仁考卽
(4) 祚近侍如舊至癸卯春以試閤門祇候出爲南
(5) 京少尹秩滿復命未幾召還近侍遂加柄任甞
(6) 命掌奏數年之閒未甞有過失　上嘉焉至
(7) 戊午秋八月擢置樞近使之出納王命在職五
(8) 年以殿中監知御史臺事落承制職公怡然自
(9) 處　上亦察其無大失除授之際動兼臺諫
(10) 今上新卽政意欲用公卽加善慶府詹事居無
(11) 何不幸得疾醫藥無效卒于京城新和寺實皇
(12) 統六年九月十二日己卯也享年六十四歲曾
(13) 祖諱度追封軍器監祖諱緯左副承宣禮賓少
(14) 卿考諱寬攝尙書右司郎中妣曰皇甫氏齊安
(15) 郡大夫人公娶梁氏兵部侍郎惟竦之女先公
(16) 十七年卒男五人長曰晋尙衣直長同正曾任

(17) 水州倅次曰衍今爲安東府倅次曰就衞尉主
(18) 簿同正次曰俊戶部令史同正次曰曇晟學浮
(19) 圖氏女一人適閤門祗候徐恭子晋等以卒年
(20) 冬十一月二十四日庚寅葬于京畿江陰縣南
(21) 山之西麓公性平簡不嶮遇事能幹在公不害
(22) 人物對人從容以和以是歷事　睿廟仁考
(23) 不離侍從之列然官止左散騎常侍未即大用
(24) 所可嘆也至於兩朝皇宋一入天驕又爲東北
(25) 面兵馬使丈夫男子之事豈曰慊然哉昔蔡澤
(26) 曰懷黃金之印結紫綬魚腰揖讓人主之前四
(27) 十三年足矣若公者高游星官闊步樞庭可謂
(28) 當蔡澤之願矣銘曰　允矣我公　惟時顯人
(29) 　操心簡易　幹事端純　初際睿廟
(30) 　附翼攀鱗　迄逢仁考　旦暮是親
(31) 　翺翔近要　出納樞機　雲霄跌步
(32) 　大用淹遲　優游諫掖　氣意怡怡
(33) 　平生榮遇　孰謂無時　愷悌之仁
(34) 　宜享黃耉　未滿七十　不克多壽
(35) 　陰德在人　此銘不朽

〔揭載〕『海東金石苑』補遺二、七三八—七四二
『韓國金石文追補』、一一〇—一一一
『韓國金石全文』中世上、六五〇—六五三

四三、韓惟忠 墓誌銘

所在　서울 國立中央博物館 (No. 新 五八四五)
年代　毅宗卽位年 (丙寅、一一四六)

(1) 高麗國敬烈公墓誌銘

(2) 大中大夫檢校大子大師行殿中監知尙書都省事朴　景山　撰
(3) 匡國功臣金紫光祿大夫檢校太尉守司空中書侍郎同
(4) 中書門下平章事判尙書工部事姓韓名惟忠舊名杜字安
(5) 石淸州管內大興郡人也故檢校右僕射守尙書戶部侍
(6) 郎御書檢討官諱元卿之子追封右僕射守左司郎中起
(7) 居注知制誥諱僡之孫母五原郡太夫人李氏故中樞使
(8) 尙書右僕射翰林學士承旨知制誥諱令幹之子試殿
(9) 中內給事因孝之女也忽一夜夢中見大杜銜天因而
(10) 孕娠生公故以杜爲名公生而聰銳狀貌淸秀年十六就學
(11) 于外傅敎不煩而才術茂美年二十一中司成試二十五於
(12) 肅宗朝　睿宗龍潛儲位受命廷試多士公入赴令試中
(13) 爲乙科第二人及第初補南京留守官掌書記決事明白
(14) 吏不敢欺在任第二年　睿宗南幸嘉其政譽及三載
(15) 告成復于京師　上命屬內侍不數年拜御書校勘其
(16) 所管句事務無不精究故　上之所欲興立之事則必命
(17) 之　上遣使大遼公爲都部署復命歷八九年於戊戌歲
(18) 充入大宋行李都管句還國拜右正言知制誥俄而　上
(19) 愛其公之淸直欲使正人不離左右復隷于內侍以殿中

(20) 內給事奉命侍　仁宗潛龍時行宮位至禮部員外郞
(21) 而　睿宗不豫　仁宗爲太子年尙幼少侍中金緣入
(22) 內侍疾　上顧曰太子年少若撫軍國大事則誰可倚
(23) 賴侍中奏曰韓柱爲可及　睿宗上僊　仁宗嗣位奉
(24) 遺詔授公權知右副承宣凡其送終之禮事上之心莫不
(25) 盡誠時　母后之父國公專權用事公以喉舌之任意
(26) 欲規正國公惡其峭直誣奏其罪貶之南地公流落江
(27) 南數年忽夢中謁　睿廟從容承顧問而　上曰爾
(28) 改前名爲惟忠可矣旣悟丁寧不忘於心銘之丙午年國
(29) 公旣敗　上乃召還使見於　御前親加撫慰公奏在江
(30) 南時夢感聖考改名之事　上異之卽命爲惟忠再屬
(31) 內侍以至草奏又權承制仍拜樞密院副使乙卯年西京叛
(32) 逆公以上京中軍兵馬使選鍊軍士少忤征西元帥之意□

(裏面)

(33) 帥旣平西赴闕彈奏差爲忠州牧使三年調滿還京
(34) 少之拜工部戶部尙書俄遷守司空吏部尙書判秘
(35) 書省事又拜左僕射樞密使甲子年掌春闈精選
(36) 士流是年拜叅知政事乙丑年加授中書侍郞平章

(37) 事判禮部事未改職丙寅年春　仁宗升遐　今
(38) 上即位公居相府議論讜直未嘗自屈多逆人心
(39) 故又罷相位乃拜司空左僕射判秘書省事未出官
(40) 上再遣內人於私第屢加慰諭將欲復用而未果此
(41) 古人所謂直道而事人焉往而不三黜也是年秋遂
(42) 得疾年六十七卒于佛寺　上聞訃震悼下批
(43) 復舊職祭奠賻吊之儀悉皆備至諡曰敬烈公
(44) 命有司以公相之禮葬之予於朝廷士庶間聞之
(45) 雖有於公不喜之人訩訩之論莫敢以不法之事
(46) 誚之以此知公之生平志節也公娶故吏部尚書文
(47) 德殿學士知制誥金公諱商佑之第二女生四子四
(48) 女長子年二歲早夭二子文裕登及第科今爲監
(49) 察御史三子削髮爲僧入大選爲重太師今住持於
(50) 永福寺名文慧也四子文俊亦登科拜爲秘書校書
(51) 郎長女適左右衛錄事叅軍事劉光澤二女適試
(52) 供驛署令兼寶文閣校勘尹鱗瞻三女適內侍尚
(53) 書左司員外郎任克正先公弃世四女適知水州事
(54) 判官良醞令李鳳儀皆保家之主也予於公自

(55) 少相知頗熟公之平生粗序其迹又爲銘曰
(56) 赫赫韓公　道直不虧　盡忠於國
(57) 無苟於時　君子所是　小人所非
(58) 天不扶正　嗚呼可悲

〔揭載〕『海東金石苑』補遺二、七三〇－七三八
『韓國金石文追補』、一一四－一一六
『韓國金石全文』中世上、六五三－六五七

四四、崔褒抗 墓誌銘

所在　서울 國立中央博物館(No. 本 一〇〇八一)
年代　毅宗一年(丁卯、一一四七)

(1) 故秘書少監知兵部事兼大子中允崔公廟誌
(2) 公諱褒抗字汝岳故大師中書令揚簡公之裔孫也其先自狼川郡
(3) 遷于水州遂爲水州人也曾祖諱忠恭御史中丞祖諱惟諾追贈戶
(4) 部尙書考諱滋盛守司空中書侍郎平章事判兵部事母李故大師
(5) 中書令章和公之孫左司郎中資禮之女也公以門蔭初爲戶部主
(6) 事同正自少志于學善易莊老宣和辛丑調補麗澤齋生是　睿廟
(7) 之第十七年也未幾以行藝爲齋長至甲辰春中丙科第是　仁廟

(8) 即位之第三年也丙午始拜寶文閣校勘戊申三月召入內侍省居
(9) 數年　上坐內閣召儒臣檢閱四部文籍公以大臣子度量重厚具
(10) 於倫輩　上見而悅之尋掌出納之命自是大見寵幸廷臣莫與爲
(11) 比甲寅自大府主夫兼直翰林院擢爲權知閤門祗候累官至戊午
(12) 爲禮部員外郎充史館修撰官仍賜緋衣銀魚時　今上在潛邸方
(13) 選僚佐壬戌拜爲兵部郎中兼大子司儀郎仍賜金紫章服癸亥遷
(14) 試衛尉少卿甲子改秘書少監知兵部事兼太子中允至歲在乙丑
(15) 十二月十五日以疾卒于官享年四十七明年二月　仁宗亦晏駕
(16) 噫君臣遭遇古人謂之千載不其然乎公以才猷自結於　上事無
(17) 鉅細人無親疎　上輒以問公公盡誠以對多所裨益然語秘世莫
(18) 得知也値休沐出　上之見思惘惘若有失每朝對夕召必日昃夜
(19) 分然後罷　上必欲用公爲相其出爲南路按察使又爲西北面知
(20) 兵馬事者俾公周知四方利病所以備異日坐帷決勝之責也嗚呼
(21) 鼎丹欲就梁木先摧風雲會合一朝渙散命也奈何公在學時人有
(22) 相之者曰鶴相也法當貴然不離君側爾豈其中歟公娶工部尙書
(23) 李彥林之女生子三人女子四人長曰誠確以公蔭今爲戶部主事
(24) 同正餘皆幼丁卯歲十月日邵城居士李倸光誌

〔揭載〕『韓國金石文追補』、一一三－一一四

『韓國金石全文』中世上、六五七ー六五九
〔參考〕 朴龍雲、「高麗時代 水州崔氏家門 分析」(『史叢』二六、一九八二)

四五、崔婁伯 妻 廉瓊愛 墓誌銘

所在 서울 國立中央博物館(No. 新 五八四三)
年代 毅宗二年(金 皇統八年、一一四八)

(1) 皇統六年丙寅正月二十八日戊戌漢南崔婁伯之
(2) 妻峯城縣君廉氏卒於里第殯于順天院二月壬
(3) 寅火櫬于京城北朴穴西北崗緘骨權安于京城東
(4) 清涼寺其三年戊辰八月十七日葬於因孝院東北君皇考墓之
(5) 側婁伯誌其墓曰君諱瓊愛檢校尙書右僕射大府少
(6) 卿廉公德方之女也母宜寧郡大夫人沈氏君年二十五歸于我
(7) 生六子一男曰端仁二曰端義三曰端禮俱志學四曰端智度
(8) 爲僧一女曰貴姜適興威衞錄事崔國輔崔氏亡還在
(9) 室二曰順姜尙幼君爲人玲瓏謹肅頗識字曉大義言容
(10) 功行出人之右未嫁善事父母既嫁克勤婦道先意承旨
(11) 孝養吾先夫人內外親戚吉凶慶弔咸得其情人莫不以此

⑿ 多之昔我出倅貝州中原不憚跋涉偕至千里或從軍事
⒀ 守困寒閨屢寄征衣或預闔窖供饋有無凡從我于艱
⒁ 難二十三載之事不可殫記然不及事吾先君歲時伏臘每躬
⒂ 奠獻又嘗親自紡績銖積寸累手縫一衣或一褌每至諱旦
⒃ 設靈座拜獻仍隨赴齋衆多小作襪子并施于僧此最不
⒄ 可忘者平日嘗與我言曰子以讀書不事事爲尙吾以主家
⒅ 衣糧爲職雖復僶俛求之不如意者時或有之設或不幸
⒆ 他日我殞賤命而子饗厚祿動輒稱意無以我爲不才而
⒇ 忘其禦窮也言訖大息越乙丑春吾自司直傳右正言知制誥
(21) 君喜動於顏曰吾貧幾濟矣吾應之曰諫官非持祿之地君曰
(22) 儻一日子立殿陛與天子爭是非雖荊釵布裙荷畚計活亦所甘
(23) 心此似非尋常婦言也其年九月君疾作至丙寅正月疾篤而
(24) 逝何恨如之予於丙寅夏傳右司諫多十二月傳左司諫丁卯
(25) 春傳侍御史其年多貶禮部員外戊辰春傳禮部郎中仍授
(26) 淸州副使累遷官序繼食厚祿顧家衣食反不如君僶
(27) 俛求時孰謂君爲不才也君之將死遺囑於我及命諸子
(28) 言皆詣理多可聽者其死時蓋年四十七矣銘曰
(29) 尋 信 誓 不 敢 忘 未 同 穴 甚 痛 傷

(30)有男女如鴈行期富貴世熾昌

〔揭載〕『海東金石苑』補遺二、七四二—七四六
『朝鮮金石總覽』上、三五七—三五九
『韓國金石全文』中世上、六七三—六七五

〔參考〕朴龍雲、「高麗時代 水州崔氏家門 分析」(『史叢』二六、一九八二)

四六、權適 墓誌銘

所在 서울 國立中央博物館(No. 新 一一二六)
年代 毅宗二年(金 皇統八年、一一四八)

(1)高麗國朝議大夫檢校大子大保守國子祭酒翰林學士寶文閣學士知
(2)制誥賜紫金魚袋權公墓誌銘
(3)朝請大夫尙書左丞知 制誥金 子儀 撰
(4)公安東府人也曾王父戶長陪戎校尉諱均漢大王父追封正朝諱佐暹
(5)王父檢校大子詹事諱德輿公諱適字得正其爲人淸明坦夷表裏洞達
(6)口不言人過傃貧賤行乎貧賤傃富貴行乎富貴傃夷狄行乎夷狄此其
(7)志也十三歲已能屬文雖老儒宿學不得點勘十九是壬辰歲也試於有
(8)司作刑期無刑賦中格但論場未試而丁父憂知貢擧吳公延寵謂曰論
(9)雖未中格可擢爲丙第也服除公日與先生長者賦詩飮酒有過人之氣
(10)先生長者皆畏憚遊於淸平山文殊寺謁居士李公資玄居士許爲平生

(11) 道友甞於密室中授以禪訣及與衆僧談理皆所推伏二十遊北原開善
(12) 寺時有進士申毅夫夢一偉人來告曰明日謫仙到此及公至果驗其夢
(13) 故贈詩曰知君卽是神仙客暫謫人間作勝遊又於開善寺別舍讀起信
(14) 論卷未終軸感悟流涕凡讀書經目必記于心可謂聰正也已　睿廟選
(15) 公等五人遣中朝就學大上皇御筆賜詔曰朕嘉與高麗世濟其美能遣
(16) 生徒就學庠序爲臨便殿策試于庭親閱其文誠有可採內公文意俱善
(17) 擢爲第一依貢士第一人出身命官館伴使宣和殿學士朝請郞王公黼
(18) 同館伴使樞密院都承旨知客省事范訥奏臣等仰惟陛下將聖獨智灼
(19) 見理道大興校學恢復成周書攷論辨之豊聲教訖于四海政和五年高
(20) 麗嚮風請吏遣國之子弟金端等五人受業京師陛下納其誠心處之大
(21) 學爲之置師儒闢黌舍盛餼廩月書季攷歲簡其能教養之甚厚端等分
(22) 受五經夜以繼晷拳拳無怠越三年以行修藝成聞公爲最七年二月己
(23) 卯親策于庭諏以立政致理當世之務與箕子所陳洪範道之大原端等
(24) 援古今修對別有編綜更各自敍歸美報上之誠甚篤奏御旣乙夜之觀
(25) 爲洒宸翰□賞之三月庚寅臨軒崇政殿俱錫上舍及第釋褐命隨進奉
(26) 使李資諒以歸是歲廻國上悅之授左右衛錄事承務郞相次歷仕淸途
(27) 在國學不知其幾年也越壬寅年守溟州善理乙巳歲拜右正言知制誥
(28) 未幾上䟽出守陜府徙錦城皆有聲城南有木浦澄淸徹底及調滿赴闕

(29) 其浦還濁州人以謂淸政之驗也入爲禮部員外郞知制誥遷郞中兼大
(30) 子司經轉國子司業寶文閣待制賜紫金魚袋戊午歲出爲西京副留守
(31) 庚申十二月轉試尙書禮部侍郞翰林侍讀學士知制誥越翌年爲入北
(32) 朝賀上尊號使稱旨改試刑部侍郞餘如故壬戌三月爲同知貢擧取人
(33) 多賢皆公力也四月除試兼翰林侍講學士知制誥十二月改禮部侍郞
(34) 餘並如故癸亥五月以前歲祫禮應制功轉檢校禮部尙書十二月轉左
(35) 諫議大夫餘如故甲子正月以恩加檢校尙書右僕射二月出爲東北面
(36) 兵馬副使八月從事籍田?轉朝請大夫皇統五年遷試國子祭酒翰林學
(37) 士寶文閣學士知制誥乙丑拜爲西北面兵馬使四月加朝議大夫是月
(38) 除試七月轉檢校大子大保行本職享年五十三丙寅歲十二月二十日
(39) 卒于家殯于定光寺戊辰歲二月十三日葬于龍虎山之麓公娶盈德郡夫人
(40) 金氏生子男五人大方國學麗澤齋生衛尉主簿同正發眞興王寺學徒
(41) 敦禮良醞令同正敦信從佛剃落□□□襁褓女四人長嫁寶文閣修校
(42) 禮賓丞同正崔允仁其次嫁禮賓主簿同正皇甫偦二女皆未笄焉噫古
(43) 之人其生之暫來其死之暫往而已矣銘曰
(44) 久矣權公　超邁洒落　粤自兒童　凛若成人　應詔如宋　就學黌堂　歲未三周
(45) 術業大成　策試于庭　擢第第一　天子優詔　冠映古今　迨夫廻轅　中外瞻頌
(46) 睿廟欣然　特賜顔色　紫微玉堂　獨堂大筆　鸞臺鳳閣　綽有淸風　社稷之衛

(47) 邦家之光　不幸短命　有如顏回　一點靈臺　丹靑莫狀

〔揭載〕『海東金石苑』補遺二、七四六ー七五三
『朝鮮金石總覽』上、三五三ー三五六
『韓國金石全文』中世上、六六八ー六七一
〔參考〕葛城末治、「權適墓誌」(『朝鮮金石攷』、一九三五)

四七、金誠 墓誌銘

所在　서울 國立中央博物館 (No. 新 五八一九)
年代　毅宗二年(金 皇統八年、一一四八)

(1) 公諱誠字德元姓京兆金氏其先道康郡人贈檢校太子大師
(2) 錫符之子檢校太子大傅殿邦之孫尙書右僕射濮陽吳題之
(3) 外孫也公天資粹美年甫弱冠以明經擢第授秘書校書郞同
(4) 正倅德州防禦使三年以節?惠稱及　裕陵即位之三年丁亥
(5) 女眞警邊　上命公之母弟中書侍郞平章事吳延寵爲兵
(6) 馬元帥公爲幕下士有不來之死志及寇退以功調典廐令遷
(7) 大府注簿　本朝用人凡官至七品者皆遣守知州以故公亦
(8) 出刺寶城郡秩滿爲將作注簿以違忤貴勢又謫守順州尋入
(9) 爲大府注簿歷尙書都事遷監察御史爲西京分臺一周歲篇

(10) 而櫛垢爬痒民獲蘇醒其後以刑部員外郎左遷爲東京副留

(11) 守時東京多厄留守輙死公以忠義爲神明所相善政大成進

(12) 秩爲秘書丞及至　輦下改授兵部郎中三司判官俄遷衛尉

(13) 少卿知刑部事改爲秘書少監御書檢討官知戶部事公於經

(14) 術之外亦以吏幹爲已任爲　仁廟所深知故自卿寺以至爲

(15) 朝議大夫戶部尙書凡數年間屢被差出或以按察副使澄淸

(16) 東南列郡或以兵馬副使折衝千里或以察訪使激濁揚淸所

(17) 臨皆有能聲公爲人謹飭畏愼始自署令以至懸車歷二十三官

(18) 處事無毫釐過差又不接踵於權貴之門以取笑於氷山此豈明哲

(19) 能盡保身之道乎大金皇統七年丁卯十一月八日卒年七十二其

(20) 年十一月晦焚瘞于城南至翌年秋七月二十六日葬于松林縣

(21) 馬山西麓妻盧氏尙乘奉御盧格之女也生二男長伸沆文

(22) 林郞衛尉主簿同正娶戶部郞中淸河崔時允之女生一男一

(23) 女男襲祖門蔭繼丁庄爲後其季大齡承祖父業擢明經第

(24) 爲國學學諭國子祭酒權適每稱其爲人也大齡與禮賓丞同

(25) 正梁積中友善一日將家錄乞銘于積中積中不拒其請乃

(26) 爲銘曰

(27) 以經術進身而以吏幹聞宜乎其得志於　明君

〔揭載〕『海東金石苑』補遺三、七五五—七五八
『韓國金石總覽』上、三五六—三五七
『韓國金石全文』中世上、六七一—六七三
〔參考〕葛城末治、「金誠墓誌」(『朝鮮金石攷』、一九三五)

四八、金復尹 墓誌銘

所在 서울 國立中央博物館(No. 本 一二九二七)
年代 毅宗三年(金 皇統九年、一一四九)

(1)金復尹知寶城郡管內玉菓縣人也父舜次試閤門
(2)祗候祖瑨監察御史曾祖行昌殿中內給事外祖鞠
(3)具瞻尙乘直長同正世皆衣冠也好學篤志慨然有
(4)憂天下之心工於詩賦在戊戌年春得賢科第一
(5)人初仕黃州牧書記累官以借祗候爲東京留守
(6)判官管句學事以尙食奉御同正行大盈令至丙
(7)寅年七月初九日死於牖下其年□□□也始則□□
(8)于京師東鄙大德山西麓今葬骨于開[城]□東
(9)北馬川南麓妻鄭氏海州人也父守司空[尙]書右僕射
(10)上將軍旌叔宛然守節有子二人國子學生大節理

(11) 儒術將仕郞良醞令同正正弼從吏事並不娶餘錄

(12) 在家譜

(13) 時大金皇統九年己巳二月初七日 謹記

〔揭載〕 『韓國金石文追補』、一一八
『韓國金石全文』 中世上、六七九―六八〇

〔編者註記〕 이 墓誌銘의 主人公은 지금까지 尹知로 알려져왔으나、 金復尹이 분명하므로 바로 잡는다。『高麗史』 七三 選擧志 一科目一 選場 條의 睿宗 十三年(一一一八年、本墓誌銘 第四行의 戊戌年) 五月 記事에 나오는 及第者 金福允은 이 墓誌銘의 金復尹과 같은 人物인 듯하다。

四九、崔湧 妻 金氏 墓誌銘

所在 서울 國立中央博物館(No. 新 五八三四)
年代 毅宗三年(金 皇統九年、一一四九)

(1) 江陵郡大夫人金氏墓銘

(2) 夫人金氏其先海東溟州人新羅王孫也曾祖諱徵祐祖諱陽皆

(3) 出入淸顯位至僕射考諱上琦在 文宗時特以忠鯁見稱於朝

(4) 位至門下侍郞平章事判尙書禮兵部事監修國史上柱國謚文

(5) 貞公母漢南郡大夫人崔氏水州人夫人年二十有四歲適淸河

(6) 郡崔氏諱湧卒贈守司空左僕射叅知政事判工部事主□?郞守

(7) 大師中書令文獻公冲之曾孫中書令文和公惟善之孫平章事

(8) 良平公思齊之第三子生八男五女長女適少卿黃公偉長男弘
(9) 護寺住持三重俊流二男衛尉卿知工部閤門事允俶三男刑部
(10) 侍郞知御史臺事寶文閣直學士知制誥允儀三女長信宮主即
(11) 睿宗淑妃六男主夫允脩八男內侍主夫允偦餘皆早亡夫人年
(12) 至五十二有錦衾之歎孀居三十年以淸愼貞潔自守未嘗以世
(13) 累溺其心晨興嘗讀佛書非有疾故雖家人莫見惰容其高節美
(14) 行自有父風享年凡八十有一歲至皇統八年冬十月十三日遂
(15) 感疾卒于佛境院越明年己巳十月六日葬于義龍山之麓而爲
(16) 之銘曰
(17) 母子之情義無與比生不百年永以遐弃噫乎終哉卜此幽里勒
(18) 之爲銘以告千祀

〔揭載〕『海東金石苑』補遺三、七六一—七六四
『朝鮮金石總覽』上、三六二—三六三
『韓國金石全文』中世上、六八五—六八六
〔參考〕朴龍雲、「高麗時代의 海州崔氏와 坡平尹氏 家門 分析—高麗 貴族家門 硏究(一)—」(『白山學報』二三、一九七七)

五〇、鄭知源 墓誌銘

所在 서울 國立中央博物館(No. 本 九二二八)
年代 毅宗三年(金 皇統九年、一一四九)

(1) 鄭員外郞墓誌銘
(2) 大金皇統九年歲在己巳三月十三日聞友人榮陽
(3) 鄭君卒其子慥來告永固曰先生眞父執也請爲墓
(4) 誌銘以貽于後不則無以掩其幽永固掩泣而嘆曰
(5) 嗚呼吾尙忍銘吾交也夫乃不得已序而銘之
(6) 君諱知源字南老本江南晋陽人也北學[於]國有年
(7) 而乙巳春登丙第越己酉年出爲錦城管記及政滿朝
(8) 天入游內窋初拜祭器都監判官累遷監衛錄事大官署
(9) 令越壬戌年除試閤門祗候知昇平郡事使在郡以廉貞
(10) 寬大爲稱朝廷嘉之即拜中書注書又遷權知監察御
(11) 史翊年除權仍拜左正言知制誥丁卯年春出爲全羅州
(12) 道按察使其年秋　上幸長源宮再上諫□言及國家
(13) 利害事以此遷試尙衣奉御賜緋魚袋旣而左授尙書□
(14) [部]員外郞龍州防禦使噫君之平生止此足矣然以言
(15) 事不諱卒爲貶逐之餘聞命之日壯憤□□因而見終
(16) 則慥所以泣血含悲終身不忘者以此□□君往年夢
(17) 至一海島上其間宮殿壯麗因作其詩?曰扁舟渡海渺
(18) 溟間松栢森森□□山金碧□輝宮殿外芝田初見

(19) 鶴猶閑又云龍馭雲騎上雀□海水茫茫面面廻金殿
(20) 花開春不世塡門朱□指三台此詩眞神仙中語也
(21) 又君之文章膾炙人口雖片言一句皆俗客所不到處
(22) 則吾不知謫仙□也君饗年六十以勞傷之病卒于
(23) 南山中房寺四月初三日慥等護其柩出葬于京城
(24) 西山之麓卜吉日收拾靈骨以安別處至百日資薦
(25) 禮□將以安骨於宅兆慥等請銘銘者所以名前人
(26) 而燕孝子之心也於是爲銘曰
(27) 吁嗟君兮　壯志未行　銘礦石中
(28) 生有壯志　委骨泉隧　以示不毁
(29) 　此年八月二十三日葬于開城北村山麓埋于此石

〔揭載〕『韓國金石文追補』、一一八－一一九
『韓國金石全文』中世上、六八〇－六八二

五一、皇甫讓 妻 金氏 墓誌銘

所在　서울 國立中央博物館（No. 本 四二三四）
年代　毅宗三年（金 皇統九年、一一四九）

(1) 高麗國樂浪郡夫人金氏墓誌銘

(2) 夫人姓金氏其先新羅王之裔也皇曾祖諱周鼎
(3) 太子太保皇祖諱義琢中書侍郎平章事皇考
(4) 諱侯德監察御史母桂陽郡夫人金氏刑部侍郎左
(5) 諫議大夫九鉉女也適檢校右僕射守御史雜端皇甫
(6) 君讓君先室有一男一女夫人母之如己出皆先夫人死夫人
(7) 性忠謹凛凛有烈婦風至如女工尤所不懈既孀居垂
(8) 十五年撫家人以仁若有不如意者必以義断之不
(9) 能間言其待內外親戚無老幼賢否一皆賑拯越壬寅
(10) 年封樂浪縣君至甲辰年加郡君又於癸丑年拜郡夫人
(11) 是時大宋紹興三年大金天會十年也生二男長曰偆壬
(12) 戌年登進士第官至禮賓注簿同正次曰存癸亥年中
(13) 南省試第一皆聞人及皇統九年夏五月十日辛卯以
(14) 疾不起享年六十有五是月二十一日壬寅葬朝陽山
(15) 南麓姪寶文閣校勘南平黃文通誌之銘曰
(16) 嗟乎造物夫人將安歸壽宮鬱鬱白雲其飛庯
(17) 詎知憑虛馭氣蟬蛻乎塵垢之境而深造乎希
(18) 微子孫千祀德其有餘輝

〔揭載〕『朝鮮金石總覽』上、三五九－三六〇
『韓國金石全文』中世上、六八二－六八三
〔參考〕金蓮玉、「高麗時代 慶州金氏의 家系」(『淑大史論』一一・一二合、一九八二)

五二、劉邦儀 墓誌銘

所在　서울 서울大學校博物館
年代　毅宗三年(金 皇統九年、一一四九)

(1) 故三和縣令檢校軍器少監劉公□□□
(2) 公諱邦儀字安石中原郡人也父□□□
(3) 大子大師行閤門祗候冠母曰通□[郡]大
(4) 夫人吳氏公幼好學擢進士第始[娶]考功
(5) 郎中李仲衍女生子男一人女三人男曰
(6) 顥今爲大學生一女適令史同正洪正淑
(7) 其餘皆先公而死再娶殿中內給事李文
(8) 絳女生子男二人女一人今皆尙幼在戊
(9) 辰歲出爲三和縣令明年己巳夏六月以
(10) 疾卒于官享年五十八歲以其喪歸于京
(11) 以是年九月十八日葬于松林縣地而乃
(12) 爲銘曰
(13) 天之佑人　善積報厚　或及于躬
(14) 或至于後　嗟矣仁人　胡其不壽
(15) 子孫在堂　慶流不朽
(16) 　北國皇統九年九月日　誌

〔揭載〕『韓國金石文追補』、一一七
『韓國金石全文』中世上、六七七－六七八

五三、金氏夫人 墓誌銘

所在 서울 國立中央博物館(No. 本 一二九二一)
年代 毅宗三年(金 皇統九年、一一四九)

(1) 皇統九年六月二十日在西報卒昌
(2) 癸酉火藏西方坤下拾骨移安
(3) 桐華寺越十月十三日辛酉藏于
(4) 此樂浪郡君夫人金氏墓

〔揭載〕『韓國金石文追補』、一二六—一二七
『韓國金石全文』中世上、六七七

〔參考〕藤田亮策、「高麗樂浪郡君夫人金氏墓誌」(『朝鮮金石瑣談』、『青丘學叢』一九、一九三五：『朝鮮學論考』、一九六三)

五四、李資元 女 李氏 墓誌銘

所在 서울 國立中央博物館(No. 本 一二九九六)
年代 毅宗三年(金 皇統九年 一一四九)

(1) 慶源郡李氏女門下侍中昌和公子淵
(2) 之曾孫女也祖景德公諱顥父諱資
(3) 元官至司宰卿知御史臺事外祖姓金
(4) 氏諱景庸門下侍中襄懿公閱其家
(5) 世海東甲族也閨門敦睦夫婦婉順其
(6) 淑範懿行藹然稱于鄉黨生男二生
(7) 女三皆率訓義嗚呼仁者必壽不□短
(8) 命在戊辰七月初二日遇疾而卒越己巳歲

(9) 十月二十五日甃于江陰縣大良谷山麓　(11) 罔極云
(10) 宜哉其垂裕于後昆也永永與山　(12) 時皇統九年陽月念有五日記

〔揭載〕『韓國金石文追補』、一一六

〔參考〕藤田亮策、「李子淵と其の家系」(『靑丘學叢』一三・一五、一九三三・一九三四 : 『朝鮮學論考』、一九六三)
藤田亮策、「高麗李資元女李氏墓誌」(『朝鮮金石瑣談』、『靑丘學叢』一九、一九三五 : 『朝鮮學論考』、一九六三)
尹庚子、「高麗王室과 仁州李氏와의 關係」(『淑大史論』二、一九六五)
金潤坤、「李資謙의 勢力基盤에 對하여」(『大丘史學』一〇、一九七六)
李萬烈、「高麗 慶源李氏 家門의 展開過程」(『韓國學報』二一、一九八〇)

五五、元沆 墓誌銘

所在　서울 國立中央博物館(No. 新 五八三三)
年代　毅宗三年(金 天德元年、一一四九)

(1) 高麗國故朝請大夫檢校太子大保國子祭酒御書檢討官　賜紫金魚袋
(2) 致仕元公墓誌銘　權知國子博士朴　永文　述
(3) 公諱沆字天啓北原人也考諱冠追封大子詹事妣文氏長淵郡大夫人公生於大
(4) 康六年庚申至　睿宗即位二年丙戌擢進士第　上好文招禮儒士公以名學與
(5) 蒙　恩澤乾統末調陜州通判秩滿權知直史館遷御書留院官歷七八品爲猛州
(6) 副使　仁宗即位八年己酉以少府注簿兼樞密院堂後官曹務公平人人無訟世

(7) 以此多之十年辛亥拜試閤門祗候十一年壬子以殿中內給事爲西京留守判官
(8) 是年春　上西幸改授試尙衣奉御西人妙淸趙匡等疾公剛正讒之移南京少尹
(9) 未幾　上知之復舊職十三年甲寅隨　駕赴闕出爲安邊都護府副使解印由尙
(10) 舍奉御轉兵部員外郎改刑部員外郞夙夜在公　上稱之俄遷刑部郎中二十三
(11) 年甲子除司宰少卿是時　仁宗享國有年往往　聞公忠正無它擢爲試工部侍
(12) 郎有司以恒例沮之未行改授試將作監　今上即位元年丙寅拜試禮部侍郞除
(13) 試兼御書檢討官仍授朝散大夫國子祭酒餘如故三年戊辰加授朝請大夫十一
(14) 月累表乞骸以正三品祿歸老于家翌年己巳八月二十一日庚午卒于龍興寺德
(15) 賢院九月甲申葬于健德山之西麓時大金皇統九年也公爲人寬大長者揚歷中
(16) 外所臨有聲晩讀佛氏書淸淨爲務夫人宋氏一男二女昏嫁皆畢男燾以好學尤
(17) 工書著名于世年甫二十二歲登第歷靈州通判噫公之歿也行狀如是可不銘哉
(18) 銘曰
(19) 　公之平昔　堂堂威儀　直道而行　爲上所知　歷事三王　終始無虧
(20) 　公雖歿世　厥子肯基　惟其有之　是以似之

〔揭載〕『海東金石苑』補遺三、七五八—七六一
『朝鮮金石總覽』上、三六〇—三六二
『韓國金石全文』中世上、六八三—六八五

五六、尹彥頤 墓誌銘

所在 서울 國立中央博物館(No. 新 五八七〇)
年代 毅宗四年(金 天德二年、一一五〇)

(1) 中書侍郞平章事文康公墓誌幷序
(2) 朝請大夫右散騎常侍翰林學士知制誥賜紫金魚袋金 子儀 撰
(3) 皇統八年 上方圖任耆俊叅付魁柄粤十二月制誥
(4) 公進拜銀青光祿大夫政堂文學判尚書刑部事所以
(5) 命賜之優渥公拜手稽首讓不遂於是坐而論道爕理
(6) 陰陽庶幾內則董正百官外則鎭撫四夷使王道復行
(7) 以致萬世無疆之休翼年加中軍兵馬判事兼東北面
(8) 行營兵馬判事乃作新三軍訓鍊士卒未幾熒惑犯南
(9) 斗識者皆以爲相府必有事焉公九月三日欲坐軍營
(10) 乃出門體中頗不佳即還入與室語話閒遂化去殯于
(11) 廣濟寺年六十 上聞震悼輟視朝三日命有司護葬
(12) 贈銀青光祿大夫守司空中書侍郞平章事判尚書刑
(13) 部事柱國公諱彥頤字元老姓尹氏鈴平縣人曾王父

⒁ 贈軍器監諱先之大王父贈太子大保諱執衡王父開
⒂ 府儀同三司推忠佐命平戎拓地鎭國功臣守大傅門
⒃ 下侍中判尙書兵部事鈴平縣開國伯監修國史上柱
⒄ 國諱瓘贈文肅公入大廟配　睿宗公自眇齡凜然如
⒅ 成人手不釋書至不知飢渴寒暑凡所一見輒頌於口
⒆ 博學無所不通至於天文地理命書皆極其妙而未嘗
⒇ 與俗人遵文肅公顧曰必大吾門吾復可患乾統七年
㉑ 十二月以父蔭登仕忽因東北面行營兵馬使所奏出
㉒ 爲使令及攻加漢村旣震動敵兵急擊軍將潰亂公獨
㉓ 奉元帥以饒勇追之功乃成有司褒擧焉元帥即公之
㉔ 王父也癸巳爲刪定都監判官甲午春擢進士第一等
㉕ 乙未遷金吾衛錄事兼寶文閣校勘庚子轉詹事府司
㉖ 直壬寅直翰林院又徙殿中內給事十二月加禮部員
㉗ 外郞知制誥甲辰爲禮部郞中賜緋魚袋是日出守全
㉘ 州牧丙午應詔赴闕十二月歷戶部員外郞知制誥改
㉙ 右司諫餘如故加史舘修撰官又遷起居舍人改起居
㉚ 郞己酉遷禮部郞中知制誥丁未在秋官理獄獄空二
㉛ 十三日寃枉頓釋改吏部郞中餘如故遷國子司業寶

(32) 文閣待制知制誥賜紫金魚袋癸丑加東宮侍讀學士
(33) 餘並如故十二月遷御史中丞餘並如故極言利害彈
(34) 刻姦雄甲寅加禮部侍郎寶文閣直學士不久遷右諫
(35) 議大夫餘並如故嘗詣闕上萬言書悉陳古今之理亂
(36) 與夫時政之得失乃留中亦以進賢退不肖爲已任故
(37) 嘗薦刑部尚書文公公裕翰林學士權公適等數十餘
(38) 人欲斬妙淸白壽翰頭懸於國門以戒後人方大金全
(39) 盛欲使我朝稱臣衆議紛然公獨諍之曰主憂臣辱臣
(40) 不敢愛其死女眞本我朝人子孫故爲臣僕相次朝天
(41) 近境之人皆屬我朝戶籍久矣我朝安得反爲臣乎當
(42) 是時權臣擅命乃稱臣仍上誓表固非　仁宗出自淸
(43) 衷公甚慚痛焉比來大金勒兵圖我而內亂大作益知
(44) 公鑑識洞然早知將來之變也乙卯中西民叛　上命
(45) 公爲中軍佐公首立大策成功第一及丙辰凱旋被讒
(46) 貶于梁州理行最戊午　仁宗意解除授廣州牧使許
(47) 令權赴至庚申朝謝並得施行拜官訖謝表略云臣受
(48) 貶之夕臨行之時罔知得罪之端徒極積憂之抱及覲
(49) 中軍所奏曰彥頤與知常結爲死黨小大之事悉皆商

(50) 議於壬子年西幸時上請立元稱號又諷諭國學生奏
(51) 前件事激怒大金乘間用事恣意處置朋黨外人謀爲
(52) 不執非人臣意臣讀之再三然後其心稍安緊是立元

(裏面)

(53) 之請實爲尊主之誠在我本朝有　太祖光宗之行事
(54) 稽其往牒雖新羅渤海以得爲大國未嘗加其兵小邦
(55) 無敢言其失奈何聖世反謂僭行臣嘗議之罪則然矣
(56) 若夫結爲死黨激怒大金語言雖大甚焉本末不相坐
(57) 矣何則假使强狄來攻我邦夫惟禦難之不遑安可乘
(58) 間而用事其朋黨者誰氏所處置者何人衆若不和戰
(59) 之則敗顧容身之無地何恣意之爲謀況臣曾不預大
(60) 華之成又不忝壽翰之薦與知常而有同否惟陛下之
(61) 所洞明云云以此知之公節儉正直德如羔羊朝夕往返
(62) 出公門入私門出私門入公門而已終無私交之行也
(63) 仁宗深知之越戊申大宋尙書楊公應[誠]以請路事來
(64) 朝　仁宗命公告奏大宋公不曾留意於一物盖不營
(65) 產業故也子儀亦預焉忽一日康王宣送稠重公乃謝
(66) 表略云臣父先臣瓘三入大朝望淸光於白日二征東

(67) 虜有遺恨於黃泉及廻舩忽於乳山下風濤大作船人
(68) 皆僵仆公乃正衣冠抱廻詔上船頭除髮焚香仰天禱
(69) 訖風乃定又於洋中亦然一瞬閒入本朝洪州界內眞
(70) 至誠君子也不幸短命何其與顔回不相異也公甞娶
(71) 推忠守正安社功臣守大保門下侍中判尙書戶禮部
(72) 事監修國史上柱國贈思靜公金公若溫女生七男長
(73) 試京市令鱗瞻壬子擢進士第娶平章事韓公惟忠女
(74) 生男五人長宗謣次宗誨承祖蔭皆得朝名二尙衣直
(75) 長同正子讓娶殿中少監崔公溫女三直史舘子固甲
(76) 子擢進士第娶刑部尙書文公公裕女四曺溪宗重大
(77) 師孝惇癸亥中大選上品五尙食直長同正惇信丁卯
(78) 擢進士第娶國子監大司成金公端女六軍器主簿同
(79) 正惇義時爲大學生七早夭四女皆物故公望之儼然
(80) 可畏即之也溫世皆以爲眞宰相器也公自娶妻已來
(81) 出入中外未甞與他女交此亦忠信之至也公誤爲人
(82) 忌憚罪名錄在政案　仁宗尤所痛惜特降指揮削去
(83) 有司堅執　今上即位剛断遂掃除所謂知臣莫若君
(84) 也皇統五年授戶部尙書六年授集賢殿學士八年授

(85) 翰林學士餘並如故方　仁宗及　今上即政日皆隨
(86) 龍焉一爲提按與夫東北面兵馬副使再爲西北面兵
(87) 馬使皆稱旨又爲南省座主及同知貢學皆取人多賢
(88) 甲寅會枯旱　上命作月令口義講之發明大義天乃
(89) 雨每於經筵進講　仁宗賜寶帶非一也丁卯爲選軍
(90) 別監積年未決田民諍訟一切立断又鍊定軍隊二十
(91) 萬餘人人皆服之壬戌以公爲　仁宗封册行李接伴
(92) 公開懷與語不以夷狄待之戊辰禮行　今上封册不
(93) 使　主上出迎昇平門外例也凡禘祫等國家大禮罔
(94) 不叅詳一無可愧令三子共擢第以祫賢室光陽郡大
(95) 夫人金氏受國賜焉庚午四月十四日葬骨于臨江縣
(96) 龍鳳山崇福寺東麓乃王父侍中文肅公陵寢一境內
(97) 也人甞與子儀曰公乃海東孔子也
(98) 　　銘曰
(99) 尙德哉公　萬夫之特　聰明正直　其樂也天
(100) 學窮六經　乃至諸史　一經于心　輒誦於口
(101) 性命之理　道德之原　孰如我公　無所不通
(102) 邦之司直　民之父師　忠孝兩立　萃于一門

(103) 發爲文章　冠暎千古　夷狄聞風　畏而膽落
(104) 姦回望德　悚然股慄　功名不朽　于簡篇中

〔揭載〕『海東金石苑』補遺三、七六四－七七六
『韓國金石文追補』、一二〇－一二三
『韓國金石全文』中世上、六八七－六九四

〔參考〕『高麗史』九六 尹瓘傳 附 尹彦頤傳
朴龍雲、「高麗時代 海州崔氏와 坡平尹氏 家門 分析－高麗 貴族家門 研究(一)－」(『白山學報』二三、一九七七)

五七、(僧) 金德謙 墓誌銘

所在　서울 國立中央博物館(No. 本 九九九〇)
年代　毅宗四年(金 天德二年、一一五〇)

(1) 高麗國瑜伽業玄化寺住持解空見性寂炤玄覽通炤圓證僧統墓誌
(2) 寶文閣校勘文林郎尚食奉御同正黃文通撰
(3) 師諱德謙字則未聞俗姓金氏淸州上黨郡人也其六世祖守司徒三重大匡諱勤謙國初
(4) □□生子曰忠良官至門下侍中忠良生侍郎諱懷玉懷玉生大府少卿諱元戩元戩生殿中內
(5) 給事同正諱德冲德冲生[尙][食]奉御同正諱珎幹珎幹生三子長曰周美檢校少府監今無恙仲曰世□□
(6) 先師沒季則師也師七歲丁母憂即檢校軍器監徐君孚先女也師之先君欲託師於玄化寺三重
(7) 大師順眞夜眞公夢故僧統英念來告曰吾其來矣明日師乃至眞公即師之叔父而英公亦眞
(8) 公之叔父也英公平昔嘗謂人曰吾死後復爲異僧投此寺大弘祖道耳眞公以此器之師亦自負爲

(9) 英公之後身也年甫十三乙亥祝髮明年就佛日寺受具足戒至本朝乾統三年癸未赴王輪寺選

(10) 佛塲優中大宋崇寧二年也師資性邁往讀經律論豁然了悟以至儒書多所貫穿尤長於義學往

(11) 往与釋子讀諸祖跡秘?如有不合佛說者則曰此必誤矣異日校之果如師言學者皆實伏自是四□□

(12) 請益之徒雲屯霧集師和色辞以接之循循有善誘之風故常爲寺之教學弥年矣睿王時□

(13) 師德淵嘗居大內明慶殿上問曰繼國師者誰欤國師以師對及初住長嚴寺就辟國師國師設祖

(14) 席於殿門外以寵之及仁王初國戚李氏擅權其子爲浮屠者居玄化倚勢乘威刼諸老師有德爲

(15) 門弟故趨炎炙手者日盈其門師獨厲色叱之曰師之所存道之所存也安有達士迫於豪强反爲兒子

(16) 門眷耶李氏子大惡之欲中傷之者數矣會丙午禍起大內李氏子率僧徒方趣京强欲□師俱

(17) 師辝以疾与門下一二人南抵三角山香林寺暫寓焉是年夏五月李黨敗仁王嘉之加三重大師移住大興寺

(18) 又加首座每詔赴闕咨問妙理師威表堂〻長八尺許自公卿大夫至羽林虎夫望之莫不斂容却立曰眞

(19) 天下大福田也朝廷聞法泉寺僧衆橫恣轉甚命師移住之不數月寺僧淸肅仍加僧統上又命撰

(20) 金光明經䟽盖撮要也書成三卷以獻　上益加敬焉　今上即位詔師住玄化寺特大金皇統六

(21) 年也上將以師礼待之越大金天德二年庚午春王正月示疾上聞之遣御醫官朴景端崔遇等侍

(22) 之　命權知承宣尙書戶部員外郎金存中往　賜水沈香一百二十八兩熱藥十五物共盛白銀盤

(23) 一具慰諭之經信乃逝二月十一日也俗壽六十八僧臘五十五初師与首座性宣相善宣師或一日

(24) 讀無常經見釋子□制呼師約之曰啓手足之時戒門徒?另行俗人喪制宜矣及師疾篤召集門徒作遺

(25) 書示之其略曰今者老病忽作無常將至追念昔日之言欲行吾志誡諸小子屬纊之後當齋之日依□

(26) 佛敎著淨袈裟讀誦大乘礼念當來弥勒尊佛洗心蠲潔供養三寶以祈慈援尊吾

㉗之事唯以時藥香燈效孤山風月之酋凡厥後事削去浮囂務從簡易可爲孝矣其節文多不
㉘錄若然則師之於世其終始本末可謂周矣得佛法大意者惟師一人而已其弟子爲時聞人者
㉙不可一二數以是月二十五日闍維于靈鷲山之南麓又於夏五月二十七日葬于
㉚是山惠德墓西峯之外因遺師之姪壻文林郎衛尉注簿同正黃毅天求予
㉛文誌其墓予於毅天爲家兄詳問其事乃作銘曰
㉜大雄秘藏　寥廓虛圓　說無一說　四十九年　萬法唯識　橫包大千
㉝能得門者　其或寡焉　流沙葱嶺　震旦竺乾　於之往返　法子曰玄
㉞吾道東矣　天□□然　流及日域　浩〻長川　唯師高步　龍象之雄
㉟曰儒曰釋　靡不貫通　即相而性　白日行空　四方學子　朔首不風
㊱世之豪戚　志欲害師　師乃叱咤　義曾□而　凜〻其氣　堂〻亦儀
㊲降升悅座　敵者夫誰　自我睿祖　洎于仁王　是用嘉嘆　惟道大光
㊳我聖嗣統　不愆不忘　將以師事　厥礼未遑　一臥不起　喚□壽原
㊴法雷鼓動　雖不容言　爰勒之石　藏于墓門　淸風萬古　目擊即□

〔揭載〕『韓國金石文追補』、一二三―一二五
『韓國金石全文』中世上、六九四―六九八
〔參考〕崔柄憲、「天台宗의 成立」(『한국사』6「고려귀족사회의 문화」、국사편찬위원회、一九七五)
崔柄憲、「高麗中期 玄化寺의 創建과 法相宗의 隆盛」(『韓㳓劤博士停年紀念史學論叢』、知識產業社、一九八一)

五八、金景輔 墓誌銘

典據 『慶州金氏族譜』(京畿 高陽、一九八五)
年代 毅宗四年(金 皇統一〇年、一一五〇)

① 新羅敬順王金傅七世孫檢校太子少保金景輔父工部侍郎漢公祖追封工部尚
② 書繼蔘外祖禮部員外郎金台器以年八十二於大金皇統十年庚午歲四月十七
③ 日癸亥卒于家以七月十七日乙酉葬于五龍山男儒林郎監察御史賜緋魚俗作
④ 雯長女壻靜州使試殿中內給事尹裕延二女壻典獄署丞柳冕

金蓮玉、「高麗時代 慶州金氏의 家系」(『淑大史論』一一·一二合、一九八二)
金龍善、「新資料 高麗 墓誌銘 十七點」(『歷史學報』一一七、一九八八)

五九、秦仲明 墓誌銘

所在 서울 國立中央博物館(No. 未詳)
年代 毅宗四年(宋 紹興二十年、一一五〇)

(9) 日火葬于闕東臨江縣生天寺北山之麓禮也
(8) 尚幼未能備送終之具及蹇叔壯以大宋紹興二十年庚午歲八月二十有七
(7) 是年八月二十有九日卒于□第遂葬于大德山享年六十時子蹇叔
(6) 出公?爲巨濟縣令在縣三?年以大宋紹興七年丁巳歲三月得□還京師

(5)大闕營構之始□勤監役者八年乃□功績薦擧之時相府有不喜者
(4)鎭判官又補樹德鎭將王京爲大安寺　御容殿直宮闕都監錄事當
(3)生子一人女二人公幼襲父蔭爲戶部主事同正再擧進士不中例補淸塞
(2)兵部侍郞母蔡氏戶部員外郞?周善之女也公娶監察御史趙□寵之女
(1)公姓秦諱仲明中原府人也父相國子祭酒祖□追封將作監曾祖□

〔揭載〕『韓國金石文追補』、一一九—一二〇
『韓國金石全文』中世上、六八六—六八七
〔編者註記〕이 墓誌銘은 일반적 양식과 달리 左에서 右로 文章이 씌어져 있다。

六〇、崔梓 墓誌銘

所在　서울 國立中央博物館(No. 新 五八五九)
年代　毅宗五年(金 天德三年、一一五一)

(1)銀靑光祿大夫檢校大尉守司空尙書左僕射叅知政事判禮部事致仕崔公墓誌
(2)公諱梓字大用其先孔嵒縣人也曾祖厚累贈太子少師祖顥累贈太子大師父翥守光祿大夫刑部尙書
(3)世襲衣冠其來尙矣公自少屬文及其成人以門蔭得將仕郞掌禮丞同正年至二十四壬午春擧於禮部
(4)中丙科及第越四年乙酉授祭器都監判官歷刪定御書亦預公府寮屬累遷至衛尉注簿當是時
(5)睿廟重外之故以殿中內給事出守水州明年移守洪州皆以剛明淸白爲務兩郡之民畏之如神明愛之
(6)如父母及代瓜期授大府注簿權知監察御史閱數月除權卽眞其年按部以二州之政蹟具錄申奏
(7)仁考聞而嘉之擢拜殿中侍御史賜緋魚袋處於風霜之任彈糾不法百寮爲之震恐三載於是加尙書刑

(8) 部郎中又明年丙午六月改授禮賓少卿賜三品服出刺安西大都護府三年秩滿左遷都官郎中未幾改
(9) 爲刑部郎中又改給事中明年加尙書禮部侍郎甲寅加朝散大夫衛尉卿出爲西京副留守又三年丙辰
(10) 改爲尙書禮部侍郎左諫議大夫丁巳又改兵部侍郎餘如故戊午加司宰卿餘如故己未改爲朝散大夫
(11) 禮賓卿餘如故庚申加朝請大夫是年十二月改秘書監直門下省辛酉加右散騎常侍壬戌加朝議大夫
(12) 皇統三年癸亥加御史大夫甲子加工部尙書五年乙丑以本官爲同知樞密院事兼太子賓客是歲改爲
(13) 戶部尙書知樞密院事餘如故六年丙寅四月加正議大夫刑部尙書樞密院使判三司事十二月加銀靑
(14) 光祿大夫檢校司徒守司空尙書左僕射叅知政事判礼部事八年戊辰加檢校大尉是年抗章請老
(15) 上惜其致位而去三表而後從之得請以還懸車杜門常以恬淡爲樂不以人事介於胷次越四年天德辛
(16) 未十月十五日以疾卒於私第享年七十三歲公天資剛正淸儉寡欲特立獨行無朋黨之交自小官至宰
(17) 相不營第宅娶叅知政事王嘏之女累封爲開城郡夫人生四男四女長曰備因疾不仕娶殿中內給事同
(18) 正孫裕之女生三男四女次曰儀良醞令同正娶吏部侍郎朴純沖之女生一男一女次曰侊內弓箭庫判
(19) 官娶分司司宰少卿黃公偉之女生二男次曰休礼賓丞同正娶起居注李元膺之女無子長女適衛尉注
(20) 簿同正皇甫沖生二男一女次女適國學學諭蘇良遇生一女次女適尙衣奉御同正梁楚材生一男次女
(21) 適尙衣直長同正魯敏功生二男二女是月三十日丙申葬于京城南天德山西北麓銘曰
(22) 皇天降年　於公有永　男婚女嫁　夫婦旣正　爰及兒孫　旣繁且盛　積善之家　可謂有慶

〔揭載〕『海東金石苑』補遺三、七七六－七八一
『韓國金石文追補』、一二五－一二六
『韓國金石全文』中世上、七〇〇－七〇三

六一、閔瑛 墓誌銘

所在　서울 國立中央博物館(No. 新 五八一三)
年代　毅宗六年(金 天德四年、一一五二)

(1) 君閔姓瑛其名本貫黃驪縣以諸陵署令解官行都齋庫
(2) 副使加檢校大子少保曾祖可擧尙書右僕射兼大子少師祖昌
(3) 京衛尉卿知三司事父孝侯監察御史母樂浪郡大夫人金氏慶
(4) 州外祖尙寘國子祭酒翰林侍講學士君爲人豪俠少好鷹犬弋
(5) 獵之事馳馬擊毬不求仕宦父孝侯爲東界兵馬判官戰歿敵國
(6) 以此飮恨思欲復讎以雪父耻適遇　睿廟征東虜之時求
(7) 爲神騎於甲申丁亥戊子己丑四年赴防每爲選鋒突騎擒賊却敵
(8) 非一二數也及一麾出守長淵縣以清白奉公按部以理郡之事申報
(9) 朝廷者再三凡歷官懷陵大官內庫掌治俱爲稱職以借閤門祗候例
(10) 調靈州防禦使及政滿還京受大府司宰主簿軍器丞諸陵署令都
(11) 齋副使嗚呼以堂堂可用六尺之軀白□無一點之瑕而白首下僚然
(12) 天性恬淡不以卑官薄俸有憔悴之容不其偉歟舍兄起居注閔
(13) 脩早世兄弟姊妹五六人相次化去撫兄弟姊妹之子皆猶已子養
(14) 母孝謹母享年九十四歲君娶工部尙書洪德成之季子戶部

(15) 令史同正洪頼之女生四男一女長曰利誠登仕郎直史館次曰光
(16) 文登仕郎良醞署令次曰□和知公州事判官卒季曰□秀良醞史
(17) 同正一女嫁刑部郎中金龜符之子居實今爲內侍秘書省校書
(18) 郎君忽遘疾於庚午年十一月十九日卒年七十六歲至壬申十
(19) 一月十二日壬寅骨葬于開城府界內海晏寺北麓銘曰
(20) 番番仡仡　宜文宜虎　積善之慶　克昌厥後
(21) 　大金天德四年壬申十一月　日右正言知制誥金于蕃□

〔揭載〕『海東金石苑』補遺三、七八五―七八八
『朝鮮金石總覽』上、三六五―三六六
『韓國金石全文』中世上、七一七―七一九
〔參考〕葛城末治、「閔瑛墓誌」(『朝鮮金石攷』、一九三五)

六二、崔允儀 妻 金氏 墓誌銘

所在　서울 國立中央博物館(No. 本 一〇二三四)
年代　毅宗六年(金 天德四年、一一五二)

(1) 光陽郡夫人金氏墓誌
(2) 夫人金氏其先光陽人則金紫光祿大夫戶部
(3) 尙書三司使金公諱義元之長女也皇祖門下
(4) 侍郎平章事良鑑曾祖門下平章廷俊外祖樞
(5) 密院副使資仁家世爲海東甲族具有聞於時
(6) 夫人年二十有一歲歲在庚戌三月十三日適

(7) 于我生二男三女性不庸鄙有大志好施散財
(8) 居常曰人爲萬物靈雖神鬼何能爲至庚午十
(9) 月已后屢有夢感豫知時至然不甚恐也越辛
(10) 未二月初一日疾作至四日捐舘乃於壬申年
(11) 二月十九日遷座于此嗚呼生而有死理之必
(12) 至予豈不知而有斯痛尔之事我勲勞數載夫
(13) 何弃我一旦溘然惟尔有子年纔七八惟尔有
(14) 女具未適人撫存悼亡感今懷古予獨何人能
(15) 不痛心意欲略叙尔之平生抱筆掩涕不能自
(16) 記嗚呼佛氏之說極樂天堂神仙之言六洞三
(17) 淸荀有冥契寧無後期嗚呼哀哉言盡於此時
(18) 天德四年壬申歲二月十九日家君朝議大夫
(19) 同知樞密院事御史大夫知制誥崔　允儀誌

〔揭載〕『韓國金石文追補』、一三〇
『韓國金石全文』中世上、七〇六－七〇七
〔參考〕朴龍雲、「高麗時代의 海州崔氏와 坡平尹氏 家門 分析－高麗 貴族家門 硏究(一)－」(『白山學報』二三、一九七七)

六三、吳孝元 墓誌銘

所在　서울 國立中央博物館 (No. 本 一二七二四)
年代　毅宗六年 (金 天德四年、一一五二)

(1) 故檢校禮部侍郎尚書左司郎中賜紫金魚袋吳公墓誌銘
(2) 吳　公姓也孝元名也子道字也海州安西郡公之
(3) 鄕也檢校將軍諱烈曾大考也贈太子詹事諱
(4) 廉義大考也賜太子詹事諱礻明考也擢第春

(5) 官　公所起也全州牧書記御書留院官內庭□
(6) 判官寶文閣校勘大學博士見德鎭使大府注
(7) 簿樞密院堂候官監察御史溟州防禦使右司
(8) 員外郞左司郞中此　公所閱官也自校書郞至
(9) 禮部侍郞此　公所替之秩也溫良恭儉　公性
(10) 也淸白純一　公節也非禮勿動不事產業
(11) 公所長也本於六經而尤精於禮　公所學也富
(12) 林郡君李氏　公之配也綏靖和靖嘉靖休
(13) 靖以七代祖門蔭皆補承旨同正　公之子也
(14) 適衛尉丞李陽朝　公之長女也未笄而處
(15) 公二三幼女也四百有餘甲子　公所享年也
(16) 大金天德三年辛未六月壬申　公卒之年月
(17) 日也四年壬申四月甲午葬之年月日也開城
(18) 府牛峰郡東村之山麓葬之地也嗚呼不藏?
(19) 筆而誌之無以見　公之所存而名後世故取
(20) 其尤可以銘後世者而爲銘曰謙謙君子溫溫
(21) 恭人所佩之道醇而大醇松栢其操拔萃離倫其?於
(22) 行義不患家貧天不憖遺促脫世塵垂涕作銘誓不淄磷

〔揭載〕『韓國金石文追補』、二六七—二六八
一二七—一二八(吳郎中 墓誌銘)
『韓國金石全文』中世上、六九八—七〇〇

六四、金之祐 墓誌銘

所在 서울 國立中央博物館(No. 本 一二九二四)
年代 毅宗六年(金 天德四年、一一五二)

(1) 閤門祗候金君墓誌銘
(2) 君諱之祐字福基其先新羅國
(3) 元聖大王之後大王生大匡金
(4) 禮禮生三韓功臣三重大匡仁
(5) 允允生大子大保左僕射信雄
(6) 雄生司徒內史侍郎平章事因
(7) 謂謂生兵部尙書中樞使元晃
(8) 晃生中書令樂浪公景庸庸生
(9) 中書侍郎平章事判尙書工部
(10) 事仁揆揆生之祐初功臣仁允
(11) 仕大祖統合三國有功隨大祖
(12) 入京家焉金氏之族世世衣冠
(13) 顯達金姓自此始矣至今稱爲
(14) 貴姓母開州郡夫人左僕射叅
(15) 知政事王嘏之女也君爲人寬
(16) 厚有節少好文學以祖蔭入仕
(17) 爲良醞令同正初受寫經院判
(18) 官遷大樂署丞遷禮賓注簿至
(19) 善慶府舍人天德三年戊辰二
(20) 月日超拜閤門祗候出安西都
(21) 護府判官爲郡淸直臨事善決
(22) 三年以理聞辛未年七月二十

(23) 六日因病卒于京城享年四十
(24) 四歲娶金氏女王大妃延壽宮
(25) 主之兄也追封戶部尙書金瑄
(26) 之女也生子二人長衛尉丞同
(27) 正忠彥一男最幼女三人長適
(28) 禮賓主夫黃文富餘並幼壬申
(29) 年十月十九日葬于松林縣白古
(30) 浦銘曰天難測命靡常世素貴
(31) 壽不長銘於石永以藏

〔揭載〕『韓國金石文追補』、一三一−一三二
『韓國金石全文』 中世上、七〇九−七一一

〔編者註記〕 本文 第19行의 天德三年(毅宗五年 一一五一、辛未)은 銘文撰者의 誤記이다。皇統八年(毅宗二年、一一四八 戊辰)으로 고쳐야 할 것이다。

六五、李坦之 墓誌銘

所在 서울 國立中央博物館(No. 新 五八四〇)
年代 毅宗六年(金 天德四年、一一五二)

(1) 故登仕郎檢校大醫少監李君諱坦之世爲益陽
(2) 人少習蕭相法律比壯頗曉醫藥會中國名醫官隨商
(3) 舶至東土 主上下制簡擇名家子往習其術 公亦
(4) 預其選而深得其妙焉越著雍困敦歲適有北狄來侵
(5) 境土 君考延厚以裨將轉戰却敵入據雄州城孤援
(6) 絕爲敵所圍歷二歲堅守未降道路否隔無一介使來

(7) 往其間者　公在京師聞父被圍羸粮涉道抵定州鎭
(8) 見同包長迫問父之安否兄曰近有反間來言　天親
(9) 染患幾亡者數日矣吾欲往覲恐被豺狼之害稽留至
(10) 此公聞語即別步憂元興鎭借乘轉輸舡与百許人放
(11) 榜循花島戴星至泊邦頭浦下舡入雄州城南門見諸
(12) 將問父所在尋詣幕次父尙病篤臥床見吾入拜泣下
(13) 交頤曰汝之二兄二甥近在定州股戰蒲伏猶未得來
(14) 一覲不意予季子孑孤身披荊棘歷虎穴而得來覲我
(15) 俄而謂曰吾生虜於狄人則未免蹋葺之役沒入於此
(16) 地則便作他鄉之鬼今幸子來雖白骨得還南國今夕
(17) 雖死無所恨矣經宿大漸乃損舘于幕次以狀告行營
(18) 都統都統辦喪具以助之亦使軍卒移喪于城門外高
(19) 爽地依桑門茶毗之禮涉七日拾骸安函背負將還迨
(20) 勁敵蟻附攻陷其城乘勝突戰无有遁逃之地抽身亡
(21) 走循江涯至桃林浦泣血誓天得還京國乃安葬于京
(22) 城北年至三十有五擢第　睿宗朝及賊臣趙匡等興
(23) 兵西域与上横行乃命將出征　公以欒員備行攻陷
(24) 賊陣終不言功浮沈下位推天假命无有怨尤居常從

(25) 容与子弟曰吾桑梓鄉有寺名曰銀海地位清曠嚣埃
(26) 所不及吾欲忘世榮歸老其閒至皇統九年屠維大荒
(27) 落被　朝旨出赴岱州冝佐居旡何因病投劾果得至
(28) 銀海寺清心辦供設□□齋炷香禮
(29) 佛玉毫次飯緇黃訖退晏坐於寘寮誦　千手眞言竟
(30) 夕兀然而化　公享年六十有七實大金天德四年玄
(31) 默涒灘歲余月也其子鸞泣請於其友曰鸞不肖早有
(32) 虞丘子之歎不得致養生前庶托文字以傳
(33) 先人不朽之節又不敢以自私予乃爲之銘曰
(34) 惟孝而知敬以行其義惟淡而旡欲以守其常身雖
(35) 孤立兮志則彊心在寧親兮輕死亡善不必壽兮奄
(36) 以藏安時處順兮歸何傷

〔揭載〕『海東金石苑』補遺三、七八一－七八五
『朝鮮金石總覽』上、三六三－三六五
『韓國金石全文』中世上、七一五－七一七

〔參考〕葛城末治、「李坦之墓誌」(『朝鮮金石攷』、一九三五)

六六、朴璜 墓誌銘

所在 서울 國立中央博物館(No. 本 八六〇八)

年代 毅宗六年（金 天德四年、一一五二）

(1) 嗚呼死者人之常而所不免也堯舜之聖禹湯文武之德
(2) 周公孔孟之明而死則生之有死若晝夜之相代寒暑之
(3) 相謝則奚?足?惡死而樂生哉所可惜者特功名未立而遽
(4) 然長往爲?妻孥朋友百歲悲傷之痛耳公自弱齡有志于
(5) 學及承祖蔭越辛丑歲初爲工部令史繼蒙赦宥至良醞
(6) 令同正以藍袖赴春闈獲中其處?未?果其志至皇統六年
(7) 除爲西京全德興土部錄事及至瓜期加爲都染令專以
(8) 守官奉職爲心未甞惰慢廢職奈何天不福善反貽禍殃
(9) 而中道夭歟公曾祖門下侍中成傑生刑部尙書中樞院
(10) 使楊旦楊旦生金吾衛長史景溫景溫卽公之父也公諱
(11) 璜娶中書侍郎平章事文公元第二女慶原郡夫人文氏
(12) 生五男四女其一男良醞令同正挺華嗜學好道手不釋
(13) 卷常以登禹穴探驪珠爲志未始小忘其二戸部主事同
(14) 正挺材天資朗秀性質穎悟亦有志于學其餘皆幼女未
(15) 及適人男未能成名深可惜也嗚呼公生長閥閱富貴雙
(16) 全而未甞憍侈行篤醇和性含仁恕故爲時輩之推許及
(17) 年踰知命遘癘□疾忽隔重泉其爲痛慕可勝噵哉惟大

(18) 金天德四年五月二十日葬骸于端州馬岾村　山南麓
(19) 也予與公之長子同遊於翰墨間稔知公之始末及葬期
(20) 斯迫請予爲銘』不獲已姑誌其歲月□尒門人[御]書留
(21) 院官崔伋銘于杳珉曰貴者以勢嬌人富者以蕩陵德公
(22) 雖富貴節性能克仁而有容和而不流尒迁於物寡悔寡
(23) 尤天何不佑疽發於身湯劑旡驗遽尒□直卜其宅兆乘
(24) 葬南崗一門餘慶子孫蕃昌嗚呼哀哉

〔掲載〕『韓國金石文追補』、一三〇―一三一
『韓國金石全文』中世上、七〇七―七〇九

六七、林光 墓誌銘

所在　서울 國立中央博物館(No. 本 一〇四八八、一〇一一)
年代　毅宗六年(金 天德四年、一一五二)

(1) 故光祿大夫守司空尚書左僕射判秘書省事林公墓誌銘并序
(2) 文林郞權知監察御史金　莘夫　撰
(3) 公諱光字彥實初名完西宋漳州人宣和壬辰隨商舶到京求仕中甲午年春塲別賜乙科□
(4) 第直授監門衛錄事戊戌歲拜詹事府注簿俄改礼賓注簿兼寶文閣校勘又改國子博士癸

(5) 卯歲擢授右正言知　制誥明年改爲左時　仁廟初即政富於春秋外家擅朝忠臣義士相
(6) 繼誅竄公再上疏請引見儒臣講論經義則聞見博而聰明不蔽時又有敬天崇福兩寺之役
(7) 朝野騷然公極論其弊以爲丁男壯士太半屬浮圖而膏田夏屋盡爲所有兵農日減服事夷
(8) 狄甚爲朝廷痛惜之同列右正言石君倚廷劾外家被謫遠郡聞者皆服慄恐禍生不測公獨
(9) 上疏理寃書奏皆不省俄遷右司諫又拜礼部員外工礼部郎中國子司業直寶文閣待制皆
(10) 兼知　制誥丙辰七月拜中書舍人初妖僧妙淸來自西京妄徵符讖訛誤時政識者雖或知
(11) 其非而諂附權貴勢難動搖無敢言其是非者公上疏切諫比宋上皇林霝素之事以戒之請
(12) 斬妙淸頭以荅天譴初雖不報而至是西賊旣平朝廷追美其達識故有是命俄遷礼部侍郎
(13) 寶文閣學士連拜國子祭酒知都省事國子監大司成戶礼部尙書集賢殿學士大子賓客丁
(14) 卯歲擢爲知樞密院事明年遷樞密院使判秘書省事庚午夏公頗有疾告暇彌月臺官以爲
(15) 有密之班非養病之地　上不得已改授守司空左僕射判秘書省事紹興壬申六月二十八
(16) 日薨于私第享年六十有五歲以其年十月二十四日葬于貞州炭村山之南麓公生於戊辰
(17) 告老當在於丙子然嘗告有司加年五歲以求引退適當壬申蓋知壽祿之期在是年也公天
(18) 資正直至誠待物平居不營產業唯以考閱經史爲務雖當捐館之夕未嘗言及家世後事淡
(19) 然而化公主已未年國子監試庚申年礼部試同知貢擧皆稱得人公初娶閤門副使劉文志
(20) 之女生女二人男一人長女適直長同正朴赫文次未嫁皆先公卒男師龍今爲都齋庫判官
(21) 公再娶祗候徐億女生女一人適注簿同正李龜壽云　銘曰
(22) 　生於西　卒於東　無他腸　有孤忠　歲月久　山谷裂　石可朽　名不滅

〔揭載〕『韓國金石文追補』、一二八一一二九
『韓國金石全文』中世上、七〇三一七〇六

六八、金義元 墓誌銘

所在　서울 國立中央博物館（No. 本 一二九九五）
年代　毅宗七年（金 貞元元年、一一五三）

(1) 特進金紫光祿大夫檢校太子大師戶部尙書兼三司使
(2) 賜紫金魚袋金公墓誌銘
(3) 　男入內侍文林郎試尙書工部員外郎賜緋魚袋　光中　製
(4) 公諱義元羅州光陽縣人也其先本出新羅季世避亂因
(5) 家焉考良鑑守大保門下侍中監修國史妣崔氏尙書右
(6) 僕射中樞院使延嘏之女贈西海郡大夫人祖廷俊守司
(7) 徒門下侍郎平章事曾祖策左僕射翰林學士高祖峻三
(8) 重大匡峻父佶重大匡自佶已上舊俗無譜皆失其名公
(9) 賦性嚴峻容貌魁偉膂力過人聞人之急常欲救之少好
(10) 讀書祭酒金公覲掌成均試公年十七中之以父蔭爲將
(11) 仕郎軍器注簿同正年二十三調成佛都監判官累遷監
(12) 察御史出守漣州時　睿廟承　先志東伐女眞以

(13) 公爲兵馬判官公冒矢石爲士卒先及女眞圍雄州公城
(14) 守連戰克獲數有軍功後賊兵日盛攻吉州元帥召公謂
(15) 曰吉州孤危無援非善戰者守之將爲賊有公其鎭之公
(16) 與知兵馬事李冠弥兵馬判官許載等入城城守賊渠帥
(17) 募遠近狼類圍之數重連月不解公與士卒同甘苦日夜
(18) 堅守及元帥救兵敗賊乘勝一日衝棚撞城順風縱火□
(19) 城壞幾爲陷沒公擊殺一人遂叱之賊衆稍退會日暮公
(20) 勵士卒築重城二十六間及且賊望之出於不意□嘆服
(21) 焉自是無拔城意乃請和公不許□□朝廷以萬民故遂
(22) 許和焉其圍守時賊每臨風號噪衆皆失色公顏色自若
(23) 益勵士卒衆乃安定咸服義勇夫以孤軍乘危城群醜百
(24) 萬無拔城意至乃叩闕請和公之力也曁班師詔吉州道
(25) 兵馬員備禮復　命曲加慰諭及　頒爵將士皆爭
(26) 功惟公不伐焉遷刑部員外郎歷戶部郎中癸巳年入契
(27) 丹有膚使之能對訝者以厚禮凡百資具無不充足
(28) 皇帝聞之以爲外國貴人適館密視及返至疆一行送伴
(29) □從感德泣別奉使之盛近古已來未之有也累遷工部
(30) 侍郎　仁廟即位改　授兵部侍郎知茶房事遷禮

(31) 賓卿知御史臺事擢戶部尙書同知樞密院事是時外戚
(32) □政丙午年宮闕火公職在憚糾與侍御史宋覲殿中侍
(33) 御史李仲等議欲序發付火意者用事者聞而惡之欲加
(34) 害焉公杜門告假累旬不出及外戚敗以族籍出爲梁州
(35) 使其所欲憚者得肆意也公爲政仁惠士民頌之戊申年
(36) 上知其無辜移守安邊都護府壬子年　授工部尙書
(37) 安北大都護府使皆有政績告老歸第　授戶部尙書
(38) 兼三司使加金紫光祿大夫特進戊辰年十一月遘疾十
(39) 二月四日卒于城東臨川寺
(40) 上聞之愴然賻物賁襄事十九日茶毗于進奉山之西崗
(41) 越癸酉年十二月七日葬遺骸于臨江縣北山之西麓享
(42) 年八十三初娶國子祭酒李碩女生一女適禮賓少卿□
(43) 永序先公早卒後娶禮部尙書知樞密院事李資仁女生
(44) 三子四女長子光中次大鈞文林郞殿中內給事同正次
(45) □庸文林郞衛尉注簿同正長女適禮部尙書知樞密院
(46) 事崔允儀公薨之四年卒餘皆適名族銘曰
(47) 惟公之先　乃祖乃父　惟公之起　及從戎幕
(48) 出自新羅　服勞王家　優中士科　師要在和

(49)□兇震讐　城守雄吉　特立本朝　莅官行政
(50)奔北倒戈　功烈居多　斷斷無他　除煩去苛
(51)泰山其頹　銘于無窮
(52)□也如何　等彼山河

〔揭載〕『韓國金石文追補』、一三三―一三四
『韓國金石全文』中世上、七一一―七一五
〔參考〕藤田亮策、「高麗金義元墓誌」(『朝鮮金石瑣談』、『青丘學叢』一九、一九三五：『朝鮮學論攷』、一九六三)

六九、(僧) 康敎雄 墓誌銘

所在　서울 國立中央博物館(No. 新 五八一六)
年代　毅宗七年(金 天德五年、一一五三)

(1)洪圓寺僧統墓誌(題額)
(2)洪圓寺住持悟空盡性性圓圓證正
(3)覺出纏了性見性通炤正觀寂炤法
(4)印超悟僧統諱敎雄字守雌俗性康
(5)氏雞林屬郡章山人考貞白祖貞攝
(6)母周氏父周碩皆郡吏也師爲人聰
(7)敏器識拔群年十二投歸法寺大師
(8)戒明祝髮於其年受具足戒比壯就
(9)僧統理琦門樞衣請業凡學者莫敢
(10)與爭能崇寧二年癸未赴僧選一中
(11)高第其志尙不願顯冥於名路超然
(12)□無㝵智國師遊太伯山遂以盡一
(13)性之宗窮萬相之理而名益著屬
(14)仁宗以至誠嚮內問可使弘揚聖教
(15)者誰歟無㝵智國師薦之曰莫如師
(16)由是　仁宗甚厚遇而當時公卿學

(17) 士大夫亦莫不敬重實華嚴一宗近?
(18) 也其玄風勝益所以熏發動植者豈
(19) 可思議哉然達人顯晦唯變所適故天
(20) 德五年四月八日丁卯卒于興王寺
(21) 樂寂齋十四日癸酉依本教茶毗越
(22) 五月十四日壬寅葬遺骨于進奉山
(23) 東南麓春秋七十五僧臘六十三門
(24) 弟三百餘人皆欲其成德之不朽誌
(25) 其墓曰
(26) 普賢行海浩浩無涯惟師游泳物無
(27) 不滋文殊智燈旁燭無外惟師挑明
(28) 盲瞽皆會惟師之德至大至剛惟師
(29) 之壽死而不亡門徒三百墳以葬靈
(30) 惟師乃宅旣安且寧

〔掲載〕『海東金石苑』補遺三、七八八—七九〇
『朝鮮金石總覽』上、三六六—三六八
『韓國金石全文』中世上、七一九—七二一
〔参考〕葛城末治、「洪圓寺僧統教雄墓誌」(『朝鮮金石攷』、一九三五)

七〇、李仁實 墓誌銘

所在　서울 國立中央博物館(No. 新 五八〇八)
年代　毅宗七年(金 貞元元年、一一五三)

(1) 故相國李公廟誌 并銘
(2) 公姓李諱仁實字子虛本見州人三韓功臣歆律六世孫也母曰大夫金氏本
(3) 新羅王之後也九歲屬文未弱冠入成均試二十有六歲登丙科第學通六經
(4) 諸史尤善理春秋出補羅州書記有政聲始爲通義府錄事會　睿廟始立學

(5) 養賢以品兼學諭訓導諸生有功累遷國子博士兼直史舘有春秋講義行於
(6) 世出守交州行寬猛相濟之政百姓畏如神明焉善政升　聞入爲右正言知
(7) 制誥言事改授殿中內給事□加左正言歷左右司諫至中書舍人諫議大夫
(8) 又歷御史雜端知臺事至御史大夫前後出入臺省數十年間讜言高論多所
(9) 發藥　仁廟益思大用擢授同知樞密院事以知樞密事判三司事又遷左僕
(10) 射叅知政事判刑部西北面行營兵馬事以守司徒門下平章事代門下侍中
(11) 任公判吏部事一年尋託疾致仕□閑四載至大金貞元元年癸酉十月二十六
(12) 日卒於私第風神不減平時焉享年七十三稔　上遣工部郎中庾祿公行吊慰
(13) 仍命考功郎中吳日就　勑許祭奠贈特進檢校太師守司徒門下侍郎同中
(14) 書門下平章事判吏部事監修國史柱國謚曰文貞公越十一月初五日命有
(15) 司備鹵部葬送以終之爲輟朝三日公於諫議大夫時掌成均試知樞密院事
(16) 時主盟春官皆有得士之稱及捐舘之日如魯國諸儒喪孔子咸歎山頹木毁
(17) 助嚴大事以哀之益見公之用心也噫公之祖先皆享高爵重名而未及知命
(18) 而卒公獨位極人臣命盡天年者非隱德在人而何是以君子謂公之子孫必
(19) 有達人也銘曰　天生我公　旣明且哲　爵德兼豊　以垂盛烈　勒石紀
(20) 辭　以耀萬世　泰山可移　此字不毁

〔揭載〕『海東金石苑』補遺三、七九〇—七九四
『朝鮮金石總覽』上、三六八—三六九

〔參考〕『韓國金石全文』中世上、七二一―七二三
葛城末治、「李仁實墓誌」(『朝鮮金石攷』、一九三五)

七一、鄭復卿 墓誌銘

所在 서울 國立中央博物館(No. 本 一〇六二八、四―一)
年代 毅宗八年(金 貞元二年、一一五四)

(1) 高麗故試軍器少監鄭公墓誌銘
(2) 公姓鄭諱復卿字世貴草溪人左僕射叅知政事贈謚貞
(3) 簡公諱文之子弘文廣學推誠賛化功臣守大尉門下侍中
(4) 光儒侯諱倍傑之孫公始以祖蔭受職及 睿宗殿試遂得決
(5) 科出佐平州 仁考即位除國學直學累遷以閣門祗候出知昇
(6) 平入除禮賓注簿兼堂後官拜閣門祗候以尙食奉御出按春
(7) 州道 今上御宇除試戶部員外郎以礼部郎中出守尙州入歷戶礼
(8) 部員外郎除試軍器少監賜紫金魚袋天德四年壬申十二月晦日
(9) 卒年六十六甲戌五月十四日丙寅葬于大法雲山東北麝
(10) 公文學淸儉有祖考風非公事不迹公卿闔不以產業介意家
(11) 無所儲唯書床天然木倚子耳甞授外守諫議大夫金子儀上
(12) 劄子曰復卿識明志高行方德純淸白勤儉衆所不及俯念爲

(13) 人之不可多得不離文學淸近以備　顧問則其裨補
(14) 聖政不爲無益且子儀時之賢大夫具薦若此公之爲人可知巳
(15) 聚金氏生子男四女二長曰永圖以祖蔭加良醞令時爲麗澤
(16) 齋諭試殿中內給事吉景安之壻次德丘依天台落髮次永
(17) 忠幼未受職次曉胤亦依天台一女適海陽縣尉良醞令權安
(18) 國一未嫁其後賢子孫之相繼曷可涯耶銘曰
(19) 易稱積善　必有餘慶　□儒功德　與國無竟
(20) 其在後嗣　庸虛必盛　況公明達　祖考遺行
(21) 宜當大位　裨補國政　時巧行直　夏畦不病
(22) 終末大容　圓鑿方柄　然置自然　樂天知命
(23) 所憂非貧　所寶唯淸　詩書自娛　不頹家聲
(24) 　　貞元二年甲戌五月　日　書

〔揭載〕『韓國金石文追補』、一三四－一三五
『韓國金石全文』中世上、七二三－七二四

七二、尹彦旼 墓誌銘

所在　서울 國立中央博物館(No. 無番)
年代　毅宗八年(金 貞元二年、一一五四)

(1) 卒內侍檢校戶部尙書試大僕少卿尹公
(2) 　墓誌銘
(3) 公諱彥旼字日章其先於平山波平縣人
(4) 也曾祖諱先之追贈軍器監祖諱執衡追
(5) 贈尙書右僕射父諱瓘守大尉門下侍中
(6) 判尙書吏部事贈文肅公母李氏慶源郡
(7) 夫人檢校太子少保成幹之女公自幼學
(8) 時爲人恬淡歸心於佛嗜讀金剛般若以
(9) 見性觀空爲樂事佛之外又攻於醫以濟
(10) 人疾病爲事眞可謂洒落不羈人也初以
(11) 家蔭從事有朝名歷祭器都監判官屬內侍院
(12) 累遷奉先庫判官內庫副使試禮賓主簿及乙
(13) 卯年夏有制加權知閤門祗候繼遷試殿
(14) 中內給事成州防禦使其莅任也不事產
(15) 業日日騎靑牛上官晝以視事夜以念經
(16) 仁宗聞其實狀歎伏無已以其狀手畫作
(17) 圖圖上加　御扎号曰日章先生騎靑牛
(18) 念經之圖一州人傳搨爲盛事至庚申春
(19) 有　制復入拜權知閤門祗候歷試閤門
(20) 祗候試殿中內給事賜緋魚袋試尙食奉
(21) 御閤門副使試兵部郎中知閤門事試衛
(22) 尉少卿廣州牧副使越庚午年春入拜試
(23) 工部郎中遷試大僕少卿當是時會有
(24) 宿疾奏乞閑官除拜安西大都護府使
(25) 然其疾未瘳日加無已病中乃作頌云
(26) 春復秋兮桃紅水綠□復東兮護我眞君
(27) 今日病中□觀身世長空萬里一點飛雲
(28) 又?指?西方作鄕歌一闋以貽之以貞元二年
(29) 甲戌三月初八日在於私第命□行僧曇如
(30) □井花水一盞飮□漱出腹中穢物俄
(31) 然問日時曰吾將逝矣至翌日丙夜後結

(裏面)

(32) 跏趺坐焚香措手視死如歸脩然而化饗
(33) 年六十其容貌與平昔無異厥後□平生
(34) 所與道釋高流無不詣坐前焚香致洨焉?
(35) 隱以世家之後有過人之識量歷事二代涉?入

(36) 內窅不踐天庭而位未至卿相之貴官止亞
(37) 卿而卒此□爲國家?痛□也公娶李氏故
(38) 叅知政事安簡公之女也七男長曰致虛佛
(39) 聖寺住持重大師次曰明瞻桃源道舘驛使
(40) 次曰淸瞻有朝名而無位次曰孝脩隅嚴
(41) 寺住持重大師次曰師瞻壽瞻亦皆有官
(42) 名而無位次曰德元幼年事廣明大禪
(43) 師冠□出家二女長適句覆院判官右
(44) 軍錄事陳允升次旣笄而家道未成以
(45) 是月二十日葬於京城東北雲湧山之東麓
(46) 寫?日?永固之家壻師瞻即公之第六男故
(47) 諸男以家錄一卷貽余懇請再三作爲埋文
(48) 況永固曾與公出任廣州佐公幕府素
(49) 知公之所尙義不得辭哭而爲銘曰
(50) 　惟文肅公　曾秉國鈞　出將入相
(51) 　大有功勞　傳家子壻　布滿于朝
(52) 　惟季日章　所尙特異　游神方界
(53) 　不拘隄防　尤長佛學　見性觀空
(54) 　知終終之　晏然坐化　年止下壽
(55) 　位止亞卿　爲人而痛　可不悲夫
(56) 　　　貞元二年甲戌三月日文林郞前監
(57) 　　　　察御史邦　　立?基　　誌
(58) 　　　　　門人湖心草堂僧繼休書
(59) 妻慶源郡夫人李氏　叅知政事李寵鱗之長女也
(60) 於甲午正月六日卒于波縣歸老之地嚮年八十
至丁
(61) 酉歲五月二十一日並移骨於弘護寺北岡夫妻
同
(62) 葬焉

〔揭載〕『韓國金石文追補』、一三五―一三六
『韓國金石全文』中世上、七二五―七二七

〔參考〕 朴龍雲、「高麗時代의 海州崔氏와 坡平尹氏 家門 分析—高麗 貴族家門 研究(一)—」(『白山學報』 二三、一九七七)

七三、尹誧 墓誌銘

所在 서울 國立中央博物館(No. 新 五八六四)
年代 毅宗八年(金 貞元二年、一一五四)

(1)卒高麗國三重大匡開府儀同三司檢校大師守司徒尙書左僕射叅知政事判尙書工部事柱國贈謚烈靖公
墓誌銘 并序
(2) 寶文閣校勘文林郎尙食奉御同正黃 文通 撰
(3)公姓尹諱誧字未詳舊名諧其先春州橫川縣人功臣新福六世內孫
(4)大祖六世外孫也皇曾祖諱守玄追封工部尙書皇祖諱修已追封右僕射戶部尙書上將軍皇考諱祚明追封
右僕射
(5)行刑部郎中兼大子中舍人外祖諱庾說檢校大子詹事本功臣黔弼之後也公年八歲丁父憂十歲丁母憂依
姊居
(6)越 文宗大康十年甲子國子祭酒金公覲門下中南宮試是時宋元豊五年也至
(7)宣宗大安四年戊辰相國崔公思諏崔公奭下登進士第屬內侍六年庚午拜秘書校書郎
(8)肅宗[壽]昌五年己卯轉直史館未就尋轉權直翰林院乹統三年癸未以殿中內給事出知靈嵒郡理爲第一
(9)按部以褒狀聞于 朝七年丁亥拜試閤門祇候

(10) 睿宗天慶二年壬辰以戶部員外郎出守廣州牧居三年春以禮部員外郎知茶房事還累遷禮部侍郎寶
(11) 文閣直學士知制誥宋宣和四年壬寅也明年
(12) 仁宗命公注貞觀政要以進屬丙午春大內火公抗身衛　社功載大史丁未春提擧南省試取進士明經
(13) 一百餘人其間銳於登仕者如內侍大府少卿徐淳禮賓少卿兼御史雜端韓靖相次而達者高子思
(14) 許勢脩李唐仁崔仲居張令卿金承溫陳玄光皆當世聞人也壬子夏以金紫光祿大夫守司空尚書左僕射判
(15) 工部事致仕癸丑秋八月奉
(16) 王旨撰集古詞三百首名唐宋樂章一部又於大金皇統六年纂大平廣記撮要詩一百首隨表進
(17) 呈　上敎遣知奏事崔惟淸奬諭曰卿年高聰明藻思如新嘉歎不忘其年冬十有二月加檢校大
(18) 師守司徒叅知政事柱國又據唐玄奘法師西域記撰進五天竺國圖
(19) 上覽之賜燕糸七束仍　命右承宣金存中諮問樂譜其遭遇之盛千載一時欵公平生倜儻
(20) 有大節敏於文學達於政事該通音律尤工歌詞晩年甞讀內典再赴閣門養老宴親獻手
(21) 寫法華經一軸
(22) 上乃宣勸仍　賜物尤渥貞元二年甲戌秋七月十六日丁卯病革翛然而化春秋九十二
(23) 上爲之震悼贈謚烈靖公　命有司監護喪事是年八月三日甲申葬于京東法雲山之麓公之
(24) 夫人王氏卒生五男三女長試閤門祇候永濬次重太師警詔次進士永洙與三女皆先亡次殿中內給事
(25) 同正永湜季禮賓注簿同正永源永濬永源以異才擢第春官可謂肯堂矣永濬已沒永源今不
(26) 逮祿養良可歎夫
(27) 其銘曰

(28) 噫公之德 邦家之光 歷事六聖 柱石廟堂 芝蘭馥馥 金玉琅琅 惟仁故靜
(29) 厥壽乃長 解組而退 二紀于玆 上曰元老 擢寘宰司 終始惟一 大節險夷
(30) 逝川難住 今也胡爲 傳億万祀 令聞四馳

〔揭載〕『海東金石苑』補遺三、七九四—八〇〇
『朝鮮金石總覽』上、三六九—三七一
『韓國金石全文』中世上、七二七—七三〇
〔參考〕葛城末治、「尹誧墓誌」(『朝鮮金石攷』、一九三五)

七四、劉碩 墓誌銘

所在 서울 國立中央博物館(No. 本 九九五〇)
年代 毅宗九年(金 貞元三年、一一五五)

(1) 朝議大夫檢校尙[書]□[僕]射右散騎[常][侍]寶文閣學士劉公墓誌
(2) 尙書刑部員外郞知製敎[李] 知深 撰
(3) 大金貞元三年乙亥正月十八日右散騎常侍寶文閣學士劉公年六十二卒
(4) 于家越是年二月初七日葬于京城南山之岡子光冑□行狀求銘余亦鄕黨
(5) 舊人也乃作序□銘焉序曰公諱碩白州人也曾大父祚官至大監大父漢英
(6) 官至殿中內給[事]父□□[官]至司宰主簿[母]□□封□□郡夫人公爲人溫良
(7) 恭儉性嗜學自七八[歲]知[讀]書比壯彊□□□六□□淵源□百家之浩博
(8) 道德充於內文章□□□□歲中□□□良醞丞補咸從縣尉以政績有能

(9) 聞及調滿赴闕□□內官歷秘書校書郎□□[丞]試[大]倉令權知閤門祗候掌
(10) 奏事轉試閤門祗候殿中內給事尚衣奉御□□禮[部]員外郎起居郎至皇統
(11) 五年受安西大都護府副使不行　今上即位□入內□復掌奏事皇統七年
(12) 除尙書禮部郎[中]充史館修撰官秘書少監皇統八年□樞密院右副承宣知
(13) 兵部事己巳歲加兵部侍郎寶文閣學[士]天德三年轉樞密院知奏事司宰卿
(14) 癸酉歲拜國子監大司成□□臣□資□□□□□□□眹命勤勞王家
(15) □□□□爲下爲民掃除蔽癘□□國家者不可以一二而□方其抗議西掖
(16) 也臨事不回犯顏無隱及其握兵東鄙也□□□果□□狼心自非身繫安危
(17) 才兼文虎者熟能如此□□掌□□之□□□□選奏官沙汰人才取士多賢天
(18) 下英雄盡入彀中所謂□□能擧其類唯公其人也公存在家也善父母兄弟
(19) 以孝行聞及當路高爵厚祿□遂而不舍□其身本□能無恙故數移病至甲
(20) 戌冬疾甚累旬告假於□□中除[右]散騎常侍寶文閣學士遜辝無路況厥疾
(21) 少愈莅官視事未及一年而卒可□爲大哀乎有曰□□在位有曰仁者壽則
(22) 公既賢且仁其□□相□□饗壽考之福宜矣奈何位不過右常侍年纔踰耳
(23) 順而卒乎盖富□□天□□有命故公□樂天知命而不憂焉苟以富貴貧賤
(24) 死生壽夭介於胷□而不能任之□□之若命□□□□爲凡人耳非吾所
(25) 以望於公者也初公娶李氏生二男二女長男長女早逝一女一男皆成婚姻
(26) 之禮而尙在再聚□□□子噫公□□□朝廷也□而不它公而無私眞古之

(27) 遺直也則欲公之□□□□享年□□□三韓□□也今者以不起聞非特
(28) 上心震悼亦士之□□□□無□爲□痛惜焉□公善始善終知進退存亡而
(29) 不失其正則在於□□□□盡矣□□□之□哉銘曰
(30) 射策天庭兮早遂□□□□匪□□□□□爲季世之英高才先得兮雖歲踐
(31) 百官之秩大器晩□□□提□□□□□在家事親兮致曾閔之至孝及匡
(32) □□主兮勵稷契□□□□中浩氣□□天地以凛〻身後令□兮□雷霆而宏〻

〔揭載〕『韓國金石文追補』、一三八－一三九
『韓國金石全文』中世上、七三二－七三四

七五、吳仁正 墓誌銘

所在　서울 國立中央博物館(No. 本 一四一五九)
年代　毅宗九年(金 貞元三年、一一五五)

(1) 海東高麗國翼陽府錄事吳　墓誌
(2) 公諱仁正其先高敞縣人也年二十有五當
(3) 仁宗朝甲辰年春中第初任元興鎭判官有能名政滿
(4) 還京守志慷慨不與世俗浮沉故十年不調乃卜居于城
(5) 東鵲洞之北或躬耕以食妻子然門多車轍學士皆師尊之
(6) 于時公之恩門金富軾掌政朝廷士林之輩皆譱公之志節

(7) 於金相國公亦述古劔詩以獻詩有天昏月嘿夜堂清有
(8) □□作老龍鳴之句相國見而嘆曰爾爲門生何不早詣於
(9) □□□是差授乇羅島句當使公欲改受京官相曰吾之所
(10) 　以公家貧落魄而彼地可資以爲衣食故亦
(11) 　可求矣公於是促裝奉命越海□□□□
(12) 　三年
(13) 　判官貞元三年
(14) 　仍遇疾還京至其年七月
(15) 　乃葬于法雲山西北公有子三人長曰世功
(16) 　第貞元元年授淸州牧掌書記二曰世文貞元□□
(17) 　世才天德三年擧進士公甞與三子曰我五代文子文孫
(18) 積善之家必有餘慶乃祖乃父以文章爲業者久矣後嗣必
(19) 蒙其慶爾其勉之爾其勉之由是三子佩服?父訓不墜家
(20) 聲焉銘曰
(21) 讀書爲業　積善承家　心與道合　不悅紛華
(22) 有志無時　命也如何　卜其宅兆　安此山阿
(23) 　時大金貞元三年乙亥八月　日　誌

〔揭載〕『韓國金石文追補』、一二六－一二八

七六、李軾 墓誌銘

所在　서울 國立中央博物館 (No. 本 一二九二三)
年代　毅宗十年 (金 正隆元年、一一五六)

(1) 卒貞靖公墓誌
(2) 公姓李諱軾字處仁其先慶源郡人也曾大父子淵爲守大師中書令章和
(3) 公大父頲爲門下侍中父資孝爲兵部郎中母江陵郡大夫人王氏門下侍郎平
(4) 章事王錫之女也公大安十年以祖蔭初受尙書戶部書令史天慶四年補
(5) 景靈殿判官遷京市署丞試司宰主夫甲辰年以都押衙奉使大宋還
(6) 拜權知閣門祗候丙午年出守元興鎭俄而徙守開城府秩滿復拜權知閣門
(7) 祗候遷殿中內給事尙衣奉御甲寅年以賀正使奉使大金還拜戶部員外郎
(8) 乙卯年西人叛公以前軍兵馬判官從討有功拜侍御史右司郎中戊午年
(9) 出守廣州牧居一年改知南京留守秩滿入爲吏部郎中兼大子洗馬累遷
(10) 朝散大夫試衛尉卿朝議大夫刑部尙書兼善慶府詹事尙書左僕射
(11) 皇統八年　上受大金皇帝冊命遣使稱謝公以大使將命稱旨天德三
(12) 年除授金紫光祿大夫叅知政事判尙書戶部事是年七月五日以病卒享年
(13) 六十有二年矣　上聞之震悼贈謚貞靖其賻賵之數有加常等公生乎

(14) 富貴心不驕傲爲人純謹端正自弱冠登朝從事中外至於卿相居官
(15) 奉職聲猷允著淡於財利不事產業雖居第傾圮而未嘗營餙日
(16) 好與賓客飮宴爲樂有貴公子之風度也娶中書令桂陽公李瑋之女
(17) 有男五人長曰應求權知閤門祗候次曰應偁句覆院判官次曰應璋試閤
(18) 門祗候知開城府使次曰應誼尙食直長同正次曰應樞投　皇子極世僧統
(19) 剃度爲僧女四人長女適內侍工部員外郞金光中次女未適人先公十三
(20) 年而亡次適守大師定安公任元敳次適禮賓主夫同正李世光後公六年
(21) 而亡矣以正豊元年丙子十一月十四日葬于牛峯郡義龍山之東麓銘曰
(22) 李爲顯姓　蟬聯胤胄　惟公之德　致位卿相
(23) 世有名臣　遂及公身　能振家聲　奕世之榮
(24) 門庭蘭玉　其傳不朽
(25) 其嗣弥昌　刻此銘章

〔揭載〕『韓國金石文追補』、一四〇—一四一
『韓國金石全文』中世上、七三四—七三六
〔參考〕藤田亮策、「李子淵と其の家系」(『靑丘學叢』一三・一五、一九三三・一九三四：『朝鮮學論考』、一九六三)
李萬烈、「高麗 慶源李氏 家門의 展開過程」(『韓國學報』二一、一九八〇)

七七、金存中 墓誌銘

所在　서울 서울大學校博物館

(1) 贈謚景肅公金氏墓誌
(2) 公諱存中字致虛龍宮郡人考
(3) 正英太子少保祖契曾祖郎鼎
(4) 皆太子少師妣朴氏昇平郡大
(5) 君外祖景章太子詹事公先娶
(6) 洪氏生一女適內侍丞李復基
(7) 一男光弱未冠入內侍院後娶
(8) 李氏生一男四女皆幼公少志
(9) 儒學早升南省試入太學屢中
(10) 優等屬　上在潛邸求文學士
(11) 因朝賢薦究春坊公子登進士
(12) 第仍爲侍學及　上即位隨龍
(13) 入內侍院以職兼直翰林院俄
(14) 轉左正言知制誥又轉員外郎
(15) 郎中司業侍郎左丞並以樞密
(16) 院左右承宣兼管銓曹翰林學
(17) 士知制誥東宮侍講學士太子
(18) 諭德又掌貢擧試凡華要清功
(19) 劇權重任無不備歷
(20) 上亦有重託意選授太子少傅
(21) 降使私第禮物優厚繼降恩命
(22) 授輸忠內輔功臣金紫光祿大
(23) 夫吏部尙書政堂文學修文殿
(24) 大學士依前大子少傅未幾不
(25) 幸有疾越大金正豊元年四月
(26) 二十日卒享年四十有六
(27) 上聞之悲悼襄事餙終禮無不
(28) 備噫公爲人豁達器宇宏博深
(29) 謀遠慮有不可測始自東宮親
(30) 遇　聖朝朝夕輔導言聽計行
(31) 陰功密輔有人所不知者國史
(32) 所錄十不得一暨遷葬于玆山
(33) 略叙始終以告後人且銘曰物
(34) 與我同死生生而貴死而榮千

(35) 載之後不殞其名有如不信請　　　(36) 考斯銘

〔揭載〕『韓國金石文追補』、一四二
『韓國金石全文』中世上、七三九－七四一
〔參考〕『高麗史』一二三 金存中傳

七八、朴儵 墓誌銘

所在 서울 國立中央博物館(No. 新 五八二一)
年代 毅宗十年(金 正隆元年、一一五六)

(1) 朝散大夫檢校尚書右僕射司宰卿知尚書禮部閤門
(2) 事兼太子中舍人賜紫金魚袋朴儵字子隨平州人也
(3) 公之始祖蓋新羅貴姓人玄祖功臣三重大匡守卿當
(4) 大祖平定三韓時身冒矢石厥有成績紀于大常肆食
(5) 采于平州遂以爲鄕後世子孫因之公自少好讀書博
(6) 通經史發爲文章淳厚爾雅時號第一年二十六中進
(7) 士第例受慈州倅秩滿補員于寶文閣校勘至帶詹事
(8) 府司直動兼校勘之職俄拜右正言知制誥越壬戌年
(9) 出守洪州視事公平決獄無疑政譽籍甚是時
(10) 仁宗御宇聞而嘉之奈忤貴戚降授察院非上意也不

(11) 久拜殿中侍御史至丙寅年　今上踐祚擢爲
(12) 知制誥自此已後翺翔臺閣淸風凛然一發議論皆中
(13) 時病眞得諫臣體前後出按西南者凡有三皆以澄淸
(14) 爲意問民疾苦悉盡除之嚮者奉使大金不以財利掛
(15) 心動有光華不辱君命歲在癸酉充東北路知兵馬事
(16) 振細柳威折衝未然隣敵聞而喪膽是年自兩界至南
(17) 地州縣皆補軍卒公乃夙夜勤勤精選軍士甚合人言
(18) 尋加大僕卿知禮部事屢箴闕禮雖孔邊之多聞無以
(19) 過也或遷國子祭酒循循然誘人諸生仰之如泰山北
(20) 斗或知閤門事凡朝廷禮度惟公皆正焉堂堂風彩可
(21) 使與賓客言也忽遇疾彌留於丙子六月九日薨于崇
(22) 敎寺經院行年六十歲也凡人之聞者無貴賤皆下涕
(23) 取九月三日卜吉地于城東大雲寺西麓而藏骨焉公
(24) 娶平章事崔灌之女生一女今適儒者丞同正林軌又
(25) 有四子不合仕宦皆從浮啚氏惜乎無子繼箕裘之業
(26) 云爾謹誌　第三　僧靈偉書並刊字

〔掲載〕『海東金石苑』補遺三、八〇〇―八〇五
『朝鮮金石總覽』上、三七二―三七三

『韓國金石全文』中世上、七四一—七四三

七九、張脩 墓誌銘

所在　서울 國立中央博物館(No. 未詳)
年代　毅宗一〇年(金 正隆元年、一一五六)

(1) 朝議大夫檢校太子大保行秘書監御書檢討官知制誥賜紫金魚袋張公
(2) 脩字鴻羽仁同縣人也父直翰林院諱世平追封太子詹事祖戶長惟器母稷
(3) 郡大夫人白氏尙　直長同正可績之女公有大志不淸直苟言笑少攻儒術喜
(4) 爲古文章於壽昌六年庚辰擧進士中丙科乙酉通判　阜郡壬辰始受　簿
(5) 都監判官甲午權直翰林院一日代人入直適有製奏以他名上　睿宗覽　此
(6) 張翰林所作也其以文章結人主知如此前緣任小失置散五年略無慍色不營
(7) 勤於誨人至庚子起爲秘書校書郞五遷試國子博士皆兼舘翰庚戌以金吾長史權
(8) 門祗候俄遷試殿中內給事知制誥翌年遷試禮部員外郞知制誥癸丑出爲忠州
(9) 使廉謹愛民雖古龍廉無以加丙辰入爲禮部員外郞知制誥前後十一轉歷禮
(10) 子祭酒至秘書監二品皆帶三字以經術潤色聖化皇統六年丙寅
(11) 劣士七年累表致仕九年稟聖　棄傳至太伯山
(12) 體勁正人皆歎服既能文又善書其
(13) 九變星霜至正豊元年十月

(14) 西奉靈寺俊

(15) 承

〔掲載〕『韓國金石文追補』附錄、二六九―二七〇
『韓國金石全文』中世上、七三七―七三八

八〇、金公偁 妻 梁氏 墓誌銘

所在 서울 國立中央博物館(No. 本 九二三八)
年代 毅宗十年(金 正隆元年、一一五六)

(1) 南原郡夫人梁氏墓誌(題額)
(2) 卒南原郡夫人梁氏迺尙書兵部侍郎知閤門事惟竦之女也夫人幼而肅整及長
(3) 能習婦順之儀遂配于閤門祗候金公偁初公之出佐南京幕克著懸魚之節以
(4) 撫吏民者盖由　夫人之内助也　夫人與公去辛亥年謹發丹誠創成別殿於淏
(5) 北天神寺□成　佛大藏五千餘卷以安之因捨納穀米立爲子母之法以充
(6) 香火之資此可謂損無窮之福矣　夫人有二男二女長男性文尙衣直長同正
(7) 次男義實前茶房尙書戶部令史同正長女適監察御史庾溫仁早逝次適前監察
(8) 御史李玄敷噫　夫人不幸寢疾薨于京?北金塔寺享年六十三歲以正豊元年
(9) 丙子十二月二十九日葬于奉靈寺北山之麓　夫人有男女數人而能以義方敎之皆使知
(10) 其愼終之孝雖眩目夫復何恨哉　銘曰古人有云　一世之短萬歲之長

(11) 夫人之謂乎 移此 龍藏 安于資坊 身則云歿 名流無疆

〔揭載〕『韓國金石文追補』、一四一
『韓國金石全文』中世上、七三六－七三七

八一、朴得齡 墓誌銘

所在 서울 國立中央博物館(No. M. 四三〇－三)
年代 毅宗十一年(金 正隆二年、一一五七)

(1) 高麗國登仕郎試尙書刑部侍郞
(2) 兼國學直講朴公之墓誌
(3) 公諱得齡羅州昇平郡人也擧進
(4) 士第補廣州牧司錄兼掌書記秩
(5) 滿召入內侍出刺昌州徵入爲左
(6) 正言知制誥累轉殿中侍御史左
(7) 司諫歷尙書吏部郞中遷尙書刑
(8) 部侍郞以今年四月戊申卒享年
(9) 六十歲越七月庚寅安兆于東林
(10) 寺之南麓公夫人宋氏尙書工部
(11) 郞中璉之女也無子有女一人適
(12) 于我公平生文章忠義功名德望
(13) 不復覼縷聊記始末云爾正豊二
(14) 年七月日內侍直翰林院禮賓丞
(15) 韓楹記

〔揭載〕『朝鮮金石總覽』上、三七三－三七四
『韓國金石全文』中世上、七四六－七四七

八二、文公元 墓誌銘

所在　日本 東京 東京國立博物館 資料館（寫眞所藏 No. 一五二一七二〈앞면〉、No. 一五二二六九〈뒷면〉）
年代　毅宗十二年（金 正隆三年、一一五八）

(1)　貞敬公墓誌銘
(2) 中書侍郞平章事判吏部事修國史贈
(3) 諡貞敬公旣卒之三年有外孫國學養
(4) 正齋生趙永仁等以公行狀來示予曰
(5) 吾□之生平待子頗厚矣今其葬宜得
(6) 子銘以藏予應之曰公之於世猶鳥有
(7) 鳳獸有麟雖匹夫匹婦皆知推尊況予
(8) 遊公之門旣久敢不銘諸公南平郡人
(9) 文其姓公元其名盖右散騎常侍翼之
(10) 子□□神虎衛大將軍行抄猛中郞將
(11) □之孫也曾祖諱□官不甚高其名望
(12) □著于世母柳氏有賢德常敎公以義
(13) 方□古所謂能令孝子作忠臣□歟公
(14) 始自父蔭襲官爵於　裕陵在宥之十
(15) 祀甲午中進士第屬　仁廟嗣統知公
(16) 可大用擢爲右正言知制誥自是之後
(17) 凡歷官皆不出鸞臺鳳閣公爲人□明
(18) 坦夷表裏洞達遇人以誠恭儉□□
(19) 不言人過及臨大節決大義□□而語
(20) □必欲繼之以死雖在□□□□所撓
(21) □上以此重公如□□□□□□□之
(22) □□□代天□□□□□□□□□□

（裏面）

(23) 君臣相遇可□□□□□公之未入於
(24) 相府也一爲察訪使再爲按部三爲
(25) □統所□皆有聲於庚午歲掌貢擧
(26) 門生皆當世賢豪士大夫由是多公
(27) 之鑒識公娶中樞院使李顗之女爲

(28) 夫人無子生女四人長適殿中內給
(29) 事崔淑問二適都染署令朴璜三適
(30) 試大官署令趙[時]彥四適寫經院判
(31) 官崔彥方公功成告老遠追綠野之
(32) 風享壽七十三丙子十二月感疾而
(33) 薨訃聞
(34) 主上震悼輟朝三日命有司其葬事
(35) 荼毗于朝陽山之東麓□□□五月
(36) 十三日改葬于五冠山天台寺之傍
(37) 噫士之以文章功業歷仕三朝位極
(38) 人臣而考終於家者昔嘗罕聞公其
(39) 有之豈不偉歟銘
(40) 造化茫茫　迭爲今昔　百世之後
(41) 陵谷變易　惟公令名　如天罔極
(42) 刻銘幽宮　無愧於德
(43) 　文林郎試大學博[士]□直史館尹惇信撰

〔揭載〕『朝鮮金石總覽』上、三七四—三七五
『韓國金石全文』中世上、七四七—七五〇
〔參考〕朴龍雲、「高麗前期 文班과 武班의 身分 問題—高麗 貴族家門 研究(三)—」(『韓國史研究』二一·二二合、一九七八)

八三、李輔予 妻 李氏 墓誌銘

所在　서울 國立中央博物館(No. 新 五八四一)
年代　毅宗十二年(戊寅、一一五八)

(1) 卒大中大夫兵部尙書同知樞密院事李
(2) 公輔予妻平涼郡夫人姓李氏三韓功臣
(3) 太匡弓烈五世之外孫監察御史諱琁之
(4) 季女也少善女工爲人能勤儉有令德及

(5) 長崇內教多誦佛經性柔順有羞耻非有
(6) 大事不出門域雖姉妹叔伯莫得窺其面
(7) 宗族皆重之年十六歸李公家初李公之
(8) 未卒也以忠儉有寵於　仁廟掌握國柄
(9) 莅居喉舌淸白嚴重聞於一時而夫人莫
(10) 不同心希旨內助其德雖家甚懸磬而猶
(11) 以義樂貧晝而紡績夜以裁縫勤而无猒
(12) 家政乃行上奉君子下率諸兒洎及臧獲
(13) 僅数十人能收恤蓄養似无不足至於飮
(14) 食必以均分誠母道也女道也每人有饋
(15) 献於其門者雖親戚故舊之所遺苟无李
(16) 公則夫人皆拒之以待公之來也而問其
(17) 可否然后去取焉由是位益尊而家益貧

〔揭載〕『海東金石苑』補遺三、八〇五—八〇七
『朝鮮金石總覽』上、三七六—三七七
『韓國金石全文』中世上、七六〇—七六二

(18) 名愈彰而節愈固古之君子夫賢婦正未
(19) 有若此其盛也夫人素多病及疾將死乃
(20) 洮頮唱佛不錯一念顏色甚白神心无撓
(21) 以公之卒十一年丁丑八月朔甲午終于
(22) 家享年五十九歲有四子長名唐宰次唐
(23) 杜次唐俊次唐泌皆仕顯官越明年二月
(24) 二十三日甲寅葬骨于開城北毛頓洞甲
(25) 來庚向山麓而爲之銘曰
(26) 　婉婉夫人　旣賢且姝　出於公族
(27) 　配賢大人　而生四子　以此勤劬
(28) 　吁何不永　一旦而逝　自古盛德
(29) 　久必不蔽　刻銘于石　以告万世

八四、(僧) 金義光 墓誌銘

所在　日本 東京大學 大學院 工學系研究科 建築學專攻研究室
年代　毅宗十二年(金 正隆三年、一一五八)

(1) 卒瑜伽業弘圓崇敎寺住持通炤正覺首座墓銘
(2) 　　文林郞金吾衛錄事參軍事黃文通撰
(3) 師諱義光逸其字俗姓金溟州人曾祖諱陽
(4) 皇門下平章事祖諱上琦皇門下平章事考
(5) 諱沽皇戶部尙書妣夫人柳氏門下侍中諱
(6) 洪女也師投正慧王師曇休門徒削染年甫
(7) 十六就仏日寺戒壇承受三十三赴王輪寺
(8) 選席褒然爲首是歲大宋宣和六年越大金
(9) 皇統元年辛酉住忠州龍頭寺五年乙丑加
(10) 三重大師賜繡帖磨衲袈裟七年丁卯移住
(11) 伊山伽耶寺加首座明年戊辰赴　大內百
(12) 座法會　上親賜磨衲衣後　上遣使到山
(13) 傳宣勞問仍賜靑帖袈裟以侈寵遇之礼貞
(14) 元三年乙亥移住崇敎寺正豊二年冬示疾

⑮ 十二月二十八日卯時順世于玄化寺上淸
⑯ 院　上聞之欲痛移時至三年正月二十一日茶
⑰ 毗于靈鷲山之西麓壽五十一臘四十夏
⑱ 上追悼不已贈僧統噫師生于三韓戚里常以
⑲ 螻蟻公卿塵土軒冕爲志超然自放不談世
⑳ 事雖以延安宮主以舅礼事之了不介于心
㉑ 眞可謂桑門中卓行者也其門弟子僅一百餘
㉒ 人以二月二十二日負骨邀安靈鷲山之西麓
㉓ 請予筆其事藏之墓中其請益確但以楦
㉔ 釀之文銘之銘曰
㉕ 生而死　物之常　如師者
㉖ 大且光　視生死　爲如何
㉗ 山硉矹　水蒼茫　杳莫見
㉘ 令人傷　銘于石　德不忘

〔揭載〕『韓國金石文追補』、一四四－一四五
『韓國金石全文』中世上、七五三－七五五

〔參考〕崔柄憲、「高麗中期 玄化寺의 創建과 法相宗의 隆盛」(『韓沽劤博士停年紀念史學論叢』、知識産業社、一九八一)

八五、金惟珪 墓誌銘

所在 서울 國立中央博物館(No. 新 五八七六)
年代 毅宗 一二年(金 正隆三年、 一一五八)

(1) 君諱惟珪慶州□□□卓犖有奇才二十歲升　諸司馬慨然有登清
(2) 天下之□日以讀兵書爲事二十七以虎學赴天場擢第爲第二人通
(3) 判龍灣府?叔?不與民爭終三歲無纖毫過□滿投閑有年于玆　主上欲
(4) 修好中華?□人可使君爲衆所薦奉使即入中朝踰年復　命及祿仕
(5) 脩官員兼糸軍事退食□公不皇啓處甫十載累遷軍器注簿越四
(6) 載遷大官令明年出守宣城比及考績調供驛令尋遷尙食直長爲人
(7) 耿介不覊恬淡寡欲孝養老母恃?其能負其氣不理坊□以取通於
(8) 世饗年六十四官止□品而卒□哀也夫曾祖礼部員外郎諱周鼎
(9) 祖戶部侍郎諱義先[考]內園令諱侯伯母淸化郡夫人□氏娶大府
(10) 少卿田氏諱世均女君子男三人長曰利用爲樞密院別駕次曰鉉入
(11) 大學爲春坊公子次曰□未仕女二人長適尙衣直長同正金得器次適
(12) 良醞令同正李東天時大金正[豐]三年戊寅二月十一日壬寅葬于桃
(13) 源驛南洞西向之山麓也　銘[曰]　展也大儒　維志之求
(14) 行有檢侯　不改其轍　一彼一此　克壯其猷　不事產業

(15) 知命不憂　忠孝兩全　寵祿未優　序行刻銘　爲識諸幽

〔參考〕 金龍善、「新資料 高麗 墓誌銘 十七點」(『歷史學報』一一七、一九八八)

八六、朴景山 墓誌銘

所在　서울 國立中央博物館(No. 本 一二九九四)
年代　毅宗十二年(金 正隆三年、一一五八)

(1) 高麗國金紫光祿大夫判衛尉事御書檢討官朴公墓誌銘并序
(2) 　金吾衞錄事叅軍事愼　膺龍　撰
(3) 朴氏之先雞林人也盖新羅始祖赫居世之裔也新羅之季其
(4) 孫察山侯積古之子直胤大毛達徙居平州管八心戶爲邑長
(5) 故自直胤而下爲平州人直胤之子三韓功臣三重大匡遲胤
(6) 遲胤之子三韓功臣大尉兼侍中守卿守卿之子三韓功臣司
(7) 徒承位公則承位四代孫也　公諱景山曾王父大子大傅諱
(8) 琮王父大子大師忠厚皇考叅知政事文烈公寅亮公幼以文
(9) 烈公之蔭於　順廟七年庚午歲始加掌醴令同正至丙戌
(10) 歲補景靈殿判官尋赴礼部試中乙第累官至礼賔主簿兼直
(11) 史館[於]　睿廟嚮學初置寶閣号爲書筵以峻其選公以大
(12) 樂令帶校勘之職及　仁廟継統泰平日久知守文之艱妙

(13) 簡臺諫之任公自中書注書擢授左正言知制誥未幾拜礼部員外
(14) 郎俄遷殿中侍御史亻兼三字乙卯拜國子司業充史館修撰
(15) 官甲寅歲以才堪專對仗節北國使還累遷吏部侍郎兼大子
(16) 右諭德尋遷國子祭酒知都省事癸酉歲掌南省試慣時文好
(17) 爲彫蟲乃屛去近体其所選取皆踈放有可大之勢者數年之
(18) 後門生中以文章擢第者比比不絕人咸服之号爲知人公資
(19) 性寬平不妄與人其在朝也以方直自負非公事未嘗至權貴
(20) 之門然人物材地爲一時之冠歷踐華貫至金紫光祿大夫判
(21) 衞尉事御書檢校官於己巳歲告老縣車耽翫書畫自適其適
(22) 間或以訟佛書爲事怡怡如也至戊寅歲二月十八日以疾卒
(23) 于家嚮年七十八越冬十一月二十有八日葬于京城西北江陰
(24) 縣之東麓夫人王氏大子大保王濬之女生一男慶仙店錄事
(25) 孝至二男殿中內給事同正孝晋於甲子歲中高第女一適故
(26) 少卿李瑱之子成佛都監判官元甫夫人先公而亡繼室以員
(27) 外郎王瓚之女無子公之祖曾皆以文章名世至文烈公再奉
(28) 使于中國華人聳動每一篇出刻鏤盛傳至今大宋篇集中往
(29) 往有文烈公所撰一何偉哉公盛德之後以令聞令望遍歷館
(30) 閣之任又以高文大手久掌演綸之職公之嗣又有如謝庭蘭

(31) 玉者世皆以朴氏爲文章之家信夫銘曰

(32) 遠矣朴氏 雞林其始 新羅之季 直徹西徙 在我國初

(33) 風雲俱起 翼翼文烈 邦家之光 盛德多男 杞梓琳琅

(34) 出處逍遙 公得其長 方其筮仕 闊步周行 比及懸車

(35) 鴻飛寞寞 游心淡素 間閱釋經 積善餘慶 愈久愈馨

(36) 曷知其然 蕳玉在庭

〔揭載〕『韓國金石文追補』、一四三―一四四
『韓國金石全文』中世上、七五一―七五三

〔參考〕『高麗史』九五 朴寅亮傳 附 朴景山傳
鄭清柱、「新羅末・高麗初 豪族의 形成과 變化에 대한 一考察―平山朴氏의 一家門의 實例 檢討―」(『歷史學報』一一八、一九八八)

八七、(僧) 崔觀奧 墓誌銘

所在 서울 國立中央博物館(No. 本 一〇〇三八)
年代 毅宗十二年(金 正隆三年、一一五八)

(1) 修理寺住持慈應了□定慧通炤圓證神解證智首座墓[誌]?[銘]?[并]?[序]?

(2) 師諱觀奧字虛中俗姓崔氏其先水州人也衛主匡國功[臣][守][大][師][內]

(3) 史令貞肅公諱士威之[玄]孫而守司空左僕射叅知政事和[順][公][諱][繼]

(4) 芳之第二子也年十二投師剃髮於叔父玄化寺僧統尙之傳法於[僧]

(5) 統靈縡乹統八年戊子受戒於佛日寺天慶三年癸巳崇教寺成福選
(6) 得名七年丁酉奉恩寺大選入格加大德壬寅癸卯兩年赦加大師重
(7) 大師乙巳年外帝釋院對　御軒欄說經講演稱旨　宣賜紫貼袈裟
(8) □領以壬寅年赦赴　登極法席功加夏講辛亥年共議初住月岳寺
(9) 丁巳年批加三重大師是年共議二轉住天興寺戊午年　宣賜別造
(10) 摩衲袈裟一領皇統二年壬戌　宣賜壽貼袈裟二領一襲衣裳幷
(11) 御封茶香五年乙丑批加首座　宣賜摩衲掩脊一領六年丙寅共議
(12) 三轉住法泉寺　宣賜彩綾地官誥貞元二年甲戌共議四轉住修理
(13) 寺凡所住處皆是名藍其僧衆敬而畏之其學者慕而歸之柱石一宗
(14) □□□三朝之待遇如此師旣感國厚恩欲伸報效特修營安城郡波
(15) 羅密寺功畢奏聞　上嘉之　宣送十六羅漢尊像安邀於法堂師乃
(16) □□寺及願堂忠州德周寺召集山僧常置祝　聖道場其在住持寺
(17) □□玄化寺安性院所居堂宇之內親率弟子等朝夕薰勤作法鍾磬
(18) □□□大之供不敢闕於一日以爲恒式凡此皆祝　聖之願也其住
(19) □□□翌年大設三多施與于鼇山院指南大路行旅往來僧俗男女
(20) □□□幼下至服乘之畜飢者食焉渴者飮焉無不充足飽煖其惠澤
(21) □□□□物不知其幾千萬億也正豊三年戊寅五月二十一日以疾
(22) □□□□六十三僧夏五十二臨終之時神色不變如平常召門弟一

(23) □□□新成□本華嚴經願記此外不言身後餘事眞異人也是年八
(24) 月□日丙申門弟等奉遺骨安厝于玄寢師天性外肅內溫全德法器
(25) 望之儼然於經律論外兼博覽儒書日日常讀普賢行願品講讀之暇
(26) 喜接賓客厚於宗族聞有作功德及慶吊之事者即捨財物助之寒士
(27) 儒生乏衣食者尤多施與焉故既卒之後檢閱方丈內無所藏餘物
(28) 接賓茶果器皿而已門弟之散在□山者無不奔走會葬其兼□儒□
(29) 者叙師平生事迹乃作銘曰
(30) 智光門下　惠德王?師　承承法嗣　蔚茂孫枝　師在後第
(31) 秀出一時　再登貴秩　四轉住持　僧徒畏敬　學者悅隨
(32) 宣恩法服　異衆威儀　福利邦國　壽考攸宜　天何不祐
(33) 命止于玆　山頹梁折　國人傷悲　遺訓在耳　清血交頤
(34) 令名不朽　千斯萬斯

〔揭載〕『韓國金石文追補』、一四七－一四八
『韓國金石全文』中世上、七五八－七六〇

〔參考〕朴龍雲、「高麗時代 水州崔氏家門 分析」(『史叢』二六、一九八二)
崔柄憲、「天台宗의 成立」(『한국사』6 고려귀족사회의 문화、국사편찬위원회、一九七五)
崔柄憲、「高麗中期 玄化寺의 創建과 法相宗의 隆盛」(『韓沽劤博士停年紀念史學論叢』、知識産業社、一九八一)

八八、(僧) 王之印 墓誌銘

所在 서울 國立中央博物館(No. 新 五八四九)
年代 毅宗十二年(金 正隆三年、一一五八)

(1) 海東廣智大禪師墓誌銘
(2) 大金正豊三年秋廣智大禪師卒其門人請予誌其
(3) 墓甚勤辭不獲已乃爲之辭　師諱之印字覺老自
(4) 號靈源叟考　聖祖睿王母殷氏爲　王之勝以契
(5) 丹乹統　壬午夏六月二十六日誕於私第師生
(6) 而岐嶷不喜葷血體貌言音酷似　睿王睿王鍾愛
(7) 之年九歲命投慧炤國師祝髮學禪那法道機夙成
(8) 若天禀然年十五中佛選己亥歲　詔住法住寺丁
(9) 未歲拜三重大師實　仁廟在宥之六年也壬子秋
(10) 加拜禪師師既得重級猒其繁華上書請避住持事
(11) 寄身林越　上曰以道處之市朝即是靑山乃阻其
(12) 請及　今上即祚之二年丁卯別降　批墨加大禪
(13) 師己巳年　上以御札親灑法号廣智叢林衲子旡
(14) 不歆艶師以謂饕寵而居非衲子意乞歸所住智勒

(15) 寺　上亦不許乙亥歲以鈴平金剛寺距京不遠可
(16) 以託身乃往居之　上每遣中使餽問旡日旡之師
(17) 恨其山淺以丙子春卜朱溪縣裳山小寺即欲遯去
(18) 上知之遣近臣徐淳固留之優加獎諭師乃留數月
(19) 至夏五月更煩訴乃遂其請居旡何　上詔赴京師
(20) 師牢讓不起丁丑年　上又遣近臣徵之辟不獲已來
(21) 赴　闕下賜對壽德宮大平亭上　玉色親臨宴示
(22) 慈惠寵眷甚渥旡與比者自法住至智勒坐道場者
(23) 五師之語要具如別錄師器識宏遠禪學外兼該敎觀
(24) 又善属文尤於古體詩得妙平生接人雖至踈賤必與之
(25) 鈞禮以故人皆願爲弟子雖殊方絶域琛寶人或求
(26) 之即與之□方丈蕭然餘經書圖畫亦甞以服玩餘貲營
(27) 轉輪大藏於雙峯智勒兩刹其功德不可殫記越戊寅
(28) 秋七月遽嬰足疾八月四日疾病剃沐更衣設偈將欲化
(29) 去問是何日門人報辰日師曰辰巳爲俗所忌吾當避之
(30) 至十二日又作偈示衆曰吾生五十七返本是今日性宅周
(31) 沙界蘧廬寧寄質偈畢翛然長往火其柩於鈴平
(32) 山之西麓享年五十七臘四十八是年冬十一月二十八日藏其骨

(33) 于朝陽山之東麓禮也其銘曰　曹溪鏡裏　无一點塵
(34) 得其妙明　能有幾人　緊我廣智　密契玄眞　叢林仰止
(35) 如星拱辰　爲時之瑞　如五色麟　猒世而去　翛然蛻身
(36) 醍醐无味　薝蔔歛春　歲月漸遠　草木蓁蓁　恐其偉蹟
(37) 遂湮而淪　玆用作誌　勒于貞珉
(38) 文林郎試大廟丞兼翰林院林　宗庇　撰

〔揭載〕『海東金石苑』補遺三、八〇七－八一二
『朝鮮金石總覽』上、三七七－三七九
『韓國金石全文』中世上、七六二－七六五
〔參考〕葛城末治、「智勒寺廣智大禪師墓誌」(『朝鮮金石攷』、一九三五)

八九、梁元俊 墓誌銘

所在　서울 國立中央博物館(No. 本 八一九五)
年代　毅宗十二年(金 正隆三年、一一五八)

(1) 公諱元俊字用章姓梁氏忠州人也上將軍攸達之玄孫曾大父諱逸
(2) 曾任金吾衛上將軍大父諱暢受正位父諱公紹爲檢校詹事母陰城
(3) 郡大君朴氏外祖諱成德曾任監察御史公以年九歲喪父葬于五龍
(4) 山西麓孤依扁母勤於孝養以父之外高祖三韓功臣贈大尉崔英休
(5) 門蔭乹統八年戊子二月日初受良醞署史同正六月受左右衛史其胥

(6) 吏於尙舍局工兵刑部御史臺中書門下無不趨仕甲申九月以考績加
(7) 軍器主簿同正庚子十二月例受光州監務淸白專公絕特無倫乙巳三月受
(8) 懿親宮錄事丙午秋被召入內侍院戊申三月受都监院錄事甲寅十二月始
(9) 受糸職權知監察御史乙卯十二月受殿中侍御史丙辰十二月受尙州牧副
(10) 使三年撫察節行如初己未十二月受刑部郎中賜緋魚袋癸亥九月二日丁
(11) 母憂葬于五官山巽隅師子崛南崗母享年八十九公之素性恬靜慈義其
(12) 於定省承順終無小乖可謂至孝焉十二月受試御史中丞賜紫金魚袋乙
(13) 丑年春夏奉使兵馬于東北面蕃夷歛迹邊境謐靜丙寅冬以万壽
(14) 節日使使于大金國彼朝曾服公淸儉不以雜冗煩公其名振異朝邦
(15) 戊辰十二月受試尙書右丞庚午三月受借戶部尙書知西京留守事赴京
(16) 莅事淸節若昔明年辛未五月特徵授尙書左丞樞密院左承宣知三
(17) 司事三載間以時納言竟日在官其官務外寂無私謁者癸酉十二月特
(18) 授樞密院副使御史大夫甲戌八月特授知門下省事余如故十二月授銀
(19) 靑光祿大夫吏部尙書判刑部事余如故丙子年冬　上特下詔權判吏
(20) 部事使公提品皆順上無私十二月特授金紫光祿大夫中書侍郎同中
(21) 書門下侍郎平章事余如故丁丑十一月以禮告老退休于私戊寅三月特授
(22) 守司徒余並如故仍令致仕其檢校爵秩屢沐恩至太子大保是年十
(23) 一月七日癸亥病卒殯于京城十善寺　上特降使致祭贈謚貞簡公兼

(24) 勑弔慰是月二十八日甲申　命以國禮葬于朝陽山麓大雲寺
(25) 之西補陁崛之東小洞原是大金國正豊三年戊寅也享年七十初娶
(26) 陰城縣戶長朴卿之女有二男長資挺祝髮居山次文烱其朴直忠厚
(27) 如公以門蔭早齒朝名時入內侍東大悲院錄事其妻先逝後娶判將
(28) 作監事盧公瑩之女有一女一男男文秀以父蔭受將仕郎良醞署丞
(29) 同正皆未笄冠夫春秋以變物之態朝夕以改人之心公之爲人公正
(30) 廉儉忠毅孝恭終始一節者千古一人而已銘曰
(31) 堅乎鐵石　白乎冰霜　磨而不磷　涅而不緇　唯公也哉

〔揭載〕『韓國金石文追補』、一四五—一四六
『韓國金石全文』中世上、七五五—七五七
〔參考〕『高麗史』九九　梁元俊傳
朴龍雲、「高麗前期 文班과 武班의 身分 問題—高麗 貴族家門 研究(三)—」(『韓國史研究』二一・二二合、一九七八)

九〇、文公裕 墓誌銘

所在　서울 國立中央博物館(No. 本 一〇一三一)
年代　毅宗十三年(金 正隆四年、一一五九)

(1) 海東高麗國檢校太子大保中大夫知門下省事刑部尙書致仕文公墓誌

(2) 檢校太子大保承務郎行試尙書工部侍郎知制誥賜紫金魚袋史偉撰

(3) 公諱公裕後改名顧壽字亢迪南平郡人也年十有五擧南省試政堂文學

(4) 鄭文下中二等至二十五學士吳延寵林彥等下中優等二十九爲給田錄

(5) 事閱歲長陵在儀宸改爲簷事府錄事以論語孟子尙書進讀幷進書法累

(6) 遷主夫壬寅以隨龍功授閣門祗候屬權臣用事忠臣義士並皆流竄公坐

(7) 外舅之累謫梁州移配加德島至丙午權臣放殛上知公直戊申春授殿中

(8) 內給事知制誥其年冬授尙書戶部員外郞己酉冬以禮部郞中爲清州牧

(9) 副使未考績宣召授左司員外郞充史舘修撰官壬子冬授侍御史時西京

(10) 僧妙清執左道以干時公與同列李仁實叩閺以諫因忤旨左遷爲考功員

(11) 外郞忠州牧副使西京林原立新闕號太和宮上召公命書宮額公辞之曰

(12) 臣曩以妙清等爲當遠逐今以其言創立新宮□若書額非一心事上之義

(13) 及上將御新闕先幸西京妙清與其黨欲神其說乃潛以餠作囊盛油其中

(14) 沈于大同江底油洩而浮於水面以爲瑞及上幸新闕乃於其南遠岫置燈

(15) 以爲壽星呈祥厈新闕旨傍近震牛馬樹木一夜三二十所御厩馬二死上

(16) 用大臣議遽移御西遂還御上京俄而西京作乱然後上知公忠義擢爲戶

(17) 部郞中東宮侍讀事知制誥丙辰冬朝廷以清州考未滿以礼賔少卿爲黃

(18) 州牧副使官滿爲礼賔少卿太子左贊善大夫庚申授秘書少監東宮侍講

(19) 學士辛酉授兵部侍郞餘如故閱二歲爲右諫議大夫刑部侍郞東宮侍讀

(20) 學士遷至尚書左丞知御史臺事丁卯爲國子監大司成宝文閣學士知都
(21) 省戊辰春爲散騎常侍宝文閣學士己巳冬爲刑部尙書修文殿學士知制
(22) 誥天德三年夏爲西京知留甫六朔召爲刑部尙書又改爲兵部權三司使
(23) 癸酉正月日今上爲太子立府上特授公大子左詹事以管封册事其夏遂
(24) 授刑部尙書集賢殿學士知制誥兼大子賓客以例爲檢校太子大保乙亥
(25) 夏授同知樞密院事餘並如古判三司事丙子夏授今官公風采堂〃文章
(26) 磊落尤善隷書歲在丙申本朝遣使入朝中國妙選輔行公以內知從之嘗
(27) 爲使入大金又以金紫光祿大夫尙書左僕知樞密院事南平郡開國子食
(28) 邑三百戶爲金國賀登極使嘗爲按□及都統東北西北兩界兵馬公之先
(29) 世以文虎膴仕於朝皇祖曾高俻在家牒此不復錄至皇考翼爲左散騎常侍
(30) 生四子長曰公仁次曰公元並爲冢宰次曰可觀爲曺溪宗大禪師公其季
(31) 也伯仲季相次爲相世以爲宰□而甚榮之公在樞密時天文有變日者云
(32) 應在樞府公直廬忽被末疾遂至不起世嘆不至大用公有子三人長曰克
(33) 謙今已捷第官至七品仲曰克純季曰克易並蒙資蔭已接朝纓有女三人
(34) 長壻曰鄭拯今以內侍官至秋部外郎仲壻曰尹子固早歲云亡季壻曰李
(35) 世昌亦以家蔭得齒朝名太歲己卯二月十二日主上命司具襄事白鶴寺

(裏面)

(36) 之西南麓公之孤與壻以誌墓嘱余乃爲銘曰

(37) 公之二昆　天吝厥嗣　餘慶所鍾　公乃有子　孰知厥後
(38) 克大其門　忠孝文學　以爲根原　永?錦將擧　宅明旣成
(39) 惟子與壻　欲誌佳成　以予於公　受知惟舊　□公始終
(40) 期於不朽　余以拙避　不敢堅拒　反袂拭面　援毫以叙
(41) 忠爲令德　公實有之　文爲華國　公實擅之　幾千万世
(42) 遺墓山崖

〔揭載〕『韓國金石文追補』、一四九－一五一
『韓國金石全文』中世上、七六七－七七〇
〔參考〕朴龍雲、「高麗前期 文班과 武班의 身分 問題－高麗 貴族家門 研究(三)－」(『韓國史硏究』二一・二二合、一九七八)

九一、王冲 墓誌銘

所在 서울 國立中央博物館(No. 新 五八三八)
年代 毅宗十三年(金 正隆四年、一一五九)

(1) 公諱冲字天隱姓王氏開州人七世祖萬歲寧海公　我太祖堂
(2) 弟也曾王父逈猷尚舍奉御王父蔡追封衛尉注簿父里民追封尚
(3) □奉御外王父金俊陽開州兵正公胥懷謇諤氣貌雄豪初侍中金

(4) 公出守開州時見公所爲異常勸令就學公於座主劉載下中成均
(5) 知貢擧任懿同知貢擧朴景仁下得同進士及第例加良醞丞同正
(6) 太遼天慶二年出爲晋陽司錄兼掌書記政滿至八年拜齊安府錄
(7) 事遷大原府典籤國子博士入權察院出守寶城郡前是有群虎入
(8) 境害人物民並苦之公至郡設檻穽盡獲之至于今稱焉中年遷晋
(9) 陽通判會海賊八百餘人保于巨濟郡界暴戾恣睢殺越人于貨一
(10) 方騷然按察使李仲宣撫使鄭應文等徃諭之而彼昏卒狂鋒蝟斧
(11) 螗以拒　王命公不忍見義無勇單騎走入賊塲臥賊帳中數日
(12) 諭以禍福艱頑聚聽靡然草偃遂分北于裔地自此合境蘇息
(13) 上嘉其能入爲殿中內給事累遷禮部員外郎秘書丞工部郎中秘
(14) 書少監賜紫金魚俙兵部侍郎樞密院左承宣吏部侍郎知奏事樞
(15) 密副使左散騎常侍吏部尙書自承宣至尙書叅裁銓選十三度人
(16) 稱公正無私意越大金皇統二年壬戌與同知貢擧權適掌禮闈得
(17) 高儔等三十人不數年或以文材出入舘翰或以善政優游膴仕者
(18) 今已二十餘人時謂得士無過此者五年十二月授守司徒叅知政
(19) 事時享年六十七也累上表章乞骸骨　上乃下詔不允又命近
(20) 臣曲諭至懷公翻然出仕六年二月　仁宗崩春四月
(21) 今上即祚□公爲　先皇顧命大臣是年授中書侍郎平章事十

(22) 二月加門下侍郎平章事行年六十有九依例請老　上以公之
(23) 筋骸尙壯氣力未衰將欲賜□几杖留輔盛時而公之請不已至五
(24) 表依允後數年　上忽思舊勞授金紫光祿大夫檢校大師守大
(25) 尉門下侍中公自　肅宗朝至于
(26) 聖代歷官內外無一蹇滯此亦希有也公先娶州吏金代卿女先公
(27) 死有一男一女並早沒後娶崔氏大僕卿渡第五女有男二人公年
(28) 至八十二因微疾卒于正寢是正豊四年己卯三月初二日丁巳也
(29) 上聞震悼贈謚曰剛烈公命有司葬于承天府羊城洞之西麓焉門
(30) 人入內侍試尙書刑部員外郎鄭拯書石以誌之其銘曰
(31) 公侯之孫　中□墜地　今復其始　忠誠之志　氣力不衰
(32) 上壽過期　晩得二子　月將日就　保家之主

〔揭載〕『韓國金石文追補』、一五一—一五二
『韓國金石全文』中世上、七七〇—七七二

九二、林景和 墓誌銘

所在　서울國立中央博物館(No. 本 一二九九九)
年代　毅宗十三年(金 正隆四年、一一五九)

(1) 檢校戶部尙書儒林郞試御史中丞林公景和字春卿安東
(2) 府甫州人也曾祖行良醞署丞祖子高追封太子大師父幹
(3) 守司徒門下侍郞同中書門下平章事判兵部事柱國貞
(4) 平公母金氏樂浪郡大夫人外祖義先追封太子太保公之爲
(5) 人聰明直諒守志不回洞達吏術亦喜讀古人書偏工章
(6) 句之學往往多題詠覽者無不嘆服公年纔十一始以
(7) 父蔭加軍器注簿同正丁未年春通判京山府政術著明
(8) 考績居一等秩滿加景靈殿判官雜職署令都兵馬
(9) 錄事大府注簿大府丞是時孫氏蠶經始行于世然讀
(10) 者莫曉其意公以方言釋之奏取　朝旨頒諸中外遂
(11) 興養蠶之法越戊辰歲拜權知監察御史是年秋以殿
(12) 中內給事出守溟州始終一節東路兵馬使再薦于
(13) 朝入爲閤門祇候又遷殿中侍御史侍御史皆以言事貶考功
(14) 兵部員外郞尋復舊職甞巡按全羅州道威惠並行
(15) 一方悅服及奉使大金國亦不辱　上命擢拜刑部郞中
(16) 御史雜端丁丑八月二十三日　上幸惣持寺
(17) 宣示御製詩于侍從之臣各令和進公亦應製
(18) 上覽之遣中貴人　賜御扎云詠侍臣和進詩吏人之中

(19) 景和尤佳其公之榮遇如此改授吏部郞中太子內直郞
(20) 遷衛尉少卿兼賜金紫之服至明年拜御史中丞公□
(21) 官之日謂同寮曰予自監察御史至中丞凡五入南臺
(22) 其榮足矣將何以報　君乃慨然有匡救之志盡節
(23) 奉公夙夜匪懈數月餘忽遘疾卒于京城之佛舍享
(24) 年五十有七公卿士大夫親戚朋友無不□悼公娶宋
(25) □判將作監事宋公之女也子男五人長曰永年知春
(26) 州事通判二曰玄湛落髮投禪三曰永世春坊侍衛

(裏面)

(27) 公子其餘皆幼女三人長嫡玄化寺眞殿直金適柔第
(28) 二第三亦皆幼正豊四年十一月初二日長子永年將葬
(29) 公于京城外江陰山之東麓請予爲銘予與公素爲
(30) 莫逆之交其可辭耶殿中侍御史知制誥許洪材乃作銘曰
(31) 掎歟林公　相門之子　洞達吏方　兼通文史
(32) 忠以事君　正以行已　再佩郡符　使民蒙利
(33) 五入南臺　肅正綱紀　天何不祐　已物故矣
(34) 人雖云亡　令聞不已　藏銘墓中　以燿萬祀

〔掲載〕『韓國金石文追補』、一四八―一四九
『韓國金石全文』中世上、七六五―七六七

九三、石受珉 墓誌銘

所在 未詳
年代 毅宗十四年（金 正隆五年、一一六〇）

①公姓石名受珉本忠原府在京屬南部安申坊第一里乾統五年乙酉六月二十八日刋
②羌神虎衞第一隊正除借領軍至大金皇統五年之末爲禮賓郎鷹揚軍大將軍並太子
③左監門率府率越三年丁卯致仕年八十四正豊五年八月八日卒殯于城外迎聖寺越
④是月十九日丙申移埋葬于大雲寺南山之麓西向之穴曾祖光禮祖德和父信官至檢
⑤校大將軍二男三女一男別將同正令奇不幸短命曾其沒矣二男衞尉丞同正元碏命
⑥工刻石合安于石室以表其墓耳謹記

〔掲載〕『韓國金石全文』中世上、七七四
〔參考〕今西龍、「正豊峻豊等の年號」（『高麗史研究』、一九四四）

九四、胡晉卿 墓誌銘

所在 서울 國立中央博物館(No. 本 一二七二三)
年代 毅宗十四年(金 正隆五年、一一六〇)

(1) 卒內侍試閤門祗候胡君墓誌銘
(2) 君諱晉卿字某兎山人也祖諱從迪檢校神虎
(3) 衛上將軍行中郞將父諱仁頴試軍器少監知
(4) 茶房事娶檢校神虎衛大將軍行散員金
(5) 善英之女生一男七女君其一男也自少聰悟年十
(6) 二接踵儒門十六造士於南省二十有二擢第於春
(7) 官洎於壬子歲授定州防禦判官兼勸農使在
(8) 職三年清白勤公存恤百姓爲吏民之懷慕登
(9) 廉使之褒擧及歲在於乙丑始食祿於京官
(10) 便就列於內宦歷官數四以至爲試閤門祗候
(11) 於庚辰歲夏遇疾居月餘以六月二十三日卒春
(12) 秋五十四即以其年七月二十日葬于
(13) 君天性和樂溫恭謹愼不形於慠慢身死之

(14) 日親舊聞之無不悲哀初娶閤門祇候皇甫
(15) 靖之女生三男三女長女嫁屬茶房良醞令
(16) 同正柳光壽次女嫁衞尉注簿同正鄭公襲
(17) 長男國子學生愼修次男國子學生愼思皆年
(18) 踰弱冠始學而未仕其餘一男一女皆幼其
(19) 得歸葬庶幾其受祉銘曰
(20) 有名有職生女生男自古有死化去何慙爾
(21) 墳爾墓既固既安利其後嗣餘慶可觀
(22) 　正豐五年庚辰七月　日　撰

〔揭載〕『韓國金石文追補』、一五二―一五三
『韓國金石全文』中世上、七七二―七七四

九五、崔誠 墓誌銘

所在　서울 國立中央博物館(No. 新 五八四四)
年代　毅宗十四年(金 正隆五年、一一六〇)

(1) 高麗國卒金紫光祿大夫特進檢校大尉守司徒中書侍郎同中書門下平章事判尙書刑
(2) 部事贈諡文簡崔公墓誌銘

(3) 公諱誠字子和姓崔氏其八代祖書遷漢南人漢南今之水州也書遷有二子其季諱韓用
(4) 入朝仕至侍中始居京師其後世爲王京人侍中有一子諱融鋭官至僕射僕射有一子諱
(5) 士威有大功於　顯宗代官至大師內史令配食　廟庭內史令有五子皆貴自爾寔蕃以
(6) 大而其長諱忠恭官至御史中丞於公爲曾王父也中丞有五子其長諱惟恕官至戶部侍
(7) 郎贈尙書右僕射於公爲王父也侍郎有四子其長諱繼芳官至守司空尙書右僕射叅知
(8) 政事判三司事贈謚和順是實生公母曰歸城郡大夫人閔氏閤門祇候閔寧之女也公自
(9) 少穎悟勤于學問年十二以門功補良醞丞同正更折節讀書年至二十一　睿祖親試儒士
(10) 以公文擢賓乙科第五人調授寫經院判官召入內侍轉八品七品官兼直翰林院文詞典
(11) 贍爲時輩所推伏　仁考在東宮時甞一日侍　上前　上語及時才謂公文可以任　誥
(12) 命及　仁考即政之第三年擢授右正言知　制誥五年二月朝鮮公李資謙之黨拓
(13) 俊京等犯　闕內外相拒俊京等積柴東華門付火連燒　上迺惶遽出御南宮公時□中
(14) 書捧　國璽赴　行在始終侍衛事定遷左正言明年出倅尙州牧政績克著秩滿入爲右
(15) 司諫九年秋冬出爲全羅路按察使兼點軍使使還改殿中侍御再遷侍御史起居舍人
(16) 兼　大子文學十二年春夏出爲關西路按察使還拜試禮部郎中明年丁歸城憂去職
(17) 起復改試吏部郎中十四年加起居注吏部郎中充東宮侍讀事公之在中書同列有鄭知常者西京人也與妖
僧
(18) 妙精日者白守翰密人金安等連結有異志以陰陽不軌之說眩誤　上意千謀萬計期
(19) 濟其姦當時在朝者非鉅儒大賢無不服從或畏慴詭隨者有之公與知常素不協終

(20) 始不叅其議至是年妙精與西人叛逆知常等伏誅然後知公有遠識遠鑒也　仁考
(21) 嘗與大臣論其事謂公曰崔諴可謂有持操者也自此眷注益深連歲升擢遂加國子司
(22) 業十六年秋冬出爲楊廣忠清路按察使俄拜試中書舍人賜紫衣金魚及八關會　宣
(23) 召侍宴加　東宮侍讀學士試御史中丞十九年以禮部侍郎翰林侍讀學士典司馬試稱
(24) 旨是年以賀節日使入朝大金明年還國以借禮部尙書知西京留守事居留三年入拜禮
(25) 賓卿寶文閣學士轉左[諫]議大夫司宰卿修文殿學士皇統六年　今上即政授右散騎
(26) 常侍因　命同知貢擧典試□士時稱爲得人遷國子監大司成翰林學士十年春夏出帥
(27) □□路兵馬至營未數月　召拜同知樞密院事遷知院事翰林學士承旨判三司事再遷
(28) □□□使吏部尙書右僕射累階至[特]進檢校司徒公自左右正言至樞密使無一官不
(29) [知]　制誥故數十年之間　誥命訓辭多出其手貞元元年疇咨登庸物議攸屬遂擢爲
(30) 政堂文學判尙書禮部事時有權臣不喜公者密誘省閣指摘瑕疵累上章奏　上迺命
(31) 有司推究其事不數年其事明辨正豊三年復用爲守司空中書侍郎同中書門下平章
(32) 事判尙書戶部事改判刑部事加[金]紫光祿大夫檢校大尉守司徒公之爲人非特文章爲
(33) □宗匠其宇量沉重有智略練解朝章多識典故備歷諸曺禆益尤多及居輔相感於
(34) □□其所以致　王安民之術夙夜憂勤靡懈不覺疾之在體五年六月二十八日告疾　上遣
(35) 御醫　賜湯劑諭以調養疾大革以七月十三日薨年六十七　上聞之震[悼]輟朝三日贈諡文
(36) 簡　賜之布粟其葬物有司官給之　命近臣監護是年八月壬申葬于京西黃鳳山之
(37) □□初娶平章[事]金沽之女封江陵郡君子男一人光世今爲知仁州事副使女一人適雞林

(38) □□□後娶平章之兄侍中仁存之女封江陵郡夫人[子]男三人光陟內侍前興威衛錄
(39) [事][光][謙]□□丞同正光鈞內侍寫經院判官女一人適權知閤[門]祗候李世儀凡四男二女光
(40) [世][光][陟]光謙並嗣家業取科第其季亦志于學將有所樹立[內]外孫男女幾二十人銘曰
(41) □□顯姓　肇自新羅　爰及本朝　名爲大家　惟公之系　□以德基　始從漢南
(42) 徙居京師　綿綿繼繼　代有名卿　至于我公　以文有聲　公之寵貴　爵于三公
(43) 克施克守　克樹厥功　餘慶方興　子孫之承　乃子及孫　愈久益蕃　焯其行事
(44) 國史之傳　又刻銘章　垂千萬年

〔揭載〕『海東金石苑』補遺三、八一二—八二一
『朝鮮金石總覽』上、三七九—三八二
『韓國金石全文』中世上、七七五—七八〇

〔參考〕葛城末治、「崔誠墓誌」(『朝鮮金石攷』、一九三五)
朴龍雲、「高麗時代 水州崔氏家門 分析」(『史叢』二六、一九八二)

九六、王侼 墓誌銘

所在　서울 國立中央博物館(No. 新 五八三七)
年代　毅宗十五年(金 大定元年、一一六一)

(1) 贈謚莊平公廟誌銘(題額)
(2) 贈謚莊平公廟誌銘

(3) 公諱俌字敬天姓王氏　肅宗第五子母曰明懿大后柳氏　睿宗之同母弟也性正直仁慈
(4) 自少有忠孝之誠留心三敎　肅考偏愛故幼承稱名之禮　上降詔曰延德宮王子汝生而
(5) 哲聰性有忠孝是頒密命　賜名爲俌遣使攝工部尙書攝金吾衛上將軍崔廷　賜銀器匹
(6) 段布貨穀米鞍馬　肅考常與后曰子女雖多是惟孝子人子以孝爲本故　賜名爲從人從?
(7) 孝之字公年十三歲乙酉　肅考升遐隨母后居宸禁乹統六年丙戌二月　睿朝　賜爵爲
(8) 奉義同德功臣開府儀同三司檢校大□守司徒兼尙書令上柱國大原侯食邑二千戶食實
(9) 封三百戶越丁亥十一月　上幸西京　命尹瓘吳延寵爲元帥往伐東蕃　命公爲留守
(10) 王京待還　駕而復　命越乹統八年戊子歲四月加檢校大保越翌年己丑三月丙子朔六
(11) 日辛巳　上降詔敎曰汝　肅考之愛子而　朕之寵弟也肆頒爵　命以□寵靈遣使爲三
(12) 重大匡開府儀同三司檢校大師守大尉門下侍郞同中書門下平章事判尙書戶兵部監修
(13) 史上柱國崔弘嗣副使守司空尙書右僕射崔廷持節備禮冊　命爲奉義同德功臣開府儀
(14) 同三司檢校太保守司徒兼尙書令上柱國大原侯食邑三千戶食實封三百戶幷　賜印綬
(15) 衣對匹段布貨銀器鞍馬越乹統十一年辛卯歲正月除廣孝功臣守太尉是年十二月　命
(16) 門下降官誥曰母殿承顔罄孝嚴而不匱　王庭共職效補益以居多凝績用以有聞示旌酬
(17) 而何愘是用授重資而彰德錫美稱以表功越壬辰歲母后升遐翌年癸巳歲　上以母后平
(18) 昔所持明福宮司田土奴婢幷鑰一封　賜之越天慶四年甲午歲十一月　上幸大廟附大后
(19) 神主　命公從駕爲亞獻是年十二月除守仁功臣大原公食邑三千五百戶食實封三百五
(20) 十戶越乙未歲三月　上命襄簡公之長女李氏爲公妃遣朝散大夫尙書右丞直門下省兼

(21) 太子少詹事　賜紫金魚袋崔弘宰　賜匹帛布貨金銀器鞍馬至七月加檢校大傅　命門
(22) 下降誥曰口不言非法之事身不近無法之人盡忠孝於君親篤友恭於兄弟是以　先帝有
(23) 鳲鳩之政獨蒙偏愛之私寡人分?帶礪之封超越大邦之寄洎　朕除亮陰?之時於廟府　聖
(24) 妣之後乃助祭於九主?亦隨謁於二陵是敢爵爲上公食加大邑越壬寅歲正月除守大保三
(25) 月　命門下降誥曰眷此賢公曰予寵弟　肅考所以加愛　朕心豈敢遺忘爰據邦彝宜優
(26) 禮數幷下敎曰卿　肅考之愛子也而　朕之寵弟生於富貴克自卑謙?出入起居罔非有法
(27) 視聽言貌罔非有儀實爲宗籍之英玆乃　王家之衛位雖魁於五等望未然於三公不有異
(28) 恩曷旌乃善肆褒陞於茂秩宜務稱於寵光至四月夏　睿廟升遐五月　嗣王之褒大叔之
(29) 禮　賜贊化功臣食邑四千戶食實封五百戶九月又敎加檢校大師惟　嗣王亮陰之際外
(30) 家擅權國勢幾危惟公一節衛安社稷權臣僞　命□于江南歲在己酉　上命降中使迎于
(31) 王京是年十二月□九日下批爲奉順同德守節贊化功臣開府儀同三司檢校太師守太保
(32) 兼尙書令大原公食邑三千戶食實封五百戶回降敎書曰貶在嶺南本出權臣之謀召還輦
(33) 下盖追　□帝之友?于　賜之第宅之新加以物般之渥遣差使樞[密]院右承宣尙書刑部侍
(34) 郎知　制誥韓惟忠賫　詔往彼□□甲第一區幷　賜金銀[器][匹]段鞍馬布[貨]癸丑歲公妃

(裏面)

(35) 李氏卒葬于京東松林山麓甲寅秋七月再授守義功[臣]□□師　命門下[降]誥曰眷時叔父
(36) 之親??爲我宗室之舊歷事三朝永肩一節己未歲又加佐理功[臣]丙寅歲又加輔靜功臣食邑
(37) 四千戶食實封七百戶丁丑九月又加勵翼功臣歷事四朝始終一節公尤信內敎頗趣老氏

(38) 或不出仁義故鐫造釋道儒家之文今附于興王寺敎藏寶福源宮拪眞□國府書籍店□貴
(39) 而且壽官至奉義同德廣孝守仁贊化奉順守節守義佐理輔靜勵翼功臣開府儀同三司檢
(40) 校太師守太師兼尙書令上柱國大原公食邑四千戶食實封七百戶正豊六年四月十日壬
(41) 子公年六十有九老病而卒殯于京城廣濟寺　上遣使吊祭誄書曰孟子曰天下有達尊三
(42) 爵一齒一德一公盡有此三者□□之爲人儀表異常幼禀聖訓早膺寵光去邪從儉守□惟
(43) 長備歷四朝忠無它賜吾聞仁者必壽而康謂宜善攝百歲方强年甫縱心忽尒云亡　上心
(44) 震慟國人悲傷從臣作誄淚霑衣裳贈謚爲莊平公□十八日茶毗于京東山麓收拾骸骨權
(45) 安于因孝佛院是年十一月壬寅卜宅兆葬于義龍山東麓而銘曰
(46) 崇信三敎　正直仁慈
(47) 捨浮取實　從儉去奢
(48) 歷事四朝　善始善終

〔揭載〕『海東金石苑』補遺四、八二七－八三六
『韓國金石文追補』、一五三－一五五
『韓國金石全文』中世上、七八一－七八六
〔參考〕『高麗史』九〇 宗室一 大原公侾傳

九七、金臣璉 墓誌銘

所在 서울 國立中央博物館(No. 新 五八一〇)
年代 毅宗十五年(金 正隆六年、一一六一)

(1) 高麗國卒朝散大夫尙書右丞京兆公墓誌 并銘
(2) 公中和縣人也姓金名臣璉尙書左僕射如琢生中書平章事若珍
(3) 若珍生戶部侍郞知𣄃知𣄃娵戶部尙書金義忠女實生公焉公
(4) 初以先祖蔭職便接朝聯除金州判官勸農桑輕傜役一介不取
(5) 於民民到于今受其賜考績已還越七年眞拜迎送都監錄事
(6) 仁宗召爲內侍以叅秩出守開城府政迹如初政滿遷權知閤門祗候
(7) 是時 仁廟在位十二年也西都人逆命 上命將徂征公調爲前軍
(8) 兵馬判官被堅執銳深入敵場爲流矢所傷其爲赴戰忘死如此
(9) 班師之日以軍功遷試殿中內給事及遷都官刑部員外郞帶
(10) 三司判官戊午歲以生晨迴謝使入大金國大金人稱爲膚使以選
(11) 軍使大閱公洪州界士卒編其行伍老幼冝之越庚申年除尙州牧
(12) 副使聽訟如流官無留事吏民愛如父母入莅右司工部太府軍
(13) 器無不稱職 上惜其年老卓遷爲試尙書右丞一歲之中除其
(14) 試□公於壬申歲年當七十上章乞退家居一紀氣骨剛冽朝廷

(15) 謂之國老公娵守司空柳子維女生子二人女三人子皆居爵位女悉嫁公卿
(16) 子弟各有孫支公大金正[豐][六]年辛巳四月二十日卒于家五月六日焚棺是年
(17) 十月三日葬骨于京城東林(松)山南麓銘曰
(18) 猗歟國老　公卿之雄　克勤克儉　石□膚公
(19) 茫茫黃壤　忽迷西東　芳名不朽　皎日懸空

〔揭載〕『海東金石苑』補遺四、八二四－八二七
『韓國金石文追補』、一五六
『韓國金石全文』中世上、七八七－七八八

九八、林景軾 墓誌銘

所在　서울 國立中央博物館(No. 新 五八五五)
年代　毅宗十五年(金 大定元年、一一六一)

(1) 大府少卿林景軾墓誌
(2) 公諱景軾字大虛安東府管內[甫]州人[也]祖追封大子少師子高考檢
(3) 校大師守司徒門下侍郞平章事幹歷仕三朝一於淸儉位雖在於黃
(4) 閣其心與布素時無毫髮差也妣戶部侍郞金義先之女樂浪郡大夫
(5) 人也公以父蔭初授將仕郞軍器主簿同正初任禮州通判秩滿上
(6) 闕尋拜景靈殿判官歷六官而勤於

(7) 王事出爲梁州防禦副使仁政洽於境內民多德之入爲試典廐署令
(8) 越二年拜權知監察御史例出安北大都護府判官官寮客舘一皆殘
(9) 敗公爲之作新凡執用之具軍旅之儀無不畢備而掌握之內各得其
(10) 宜則古之邵父杜母之政何以加此由是入拜大府寺丞權知監察御
(11) 史尋遷北界分臺改授閤門祗候自閤門授忠淸州道選軍使得其大
(12) 體精選士卒畢選復
(13) 命左承宣李元膺傳宣奬諭士大夫聞之莫不歎美是亦公□□□□
(14) 是歲今
(15) 上御宇之八載貞元二年甲戌也擢遷試尙乘奉御　　賜緋魚尙書
(16) 都官刑部右司員外郞以賀正使入北朝不失其節遠而有光□□□
(17) 司郞中越明年授全羅州道春夏番按察副使完山境內盜賊□□□
(18) 群樹黨殺越人于貨愍不畏死而蜂□蟻□□依險阻不可爬□□□
(19) □之內爲之騷然則前後觀察雖欲□禾除害其可得乎公獨奮然□
(20) 断一旦掃盡積年之弊則可謂雄□不常者矣以此有司奏聞擢授大
(21) 府少卿　　賜紫金魚袋又加檢校戶部尙書以大府少卿授西京分
(22) 司監軍使以今辛巳七月二十一日因病卒□其官年六十三以八月
(23) 二日茶毗于東漢橋外大城山東南洞□□以骨遷葬于王京瑞雲寺
(24) 南麓禮也嗚呼公之爲人也善繼家序之淸風廉安溫厚貞君子也幼

(25) 而學之博覽經史不拘深解雖未得登第而其才華優□□有其比□
(26) 性愛賓客左琴右書尤不忘於布衣之交從容宴會少飮輒醉東山□
(27) 與竹林之遊未嘗忘於方寸其在監軍時有一長者來至其所公欣然
(28) 設席作詩一首以贈之隔不數日而卒焉其詩□承
(29) 命才經八九旬就中風景住三春有時談笑因君樂無限江山屬我新
(30) 一卷經文眞外友數篇書册座中塵此□句得無詩之讖乎其詩之尾
(31) 不錄者以傳誦者遺忘故尒公先娶朝議大夫判少府監事康福輿之
(32) 女而生四男三女長子軌妙年擢第曾任江華縣尉次子惟勝落髮以
(33) 重大師住持宿水寺次子□□蔭受良醞令同正次子瑀亦以蔭受戶
(34) 部主事同正僧俗四子□□挺出皆賢嗣□長女早世次女配衛尉丞
(35) 同正河適仁次女配尙食直長同正李自得後娶守司徒門下侍郎平
(36) 章事判吏部事崔子英之女而生二男二女長子國子學生球次子及
(37) 二女皆孩幼而未成人也噫予與公自丱角之時同學於雞林朴氏及
(38) 其登仕悲歡窮泰未嘗不與首尾四十有餘歲則知公之行狀惟我而
(39) 已諸子亦知爲父之親舊請余爲銘不敢固辭而作銘焉銘曰
(40) 偉歟□公　幼而學之　淸白傳家　布衣之交
(41) 相□之後　直諒爲友　性愛忠厚　窮泰不負
(42) □□憂勤　使於異方　巡按嶺南　草賊滅蹤

(43) 廉平獨守　義行群醜　威振日久　到頭無有
(44) 辨諭之言　形骸雖亡　士庶仰之　恩及子孫
(45) 自天而受　功不可朽　泰山北斗　孰能爲右

〔掲載〕『海東金石苑』補遺四、八三六―八四一
『朝鮮金石總覽』上、三八二―三八五
『韓國金石全文』中世上、七八八―七九一

九九、尹裕延 墓誌銘

所在　日本　京都大學　綜合博物館（No. 一四四二）
年代　毅宗十五年（金　正隆六年、一一六一）

(1) 正豊六年辛巳九月二十一日酉時
(2) 卒儒林檢校戸部尙書行戸部員外郎
(3) 賜紫金魚袋尹裕延父檢校軍器監
(4) 行大樂署丞尹壽祖檢校大子詹事尹衡
(5) 曾祖檢校大子詹事宗元外祖檢校左僕射
(6) 行太僕卿河忠濟長男尙衣直長同正承解
(7) 中男軍器注簿同正光緒小男春坊侍衛
(8) 公子戸部令史同正元紀一女先故夫尙衣直長
(9) 同正趙仁成二女夫軍器注簿同正楊子綸
(10) 三女夫尙書刑部令史宋赫忠
(11) 　　原
(12) 亡者本貫守安縣

〔掲載〕『海東金石苑』補遺四、八二三―八二四
『韓國金石文追補』附錄、二七〇―二七一
『韓國金石全文』中世上、七九一―七九二
〔參考〕藤田亮策、「簡單なる高麗墓誌銘三例」（『朝鮮金石瑣談』、『靑丘學叢』十九、一九三五→『朝鮮學論考』、一九六三）

一〇〇、田起 妻 高氏 墓誌銘

所在 서울 國立中央博物館(No. M. 四二九)
年代 毅宗一六年(金 正隆七年、一一六二)

(1) 亡人喬桐縣君高氏女者喬桐縣人也□□□□□□
(2) 宗載之第三女年十八嫁檢校少府少監田稷仁之長子學生田
(3) 起今之試尙書工部員外郎賜緋魚袋仲□之妻也婦之天性
(4) 貞潔容貌端好女工婦德無不備具同室已來一無反目亦
(5) 在嫁年丁酉其夫中南省試登進士越癸卯年三月又其夫適
(6) □此妻之養父田丁重試中進士一科第五人又其年四月東堂
(7) 登第乙科第三人至丁未年隨夫歸淸州牧司錄?眇?然三年聲
(8) 譽益著秩滿還京至戊辰年又隨任博州副使三載政盛
(9) 越癸酉年其夫入叅拜爲試閤門祗候至丁丑年春隨夫至
(10) 靈嵒郡使噎其年十一月十五日夜忽中風疾半身不遂三年之間
(11) 勞困尤甚至庚辰年三月十一日婦年六十二己卯在任物化葬焚
(12) 于郡之東北隅法藏寺東山麓拾骨還京蓋其婦生子三人
(13) 生女一長子平涼府錄事文甲次子都染史司正文將次子學生文
(14) 角一女夭卒守司空叅知政事尹誧之季子尙食直長同正永源等

(15) 四人値壬午年五月十三日葬骨于弘護寺南山之麓如禮
(16) 修事時正豊七年壬午五月日謹記

〔揭載〕『韓國金石文追補』、一五七
『韓國金石全文』中世上、七九二―七九三

一〇一、崔允仁 墓誌銘

所在 서울 國立中央博物館(No. 新 五八二四)
年代 毅宗十六年(金 大定二年、一一六二)

(1) 正豊六年九月九日知洪州事使試殿中內給事崔君年五十以疾
(2) 卒二年以閏二月五日葬松林縣西山之麓而子正思來求銘噫
(3) □故人也爲序而銘焉序曰君諱允仁其先海州人君曾大父
(4) [諱]惟善守大師中書令君大父諱思齊中書侍郎平章事
(5) [君]父諱淪左司郎中初以甥舅工部尙書知樞密院事李資
(6) 德蔭調尙書戶部令史同正旣而中進士第通判成州政績爲
(7) 天下第一累官至於斯娶國子祭酒翰林學士寶文閣[學][士]知
(8) [制][誥]權迪女生六男二女男曰正思文悅道樞三人前此皆[剃][度]
(9) □□門其余三人皆幼孤與二妹隨母君於分不忮於欲不[求]
(10) □學□力亦其天性故其孝友睦淵任恤莊靜謹潔稱

(11) □幼稚以至壯長成不充其志施不其材此□士大夫
(12) □黨朋友間所以哀其死而歎惜流涕者也然君文
(13) 學政事言語已能自達於一時其於仁義道德性命
(14) 之理亦何求之而不得聞矣而有疑嗚呼可謂賢已
(15) 雞林朴文爲之銘
(16) 仰觀乎天　命有短長　君何爲善
(17) 俯察乎地　孰主張是　不幸而死
(18) 陵谷易位　猶生之榮
(19) □聞不已　何嗟及矣

〔揭載〕『海東金石苑』補遺四、八四一－八四四
『朝鮮金石總覽』上、三八六－三八七
『韓國金石全文』中世上、七九五－七九六
〔參考〕朴龍雲、「高麗時代의 海州崔氏와 坡平尹氏 家門 分析－高麗 貴族家門 硏究(一)－」(『白山學報』二三、一九七七)

一〇二、金之瑩 墓誌銘

所在 서울 國立中央博物館(No. 新 五八〇九)
年代 毅宗十六年(金 正隆七年、一一六二)

(1) 本貫高麗國成州
(2) 亡故儒林郎檢校太子詹事行
(3) 監察御史金之瑩正豊七年
(4) 壬午五月十日丙午葬于屯山

(5) 正豊七年壬午五月日　謹記

〔揭載〕『海東金石苑』 補遺四、八四四—八四五
『朝鮮金石總覽』上、三八七—三八八
『韓國金石全文』中世上、七九七

一〇三、崔允儀 墓誌銘

所在　서울 國立中央博物館(No. 新 五八五三)
年代　毅宗十六年(壬午、一一六二)

(1) 文肅公墓誌銘
(2) 公舊諱天祐改允儀字未知姓崔其先池城郡人
(3) 也曾祖諱惟善中書令文和公是中書令文憲公
(4) 之子□父子皆以功臣配饗淸廟祖諱思濟中書
(5) 侍郎平章事良平公考諱湧金紫光祿大夫守司
(6) 空左僕射叅知政事柱國妣江陵郡大夫人金氏
(7) 外祖諱上琦門下侍郎平章事文貞公亦以功臣
(8) 配饗　公爲人剛明有大節少以才學知名擧□
(9) 補入大學因從政出學戊申年以監門衛錄事擢
(10) 丙第越翌年拜大學博士遷右正言知制誥自□

(11) 出入省臺優游學士制誥之間備歷要途辛未年
(12) 遷御史大夫同知樞密院事癸酉年輸忠佐理功
(13) 臣禮部尙書判御史臺事兼大子大傅其年知門
(14) 下省事遷政堂文學累遷叅知政事修國史乙亥
(15) 年中書侍郎同中書門下平章事判尙書吏部事
(16) 兼西京留守使丙子年守大尉集賢殿大學士丁
(17) 丑年門下侍郎同中書門下平章事辛巳年判尙
(18) 書吏禮部事監修國史　公一掌成均再知貢擧
(19) 每得其人又有知人之明判銓曹首尾八年激濁
(20) 揚淸唯以稱職者爲用其於文章才學之士尤加
(21) 拔擢由是有識之人仰之若太山北斗　上益加
(22) 保重倚爲長城文虎百寮皆懷坐鎭之德畏如神
(23) 明　上欲輔東宮以　公爲大傅備禮　詔命于
(24) 私第　公之輔導如漢四皓羽翼成矣其餘論道
(25) 經綸左右輔相之效爲不小矣　上之親愛敬重
(26) 樂與之誠有加而無已自古人臣貴寵之極未有其
(27) 比可謂社稷元臣矣忽今年仲夏月　公遇疾久
(28) 不瘳　上之命有司祈禱者不爲不至而群寮百

(29) 執以至軍卒皆許願祈禱奈何皇天不佑享年六
(30) 十有一此特可惜悲夫越壬午八月二十有八日
(31) 以疾薨于私第移殯于闕南佛恩寺菩提院
(32) 上聞之不勝痛惜特下　批守大師門下侍中上
(33) 柱國樂浪郡開國侯餘並如故贈謚曰文肅公以
(34) 九月十有三日　命有司以禮葬于天和寺南山
(35) 之麓焉而後收骨越十月二十二日藏于松林縣
(36) 地凝石寺北崗　公娶金紫光祿大夫特進戶部尙
(37) 書金義元之女有子五人三女二男長女適試尙
(38) 書戶部員外郎崔倖?二女適內侍閤門祗候金至
(39) 當三女適內侍金吾衛錄事李懃長男內侍左右
(40) 衛錄事寬娶內侍試秘書少監金闡之女二男將
(41) 仕郎良醞丞同正謙未娶其孫皆幼壻閤門祗候
(42) 金至當請誌其墓試尙書吏部郎中□國學直講
(43) 知制誥金于蕃職在詞□□能窂辝謹爲之銘曰
(44) 公之生世　騏麟鳳凰　蔚爲元臣　巍巍堂堂
(45) 致君高舜　濟俗成康　歷仕□朝　功業難量
(46) 唐之子儀　漢之霍光　嗟乎不幸　奄歸北邙

(47) 銘之萬一 以告無疆

〔揭載〕『海東金石苑』補遺四、八四六—八五一
『朝鮮金石總覽』上、三八八—三九〇
『韓國金石全文』中世上、七九七—八〇〇

〔參考〕『高麗史』九五 崔沖傳 附 崔允儀傳
朴龍雲、「高麗時代의 海州崔氏와 坡平尹氏 家門 分析—高麗 貴族家門 研究(一)—」(『白山學報』二三、一九七七)
李樹健、「高麗前期 支配勢力과 土姓」(『韓國中世社會史研究』、一九八四)

一〇四、廉德方 妻 沈氏 墓誌銘

所在 서울 國立中央博物館(No. 新 五八一七)
年代 毅宗十六年(金 大定二年、一一六二)

(1) 檢校右僕射太府少卿廉公妻宜寧郡大
(2) 夫人沈氏墓誌
(3) 夫人姓沈氏少名志義故樞密院右承宣給事
(4) 中諱侯之女也年十七適廉氏生四男二女長男
(5) 曰純若行順州倅次行若補大學生俱先夫人
(6) 而亡次忠若次信若皆中進士第忠若爲平州
(7) 倅秩滿未階祿仕信若時爲監察御史一女瓊
(8) 愛適禮部侍郎崔婁伯二女貞愛適注簿
(9) 李自得兩女亦先夫人而亡夫人天性明惠勤
(10) 儉克維家業年六十五而喪耦自嫁至于寡
(11) 居其於婦事女工未嘗少懈至使子女皆有才
(12) 良賢淑之稱者實閨門之敎所致然也天祐聖
(13) 善享年八十以大金泰定元年壬午十二月望
(14) 卒於私第卜其月二十三日歸葬于京城東
(15) 因孝院東北岡僕射廉公之墓傍禮也其銘曰
(16) 婦行備修 毋儀克茂 勤儉起家

(17) 慈仁享壽　刻石幽扃　芳猷不朽

〔揭載〕『海東金石苑』補遺六、九六七—九六八
『朝鮮金石總覽』上、三九〇—三九一
『韓國金石全文』中世上、八〇一—八〇二

一〇五、崔精 墓誌銘

所在　서울 國立中央博物館(No. 本 一二〇三八)
年代　毅宗一七年(癸未、一一六三)

(1) 君姓崔諱精其先水州人也少齒青衿歲在戊
(2) 子以外高祖父三韓功臣大相金柒蔭始爲胥
(3) 史又中賢科出補龍崗縣尉沿海監船使歲滿
(4) 罷去及辛酉年以試閤門祗候爲豊州防禦使
(5) 秉勸農使甲子年秩滿歸于　輦下皇統四年
(6) 年既七十始解官職居于私第閱二年起爲奉
(7) 先庫副使正豊二年六月丙辰以壽終于家享
(8) 年八十有二君爲人聰明正直廉耻自守游心
(9) 於淡物我兩忘學　佛精進眞方外之人也曾
(10) 祖三重大匡守大師內史令贈謚貞肅公諱士
(11) 威祖守朝散大夫御史中丞追封尙書右僕射
(12) 諱忠恭父守司宰少卿追封檢校戶部尙書諱
(13) 壽神母江城郡大君文氏君娶金氏新羅國中
(14) 興之主　太宗春秋大王十三世孫守司空尙
(15) 書左僕射樞密院使判工部事致仕贈謚元平
(16) 公漢忠之第二女子有裔以君卒之月藁葬于
(17) 五龍山南麓遂收骨借置於京北山水精寺以
(18) 癸未八月十四日壬申將葬于若頭山南麓請
(19) 銘於予乃爲之銘曰
(20) 腹有詩書不貪爲寶再典方州農桑是務御衆

(21) 以寬俾克畏慕雖無膴仕綽綽有裕遊方之外
(22) 學佛有素忘筌忘蹄得魚得兎翛然而往著銘
(23) 表墓日月其邁留名萬古
(24) 　時癸未八月日國學學諭全　代予　誌

〔揭載〕『韓國金石文追補』、一五八
『韓國金石全文』中世上、八〇三—八〇四
〔參考〕朴龍雲、「高麗時代 水州崔氏家門 分析」(『史叢』二六、一九八二)

一〇六、李仁榮 墓誌銘

所在　서울 國立中央博物館(No. M. 四三〇一二)
年代　毅宗十七年(金 正隆八年、一一六三)

(1) 正豊七年壬午二月二十七日尙書戶部員外郞
(2) 隴西李公卒于家越閏二月三日燒葬于北山麓
(3) 拾遺骸越癸未四月十日移葬于此皆礼也公諱
(4) 仁榮字天爵遂安郡人功臣三重大匡堅雄七
(5) 世孫也高祖平章事端將兵塞北有功名曾祖戶
(6) 部尙書象先取丙第祖少府監子珎因祖蔭仕
(7) 父尙衣奉御漸擢乙第母右僕射柳子維長女
(8) 也公性剛烈直□有淸白風少孤貧娶重光殿直
(9) 張葉侯女於庚戌歲以才高取乙第仍補安
(10) 邊倅率軍士征西土力戰有功及赴闕被詔入
(11) 玉堂至經筵賢關无不踐更出補安北通判以
(12) 政最被褒奏及拜正郞兼演誥任凡以文章
(13) 忠義補國者盖亦多矣嗚呼天禍我國使巨儒?
(14) 不終其天年而中道夭豈非命歟享年五十八生
(15) 二男二女長男擢丙第補安南書記季男早夭
(16) 長女適都□判官崔氏季女未從人嗚呼人亡
(17) 事在燦然明白略記行迹乃爲之記其略曰
(18) 公之生世　眞不羈人　氣充天地　名冠縉紳

(19) 忽尔捐舘　倏然反眞　荼毗一日　蕩滌六塵　(20) 卜其名處　葬以吉辰　英聲玉振　万世不湮

〔揭載〕『朝鮮金石總覽』上、三八五－三八六
『韓國金石全文』中世上、七九四－七九五

一〇七、金永錫 墓誌銘

所在　서울 國立中央博物館(No. 新 五八七一)
年代　毅宗二一年(金 大定七年、一一六七)

(1) 公諱永錫字□□溟?州人也□□雄偉不常剛直尙儉不妄動於
(2) 利不詭隨於人獨於朋友故舊間篤信相好出於至誠若有先逝
(3) 者必爲之追餙歸路少疆學善屬文其所著述皆出人意表乹統
(4) 中以祖蔭初得良醞丞同正丙申年除弓箭庫判官累遷大樂署
(5) 丞權知春坊通事舍人庚子春中丙第明年加詹事府注簿壬寅
(6) 夏仁宗即位以隨龍功拜閤門祗候尋改殿中內給事癸卯春遷
(7) 試尙衣奉御賜緋魚袋驟加刑部員外郞多加試禮部郞中出守
(8) 淸州牧及丙午歲會李氏事起以姻親故降授兵部員外郞知制
(9) 誥明年改戶部員外郞己酉夏出知南原府事明年移守全州牧
(10) 壬子冬召拜兵部郞中乙卯夏兼充史館修撰官尋遷試大府少
(11) 卿丙辰秋兼御史雜端冬加衛尉少卿太子典內明年冬遷秘書

⑿少監寶文閣待制明年秋兼知詹事府事是冬遷試禮部侍郎明
⒀年改戶部侍郎庚申冬上表乞外除朝散大夫秘書監知南京留
⒁守事翌年冬召拜試尙書右丞皇統二年壬戌改試司宰卿知兵
⒂部事三年冬遷衛尉卿太子右庶子四年冬兼知三司事五年遷
⒃殿中監是冬加試兵部尙書六年夏加朝議大夫冬即眞八年春
⒄兼善慶府詹事秋拜修文殿學士冬改吏部尙書九年遷尙書右
⒅僕射三司使天德三年夏拜政堂文學判禮部事四年冬拜中書
⒆侍郎平章事癸酉春知禮部貢擧冬加判兵部事甲戌冬拜特進
⒇守大尉是年公年六十五以風痺乞退上初不許公堅乞不已上
(21)重違其意遂依允仍令致仕養疾于私第十有三年至丙戌四月
(22)八日薨享年七十八歲國家以厚禮葬之子輩依西域茶毗法收
(23)其骸考配饗功臣守大傅門下侍中判尙書吏刑部事監修國史
(24)上柱國兼判國學事仁存祖守大尉門下侍郎平章事判禮兵部
(25)事監修國史上柱國上琦曾祖尙書右僕射追封大師金陽姚慶
(26)源郡夫人李氏外祖守司空慶原郡開國伯上柱國李顥娶門下
(27)侍中李公壽之女生四男長早夭次男軍器注簿直翰林院閎先
(28)公?卒?次?內?侍?戶部侍郎充史館修撰官兼太子洗馬闓次左右衛
(29)長?史?閔?女?二人長早沒次適閤門祇候裴晋公具□公騰驤仕路

(30) 踐歷淸要四補外任三爲東路兵馬使一作北路元帥上合宸衷
(31) 下?副?民望所臨有聲一知貢學所取皆名人嘗閱大宋新羅醫書
(32) 手?撰?奇要便於人者名之曰濟衆立効方傳於世公生長閥閱而
(33) 恢?博?物?類出於稠人眞博物君子也其孤等移書於內侍大府少
(34) 卿太子文學金居實曰丁亥二月二十七日實窆于承天府淸花
(35) 寺山之崑子其誌之遂執書以泣曰僕雖不肖幸爲通家之後平
(36) 生敬仰事之如父公亦視予猶子故與其子等親臨骨肉公之平
(37) 昔頗?得詳?其始末敢以辞語淺拙爲解淚墨寫字乃作銘以哀之
(38) 銘曰
(39) 富貴不挾驕心　位踐台司　藏以斯銘
(40) 忠信兼修儉德　坐鎭王國　傳之罔極

〔揭載〕『海東金石苑』補遺四、八五一—八五七
『朝鮮金石總覽』上、三九一—三九三
『韓國金石全文』中世上、八〇五—八〇八

一〇八、(僧) 某氏 墓誌銘

所在　서울 國立中央博物館(No. 本 一三九五三)
年代　毅宗 二一年(丁亥、一一六七)

(1) □創□
(2) □□□□□□
(3) 僧□□□先□□□□別置
(4) □壽□不爲不多矣然師獨屢荷
(5) 宸□光□九山何其美哉面壁餘暇每□□
(6) □遊一□□和深得詩之骨髓雖東□之糸
(7) □此□當世之高僧也非獨度第□百餘□衣□□
(8) 第□丱角時受訓於搨下或登□□□□□堂□□
(9) 簿□而食官祿者寔繁有徒□□□□世□□痛
(10) □弟□皆是予亦積年□□無異於弟?子□門□
(11) 輩謂□□墓誌不敢□□其銘曰
(12) 幼齡九□　□□母慈　落□□溪　□法□禪
(13) 洒落肖襟　庶□□□　攀□附翼　門□日盛
(14) □□□隨　莫逆於?心?　□□□□　□□無□
(15) □□眷顧　別□宸恩　面壁餘□　深得□□
(16) 所與遊□　朝士大夫　翛然直往　極□□□
(17) □其□□　當世高僧
(18) 丁亥閏七月十九日朝散大夫刑部尙(以下缺)

〔揭載〕『韓國金石文追補』、二五一—二五二
『韓國金石全文』中世下、二八六—二八七
〔編者註記〕閏七月이 있는 丁亥年은 毅宗 二一年(一一六七)이다。

一〇九、崔惟淸 妻 鄭氏 墓誌銘

所在　서울 國立中央博物館(No. 新 五八四七)
年代　毅宗二四年(庚寅、一一七〇)

(1) 東萊郡夫人鄭氏墓誌
(2) 東萊郡夫人鄭氏禮部尙書知樞密院
(3) 事翰林學士承旨知制誥文安公諱沆
(4) 之長?女也守司空尙書左僕射致仕崔
(5) 惟淸之繼室也聞人詡讜詵之母也夫
(6) 人生在相門以豊長□從父貴也配爲
(7) 台室以華宗族從夫貴也多男登第以
(8) 食廩給從子貴也天資淑性躬踐芳規
(9) 服女工而克勤修家政而能辦承祭祀
(10) 以敬交親戚以□撫子息以慈御僮僕
(11) 以恩夫人之德備也相國褰書萬卷以
(12) 專討閱不問產業以夫人能主中饋也
(13) 諸子務學各自立揚遂接朝廷縻之好
(14) 爵以夫人常善敎誨也相國方盛時諸
(15) 子頎然方壯賓客塡委簪珮滿席而夫
(16) 人皆以珍羞精饌日夕供宴凡蹈門牆
(17) 者先稱夫人之資夫人有子男七人女
(18) 一人長曰詡春州使試閤門祗候次曰
(19) 諲金吾衛錄事不幸先亡次曰讜千牛
(20) 衛錄事後軍兵馬錄事次曰宗綱?中天
(21) 台選住淸源寺次曰詵國學學諭諫詡
(22) 讜詵皆中第而詵尤以才鳴於時次曰

(23) 讓南原府判官次曰懷玉投瑜伽宗中
(24) 大選女即最季也適礼賓主簿同正朴
(25) 敦文諫先夫人李氏出也今爲神虎衛
(26) 長史□大常府錄事夫人撫養如己子
(27) 諫所幼承慈育故奉事如其母今服素
(28) 冠毀戚與□等不下夫人享年六十七
(29) 以庚寅歲五月八日薨卜其年六月二
(30) 十三日將以藏骸于牛峯郡於屈村諸
(31) 子屬余以誌余甞受相國□丈之訓且
(32) 與諸子親而詵又學於余由是聞夫人
(33) 之美甚熟略書之于墓石以垂不朽江
(34) 夏黃文莊辞

〔揭載〕『韓國金石文追補』、一五九
『韓國金石全文』中世上、八〇九―八一一
〔參考〕朴龍雲、「高麗時代의 定安任氏・鐵原崔氏・孔巖許氏 家門 分析―高麗 貴族家門 研究(二)―」(『韓國史論叢』三、一九七八)

二一〇、黃偉 妻 崔氏 墓誌銘

所在 서울 國立中央博物館(No. 本 一一三八一)
年代 毅宗代(推定)

(1) □□□□□□郡夫人崔氏墓誌
(2) □□□□□□卿知工部事黃公偉之室也高祖
(3) □□□□□□文憲□□□□門下侍中祖諱

(4) □□□□□[平]章事父諱[湧]糸知政[事]□□□□事

(5) □□□□□□□□□□章事上琦之□□□夫人

(6) □□□□□□□□□□□□□[門]下侍中諱允儀

(7) □□□□□三知門□□□□□□□□□□□□

(8) □□□□□家譜□□閥□龍□□□□□□□□

(9) □□□□□□□□□嚴者□□莫□其容

(10) □□□□□□所鐘□□□□□□□□□□

(11) □等□□□□□□□□□□□□□□□□

(12) □□□文誠幞頭店錄事曰□□□□□高□

(13) □□□無量壽寺曰文富閤門祗候今□□□

(14) 曰文莊內□□□[錄]事糸軍事女□人□適監

(15) □□□□□次適門下錄[事]□□□□□□□

(16) □□□□□□以文□□名於世皆中壯□□

(17) □□□甚嘉之詔曰此□□雖無前盛事可□獘

(裏面)

(18) □□有司□□□□□□□□□□□□□□之先

(19) □□□□□□□□□□□□□□科家耳兩子□

(20) □□□□□□□夫人始夫□□□□□□□□□

(21) □□□□□□□□□謂母以□□□□□□性平
(22) □□□□□□□□□□□□戒頌千手眞言讀□
(23) □□□□□□□行□□年□□□□□□□□□
(24) □□□□□□□□□□□□□色不悖□□□□
(25) □□□□□□□□□□□□權□□□□□□□
(26) □□□□□□□□□□□□□日寺之西村□
(27) □□□□□□□請銘拾余此二□□□□□□
(28) □□□□□□敢辭爲□□□□□□□□□□
(29) □□□□ □□□門 善□婦道 □□□□
(30) □□□□ □□椒蓄 □□□季 □□□□
(31) □□□□ □□示恩 □人□頌 母以子尊
(32) □□□□ □□□魂 □□歲後 墓?□□□
(33) □□□□ □□□子 永安乃寢 垂裕後已

〔揭載〕『韓國金石文追補』、二四二—二四四
『韓國金石全文』中世上、七四三—七四五

〔參考〕「崔湧 妻 金氏 墓誌銘」(『本書』四九)
「崔允儀 墓誌銘」(『本書』一〇三)
朴龍雲、「高麗時代의 海州崔氏와 坡平尹氏 家門 分析—高麗 貴族家門 研究(一)—」(『白山學報』二三、一九七七)

Ⅱ、高麗武人政權時代

一一一、王源 墓誌銘

所在 서울 國立中央博物館(No. 新 五八一二)
年代 明宗元年(金 大定十一年、一一七一)

(1) 高麗國廣平公廟誌
(2) 公諱源姓王字未詳祖文宗考朝鮮國禳憲王公爲第二子也年甫弱冠　肅宗封廣
(3) 平伯　仁廟封爲侯又封爲公公兩通儒釋尤工醫術而嘗以藥博濟人民自中年篤好
(4) 內傳常讀法華經幾乎萬卷以大金大定[十][年]大宋隆興七年歲在庚寅正月十二日遘疾薨
(5) 于佛嶺之私第妣相國李頲之女也私第即妣家也公歷事四朝階自銀靑光祿至守大
(6) 傅上柱國爵自伯至公食邑自三佰戶至三千邑享年八十八歲辛卯十二月二日葬于白岳
(7) 山之西麓禮也尙　肅宗第三女也是爲順貞公主先公而終子一人今安平公璥也
(8) 公亦宗室賢者也父子一時並爵爲公擧世多之嗚呼美哉惇謙以不腆之文字辱知
(9) 於安平公託爲銘曰
(10) 公之世系　出自龍孫　□衣襲爵　爲國藩垣　既通儒釋
(11) □又多能　四朝三世　八十八薨　資送禮備　隴樹生光
(12) 誌墓刻石　萬古流芳　歲在重光單閼冷月蓂開二葉日文林郎中書注書高惇謙誌

〔揭載〕『韓國金石文追補』、一六一－一六二
『韓國金石全文』中世下、八一五－八一六

〔參考〕『高麗史』九〇 朝鮮公熹傳

一二一、崔祐甫 墓誌銘

所在　서울 國立中央博物館(No. 本 一三八〇四)

年代　明宗元年(辛卯、一一七一)

(1) 卒儒林郞判少府監事知尙書工部事賜紫金魚袋崔公墓誌銘
(2) 公諱祐甫水州人五代祖追封太尉守司空融藝生守
(3) 太師內史令士威　顯廟朝有大功德配食廟庭內
(4) 史生工部侍郞令言工部生戶部郞中德峻戶部生掌
(5) 牲令殷即公之父也母李氏四門助敎思絳之女也公
(6) 生而聰悟博聞强記六藝經典皆通習之年未二
(7) 十中南省試　仁廟十三年甲寅定安公任元厚知
(8) 奏事鄭沆門下登進士第初調晋州牧司錄兼掌書
(9) 記察訪使金子儀奏課最及秩滿朝京師相國樂
(10) 浪公金富軾被命撰三國史公時爲讎校多所發明
(11) 相國以公才藝爲後進之秀屢言於　上及執政喉
(12) 舌之地由是始授西材場判官歷直翰林院四門大學
(13) 博士寶文閣校勘詹事府司直皆一時之高選貞元

(14) 元年始授權知監察御史明年拜右正言知制誥累
(15) 遷左司諫時　上以閤門之職私於乳母之夫內竪鄭
(16) 諴公與同列力諍忤旨貶授尙舍奉御出爲淸州牧
(17) 副使明年　上追悔之召拜起居舍人知制誥兼太子
(18) 文學未幾遷試吏部郞中明年除試卽眞仍帶
(19) 直寶文閣時東按春州道北使大金國皆稱旨壬
(20) 午拜太府少卿寶文閣待制復出按西海道時丁
(21) 儉歲或弛賦蘇民或宣恩降賊諸道無與爲比癸
(22) 未春加帶東宮侍讀學士出爲東北面兵馬副使
(23) 甲申掌南省試得合格者金謀直安公著等一百
(24) 人乙酉轉刑部侍郞其年改授工部丙戌秋復拜刑
(25) 部再受東藩之寄明年復命始有微恙于足不
(26) 遂丁亥遷判少府監事三品自遇疾已後乞授閑
(27) 官便於藥餌者由是明年帶知工部事去三
(28) 字庚寅八月十七日卒于家享年六十六嗚
(29) 呼公之平生餘事文章不可一二而言也至於
(30) 孜孜奉國議論慷慨疾惡如讎守正不撓者
(31) 王臣之體誠得之矣自拜諫掖至於三品皆帶

(32) 清要無一官不兼三字儒者之榮亦已多矣至
(33) 如遘無妄疾經綸中廢若可惜也古人有言
(34) 夭顔病冉孔不知其故公之生斯世也享年過
(35) 于耳順拜爵至於三品竟以壽終亦復何傷
(36) 乎公娶朝散大夫大僕卿王璵女生子四人長
(37) 曰宗脩良醞令同正次曰宗弼良醞丞同正次
(38) 曰宗石落髮投曺溪次曰宗柱尙少有女三人
(39) 長適尙食直長同正朴挺材次適延慶宮錄事
(40) 金通晋通晋先公卒次適良醞令同正金光富
(41) 以辛卯八月十二日葬骨于倚龍山之東麓
(42) 銘曰
(43) 嗚呼公乎卜宅于此佳名令德與山終
(44) 始山之上兮松檜蒼鬱雲煙氤氳者
(45) 非公之遺文乎山之下兮泉流遠派
(46) 潺湲澄淨者非公之餘慶乎

〔掲載〕『韓國金石文追補』、一六〇―一六一
『韓國金石全文』中世下、八一二―八一五

〔參考〕朴龍雲、「高麗時代 水州崔氏家門 分析」(『史叢』二六、一九八二)

一一三、金永夫 墓誌銘

所在　서울 國立中央博物館(No. 新 五八六八)
年代　明宗二年(金 大定十二年、一一七二)

(1) 高麗國中書侍郎同中書門下平章事金公墓誌銘
(2) 公諱永夫始名東夫靈光郡人也五代祖贈門下侍中諱□□□
(3) 歷　景成穆三朝清德重望至今人多頌之曾祖諱行瓊□□章
(4) 尚氣節有名　文宗時爲門下侍郎平章事祖諱守寧贈尚食奉
(5) 御考諱克儉守司空尚書左僕射叅知政事判尚書戶部事[柱]國
(6) 世居京城西偏珪組蟬聯常爲相門人號其里曰平章洞母金氏
(7) 試尚書礼官員外郎諱台凱之女也　公□□前光捉?拔異質□
(8) 倜儻不覊擧措異常及長淹通經史屬辭雄偉年甫三十中進士
(9) 第是　仁廟即政之第四載也明年李氏爲乱　公聞變奮起抵
(10) 其門手擊數人直欲撞入賊聚黨圍　公將害之　公無懼色賊
(11) 壯其義而釋之庚戌歲調補交州防禦判官下車□□布政頒條
(12) 洗手奉職勤恤人隱考滿除秘書省校勘後數年交州管內吏民
(13) 百餘錄　公之嘉績告于監稅使使以狀登聞于朝　上嘉之擢

(14) 爲詹事府錄事尋屬內侍轉供驛署丞試內園署令大金皇統二
(15) 年出爲定州分道□地與東蕃界河舊時氷結則發民椎鑿以絕
(16) 虜掠　公至則命毋椎氷以示已弱虜佐之來詰狀　公使對曰
(17) 本國與大朝和親已久安可使邊吏相猜疑以絕兩國之交乎□
(18) 服其言終不敢近塞其年入拜右正言知制誥論事峻切無所□
(19) 避四年出知承天府事使時邑人歲殺耕牛以給祠祀□以大來
(20) 公廼禁督百姓欣賴六年自殿中內給事知制誥遷殿中侍御史
(21) 前王新即位喜擊毬走馬煩厭聽納　公乃伏閤極言　上怒以
(22) 公爲安南都護府使尋改爲尙書左司郎中知制誥復加充史館
(23) 修撰官賜金紫服天德四年拜中書舍人未半歲轉尙書兵部侍
(24) 郎右諫議大夫又歷知御史臺事試禮賓卿國子祭酒寶文閣學
(25) 士皆兼三字貞元三年出爲東北面兵馬副使鎭定疆陲恩威大
(26) 行明年入拜樞密院副使至正豊五年以樞密院使翰林學士承
(27) 旨掌春官試得士之盛前無與比六年拜知門下省事又進[參][知]
(28) 政事尙書左僕射俄爲太子大傅中書侍郎同中書門下[平][章][事]
(29) 判兵部事　公自始仕至相位凡歷三十餘官臨事果断□□□
(30) 正未嘗有絲毫過失完名高節人仰之若泰山北斗然洎□□□
(31) 以年當懸車上書乞骸骨　上意不允至三上乃退前後□□□

(32) 勞累散官至尙書左僕射　公得謝之後春秋七十七遘□□□
(33) 嗚呼痛哉　公在朝儼然有威可畏終不可□以私燕居□□□
(34) 朝省事亦未嘗臧否人物唯以酒自樂至飮數斗不乱外厚□□
(35) 內睦宗族俸祿皆以給焉及見其貧不能自存者无遠近親疎□
(36) 欲賑恤由是居相位十餘年家无留儲平章里第旁有大井
(37) 公甞欲理其第徙居它所而水忽枯竭比三年第成　公入而後
(38) 水出如故吁其異哉旣疾　今上命中使賜以良藥且候問焉
(39) 公欲謝　上操筆爲書未竟疾革而薨實壬辰歲二月八日丁未
(40) 也訃聞　上震悼爲不視朝賻祭有加詔贈謚英簡仍命內侍權
(41) 知閤門祇候裴允材監護喪事遂以其月二十一日庚申火其柩
(42) 于海安寺北岡收遺骸權厝于西方岬淨土寺至五月十六日甲
(43) 申遷葬于臨津縣北承旨洞礼也　公娶裴氏左司郞中裴寬之
(44) 女累封俠溪郡大夫人生子男二人長曰甫當尙書兵部侍郞東
(45) 宮侍誦學士知制誥次曰至當前尙書礼部郞中女三人長適尙
(46) 食直長崔孝□直長卒更嫁於試尙書刑部侍郞知閤門事李世
(47) 延次適監察御史金閱其季早夭　公內外孫十餘人挺挺有風
(48) 烈皆能業其家者也先葬一月侍郞與其弟郞中以書召甞以文
(49) 出於　公之門下者使爲之銘門生寶文閣校勘崔誂銘曰

(50) 飛之鳳走之麟惟 公德出乎倫宜有位壽其身訊來世刻貞珉

〔揭載〕『韓國金石文追補』、一六二—一六四
『韓國金石全文』中世下、八一六—八一九

一一四、(僧)王覺觀 墓誌銘

所在 서울 國立中央博物館(No. 本 一〇〇五五)
年代 明宗五年(乙未、一一七五)

(1) 卒玄化寺住持僧統墓誌銘
(2) 師諱覺觀字致虛俗姓王氏王
(3) 室之胤也母崔氏當睿廟十五
(4) 年辛丑十一月九日誕生□□
(5) 出家□僧統德謙門下剃髮受
(6) 業十八擧大選優中學行日新
(7) 衆所推伏越二十一□□□□
(8) □三十三爲三重大師累承寵
(9) 命尊爲僧統歷住四名藍僧統
(10) 沙門之峻秩凡宮嬪所誕不得
(11) 爲之師道德異常久爲朝野尊
(12) 敬故得爲之於甲午年仲冬遘
(13) 病踰昄以其月二十三日入滅
(14) 至翌年二月二十日安葬于靈
(15) 鷲山麓師自少已來經營三寶
(16) 施作佛宷博施濟衆以爲已任
(17) 故自國君至於朝市山村道俗
(18) □□悉皆歸仰師如一水月如
(19) 萬竅風一一應之其爲作福三
(20) 韓利他功德□□□哉?□其化
(21) □之日林泉悲慘道俗歔欷門
(22) 人五十餘人□集言□□□立

(23) 言庶幾具受祉錄曰
(24) 法流東國　天挺吾師
(25) 修戒定慧　断貪嗔癡
(26) □□露?釋　樂與好施
(27) 作恩及物　乹坤所知
(28) 可居半夜　藏舟忽移
(29) 生必有死　忍慟止悲
(30) 惟墳惟墓　旣固旣安
(31) 利其門第　餘慶可觀

〔揭載〕『韓國金石文追補』、一六四
『韓國金石全文』中世下、八二九－八三一

一一五、崔惟清 墓誌銘

所在　서울 國立中央博物館(No. 本 一二七二三)
年代　明宗五年(金 大定十五年、一一七五)

(1) 高麗國金紫光綠大夫[檢]校大尉守司空中[書][平][章][事]
(2) 集賢殿大學士尚書礼部事崔公墓誌
(3) 公諱惟清字直哉[東]州人也尚舍奉御諱□涉□□
(4) 孫追封太子少傅□□□特進□大□檢校□□[大]
(5) 傅門下侍郎同中書門下平章事判吏禮[部]事監修
(6) 國史上柱國昌原縣開國子食邑五百戶謍肅公諱
(7) 奭之子母□大原郡大夫人安氏檢校太子太保諱

(8) 德保之女譽肅公致仕退老于家而公生公生七歲
(9) 而孤鞠于慈□性聰敏嗜學　肅宗十(八)年癸未公年
(10) (十一)十歲以父蔭入仕爲將仕郎軍器主簿同正　睿廟
(11) (七)八年壬辰公年二十中進士第以謂儒者當學古入
(12) 官不學其猶面墻閉戶讀書不蘄仕官當時學正宋
(13) 工交ロ薦譽欲縻□好爵而公託學未就不應□□
(14) 士林稱之十一年丙申時宰擢爲沉經院判官改□
(15) 內侍直翰林院歲餘遷與威衛錄事及　仁考即□
(16) 外舅李資謙專執□命陰圖簒逆大臣[有]不附□□
(17) 輒以討誅竄平章[事]韓皦如□□□□□罪□□
(18) □喬公之姊也?鄭?□□□相之表弟也□□坐□□
(19) 公亦因是失職焉及資謙敗召入內侍□□翰□□
(20) 累遷□司宰[注]簿兼直史館八年庚戌自試禮賓[注]
(21) 簿寶文閣校勘拜右正言知[制][誥]閱一歲以殿中內
(22) [給]事□□廣州牧不行充奉表官入西宋使還賜[緋]
(23) [衣]銀魚爲右司諫□左司諫以礼部員外郎出[倅][尙]
(24) 州牧副使其爲理[有]德□尙人至今思之秩滿拜[侍]
(25) [御]史遷起居郎兼大子□經三遷試御史[中]丞兼東

(26) 宮侍讀學士二十[年][壬][戌]上疏□□忤□□□[殿]
(27) 中少監丁大[因]人□不□職□歲起復□□中[書]舍
(28) 人遷礼部侍[郞]右諫議大夫翰林侍讀[學][士]時北朝
(29) 遣使册　上礼當□謝公□選爲介與□□□使
(30) 崔灌□北朝公擧□都椎周旋中□金□□□乃移
(31) 牒宜加爵秩□還□試戶部侍郞除礼[部][侍]郞左諫
(32) 議大夫同知[國]子[試][貢][擧]其所考者金□□□二十
(33) □人□□時知夕□時議比之桃李在□□[金]敦中
(34) 閔光文韓楹□□崔孝溫□祿□並□□□下
(35) 謂公□人倫□□矣是年秋以東北面兵馬副使
(36) 出鎭朔方一面倍□金城喉舌有□員　上欲得□
(37) 臣以委□焉求諸朝右無易公者□召拜吏[部]侍郞
(38) 樞密院左承宣□□詳明出納惟允遷朝散大夫礼
(39) [賓]卿翰林學士　前君元年丙寅加樞密院[知]奏事
(40) 國子監大司成□□歲進拜樞密院副使翰林學士
(41) 承旨□□□大夫同知樞密事尋遷知院事公自右
(42) 正言至□□歷官無不兼三[字]一朝大典册皆出其
(43) 手□□□公□□輔器即以公爲銀靑光祿大[夫][尙]

(44) 書左僕射叅知政事三年庚午　上幸南都□□
(45) 從判事扈□駕□恩□中書侍郎同中書門下[平][章]
(46) 事中官鄭[諴]□□媼□侍幸除閤門祗候批□中書
(47) □謂名器不可□人堅執不下誠深□□風□□劾
(48) 奏公以非罪貶南京留守使逴[貶]忠[州]□移廣州公
(49) 雖久淹州牧怡然無□色□至皆有政□公自少好
(50) 學□盞不能手□釋□□□經諸史百□之書□□

(裏面)

(51) 幽經辞□無□通□故學士大夫□□釋□皆□而
(52) 質□□□吾□之□南□其在南都□者羸糧□及
(53) 受業於門下者千里踵相継十(三)四年己卯□爲[尙][書]
(54) 右僕[射]又□守司空□□公忠正□□□復□時□
(55) 拜中書侍郎同中書門下平章事判□部事仍□□
(56) 仕然朝有沮[之]者猶以□時空□□□□第□□□
(57) 未□庚寅虎□作乱患□□輩□誅殺公卿衣□□
(58) 盡虎□素□□□□□軍士無□公門至癸巳年□
(59) 臣肆惡尤甚侯□戚閥少□無□類公之子孫雖曰
(60) 詵□□朞□□□无一人遇□□盖賴公之德也

(61) 今[上]即王位以□爲老□□□□□朝舊□即拜爲
(62) 中書侍郎[平]章[事]轉[金]紫光祿大夫守司空集賢殿
(63) 大學士判礼部[事]門□士韓楹在牓中年最少□果
(64) 驟進□數十年□貢春□率門生諸□□門下奉□
(65) 壽□作詩□贈□其詩□[輟]行來訪[我][何][榮][喜]見門
(66) 生門下生[八]十殘年無□仕那知異□盡公□聞而
(67) 讀和者旡□數百人□野歆艶公素奉佛法□自頌
(68) 金剛般若普賢□□□名□六□或至數十□□□
(69) 寫時公□□金剛經疏亦□之發明□□□唐□□
(70) 生李翰林文集□用故事辟險□僻□□□□□者
(71) 病之公□□□命撰錄事實□□奏御□□□之□
(72) 賞□命鏤□盛行□世又奉　□撰海[東]先覺國師
(73) 芬皇和諍國師□□圓應國師三碑銘□義俱美□
(74) □□紹幼婦之□殆□以加公平□所□文章凡數
(75) 百篇又有□□□一□公先娶刑部郞中李還之女
(76) □李氏早死有□子諫?試尙乘奉御後娶□□□□
(77) [知]樞密院事[禮]部尙書翰林學士承旨文安[公][鄭][沆]
(78) [之]長女也累封[東]萊郡夫人先公五年而卒生□[男]

(79) [七]人女一人長曰[詡]試閤門祇候次諲金吾衛錄[事]
(80) □先公卒次[讜]試吏部員外郎知制誥次義□祝[髮]
(81) □比丘天台宗□□淵[寺]住持三重大師次詵淸[州]
(82) 牧判官試閤門祇候次讓東部錄事次□奥隷瑜[伽]
(83) [宗]□□□寺住持重大師女適興威[衛][錄]事□□
(84) □閤□勘□□□□□□□□晋之子也諫詡
(85) 讜詵皆擢進[士]第□□□奥亦中選時人□之□□
(86) 家自□前朝時一□有三人[及]第□賜其母米三十
(87) 碩許然其身□之□子□應是科母夫人享其賜十
(88) 有一年有孫□女二十□□□十二人自古□□首
(89) □多□□見曾孫□公者未以有也　今上五年大
(90) 金大定十四年甲午十二月十三日丙寅公疾預知
(91) 死期先期一日盥□手足怡然安臥顧謂諸子言語
(92) 以平時命以□事[三]十五日戊[寅]薨于正寢殯于西
(93) □　上聞震悼□□贈謚淑文公公享年八十有
(94) 二大定十五年乙未正月壬寅葬于牛峰縣於□
(95) 居村□人鄭氏墓之左凡殯斂葬送□礼不拘□
(96) □裕皆公之□□也銘曰

(97) 生死有命 □□□常 皐夔既沒 □孔□□
(98) 人所不免 理何□傷 泰山頹嶽 升斗韜光
(99) 與者□仰 □□□張 墨□血□ □瀉□□
(100) □銘墓石 萬丹□藏

〔揭載〕『韓國金石文追補』、一六六―一六九
『韓國金石全文』中世下、八三四―八四一

〔參考〕『高麗史』九九 崔惟淸傳
青山公亮、「崔惟淸の生涯」(『和田博士古稀記念東洋史論叢』、一九六四)
朴龍雲、「高麗時代의 定安任氏・鐵原崔氏・孔巖許氏 家門 分析―高麗 貴族家門 硏究(二)」―(『韓國史論叢』三、一九七八)

〔編者註記〕이 墓誌銘 原文에는 年代와 年齡를 나타내는 부분에 몇 가지 착오가 있으므로, 해당되는 곳에 ( )의 數字로 바로 잡아 놓았다.

一一六、庾應圭 墓誌銘

所在 서울 國立中央博物館(No. 本 九七四五)
年代 明宗五年(金 大定十五年、一一七五)

(1) 高麗國入內侍尙書工部侍郎兼三司副使
(2) 太子少詹事庾君墓誌
(3) 君諱應圭字賓王茂松縣人也曾祖諱告成檢校
(4) 太子詹事祖諱彦卿檢校太子太師考諱弼門下

(5) 侍[郞]平章事判吏部事贈謚恭肅公公以文行顯
(6) 於世歷仕　睿仁毅三朝先夫人[安]氏　裕陵侍
(7) 女之子也有□□□君爲長若幼而頴悟形神爽
(8) □時謂之玉人以蔭始命良醞丞同正及年甫□
(9) □爲文又能讀春秋左氏傳再擧□有司不果捷
(10) 天德三年召入爲內侍是　毅宗即政之第六載
(11) 也俄拜景靈殿判官歷金吾[衛]錄事試供驛署令
(12) 大府[注]簿至年二十有□拜[權]知閤門祇候君雖年
(13) 少□□列當官貞固確乎不拔持議端方且而不
(14) 苛臨事果斷若夙成然由是人不嫌其旦達而猶
(15) 曰晚也闕數歲出爲南京留守判官□職如在輦
(16) 下而勤恤加焉南州人至今賀之秩滿入拜閤門
(17) 祇[候]尋遷殿中內給事又由尙食奉御轉考功員
(18) 外郞賜緋衣銀[魚][庚]寅歲　今[上]由藩邸即王位
(19) 復召入爲內侍拜[工]部郞中餘如故是時朝廷議
(20) 遣□告奏北朝□聞使才莫如名?賢?君迺受命
(21) 往聘□合事成使還□旨以勞超遷軍器監兼太
(22) 子中舍人賜[金]紫踰年又兼三司副使太子少詹

(23) 事甲午秋西都搆□□北道□址合從締交以誅
(24) 義方□爲名謀動干戈　□君素□令望爲人
(25) 所敬□□宣諭諸□諸城□稍□去乱納順君之
(26) 力也□□拜工部侍郞餘□如□乙未歲正月又
(27) 受命入□都□皆爲君危□君□險□矣何無□
(28) 色及□城帥□對辞意慷慨□□□□之義賊
(29) □□□敢爲慢加禮□遣之北方□□之後
(30) □欲倚□德信以鎭邊□命爲□北界兵馬副使
(31) □辞不仁未久感疾以是年九月六日丙申終於
(32) 私第春秋四十五嗚呼君其預□知乎君自少時
(33) □達□其行已無小祝拾神明□持　□知其□
(34) □信任之□公卿大夫至於士庶稱之不容日由
(35) 是庚寅以□禍乱數□山東衣冠□亡□盡君欲
(36) 晏然無與□難□娶太子詹事□□諱□沔之女
(37) 生子男二八女子二人長曰□□□公子元君一
(38) 年而卒餘皆幼君之諸弟以□行狀詣書於余曰
(39) 今將以是月二十四日壬寅葬五□於大德山之
(40) 西麓子其□之余辞不獲已而爲之銘其銘曰

(41) 堂堂侍郞 賢□之子 其美如玉 其直如矢
(42) 早登華賞 爲時所倚 閒乘倅□ □產南州
(43) 昔襦今袴 戶頌家謳 尋復周□ □以嘉謀
(44) 受命歆□ 東西南北 奔驥騁□ 中途蹶足
(45) 壽雖不充? 名統罔極
(46) 　文林郞詹事府□□□ 誌 製
(47) 　東宮直檢校軍器少監□ 蘇時書
(48) 　　大定十五年乙未九月二十三日刻字

〔揭載〕『韓國金石文追補』、一六五－一六六 및 附錄 二七一－二七四
『韓國金石全文』中世下、八三二－八三四
〔參考〕『高麗史』九九 庾應圭傳
朴龍雲、「高麗時代의 茂松庾氏家門 分析」(『斗溪李丙燾博士九旬紀念韓國史學論叢』、知識產業社、一九八七)

一一七、李應璋 墓誌銘

所在 서울 國立中央博物館(No. 新 五八二六)
年代 明宗七年(金 大定十七年、一一七七)

(1) 大金大定十七年丁酉四月二十四日大中大夫檢校禮賓卿御史
(2) 中丞知詹事府事隴右李公以疾卒于私第享年五十七越五月
(3) 初七日火槻于松林境內栢洞山麓移骨權安于梵福寺□□日其子份

(4) 衰經袖公之行狀乞銘於翰林侍讀學士廉信若曰阿爺骸骨取七月二
(5) 十四日葬于京城西福城寺南山之下宜有銘敢以誠告餘曰李公之□
(6) 蓄宜銘而子又有禮敢不諾而銘諸粗叙所得以備喑訥公諱應璋慶
(7) 原郡人也以門子筮仕備歷華顯甲子年入侍天庭爲中涓越丙寅年
(8) 以阝阝尋□□□戊寅年秋奉使沿海爲監稅使辛巳年補閤門祇候
(9) 壬午年分道義州爲兵馬判官乙酉年出使東藩爲兵馬臺?御?史?己?丑?年?
(10) 出刺黃州牧壬辰年春出按楊廣忠清州路是年加侍御史癸巳年出按
(11) 春州路□□□□□爲?□□戶部郎中帶御史雜端俄轉御史中丞
(12) 兼太子右諭德丙申年加大中大夫知詹事府事餘如故而終于是□
(13) 吁可嗟也公外和寬內剛明容彩閑雅性質端懿事君盡忠接士以
(14) 禮有溫溫之德基無訑訑之拒色自少常爲星宦二十許年主上
(15) 信任不疑甫佩郡符兩按州郡或奉使異國或掌兵兩界任職
(16) 劇官提綱?臺閣?無不謹幹詳諦勤多聲績朝臣無出其右者
(17) 金紫光祿大夫尙書右僕射叅知政事判戶部事貞靖公軾皇考
(18) 也尙書兵部郎中追封左僕射資孝王父也守大師門下侍中廻曾
(19) 祖王父也配享功臣守大師中書令子淵高祖王父也安社保泰鎭守功
(20) 臣守大師中書令桂?陽郡開國公李偉之女桂陽郡大夫人李氏皇
(21) 妣也公之傳姓李氏長源遠派高門大族珪璋特秀賢俊濟美斯李

(22) 氏所以綿千祀而甲百族也何其䞿欿公娶守大師門下侍中崔溱
(23) 之女大寧??郡夫人崔氏生子二人曰份曰儇份官至衛尉注簿儇入流爲
(24) 尙書戶部主事噫公之爲人也天與之才國與之位鎡基富貴火燿邦
(25) 家秉鈞雅望屬公久矣奈何皇天不祐歘先朝露中壽而夭悲
(26) 夫餘辱知有素亦有葭莩之意難拒份儇之請但誌其萬一
(27) 耳銘曰
(28) 惟公賢勞輒試牛刀志勵義高望重時豪巔華二□命也難
(29) 逃魂歸于蒿拉淚嚎號既謝人世之塵囂安知直指□□□□
(30) 詞泣血而霑毫勒銘藏在於巖嶅

〔揭載〕『海東金石苑』補遺四、八五七—八六二
『朝鮮金石總覽』上、三九三—三九五
『韓國金石全文』中世上、八四一—八四三

〔參考〕藤田亮策、「李子淵と其の家系」(『青丘學叢』一三・一五、一九三三・一九三四:『朝鮮學論考』、一九六三)
尹庚子、「高麗王室과 仁州李氏와의 關係」(『淑大史論』二、一九六五)
李萬烈、「高麗 慶源李氏 家門의 展開過程」(『韓國學報』二一、一九八〇)

一一八、張忠義 墓誌銘

所在 日本 東京國立博物館(No. 二七三七八)
年代 明宗一〇年(庚子、一一八〇)

(1) 故□散?□□檢校尙書左僕射判禮賓省事知制誥賜紫金魚袋張公墓誌銘并序

(2) 囧?諱忠義本名忠正洪川縣人也考諱文緯贈檢校禮部尙書行司宰少卿祖諱齊望追封太子少保曾祖諱瑨
追封尙食?

(3) 奉御妣王氏贈太子少保鉉之女也公自少志學爲人明敏勁果强記博覽有問輒應雖好辯者不能窮也與人
交久而益

(4) 篤?常以賑救貧窮爲心十九擧進士承高祖之父功臣張元之蔭始補中書吏部擢第春官出於侍中王冲侍郞
權迪門下通

(5) 判龍州理有能名辟辯過人可與賓客而言爲時輩所推許由是入叅星官奉使金國或以先排使接遇大賓始

(6) 拜迎送錄事後爲迎送判官皆選衆也及出爲開興府使政以殊最聞越庚寅年有朝臣顚覆之難公以謹愼免
焉

(7) □　今上新即帝位錄爲舊德召入內侍院俄而拜監察御史行按東北路諸州嫉惡若讎彈劾貪吏者非一

(8) 上愛其能即授殿中內給事遷尙食奉御賜緋魚袋復爲東北路監稅使秩進尙書禮部員外郞即遷吏部員外

(9) 郞知制誥其甄拔沈滯叙用祿年之久者多焉擢司宰少卿戶部侍郞衞尉卿累遷判禮賓省事每?兼三字歲在

(10) 庚子出爲西京齋祭副使未返　命以是年正月二十九日壬午因病卒于西京　上聞之震悼中外莫不惜之

(11) 其子光富拾骸骨歸京師安措于廣德寺六月初三日葬于京城西扶蘇山之麓公享年七十有二有二子長曰
光富

(12) 聰敏好學數應擧時爲中尙署丞弃官而廬于墓側次曰翰陟已受蔭職有六女其五皆適通官噎門人尙書刑
部員

(13) 外郞崔孝著於公之生平受知最厚其子光富與予?尤善公行□□□□於予予不能文重□□□□□序

□銘焉銘曰

(14) 矯矯張公 高文大手 □□□□ 歸根返本□□□孰□□ 委形于下兮□□□爲 宅

(15) 哲? 以保躬 尉有古□ □□□□ □□□□ □□□□兮銘德於□□

(16) □□□□□定二十年庚子□□□□□□□□書

〔揭載〕『朝鮮金石總覽』上、三九五—三九七
『韓國金石全文』中世下、八五一—八五三

一一九、李文著 墓誌銘

所在 서울 國立中央博物館(No. 新 五八六三)
年代 明宗十年(金 大定二一年、一一八一)

(1) 高麗國金紫光祿大夫守司空特進尙書左僕射大子少保致仕李公墓□

(2) 將仕郞試尙書禮部員外郞賜緋魚袋張□□

(3) 公諱 文著 系出陜州曾太父成之追封禮賓少卿行試戶部員外郞□□

(4) 民善追封尙書左僕射行試殿中內給事考沖門下侍郞平章事判戶部事

(5) 歷仕 睿仁兩朝以蹇諤稱母裴氏俠溪縣左司郞中寬之女公□而□□

(6) 以祖父蔭登名于吏籍仁廟代戊午年調授景靈殿判官四轉爲樞密院堂

(7) 後官 毅廟天德四年出守洪州先是此州屬縣諸□谷間盜賊蜂起爲害

(8) □甚公下車飭戒軍校盡捕逐之境內之民安土樂業無外顧之憂於□□
(9) 渠引水漑田五六千頃以足民食倉廩實府庫充合境歎息故□□申其□□
(10) 上錄其名姓秩滿拜監察御史正豊二年分司戶部員外郞中□□□□
(11) 郞中兼三司判官乙酉出爲安西大都護府副使考績入爲都官郞中□□□□
(12) 少卿庚寅上嘉其忠謹詔入□□仍轉吏部侍郞明年拜尙書左丞太子□□
(13) 越四年乙未六月拜衛尉卿樞密院副使丙申加守司空尙書右僕射明年丁酉四月
(14) 二日有恙服餌于家是歲十二月批銀青光祿大夫守司空如故越己亥以疾引年
(15) 乞退凡三上表不允是歲十二月上哀其老且疾以金紫光祿大夫守司空[特]
(16) 進尙書右僕射大子少保許令致仕自是縣車養病越大金大定二[十]
(17) 年庚子十一月□十二日薨于家享年六十八即日移殯于神巖寺十
(18) 二月十二日葬于京城南進奉山之□麓公爲人沉厚有大量自歷□□
(19) 再守郡符皆有政績四爲廉察使所至無不□□　今上即位壬辰以□□
(20) 尊?號?使□□□□□對之能增重國本而庚癸之乱不見横□以保其身
(21) 年除歲遷以至一品可謂事君貞而守身正者也公娶尙書右丞金臣璉
(22) 女生子六人長曰揚與德宮錄事次曰挺東村場判官先公而卒次曰曇□出家
(23) 爲慈興寺住持次曰抗內侍千牛衛錄事叅軍事次曰曇機出家中大選加
(24) 大師次曰翊良醞令同正女四人長適少卿金彥誠之子緝光次適尙書魯敏功之子
(25) 廷幹皆先亡其次二女皆迷年矣銘曰

(26) 氣嚴而重　哲人之常　愛人盡已　乃吏之良　遭時多難　周身之方　擬欲大用
(27) 德溫而諒　理郡有聲　能免其害　始登樞右
(28) 疾入膏肓嗚呼哀哉

〔掲載〕『海東金石苑』補遺四、八六二－八六六
『朝鮮金石總覽』上、四〇二－四〇四
『韓國金石全文』中世下、八四五－八四七

一二〇、吳元卿 墓誌銘

所在　서울 國立中央博物館(No. 本 一二七二四)
年代　明宗十一年(金 大定二一年、一一八一)

(1) 知昇平郡事文林郎試閤門祗候尙食□□□□□□誌
(2) [公]姓吳諱元卿古諱山俊安西大都護海州人也三韓壁[上]功臣
(3) 字?連信與金吉之後裔也檢校尙書左僕射[御]史中丞中正皇考也
(4) □中大夫檢校大子大師判少府監事子珙皇祖也檢校太子少師
(5) [閤]門祗候門秀皇曾祖也檢校軍器少監鄭□穆之女義□郡在京
(6) □氏皇妣也公以祖蔭初筮仕越戊寅年承□入爲內侍□庚辰歲
(7) 出倅靈光郡至於己丑年權點式目錄事庚寅年移權[知]都兵馬

(8) 辛卯年兼選軍錄事是年權務政即眞□都兵馬遂出爲東路兵
(9) 馬錄事甲午年冬遷都[校]署令[丙]申年加試供驛署令丁[酉]年春
(10) 遷爲樞密院堂後官是年冬受權知閤門祗候戊戌年春□北路
(11) 監倉使是年權務政出爲昇平郡守至庚子年冬十月二十有七
(12) 日以疾卒于此郡取是年十一月十三日火檝于郡南□之麓
(13) 十八日移骨於碧泉寺是月二十有一日舁骨離郡二十五日
(14) □義安郡安骨于冷泉寺越十二月十八日長子允臧□骨
(15) 出郡於今年正月初三日入京師權安于城東門內神岊寺
(16) 越至四月十有六日藏骨于歸法寺山麓享年五十三公稟性剛明
(17) 銳于吏理兼該文字其補靈光倅寛以濟猛猛以濟寛造戶郡
(18) 內勸引流亡幾至一千人民復蘇防築堤堰田壤肥沃伐木□
(19) □創新公舘至於鋪設之具飮食之器無不備嘉乃爲考績之
(20) 最?故得按部□褒式爲內補時□□於中興?闕造作之事□于始
(21) □或因西事受朝命夙夜匪懈監造弓弩一千張以充戰備□佐元
(22) 戎於東路或爲監稅於北方皆以明断諸訁能□積弊乃或□□爲
(23) 政昇平淸如盂水威□□霜恤民育物興利□害夫如是則公之盡
(24) 忠竭誠公耳忘私之義可謂格于神□者矣奈何一旦腫疾纏身風
(25) 樹含悲年未至耳順歟公娶監察御史金子輿之長女生子五男長曰

(26) 允臧以外祖衛社功初仕會赦爲文林郎良醞令同[正]次子允赫□米
(27) 中赴成均試得進士名又以祖蔭爲尙書戶部書令史同正次子曰允
(28) 文次子曰允恭次子曰允承皆少而□職焉銘曰
(29) 公之性剛壯精明　公之政內□輸誠公之命中□□□
(30) 子孫有慶後必耀榮　勒銘于塋永□厥成
(31) 　大定二十一年辛丑四月　日　記

〔揭載〕『韓國金石文追補』、一七二―一七三
『韓國金石全文』中世下、八六〇―八六二

一二一、李文鐸 墓誌銘

所在　서울 國立中央博物館(No. 新 五八二九)
年代　明宗十一年(金 大定二一年、一一八一)

(1) 大定二十一年正月丙寅朝散大夫刑部尙書翰林學士致仕李□□
(2) 于京師慈雲里第殯于南山佛陰寺公諱文鐸字仁聲上黨悅[城]□
(3) 也皇考純爲學子早逝贈都染丞祖周佐曾祖漢佐俱仕爲縣長□
(4) 李氏贈悅城郡夫人先皇考而歿繼母李本京師衣冠之子公早□
(5) 母落魄不羈年十七入京師始就學鞠于繼母李氏之家與異母□

(6) 虛靜禪師曇曜友愛篤至及尹相彥頤掌成均試公亦貢選尹公□

(7) 見知□器局宏深視之如子至己未歲入大學六館諸生皆服公之雅

(8) 望凡□論議不敢右異以明左氏春秋屢魁多士至丙寅歲以上舍第

(9) 二人擢丙第出補寧州掌書記恩威並行吏民畏愛朝野介然稱之

(10) 至今州□請前後管記皆所不及逮崔相允儀當國欲選文士該明□

(11) 理者□都兵馬錄事問諸左右時省閤諸公俱以公爲言崔相喜謂□

(12) 公曰吾亦嘗聞其爲人矣遂引爲錄事凡邊要大議皆所總攬時□

(13) 日本國對馬島官人以邊事移牒東南海都部署都部署不敢□

(14) 決馳馹聞諸?朝兩府議即欲以尙書都省牒回示公聞之謂承制李

(15) 公升曰彼對馬島官人邊吏也今以尙書都省牒回示失體之甚宜

(16) 都部署□回公文承制李公驚曰微子之言幾失國家之體自此明?

(17) 公之達識至正豊間聞金國草賊蜂起藩將等多言金國內亂燕京?

(18) 爲□墟□如因而取之由是國家不通信使者數歲至壬午歲金國牒

(19) 問因曰□□依違計無所決崔相召與公議公謂大國難測不如遣人

(20) 諜其虛□□崔相頷而用其計果使人諜之還報曰草賊已平新皇

(21) 帝即位于燕京若便信使不通則彼將興師討之矣於是殺□□

(22) 即遣使入朝至今邊陲寧謐與大國講好公之力也遷監察□□□

(23) □□州□察使邊人賴之先是營舍頹毁州境苦無材□□□□

(24) □□□□□曰長通好数遺鷹鷂□木材用於境內得□□□

(裏面)

(25) □□□□□□□□□□□尤頌之還遷兵部員外郞□□□
(26) 守判官　毅宗再幸西都同寮竝以饋獻媚上公獨無饋獻□□
(27) 之亂西都□此最重公之清德不敢加害上即位素聞公之譽□
(28) 拜爲右司諫知制誥累遷中書舍人至癸巳秋出按楊廣州道未幾甫
(29) 當稱兵於北江南州郡皆應故搢紳出外者皆被害公獨以愼重不
(30) 預其亂擢爲戶部侍郞右諫議大夫遷國子祭酒公遭時多故居省
(31) 同五年務掩人過以寬厚謹愼見稱遷禮部尙書翰林學士至丙申
(32) 知禮部貢舉牓進士秦獻衣等三十四人爲及第皆一時之選士□□
(33) 改爲刑尙書以老致仕居三歲以疾終享年七十三室潭陽郡君
(34) 贈尙書右僕射世均之季女生二子長曰沆衛尉注簿同正甞爲蔚珍縣
(35) 尉政績有聲次曰秘衛尉注簿同正三女長適尙衣直長同正朴大元次
(36) 適尙衣直長同正李德鄰季適軍器注簿同正崔弘禮皆良婿也□
(37) 年二月庚寅葬于城南天德山西南麓禮也公起自布衣歷官□
(38) 顯不營產業魁然有宰相望素患風痺晚節幾不任事以是□□
(39) 登宰□搢紳識者多恨之然公少時相工朴聰年百餘歲善言□
(40) 之禍福見公謂之曰生位登八座但恨壽不過七十三爾今□□也甲

(41) 合聰之后則爵祿壽命蓋素定也門人外從姪試閤門祗候李東□
(42) 氏哭□其墓其詞曰
(43) 公起悅城　北學于京　大學八年　屢魁諸生　揚歷中□　所臨□□
(44) 規模□□　先見未萠　通□□國　邊塞以淸　備嘗險□　□節不□
(45) 時命不耦　未至台衡　傳信之□　載在斯□　刻玆□□　寘之幽□
(46) 厝幾德譽　愈久益明

〔揭載〕『韓國金石文追補』、一六九—一七一
『韓國金石全文』中世下、八五四—八五七

一二二、金閔甫 墓誌銘

所在　서울 國立中央博物館(No. 本 一二九九七)
年代　明宗十一年(金 大定二一年、一一八一)

(1) 高麗國故前全州牧判官試閤門祗候金君　墓誌銘
(2) 試尙書考功員外郞張　自牧　撰
(3) 昔大史公有言曰李將軍循?□□□畝人及死之日
(4) 知與不知皆爲流涕諺曰桃李無言下自成蹊此
(5) 言雖少可以喩太信哉斯言吾友金君諱閔甫字保全

(6) 系出水州考諱端　睿廟朝入□游學赴□前試
(7) 擢爲第一還國官至特進[守][司]空尚書右僕射太
(8) 父追封少府監鼎梅曾太父[神]虎衛郎將玄□母
(9) 閔氏左司郎中知制誥脩之女君於　仁廟皇統
(10) 五年乙丑以門蔭始受良醞丞同正貞元三年出
(11) 補臨陂縣尉政滿投閑丙戌拜內弓箭庫判官丁
(12) 亥改補景靈殿判官　今上即位乙未改東面都
(13) 監判官是年七月以行營兵馬錄事平西賊有功
(14) 超拜試禮賓注簿俄改衛尉注簿丙申轉尚食直
(15) 長丁酉自少[府]?[丞]□試閤門祗候通判□□□□
(16) 復拜將作丞散官至檢校軍器少監自倅□□□
(17) 得羸疾至是未瘳以太金太定二十一年辛丑□
(18) 月二十五日卒于家享年五十君天姿挻□性
(19) 度豁達不拘常律六藝經典皆通習之凡事□補
(20) 郡職政績尤異興利除害皆前人之所未爲者□平
(21) 西賊褰旗汗馬叅謀宣義無出其右者以是□朝
(22) 廷至於士庶無不屬望以謂垂紳搢笏出入英□
(23) 爲國異器□在朝夕矣乃於一旦聊乘物化奄先朝□

(24) 嗚呼命也夫捐舘之日聞之者知與不知莫不揮涕
(25) 嘆惜則向所謂桃李旡言下自成蹊吾於金君復□
(26) 之矣君娶守司空左僕射尹公諱彥植之女生子□
(27) 長曰軒今授陰城縣尉次曰宗軒惟元皆出家其次□
(28) 幼女三人皆未嫁以八月二日卜兆于憂山之麓□
(29) 葬爲銘曰
(30) 斯人所猷　投畀不受　欲其須曳　奪唯恐□
(31) 伊昔東坡　此言亦厚　如金君者　實惟□□
(32) 當事雄飛　眞霹靂乎　歸途萬里　擬逼半□
(33) 一朝柔化　名與骨朽　細思人生　不如□□

〔韓載〕『韓國金石文追補』、一七一—一七二
『韓國金石全文』、中世下　八五八—八六〇

〔參考〕朴龍雲、「高麗前期 文班과 武班의 身分 問題—高麗 貴族家門 研究(三)—」(『韓國史研究』二一・二二合、一九七八)

一一三、李公升 墓誌銘

所在　서울 黃石淵氏 藏
年代　明宗十三年(南宋 淳熙十年、一一八三)

(以上缺)

(1) 丞同正始遊大學月試季考時儕稱雄直赴棘闈垂成而敗蓋時之
(2) 不利非文之不工尋爲刪定都監景靈殿判官京市署丞兼[式]目都監
(3) [錄]事俄授金吾衛錄事忠以奉職莊以蒞下公?雖在年少其威凌氣
(4) 槩有不可犯之色由是屬吏陪臺之類望而畏之不敢干以私績用
(5) 茂著厥聲顯揚　仁廟[田]四載西人逆　命?公爲國喑噫以左軍兵
(6) 馬錄事赴難知?歸戰功之□罕有出其?右者仍以司宰注簿權知閤
(7) 門祗候時　上歎於爲理方議大用充西北面兵馬判官兼雲[中]道監倉
(8) 使□?行禁止蠲民疾苦凡數十年逋租□役者□走底貢如公□
(9) 指困倉盈行露積如山儲偫侍用充邊民蘇醒兵馬使擧奏其積
(10) 上嘉之授殿中內給事以袠大之居無何以本官通判羅州牧歐除
(11) 物害勤恤人隱恩威大行吏不得並緣爲姦民到□今稱之凡有
(12) 往來皇使之過其郊者則往往相聚而頌其德焉秩滿徵拜監
(13) 察御史又歷侍御史御史雜端□□□□□□□時前

(裏面)

⑭ □初即政頗好擊毬公以疏諫上車□□辶□□□□州牧副使適
⑮ □知奏事鄭襲明白於　上器識宏深有宰?輔之望不□出守
⑯ 上亦爲然使留於內皇統八年改授尙書左司郎中歷司宰少卿兵
⑰ 部吏部侍郎天德四年繇丞轄之職當推轂之寄出爲西北面兵馬
⑱ 副使立節北轅加築延州城六百閒成於不日□狄聞風而讋服
⑲ 邊陲仰化以阽安　上益嘉公才其將相進爲樞密院右承宣
⑳ 禮賓卿兼太子左庶子正豊四年升爲知奏事凡四方章奏無不摠
㉑ 焉處心平直?出納惟允年除歲遷不數朞?入門下知省事衆
㉒ 知政事同中書門下平章凡策功至上柱國增秩至金紫光祿
㉓ 大夫以平章事專判銓曹數年銓叙平□得人之盛?古無以加於
㉔ 戱昔西漢之時賢人繼世立朝者無慮千百然獨□平父子位至
㉕ 宰相而公之系皆爲達官而又父子俱位極?人臣異□公自始仕至于
㉖ 宰相未甞理居第爲華靡事其亦異於常流哉公娶李氏戶部

(以下缺)

〔揭載〕『韓國金石遺文』、一三〇－一三二
『韓國金石全文』中世下、八六五－八六七

〔參考〕『高麗史』九九 李公升傳
張東翼、「高麗墓誌 四例 檢討」(『大丘史學』一九、一九八一)

二一四、王梓 女 王氏 墓誌銘

所在 서울 國立中央博物館 (No. 本 九九一〇)
年代 明宗 一三年 (金 大定 二三年、 一一八三)

(1) 高麗國□□處女王氏墓誌銘
(2) 王氏女□定懿公梓之處子也顯宗第四子靖簡王
(3) 之五世孫也肅宗第三子大原公侼之外孫也曾祖
(4) 瑛封爲樂浪公祖禛封爲良僖公其母王氏早卒事
(5) 父孝謹而內侍肅穆婦德賢明故大原公尤愛之如
(6) 子秩厥後傳家?世無與偶處空自若窈窕淑質春芳
(7) 獨艶堅貞節行□絜不累左右使令愼擇其人而遠
(8) 侫人明鑑逆知不爲物誘勤儉節用不作無益故父
(9) 母在時珍寶翫物□無虛費謹而守之嗚呼賢哉年
(10) 四十三越大定二十三年癸卯四月初一日乙未病
(11) 卒于家殯于拯苦寺越二十日甲寅葬于朝陽山西
(12) 南崗茶毗而拾骨越十二月二十四日乙酉葬于德
(13) 水縣界內瓦村東山之東麓禮也噫古之人雖於匹
(14) 婦之微賤苟有□效一□於理可□者或載之於傳

(15) 或銘之于碑以垂不朽之名況玆女也以如□之□
(16) 戚有如此之賢行可使湮滅無聞而化爲松□□□
(17) 哉百世之後陵谷遷變廼知其國戚之有斯賢女□
(18) □爲之銘其詞曰
(19) 溫溫恭人　肅肅婦仁　雪膚花貌　螓首蛾眉
(20) 麗質美艶　天賦之姿　宜□□藻　□供禴祠
(21) 宜友琴瑟　爲王者妃　年四十餘　處室怡怡
(22) 節行貞潔　白玉無疵　風霜忽□　蘭□□□
(23) 一臥□已　孰不傷悲　壽山不語　白雲□□
(24) 千載寂寥　知者其誰　嗚呼哀哉

〔揭載〕『韓國金石文追補』、一七四
『韓國金石全文』中世下、八六三―八六五

一二五、吳□實 墓誌銘

所在　서울 國立中央博物館(No. 本 一二七二五)
年代　明宗一四年(甲辰、一一八四)

(1) 試左司員外郎濮陽吳公墓誌銘
(2) 公諱□實字若無其父殿中內給事同正□□□公傅大溫厚積

(3) 善成德其母檢校大子詹事王脩之女也聖善自天賢□□
(4) 誕育四子長落髮爲台□□公其第二子也篤學敏修年十九
(5) 登司馬二十一入大學涉二歲爲直赴第三□□□□於春官公之弟
(6) 二人亦□□桂科□此第三人並以才名聳動朝野故母□□成
(7) □□□□二十六石公始補朔州通判秩滿投閑不□□秘書
(8) 校書郎移典□□□□?耀德副使入爲太□令秘書郎歲在
(9) 甲午西□□庭公拜閤門祗候以左軍判官遠赴敵場躬擐甲
(10) 冑者首尾三年及凱歌班師公口不言功歷□□令中書注
(11) 書□□監察御史分惣臺綱按巡北塞赴闕受殿中內給事
(12) □□□□□判官威峻恩深令行禁止頡吏懷臨淵之懼齊
(13) □樂但守清公不事權貴以前行殿中內給事還
(14) 王鴈門之任須待異人授公以西北面兵馬判官義州分
(15) □疆追攘胡虜尋加試左司員外郎公在義州涉
(16) 辰正月十九日以爲卒于營享年五十有五　公之夫人起
(17) □□之第二女也有三男長蒙□□之次之已得飄纓娶
(18) □落髮台山□則幼少三女一適良醞丞同正宋□二適
(19) 齋生□□三則未嫁　公賦性寬綽滑稽多智頗
(20) 母放士林公卿大夫之門詼諧作戲辞辨□□壽人

〔裏面〕

(21) 樂與公接殷勤之餘歡其得衆心有如此
(22) □長逝自万乘至于九流子弟痛論肌骨
(23) 銘曰
(24) □鼎軸可當　公之仁裕宜壽而臧
(25) 鬼惡命果□長擧國哀悼
(26) 時甲辰三月二十日墓誌銘

〔揭載〕『韓國金石文追補』、二四五－二四七
『韓國金石全文』中世下、八六七－八六九

一二六、咸有一 墓誌銘

所在　서울 國立中央博物館(No. 本 一〇六二八、四－二)
年代　明宗十五年(乙巳、一一八五)

(1) 高麗國工部尙書咸公墓表
(2) 朝散大夫判將作監寶文閣學士知制誥崔　詵　撰
(3) 公諱有一字享天恒陽縣人也大尉廣評侍郞規從
(4) 大祖定三韓封爲功臣於公爲玄祖大尉公生光信光信生忠忠生仁幸仁
(5) 幸生尙衣奉御德侯是實生公母咸氏成昌之女也奉御君退居鄕閭公生

(6) 三歲而孤未數年母夫人亦捐舘零丁枯槁鞠於母兄之家年甫十五徒步
(7) 入京師時宰相李公俊陽素善奉御君憫其幼孤召至家留養比壯爲
(8) 天官掌故丙午之乱隨李相入內衛社乙卯歲西都構乱以胥吏從軍有
(9) 功踰年事定爲西京留守錄事時副留權公適儒雅大人也嘉其清節信任
(10) 无疑及權公以賀上尊号使入北朝與公偕行一行事務皆委於公是
(11) 仁廟之二十年也其後軍廚員吏給軍食有不如法禁軍相聚言其短因
(12) 請若得選軍記事之衣敝衣者則必不當如是其語浸淫聞於上翼日上命
(13) 兩府各擧廉吏王樞密冲以公應擧公嘗爲選軍記事家素貧窶性又不
(14) 喜紛華常衣敝履空夙夜在公故其云如是上得之甚喜召入爲內侍令句
(15) 當軍廚事上幸長原亭命近臣射弓公獨破的上嘉之賜金帛公即以所
(16) 賜物段盡賣具軍廚什器至甲子年出爲寶城郡判官甚有聲績及
(17) 毅宗即位復召爲內侍除明福宮錄事歷大官署丞禮賓主簿厚德殿
(18) 舍人監察御史俄出爲黃州牧判官踰年宣召入內侍爲朔方道監倉使
(19) 公嘗酷排淫巫瞽史之說至是於登州神祠行祀事不拜献有司以爲慢
(20) 神奏免所居官及庚寅廢立之際山東衣冠掃地幾盡
(21) 今上始即政起家入內侍尋除兵部郎中是時士卒執兵縱橫及見公皆倒
(22) 戈而去明年轉礼賓少卿又加刑部侍郎遷尙書右丞戊戌歲上表乞骸骨
(23) 三請得謝尋以工部尙書退休于第至乙巳十一月二十一日偶得微恙至二十六日

(24) 倏然而逝壽止八十遺命薄葬遂殯拾居第之廳事卜得十二月十一日庚

(25) 申葬于華藏寺之南麓嗚呼公天性介潔不□衆□家于東郭僻遠之

(26) 地不事生產諸子請買第宅稍近市朝夫人又謂子孫欲及平時頗立產業

(27) 基址獨奈何不爲賓意乎公答曰以其負郭窮巷本无資儲不爲乱兵所掠安

(裏面)

(28) 用近於市朝且多財則怠於爲善予少孤露无蚍蜉蟻子之援於

(29) 朝勤瘁守節以至於此汝等但當正直爲心節儉約已而已公雖

(30) 未嘗讀書傳然行已之大方出於尋常萬萬與古人相符平昔布

(31) 衣布被器則陶瓦及死之日家无十金之儲□□□始娶少監高子

(32) 駒之女生一男一女曰和今爲尙衣直長同正女適少監孫永龜先公卒

(33) 後娶令申覲之女封爲利川郡夫人生二男一女長曰曦茶房礼賓主

(34) 簿同正次曰淳尙食直長同正女適順州判官崔文胤曦女亦皆

(35) 先卒淳以文章登進士第嘗尉翼嶺縣政績才名頗聞于時其

(36) 銘曰

(37) 廣評之後　累世不大曜　尙書儉勤　厥德弥劭　通籍金門

(38) 出入三代　信不見疑　寡尤寡悔　位躋八座　年極八旬

(39) 所立卓尔　僉曰其人　倏然永逝　去若浮雲　卜葬連岡

(40) 刻石揚芬

〔揭載〕『朝鮮金石總覽』上、四一一—四一四
『韓國金石全文』中世下、八六九—八七二
〔參考〕『高麗史』九九 咸有一傳

一二七、王瑛 女 王氏 墓誌銘

所在 서울 國立中央博物館(No. 本 九六四九)
年代 明宗十六年(金 大定二六年、一一八六)

(1) 兄姊一娘王氏墓誌
(2) 君之宗派父曰開府儀同三司守司徒上柱國
(3) 恭化侯瑛母曰承慶宮公主王氏
(4) 仁廟朝乃姊之外祖也君平生秊未齠齔慈母
(5) 猒世隨父僅肅及其始笄玉度蘭儀纖穠中度
(6) 德合家人□徔?摽梅殷勤事父夙夜匪解又深
(7) 信法門常讀華嚴寶典及諸經律以爲日業深
(8) 猒三界求生淨土其爲美行一何?奇麗擬?欲享
(9) 百年之遐齡與予償滕下之餘歡乃何春秋三
(10) 十有六二竪爲惡越大定二十五秊乙巳正月十
(11) 三日丁酉病亡於京城南彰信寺
(12) 主上聞而悼之 儲皇亦傷嘆其美麗特 賜奠
(13) 殊?處以 光寵焉此月三十日甲寅火葬于聖
(14) 住寺之東麓二月初八日壬戌拾遺骨假安於
(15) 開城府境內雲開寺今取丙午二月二十五日癸
(16) 酉卜擇爽塏於雲開寺東北百許步以葬之
(17) □□□□原對立棣蕚雙氶今唯予一身
(18) 尙存□□□□□無一言以相接遺我終身
(19) 之恨艱慽萬端痛□□□□□心之者乎
(20) 於是絕腸補筆仍銘其墓曰
(21) 內守貞明兮端正其心外發英華兮肅雍□
(22) 德何皇天兮忍令不扶乃鬼神兮忽然无良

(23) 先朝露兮浮生大夢飛舟□兮九原荒莫天
(24) 長地久兮有時盡此恨綿綿兮無絕期

〔揭載〕『韓國金石文追補』、一七五
『韓國金石全文』中世下、八八一—八八二

一二八、任忠贇 墓誌銘

所在　서울 國立中央博物館(No. 本 一三八一二)
年代　明宗十六年(金 大定二六年、一一八六)

(1) 高麗國文林郎[檢]校尙書戶部侍郎守殿監兼太子右贊
(2) 將仕郎秘書
(3) □諱忠贇系出定安郡考中書侍郎平章事判戶部□□靖□□□□[仁]廟妃
(4) □□恭睿太后考定安公□□□祖推忠佐理功臣守□□[中]書令貞敬[公][懿]曾祖尙
(5) 書工部員外郎顯妣波□□大夫人□□大保門[下]侍中[鈴]平伯判吏部事文敬公璀之
(6) 女也公以　睿廟末年辛丑生生有純質□□□□□儉□□□□以門蔭?登□
(7) □至毅宗即位丙寅始補掌牲署丞歷□□署令累遷至□□□殿通事□□□
(8) 雲州防[禦]使□滿拜將作注簿歷大府丞門下錄事司宰丞□□□授和□□□
(9) 佩郡符淸□自守人先問言至　今上即位二□政滿拜□[閤]門祗候□□□□
(10) □遷[考]功郎[中]□殿中少監至少府監□帶大子[右][贊]善大夫□□□□□□□
(11) 侍郎甲辰拜試殿中監□今□丙午□除試即□□品矣噫□□□□□□□□

(12) 公始自微官至于今日不知家世之閥閱爵□之高緊未嘗以氣勢□□□□
(13) 布衣蔬食□如也自非天賦之資家傳之訓□德行純□□生於如此耶□□
(14) 微有羸疾　三月□增潮勢之□以□□□卒于旅□旋殯于金吾□□
(15) 月八日□□□北奉靈寺南山□□而葬之享年六十六公娶同門下侍□□
(16) 事判刑部事□□公元濬□□卒有女四人長適掌□□□□□□□□
(17) 次適禮賓丞同正□□□監察御史□□仁趙先公一年□□次適□□
(18) 李□源有男二人長□□以□食□□□□□□□□□□次曰□□□□
(19) □寺爲重大□□□□□□其□□□□請余□□先公且有□□□□□
(20) □□爲資□□□□□□莫□□□□□□□□□□□□□□□□□□
(21) □□□□□□□□□□鮮□□□□□□□□□□□□□□□□□□□
(22) □□□□□□□□□□□□□□□□□□□恭□□□□□□□□□

〔揭載〕『韓國金石文追補』、一七七―一七九
『韓國金石全文』中世下、八八六―八八七

〔參考〕朴龍雲、「高麗時代의 定安任氏・鐵原崔氏・孔巖許氏 家門 分析―高麗 貴族家門 硏究(二)―」、『韓國史論叢』三、一九七八)
張東翼、「高麗墓誌 四例 檢討」(『大丘史學』一九、一九八一)

一二九、晋光仁 墓誌銘

所在　서울 國立中央博物館(No. 新 五八四二)

年代　明宗一六年(丙午、一一八六)

(1) 故儒林郞檢校禮賓卿行試尙書兵部侍郞
(2) 　賜紫金魚袋晋公墓誌銘
(3) 公之先赴自帶方鼻?祖晋兢應鄕貢進士擧於光[宗]?
(4) 朝顯德[五]?年擢甲第春官位至光文院少監曾祖□
(5) □皇殿中內給事祖仲宣皇□□太子大保行殿[中]
(6) [內]給事父佐臣皇延[慶]宮錄事檢校軍器少監[母][恩]
(7) 原[郡]君崔氏檢校尙書右僕射行戶部郞中時允□
(8) 女公諱光仁少而聰銳姿度淸婉　今上潛邸時□
(9) 爲學友讀好綢繆始冠試書算中格策名□□
(10) 篤學二擧成均有獲連失怙恃居憂□□□
(11) 入大學月考?季?考屢登科級然戰文棘院□□□
(12) 終有□額差出爲三陟尉廉平簡要□勤恤撫□□
(13) 意考爲復入國庠越庚寅九月　今上踐祚□□
(14) 官明年拜寫經院判官歷大盈丞大官令爲進?□
(15) 年　□意眷注特深若有煩劇之務皆德公鞅掌□
(16) 愼謹飭無纖毫過差擢爲權知監察御史歲餘即□
(17) 數月拜殿中侍御史居官無所廻避執正不掉太□

(18) 權臣意因被誣奏貶授工部員外郞尋以臺司疏□
(19) 其事還本職並不行改吏部試員外郞逾年遷□□
(20) 史又遷試考功郞中御史雜端□賜金紫歷右司郞
(21) 中司宰[少]卿知雜皆如故及恭睿大后崩大金國遣
(22) 使慰問詔以公爲接伴使客使至慈悲嶺留詩公即
(23) 援筆酬和詞氣清絶都下競相傳寫爲□□敎可檢
(24) 校禮賓卿行本職自郞官至亞卿前後□帶都兵馬
(25) 迎送右軍中軍等判官再登廉車巡按揚廣忠清春
(26) 等州摘發姦伏興利革敝合境蘇醒乙巳歲十二月
(27) □試尙書兵部侍郞明年丙午七月疽生髮際困□
(28) 彌旬　上命醫官□□或賜藥餌□息奔走祈禱万
(29) 端小無差愈閏七月□□六日卒春秋五十九
(30) 上聞之軫悼不已□卿大夫把□於親戚故舊□
(31) 弔於家士□相□□道□其年八月□日葬于京[城]
(32) 東北山□藏□公娶樞密院右丞宣太尉□知制

(裏面)

(33) 滎陽鄭公肅忠之女生二男一女長曰就將將仕郞
(34) 良醞令次曰就明內侍句覆院判官女嫁濟陽蔡靖

(35) □掌東京書記時爲春坊□□葬得日其壻蔡靖毋

(36) 公之繼?錄族出請銘於試中書舍人制誥李繼?□

(37) 銘曰

(38) 亹亹我公天資孝友蕭灑淸明忠信溫厚內睦宗親

(39) 外□故舊輿自弱齡結知明后□雲相感密勿左右

(40) 執憲霜臺提衡銓部動有能名終不罹咎攬轡東南

(41) □姦東手積善在身克施?克守惟位與年宜高宜久

(42) 何奈不天殞□蒲柳不過侍郞不盈中壽餘慶□鍾

(43) 具在於後鐫石埋辝傳之不朽

〔揭載〕『韓國金石文追補』、一七六―一七七
『韓國金石全文』中世下、八八三―八八六

一三〇、崔氏 墓誌銘

所在 서울 國立中央博物館(No. 本 一二九二五)
年代 明宗十六年(丙午、一一八六)

(1) 檢校尙書戶部侍郞行試給事中崔□□□

(2) □□□□□□□□曾□屬□□閤門祇候諱公□□

(3) □□□□大□□府卿知閤門□□諱昇皇考檢校尙書□□

⑷ □□□□少□□諱頌僕射公娶門下平章事文良公□孫女

⑸ □□□□□□□而敏惠嶷然殊異既笄□□□□檢校戶部

⑹ □□□□□□事中崔允□□侍郎之□□司空叅知政事

⑺ □□□□□夫金氏既□女配王室男□釒司然猶富貴

⑻ □□□□□□□□□□□莫如柳□□者曰□卜者曰祥

⑼ □□□□□□而褞御?□喜執饋□諸始□賀婦德□

⑽ □□□□宜以□□□例加封□河源縣[君]生□男□□

⑾ □□□□光□[景]靈殿判官□湜擢第春官今□□衞

⑿ □□□曰□尙衣直長同[正]長女適內侍□□殿□

⒀ □□□亦?□適禮賓[注]簿同正□大醇□人□仁□

⒁ □□□□□偕長其事夫義以順□敎□愛□

⒂ □□□□如也終□□穆如□又性善□何事發□

⒃ □□□□晩年□□居以□內嚮之心□加□□年日

⒄ □□□起而端坐念佛誦經無有□歇年□□十五

⒅ □□能入夢□竪居□雖□百千扁鵲□如□何以□

⒆ □十六年□集丙午正月十有□天期將□□而與□

⒇ □佛受□□讚銘□屬續不□面□□□其年□十

(21) □二日□于城北□麓□也

(22) □哉□人　□本□嘉　起□□□　□嬪大□
(23) □□□□　有□其□　□□□□　□□同逝
(24) □□□　□□□

〔揭載〕『韓國金石文追補』、二四七―二四八
『韓國金石全文』中世下、八八八―八八九

一三一、王瑛 墓誌銘

所在　서울 國立中央博物館(No. 本 一〇四八八、一〇―二)
年代　明宗十七年(金 大定二七年、一一八七)

(1) 高麗國金紫光錄大夫同德功臣開府儀同三司□□大傅守司徒上柱國
(2) 恭化侯食邑□百戶墓誌
(3) 夫源□深者其流遠本□固者其末茂則銀潢□及□百世仙李蔭傳於
(4) □葉而□生□哲爲國磐石者□□其人焉公諱瑛字玄虛□我太祖七代孫
(5) 也皇曾祖□　文宗大王文宗生朝鮮公朝鮮公生江陵公江陵公實□公焉公自少沉
(6) 靜寡欲篤志于學果以文章□於□朝廷始爲殿中內給事例□赴春?闈?
(7) 毅庙雖嘉其志以侯王之子下從貢士之?列非其例也□釐降承慶宮主改封爲
(8) 泰化伯由是敦□之恩越□於諸王□華萼之樓三十□餘年矣乃至庚寅
(9) 今上卽位戒葛藟之譏推胏□之受□□九族者實皆敦□□例降恩命又封爲

(10) 侯公□妹皆有□愛之行長曰□順平君配　毅宗大王后?多內□之功次[配]大寧侯次
(11) 配　今[上]爲懿靜□□□爲平凉□□主夫□□□王而姉妹類皆□后則□以□貴
(12) 驕人未能□節□□者□公□□心□□□翰　□家□受之朝之□遇忠也竭誠
(13) □親昏定晨省怡怡愉□愛洽天□□□執□指好學樂善□高密之不邇
(14) 聲色恭也□浮華而□□靜衣服□□□若韓□之類寒素儉也□然德行輝
(15) □於時可謂□至之標的□□□至晚年□好內□□覽佛書爲樂每□齋日持
(16) 戒□□未嘗以外□嬰于而□□生死□夜□□常也□大定二十六年丙午[十]月十

(裏面)

(17) 日卒於私舘移殯於金善寺　上聞之震□輟視朝□日贈謚[定][懿]公享年
(18) 六十一至明年八月十一日葬骨于牛峯郡□之東麓禮也公有男女各一人男尚
(19) 公主今爲廣[陵]伯女不適人而□公□有寡妹一人奉養殷勤比以兒息□銘曰
(20) □歟我公　早受□土　雖□自□　以□養性　忽□厭世
(21) 系出銀漢　位極侯王　謙尊□□　□于□康　□于帝□
(22) 天子聞之　贈謚□德?　百歲唯後　□唯公墓
(23) 惻然□傷　竹帛餘芳　□栢蒼□　無或毀□

〔揭載〕『韓國金石文追補』、一八〇－一八一
『韓國金石全文』中世下、八九三－八九四

〔參考〕『高麗史』九〇 宗室一 朝鮮公燾傳

一三二、申甫純 墓誌銘

所在 서울 國立中央博物館(No. 本 八一三九)
年代 明宗十七年(金 大定二七年、一一八七)

(1) 故千牛衛大將軍致仕申[公]墓誌銘 [并序]
(2) 公姓申諱甫純天安府人也曾祖諱紀在州任戶
(3) 長祖諱永任戶長同正考諱迪有四方之志始去
(4) 鄕赴京位至檢校大將軍行散員妣沈氏戶長同
(5) 正諱成載之女也公年未弱冠從軍二十五歲受
(6) 會冲下隊正毅宗七年壬申拜守珎下校尉辛巳
(7) 崔淸下散員乙酉彥淸下別將凡諳會軍御隸
(8) 習兵陣者令屬五軍號爲業師公主其任魚麗
(9) 偏伍之陣課在一科以是功加別將又加郎將庚
(10) 寅夏赴東北面防戍是年秋　主上即位即位之初
(11) 橫刃突出斬去權貴亂兵所及無辜士大夫幷
(12) 及焉公在關東不與其事癸巳秋兵亂復起大執
(13) 戈者生之死之皆出已意以至於蕩覆家室無所
(14) 不至公無害人之心見其無賴惻惻然若有□淵之色

(15) 其仁慈乃天性也　主上知公有愛□之稱是年冬授兼
(16) 刑部員外郞甲午春奉監稅使出宰興化道其年冬
(17) 西都叛逆號嘯陸梁公以前軍兵馬判官從西而行至城
(18) 下諸軍乱退公獨以所領軍入安北府以固守軍無挫?挫
(19) 又移連州攻城取勝果有功績還爲龍虎軍中郞將調
(20) 護東宮當選重器故以公爲詹事府指諭是時太子之胎
(21) 未藏而始議卜地之事以公充其使丙申年爲神虎衛
(22) 攝將軍明年卽眞討南賊於忠州有能戡定在丙申
(23) 北界防戍還軍日於龍州北津有草賊三千人出相
(24) 要擊勢不可當公挺身當面慰誨万端城皆避去乃
(25) 免丁酉秋西賊遺種作梗於道路公領軍掃蕩仍□義

(裏面)

(26) 州分道未復命而充親從將軍己亥除千牛衛大將
(27) 軍仍令致仕丁未二月三日因疾終于私第享年七
(28) 十五公生純厚平正有幹事智能器局深廣不問?
(29) 妻孥私瑣之事晩節歸心佛事甞聚香徒念佛
(30) 作法娶開城郡夫人金氏生三男四女長男長女皆先公
(31) 而沒二男翰材今良醞令同正三男淑材今散員同正二女

(32) 嫁主簿同正李唐琰三女嫁內侍別將崔允諸四女
(33) 早夭其孤與壻取是月二十日奉葬于城南山西
(34) 麓以大學博士□分章隣里□□託以哀銘
(35) 乃爲之銘曰
(36) 襟靈正壹器局汪洋自少從軍能柔能剛西
(37) 征南討功績顯揚年踰七十緣野?開堂塵累
(38) 不觸道心□强專攻佛事蟬□□昂善□身
(39) 積慶將後光刻石塊辞傳之不忘

〔揭載〕『韓國金石文追補』、一七九―一八〇
『韓國金石全文』中世下、八九〇―八九二

一三二、(僧)金靈炤 墓誌銘

所在 서울 國立中央博物館(No. 本 一〇六二八、四―四)
年代 明宗十八年(金 大定二八年、一一八八)

(1) 高麗國興王寺教學靈通寺住持正覺僧統墓誌
(2) 諱靈炤俗姓金氏水州人 大祖□行功臣佐丞金知七代孫也考諱純英朝議大夫司天監賜紫金魚袋妣崔
□□人
(3) 睿庙天慶五年乙未二月誕育焉年甫十一依從□□師僧統□宣就靈通寺普炤院剃度因以命名越明年□

□
(4) 于佛日寺其次得名年十七登國試二十一初住光教寺三十二受　批爲三重三十九擢升首座仍賜官誥五
十六□□
(5) 僧統受䌽綾?官誥自住光教終於靈通其數至九所受□号曰正覺曰證智宣賜袈裟初磨衲次□後
(6) 滿繡庚子乙巳歲並爲大選都聽自丁丑至丁未三十二載爲興王寺洪教院□學主講花嚴章疏又三受□
(7) 詔就歸信開泰海印等寺主講上待䟽□　今上初即宝位待以師資之礼□入　大內□受其訓閱了華嚴?□
(8) 本部□□楊圓□上下內□靡不稟之矣□撰華嚴經清凉庙?演□卷□□經䟽□三卷章等諸□□□
(9) 解□□板頒行□筆寫流傳令所其載儒林諸家文集詩話編纂事苑並行于世由是學者聞□□□
(10) □□益決疑虛往實歸不可勝數高弟門徒凡三百六十四人於內首座三員三重六員爲其□□□
(11) 僧統於大定二十八年戊申正月二十三日浴身着淨衣而向西壁
(12) 弥陁佛像端坐正容□時入寂面□鮮白儼若生平春秋七十四僧臘六十二粤以□月□□奉遷
(13) 神座□壽塔銘曰
(14) 天生法器　□□□倫　入仏智海　□召如神
(15) 學該三藏　演□□眞　垂世立敎　廣矣□人
(16) 聖王樞衣　□□避席　畜路津梁　玄門閫閾
(17) 望崇一國　□峻緇班　所嚴福惠　重若泰山
(18) 迨及臨終　預知時至　澡浴身体　澄心定志
(19) 正容對人　向西坐滅　儼尔如生　顏色皎潔

(20) 惟德之全　善始善終　刻銘于石　永耀无□

〔揭載〕『韓國金石文追補』、一八一－一八二
『韓國金石全文』中世下、八九五－八九七

一三四、尹宗諹 墓誌銘

所在　서울 國立中央博物館(No. 新 五八二五)
年代　明宗一八年(金 大定二八年、一一八八)

(1) 公姓尹諱宗諹推忠靖難功[臣]□中文㝎公第六子
(2) 也天資明辨□□□毫無所淹滯幼承庭□□□于
(3) 學年纔十七捷司馬試便遊大學踰年於金[相]?國門
(4) 下登第歲至庚寅今　上始踐寶位以公爲勳門子
(5) 弟即除校書郎累遷礼賔丞以西都跋扈　上命文
(6) 定公杖鉞往征拜公監察御史□□之俄自戶部員
(7) 外郎知制誥轉秘書丞己亥出守廣州牧□戴星出
(8) 入固無怠?色尤工摘發奸人□民皆寧於□□刑部
(9) 郎中便入大□皆帶三字□□東宮侍讀事前後凡
(10) 三出爲廉□使皆有威譽轉衛尉少卿□授刑部侍
(11) 郎知礼部事依前知制誥越戊申二月十四日□□

(12) 討聽事中暴風忽不得語食頃□殞春秋四十六公
(13) 雖起自勳閥子弟二人皆以文章□亻朝欽艶而□
(14) □登大位相次早夭時大夫人尚在堂朝野莫不□
(15) □公祖中書侍郎平章事諱彥頤□□□□侍□諱
(16) □本鈴平縣人外祖中書侍郎平章事諱惟忠姓韓
(17) □皆釒□相継在氵東号稱著姓公娶□部郎中金
(18) □之女卒無子亦□□□以是月二十五日葬于松
(19) 林縣□南山之麓禮也
(20) 銘曰
(21) 其時可行　于嗟不壽　有水□□　刻石在廟
(22) 其器奇絶　桂死蘭衰　□山峨峨　万世不磨
(23) 時大金大定二十八年五月　日誌

〔掲載〕『海東金石苑』補遺四、八六六—八六八
『韓國金石文追補』、一八三
『韓國金石全文』中世下、八九七—八九九

〔参考〕朴龍雲「高麗時代 海州崔氏와 坡平尹氏 家門 分析—高麗 貴族家門 研究(一)—」(『白山學報』二三、一九七七)

一三五、崔鯉 墓誌銘

所在 京畿道 龍仁郡 民俗村
年代 明宗十八年（金 大定二八年、一一八八）

(1) 太定二十八年 戊申 月　(2) 主夫同正崔鯉墓

〔掲載〕『韓國金石全文』中世下、八九七

一三六、文章弼 墓誌銘

所在 서울 國立中央博物館（No. 本 一三八六六）
年代 明宗二十年（金 明昌元年、一一九〇）

(1) □□□[金]紫光祿大夫□□□□□□□太師[門][下]
(2) 侍郎同中書門下平章事[上]將軍上柱國判尚[書][禮]
(3) 部事[文][公]墓誌公諱章弼江陵郡人也考諱□□[守]
(4) [司]空尚書左僕射龍虎軍上將軍祖諱永□□大將
(5) 軍行中郎將曾祖[諱]□□檢校上將軍行興威衛□
(6) 攝將軍母尹氏□海平郡大夫人重大匡兵部尚書
(7) 龍虎軍上將軍尹先之女也□□□□五人曰子脩
(8) 曰富曰義赫曰章偉公則季□□□□□□□門蔭

⑨ 拜散[員]同正丙午歲朝鮮國公李資謙有覬覦之志
⑩ 搆亂於內□□公□□衛□□□□□後以其功用
⑪ 公爲借隊正尋以牽龍班侍衛東宮又加散員遷郎
⑫ 將庚寅歲□□上由蕃邸入即大位擢授中郎將□
⑬ 尙書工部郎中爲御□□行□□移　王太子府[指]
⑭ 諭未數歲以金吾衛[精]勇借將軍兼御史雜端□□
⑮ 副使領本軍防□北邊分道昌州□除借即眞又□
⑯ □丞提風憲之任威振中外及□□歲南北繹騷□
⑰ 戈不息公遂戮大定難有名於時明年西都復叛□
⑱ □□□□□□□□□復以將軍從軍征討□□□
⑲ □□□□□□上知公□□□□□□弜□召□
⑳ □□[樞]密[院]右副承宣復以都□□□□□□遣□
㉑ □□□□□□□□得□□□□□□降璽書彜□
㉒ □爲功臣及凱還□□□□□□□□□□尙書吏
㉓ 部□□□□之任□□年進止詳華出□惟□縛□
㉔ □□□□□迂朝者非特　上任之而勿疑中□□
㉕ □□□□□轉知奏事□散騎□□知□□府事□
㉖ 遷樞密院副□□□□□御史大夫踰年進叅大□

㉗□[中]書門下侍郎太尉上柱國上將軍判禮部事□
㉘大□□□□十月丁□□□憂去職至明年□
㉙月服闋起復就職粤四月□□□□□□□□
㉚□□□□□□□□其速愈至六月十三日丙□
㉛□館權厝于□花佛寺□□□□□□□上乃□
㉜□輟□□仍□　詔爲金紫光祿大夫開府儀同□
㉝□□大門□□□□贈謚□康遣使吊祭其葬□□
㉞□□有司□□□□□□□□□□□□□□□
㉟□□□□□□大金明昌元年庚戌歲□□□□
㊱□□□□□□□□□□□□□□而無驕人□□

〔揭載〕『韓國金石文追補』、一八四—一八五
『韓國金石全文』中世下、八九九—九〇一

一三七、白任至 墓誌銘

所在　서울 國立中央博物館(No. 新 五八三二)
年代　明宗二一年(金 明昌二年、一一九一)

(1)公諱任至姓白氏大興郡人識量宏遠旅力過人甞寓
(2)於外祖鄉藍浦縣拔跡入京師始以善射六鈞之弓着
(3)籍山西翔泳羽林累蒙　拚擢使預祿秩歲在庚寅

(4) 以侍從之功加本職八品兼簽錄玄德宮連連見陟
(5) 不數年間叅入帶犀之列趙爲寵之擧兵也公將□□
(6) 千人屛翰中堅自京城西郊之戰及彼連州與西都之
(7) 役績効尤多增秩爲右軍知兵馬事是年政即拜大將
(8) 軍平定辶賊復　命之後受　批爲知刑部事賜紫金
(9) 魚袋若夫出杖鉞於北方則邊陲以靜主祀事於平壤
(10) 則山川亦寧凡厥所莅無不允諸果符器重　授以上將軍
(11) 之職俄而爲刑部尙書或遷於兵部尙書充東宮侍
(12) 衞主張班聯越戊申進爲樞密院副使工部尙書尋
(13) 傳爲知樞密院事吏部尙書大子賓客庚戌年爲知
(14) 門下省事工部尙書年六十一忽寢疾辛亥二月二十
(15) 二日卒　遣使追悼贈謚爲景烈公取三月十二俻禮
(16) 儀葬于此地銘曰
(17) 江南秀氣　命世而生　挺身崛起
(18) 戾止于京　優游禁署　荷寵飛榮
(19) 官兼文虎　所臨有聲　望重朝聯
(20) 位居宰輔　謂指百年　永爲國柱
(21) 何壽不長　忽歸於土　貞石記辭

(22) 以示萬古

〔揭載〕『海金金石苑』補遺四、八六九―八七一
『朝鮮金石總覽』上、四一四―四一五
『韓國金石文追補』、二五二―二五三（景烈公 墓誌銘）
『韓國金石全文』中世下、九〇四―九〇五
〔參考〕『高麗史』一〇〇 白任至傳

一三八、盧卓儒 墓誌銘

所在 未詳（日人 舊藏）
年代 明宗二一年（金 明昌二年、一一九一）

① 高麗國故刑部尙書龍虎軍上將軍盧君墓銘
② 君諱卓儒杞溪縣人也考諱永醇叅知政事尙書左僕射贈謚敬肅□祖諱安孟工部尙書左右衛上將軍曾祖
③ 諱□居追封中尹母樂浪郡夫人李氏大府主[簿]□光弼之女也君倜儻不覊膂力過人有故俠客之風始以門
④ 蔭受良醞丞同正□　毅宗末年拜永和宮錄事于時叅政公在喉舌□□其年九月　今上由藩邸入即大位
⑤ 公實左右之由是改授君龍虎軍郎將至甲午歲西都阻命遣將徂征君亦□□□被甲上馬力戰破賊厥功尤
⑥ □轉左右衛保勝中郎將借授將軍至戊戌歲□□□以賀萬春節日使入北□□還□□寵侍之益厚明年
⑦ 十二月□□尙書工部[員][外]郎賜□□□□軍如故俄轉龍虎將軍復攝□□衛大將軍又改金吾衛興威衛
⑧ 神虎衛左右衛兼知尙書刑部事丁未歲正月□□□齋□□□西京及還拜龍虎軍大將軍明年春出爲西北
⑨ 面知兵馬使是年□□□□軍兼太子右司禦率□□又明年轉興威衛攝上將軍又明年庚[戌]□□[刑]部尙書

⑩龍虎軍上將軍至辛亥歲四月十八日暴疾而卒年□□歲□大金明昌二年□□厝于弘仁里第至五月十三
⑪日庚□□□□□山禮也嗚呼君爲人豁達多智與兄弟怡怡如也待賓友衎衎如也飮酒數斗不亂入則左弦
⑫右壺出則飛鷹走狗無往而不自適焉眞大丈夫得志者之所爲也方以盛年處上將之位其入鴻樞歷鳳池如
⑬□者之升梯旦夕可冀□□□忽此□吁可悲夫君始娶檢校少監潘思□之女生一男□□員外郞陽赫□□
⑭女□氏先君而卒復娶戶部尙書□□□之女其銘曰
⑮吾不知夫蒼蒼之賦與於人體質魁梧又性□仁宜其壽考以寧其身今於盧君獨乖其理吾將仰□之邈然而
⑯已但掇□芳藏之蒿里嗚呼哀哉□□金明昌二年五月　日刻

〔揭載〕『朝鮮金石總覽』上、四一五－四一七
『韓國金石全文』中世下、九〇五－九〇七
〔參考〕朴龍雲、「高麗前期 文班과 武班의 身分 問題-高麗 貴族家門 硏究(三)-」(『韓國史硏究』二一·二二合、一九七八)

一三九、金有臣 妻 李氏 墓誌銘

所在　서울 國立中央博物館(No. 本 一〇〇〇五)
年代　明宗二二年(金 明昌三年、一一九二)

(1)李一娘墓誌銘
(2)娘原州人曾王父自春追封檢校少府少監王父撰檢校□□
(3)父彥章擢進士第累加殿中內給事同正母元氏及第□□
(4)也延明以處士家居家富好施□皆賢之娘有兄弟五人兄

(5)仲騏仲驎其弟仲驄並中國子試弟勝林□度有學行及其
(6)季克和皆先娘死弟仲和不求擧?然好儒釋學醇醇如也其
(7)行次在娘与勝林間今獨存□娘年十八以庚申歲嫁春坊公子
(8)金有臣有臣越戊辰歲通判郭州及癸未而卒娘守義寡居自
(9)少歸心佛敎□□人長短旣嫁長讀小彌陁經華嚴普賢品千手
(10)陁羅尼□□全?歲不食午後食每十齋日食捨肉以生淨土爲誓
(11)□有男光祖年若干以詩賦試於國子監升名壯頭及甲辰歲爲
(12)衿州監務以淸政聞女爲供驛令崔敦義繼室娘從之以居京
(13)城中以今明昌三年壬子九月感微疾至十五日沐浴改衣裳口念
(14)西方仏而逝以十月十五日葬于城東小梓旀山南麓光祖曾從予
(15)學時在原州聞訃將奔略具行迹屬予曰旣至卽葬請銘之
(16)乃爲
(17)銘曰從一而終女子之美而娘能守義七十之年古所難有而娘
(18)登此壽人之將死心懷倒顚而娘去翛然娘乎娘乎
(19)□□傳示於無疆乎

〔揭載〕『韓國金石文追補』、一八五—一八六
『韓國金石全文』中世下、九〇八—九〇九

一四〇、李勝章 墓誌銘

所在 서울 國立中央博物館(No. 新 五八六二)
年代 明宗二三年(金 明昌四年、一一九三)

(1) 公姓李氏諱勝章字質夫尙州京山府人父棟民少與計偕北
(2) 學于京才學與椿齡知常齊名擢乙第官至權知監察御史公
(3) 幼孤及志學義父以家貧不欲它方學將與其子同業其母執
(4) 不可曰妾以衣食故見愧栢舟然其遺腹幸今成童志于學必
(5) 宜投屬尒父本徒俾踵後塵若不尒則吾何面復見先夫於地
(6) 下遂勇断其志乃以公欵學率性齋蓋從先夫舊業也公學聚
(7) 問辨才調日新嶄然見頭角士林皆謂李氏有子洎戊子春從
(8) 試大司成金公敦中門下擢第二人進士金公雖喜隷門生猶不
(9) 以魁擧爲恨及是年秋公捷出身及第然後喜見顏間曰吾
(10) 擧得人可見於此壬辰出補管城縣尉政簡刑清民以爲便及
(11) 癸巳擾攘列郡皆殲令長以償宿寃公獨□愛爲下民推戴獲
(12) 免斯厄挈家避居本邑沉浮里閭專以經史自娛適甲午年大
(13) 憝伏誅公於戊戌春上洛求仕擢直史館累遷興威衛錄事叅
(14) 軍權兼直翰林會癸卯冬起居郎崔孝著告奏金國公以書狀

(15) 官從之一行專對延譽上國皆公之力以功轉大官丞兼同文
(16) 院錄事俄遷四門大學博士累轉詹事府司直凡士之求仕者
(17) 苟或禁林國學得署一官則無不衒耀終身爲榮公始自蓬
(18) 山玉堂揚歷大學不數年間遷累東朝寮佐昵迹　儲威則
(19) 官宦之榮莫公若也至辛亥冬擢授權知監察御史春三月即
(20) 拜眞焉是年二月十三日寢疾風痺越九月朔示終于私第享
(21) 年五十五噫父子皆終于是職時人莫不嗟異之以是月十五日
(22) 依內敎茶毗于白鶴寺之東麓拾遺骸越翌年癸丑四月二
(23) 十四日歸葬佛日山之北麓公爲人公忠寬毅纖介不掛懷奉
(24) 庭闈孝謹交朋友信義許國効官自任以文翰忠義將大有
(25) 爲於人閒世何天不弔見夭中壽悲夫公通司儀署令趙公之
(26) 女生子男六人男四女二長松茂擢進士第娵中書舍人知　制
(27) 誥□公之女仲百中擢丙第娵中軍兵馬錄事良醞署令吳
(28) 公之女今俱顯□寶文閣讎校其餘子尙幼平少與公同學
(29) 辱知最厚況松茂等來告曰先公之執莫如子而或秉筆銘
(30) 宜銘其所可銘乃爲之銘曰
(31) 公之懷忠以衛大有爲　公之才淸而婉少蔵蕤
(32) 厚其德薄其祿將何其　以餘慶其有後宜無疑

(33) 時明昌四年癸丑四月 日友人起居郎知 制誥金平誌

〔揭載〕『海東金石苑』補遺四、八七三—八七七
『朝鮮金石總覽』上、四一八—四二〇
『韓國金石全文』中世下、九一二—九一四

一四一、(僧) 尹智偁 墓誌銘

所在 서울 國立中央博物館(No. 新 五八二八)
年代 明宗二三年(金 明昌四年、一一九三)

(1) 靈通寺住持通炤僧統智偁字致原南原人
(2) 也俗姓尹氏其祖父皆郡吏師幼而好浮圖
(3) 道落髮爲僧謁洪圓寺住持僧統敎雄師事
(4) 之比年二十七戊午歲一中宗選越壬申歲
(5) 首住灯□□寺之南有亘海漁人罟網日夜
(6) 雜遝師始住之三年甲戌春身自□止至今漁
(7) 人傳以爲故□不復近寺矣庚寅歲除三重
(8) 乙未歲受 賜滿衲袈裟己亥歲加首座庚子
(9) 歲受 賜滿□□丁未歲加僧統己酉歲典領中
(10) 選庚戌歲受 賜滿繡袈裟是□十月會 國家

(11) 設百座會以師爲空門領袖俾典之辛亥歲於　內
(12) 殿大藏道場亦爲之首□□□領成福選壬子歲四月又掌宗選
(13) 是月始有□錫之志乃下栖三角山圓覺社自是後無
(14) 所事無所爲如在正宅澹如也是年十一月以年八十上章
(15) 乞退十二月戊申終于圓覺社葬用辛酉焚身至明昌四年
(16) 癸丑歲二月二十三日移葬遺骨於進奉山南麓門弟一百餘
(17) 人恐師之懿德湮沒而無聞略記端倪并附于墓其詞曰
(18) 師之德正以直　寬有容得未得　師之敎攝衆妙
(19) 惟後進所則効　師之壽老且耈　年八十入無有
(20) 厥徒衆哀呼號　礱兹石附于墓　億萬年長不窮
(21) 　明昌四年二月二十三日　志

〔揭載〕『海東金石苑』補遺四、八七一―八七三
『朝鮮金石總覽』上、四一七―四一八
『韓國金石全文』中世下、九一〇―九一一
〔參考〕葛城末治、「靈通寺住持智偁墓誌」(『朝鮮金石攷』、一九三五)

一四二、盧 大將軍 墓誌銘

所在　서울 國立中央博物館(No. M. 四三〇―四)
年代　明宗二五年(金 明昌六年、一一九五)

(1) 高麗國故朝散大夫興威衛大將軍賜紫[金][魚]袋盧公墓誌銘
(2) 公□□□姓盧氏長淵縣人中郞將令琦之子妣盧氏光州祖□
(3) 爵曾祖元伯外祖□正皆武散官也公少有驍勇之名有力如
(4) 虎能□□釒弩於　殺廟□□有鼠竊狗?.[偸]之類橫行近界□
(5) 擒獲有功在　今上即位二年辛卯拜隊[正]□□祿仕俄而超
(6) 授散員甲午□□□□趙位寵□□北諸城合謀叛逆　國□
(7) 命將　征□公率衆人安□大都護閉城捍禦□□□攻及賊
(8) □以功超拜郞將□□□□盜賊蜂起□□□郡　國家移□
(9) 南□公亦奮□□之威樞□□□大立奇功□□拜中郞將
(10) 丙午拜將軍俄□□□兼尙書禮部侍郞癸丑擢興威衛大將
(11) 軍乙[卯]□朝散大夫守職□□□大金明昌六年乙卯七月□
(12) □□偶因疾病□于家享年四十九至八月初□日葬于龍興
(13) 山之麓公天□寬厚寡言語重然諾□□以險惡如□頎然有
(14) 公輔之□奈何未到黃扉奄棄物化此乃□□所共歎也昔蔡
(15) 澤曰吾躍馬食肉[四]十年足矣□□從仕已來二十五年之間
(16) 位至□□祿厚家□□□今終足則足矣又何恨悔之有乎公
(17) 娶尙書左僕射上將軍丁黃載之女有子　　今以校尉爲
(18) 牽龍有女適[牽]龍行首別將李?　其餘子孫微且少不錄銘曰

(19) 天□□□ □□勇力 □軍制勝 □帝念之
(20) 閒世□□ □□□□ 以□□功 心澤乃豊
(21) 躍馬□□ 位至□□ 死生有命 □粱夢覺
(22) 二紀之中 文虎兼通 奄忽示終 萬事皆□
(23) 功□不朽 □諸片□
(24) 傳之無窮 □在□□

〔揭載〕『韓國金石文追補』、一八七
『韓國金石全文』中世下、九一六―九一七

一四三、房清璉 妻 皮氏 墓誌銘

所在 서울 國立中央博物館（No. 本 一二九二二）
年代 明宗二五年（金 明昌六年、一一九五）

(1) 夫人皮氏墓誌
(2) 始興郡君皮氏安南昌化人也考曰追封上將軍諱
(3) 金贇夫人適於檢校大將軍房清璉之室執其婦
(4) 道以成家業及房氏不幸先逝夫人孀居守義二十有
(5) 二年其壽八十一年以大金明昌六載乙卯八月遘疾八月
(6) 十日逝于私第即日權?厝于城東別業以九月初三日遷

(7) 之于京北山普光寺之北麓夫人性好紡績自幼及老
(8) □女工暫不少懈□崇信內敎常念[觀]世音菩[薩]□
(9) 号有子男一人幼□內侍擢第於春[宫]直遷於[國]子
(10) 博士兼直史館無何卓拜於御史俄除侍御史
(11) 知制誥今□起居舍人子女一人其壻今爲左右衛
(12) 勝攝郎將子女一人先亡嗚呼餘慶何其盛哉銘曰
(13) 閨門懿化　宗族稱賢　性好紡績　□之□然
(14) 栢舟□節　八十一年　聖善慈□　著於三遷
(15) 有□□壻　皆□華聯　雙珠在□　餘慶所傳
(16) □□□頤　書詩並全　纔踰曰□　□世□僊
(17) 人事有期　方啓重泉　美不可掩　樂石□鐫

〔揭載〕『韓國金石文追補』、一八六
『韓國金石全文』中世下、九一四―九一五

一四四、柳公權 墓誌銘

所在　서울 國立中央博物館(No. 本 一一二〇)
年代　明宗二六年(金 承安元年、一一九六)

(1) 政堂文學叅知政事判尚書礼部事柳墓誌
(2) 公諱公權字正平姓柳氏始寧人也曾祖諱盧一檢校大將軍行

(3) 散員祖諱寶春檢校少府少監考諱寵檢校少府少監妣曰雙□

(4) 縣大君李氏公自少好讀書不事它技發爲文章明白純□□

(5) 也貞元三年中成均試明年入大學季考月書每登優等至庚辰

(6) 相國金公永夫門下乙科登第辛巳以例出掌清州牧書記洗□

(7) 奉職吏民皆不忍欺既三年入爲翼陽府錄事其進退動有恒

(8) 常　上以此知公忠正無他蹇蹇有大臣之節風雲之會實基於

(9) 此焉至於庚寅　今上踐祚思欲大用即召公爲內窰仍授四門

(10) 博士兼直史館遂□軍器大府注簿乙未拜閤門祗候自是以後

(11) 年除歲遷歷拜殿中內給事尙衣奉御戶部員外郎工兵兩部郎

(12) 中壬寅兼國學直講諸生皆有矜式所謂學行可師者也明年加

(13) 將作少監大子司經又轉爲太子中允充史舘修撰官又明年加

(14) 軍器監東宮侍講學士公有鄭覃稽古守正之德故太子每見特

(15) 加礼遇丙午奉使北朝周旋中矩礼無違者北人因敬焉　上嘉

(16) 其不辱君命改授吏部侍郎仍拜礼賓卿樞密院右副承宣公自

(17) 庚寅遭遇以來不離天院備歷高華以至喉舌之任　上之待遇

(18) 親若腹心夐越它臣己酉掌南省試所得皆一時名士學者以爲

(19) 美談明年加判大府事右承宣又明年加國子監大司成兼太子

(20) 贊善大夫壬子加翰林學士同知貢擧先是場屋間諸生例皆相

(21) 覽潛竊至於賢愚混淆公知其如是及鬪礼闈一行規法試席肅
(22) 正牓下悉皆英俊時人謂之桃李在門明年轉爲左散騎常侍知奏
(23) 事知吏部事公爲納言七年之間對顧問則內無隱情當獻替則
(24) 動有直氣朝綱國体多有補益雖仲山甫出納王命無以加也甲
(25) 寅拜同知樞密院事兼大子賓客至於明年忽嬰風疾療之不即
(26) 愈以爲知足不辱知止不殆古之道也況疾之漸乎遂上章求免
(27) 厥職　上詔云古典曰圖任舊人共政人惟求舊寡人豈遽從之
(28) 乃堅執累不允更乞懇款又　詔曰寡人思與舊共政今卿若此如失
(29) 伴之鳥然卿幸年未老延年則更置公卿之列寡人所製願得延
(30) 年唯請是從公於是專以藥石爲養忽一日喟然曰人羨久生將
(31) 以爲安佚今疾若玆不如化之愈也其默默游心虛淡雖親戚有
(32) 不能識者病且革　上乃下詔拜爲政堂文學叅知政事判礼部
(33) 事越丙辰秋七月十九日卒于私第享年六十五噫奔驥騁力中
(34) 塗踠足高鴻輕擧在雲墜翼凡士大夫無不哀慟　上亦聞之惻
(35) 然賜謚曰文簡公即以其年八月十三日庚申葬于松林郡西山
(36) 南麓夫人大府注簿孫珏之女封懷道郡君生子男二人女子一
(37) 人長男今爲入內侍試戶部郎中兼大子內直郎次男今爲內侍
(38) 精勇攝別將女適天水子今爲工部郎中知制誥其銘曰

(39) 有文章足以貫道有事業足以濟時位登宰輔德爲元龜天子念
(40) 舊後有褒嘉公於人道其又何加一代之宗万夫之望泰山其頹
(41) 人將安仰百世之後松栢蒼蒼是惟公之墓無或毁傷

〔揭載〕『海東金石苑』補遺四、八七七―八八三
『朝鮮金石總覽』上、四二〇―四二三
『韓國金石全文』中世下、九一七―九二〇

〔參考〕『高麗史』九九 柳公權傳
葛城末治、「柳公權墓誌」(『朝鮮金石攷』、一九三五)

一四五、金純 墓誌銘

所在 서울 國立中央博物館(No. 新 五八四八)
年代 神宗卽位年(金 承安二年、一一九七)

(1) 卒守大尉金紫光祿大夫同中書門下平章事判尙書戶部
(2) 事上將軍上柱國贈謚元平公墓誌
(3) 公姓金氏諱純臨津縣人也考追封神虎衛上將軍諱仁旦皇祖追
(4) 封神虎衛中郎將惟正皇曾祖追封神虎衛上將軍有達皇妣
(5) 宋氏皇追封神虎衛上將軍宋元之女也公資性醇厚風
(6) 儀倜儻[金]正豊五年庚辰三月判以侍從儲闈至於涉江
(7) 命駕未嘗暫離終始有功故初調爲隊正戊子三月判以

(8) 業精兵陣進其祿年轉攝校尉己丑三月判除攝拜眞庚
(9) 寅十月判以隨龍侍衛之功轉攝散員其年十二月判除
(10) 攝拜眞辛卯十二月判轉攝別將自攝散員至攝別將皆
(11) 以別制加焉甲午十二月批授攝中郞將領軍乙未十二月
(12) 批除攝即眞丙申十二月批授攝將軍戊戌十二月批除
(13) 攝即眞辛丑十二月批授千牛衛攝大將軍壬寅十二月批
(14) 授金吾[衛]□將軍癸卯十二月批授兼禮賓卿丙午十二月
(15) 批授直門下省丁未十二月批授千牛衛攝上將軍判衛
(16) 尉事餘並如故戊申十二月批授金吾衛上將軍殿中監兼
(17) 大子右[淸]道率副率己酉十二月批授戶部尙書龍虎
(18) 軍上將軍庚戌四月批授兵部尙書主張戎政其年十
(19) 二月批復以戶部尙書入樞密院爲副使辛亥十二
(20) 月批授工部尙書同知樞密院事壬子十二月批授吏部
(21) 尙書知樞密院事甲寅正月別批授銀靑光祿大夫
(22) 叅知政事禮部尙書甲寅十二月批授金紫光祿大
(23) 夫守大尉上柱國餘並如故乙卯十二月批授中書侍
(24) 郞平章事餘並如故丙辰十二月批授同中書門下平章
(25) 事判戶部事餘並如故自兵部尙書至判戶部事皆

(26) 帶上將軍凡公之遷轉一無躐等必循資序然備
(27) 歷清華榮兼將相其班品至於守大尉功階至於上柱
(28) 國何其盛哉至承安二年丁巳以年幾耳順將上章乞骸
(29) 忽遘疾以九月十七日端坐而卒殯于私第公之在殯
(30) 不十日今　上始踐祚焉聞而追悼特降明命勑
(31) 有司欲以公禮葬之諸子以國家鼎新多事牢辞
(32) 焉故諸勑吊誄書不加而但贈謚曰元平公曰
(33) 不視朝三日以其年十一月初三日私葬于松林縣大
(34) 嶺烽山之西麓礼也銘曰
(35) 器宇宏深　風神駿壯　起從將領
(36) 蔚爲輔相　身名富貴　終始保全
(37) 趺坐而化　?允若夜禪　不以死生
(38) 汨我天眞　猗歟懿德　刻此貞珉

〔揭載〕『海東金石苑』補遺五、八八五—八八九
『朝鮮金石總覽』上、四二三—四二五
『韓國金石全文』中世下、九二一—九二四

一四六、宋子清 墓誌銘

所在　서울 國立中央博物館(No. 本 四二一三)

年代　神宗元年(金 承安三年、一一九八)

(1) 金吾衛大將軍賜紫金魚袋致仕宋公墓誌銘
(2) 公諱子清寧州人也曾祖公夫郎將祖仁厚戶長考若規戶長公才兼文
(3) 武早□鄉邑簿書之役越天德三年春兵馬使入本州次弟監選至於公
(4) 以才□拔萃改差爲精勇弟□□正旋爲郎將洎甲午年西都逆臣位寵
(5) 率北□軍馬欲上犯于□□□本州兵卒排掩行路使不得行逆臣
(6) 等退□精兵來攻本州再三□得公首者与千金公率一百許人先登
(7) 矢石□戰破□身中箭一二許□此之時□國戶知之矣　上聞之嘉乃
(8) 丕績　命勑□□文克謙奉傳□□越乙未□□批授中郎將之職
(9) 又癸丑年迁將軍至於乙卯年□□以三品之位將令致仕承安三年
(10) 冬十二月二十日寢疾終于家□葬于靈□山西俄改卜宅安骨銘曰
(11) 承安之年維夏之始藏骨於何九龍山裏

〔揭載〕『朝鮮金石總覽』上、四二五—四二六
『韓國金石文追補』、一八八 및 附錄 二六八—二六九
『韓國金石全文』中世下、九二四—九二五

一四七、朴康壽 墓誌銘

所在　光州 全南大學校博物館(No. 一四八八)

年代　神宗三年(金 承安五年、一二〇〇)

(1) 維歲次承安五年庚申四月日高麗國故監門大將軍
(2) 　致仕朴公墓誌銘幷序
(3) 公諱康壽古名康用晋州咸[陽]郡人也曾祖戶長諱
(4) 宗信祖興威衛別將延訂外祖戶長公姓朴名英叔父追
(5) 封戶長軍尹諱德□□□□於天德四年始拜祿□□
(6) 縱心之年拜監門衛大將軍致仕君子之仕可謂□□□
(7) □其間受任中外者爲不小矣然千萬其言終不能盡
(8) 擧其大綱而誌焉　公前夫人吳氏爲咸陽郡大君一生男□
(9) □今爲左右衛保勝郎將後夫人亦爲吳氏今爲咸陽郡大
(10) 夫人生子女者多矣今存□□□女各適其夫嗚呼
(11) 公秩滿解印□其身水其志浮沉消息無往而一□□□
(12) 十有□□矣適當今歲忽憶懸車之樂退□故鄕知足之□
(13) 也嗚呼寢疾未留今年三月三十□□□薨□四月二十一日丙午
(14) 葬于咸陽郡□斤哀也然人生七十古來稀
(15) 公之壽猶八十有六不謂夭矣嗚呼時有獨子郎中
(16) 號泣悲哀托予廣索前□□公作墓誌予慙才薄
(17) 不敢固辭銘曰

(18) 惟公之彳　令聞令亻　爪牙其任
(19) 鸞鳳其姿　仁者必壽　位與壽隨
(20) 不唯□爵　□爵兼之　忽焉沒矣
(21) 孰不傷悲　良時吉土　封樹于玆
(22) 嗚呼此墓　百世可知

〔揭載〕『韓國金石全文』中世下、九三五ー九三七
〔參考〕閔賢九、「朴康壽墓誌銘의 檢討」(『歷史學硏究』五、一九七四)

一四八、崔証 墓誌銘

所在　서울 國立中央博物館(No. 本 一〇〇〇六)
年代　神宗三年(金 承安五年、一二〇〇)

(1) 高麗國禮部(以下缺)
(2) 公諱証始名諫昌[原][郡]人也 (缺) [侍]郎[平]
(3) 章事監[修]國史判□[部]事諱(缺) 肅皇考
(4) 中書侍郎平章事□[集]賢殿大[學][士][判]礼部事諱惟
(5) 清贈謚文淑母李氏[文]淑公之先□□□□考諱環
(6) 官止礼部郎中公日 □□公其長也世以儒學重□
(7) 時公及二弟皆以文學顯世号爲儒宗公□門□

(8) 調壽春通判□政□□毅廟初應制策登進士第□
(9) □何□爲寫經院判官歷拔庭內謁者出爲西
(10) 京留守□□越壬辰□樞密院堂後官權知閤
(11) 門祗候轉尙衣奉御□以禮部侍郎出守□□
(12) 是京東南之大曾?稱職者尤推公之初□□
(13) 持法峻整恩威兩施一方服其化□□□□

(裏面)

(14) 州郡殿最公居異□秩滿入拜起居舍人制□歷□子
(15) □□遷□·侍郎尋?除文昌左丞丙午歲都統西□□
(16) □□禮部尙書東宮侍讀學士明年□□貢擧□□□□
(17) □名士□□□以是職告□□第逍□自適□心釋氏□
(18) □經禮佛爲事至大金承安五年歲在庚申夏感疾至□
(19) 月十有四日卒于別第以是年十一月辛酉葬于朝陽山春
(20) 秋八十□先娶姜氏御史□□夷之女也有子男一人女子二□□
(21) 先公早夭後娶高氏大學博士陽堅之女也公性剛果□
(22) 初持一心未嘗變易有□□假微□不如旨者雖子姓□□
(23) 見假或至終身不相□者公之操心剛勁類此予□□□
(24) 姻親之厚粗□始末□□爲銘銘之曰

(25) 唐之□絕　絳□□身　孰爲極□　我公其人
(26) 恪勤□□　動□□風　險夷一□　哀榮始終
(27) □之斯□?　以□□□

〔揭載〕『韓國金石文追補』、一八八―一九〇
『韓國金石全文』中世下、九三一―九三三
〔參考〕朴龍雲、「高麗時代의 定安任氏・鐵原崔氏・孔巖許氏 家門 分析―高麗 貴族家門 硏究(二)―」(『韓國史論叢』三、一九七八)

一四九、□東輔 墓誌銘

所在　未詳
年代　神宗四年(金 承安六年、一二〇一)

(1) (上缺)　大僕卿賜紫金[魚]袋致仕□公墓誌□
(2) [公]諱東輔洞州人自幼志學早以詩賦捷士名軒〻有桂林志累擧不第
(3) □功名之晩幡然改從□□之役初拜中書省□寶尋□吏部令史俄
(4) □乣□三事散加軍□□□至壬午春出倅大丘縣政清訟簡襦袴興歌□
(5) □以五年擢祭器都監判官尋轉典廐丞令□兼都兵馬錄事及辛卯歲變
(6) □朩梁宮闕煨燼會□□大金封册使節臨境國朝接迎無処所
(7) 倉黃營葺大觀殿及□慶宮公以宮闕都監錄事恪恭趨事不日成之以

(8) □□□討功勞不踐□梯直授權知閤門祗候俄出試安西都護通判不待
(9) □滿□徵拜命閤門祗候會西人跋扈　上命將討伐更⺀東界加發兵馬使
(10) □助軍□即辟公爲□□經略轅門所向□靡行至縺州嬰城自守公積土城
(11) 山臨壓其□尅日□之自是諸城壁不庭者率皆歸順歲在丁酉西賊餘燼
(12) 聚山藪間鼠竊□梗傍郡患之　公又以處置兵馬
(13) 判官□□□□身突圍入賊□□以恩威渠魁□西九等□□□
(14) □□居□朴□監察御史公素有威望及乘驄指顧肅然□
(15) □霜威人多膽落考冣轉都官員外郎奉使北朝□□延譽□
(16) □□□自是□叙兵部郎中□□大府少卿以至扌□春交州□攬
(17) 轡有澄淸之志入拜兵部侍郎揚歷中外俱以稱職聞噫禍起
(18) 所忽使酒□貴間搆罪誣陷免官置散者數年間然不以策悴
(19) 介懷恬然自處澹如也及老□□以爲宮寺□使以祿廩自奉從容無忒
(20) 若將終身至丙辰冬追述軍功擢署大僕卿仍令致仕掛冠知止揮金
(21) 娛老年踰□□及今年五月稍□□俔四日癸丑翛然端坐□化越六月六日
(22) 歸葬□西左㑊洞山麓禮也公姓資嚴毅□厚忠謹衛公不妄
(23) 交遊孜孜奉國□寅巳□□□年讒搆日興雖□鼎老宿鮮有能
(24) 彳⺈□惟　公一人頡頏金紫從容祿仕獲終天年門華現子登無恙
(25) □其盛哉□□檢校軍器少監河英氵之女生五男二女俱獲立楊豈公

(26) 積善慶耶僕於 公門下初受吏職辱知況今□□男抵書請銘
(27) 其□□銘迺爲之銘 銘曰
(28) □□□□ □□□□ □□□世 天賦忠良
(29) 旦墓□□ 金紫頡頏 三品簪紳 □□□霜
(30) 縣車舊里 旣壽且康 生必有終 白雲帝鄕
(31) □銘樂石 永世流芳
(32) 承安五年辛酉六月日正議大夫國子監大司成翰林學士知制誥金 氏 述

〔揭載〕『海東金石苑』補遺五、八八九—八九四
『韓國金石全文』中世下、九三三—九三五

一五〇、崔婁伯 墓誌銘

所在 서울 國立中央博物館(No. 本 一三八七〇)
年代 熙宗元年(乙丑、一二〇五)

(1) 歲在旃蒙赤[奮][若][十][二]月初一日癸[丑]朝散大[夫]國子祭
(2) 酒□□□□崔公卒于家移殯于廣濟寺越是月十八日
(3) 庚午葬于大德山之麓礼也公諱婁[伯]□縣甫漢□□□
(4) 也曾祖[戸]長甫尹輔□□□□□□□尙□□
(5) 龍城縣□□□以公爲人資□□□□寬厚恭儉少也□

(6) □□□□□□□□□□□大於孝孝莫大於□□□□

(7) □□□□□守塚三年楊子所謂君子□□□□服□□

(8) 高才取科第揚名當世□□□□於孝子□□□□□□

(9) □□數年□□□□遺至諫議大[夫]□□□□耳兼三字

(10) □□□策足以□□□□□言□詩足以掃除民寞□□

(11) □勝□□□□□□□金國押宴使於□□□□□國□

(12) □□□□曰改彼乃不從□□□□收厨舍閉門□□□

(13) □以威而承□□□及改諱字然後赴□當是時□□□

(14) □□□□□□□癸酉歲奉原縣之□□□□國當官□

(15) □□□□之際高談□□□□專對□□□□□□□□

(16) 張之奉使□□□□□□□□□□□□□□□□□□

(17) □□□□□□□□□□□□□□□生徒以教之□□

(18) □□□□□□□□□□□學異世同□□□□□□□

(19) □□□□□迹田園□□□□□□□□□□□得莊□

(20) 之逍遙□□□□□□□□□實大方之達者也初?娶□

(21) □□四男二女長男禮賓注簿敦仁?□□□□□衛錄事

(22) □□□皆早亡□□□□□□□□未叅祿仕三男敦禮

(23) 擢第□□□□□品之秩四男敦智因父蔭□□□□□

(24) □□春坊倚學朴肇開再娶柳□□三男二女長□春

(25) 坊公子□永世□□□春坊□□□□□□季已階俊

(26) □之□□日必除□□□□□男三□□□□成人□

(27) □□□□□□□□壽則□□□□□無疆矣□□□

(28) □□□□而□□□□□□□□□道風尙存蓋□者

(29) □□□□事□□□行□□爲之誌而銘于□其辭曰

(30) 見□□之大□□遭聖哲□□歲□□世若□英雄□

(31) □□□章兮擒麗□胷中□□□長虹游夏文學兮曾

(32) 閔孝□□莫□□□忠行直道□指天下於泰山之□

(33) □□□兮學□□□□□之豊知進退行歲□□□□

(34) □□□□死生存□之有命□□□□元功茂烈兮□

(35) □□□□□□□□□兮與天□□□□□□□□□

〔載掲〕『韓國金石文追補』、一〇九—一一〇

『韓國金石全文』中世上、六四三—六四五

〔參考〕『高麗史』一二一 崔婁伯傳

朴龍雲、「高麗時代 水州崔氏家門 分析」(『史叢』二六、一九八二)

一五一、高瑩中 墓誌銘

典據 『濟州高氏文忠公派譜』(서울、一九七八)
年代 熙宗五年(金 大安元年、一二〇九)

(1) 高麗國朝散大夫禮賓卿高公墓銘
(2) 高公諱瑩中字如晦全州沃溝縣人考諱惇謙以貢
(3) 生登進士第官至監察御史爲當世名儒娶軍器主
(4) 簿朴?玄仁之女嘗生公焉公早以文章鳴於世嘗?赴
(5) 南省試首登乚版赴?甲申□春官擢第例補黃州牧
(6) 使兼掌書記政蹟居最秩滿爲國學學正歷四門博
(7) 士及西都厂北路壅閼時遣使告奏大金國公以書
(8) 記官乘危冒險從間道致命旣還有司奏以奉使稱
(9) □祿其功遷大官署令兼直史舘由樞密院堂後官
(10) 至監察御史尋遷禮部員外郞出爲西海道淸詰使
(11) 務以寬簡一方其蘇歷兵部郞中俄改吏部郞國子
(12) 司業累遷中書舍人知制誥兼國學直講歷兵部侍
(13) 郞至己未冬拜禮賓卿明年掌南省試得陳澕等二
(14) 十三人皆當世知名文士越壬戌年累表乞骸骨以

(15) 朝散大夫禮賓卿東宮侍講學士致仕優遊閑雅與
(16) 縉紳耆舊約爲眞率會以詩酒自樂刻石爲九老會
(17) 行於世至戊辰九月上旬　日感疾於家以是月二
(18) 十三日茶毗于河源郡北麓遂收骨權厝于廣□蘭
(19) 若?明年九月十五日葬于松林縣東山麓公性淸靜
(20) 寡欲聰敏絕倫初赴成均試以國者至公之器□試
(21) 之擢爲第一其末句云一傾難復正願上愼初終學
(22) 世嗟賞此非時?文場之規範亦人生之鑑戒公□忠
(23) 鯁諷諫□志發於未仕如此噫公自從仕已來□分
(24) 憂□五乘使車秋毫無?所?取?淸儉謹飭躬〻有聲□
(25) □臺閣以文墨粉澤典章者多矣至如鄕黨子弟貧
(26) 不能自業者無問親踈皆聚於家或撫育之或敎誨
(27) 之由是鄕黨賴公而成者甚衆公娶檢校太子司事
(28) 李陽舒之女生男六女二長曰僴行義安郡監[務]次
(29) 曰洪照在家發浮屠選早夭次曰佾散拜良?□□亦
(30) 不祿次曰做?□出補北原倅考滿便屬內侍次曰侹
(31) 今爲唐津縣監[務]皆登司馬試次曰倩尙衣直長同
(32) 正長女適衛尉主薄崔立基今爲一善縣令季女[興]

(33) 威衛錄事金璿瑢與予同榜又且同在翰林辱□最
(34) 厚請予爲□辭不獲已銘之曰
(35) 有文瑞世　虎鳳蔚然　有節始終　金石彌堅
(36) 有位且貴　九棘華聯　有壽且寧　亥首高年
(37) 有子有壻　蘭玉盈前　嗚呼盛哉　刻石遐傳
(38) 　大安元年己巳九月　日
(39) 　文林郎監門衛長史李　元老
(裏面)
(40) 高麗國禮賓卿高公墓銘

〔參考〕 金龍善、「高麗 墓誌銘 二例—高瑩中과 그의 孫女 高氏夫人 墓誌銘—」(『斗溪李丙燾博士九旬紀念韓國史學論叢』、知識産業社、一九八七)

一五二、金鳳毛 墓誌銘

所在　서울 國立中央博物館(No. 新 五八五八)
年代　熙宗五年(金 大安元年、一二〇九)

(1) 金紫光祿大夫門下侍郎同中書門下平章事判兵部事大子大傅靖平公金氏　墓誌銘
(2) 金氏系出新羅王初脫解王夜聞金城西林中有鷄鳴聲遲明使視之有金色
(3) 小櫝掛於樹枝白鷄鳴於其下王乃使人取之有一小兒在其中姿狀奇偉王
(4) 喜曰此豈非天遺我令胤乎乃收養之以其出於金櫝因以爲姓其後金氏子
(5) 孫相繼即王位者五十餘矣至敬順王　我大祖奮戎衣將以一統王知勢不

(6) 可以力爭即以國歸順　大祖德之封爲尙父正承公位在大子之上以長女
(7) 神鸞公主妻之向若敬順守死力戰以拒王師而至於勢窮力屈則必覆其
(8) 宗族使無辜之民肝腦塗地矣王乃知天意人事有所屬不戰而約降則有
(9) 大功於國家有陰德於人民其後孫必享爵祿於是邦　公其裔孫歟　公之
(10) 曾王父漢公工部侍郎王父景輔以北面都監判官早卒考諱世麟以文章鳴
(11) 於世累贈司空尙書左僕射　公諱鳳毛貞元三年乙亥以門蔭登仕級及
(12) 明廟即政屬內侍以隨　龍功超加禮賓注簿同正壬辰春出補大丘尉明年復
(13) 屬內侍時南郡草賊大起　上命將討之　公以近臣從軍及接戰賊以詭計急擊
(14) 時兵馬錄事李隣定失馭仆地　公即下手引上已所乘馬隣定既褫氣俄而復墮
(15) 公因而下馬賊騎圍之甚急　公暫騰而上拔劒奮擊賊皆辟易公之勇捷如此
(16) 至丁酉歲擢爲明福宮錄事歷軍器注簿尙食局直長及庚戌由春坊通事舍人
(17) 拜爲監察御史轉戶部員外郎尋遷閤門引進使拜衛尉少卿兼知閤門事歷刑
(18) 部侍郎累遷大府卿出爲東北面知兵馬事　公性謹飭凡出入從事所莅稱職
(19) 至於異域方言俗語無不通曉　神宗之受內禪也金國宣問使抵此傳以先謁
(20) 前國王然後致命於新君朝議難之時以　公昔於恭睿大后升遐時大金勑祭使
(21) 有所詰譯官行人莫能措辭而公能辨對議者以公爲請於是承　上命到舘諭以
(22) 便宜隨問酬詰彼皆釋然從之由是朝廷益重焉凡國家宴享大禮莫不以　公爲
(23) 典禮應對敏給擧止詳華世皆推服故自引進使至於判閤事凡歷五官皆兼知閤

(24)門事癸亥冬拜樞密院副使刑部尚書歷同知院事改兵部超授金紫光祿大夫知
(25)門下省事歷叅知政事判工部事及丁卯歲拜中書侍郎平章事大子大傅明年感
(26)疾累表乞退　上以年未及不許然憫公之病且衰進同中書門下平章仍致仕大
(27)金大安元年己巳六月疾寖劇是月二十九日卒于第　上聞訃震悼爲輟朝三日
(28)贈謚曰靖平公　命近臣辦喪事以是年七月丙辰葬于大德山西麓禮也將葬族人以
(29)□狀來請銘銘之曰
(30)金氏之先　惟天降神　仙源杳邈　積功累仁　及我大祖　應天順人　厥惟敬順
(31)□戰來臣　有功於國　有德於民　綿綿餘慶　洎公惟新　位峻三台　年俯七旬
(32)□□令終　今焉歸眞　遺芳可銘　刻此貞珉

〔揭載〕『海東金石苑』補遺五、九〇二—九〇七
『朝鮮金石總覽』上、四三〇—四三三
『韓國金石全文』中世下、九四三—九四五

〔參考〕葛城末治、「金鳳毛墓誌」(『朝鮮金石攷』)、一九三五)
金蓮玉、「高麗時代 慶州金氏의 家系」(『淑大史論』一一・一二合、一九八二)

一五三、盧琯 妻 鄭氏 墓誌銘

所在　서울 國立中央博物館(No. 本 九九六〇)
年代　熙宗六年(金 大安二年、一二一〇)

(1)金浦郡君鄭氏墓銘

(2) 夫人姓鄭氏世出金浦郡考諱元直大府少卿祖諱
(3) 應文兵部侍郎夫人少聰惠十四而笄且適今戶部侍
(4) 郎盧公諱琯公乃當時重望夫人之在室也其考最
(5) 爲鍾愛嘗曰是兒當爲君子之配耦後果如言今
(6) 宗族賴夫人而顯仕者甚衆先大府之□可謂得
(7) 矣夫人性柔順貞淑去華從儉尤信內敎越壬[戌]□
(8) 嘗遘疾發大誓願時國家修補興國寺□□寶典
(9) 夫人施納白銀十斤以充其費或製□□伽□□□
(10) 終獻于普濟寺□羅漢又□□三万常供養□□
(11) 流爲事□□其歲?甲子年隨公赴安西督府□□□
(12) 古寺者夫人剪髮□□以助□□夫人之□□佛事
(13) □□其餘□□檜功不可□□□□夫人□□□宜
(14) 享福□□不幸遘□□[大]安二年庚[午]八月二十有二日
(15) 終□奉香里第□□八月甲申□□福興寺南麓享年□
(16) 十三有□□人唯長女□□□□幼孺其壻與□□姻
(17) 黨□□來請銘□□曰
(18) 有□玉□　有德蘭芳　□□壽考
(19) 永永無□　其何不□　朝露□□

⑳ 婉蕪?兼孩 其□□□ 嗚呼□□
㉑ 覛天茫茫 □万紀兮 □□□堂

〔揭載〕『韓國金石文追補』、二三九—二四〇
『韓國金石全文』中世下、九四五—九四七

一五四、咸脩 墓誌銘

所在 서울 國立中央博物館(No. 本 一四一六〇)
年代 熙宗七年(金 大安三年、一二一一)

⑴ 高麗國將仕郎尙書刑部郎中咸公墓誌?
⑵ 公諱脩字子眞恒陽人也尙書有一之子也小好學登丙第例補
⑶ 翼嶺縣尉及瓜而還縉紳先生交章薦鶚擢爲詹事府錄事遷供
⑷ 驛署丞兼同文院錄事今 上在東宮公以禁林雅望選爲詹事
⑸ 府注簿自注簿遷司直自司直遷爲丞每侍書筵援引經義敷陳
⑹ 古今理乱亹〻有玉臣風皆稱廊廟器遂除權知閤門祗候遷監
⑺ 察御史雖權豪親舊莫敢于以私轉考功員外郞以殿中侍御史
⑻ 出爲春州道廉按使百姓洒然相喜曰使乘軒者皆得如公我等
⑼ 何憂於溝洫乎遷侍御史慨然有憂天下志勢不行常默〻不怡
⑽ 拜禮部郞中知 制誥俄出守於桂陽以刑部郞中徵還中途疾

(11) 作到京師數日云殂年五十七□今月二十九日葬于天壽北山
(12) 之麓於戲謂天無意於生民時或生賢謂天有意於生民使賢者
(13) 亦不得壽此古今所同嘆而寘〻不可識者也故馬遷論顏跖短長
(14) 而因曰天之報施善人其如何哉則不可謂不怨也今於咸公益
(15) 可痛焉公娶大卿閔志寧女生三男三女所著逑頗傳於時詩與
(16) 策?皆淳雅有古風如其爲人時泰安三年二月日也銘曰
(17) 道可伊同而位不至於公卿文得虞商而□不施於廟堂彼昏且
(18) 狂皆壽而康此君子所以不得無怨於蒼〻公之令名金玉其相
(19) 公之直誠日月爭光貞所謂死而不亡失復何傷善必獲祥子孫
(20) 其昌宜與淮流而共長

〔揭載〕『韓國金石文追補』、一九〇—一九一
『韓國金石全文』中世下、九三九—九四〇

一五五、金冲 墓誌銘

所在 서울 國立中央博物館(No. 新 五八二〇)
年代 熙宗七年(金 大安三年、一二一一)

(1) 公諱冲咸昌郡人樞密院堂後官金滋齡之子也少
(2) 好學工文辞十六歲登司馬試俄選入大學至戊戌

(3) 年擢丙第不經外寄直就祿仕或從軍政或履學官
(4) 文虎之用無施不可初調寧仁鎭副使秩滿還京除
(5) 監察御史及丙辰以分臺察訪使出巡于西都及北
(6) 界皆有能聲拜右司諫知制誥自諫官出守全州訖
(7) 代拜國子司業寶文閣待制尋遷中書舍人知制誥
(8) 曰事忤執政者意左迁于黃州政未滿入爲禮部侍
(9) 郎尋帶三字明年拜東宮侍讀學士大安三年辛未
(10) 仲秋寢疾終於家公體皃淸瘦性資高爽知時險艱
(11) 權不露鋒鋭從容世途揚歷淸顯不曰賢哉然再佩
(12) 左符淹滯於出入之際位不至三品惜乎豈非命歟
(13) 夫人侍郎林景軾之女也有一子禮賓丞同正仁阜
(14) 外叔行渭州倅以是月二十七日葬于若頭城之南
(15) 麓其銘曰
(16) 君子之道　曰智曰仁　公於是道　動靜必循
(17) 仁以愛物　智以全身　利涉于世　達哉其人

〔掲載〕『海東金石苑』補遺五、九〇七—九〇九
『韓國金石文追補』、一九二—一九三
『韓國金石全文』中世下、九四九—九五〇

一五六、崔讜 墓誌銘

典據 『朝鮮工藝展覽會圖錄』(一九三九年版)
年代 熙宗七年(辛未、一二一一)

(1) 卒金紫光祿大夫檢校司徒守大尉門下侍郎平章事集賢殿大學士
(2) 監修國史上柱國判戶部事崔公墓誌
(3) 所謂大臣者當以伊呂自□□器深其識遠出則天下爲之重入則天下爲之
(4) 輕端□王立才歷堂之上未甞□舌氣動顔色而四海之人莫不倚以爲泰
(5) 山得晏然也昔謝安彈其嘯詠其風流足以鎭物杜□晦用事日氵元奕以
(6) 功名而□□皆稱爲賢相則徒以煦□爲仁扌人爲義以法一時名譽及其斷
(7) 大議決大疑則□默盡喪其所守首鼠不能自立者豈可與啚天女安危
(8) 公諱讜東州昌原郡人三韓功臣三重大匡俊邕六代孫也曾祖太子大傅諱
(9) 爰立祖守大保門下侍郎同中書門下平章事修文殿大學士監修國
(10) 史上柱國判吏礼部事昌原郡開國子食邑五百戶譽肅公諱奭考守司空
(11) 中書令侍郎平章事集賢殿大學士文淑公諱惟淸大夫人東萊郡鄭氏即同知
(12) 樞密院事礼部尙書翰林學士承旨諱沆之女也公□質□長□厚□□言
(13) 文淑公以爲類已尤受重之甞授以詩礼學業日進擢□□□□□校書

(14) 諮以隶□除□□殿判官迁千牛衛錄事歲及庚寅　明宗踐祚□□

(15) 自樞密院堂[後]官拜□正[言]知制誥時充□當國刑賞出於乎□□屏

(16) □□□有□者公論□是非□莫不危之公辭色不洨□□雖不得用

(17) 之以□情雄□□□由是□臻?□月起爲尚食奉[御]賜□□礼部□

(18) 出守□陟府□幾□吏部員外郎知制誥公有人倫識鑒鈴御衡進□

(19) □濂恥□爲寒進□□進今□□□皆公所進也□戶部郎中沈

(20) 修撰□爲全羅道廉按使兼安撫耽羅尋除衛尉少卿寶文閣待[制]丁?酉□大

(21) 金[牓]宣使至西賊梗路道公□臨津路送行使還稱□者拜兵部侍郎知

(22) 制誥以尚書右丞掌司馬試時以爲得□出鎭西北面元帥幕還拜礼賓卿

(23) 累迁國子監大司成兵部尚書守司空尚書□僕射□□[叅]知政事

(24) 礼部貢擧所得多知名士及　神宗在宥拜金紫光祿大夫□門下侍郎

(25) 平章事上柱國集賢殿大學士監修國史判戶部事權判兵部事庚申?

(26) 歲□□退慕□傳古事□學士張自牧等八□爲耆老會圖具□刻

(27) 以傳於□今　上在位八年辛未九月十八日以疾不起□□□驚□輟

(28) 朝□□□靖安公□□吊贈賻一依舊□十月二十六日葬□雲山

(29) 東北麓公天資夷曠喜怒不□於色好推□後進聞人善若已有之

(30) 毅宗時文淑公以忠謹見謫迁徙方州未甞小安而□□隨□一日離

(31) 側大夫人病瘡公甞允之事親多類此夫壽者天之所以□善人□□至

(32)□貴則非純德異行格於幽明例多夭折令公早以皂囊納諫□不顧

〔揭載〕『韓國金石文追補』附錄、二七四―二七六
『韓國金石全文』中世下、九五〇―九五二

〔參考〕『高麗史』九九 崔惟淸傳 附 崔讜傳
朴龍雲、「高麗時代의 定安任氏・鐵原崔氏・孔巖許氏 家門 分析―高麗 貴族家門 研究(二)―」(『韓國史論叢』三、一九七八)

一五七、張允文 墓誌銘

所在 서울 國立中央博物館(No. 本 九四九二)
年代 熙宗七年(金 大安三年、一二一一)

(1) 通議大夫國子監大司成知制誥致仕張公墓誌幷銘
(2) 大安三年歲在辛未十一月二十五日通議大夫國
(3) 子監大司成知制誥致仕張公卒于第十二月六日
(4) 歸葬於大德山東麓其孤某泣涕請誌其墓余曰公
(5) 之忠義勁節凛然若氷玉可以垂不朽而脆石荒詞
(6) 適足以爲之累耳然晩接交遊知公平生出處甚詳
(7) 宜叙始末以慰陟岵之哀公諱允文木州人也曾祖
(8) 軍器監諱倩祖檢校詹事諱先敏考檢校軍器監諱
(9) 麟外祖于邦宰以材官如顯有名　仁廟時位至尙

(10) 書右僕射上將軍公以其蔭少得飄纓猶讀書不怠
(11) 登第補東都[書]記其理以仁恕爲先淸亦澈底課最
(12) 調式目錄事耽羅縣在海中自以謂殊疆異壤雖賔
(13) 王化屢犯條敎朝議選能吏以鎭之授公以大府注
(14) 簿爲縣令以撫其民公下車即有來暮之歌秩滿拜
(15) 諸陵丞兼都兵馬錄事擢中書注書踰月權知閤門
(16) 祇候遷監察御史奉公竭節人不敢非義相干以秋
(17) [部]員外郎爲忠淸道點軍使復以起居舍人爲慶尙
(18) 州道廉按使每持節以蔬食菜羹自奉未嘗茹葷血
(19) 所歷州郡皆便之改右司郎中遷少府少監以公嘗
(20) 莅耽羅縣有恩威出爲安撫使及還拜刑部侍郎除大
(21) 僕卿右諫議大夫知制誥今　上踐祚素聞其名拜
(22) 國子監大司成遂掌司馬試頓革文場舊弊人皆稱
(23) 之是年以年老乞骸骨迺與雙明齋崔大師昆季爲
(24) 耆老會時皆歆艶至辛未□月捐舘享年七十三嘗
(25) 娶試太府少卿余時茂第二女生子男一人子女四
(26) 人皆奉遺訓以終始焉　銘曰天賦之性實惟忠正
(27) ?伍不登於台鼎豈非命歟鏘鏘厥聲可以與天地並

(28) 時大金大安三年辛未十二月 日 誌

〔揭載〕『韓國金石文追補』、一九一－一九二
『韓國金石全文』中世下、九四七－九四九

一五八、朴仁碩 墓誌銘

所在 서울 國立中央博物館(No. 新 五八五六)
年代 康宗元年(金 崇慶元年、一二一二)

(1) 卒大中大夫戶部尙書朴公墓誌幷銘
(2) 明宗在位歲久倦于勤大臣輔政將擢用賢能以補大平之化時相國昌原公薦公於 朝曰
(3) 雞林朴寅輔實名家子軒軒有將相器曩遭橫禍在延昌郡爲老蕘久矣昔范睢出箐
(4) 中卒爲秦相季布髡鉗作酒家保終爲漢名將夫士之處世也備嘗艱險益勵其志操然後達則
(5) 可以成不世之功若用其賢莫先於此者即以聞于 上召還京師皆以謂家世積善所致公今
(6) 諱仁碩字壽山廣州延昌郡人三韓功臣大保三重大匡奇悟九世孫曾祖朝議大夫戶部尙書永
(7) 侯祖樞密院副使殿中監忠質公挺蕤考知門下省事刑部尙書育和妣安城郡大夫人李氏即
(8) 司宰少卿稹之女公甫八歲補春坊學友及長美風姿善騎射嗜讀書史常以雄豪自處推
(9) 門蔭加掌醴令同正調成州倅時人見其年甚少不更民事謂必有傷錦之譏及下車剖決精
(10) 敏有老成之風政績居第一由是除八關寶判官兼右軍錄事方 主上之初在宥也北朝
(11) 遣宣問使欲察是非公以內侍充先排使往逆之行至西都遲疑不欲詣京師公倍道詣

(12) 闕承密旨還諭之迺首途使還稱旨除都校署令辛卯多有周榭之災擧朝蒼黃計

(13) 無所出公收歷代日錄及黃白等物置山呼亭不言其功人莫有知之者轉試司宰注

(14) 簿　上知其忠將不次用之而國步多艱衣冠殆盡遂拋弃官爵遠竄于南荒聞北原

(15) 民俗頗淳古宜於人迺往卜居與前御史權不華窮山水之遊忽爲飛語所中幾陷不

(16) 測朝有惜公者得移延昌郡安置公曰古語有之貧賤不能辱身非人且男兒死則已苟

(17) 不死安能若蟥蛭然不能自力坐使妻孥受寒餓耶於是懇田疇理園圃採樵于山鋤

(18) 禾于畝至飼牛秣馬必以身先之使衣食粗給然後讀古人書時時爲文怡悅情性仕宦

(19) 之心都息澹如也閱二十四年果爲賢相所薦引起爲東萊縣令是明昌七年丙辰也公以匹

(20) 馬到縣即貨其馬以支舘宇修葺之費民服其淸皆歌來暮及還會　神宗即祚除

(21) 春坊通事舍人歷監察御史授刑部員外郞賜緋銀魚壬戌東都兇豎聚羣不逞之人

(22) 以干天誅　上命大將金陟侯征之而公以招討判官佐中軍其帥寬和專以姑息爲務

(23) 有軍士掠取居人蓄産者公曰易稱師出以律否臧凶今提師千里以討頑凶當秋毫不

(24) 犯使居者皆安堵然後賊可滅也才至於境軍士犯禁而不能討何以示威請以軍法從

(25) 事由是羣心頗慴伏莫敢枝梧遂得大捷拜公殿中侍御遷殿中丞賜金紫服未幾有

(26) 詔班師公以尙晋州道按察副使率留兵三百人還屯暮梁驛討平餘盜而賊首金順

(27) 脫身遁山谷間至是果獲獻俘　闕下優詔襃諭爰召公之子犀入侍內庭公以

(28) 御史雜端還朝時有織人欲詣侍從淸班公力請罷之俄以賀正使入北朝還授大府

(29) 少卿兼三司副使時昌原公昆弟相次納政與年高者八人爲耆老會公年未七

(30)十亦預其末命作後序以傳之北朝賀節日使來聘以公充接伴使越丁卯夏以戶部
(31)侍郞留守南京二載徵拜大府卿加中散大夫兼三司使出爲西京齋祭使使還忽
(32)謂所親曰知止與知足有異知足者知之於旣足之後若知止則不必待足而能自止之謂
(33)也昔予方困厄時溘然與樵童牧竪並齒而朽則墓木已拱矣安得返京師有軒冕
(34)之榮如是哉幸而不死復覩天日之餘光駿馳矢石獲立功名終不忝祖先遺業所
(35)得多矣苟戀眷不退以待懸車之歲非所謂知止也即日飛章告老
(36)上嘉之授大中大夫戶部尙書令致仕壽至六十有九以
(37)今上即位二載大金崇慶元年四月壬午以病卒私第五月戊申葬于五龍山南麓
(38)鐘川之陽公娶樞密院使吏部尙書翰林學士丞旨金閫之女生男七人女三人餘
(39)皆先公夭季曰犀有父風今爲內侍奉先庫判官有外孫二人男曰安孝德登
(40)第赴西海府書記女適及第金軾公病甞囑子犀曰觀世人之追賁皆以飮食豊
(41)羨爲孝與遊宴無異甚非吾志沒汝宜罄心誠供養
(42)佛僧而已毋與愚俗同以是皆遵其命云銘曰
(43)仕不階於科第赫矣文章　名不登於將帥掃盡强梁
(44)窮而不易其節凛凛秋霜　達則思濟斯物熙熙春陽
(45)位登八座不可謂之卑壽幾七旬不可謂之殤　終始罔缺子孫其昌
(46)銘玆樂石万世留芳

〔揭載〕『海東金石苑』補遺五、九〇九―九一六

『朝鮮金石總覽』上、四三三—四三六
『韓國金石全文』中世下、九五三—九五七

一五九、李瑞林 墓誌銘

所在 서울 國立中央博物館(No. 新 五八三〇)
年代 高宗卽位年(金 貞祐元年、一二一三)

(1) 墓誌
(2) 尙書禮部員外郎完山李君瑞林字庇民前直史館許京再同
(3) 年友也考彥均檢校大子詹事祖台降檢校大子少保曾祖威
(4) 檢校軍器少監世濟其美積爲餘慶有二子長曰仁壽外補後
(5) 今侍從御書季曰景星捨俗出家從師遠學女三人長適金氏
(6) 次適庾氏皆儒雅聞人季幼未嫁幸兄無兒宰居爲養君遇疾
(7) 不瘳以大金貞佑癸酉仲冬下旬卒于家越季冬二十四日卜宅
(8) 松林縣法雲山而葬之將葬其孤及壻以余備諳終始且爲直
(9) 筆之人請述墓文嗚呼其可忍言之耶君自幻齡篤學依舅
(10) 氏政堂李公知命而時習之博通經史工於綴述秉筆法年
(11) 十七升司馬試不數年連收科第勢易摘髭調安邊都護[府]
(12) 判官掌書記之任厥有聲績升聞補詹[事][府]錄事二年遷八

(13) 品官是時晋康侯持國□□□□峰置縣令𢧐制之初求前有
(14) 政績者君被□□□邊而加仁愛大爲晋康知弊入爲中書注
(15) [書]□遷叅秩右正言知制誥及殿中侍御史官至刑戶禮三部
(16) 員外郎其間出爲廣州牧及安北府判官非其好也其大率如此
(17) 銘曰 位正郎 年耳順 子承家 且才俊

〔揭載〕『海東金石苑』補遺五、八九四－八九六
『朝鮮金石總覽』上、四三六－四三七
『韓國金石全文』中世下、九五七－九五八

一六〇、金允濟 墓誌銘

所在 서울 國立中央博物館 (No. 本 一一三八〇)
年代 高宗元年(金 貞祐二年、一二一四)

(1) 登仕郎檢校大子詹事行金[吾]衛
(2) 錄事叅軍事金允濟墓誌
(3) 公諱允濟天安府人也父之成祖
(4) 得辰皆爲檢校少監母□□城郡
(5) 君鄭氏娶尚衣奉[御]□公彥之女
(6) 生二子四女子壻俱以文吏接□
(7) 朝廷公登進士入學服膺齋出爲
(8) 管城縣及瓜期而代未幾爲諸社
(9) 廟直兼管中軍□□自是官除軍
(10) 器主夫迁金浦縣令時豪家?獷?奴
(11) 活剝生民民不聊生官舍頹圮人
(12) 烟断絕公□□强助弱扶衰起廢

(13) 一皆新之俄入爲金午衛錄事叅
(14) 軍事生平無疾病及寢疾訓誘諸
(15) 子言話□明越大金貞祐二年甲
(16) 戌正月□六日卒于私第享年六
(17) 十□□□初吉葬于古栗寺北洞
(18) 山麓其銘曰　公之禀性心源釒
(19) 淨仁者必壽年幾知命節儉正□
(20) 恭寬信□其人雖□遺□不泯

〔掲載〕『韓國金石文追補』、一九三—一九四
『韓國金石全文』中世下、九五九—九六一

一六一、鄭克溫 墓誌銘

典據　『東國李相國集』三五
年代　高宗二年（金 貞祐三年、一二一五）

① 金紫光祿大夫叅知政事判禮部事鄭公墓誌銘
② 某月日叅知政事判禮部事鄭公薨方葬也夫人泣謂典喪事者曰葬不可無銘石以識
③ 于隧然無子姓之圖有以顯後世不朽者痛莫甚此予雖婦人聞正言某是能文者若等
④ 可爲妾奉書往乞銘詞某日予自西掖待午漏方出夫人書至閱其辭有足憫惜則吾豈
⑤ 惜鄙文以孤其意乎於是序之曰公諱克溫全州尙質縣人也興威衛中郎將諱某於公
⑥ 爲祖皇神虎衛大將軍兼大僕卿諱元寧於公爲考皇公始籍山東爲良醞令同正召入
⑦ 內侍進止詳華又奉職恪謹上甚器之先是有征西戰功未賞也上以其功改授金吾衛
⑧ 散員累轉至神虎衛郞將兼尙書工部員外郞俄改刑部員外郞皆仍內侍又累至興威

⑨ 衛將軍兼禮部侍郞會江南賊熾朝廷出三軍討之公以所領軍赴戰素得士心至是益
⑩ 訓鍊卒伍每戰俘獲居多賊遇公軍輒却無敢當其鋒者入爲大將軍兼大僕卿凡所歷
⑪ 重官自大將軍循資爲上將軍轉秩爲尙書右僕射掌機密爲樞密院副使帶風憲爲御
⑫ 史大夫入南臺爲守司空左僕射登鳳閣爲知門下省事於鳳閣遷資爲叅知政事兼判
⑬ 禮部階自朝散大夫正議大夫至銀青光祿大夫金紫光祿大夫此其詳也公所臨不露
⑭ 圭角故當時無赫赫大名及去皆有遺愛凡攬轡南方秉鉞北塞威愛得中人皆便之至
⑮ 今頌詠不輟口嗚呼公之平生也謹愿仁和宜享壽也而不得究隱德陰功宜其昌後也
⑯ 而卒無嗣是所未信於冥兆者已夫人田氏良醞令某之女也公之卒實貞祐三年二月
⑰ 某日也上聞訃哀悼輟視朝三日勑有司襄事百官會葬贈諡曰某公申以誄詞寵之以
⑱ 某月日葬某山予則銘其墓曰顯允賢考勇虎洸洸仍世戴鶡皆奮而揚至公大振鬐鬣
⑲ 欻張風雲感會遠步超驤出將入相手鉞腰章機關秘邃人莫窺量翼亮四朝舊德彌芳
⑳ 云何不淑豈棟云僵伯道無兒天意茫茫孰承家廟以奉蒸甞何以慰之國典其喪百官
㉑ 奔葬祖道有光男兒若此無子何傷相彼山阿松檟鬱蒼宜公之宮萬世之藏哀哀夫人
㉒ 泣涕雲裳乞銘勤勤有惻于膓鐫詞樂石幽壤焜煌

〔揭載〕『東文選』一二二「金紫光祿大夫叅知政事判禮部事鄭公墓誌銘」
『朝鮮金石總覽』上 附錄、五六九－五七一

〔參考〕『高麗史』一〇一 鄭克溫傳

一六二、李侃 墓誌銘

所在 日本 東京國立博物館(No. 二六七九五)
年代 高宗三年(金 貞祐四年、一二一六)

(1) 高麗國起居郎知 制誥李氏墓誌銘
(2) 孔宣父之庭鯉也先逝今起居郎李君之卒父母尚在
(3) 堂古今同歎痛莫甚此始名方榮後改爲侃字去華中
(4) 書令章和公李子淵之孫平章事資德爲君之曾祖侍
(5) 郎之正爲之祖守司空左僕射太學士公爲之父司宰
(6) 卿韓靖爲之外祖焉韓土右族世鍾其美君以綺紈公
(7) 子器度風神軒拔爽邁少好遠遊讀書始弱冠嘗從同
(8) 志自濟淪院指王京過臨津江中流船破幾至淪溺浪
(9) 沫見有一鞍依以爲浮沉狀遇善遊者力拯獲登岸時
(10) 人以爲奇事李門之興繄我君是望年二十四收科第
(11) 不十年拜詹事府錄事年除歲遷或兼史職或帶大常
(12) 莫非清緊强仕之年又入詹事府歷主簿司直丞遷閣
(13) 門衹候入中書爲正言司諫起居舍人及郎常掌
(14) 制誥暫出守平州時司空疾病年高無他息以狀告于

(15)朝甲戌召復舊職甞娶平章事王公第三女生男女三
(16)人長今任東材場判官幼纔能言女適國子司業任氏
(17)夫人及女皆先君逝公爲文典雅淸麗居官廉恪謹愼
(18)不營産業每値良辰美景必設盛饌敞芳筵屈父行當
(19)世耆老鳴絃賦詩盡歡而罷忽一日早欲作風乎舞雩
(20)俄暴下是夕殂其賦受脩短之有素定者耶抑天無與
(21)於人事不佑善人耶卒在大金貞祐丙子孟秋七日葬
(22)在閏七月初四日塋卜朝陽山之東麓禮也其孤以予
(23)爲親舊諳悉始終略叙本末其銘曰
(24)年知命兮不爲夭　紫微郞兮位不卑　親在而去兮天不知
(25)　都官員外郞許　氏　撰

[揭載]『朝鮮金石總覽』上、四三七－四三九
『韓國金石全文』中世下、九六三－九六四
[參考]藤田亮策、「李子淵と其の家系」(『靑丘學叢』一三・一五、一九三三・一九三四:『朝鮮學論考』、一九六三)
李萬烈、「高麗 慶源李氏 家門의 展開過程」(『韓國學報』二一、一九八〇)

一六三、金元義 墓誌銘

所在　서울 國立中央博物館(No. 新 五八三六)
年代　高宗四年(金 興定元年、一二一七)

(1) 高麗國卒特進守大傅門下侍郎同中書門下平
(2) 　章事上將軍判兵部事金公墓誌銘
(3) 公諱元義海陽人追封守司空左僕射諱位之長子也越庚寅
(4) 秋　明廟自候邸即政公以右中禁隨　駕以其功擢爲隊校及
(5) 西都叛公從征伐有功遷別將又以右軍兵馬錄事討南賊轉郎
(6) 將辛丑秋出爲雲中道監稅使戊申秋全羅道按察使先是西京
(7) 叛乱田簿蕩失　國家遣刑部郎中金卿量其土田積年乃成然
(8) 分授不均人頌騰沸有司劾奏罷黜於是命公改量甚得精允至
(9) 丙辰夏擢拜將軍兼給事中歷刑部侍郎知閤門事俄轉大將軍
(10) 出鎭東藩恩嚴兩□吏民悅服至丁卯遷上將軍刑部尙書是年
(11) 爲選軍別監明年拜樞密院副使左散騎常侍歷同知院事俄遷
(12) 守司空左僕射判三司事至壬申入拜叅知政事判禮部事明年遷
(13) 門下侍郎平章事判兵部事加特進乙亥秋上章乞退
(14) 上重違其志以是□仍令就第於是懸車自樂至丁丑秋七月
(15) 十三日以疾卒于正元里第享年七十有一　上聞訃震悼命
(16) 有司辦喪事爲輟朝三日贈謚曰景簡公以是年八月庚申葬于
(17) 法雲山之麓禮也公性貞正寡欲歷官淸謹未嘗以私干人世
(18) 服其公廉仕至宰相而大夫人柳氏猶在以恩例生封承化郡大

(19) 夫人何其盛哉公娶于大將軍印英輔之女生子男二女一嗚呼公之風望
(20) 其無銘乎其銘曰　顯允我公　冰壺無累　勤儉自誡？　不隨俗靡
(21) 在涅不緇　一節終始　相□逮親　世所罕譬　國爲忠臣　家爲孝子
(22) 清風自振　永永無已　幽幽玄堂　刻石著美

〔揭載〕『海東金石苑』補遺五、九二〇—九二四
『朝鮮金石總覽』上、四三九—四四〇
『韓國金石全文』中世下、九六九—九七〇

一六四、廉克髦 墓誌銘

所在　서울 國立中央博物館（No. 本 八〇八〇）
年代　高宗四年（金 興定元年、一二一七）

(1) 　廉公墓誌銘
(2) [安]南大都護府副使兵馬幹轄兼勸農使朝散大夫
(3) 尚書戶部侍郎賜紫金魚袋廉公克髦峯城人也大金
(4) 貞祐五年丁丑九月初一日以病卒于官考政堂文
(5) 學禮部尚書諱信若祖太府少卿德方政堂公雖以
(6) 科第位宰相適値國家多難□嘗險阻頗厭於文字
(7) 不以訓子弟故二子皆以門蔭承仕公即季也明王

(8) 在位五年甲午起家爲三陟縣尉二載移赴松林縣
(9) 秩滿拜成佛都監判官至庚子年出爲江華道馬場
(10) 別監先是察訪使所課二縣政績皆入優等錄在銓
(11) 部及辛丑年拜掌牲令不久轉禮賓注簿□□賞也
(12) 丙午八月秋監稅於沿海道俄以堂後官拜閤門祗
(13) 候遂知御史臺事公自初及此出入內外勤於公□
(14) 夙夜未嘗有怠色凡所施設以嚴厲簡率爲本而潔
(15) 清不汚所主人皆稱之神王即位元年丁巳自戶部
(16) 員外郞陟都官郞中因賜服章乙丑六月以禮賓少
(17) 卿出守羅州二年罷官非其罪也至丁卯擢拜左司
(18) 郞中遷大府少卿又守于桂陽府自知益與世不合
(19) 累經遷謫頗悽然不樂但日飮無何而已今上即位
(20) 元年入爲衛尉少卿甲戌拜工部侍郞翌年冬遷戶
(21) 部侍郞□□□□公年高而瘦瘠日甚若不勝衣未
(22) □□感益縱飮不間而病及之遂卒春秋六十五也
(23) 公嘗娶兵部員外郞金黃伯之女有三子一女女適
(24) 內侍及第邵廷冑二子皆先公不幸其季珝嘗以文
(25) 字擢上第拾骨將葬于郭東鍾川之陽再來請銘

(26) 銘曰清且通祿不至於禮烏□戈□胡無乎地中

〔揭載〕『韓國金石文追補』、一九四―一九五
『韓國金石全文』中世下、九六七―九六八

一六五、柳英材 妻 趙氏 墓誌銘

所在 日本 東京 書道博物館
年代 高宗五年(金 貞祐六年、一二一八)

(1) 橫川郡大夫人趙氏墓誌
(2) 夫人姓趙氏曾王父諱周祚中尙丞王父諱正臣閤門
(3) 祗候皇考諱時彦追封司空左僕封外王父姓[文]?諱公
(4) 元門下平章事夫人生而聰慧嶷然殊異幼失慈母長
(5) 於外家年甫及笄德充於容行踐於言有爲婦之道遂
(6) 歸于追封左僕射柳公諱英材公条知政事政堂文學
(7) 忠愼公伸之孫追封左僕射德文之子也夫人與仁孝
(8) 偕生禮順偕長惠而柔恭而靜事君子二十餘年婦道
(9) 無缺焉及歲在庚寅不幸而君子早世孀居日久門戶
(10) 將墜賴有母弟門下侍中文景公保持甚厚乃不失其
(11) 勢矣其子有五男之長則今爲中書侍郎平章事次則

(12) 早出家今爲氷山寺堂頭了眞禪師女之長與中皆適
(13) 配耦先是而俱逝季適樞密院左副承宣祕書監白公
(14) 夫人年至九十一以今年六月二十九日終於第翌日
(15) 移殯于定光寺至是月二十七日葬于松林縣西北山
(16) 麓美哉夫人之平生也其有大貴人相次而護若鱗襲
(17) 而不絕焉幼年也外王父平章撫愛之如己子中年也
(18) 母弟侍中禮事之如母暮年也子中書平章事及氷山
(19) 禪老季壻納言奉養豊厚定省勤謹以盡其孝且爲人
(20) 之母者孰不欲見子之貴顯歟然命有脩短分殊早晚
(21) 故未有母在堂而子爲貞宰者夫人則方在堂之日子
(22) 從樞要之地躐入宰府累稔而轉至平章事而後乃化
(23) 則壽與貴近古所罕聞也但以二女先逝季壻納言未
(24) 拜相而卒爲歎尒
(25) 銘曰
(26) 夫人之德 猗蘭斯馨 夫人之行 白璧是貞 夫人之壽
(27) 孤桂長榮 夫人之子 雙鸞閒生 一登宰府 手握右衡
(28) 一入禪林 身爲釋英 人於五福 一亦難矣 以言其壽
(29) 得年如彼 以言其貴 有子如此 夫人之福 □□□□

(30) 凡人有喪　問以憂悄　夫人之喪　可慶非吊　刻靑珉辞

(31) 爲彤史表

(32) 貞祐六年　七月　日□

〔揭載〕『韓國金石文追補』、二八五－二八六
『韓國金石全文』中世下、九七七－九七九

一六六、田元均 墓誌銘

所在　서울 國立中央博物館(No. 本 一〇四八八、一〇－四)
年代　高宗五年(戊寅、一二一八)

(1) (上缺)　尙書左僕射大子賓客致仕田公墓誌 (以下缺)
(2) (上缺)　人已居赫勢有不能如其言者 (〃)
(3) □益□富□而能目知足實士大夫□□□吾於僕射府君田公見 (〃)
(4) 均字貞精全州泰山郡人也曾祖諱淑鱗祖諱□□皆爲郡司戶長 (〃)
(5) 始入朝仕至禮賓卿神虎大將軍贈尙書左僕射母許氏□泰山郡夫 (〃)
(6) 生而頴異自童年已有老成體年十八擧成均試中之因門蔭入仕 (〃)
(7) 爲恨庚寅歲明宗初即祚公被召入內侍進止詳華□□使皆稱旨上 (〃)
(8) 屢加爵秩大定二十年始除權知閣門祗候尋遷試閣門祗候壬寅以□□□

(9) 給事賜緋出知陜州撫細民繩猾吏勸農均賦皆有修紀一州愛如父母□□

(10) 深慕之秩滿復爲試閣門祗候遷監察御史拜左司員外郞俄轉吏部員外郞

(11) 時恃權者求其子入仕理有不可公竟不聽其人深憾之後遇朝會怒詈歐擊

(12) 聞者不以爲辱壯公之守正不撓如此累歷侍御史刑部兵部左司郞中皆賜紫

(13) 明昌七年拜將作少監明年以戶部侍郞知西京副留西都劇邑稱難理公抑强

(14) 扶弱威愛得中闔都侯之自近世司鑰未有出公之右者秩未滿入爲衛尉少卿

(15) 公凡按廉春州全羅慶尙等三道褒淸廉□□藏皆聰合物議凡有興利除害無不

(16) 勇爲之䟽聞　上輒許之辛酉拜御史雜端旋除刑部侍郞是年冬十一月東京義庇

(17) 之黨與草賊勃左起兵殘賊州縣　上命三軍分道討之選公爲中軍副使入

(18) 幕中計策多出公之指畫中軍之擒斬賊魁義庇勃左及其名賊不可勝計

(19) 公實有力焉嘗屯雲門山地賊竟不得犯之癸亥在軍中就加吏部侍郞

(20) 入爲判將作監兼太子舍人乙丑出爲西北面兵馬使北俗性剛悍難化自公下車

(21) 畏威無敢干紀　上嘉之擢爲樞密院右承宣兼太子左庶子特遣內侍閔濬

(22) 宣召赴闕丁卯因公事見劾出樞院爲光祿大夫判大僕事知御史臺事知臺

(23) □將承宣人愈榮之而公亦不以爲慊戊辰進拜銀靑光祿大夫樞密院副使

(24) 御史大夫太子賓客尋改臺銜爲散騎常侍進除知院事吏部尙書辛未擢拜

(25) 金紫光祿大夫守司空尙書左僕射大子賓客司空一品也公自登是職常喟然

(26) 嘆曰吾起平微□□一品此以足矣留之何待即引年稱疾告退甚篤　上不得

(27) 已允之公□謝欣然遂退居于城西之莊葛巾野服逍遙偃仰時時與親舊
(28) 置酒盡歡以遂揮金之樂越戊寅八月九日感疾卒于私第享年七十有五
(29) 公爲人偉儀表資敦篤謹慮實而無華每以卑謙自牧與人言開豁坦蕩
(30) 愉愉如也然內剛毅臨大節□確然不□□者娶奉御桂詵女凡生四男四
(31) 女男一登進士第今爲內侍大官署令一削髮禪門爲三重大師一爲金吾
(32) 衛□□一爲管絃坊判官女皆適衣冠縉紳之嗣也子婿等旣卜兆于雲開
(33) 山麓先□□□□之行狀屬予爲銘盖以予嘗從公于征東幕府□□
(34) 詳故以爲託而予可□□□洒泣濡翰爲之銘曰
(35) 世薄民偷 天嗇賢士 假□□□ 不可以位 道窮未伸 民不蒙利
(36) 獨於司空 豁断厥意 輦祿載爵 □□□ 公受而有 如荷重器
(37) 畏盈忌□ 若擎盤水 翼翼忘勞 服勤王事 □□□國 顧瘠其已
(38) 南符西綬 人□□賜 出將入相 爲邦之紀 自登□□ □□負刺
(39) 軒裳得樹 四體方肆 葛巾以遊 一杖雙屣 願言圖之 寫□□□
(40) □□名芳 耀映青史 公死猶生 吾不弔矣 小玆眞宅 子孫其熾
(41) □□貞珉 □山終始

〔參照〕 金紫光祿大夫守司空尙書左僕射太子賓客田公墓誌銘
(『東國李相國集』三十五 所收)

① 夫士方未顯喜議駮朝廷大臣之出處去就及身居其地有不能如其言矣況官高而志
② 益卑富貴而能知足者實今古賢士大夫所難而非喋喋義駮者之所到也誰其有之吾
③ 於僕射府君田公見之矣公諱元均字眞精全州泰山郡人也曾祖諱某祖某皆爲郡司
④ 戶至考諱龍文始入朝仕至朝散大夫神虎衛大將軍兼禮賓卿以公貴追贈尙書左僕
⑤ 射母許氏亦系出泰山以公故累封至泰山郡大夫人公生而頴異自童年已有老成體
⑥ 人固已奇之矣年十七擧成均試中之後因門蔭入仕嘗以不第爲恨然博古綴文自老
⑦ 儒宿學皆自以爲不及庚寅明宗即祚召入內侍凡指使皆稱旨上才之屢以賞寵之大
⑧ 定二十年拜權知閤門祗候壬寅以殿中內給事賜緋出知陝州淸廉不受苞苴其撫細
⑨ 民未嘗不拊循哀惻實出由誠及繩猾吏鋤理甚威發姦摘伏如神一州敬憚決獄尤詳
⑩ 審雖受棒楚者皆曰田君決之吾何怨之有入爲試閤門祗候遷監察御史俄拜左司員
⑪ 外郞尋改吏部員外郞時怙權橫恣者求其子入仕理有不可公竟不聽其人深憾之後
⑫ 遇道上怒罵歐擊至蹴墮溝中雖憲司佯若不聽然聞者不以爲辱而壯公之守正不撓
⑬ 也累歷侍御史刑部左司郞中皆賜金紫未幾拜將作少監明年以戶部侍郞出知西京
⑭ 留守西都劇邑稱難理公抑强扶弱威愛相濟闔都稱頌無有敢欺自近世司鑰未有出
⑮ 公之右者秩未滿拜爲衛尉少卿凡按廉春州全羅慶尙等三道褒淸發贓皆物議所歸
⑯ 允凡有興利除害者無不勇爲之輒䟽聞之上皆允可歷御史雜端刑部侍郞泰和二年
⑰ 冬十一月東京義庇之黨與草賊巨魁勃左等起兵多殘敗州縣將有犯順之意上命三
⑱ 軍分道討之選公爲中軍兵馬副使凡幕中計畫多出公之謀議故中軍之擒斬賊魁義

⑲ 庇勃左及名賊不可勝數公實有力焉嘗屯雲門山也公獨完葺廳事施曲欄倚檻蒔瓜
⑳ 其側無慮百本或告以爲此非種瓜之所公笑不荅人莫知其故公密謂幕佐曰賊忌官
㉑ 軍之先據要險利其速徙屢驚擾之故將示以毋動以絶賊望也其方略皆此類終賊滅
㉒ 竟軍雲門山自固癸亥在軍中就加吏部侍郎明年凱還京師除拜判將作監兼大子中
㉓ 舍人乙丑出爲西北面兵馬使北俗性剛悍難化自公下車略不敢干紀上嘉之擢爲樞
㉔ 密院右承宣兼大子庶子特遣內侍閔瑄宣召赴闕丁卯因公事見劾出樞密院爲光祿
㉕ 大夫判大僕事知御史臺事知臺勢埒承宣人愈榮之而公亦不以爲慊戊辰進拜銀青
㉖ 光祿大夫樞密院副使御史大夫大子賓客以親嫌改臺銜爲左散騎常侍未幾遷知院
㉗ 事吏部尙書大安三年拜金紫光祿大夫守司空尙書左僕射司空一品也公自登是職
㉘ 嘗喟然嘆曰吾起平微無文華虎功有以輔相官家徒以刀筆吏官至一品此已足矣留
㉙ 之何待遂引年稱疾告退甚篤上不得已允之公得謝然後欣然肆意退居于城西之莊
㉚ 葛巾野服逍遙偃傲每與親舊置酒盡歡以遂揮金之樂越戊寅某月日感疾卒于第享
㉛ 年七十有五公性愼密凡政事施爲其機張鍵閉人莫窺測及設而後知之無敢更議者
㉜ 敦篤忠信嘗以卑謙自牧與人言開豁坦蕩莫有畦畛樂而忘倦然內强毅臨大節有確
㉝ 然不可奪者娶某官桂氏女凡生四男四女男曰甫龍登進士第爲內侍大官署令曰得
㉞ 良祝髮爲僧緇秩至三重大師曰甫龜爲金吾衛郎將曰甫麟爲管絃坊判官中軍錄事
㉟ 女一適內侍弓箭庫判官安某一適內侍開城牧監直文某一適守宮署丞李某一適隊
㊱ 正李某皆衣冠搢紳之嗣也甫龍等旣卜兆于某山先葬日具公之行狀屬予爲銘蓋以

㊲ 予嘗從公于征東幕府得公之詳故以爲託而予可辭乎敢灑泣濡翰而銘之曰世薄民
㊳ 偷天嗇賢士假如生之不假以位道屈莫信民未蒙利獨於司空豁斷厥意載爵輦祿悉
㊴ 輟以畀公受而有如荷重器畏盈忌滿若擎盤水翼翼忘勞服勤王事旣肥其國顧瘠其
㊵ 已南符西綏民受其賜出入臺閣爲邦之紀品登一品猶背負刺軒裳得釋四體方肆退
㊶ 逸于莊城西之里幅巾以遊一杖雙履願言圖形寫眞孰似身沒名芳輝映靑史公死猶
㊷ 生吾不謂死新宮之寧子孫其熾勒銘貞珉與山終始

〔揭載〕『韓國金石文追補』、一九五―一九七
『韓國金石全文』中世下、九七二―九七四
『朝鮮金石總覽』上 附錄、五七一~五七三
『東文選』一二二「金紫光祿大夫守司空尙書左僕射太子賓客田公墓誌銘」

一六七、崔孝思 墓誌銘

所在 서울 國立中央博物館(No. 本 八〇三六)
年代 高宗五年(金 貞祐六年、一二一八)

(1) 樞密院使禮部尙書寶文閣大學士崔公墓誌幷銘
(2) □謂古國者必有世臣積德累行不墜箕裘之業然後可以與國相終始而
(3) □永不窮也楊公在漢四世爲公王氏仕晋與淮共流傳曰德遠而後興
(4) □□漢南崔氏名孝思改名坦亦海東著姓也其先自雞林移籍此州至
(5) [內][史]令士威於公爲六代祖在 肅王時佐淸內難及卒配饗廟庭曾祖叅政

(6) 繼芳謚和順公祖平章事誠謚文簡公翊戴　仁廟有衛社殊功考禮部
(7) 郎中光世妣慶源郡大夫人李氏實生公焉天資聰敏記性過人少推門蔭
(8) 飄纓弁綺紈餘習讀書而文詞入遊國庠於金相國永胤門下登科例
(9) 補中和縣周有飛蝗入境公巡境祈告忽大雨其災即息以課最入調敬
(10) 德宮錄事　明王八年分遣察訪使行問州郡前後守令政績公登第一由
(11) 是驟遷都校署令兼軍府叅謀再巡北塞諸城檢閱戎備還爲大僕丞擢樞
(12) 密院堂後官差遣中外使佐至夜不得寐以其勞權監察御史往赴北路
(13) 行臺俄即眞累轉侍御史　賜紫金魚除起居舍人兼太子司經郎出爲慶
(14) 尙州道按察兼蔚金梁州點軍使剖決無留吏民不能欺明年
(15) 王大弟平涼公自代邸入踐大寶　大金遣宣問使察具變爰命公到關
(16) 伴行使還稱旨自中書舍人遷戶部侍郎右諫議大夫俄改吏部會
(17) 上策王太子以公充讀册使恩例尤厚即除國子祭酒翰林學士仍掌司
(18) 馬試明春出鎭東陲朝議皆以公爲諳練典故宜居喉舌以道宣王化由
(19) □尋拜樞密院知奏事自初至於此凡出入臺閣凡十有餘未有毫釐過
(20) 失所歷無不帶三字遂貳春司典貢士藉所取多知名士爰授簽書樞密
(21) 院事右散騎常侍踰年授同知院事翰林學士承旨卒以樞密院使禮部尙
(22) 書寶文閣大學士致仕公廉介自守不喜與俗人交既納政居里第閉門
(23) □掃常晏然也至大金貞祐六年夏寢疾不起春秋七十九五月十有五日

(24) 葬于靈岳山西麓去京城四里許嘗娶泉府少卿朴純古女生子男二人
(25) 長祝髮學禪陟大選歷住名藍次登丙第先公死子女三人皆有家
(26) 其孫振振焉公所居宅曾有凶名人莫有問者公買居之或曰此地不利於
(27) 主公笑曰吉凶在人不在地果登樞府十餘載有懸車之樂終始無尤眞
(28) 所謂知命君子也　　銘曰
(29) 位登樞相不可謂不遇　年幾八旬不可謂不壽　明足以保其身
(30) □足以□□後　刻石留芳其與此山並久而不朽
(31) 　時貞祐六年五月　　日　誌

〔揭載〕『韓國金石文追補』、一九八―一九九
『韓國金石全文』中世下、九七五―九七七
〔參考〕朴龍雲、「高麗時代 水州崔氏家門 分析」(『史叢』二六、一九八二)

一六八、崔忠獻 墓誌銘

所在　日本 東京國立博物館(No. 二七四一二)
年代　高宗六年(金 貞祐七年、一二一九)

(1) 壁上三韓三重大匡翊聖靖國同心佐命致理訏謨逸德安社濟世熙載贊化夾輔翼亮商
(2) 楫周藩漢柱唐鏡光贊羽翼復辟再造格天貫日勤鼎紀常文經虎緯禦理措安先
(3) 機燭物轉籌決勝寒纊旱霖嶽降天授平衡保阿定典畫一金礪羹梅練事得體先

(4) □明□叱秦吒楚大畏小懷磐國鼎世帝賚人師輔相匡救揔管□事種德和民啓沃裁
(5) 成濟川補袞爕理緜綸燭幽定遠功臣特進金紫光祿大夫守太師開府儀同三司中書
(6) 令上柱國上將軍判御史臺事食邑一万戶食實封三千戶晋康公贈謚景成崔公墓
(7) 誌銘
(8) 維大金貞祐七年歲在己卯九月二十日柱石三韓中書晋康令公薨于安興里私第越十
(9) 二月二十四日將葬于鳳凰山西南麓長子副樞公以銘囑予予私謂之曰公之卯翼文士騰
(10) 翥于□□者林林楫楫今必以是囑予者豈非素諒戇直不虛美不失事書足以信後歟
(11) 然則公之富貴功名之盛則已有誄書焉哀榮終始之美則又有哀册焉此不復叙姑紀其門閥
(12) 之源流登拜之歲月與夫行事之一二大者耳公姓崔諱忠獻本名鸞牛峰郡人壁上贇
(13) 德英烈佐聖功臣三重大匡開府儀同三司檢校太尉守司空中書令判戶部事贈謚翊靖□
(14) 元之子也王父貞現曾王父周幸愼勤於朝官不大耀竝追封守太師開府儀同三司中書
(15) 令上將軍母曰晋康國大夫人柳氏金紫光祿大夫中書令上將軍諱挺先之女也公
(16) 少倜儻氣尚不羣有容人之量始以門蔭散補良醞令旋拜成陵直散加衛尉注簿自許以
(17) 功名顯耻爲刀筆吏改點與威衛保勝散員大定甲午盜起西都推轂元帥授鉞徂征選勇□
(18) 奮不顧生者結爲戰鋒別抄擧公爲都令以當一面陷陣却敵登陴先入遂克戡定師還錄功轉
(19) 本衛別將　上有大用意試以臨人丙申出補知安東府事副使政尙嚴簡急吏緩民時分遣察
(20) 訪使巡問守令之殿最奏公課最秩滿庚子拜鷹揚府攝[郞]將辛丑除攝即眞丁未春出
(21) 按慶尙晋州道登車攬轡風稜震肅得古使臣之體忤權臣意擧文學劾使未竟尋以私

(22) 騎還然有識者不以公爲非是年攝遷龍虎軍中郎將戊申眞授公之禀受素有大過人者
(23) 盤桓偏裨累歲堙屈人多以是觖望癸丑冬改監門衛中郎將借本衛將軍甲寅遷攝乙卯
(24) 夏□□[左]右衛精勇攝將軍　明廟在宥之末年權倖□朝于乱朝政中外憤欝丙辰夏公奮
(25) 然擧義□□□□專恣者國步賴安遷監門衛攝大將軍尋改左右衛特拜樞密院左承宣知
(26) 禮部兼知御史臺事[太][子]詹事丁巳秋　上耄倦于勤遜位于　皇太弟是爲　神宗公有定策
(27) 迎立之功特授大中大夫上將軍□□餘官如故　命有司畵形於功臣閣仍　賜鐵契以旌帶礪之
(28) 信冬轉銀青光祿大夫樞密院知奏事吏部尙書他官如故自玆以後年除歲遷階至於金紫
(29) 光祿大夫功至於開府儀同三司守太尉上柱國鄕至於三重大匡官則恒帶知奏事兵部尙書
(30) 知吏部御史臺事　本朝舊制階功鄕職之至此必待登宰府者然後授之今特以是加焉者盖
(31) □之功閥爛著不如是不足以褒賞故爾公旣遭時遇主自任以喉舌之重補賛彌縫甄拔銓叙
(32) 知無不爲　上亦推赤心置之於腹重違左右然天之賦授於公大器者不可久滯近用辛酉
(33) 冬大擢樞密院使吏部尙書御史大夫其他帶官竝仍舊署壬戌超遷守太傅条知政
(34) 事吏兵部尙書判御史臺事癸亥轉守太師中書侍郎平章事甲子孟春　上不豫
(35) 召公入內面付托孤之寄而以同心佐命致理功臣號寵焉　大子受內禪公受遺輔政志在端
(36) 正百度儀刑四方謨明弘濟爲任是年冬加壁上三韓三重大匡門下侍郎平章事判兵
(37) 部事乙丑位特進加訏謨逸德安社濟世功臣仍擢門下侍中晋康郡開國侯封食幷一千
(38) 三百戶遣使持節册授焉丙寅遷拜中書令上柱國判吏部事晋康侯丁卯加晋康公戊辰
(39) 加熙載賛化夾輔翼亮功臣封食增至一万三千戶辛未冬末公因除授入覲啓事時有羣

(40) 不逞輩妬娼久寵挺劔闌入必欲害公事出不意雖　上亦驚避于內寢公獨孑然一身隱蔽於
(41) 紙障間得以免難天之於公特欲全安使之令始令終者於此可見　康宗踐祚加公復辟
(42) 再造格天貫日勤鼎紀常之號今　上繼統重加注意官有品限無以復加但狀其輔相之意
(43) 製字歲加懿號而已公年至懸車思欲解煩辞劇頤神逍遙上章乞致事　上覽則愕然遣
(44) 中使敦諭曰計之於公則得矣其如國家何其如寡人何固拒其請　命備鳩杖金几遣使特
(45) 賜以爲暮年倚憑決事之具公於是辞不得已復起□事越自丙子秋丹寇犯邊漸侵入于
(46) 西海春州界復蠶食于東北城堡勢轉危急公坐擁兵□□□使發軍遣將或爲三軍或
(47) 爲五軍或爲行營動合事機能使虜寇蕩滅　上大加歎賞擬於休□一體　賜之國姓　命付宗
(48) 正屬籍示以万世之慶賴憶昔之人有言曰功不可以盍世威不可以震主獨公以□十勃安之
(49) 功伊攝霍立之威始自丙辰□□今二十四年之間雍容閑雅處之自若物莫得議一何盛哉
(50) 自天地定位君臣有序寥寥千□□□人臣之美無出我公之右者公雅好燕喜故於歲時
(51) 伏臘有名之日必置酒設樂邀致巨戚□□□府公相相與敖樂窮□□力繼之以夜率以爲
(52) 常至今秋疾作猶當望夕□設宴豆或謂公體□不佳不宜如此公則□□□意固邀賓履
(53) 琴棊絲竹嘔噱終宵詰朝客去隨人叙情諄諄如也□□□大漸更不與□客相□□□其大
(54) 訣也病棘兵權後事悉付於副樞公封還几杖表辞國□□□日□□□無□將□□□
(55) 特喚伶官數□□□笙簫磬管琴瑟俱擧樂闋□已化矣春秋□□□非翛然仙去者其
(56) 能如是□　上聞訃悼□□□若失左右手爲之輟不視朝□□□其襄事一亻□□□故事而
(57) 加等皆　命有□□之贈謚曰景國仍勑具秘器羽□□□□□百官縞素臨□□□

(58) 麓□不與常制也夫人[宋]氏知樞密院[事]尙書左僕射上將軍致仕宋淸之女也柔
(59) 範有則婦道無違生二子一女先公而卒長子則今任銀青光祿大夫樞密院副使兵部
(60) 尙書上將軍次子則今任守司徒上柱國[寶][城]伯女則適平章事任濡之子亦先公而夭公
(61) □□□禮部尙書任溥之女是爲綏?[國]宅主生一[子]□□[守]司徒上柱國永嘉伯又娶
(62) 康宗之庶女[恩]爲靜和宅主生二子長□[守][司]空柱國[次][子]則出家肄業于曹溪宗今
(63) 任禪師冲之於公辱知最厚晩陪台席屢承□□□上將之榮多是先容之力況於
(64) 副樞公特有姻婭之親書銘之論敢以辞謚筆鈍爲解寶[文]閣大學士金紫光祿大夫守司
(65) 空尙書左僕射政堂文學上將軍判禮部事趙 冲 銘曰
(66) 緜緜慶閥 肇自牛峯? 金昆玉友 竝著軍庸 令名終始 惟公獨鐘 腹心社稷
(67) 呼吸乾坤 軒裳二紀 棨戟高門 人臣之美? 莫我若尊 天不憖遺 今也則亡
(68) 有子克家 侯恨之長 銘其不朽 錮以壽堂

〔掲載〕『朝鮮金石總覽』上、四四〇—四四五
『韓國金石全文』中世下、九七九—九八七

〔參考〕『高麗史』一二九 崔忠獻傳
朴菖熙、「崔忠獻小考」(『史學志』三、一九六九)
邊太燮、「武臣亂과 崔氏政權의 成立」(『한국사』七 무신정권과 대몽항쟁、一九七三)
林允卿、「崔忠獻政權의 成立과 그 性格」(『梨大史苑』二〇、一九八三)
金塘澤、「崔忠獻政權과 武人」(『高麗武人政權研究』、새문社、一九八七)
李慶喜、「崔忠獻家門 研究」(『釜山女大史學』5、一九八七)

一六九、趙冲 墓誌銘

所在　江原道 横城郡 横城邑 正菴里
年代　高宗七年(金 貞祐八年、一二二〇)

(1) (以上缺) [守][太]尉門下侍郎平章事修文殿大學士修國史(以下缺)
(2) (以上缺) [文]正公趙公墓銘 并序
(3) 公諱冲字湛若横川人也□□□□□□□□□大保諱正臣之曾孫閤門祗候追贈司空尙書左[僕][射]□
(4) 時彥之孫金紫光祿太夫特進三[重][大][匡][開][府][儀]同三司門下侍中修文殿大學士監修國史上柱國判吏
(5) 部事太子大師贈謚文景公諱永[仁][之][子][母][鈴][平]郡夫人尹氏實推誠奉議配饗功臣鈴平伯贈謚文肅公
(6) 諱灌之孫平章事上柱國贈謚文康[公][諱][彥][頤][之]子直史館諱子固之女也公生一月而大夫人見背及有
(7) 識哀慕寔深孝友尤篤故家名焉孝[童][自][幼][嗜]學能文以家蔭從仕補刊定都監判官入大學考藝累中優
(8) 等登上舍年甫弱冠擢進士第屬籍內[侍]□[遷]至閤門祗候試尙食奉御賜緋衣銀魚改戶部員外郎賜金
(9) 紫辶工部郎中大子文學明昌七年奉[使][如]金至客省幕中使與執禮官來煩□殿庭禮數至皇帝問
(10) 國王安否使跪奏　國王臣某之一節□曰斥君上之諱非禮也中使曰此流例也不可易辭公曰小大
(11) 雖殊事君之禮一也豈大國而强人以非禮乎吾不忍口進　寡君之諱中使再三致詰知不可奪遂引
(12) 入殿中行禮一如公意復命　上聞大嗟賞之曰使於四方不辱君命其爾之謂乎明年拜大僕少卿太
(13) 子宮門郎出按楊廣忠淸等路輶車所指皆有威愛壬戌丁文景公憂哀毁如禮外除歷禮兵吏三部侍郎

(14) □□東宮遷國子祭酒知都省戊辰春以兵馬使出鎭東北路革弊興利剖決如流甚得將吏之心己巳主

(15) □□□□秋顥秀等六十六人辛未加大[司]成寶文閣學士知制誥俄知禮部是年秋同知禮部貢擧得姜

(16) [昌][瑞]等二十八人癸酉秋　今上即位冬拜翰林學[士]□□□尙書甲戌秋又以兵馬使出鎭西北路其

(17) 扌馭之方一似於東路而威望加焉後發探訪使考□吏□□蹟奏公爲最拜銀青光祿大夫副樞密使吏

(18) 部尙[書][上]將軍翰林學士[承]旨丙子冬以副元帥出征契丹賊訓練齊整成軍而出然而時元帥剛愎自專

(19) 公性寬廓不甚力校故以失□□績俱罷職至丁丑[秋]朝廷以公威重且有遺愛復起公爲西北路兵馬使

(20) □□見公來皆忺然無不盡力爲用由是黃旗黑紺等群賊銷沮明年又大敗丹賊子壻等皆得蔭其功夏

(21) 得替還京師拜金紫光祿大夫守司空左僕射□□秋□復熾　朝廷更謀軍帥上宰晉康崔公奏無以易

(22) 公即受鉞□賊壘戰再捷賊畏□入保岱州城時會有蒙古國軍帥合珎札剌等率勝兵万餘人自東鄙入

(23) □拔岱州只請和?　我國復讎契丹之□辭請於公軍□公即奏聞先是蒙古國遣四十餘人賫牒乘舩

(24) □□□定州請如今日講和事　朝廷議以爲莫是契丹遺種一般人僞作蒙古文字名復讎契丹實欲

(25) □□□耶遂不報及是□□之馳聞方棘而朝臣猶執前議依違未決者久矣唯今樞密使崔公曰以元帥

(26) 走□□□□□□□皮□□贗而妄奏如是耶力開說□會群公然後□稍解且許講如然乞粮草事

(27) 未□□□公以便□□事故得與蒙古和好攻破契丹及平蒙古以俘獲婦女孩童六百餘口付公揮涕叙

(28) □□□□公乃□配佛寺官廨以充駈役云是年拜政堂文[學]判禮部事又[知]貢擧得金仲龍等二十八

(29) □□□□守大尉門下侍郞平章事修文殿大學士判兵部事□□□故是年六月二十八日感疾

(30) □□□醫□□[藥]□□日継于門司星奏太白犯房次相至九月初三日疾革卒殯于楊堤里之第實大

(31) [金][貞][祐][八]年庚辰也享年五十　上聞震悼命有司賻吊庀葬□贈謚文正公輟

(32) [視]朝三日是月二十有八日甲寅葬□承天府乹維山麓禮也□□貌魁偉有威儀方中柔外自少愛客樂

(33) □日與朋友故□飮酒歡笑衎衎□略無惓色嗜讀書大涵包於□經百家之[書]而尤□於詩易自少卿至

(34) □郎□□東宮行李之□訓導必盡其方由是泰和中有龍潛之□驟承恩睠同院□之誥院演綸高文大

(35) □日落於上下文場主選□才茂學擧集於門中或陶煦諸生□庠序羇縻胡虜於邊荒若大若小於內於

(36) [外]位皆稱職動輒有聲其器宇方略可涯也哉及岱州之戰□[蒙]古帥本頑如禽獸者又乘勝自負見軍中

(37) □□輩率皆媟狎無所不至及見公擧止遂嘆服敬憚引坐於[上]□呼爲大哥此人所以莫見其以何術而

(38) □也豈□謂行之以躬不言而信者耶意當　朝廷依違之□□□柄者儻不如是神明獨断而顧望

(39) 朝□逆忤悍虜之□三韓之業其□□□凱還已來□□□□隙地搆別墅鑿泉種松竹名獨樂園退公

(40) 之後喜率親戚子弟門生故舊開小酌□□□□和至傳□□好事者之口而賡歌之此亦當時名敎中

(41) 一段奇事也公娶門下侍郎[平章事判]吏部事文懿公[諱詵]□□□昌原郡夫人崔氏生三子長子擢第春

(42) 官累迁考功員外郎□□換虎職神虎衛保勝□□□□[牽]龍行首次子入大學隷經德齋補延禧宮錄

(43) 事女五人長適門下侍郎平章事任濡□□□先公而卒?[次適]戶部員外郎安劉佐之第□子公之門生次

(44) 適兵部郎中徐氏之第二子□幼□□□者有二焉于□□□中公門下□也□□公同年登第無日不踵

(45) 於公之門者考功郎君□□錄見託宜努力子細覼縷□□□□□來□次乱矣略爲之辛試起居郎知制

(46) 誥尹于一銘曰　德行耶文學耶政事耶可無愧顏閔□□冉路之科?歟出而將入而相　半百年前功名富

(47) 貴何恨公不得享年之遐　街兒巷婦□猶□□門□□軍中將吏平生受賜之多耶　九重軫□□□

(48) 吊生贈死之禮有加　謂功之大□□□□□□會　其方略施設也　無炳炳圭□□發乎外(以下缺)

(49) 援溺三韓之父孝□　□再□□丈夫之事業已了　嗚呼大哉公之功乎　□□落於形迹之(以下缺)

(50) 大金貞祐八年(以下缺)

〔參考〕『高麗史』一〇三 趙冲傳
『東國李相國集』三六「金紫光祿大夫守太尉門下侍郎同中書門下平章事上將軍修文殿大學士修國史判禮部事趙公誄書」
『東文選』一一六「앞과 같음」
辛鍾遠、「趙冲 墓誌銘」(『江原史學』四、一九八八)

一七〇、柳光植 墓誌銘

所在 서울 國立中央博物館(No. 新 五八五七)
年代 高宗八年(金 貞祐九年、一二二一)

(1) 金紫光祿大夫守[太][保]開府儀同三司門下侍[郎]同中書門下平章
(2) [事]判兵部事致仕贈謚戴肅公柳 光植公 墓[誌][銘] 幷序
(3) 公諱光植完山人也曾王父諱仲守司空左僕射叅知[政][事]□□司□□謚忠
(4) 愼公王[父]諱德文刑部員外郎贈尙書右僕射[父][諱][英]材閤門祗候贈尙書右
(5) 僕射母曰橫[川]郡大夫人趙氏[閤]門祗候時彥之女 公家世山東顯族越戊
(6) 戌歲補良醞令同正出補□[靈][巖]郡判官有政績至甲辰擢爲南面都監[判]官
(7) 屬內侍丙午冬以□部□□大金國□旨戊申冬轉掌治署□□□□閤
(8) 門祗候出爲定州分道□□□進少府注簿至乙卯□□□□閤門祗候明
(9) 年□眞戊午夏累遷工部員外郎歷左□□□□金國[封]册使百餘人至國
(10) 家以重地□之命公爲都指揮[使]□□□□事無不辦明年靜州謀乱□□爲

(11) □諭都監公至諭以□□□□夏轉都官郎中移兵部癸亥秋遷大府少卿是
(12) 年冬出爲□□□□□恩威兩施當時政最不待考滿乙丑冬又爲大府少卿
(13) □□□□□□是年秋出爲楊廣□□□□按廉使丁卯冬遷戶部侍郎至已
(14) 巳□□禮賓卿壬申□□□□□□樞密院左承旨知兵部事明年遷樞密院
(15) 知奏事判礼賓省事知吏部事甲戌冬拜銀青光祿大夫樞密院副使判閤門
(16) 事乙亥冬出爲西京八關齋祭使□年授金紫光祿大夫知門下省事尙書右
(17) 僕射判三司事□丁丑春遷守司徒叅知政事判□部事戊寅春拜中書侍郎
(18) 平章事□□稱病乞骸骨特加守太保開府儀同三司門下侍郎同中書門下
(19) 平章事判兵部事仍令致仕公性沈默有器度潛心于學早中南省不樂赴春
(20) □雖不中第以文雅餙吏事所莅有聲績及至宰輔托疾□以優游私第終始
(21) 無缺何其盛哉至大金貞祐九年六月乙丑感疾至八月甲寅卒于楊堤里第
(22) 享年六十有□
(23) 上聞訃震悼命有司庀喪事贈謚曰戴肅公爲輟朝三日以是年九月丙午葬
(24) 于鳳凰山之北麓禮也嗚呼公娶于知樞密院事郭公陽宣之第三女後封爲
(25) 上黨郡夫人生子男□女三長女適樞密院副使尙書右僕射致仕林公千□
(26) 之長子今麟州防禦副使試閤門祗候□□生□子而卒子曰□□□刪定都
(27) 監判官嗚呼公之男女非一二□先公而倶夭□□□孑然□□娶于尙書
(28) 禮部侍郎□公之長女今爲□□□副使軒昂有氣□□□于時世以□爲有

(29) 子與予有烟親之義臨葬日請□於予銘之曰
(30) 魁然□公　濯濯春柳　進退有度　形於忠厚　□□□衡
(31) 德爲耆耉　優游綠野　以養遐壽　厄□□年　未躋亥首
(32) 一株珠樹　□□有後　刻石幽堂　傳□□□
(33) 　貞祐九年辛巳九月　日　誌

〔揭載〕『海東金石苑』補遺五、八九六―九〇二
『朝鮮金石總覽』上、四四五―四四八
『韓國金石全文』中世下、九八七―九八九
〔參考〕『高麗史』一〇一　柳光植傳

一七一、(僧) 李法源 墓誌銘

典據　『東國李相國集』三五
年代　高宗九年(壬午、一二二二)

① 殤子法源壙銘
② 沙彌法源吾子也捨吾姓而從釋氏者也年十一投禪師規公祝髮爲衲僧事師甚謹性
③ 警悟凡使令輒迎導其意不須頤指故師最愛之在寺暴得病至吾家臥一宵明日而化
④ 間三日瘞于山噫何其倏忽也如此歲金龍月黃鍾剃度年水馬律夾鍾反眞爲僧凡一
⑤ 十六月耳予遂爲銘詞刻三尺木板納于壙寓哀而已其身與銘不如速朽何必鑱諸石

⑥壽其傳哉銘曰僧其服一日足況二冬一夏汝死猶可

〔揭載〕『東文選』一二三「殤子法源壙銘」

一七二、崔義 墓誌銘

所在 서울 國立中央博物館(No. 本 六四四九)
年代 高宗一〇年(癸未、一二二三)(推定)

(1) 正議大夫判閤門事崔公 墓誌
(2) 判閤門事崔義僧嶺縣人靖懿公之胤子?名有父風年
(3) 十九始拜職於司儀 明宗愛公風度擢尙已子産一男
(4) 一女其飛榮翔貴爲時所瞻頌 本朝臣事結丹公以
(5) 賀正使承命入丹 天子以公爲我皇親眷又容儀脫俗
(6) 爲使符命別賜歓筵丹人稱美於度于春夏按廉四海至壬
(7) 申拜尙書左丞 上以容止禮皃光映朝廷有玉雪可憐
(8) 之狀遷秩于閤門判朝廷禮儀之事一無差缺其禮
(9) 皃周章時稱爲龜鑑於丁丑年以左軍知兵馬使正色
(10) 率軍禦敵于境有大功列是後蒙古國使九人入朝人
(11) 面歎心人皆諱?近公承命處置無不畏伏滿朝冠釒率

(12) 皆嘆伏別有功績越癸未冬十月爲西都八關齋祭副
(13) 使□盖而行所歷皆驚大抵西都佳麗根柢凡奉使
(14) 是都遊宴樂節往往貽欺公一不着眼有□□
(15) 人者仍䙌而行不益於人者革而□□□嘆伏公
(16) 之平昔所勤王佐助事□□訁略而不錄後娵洞陰
(17) 郡君夫人□□□□□城東獨樂園栽花種□與
(18) □□闔碁設酒日歡爲事噎行年五十四染疾
(19) 而逝命也何如殯于獨樂園移葬于松林縣烽
(20) 燧麓禮也
(21) 銘曰富貴而闕蕭洒蕭洒而闕富貴人人所常
(22) 唯公之謂歟富貴爵祿蕭洒俱得者哉所恨
(23) 齒不登七十耳

〔揭載〕『朝鮮金石總覽』上、四四八－四四九
『韓國金石全文』中世下、九九二－九九四

一七三、白賁華 墓誌銘

典據 『東國李相國集』三六
年代 高宗十一年(甲申、一二二四)

京山府副使禮部員外郞白公墓誌銘

歲甲申月孟秋京山府守白公卒于理所夫人至京師旣襄事而將葬也知予於君爲舊執使其孤希詮叔明等來泣乞銘予於是論次而識之云君爲人敦篤謹愿不抗以自高不婉而苟順實醇厚正直君子也少力學工屬文年十九擧省試中之是戊午夏之五月也至六月又擧春官擢第大抵連月再捷士所難得而君又年少故人益異焉泰和六年籍屬內侍居近密者十有九載以幹事貞固稱我朝成例凡禪敎選席使近臣之能文者主之故上以曹溪之選委君焉君精汰遴揀所得皆一時名衲子後多爲法王宗匠騰踩叢林者又西海經契丹寇擾凋弊尤甚上遣君爲蘇復使君以便宜賑貸所活不可數民於是幾骨而復肉矣凡閱官自句覆院判官歷補秘書校書郞衛尉寺注簿少府寺丞五遷至閤門祗候未幾以禮部員外郞賜紫金魚袋拜宣州防禦副使病不克赴間一年復出守京山府到官數月病復作遂不起享年四十六以是年九月某日葬于某山嗚戲以君之聰明才幹得官爵壽命止於此而文章不得以潤色皇猷道德不得以康濟時用是尤可惜者已君諱賁華字無咎淸州藍浦郡人也故朝議大夫判秘書省事翰林學士知 制誥諱光臣之子而故大僕卿贈三重大匡諱司淸之孫也娶尙書左僕射林諱惟謙之女爲配凡生二男曰希詮祝髮爲浮屠曰叔明甫冠未仕君晩喜禪法自號傘禪居士云銘曰

嗚戲白君止此而已耶束髮飛騰意在千里孰云暴顚賚志入地宅兆孔寧維子孫之祉

〔揭載〕『東文選』一二二「京山府副使禮部員外郞白公墓誌」

『南陽詩集』下、「京山府副使尙書禮部員外郞白公墓誌」(『高麗名賢集』五、大東文化研究院、서울、一九八〇。이 揭載本에는 題銘과 序文 사이에 「國子祭酒翰林侍讀學士知制誥李奎報述」이라는 一行이 삽입되어 있다)

『朝鮮金石總覽』上 附錄、五七三—五七四

〔參考〕 千惠鳳、「『南陽詩集』解題」(『高麗名賢集』五、서울 大東文化研究院、一九八〇)

〔編者註記〕 白賁華가 四六歲로 사망하였다는 第⑪行의 기록은 착오인 듯하다。『南陽詩集』所收의 墓誌 기록에는 四五歲로 되어 있는데、白賁華가 戊午年(神宗一年、一一九八)에 一九歲의 나이로 科擧에 及第하였다면、그가 사망한 甲申年(高宗十一年、一二二四)에는 그의 나이가 四五歲가 되기 때문이다、

一七四、李績 墓誌銘

典據 『東國李相國集』三六

年代 高宗十二年(乙酉、一二二五)

① 銀青光祿大夫樞密院使御史大夫李公墓誌銘 幷序
② 予嘗論之勇不必以力而先以氣爲本以義爲主者也何則生重於義則其氣怯氣怯則
③ 雖鶡冠猛士有臨陣而股弁者義重於生則其氣激氣激則雖緩帶君子有雄入九軍略
④ 無懼容者是理之常也夫所謂義者有可以濟國難活萬人則以身當之奮不顧生者是
⑤ 已誰其得之維樞密相國李公一人而已越貞祐五年丙子契丹犯境上命三軍討之以
⑥ 公爲右軍兵馬判官及與虜戰於貫花驛之南壞虜乘勝進擊我軍皆奔北無一人反顧
⑦ 者公獨瞋目直前手殺數虜然後遂叱衆俱進賊衆遂却是日微公官軍幾殆矣明年轉
⑧ 左軍兵馬副使復與虜戰於廣灘公先登大捷俘獲甚衆上奇其勇除左右衛將軍公固

⑨辭不受尋改將作監出爲慶尙道按察使會朝廷勑諸道按廉使各率管內軍士赴三軍
⑩爲羽翼三軍亦欲待以爲援屢督促之時虜兵遮屯要會元帥密傳以勿由其路公曰所
⑪以赴戰固敵是求避敵非勇也行由徑路似怯也遂直衝虜屯而行虜果出圍之公與戰
⑫大勝斬馘不可數獻俘于元帥府元帥大加咨賞未幾又命公以所部軍士押轉軍資於
⑬順州虜自殷州出於不意公唯與麾下百餘人與戰却之元帥自城上望之嗟嘆至垂涕
⑭己卯三月以尙書左承被召是年賊稍平餘種入江東城自保朝廷鍊銳兵以公爲都統
⑮公固辭領兵以單騎赴之以其界兵士悉討平其賊仍留爲東北面兵馬使明年以樞密
⑯院右承宣召之盖公甞固辭將軍故以喉舌貴官寵之也公諱績其先砥平縣人也曾祖
⑰諱某祖諱某考諱某監門衛大將軍追贈尙書左僕射公始屬茶房出爲猛州倅及代凡
⑱八年未調明昌某年復屬茶房旋移籍內侍累歷官至閤門祗候出爲高州守入爲尙舍
⑲奉御閱都官兵部二員外又遷至軍器將作監吏部侍郞尙書右丞樞密院左承宣司宰
⑳卿判大僕事左散騎常侍貞祐十年壬午擢樞密副使甲申遷院使御史大夫明年卒享
㉑壽六十四公先娶某官某氏女無嗣後娶某官女又無嗣公爲人端平簡直平和恭謹人
㉒未甞見慍色雖至貴官常獨處一室淡然若書生措大略不以家事掛意平時姁媮柔弱
㉓似無膽勇者及臨戰陣其勇敢之過人拔羣如此則豈可以常調論之耶求之古人不可
㉔多得者歟凡歷官內外其淸廉礪節與夫興利除害者不可勝紀然以公之忠義勇烈功
㉕業之卓然者言之此則公之細也故於此不具焉養息某官某來乞銘勤勤敢受而銘之
㉖云

㉗君子之勇必本於義義生於情激之者氣氣以激之又輔以智以此當敵何懼何畏寧我
㉘捐身活人是貴活衆故軍完軍完故身全捐身得全是所尤賢烈烈我公智勇兼焉一國
㉙之城三軍之天云何不淑奄若逝川有焯其名日月同懸伯道無兒天意茫然刻詞貞珉
㉚光于九泉

〔揭載〕『東文選』一二二「銀青光祿大夫樞密院使御史大夫李公墓誌銘幷序」
『朝鮮金石總覽』上 附錄、五七四—五七五
〔參考〕『高麗史』一〇三 李勣傳

一七五、鄭邦輔 墓誌銘

所在 서울 國立中央博物館(No. 本 一〇四八八、一〇—五)
年代 高宗十三年(丙戌、一二二六)

⑴ (以上缺) 軍又□
⑵ (以上缺) 周旋中□遷□議大夫兵部尚書龍
⑶ (以上缺) 推爲倚賴授銀青光祿大夫樞密院副使右散騎
⑷ (以上缺) 夙夜匪懈益爵同知樞密院事吏部尚書□成機務論議
⑸ □□朝野皆稱
⑹ 今上即位三年特授金紫光祿大夫知門下省事尚書左僕射判戶 (以下缺)

(7) 綸翼見益篤忠勤明年進位叅知政事判工部[事]時契丹餘（以下缺）
(8) 邊境焚滅城邑將及□□
(9) 帝思傳□咨于卿相物意□□授以元帥鈇鉞命將六師桓桓于□□幸而師
(10) □小衂公有孟明之請
(11) 帝□奏□之明而宰□之議不止遂以旌即出鎭安東百姓頼以全安
(12) 帝念□□詔還復□□[平]章事致仕居于第享壽若干歲於丙戌春王[正]
(13) 月無疾而化　帝深悼之□□視朝追贈　謚襄平公卜地于國城之
(14) 東若十里其□□月二十四日□葬於戲□大□遭遇明時鷹揚虎奮以赴功
(15) 名之會生當封□死當廟食子孫繩繩前載門稱觀公之遭遇
(16) 聖明特立朝廷之右□令中外聲烈不常□倣克捿之□其於人臣之道可
(17) 謂終始無缺世德彰佋可無辭予銘曰□□之門蟬聯胤胄世積虎功位
(18) 登朝右□樞鳳閣振□揚聲□□□杖鉞專赴赳雄猛赫英名
(19) 終始保全□耀□斯伯道無□□□所悲
(20) 　丙戌四月二十四日　謹誌

〔掲載〕『韓國金石文追補』、二三五－二三六「襄平公墓誌銘」
『韓國金石全文』中世下、九九九－一〇〇一

〔參考〕張東翼、「高麗墓誌 四例 檢討」(『大丘史學』十九、一九八一)

一七六、任益惇 墓誌銘

所在 서울 國立中央博物館(No. 新 五八一五)
年代 高宗十四年(金 貞祐十五年、一二二七)

(1) 通議大夫判礼賓省事兼三司使 賜紫金魚袋任公庿誌
(2) 公諱益惇玄祖工部員外郎顯高祖推功佐理功臣[守]大師中書令上柱国懿曾大
(3) 父守大師中書令定安公元厚寔生 恭睿大[后][大][父][工]部尙書克正考閤[門]祗候
(4) 娶守司空左僕射金端之女生公焉公性廉[平]聰悟一切刷煩釐整爲心以故
(5) 所在皆以能稱初以祖蔭登于仕籍至己酉調爲黃驪長方下車而一境病疫
(6) 公即躬率緇黃俾讀大般若遍巡閭巷人聞螺磬有若醒醉而寤夢因
(7) 得輕差濟活甚衆又且撫窮以慈馭黠以威章紘迭佩水火互明由
(8) 是理爲課最其遺風餘愛銘鏤人心久而益切攵頁訖□宣墨鈴閣
(9) 所以庚辰廉使馳章請弊者也秩滿入京監牧來蘇傳大倉丞出令黔
(10) 浦理如黃驍大丞京市二年因自尉簿躡梯堦而𧾷□条是秋出監漕輓
(11) 于濊域辛未拜地官員外郎兼三司判官公目簿案而心酌耳箄受而
(12) 口決剖析如流一無玼謫壬申授安東大都護府判官下車而禁管內山
(13) 村殺耕牛而祠岳庿者且又揮玉尺而裁繁冗暎冰壺而慰煎焦□

(14) 恤民艱若已疾完葺公舍如私第以此廉使採民謠而奏最焉乙亥徵拜
(15) 兵曹外郎丙子授殿中侍御史丁丑去殿中而迁侍御戊寅拜戶部郎中己卯授
(16) 殿中少監庚辰加階而授少府監又□□兵曹而□授□曹侍郎辛巳授朝議
(17) 大夫試大府卿壬午加階而除試甲申階爲通議大夫職爲判礼賓省事乙酉兼
(18) 三司使丙戌正月公素有背漏至是劇發歷月未瘳　上聞之賜告者數焉至明
(19) 年三月二十三日因得暴風而卒享年六十五公娶国子司業朴孝音之女生子男四女
(20) 二三男皆中科第一男以蔭爲散冗一女嫁左副承宣崔宗連宗連先公卒二女幼未
(21) 從人噫我国無宗阡祖陌族墳之法各占地而藏之故今亦卜吉于開州黃桃原
(22) 以永厝焉　銘曰不憑戚屬位以才升幹勤政體信契友朋桂華茂茂
(23) 鳳羽層層官雖未極積慶相仍我誌我銘永耀泉扃貞祐十五
(24) 丁亥四月日朝議大夫試禮賓卿致仕權敬中誌

〔揭載〕『海東金石苑』補遺五、九一六－九二〇
『朝鮮金石總覽』上、四五三－四五五
『韓國金石全文』中世下、一〇〇一－一〇〇三

〔參考〕朴龍雲、「高麗時代의 定安任氏・鐵原崔氏・孔巖許氏 家門 分析－高麗 貴族家門 研究(二)－」(『韓國史論叢』三、一九七八)

一七七、尹應瞻 墓誌銘

所在 서울 國立中央博物館(No. 本 一〇〇〇九)
年代 高宗十五年(戊子、一二二八)

(1) 通議大夫判大醫監事知茶房事尹入君墓誌
(2) 君姓?尹?□應瞻古名元卿字赫之考檢校衛尉卿行大醫少監公輔祖檢校尙書
(3) □□行大醫少監殷錫曾祖檢校詹事傒肅外祖咸慶殿副使朴均尙本抱州□
(4) 向玄已上□散官世居永嘉之曲城君性□□□□□□□□□□□□□□
(5) □□□□□□□□□□□□□□短安國資長以業醫三世故當時公□□□
(6) □干以藥石而酬應不倦不足即貿易□□以□□由是□然稱譽以資序至
(7) [尙]藥侍御醫及神宗在宥之五年辛酉下批爲尙藥奉御醫官目□醫□□
(8) □者□□治丙寅□月詔□□□□□□□□□□□□歸復至戊辰自大僕少
(9) [卿]□□州牧副使未赴而改批爲工部侍郎明年丁母憂到京行制服闋而以
(10) 軍器監勑留辛未除戶部侍郎壬申改工部癸酉又改兵部侍郎並帶依前知
(11) 茶房事乙亥下批[甲]大夫判少府監事戊寅改批大府卿己卯改批通議大夫
(12) [判]大醫監事依前知茶房事公嘗喟然曰我起自醫門多歷名官嘗乘軺北國
(13) □□南州而位登三品而□□□可□□□□復有□焉是□餘年不要□

(14) □□□□□□□御醫□資儉之女生一女一男女曾適內庫使吳世□無□□□
(15) 先□□□□今爲內侍掌治丞公自今年初氣感疾歷二氣至三氣而□□
(16) 瘳瘦瘠雖甚仕且不廢上見其羸而憫之問曰卿何瘠甚答曰臣囊得□□□
(17) □□食□□□□□□□□卿盍□□□□□□□□□□□孫□對□□□
(18) □幾告暇而退寢于□□預之別野□□□□□藥者即□□知足之言防□
(19) 不肯服至七月哉生明呼緇□趣歸昌福邀請律師與闍□□□矣白□□□
(20) □而氣促永逝之期迫□請受□□衆乃作法至律之端條皆答以能持□□
(21) □畢□□□□□□□□坐領□□□□□□□□□□□□□□□□遂因□
(22) 垂床辨而去之洗濯畢而氣已絕矣嗚呼凡有血氣莫不愛生而惡死故有□
(23) 復蘇者亦有喑啞喘息在咽喉□□□□□□□瞑□□□□□□□□戒爲行資
(24) 中有所□□□□□以知足爲心視死如歸者其若是也耶嗚呼惜哉歲在戊子八月九日
(25) 謹誌銘曰
(26) 　鳳城東□　□□□□　自□□□
(27) 　□□□□　立寢卜□　長夜漫漫
(28) 　儻推冥漠　□□□□
(29) 貞石□□　永永莫□

〔揭載〕『韓國金石文追補』、一九九一二〇〇
『韓國金石全文』中世下、一〇〇三一一〇〇五

一七八、崔甫淳 墓誌銘

所在　日本 東京 東京大學
年代　高宗十六年(己丑、一二二九)

(1) 崔首相墓誌
(2) □□□水接于天遙源長發崇岳之峰柱于地層構深盤盖鍾靈於此爲姓爲名者其惟我公乎公姓崔名甫淳字清
(3) 老流化府人也考[鈞]仕爲尙書禮部郎中當大定十四年甲午東蕃二十餘城跋扈飛揚於萬死中不顧死生奉承
(4) 王命單騎獨往諭以禍福各令歸順定亂之後返於路次乃爲他賊所害惜乎爲國亡身者也　本朝錄功追封□徒
(5) 蓋死於王事者其後必昌公其嫡子也公資貌魁奇胷懷宏大弘和博達而遇節必立恢曠放弛而應機能斷其居室
(6) 也孝悌慈愛洽乎宗族而內行著焉其在國也仁義禮智浸于朝廷而外美彰焉此其大略也始自勝衣至于弱冠孜
(7) 孜焉仡仡焉心周孔之書體班楊之作鼇弄筆海虎攫詞場及　明宗在位泰定二十二年壬寅登乙第由是驥伸逐

(8) 日之蹄鵬展摩霄之翮在丁未年除齊安書記其守節也淸於氷潔於水其勸農也㸂薈蔚漑墝鹵赤地千里化爲良

(9) 田一秋大稔萬戶皆足時黜陟使褒美之曰淸白守公存恤百姓興利除害因奏之　朝以此擢入國學循資轉秩六

(10) 管諸生樂聞嘉言甚於鍾鼓□□[于]承慶知人者也一見大驚曰眞宰相器也因此直登中書注意之捷梯俄受監察

(11) 御史山立班心霜淸物表　神宗在位承安[五]年庚申始入鳳池歷登左右正言司諫至起居舍人皆兼三字琅琅諫

(12) 舌直磨天缺艷艷詞花如帶春露□縫袞職潤色□□泰和二年壬戌秋南方群盜如猬毛而起公以中軍兵馬判官

(13) 楯頭磨墨倚馬作檄萬擧萬全之計皆□其手三年賊平　大上王即位大和四年甲子以功拜起居郞直寶文閣

(14) 依前知制誥兼太子文學司經乙丑冬爲入丹大使會長聚看曰東國有賢人矣還爲禮部郞中起居注典誥上方重外

(15) 勅令郞官出宰百里公例爲安南大都護副使峙堤坊決灘澮除人水禍其慈化過於齊安萬萬矣半年入拜禮賓少

(16) 卿遷國子司業兼御史雜端又遷少府監皆兼制誥凡兩爲廉按使前則慶尙後則全羅憂國如家愛民若子皆賀

(17) □德之星出於南方矣察訪以守節奉公蘇復百姓褒奏之　康宗即位大安三年辛未進拜吏部侍郎右諫議大夫

(18) 翌年壬申遷尙書左丞依前制誥是年春爲監試座主考閱精强拔犀角擢象齒時無倒牓之誚崇慶二年癸酉拜太

(19) 僕卿仍兼諫議制誥翰林侍講學士乙亥春出爲東界都統理疲民若烹小鮮禦黠虜如搏暴虎所以一方皆安枕矣

(20) 丁丑春判秘書省依前制誥　今上在位貞祐六年戊寅詔爲樞密院右承宣翰林學士又兼左散騎常侍充史館修

(21) 撰官知兵部事他皆厭聞請謁牢閉深坐不接賓客公獨大闢其戶容受百官章奏判決如流使君之澤無壅於上民

(22) 之情無欝於下幾三載遷銀青光祿大夫尙書右僕射席未暇暖於貞祐八年庚辰旋入中書拜金紫光祿大夫叅知

(23) 政事集賢殿大學士同修國史判禮部事其間四掌春場一爲同提擧三爲上提擧所牓皆賢隋侯之櫝無魚目卞和之

(24) 櫝無鼠璞矣壬午冬拜中書侍郎平章事判兵部事修文殿大學士示優游之德寬以濟猛推廣厚之心權以合經甲

(25) 申冬爲守大尉門下侍郎同中書門下平章事加守大傅監修國史柱國甞掌閑人之選有三度闕者官司當收田丁

(26) □憫其如此更加考試乃□于□無一闕焉人皆感□□□寡婦孤兒欲訴寃結爲吏卒所禁未得至前公呼來
堂下
(27) □□□底明白是非決之如神聞之者無不隕涕如此者不可勝數戊子冬爲三韓壁上正□□□□□□吏
部事
(28) □並如故是年夏初夜直中書忽然感疾　上驚惶命上方醫將萬金良藥理之須臾即愈然時時復作尋具表
□□
(29) □□上恐大臣釋位無與共政遣使敦諭挽留不去公强起視事非所好也及冬末入政事堂除吏旣畢退息私
第翌
(30) 年己丑正月初二日曉問其時刻面壁偃臥如睡而終享年六十有八公凡仕五朝兩入憲臺四登諫掖一爲納
言□
(31) □文昌爲相十年爲二宰六年爲冢宰二年是時達旦于加在於西北萬奴在東日本在南如虎垂涎窺覦我國
終未
(32) 呑噬者以我公在朝故爾然則陰功隱德鎭壓三韓者有如此也公之室龍駒縣夫人秦氏乃閤門祗候仲基之
女也
(33) 子二人長爲內侍閤門祗候季爲國子博士兼直翰林院女三人一適禮部員外郎崔氏二亦皆爲官人之婦
也噫
(34) 上聞訃軫悼乃命有司庀葬具加賻禮册命謚曰文定公仍令百官祖送以是年二月初七日葬于白駒山麓禮
(35) 功名富貴壽考哀榮人臣之道無一缺焉門生吏部員外典誥星山綏之辱知最厚聊拾德爵齒之萬一　上于貞

珉其銘曰

(36)公之生兮天降靈　五嶽秀兮公之容　學識富兮龜九肋　始達兮一日千里　吟藥西垣　煩大手兮高文　再憑熊兮閔南民
公之出兮斗儲精　四溟深兮公之智　文章麗兮鳳五色　大成兮十旬遠至　視草北門　陳讜議兮鯁言　暫分虎兮鎭東藩
(37)□□一開兮□之平　爲龍喉兮翔貴　瑠瓶貯名　三取白日兮授五龍而飛天　爲亞相兮朝廷鼎重　歷仕五君　賢長城兮橫萬里
春場四闢兮鏡之淸　含鷄舌兮奏事　金鉉調美　一遏洪濤兮使六鼇而戴山　爲冢宰兮社稷盤安　永鎭三韓　啓大炉兮鑄億人
(38)漢之安危兮在於兩握　何白鷄兮入夢　天子慟兮淚如雨　龍亡大澤兮鰌鱓舞　國無人兮
唐之輕重兮繫于一身　馭赤虬兮不廻　國人哭兮聲如雷　噫　虎逝深山兮狐狸歌　其終奈何
(39)百身難續　唯餘芳烈
萬人出祖　長留竹素

〔揭載〕『朝鮮金石總覽』上、四五五―四五九
『韓國金石全文』中世下、一〇〇六―一〇一一
〔參考〕『高麗史』九九、崔均傳 附 崔甫淳傳

一七九、庾資諒 墓誌銘

典據　『東國李相國集』三六
年代　高宗十六年(己丑、一二二九)

①　銀靑光祿大夫尙書左僕射致仕庾公墓誌銘
②觀自古士大夫其始未嘗不以廉恥操心滿盈爲戒而及富貴方酣率翫惜日月恬不知
③退者多矣我僕射府君大異於是年六十有四已登端揆則其去台鉉能有幾級而未踐
④其地耶但先六載引退求避溢寵耳不然久已升極秩而猶有餘矣此易所謂知進退存
⑤亡不失其正者歟庾氏源于錦城之茂松在版籍爲甲而公其出也公諱資諒字湛然曾
⑥祖諱某皇檢校太子詹事祖諱某皇檢校大子大師考諱某皇配某廟功臣門下侍中修

⑦文殿大學士判吏部事贈恭肅公母張氏尙衣奉御諱贇之女此公之世系也公爲人中
⑧和毓粹莊重寡言仁信足以感人淸儉足以律世此公之受之天也方毅廟時山東寖盛
⑨公年十六與貴門子弟約爲交契公欲引虎官御牽龍行首吳光陟李光挺等與焉衆莫
⑩肯之公挺然議曰雖私遊中文虎俱備亦得矣何有不可乎後必有悔矣衆咸以爲然於
⑪是使之參焉未幾庚寅亂文臣幾蕩盡凡入交契者皆得免以吳李二將營救甚力故也
⑫此公之自少已有知幾之量也年若干以宰相子直補守宮署丞尋遷大樂署丞俄出爲
⑬龍岡縣令其爲政諳練理體擿發如神一方稱之此公之始莅郡也累歷御史尙衣奉御
⑭侍御史戶部郎中御史雜端賜金紫大府少卿兵刑部侍郎大府卿知三司事判大府司
⑮宰事大子詹事判閤門知茶房事階皆正議尙書右僕射階光祿此公之所歷官序也其
⑯或廉察東南秉鉞東北則威風所及無不股弁然濟以仁信故民便之此公之奉使延譽
⑰也夫三品正秩入相可冀而公之判司宰也反乞郡痛切以戶部尙書出知南京留守此
⑱公之辭滿忌盈也公常以選軍使聽軍政其廳事上欹柱自立時譁傳以爲異事此公之
⑲公平無私所感也其帥關東也到洛山禮觀音俄有二靑鳥含花落衣上又海水一掬許
⑳湧濯其頂世傳此地有靑鳥凡謁聖者非其人則不見此公之惇德至信所致然也越崇
㉑慶二年癸酉引年乞退甚篤上不得已允之以銀靑光祿大夫尙書左僕射得謝家居與
㉒當時卿相之退逸者爲耆老會時或置酒盡歡凡優游養性十有七年此公之懸車閑適
㉓之樂也歲己丑八月七日詣耆老會從容宴飮還于第明日方午忽覽八戒文夜盥浴尙
㉔安然就寢及日呼家人問時然後翛然而化享年八十此公之終也先是人有死復生者

㉕ 自言死至一處宮觀甚嚴守者曰此庾僕射至處也其說雖荒唐考公之行已無愧及其
㉖ 終如此則其言亦不可不信公之生善處也必矣娶左承宣金諱存中女凡生子三女二
㉗ 長曰某爲國學學諭早卒次曰某今爲判大僕事知御史臺事寶文閣直學士知制誥季
㉘ 曰某爲內侍某官亦先公卒女長適某官某早寡季適某官某今寡方葬也知臺君具公
㉙ 之行錄託予以銘予奉書泣且曰嗚呼古之遺直也歟吾不復見仁人君子之若公者矣
㉚ 銘其敢辭乎遂銘曰顯允端揆惟邦之紀民方注心遽釋其位位不至極公所自避公則
㉛ 自避人歎其意黃髮壽考公所不蘄公雖不蘄天固相之正直感神柱立鳥馴於公爲常
㉜ 佐者維人嗚呼舊德云亡模範疇倚有山巖巖水灌其趾是公之宮吉祥止止鑱石納窆
㉝ 眉目萬祀

〔揭載〕『東文選』一二二「銀靑光祿大夫尙書左僕射致仕庾公墓誌銘」
『朝鮮金石總覽』上 附錄、五七八－五八〇
〔參考〕『高麗史』九九 庾應圭傳 附 庾資諒傳
朴龍雲、「高麗時代의 茂松庾氏家門 分析」(『斗溪李丙燾博士九旬紀念 韓國史學論叢』、知識産業社、一九八七)

一八〇、崔晛 墓誌銘

所在 日本 東京國立博物館(No. 二七三七五)
年代 高宗十六年(己丑、一二二九)

(1) 高麗國內侍監門衛攝散員崔公墓誌

(2) 公諱晛字昭于東州人也天性純厚容質
(3) 秀美斂行寡言善酒能詩誕彌之月恐其
(4) 不壽用俗諺盛以苫俾弃衢中表姊大叅
(5) 崔公之夫人收育之故少名小苫祖曾高
(6) 皆平章事父見任知門下省事世謂之鼎
(7) 族以門蔭爲良醞令同正初受慶仙店錄
(8) 事欲以汗馬之勞報效家國改爲材官仍
(9) 侍　內庭以公之勢尙爲未達盖以年幼
(10) 位大非所佳徵故爾己丑秋八月有微疾
(11) 十日乙巳捐館時年二十二青春始屆白
(12) 日遽昏公之不幸朝野惜之二十四日己
(13) 未葬于黃鳳山之南麓從吉卜也嘉耦知
(14) 門下省事金公之女生一男二女銘曰
(15) 蒼穹不吊玉人云亡佳城一閉令聞彌芳
(16) 　距本朝啓統戊寅三百十二歲己丑八月日書

〔揭載〕『朝鮮金石總覽』上、四五九－四六〇
『韓國金石全文』中世下、一〇〇五－一〇〇六

〔參考〕朴龍雲、「高麗時代의 定安任氏・鐵原崔氏・孔巖許氏 家門 分析－高麗 貴族家門 硏究(二)－」(『韓國史論叢』三、一九七八)

一八一、琴儀 墓誌銘

典據 『東國李相國集』三六
年代 高宗十七年(金 正大七年、一二三〇)

① 壁上三韓大匡金紫光祿大夫守大保門下侍郞同中書門下平章事修文殿大
② 學士判吏部事致仕琴公墓誌銘
③ 大抵天之報施與其角者不傳之翼故凡士之得龍頭選而能遠到者鮮矣公則不爾旣
④ 首登金牓之科又極踐黃扉之貴加之壽考哀榮終始俱無缺焉則此豈無得而然哉盖
⑤ 必有天所不得不厚者而雖取之多焉天與之不猒者歟公諱儀字節之舊諱克儀後改
⑥ 爲儀系出三韓功臣諱容式之世譜而桂陽之金浦縣即其桑梓也曾祖諱某皇神虎衛
⑦ 散員贈上將軍祖諱某皇檢校大子少保贈左僕射考諱某皇昌安宅喬典以公故贈左
⑧ 僕射母徐氏皇檢校軍器監諱淑之女也以公故贈利川郡大夫人公少力學工屬文乙
⑨ 未入大學連赴擧方未第出理清道郡痛礪節清廉以剛正不撓爲政一方號清道鐵相
⑩ 公秩滿旋補八關寶判官明年擧春場擢第一遂籍內侍上器使之積官至將作注簿堂
⑪ 後官遂除拜閤門祇候其清華權要之任則歷閱尙書吏部員外郞直寶文閣左司郞中
⑫ 起居舍人知制誥刑部郞中大子司經國學直講御史雜端中書舍人史館修撰兵部侍
⑬ 郞翰林侍講學士東宮侍講學士尙書右承右諫議大夫大子賛善大夫公嘗帶雙學士

⑭至是又兼三大夫朝廷榮之公之居諫職也有非其人而受叅官者公與諸郞執不可當
⑮國者不悅悉出省郞補他官公亦例出爲將作監知閤門事執禮號最難公雖始試斯任
⑯其進止詳華[illegible]舊爛熟者才之無施不可如此未幾又拜爲左諫議大夫判秘書省尋除
⑰樞密院右承宣皆仍諫職制誥學士循資知奏事知吏部公累載管喉舌凡奏對應奉甚
⑱稱上旨上倚以爲重政事多所咨逮壬申大金使介至欲入自正門我朝不許使重舌人
⑲往復詰難客人猶不肯之是日大雨群臣皆霑服立待上命公往諭公先問曰天子之巡
⑳狩侯甸自古有焉若你國皇帝枉蹕小國則當入自何門耶曰天子所出入捨中門何自
㉑耶曰然則人臣而欲入自君之正門可乎彼大服其言遂入自西門其臨機設方略出人
㉒意表皆類此上大嘉賞之癸酉進拜銀靑光祿大夫簽書樞密事左散騎常侍翰林學士
㉓承旨乙亥入相金紫光祿大夫政堂文學左僕射寶文閣大學士修國史丁丑守大尉中
㉔書侍郞平章事戊寅門下侍郞修文殿大學士嘗於八關會其獸臺之輾動有不如法者
㉕憲臺椽往扼隊正喉衿折辱之於是軍將呼噪狂顧遂擲瓦礫于御史臺宴幕有飛石或
㉖過宰相幕次公大怒遽下庭特立厲聲大號曰若等在君臣上下俱偹之國敢爾耶苟爲
㉗亂先殺老僕可也如是者再三然後軍情稍沮亂遂不作焉其臨危不懼亦此類也公凡
㉘廉察春州道繩吏甚嚴一切皆革民弊百姓賴焉嘗典司馬試及三掌禮闈所得皆當世
㉙聞人玉笋之盛近古未有也庚辰以壁上三韓大匡守大保門下平章事修文殿大學士
㉚判吏部事解位家居與舊德元老爲耆老會日相從宴遨以遂揮金之樂庚寅正月二十
㉛六日稍有微恙然是日使子姓圍碁觀之至夕尙從容談笑及夜寂然而化雖傍侍者亦

32 不之覺也是豈偶然者乎享年七十八上聞訃甚悼命有司襄事葬于鳳凰山之麓贈謚
33 曰某公公之爲人美風彩莊重峻整方妙齡宋客莊天覺善相人視之曰後必到宰相矣
34 果一如其言性剛果與人面折無所諱以是人多憚之或相謗毀然心地坦夷雖當時詬
35 駡後皆棄之略不芥滯故卒能保其身可謂豁達大度君子也娶樞密使金諱光軾之女
36 凡生男子五人女子三人男曰耆戶部員外郞先公歿曰揆工部員外郞曰心正剃度爲
37 禪師曰暉左右衛大將軍先公歿曰禧閤門祗候亦先沒曰祺雜織署令女一適內侍保
38 勝中郞將尹惟孝二適戶部郞中李德載先沒三適閤門祗候咸景均子揆等具公之行
39 狀乞銘甚切故受而銘之銘曰
40 孰相皇朝兮大鳴一國猗我大保兮寔人之特步驟臺閣兮奮髥正色奸吏屛氣兮顚倒
41 蒲北正門言言兮人莫敢厠戎使迹穢兮欲蹈其閾公則往諭兮一言中的彼雖獸心兮
42 豁然自釋廟謀密勿兮以手指畫綠野歸來兮任性閑適霞軿安往兮雲路遐逖舊德云
43 亡兮于誰取則鳳凰之山兮有騫其翼土肥泉甘兮灌木植植於焉相攸兮是公之宅納
44 銘隧道兮流耀罔極

〔揭載〕『東文選』一二二 「壁上三韓大匡金紫光祿大夫守太保門下侍郞同中書門下平章事修文殿大學士判吏部事致仕琴公墓誌銘」
『朝鮮金石總覽』上 附錄、五八〇—五八二

〔參考〕『高麗史』一〇二 琴儀傳

一八二、金就呂 墓誌銘

所在　서울 國立中央博物館(No. 本 一一九四一)
年代　高宗二一年(甲午 一二三四)

(1) 贈諡威烈公守大師開府儀同三司門下侍郎平章事上將軍判吏部事金公墓誌銘
(2) 公之姓曰[金]諱曰就呂彥陽縣人也祖諱曰彥良金吾衛攝郎將父諱曰富金吾衛大將
(3) 軍母大夫[人]宋氏□檢校將軍行郎將諱世明之女也公生而穎悟器識博而深風儀爽而
(4) □㓜以父□起家□丙午年充隊伍之長旋入爲太子府牽龍自隊□階升于將級不數
(5) 年復入是□補牽龍行首因而遷　御牽龍行首以至于指諭及管千夫則戍邊衛內俱
(6) 有聲績累遷至大將軍□爲西北面知兵馬事以杖鉞之威折衝□□名以此雷於時迄
(7) 丙子秋　上聞丹賊入疆即命三軍討之公爲後軍使與兩軍整旅而行逢敵□戰□
(8) □捷之功多矣至若朝陽開平墨匠香山之戰獨我軍先爲之鋒大破之故彼賊避我軍
(9) □於西海□丁丑一月　上命行營元帥將五軍授公以金吾衛上將軍仍領後軍公
(10) □□行營□屯至安州境見行營失利奔潰公獨奮力抗戰不知槍矢之貫體僅不殞命
(11) 而還于國　上更命五軍禦□南路又以公代他將爲前軍使公乃忍痛應命行與敵戰于
(12) 麥谷克之自朴達□大捷以來彼且失勢□果面南而東還於其國十一月公遘□疾
(13) 將卒咸請歸京理病公曰寧死爲邊鬼豈□安於京乎俄有詔許公還京以肩輿到京累

⑭ □而後疾瘳戊寅正月轉神虎衛判禮賓省事九月　上命學士趙冲爲中軍元帥次
⑮ □公爲之使□與元帥行□洞州成殷州頭頭受敵俱見捷焉及據慈州城欲養兵以觀賊
⑯ 變十二月蒙[古]自東陲入界連拔數城以兩國講和同破丹賊爲□文句我軍請兵諸將
⑰ 無勇往之言□獨奮髯作聲曰事不辭難吾即其人也乃領十千人至□幕下蒙之帥問
⑱ 公年幾許謂□曰兄使之東坐我元帥聞蒙古敬我公如是擧軍□至賊寇畏而出降蒙
⑲ 古喜與我軍□爲兄弟及其還也公乃送□□于朝陽時有□以公□西京齋祭使齋祭畢
⑳ 後還□寧州與元帥班師己卯三月復命又□年十月因處置義州□民公以右軍使□中
㉑ □□□□□庚辰正月　上授公以樞[密]院副使代他將爲中軍使時北隣亐加[下]應
㉒ □□□□到義□聞我軍□聲反斬逆民□□我軍然後還其國□軍止?于?□州不使軍
㉓ □□□□民□□處置逆民而[辛]巳五月□□至于王都□公□□兵終始□五年□由
㉔ □□二月遷□[知]樞密事壬午□□月轉[金]紫光祿大夫叅知政[事]判戶部事乙酉十二
㉕ [月]判三[司]事戊[子]十二月除守大尉中書[侍]郞平章事判兵部事庚寅正月判吏部事十
㉖ 二月爲[守]大保壬辰三月拜守大傅開府[儀]同三司門下侍郞平章事癸巳六月加將大
㉗ 是年十二月加特進柱國公　早□揚歷□官義而勇廉而剛出將入相裨益邦家者久
㉘ 矣忽於甲午二月□四日微恙至二十一日翛然而逝享年六十三天子震悼弔有□公
㉙ 娶僕[射]趙諱彥□□女爲夫人生三子一女□辦後事即於七月十二日葬于鎭江[縣]大
㉚ 谷洞西麓
㉛ 銘曰

(32) 將□□重□之者誰唯公之謂爲世所奇出爲之將威□雷馳入爲之相德猶雨施□擐

(33) 衆□□揔拜可如論功業宜享壽祺何從幻化巳促仙□今其卜□誌以記□後所承慶

(34) 蔭□在玆

〔揭載〕『韓國金石文追補』、二〇一―二〇三

『韓國金石全文』中世下、一〇一一―一〇一五

〔參考〕『高麗史』一〇三 金就礪傳

李齊賢、「門下侍郎平章事判吏部事贈謚威烈公金公行軍記」(『益齋亂藁』六)

高柄翊、「蒙古・高麗의 兄弟盟約의 性格」(『白山學報』六、一九六九:『東亞交涉史의 研究』、一九七〇)

一八三、庾敬玄 墓誌銘

所在 光州 宋日基氏 藏

年代 高宗 二二年(乙未、一二三五)(推定)

(1) [銀][靑]光祿[大]夫[尙]書左僕射翰林[學][士]承旨庾 (以下缺)

(2) [公]諱敬玄茂松[縣]人祖弼金紫光祿大夫[門][下][侍]郎平[章][事]□□□□□□□謚[恭][肅][考]

(3) [資]諒銀靑光祿大夫尙書左僕射□有□□名存□□□少好學優捷上?第□□□

(4) 直天壽寺□寢尋□□縣令□省間□□流亡□□□□□□□□□蘇?□□未□□□

(5) 詹事府□注?簿?遷司□□身正色□□進□□□爲之頁□加[閤][門][祇]候□通事[舍][人]

(6) 上初卽□頗□□□人爲?□擢公爲左司諫知制[誥]□諳練□□□□詳推□□幹□□

(7) 忠?清?州道□□□□□□至問?民□諸奸□□緣□□□奏□□□□□是□□□仍□

(8) □□□侍御史豊□□郎起居注□入臺閣?議論慷□□□僚?□□侍□□地□□□□

(9) □又遷至亞卿時□政□不軌宰相□薦公爲?慶尙?州道□□使踰年以□□侍郎又□□

(10) □□民察俗首尾有聲望人不敢□□褒優□□拜尙?書?右丞右諫議[大]夫俄轉左丞知[御]

(11) 史臺事以兩?□帶憲職金□□□□有□□之望□幾授□□□□改知□□刑部尙書每

(12) 奏事必從容論列頗?□匡補□□愛之□□[銀]青光祿大夫尙書[左][僕]射翰林學士承旨累主尙書

(13) 左僕射□方推心竦意可?以爲國□有□□□□時乙未歲□七月?□□□也年五十六及屬

(14) □雷雨□作不□時而霧異矣□□聞上□□贈賻有□公相□□□雪□以其年□

(15) □□□歸葬于鎭江山之南麓夫人□安□□□[叅]知政事贈謚定簡公之女仁順有法?□□

(16) □□□度□得君子以爲□後□□郎將□□□使彥□□也公之爲人清□□□

(17) 儉必中禮凡三入內侍再掌□誥以□□舌常□□□顏以對穆穆之□出而爲制□□

(18) 雖古清望之臣□□□有再按□公□□道□仍□□□□級?人□至□□□□生?爲

(19) 心力以拳大夫人無□□□色□□憂□□□骨□人□□所□□士等皆一時名

(20) 士每宴集簪履□□□爲乎□□□□□□人理國□□於高舜耳□□□□顏?

(21) □未白而吾□□矣抑□□之耶將脩□然耶銘[曰]

(22) 公生慶閥□葉□馨□□□顯譽如雷霆俄?□□□氣鬱□□則靡隷□遽（缺）

(23) 靈公有大任□□之令昌?與之德而不與□□□矣麗□□局

〔參考〕 朴龍雲、「高麗時代의 茂松庾氏家門 分析」（『斗溪李丙燾博士九旬紀念 韓國史學論叢』、知識産業社、一九八七）

一八四、韓光衍 墓誌銘

所在 서울 國立中央博物館(No. 新 五八三二一)
年代 高宗二四年(丁酉、一二三七)

(1) 卒銀青光祿大夫樞密院使禮部尙書寶文閣大學士韓公墓誌銘
(2) 公諱光衍字平一湍州人曾祖圭尙書刑部侍郎祖安中尙書左僕射考約金紫光祿
(3) 大夫叅知政事判工部事謚曰貞簡公弱冠以近官補守宮丞□能幹監江華道馬政
(4) 遷中尙丞踰年上第詔監選曹溪宗所選皆碩學如思儉惠文□是也由大倉令轉閤
(5) 門祗候　上方急賢擢公爲右正言知制誥□嚮甚直朝列聳然加右司諫起居舍人賜
(6) 緋魚袋尋賜紫因公薦以廉按使巡西海凡冗政有損於民者奏削之屬金使至
(7) 上以大內昇平門及左右廊廡皆傾圮不宜仍即命公程督公均其力不越月乃成加禮部郎中
(8) 複出交州道觀風察俗如西海道時又以戶部侍郎守淸州牧其政無多條止以除害
(9) 爲本民大和道路頌政召拜兵部郎中賜紫如故金使復至公伴行動必中禮使爲之
(10) 動色遷禮賓少卿改國子司業史館修撰嘗奉使如大金會韃靼兵起即還制加朝散
(11) 大夫中書舍人轉少府監戶禮二曹侍郎大子賛善大夫　上愈推弊曰異日可大
(12) 用進秩中大夫試大僕卿又改國子祭酒朝廷重外咸擧公守西京至則推信誠納人
(13) 腹中其授文虎職除有功餘皆以次以至去徭役恤孤貧凡此皆便民□察訪使以狀

(14) 聞遼兵之初入也公以知兵馬事輔左軍所至無遺策兵不敗北明年敵先鋒洎南

(15) 公爲全羅州道防護使令道內牢閉關往往又設伏多擊殺及佐中軍聞韃靼

(16) 踵至三軍皆沮色元帥趙公冲會僚佐謀曰寇非一計莫如和親君等其死國乎公

(17) 馳虜營論列國事聲淚俱發虜帥感動即并兵盡殺遼師累有功進銀青光祿大夫樞

(18) 密院副使禮部尚書翰林學士承旨是年春掌禮闈冬行西京齋祭使北鄙叛上擢西京同

(19) 逆以公有遺愛往鎭之無少長皆迎謁卒無異心累進同知樞密院事御史大夫轉授樞密

(20) 院使寶文閣大學士再掌禮闈前後所取凡若千人鸞鳳蔚然時論美之甲申乞骸骨

(21) 章三上詔可之懸車頤養十四年于玆矣忽寢疾削喪事煩夥者七八條曰無奪吾志以

(22) 丁酉三月三十日薨于里第春秋八十三　上軫悼賻粟帛加等至四月二十八日遷葬于江

(23) 華郡青浦山之南麓先夫人上黨郡金氏兵部郎中公奭之女生一女適故起居舍人金程

(24) 夫人與女子皆先公沒繼夫人定安郡任氏禮部侍郎冲之女無後善養公之耆耇也

(25) 雖天命固然亦夫人所助而然也公素質厚善父母以孝及丁憂哀毀過人其事

(26) 上則未嘗不竭誠於國無須臾怠色故能出將入相以耆壽終信美矣然公之功德

(27) 宜享祚無窮矣而無一子可繼嗚呼痛哉抑天奪之耶將世數然耶銘曰

(28) 於鑠我公　立朝凝然　功名富貴　八十三年　始終之兮

(29) 則無缺焉　唯此門祚　于何不傳　刻銘貞石　永耀重泉

〔揭載〕『韓國金石文追補』、二三七—二三八

『韓國金石全文』中世下、一〇四七—一〇五〇

一八五、金仲文 墓誌銘

所在　京畿道 利川郡 海剛陶磁美術館
年代　高宗二四年(丁酉、一二三七)

(1) 故大中大夫判將作監知三司事金公諱仲文安城□
(2) 　考皇神虎衛中郎將御史雜端諱臣頴
(3) 　外祖皇金吾衛攝大將軍李諱彦公皆山西□□也?
(4) 公初年十三喪其父孤寒拔跡娵公州神虎衛郎將工部員
(5) 外朴初第二女至二十九歲甲子初宰慈仁章山二縣清白
(6) 理民採訪使奏褒擧者前後三度越辛未始拜宣慶殿直尋
(7) 遷迎恩館直兼五軍錄事至戊寅年末爲大[盈]?丞越庚
(8) 辰年超拜門下錄事六朔服勞遷爲權知祗候於辛巳春
(9) 承　國命爲韃靼接伴使往來東蕃悉克任胡人臨□□
(10) 贈手環及飮器□□歲爲監察御史又一年爲□□奉御出
(11) 爲月□道祭告使善理職即其年遷戶部員外郎至□□
(12) 出守襄陽三載臥?理以刑部[郞]中復命等蒙□□訁法左遷
(13) 靈州副使居一年以□司郎中還明□遷衛尉少卿至辛卯冬

(14) 韃靼人來公以迎送副使共?□胡人日夕不離者凡四旬其得彼心
(15) 無有闕擧越[壬][辰]歲陪　大駕入江華其年爲兵部侍郎翌
(16) 年□拜朝請大夫判將作監事知三司事尋改階爲大中大夫
(17) 至今年得咳嗽病不仕者凡三朔但食飮□減耳無大?□至五
(18) 月二十八日沐浴受沙門具誡?□手永化是年?□月二十五日葬于
(19) 江華北山噎公大□豁達不營□業唯於醉之鄕好理經營又
(20) 所居必彫琢二樂豪□□其在公必謹愼故自始□□至於屬纊
(21) 無一日□□者奇矣哉□子二人一早捷丙第今爲養賢判官
(22) □家跡?字春卿一幼業浮屠今爲雲龍?寺只香堂外?護名學
(23) 　其銘曰　日入虞淵風號四水片石有鐫亘天亘地
(24) 　　　　　　　時大歲丁酉□□□　　誌

〔揭載〕『韓國金石全文』中世下、一〇二五—一〇二六
〔參考〕金龍善、「金仲文墓誌銘」(『美術資料』二四、一九七九)

一八六、吳闡猷 墓誌銘

典據　『東國李相國集』後集十二
年代　高宗二五年(戊戌、一二三八)

① 檢校軍器少監行尙書工部郎中賜紫金魚袋吳君墓誌銘幷序
② 龍集著雍淹茂南呂之月工部郎中吳君卒于私第嗚呼眞古之遺直者歟有或以官不
③ 稱意爲慊者予謂之曰士起鄕閭徒步入京師刷翮濯鱗歷官中外至登五品斯非人所
④ 皆得者何謂慊哉君諱闡猷海州人也版籍世皆爲州吏考某爲州副司戶外祖某亦其
⑤ 州人也爲權司戶君早博學工文詞越己酉歲擧司馬試中之遂入大學又於甲寅擧春
⑥ 塲中之將赴試也夢捉一龜因假以爲名先放牓一日試官夢一龜告曰所與一時成功
⑦ 輩皆已第矣而予獨見擯試官皆驚悟於擯中暗求之擢爲丙首及牓出迺君也大和丙
⑧ 寅補博州通判及替遂於貞祐戊寅除延禧宮錄事因歷大官承尙書都事皆兼軍簽俄
⑨ 遷慶成府注簿丁亥拜權知閤門祗候明年出守知古阜郡爲理尙寬和人便之庚寅冬
⑩ 以右正言知制誥見召累遷尙乘奉御工部員外試禮部工部郎中卒享年七十一其卒
⑪ 也亦無疾恙倏然而逝君爲人謹諒無華實恂恂然坦率儒者也不然何完名保祿亦克
⑫ 有終如是耶先娶左右衛郎將安弼公女凡生二男一女曰壽升登第曰玄齡神虎衛郎
⑬ 將女嫁某官某安氏薨更娶中郎將金義光女生一男二女男玄成祝髮爲禪者女一適
⑭ 某官一適某官金氏卒復娶工部郎中申惟甫女無息及葬子玄齡等以予甞與君同年
⑮ 登進士故來乞銘且勤予不得已而銘之曰
⑯ 亹亹夫子溫如玉兮直如矢行已礪志俯仰無愧官不偶器亦豈介意有欝其山兮植植
⑰ 松梓孔寧且臧兮宜子之寢位以利于後嗣

〔揭載〕『東文選』一二二「檢校軍器少監行尙書工部郎中賜紫金魚袋吳君墓誌銘幷序」

一八七、李世華 墓誌銘

典據 『東國李相國集』後集十二
年代 高宗二五年（戊戌、一二三八）

① 故朝議大夫司宰卿右諫議大夫寶文閣直學士知制誥 賜紫金魚袋李君墓誌銘并序
② 君諱世華字居實系出眞州考諱某檢校大將軍母海陽郡夫人金氏某官諱某之女也
③ 君方妙齡父雖將官知其性穎悟必自達早令從學由是力學工屬文越戊午春赴成均
④ 試中之至壬戌擧春場擢丙第貞廟朝籍茶房俄以公事免後復籍內侍會康廟崩隨例
⑤ 見免君不經外寄得祿仕除見州監牧丙子歲遷補都兵馬錄事丁丑秋出爲定戎分道
⑥ 爲元帥趙公所器及見替公表留幕下委以事甚重之公還朝力薦除大盈署丞庚辰春
⑦ 出爲白翎鎭將理邑廉平此郡舊無鄕校君首創之集吏人子弟敎以學不數年皆得成
⑧ 其才至有應貢擧者一郡慕之屢騰狀褒美秩滿除神虎衛錄事俄復兼都兵馬因累歷
⑨ 內園署令秘書郞甲申夏遷中書注書其冬拜右正言知制誥俄遷殿中侍御史賜緋魚
⑩ 袋未幾遷右司諫知制誥丁亥春出守南原府明年移守東州又以理最聞庚寅春以侍
⑪ 御史金紫見詔明年秋出按慶尙州道會蒙古大寇邊五道廉按使皆領兵赴援君促理
⑫ 兵先諸道赴期又持軍如宿將聞者韙之壬辰除拜禮賓少卿御史雜端是夏國家因虜

⑬ 寇將遷都以廣州迺中道巨鎭朝論揀汰遣公出刺冬十一月蒙古大兵來圍數十重以
⑭ 百計攻之至數月公日夜繕守備隨機應變出其意表或俘殺甚衆虜知不可遂解圍去
⑮ 州當南路要會此城陷則餘可知已微君幾殆矣昔張巡之守睢陽也雖義烈有足嘉者
⑯ 猶未免身死城陷矣君能守之以死而廻之生地卒得身保城完全活萬人則功烈可謂
⑰ 優矣時皆以爲亟被寵見喚而猶留三年者朝議豈以公有守禦之能而重易其人耶乙
⑱ 未多以朝散大夫禮部侍郎右諫議大夫寶文閣直學士知制誥徵還盖賞功也俄遷吏
⑲ 部侍郎仍諫議丁酉夏又出鎭清州山城公旣閑於守禦蒙兵竟不敢犯冬拜朝議大夫
⑳ 司宰卿仍諫議戊戌中秋望在家召子壻等翫月飮酒從容甚樂方擧杯忽仆不起至曙
㉑ 而逝嗚呼異哉何其大速也如此公爲人偉儀表資沉邃確實旣以文鳴世又吏幹虎略
㉒ 皆所游刃是可謂全才者然未相而卒玆非命歟先娶禮賓少卿許京女卒再醮輿威衛
㉓ 將軍薛某女凡生男三人女六人男曰守眞南原府通判曰守年安慶府錄事曰守深未
㉔ 冠女一適堂後官柳卿老次適某官某次適某官某三女尙幼其葬也子守年子壻卿老
㉕ 等具行狀求予爲銘圖有以不朽者予亦甞與君有舊理難可辭遂銘之曰
㉖ 南紀曰廣衝要是扼帝所倚重如護全國時惟我公出作方伯方虜之圍寄命不測能以
㉗ 氣壓談笑却敵橫身濟難顯烈如此全活萬人陰德若彼物論僉騰期以三事計級而升
㉘ 亦跬步耳天不少借奄若朝露糾纆紛軋孰詰其故爛然功名暉映千古刻銘區區大鵬
㉙ 一羽

〔揭載〕『東文選』一二二「故朝議大夫司宰卿右諫議大夫寶文閣直學士知制誥賜紫金魚袋李君墓誌銘幷序」

『朝鮮金石總覽』上 附錄、五八二—五八四

一八八、李奎報 墓誌銘

所在 서울 國立中央博物館(No. 新 五八七三)
年代 高宗二八年(辛丑、一二四一)

(1) 守太保金紫光祿大夫門□侍郞平章事修文殿大學士□□□□□□□翰林院事大
(2) 子大保致仕贈謚文順公墓誌銘幷序
(3) 公姓李諱奎報字春□黃驪縣人也曾祖諱殷伯皇中尹祖諱和皇檢校大□□□校尉考諱允
(4) 綏皇戶部郞中□金氏金壤縣人也以公故封爲金蘭郡君蔚珍縣尉諱施政之女也公九歲能
(5) 屬文至十□六洽聞强記凡著述不傚古人陳語平生不自名唐白時人皆指之曰走筆李唐白
(6) 歲□酉於名宰相柳公權座下中司馬試第一明年赴禮部試於三塲□□貢擧員重其名令飮
(7) 宣醞數四盃稍酣下筆未精其科□□欲辝之吏擧以嚴君切責亦無舊例□不得謂賀客曰科
(8) 第□下豈不是三四度鑄門生者乎丁巳冢宰趙公永仁等文儒四相聯名上□□薦公於闕下
(9) 劄□爲不平者所竊□寢登第之十年出補全州管記屢抑通判之不法□被訴解職後館翰□
(10) 儒官薦人每以□□之首故於丁卯權補翰林院明年卽眞壬申正月除千□衛錄事叅軍事出
(11) 院六月以□□復院□□□不踐七品爲司宰丞仍兼直院□亥直拜右正言歷左右司諫己卯
(12) 出□桂陽府副□□□以試禮部郞中起居注見召自□除試大僕少卿寶□閣待□將作監國子祭酒

(13) 翰林侍講學士判衛尉事□九年之間遷轉如此庚寅以無妄流于□島其時以同罪被流者
(14) 三人皆正直敢言之達□也辛卯蒙 宥還京師時㺚狚來□公以散官凡講和文字皆任
(15) 之壬辰四月起爲正議大夫判秘書省事寶文閣學士慶成府詹事自入叅至於是職除補
(16) 外一年皆兼典誥癸巳六月拜銀青光祿大夫樞密院副使右散騎常侍寶文閣學士十
(17) 二月入相□金紫光□大夫□□下省事戶部尙書集賢殿大學士判禮部事乙未十二月
(18) 爲叅知政事修文殿大□士判戶部事□子太保冬十月上表乞退 上遣近臣敦諭令□□
(19) 公不得□起視事乞退固切□□□其志□可以守大保門下侍郞平章事修文殿大學士
(20) □□國史判禮部事翰□□□□子大保□仕甞一典成均□闈禮闈所選多韻士自解位來以
(21) 詩酒□娛尙讀楞□□□至九卷亦□□大册異朝書表等事無□不爲越辛丑七月得微恙
(22) □之當國大臣□□□醫問□取公所著文集命工雕刻欲令公眼見事亘未畢至九月初二
(23) 日卒于私□□年七十四 上哀悼勑有司令百官會葬謚曰文順公噫公之官□序旣列
(24) 於前□瑞應行事□□敢闕于後公生數月惡瘡□□面目皆爛乳嫗出置□□有一老父過視
(25) 以曰此兒不啻□金宜善護養嫗走報家□□疑其神人數路追之不得此神物護公於襁褓也
(26) 公之欲□□馬試夢□着碪練緇布衣□□飮堂上傍人曰此二十八宿也公驚悚再拜問今幷試席
(27) 捷□有一人指一人曰彼乃奎星宜就□□公就問未聞其言而□□□夢且一人來報子必占魁頭此天機但
(28) 勿洩耳前名仁氐因改今□赴試果中第一此□□□攝公於名教出也壬戌東京叛遣三軍討
(29) 之軍幕欲以散官及□充修製員戰者危事□以計□之公獨慨然曰予雖懦怯避國難非人也遂
(30) 從軍此公之□於義也戊寅於八關會□御宴禮數□半而有一宰相促罷之公曰 君賜也不

(31) 可取次處分雖因此而被流此公之執法不撓也所謂㺚狚者頑如□獸奏之以鈞天廣樂而不足以開

(32) 其旨投之以隋珠和璧□不足以解其顏及聞公之文字事意惻然有感所諭皆從此公之

(33) 至誠能動無情者也娶大府卿晋昇第二女生男四女二男長先公沒次今爲知洪州事副使尙

(34) 食奉御次□慶仙店錄事次爲西大悲院錄事女長適入內侍掖庭內謁者監季適內侍慶

(35) 禧宮錄事於戲墓銘之作尙矣其功名顯顯爲世所尙然後爲之蓋將使後之人知曠世之上

(36) 有雄偉不常者矣雖其人雄偉不常而銘不待其人則不若無之之爲愈也予拙於爲文

(37) 公於平日從容之際每稱吾之沒也子其銘乎其嗣子述公之意書來請銘不得已而銘之

(38) 銘曰

(39) 江左汾陽　溫良恭儉　七十以前　玉樓作記　斡旋元氣　七十以後

(40) 海東孔子　哀榮終始　與世爲賢　於公細事　是公之位　爲天所有

(41) 人望未猒　天奪其眞　焉得爲二　其人茫茫　亦恐六丁　鳩集工徒

(42) 天取不廉　地得厥身　在天在地　所留文章　雷電取將　勒之金□

(43) 一鏡云亡　爰命有司　原野昫昫　山旣靈兮

(44) 天子憫惻　宅名山側　峯巒翼翼　子孫萬億

(45) 時大歲辛丑十一月　日入內侍朝散大夫尙書禮部侍郎直寶文閣大子文學李　需　述

〔參照〕

① 守大保金紫光祿大夫門下侍郞平章事修文殿大學士監修國史判禮部事翰林

② 院事太子大保致仕贈諡文順公墓誌銘 幷序 侍郎李需述

(『東國李相國集』 後集終卷 所收)

③ 公姓李諱奎報字春卿黃驪縣人也皇考諱允綏戶部郞中母金氏金壤縣人也以公故
④ 封金蘭郡君蔚珍縣尉諱施政之女也公九歲能屬文至十五六洽聞强記凡著述不倣
⑤ 古人陳語平生不自名唐白時人指之曰走筆李唐白歲己酉於名宰相柳公權座下中
⑥ 司馬試第一明年赴禮部試於三場試日貢擧員重其名令飮宣醞數四盃稍酣下筆未
⑦ 精其科稍劣欲辭之更擧以嚴君切責亦無舊例辭不得謂賀客曰科第雖下豈不是三
⑧ 四度鑄門生者乎丁巳冢宰趙公永仁等文儒四相聯名上劄子薦公於闕下劄子爲不
⑨ 平者所窃遂寢登第之十年出補全州管記屢抑通判不法囙被訴解職後館翰等儒官
⑩ 薦人每以公爲之首故於丁卯權補翰林院明年即眞壬申正月除千牛衛錄事叅軍事
⑪ 出院六月以兼直復院十二月不踐七品爲司宰丞仍兼直院乙亥直拜右正言歷左右
⑫ 司諫己卯出爲桂陽府副使一年以禮部郞中起居注見召自後歷大僕少卿寶文閣待
⑬ 制將作監國子祭酒翰林侍講學士判衛尉事於九年之間其遷轉如此庚寅以無妄流
⑭ 于猬島其時以同罪被流者三人皆正直敢言之達官也辛卯蒙宥還京師時達旦來侵
⑮ 公以散官凡講和文字皆仛之壬辰四月起爲正議大夫判秘書省事寶文閣學士慶成
⑯ 府詹事自入叅至於是職除補外一年皆兼典誥癸巳六月拜銀靑光祿大夫樞密院副
⑰ 使右散騎常侍寶文閣學士十二月入相爲金紫光祿大夫知門下省事戶部尙書集賢
⑱ 殿大學士判禮部事乙未十二月爲叅知政事修文殿大學士判戶部事太子大保冬十

⑲ 月上表乞退　上遣近臣敦諭令復起公不得已起視事又乞退固切　上重違其志以

⑳ 守大保門下侍郎平章事修文殿大學士監修國史判禮部事翰林院事太子大保致仕

㉑ 甞一典成均三闢禮闈所選多韻士自解位來以詩酒自娛尙讀楞嚴頌在九卷亦　國

㉒ 有大册異朝書表等事無所不爲越辛丑七月得微恙時之當國大臣連遣名醫問診取

㉓ 公所著文集命工彫刻欲令公眼見事亘未畢至九月初二日卒于私第享年七十四

㉔ 上哀悼勑有司令百官會葬贈謚曰文順公噫公之官爵次序既列於前其瑞應行事之

㉕ 跡敢闕于後公之生數月惡瘡滿身面目皆爛乳嫗出置門外有一老父過視之曰此兒

㉖ 不啻萬金宜善護養嫗走報家君君疑其神人數路追之不得此神物護公於襁褓中也

㉗ 公之欲赴司馬試夢見着碪錬緇布衣人羣飮堂上傍人曰此二十八宿也公驚悚再拜

㉘ 問今年試席捷否有一人指一人曰彼乃奎星宜就問之公就問未聞其言而寤俄復夢

㉙ 其人來報子必占魁頭此天機但勿洩耳前名仁底囙改今名赴試果中第一此靈曜之

㉚ 攝公於名敎中也壬戌東京叛遣三軍討之軍幕欲以散官及第充修制員戰者危事皆

㉛ 以計避之公獨慨然曰予雖儒怯避國難非人也遂從軍此公之勇於義也戊寅於八關

㉜ 會侍　御宴禮數未半有一宰相促罷之公曰君賜也不可取次處分雖因此被流此公

㉝ 之執法不撓也所謂達旦者頑如禽獸奏之以鈞天廣樂而不足以開其肓投之以隋珠

㉞ 和璧而[不][足][以][解][其]顏及聞公之文字事意惻然有感所諭皆從此公之至誠能動無情

㉟ 者也娶大府卿晉昇第二女生四男二女長曰灌先公沒曰涵今爲知洪州事副使曰澄

㊱ 慶仙店錄事曰濟西大悲院錄事女長適入內侍掖庭內謁者監李惟信次適內侍慶禧

㊲宮錄事高伯挺於戱墓銘之作尙矣其功名顯顯爲世所尙然後爲之蓋將使後之人知
㊳曠世之上有雄偉不常者矣雖其人雄偉不常而銘不得其人則不若無之之爲愈也予
㊴拙於爲文公於平日從容之際每稱吾之沒也子其銘乎其嗣子涵述公之意書來請銘
㊵不得已銘之曰
㊶江左汾陽　海東孔子　溫良恭儉　哀榮終始　七十已前　與世爲賢　玉樓作記
㊷於公細事　斡旋元氣　是公之位　七十已後　爲天所有　人望未厭　天取不廉
㊸天奪其眞　地得厥身　焉得爲二　在天在地　其人茫茫　所留文章　亦恐六丁
㊹雷電取將　鳩集工徒　勒之金石　一鏡云亡　天子憫惻　爰命有司　宅名山側
㊺原野昀昀　峯巒翼翼　山旣靈兮　子孫萬億

〔揭載〕『東文選』一二三「守太保金紫光祿大夫門下侍郞平章事修文殿大學士監修國史判禮部事翰林院事太子太保致仕贈諡文順公墓誌銘幷序」
『韓國金石文追補』、二〇三—二〇五
『韓國金石全文』中世下、一〇二八—一〇三三
『朝鮮金石總覽』上 附錄、五八七—五八九
〔參考〕『高麗史』一〇二 李奎報傳

一八九、金仲龜 墓誌銘

所在　서울 國立中央博物館(No. 未詳)
年代　高宗二九年(壬寅、一二四二)

(1) 金紫光錄大夫守大師門下侍郞同中書門下平章事上將軍判吏部事致仕贈謚靖平公金仲龜墓誌

(2) 公諱仲龜安東府人守司徒中書侍郞平章事上柱國上將軍判戶部事大子少師景烈公俊子也

(3) 母慶氏封上黨郡夫人叅知政事上將軍珎女也公小有風度觀之者皆慕其爲人稱有

(4) 宰輔之器年少以大金明昌五年甲寅起家補康陵直明年冬投筆拜金吾衛使領散

(5) 員神宗奇之召入內侍尋轉爲別將加將軍純永下郞將公動止閑雅器識宏深言訥而

(6) 行敏皃柔而妵?則軍謀廟略日益周知泰和四年甲子貞宗嗣位知公有撫綏之德

(7) 命守永州〻〻巨邑也公飮氷有殊績秩滿爲慶尙晋安東道按察副使明年秩

(8) 詔移西海道大安三年辛未康宗承寶圖又詔爲全羅州道按察使前後臨

(9) 莅皆服其神明上尤器之召還授神虎衛保勝將軍尙書刑部侍郞知閤門事

(10) 丙子年冬權知右副承宣公礪心出納上倚以爲喉舌事無巨細必咨而後行仍除

(11) 監門衛攝大將軍迁左承宣時金人犯境王師在邉以衆寡不同相持而久未決勝其風塵幾及

(12) 於西海上憂之詔公爲西海道加發兵馬使俄入爲正議大夫左右衛攝上將軍樞密院知

(13) 奏事知都省事崇慶二年癸酉今上踐祚素聞公之賢特授銀靑光錄大夫樞密院副使

(14) 尙書左僕射上將軍判三司事丁亥冬出知西京留守事非上本意明年召復知樞密院事

(15) 尙書左僕射上將軍判三司事又明年知門下省事守司空左僕射自其年歷叅知政事

(16) 判御史臺事大子大保不數年間迁至守大尉同中書門下侍郞平章事判兵部事大子

(17) 大傅則公之官達豈以尋常論之哉公結髮立朝至於斑頤忠義所酬百無一羞丙

(18) 申年春不幸有微疾因拜章乞退上不允則公之乞愈切至庚子年冬以守大師門

(19) 下侍郎同中書門下平章事判吏部事仍令致仕公喜得譙閑冬之煖室夏之涼軒
(20) 擁琴書品茶藥以此爲富貴中送老之樂然軍國有大謀則公必與焉公之
(21) 第西有古寺曰鳳顧公新之今壬寅春正月晦公就其寺備香湯邀一百禪
(22) 僧與之沐浴曰禪家所尙莫若飢來即飯困來即眠因飯僧而勸眠至明朝
(23) 其所設又精且至實自其日公之寢食不如居四日言笑自若跏趺而逝年
(24) 六十七上聞之震悼爲不視朝賻祭加等贈謚靖平公以三月十日葬于
(25) 江華郡南靑桐寺東楡岾礼也公之於平昔分符一郡提□三方皆首於採訪
(26) 使之褒科歷任五朝官至上相無毫髮之違則公之處心行事於此又可見矣
(27) 噫其行爲如是遭遇如彼而年未及於耆壽何哉朝迹間所以嗟痛而未旣者
(28) 此也公娶李氏叅知政事貞肅公椿老女先公而亡有一子曰賅官至監察御史□
(29) 早逝女三長適中書令晋康公崔忠獻子工部侍郎球次適守司空左僕射□□□
(30) 朝散大夫興威衛保勝將軍甫麟次適門下侍郎平章事判兵部事朴文成子金
(31) 吾衛仗領別將李温公之壻將軍甫麟與予交甚熟託爲銘曰
(32) 公於富貴　旣畀之德　相如在逌　國柱今折
(33) 万無慊然　明不假年　寇莫窺邊　吁誰扶顚
(34) 時　壬寅三月　日正議大夫判閤門事三司使東宮侍讀事孫抃誌

〔掲載〕『韓國金石遺文』、一二〇―一二三
『韓國金石全文』中世下、一〇三四―一〇三七

一九〇、薛愼 墓誌銘

所在 서울 國立中央博物館(No. 新 五八二二)
年代 高宗三八年(辛亥、一二五一)

(1) 銀青光祿大夫樞密院副使刑部尙書翰林學士丞旨薛公墓誌銘
(2) 夫世之官崇勢鉅者雖平生無赫赫事業及其歿也皆欲鋟銘誌餉寵于
(3) 泉隧予甞嫉其夸誕廼謂石雖不言惡用黥其硬面而□遺羞耶洎觀
(4) 樞府薛公所立雄偉其終始梗槩固當壽其傳則銘之不可已也公諱愼
(5) 字愼之全州淳昌郡人也曾祖諱子升爲郡司戶祖諱挻叔皇四門博士考諱
(6) 宣弼皇檢校軍器監母趙氏亦淳昌郡司戶諱崇頴之女也年二十以詩賦
(7) 赴司馬試□第二人三十一擢第丙子歲調咸豊縣監務以政最聞當国
(8) 晋陽公褒□□補式目都監錄事累官至大官丞掌冶丞尙乘[直]長秘
(9) 書郎樞密院堂後官監察御史丙戌秋爲北界行臺明年以禮部員外郎
(10) 出守龍州政績成拜兵部員外郎賜緋魚袋庚寅轉吏部員外郎辛卯
(11) 春籍屬內侍秋八月蒙古兵□入北鄙朝廷出軍禦之因勅諸道按廉使
(12) 各率管內兵士赴官軍全羅道按[廉]使韓允奕者軟弱不能董兵朝
(13) 論以公代之公即□命統軍稱旨壬辰以侍御史與大將軍趙叔璋爲

(14) □朝行李使副深入龍庭得要領而還遂歷大府少卿御史雜端甲午
(15) □爲忠州牧副使秩未滿以戶部侍郎見徵尋轉禮部侍郎出按慶尙道
(16) □□察精明仍攬轡二年□以朝請大夫尙書右丞知制誥□爲西北面兵
(17) 馬使就加朝議大夫左諫議大夫權揔兩省及代難其人留鉞二年入拜通
(18) 議大夫判禮賓省事三司使翰林侍讀學士壬寅典春官貳席所擢皆
(19) 當世名士癸卯出爲東北面兵馬使亦留鉞如北面而半之累遷至國子
(20) 監大司成翰林學士充史館修撰官大子左諭德銀青光祿大夫尙書左僕射
(21) 辛亥春拜樞密院副使刑部尙書翰林學士承旨是年五月感疾六月卒
(22) 于大庙里之第公性剛明果断臨事不懼豁然有曠度其理民察俗軼漠
(23) 鎭邊之効亦泰山一毫也娶尙書考功郎中崔立基之女生三男一女一
(24) 爲大樂令兼式目錄事一是剃度爲曹溪僧緇秩至三重大師今住普
(25) 門寺一爲都校令女適楊州書記鄭之僑生二子歿先公其二子公所
(26) 鍾愛大樂令與予有舊具公之行狀託予爲銘予不敢牢拒濡翰而
(27) 銘之曰　天之賦賢　才命是嗇　如與爪牙　不角而翼
(28) 獨於我公　破慳全付　公旣受之　用施有裕　牙以文翰
(29) 爪以虎材　分符攬轡　是用角哉　厥翼伊何　乘軺杖鉞
(30) 以之裝舐　忠義爲骨　騰翥靑雲　止于鴻樞　猗欤人特
(31) 胡奈倏殂　黃墟杳杳　宅則龍耳　貞礎載芳　流耀万祀

(32) 時重光大淵献相月入内侍將仕郎尚書礼部員外郎金 百鎰 誌

〔掲載〕『海東金石苑』補遺五、九二四－九二八
『韓國金石文追補』、二〇五－二〇六
『韓國金石全文』中世下、一〇三八－一〇四〇

一九一、崔珙 墓誌銘

所在 京畿道 龍仁郡 湖巖美術館（No. 一二一－〇五〇－一一四）
年代 高宗四一年（甲寅、一二五四）

(1) 維歲次甲寅五月朔壬申二十五日丙申 高麗國
(2) 金紫光祿大夫叅知政事吏部尚書判戶部事大子少保致仕崔珙墓誌
(3) 公諱珙溟州人也曾祖曰□□中書侍郎平章事祖曰孝溫爲□□礼
(4) 部郎中父曰衡□起居郎知制誥□樞密院副使丁光叙女子也有
(5) 男□□□曰思□官受大倉署丞今爲順和縣令女適刑部員郎文□
(6) 倫先公而逝公生而頴異已有□牛之量□□之□□□叙爲良
(7) 醞令同正以有□□□超拜行□都監□□□□而爲丞□軍器
(8) 礼賓遷授權知閤門祗[候]□□□□□□安東太都護府判官□□
(9) □爲寶不□□□□如嬰兒三年有成一邑□□
(10) 上聞其□□□爲監察御史明□爲之□□□夫□而□□有立志

(11) □□閤門副使累□吏部員[外][郞]凡爲郞官者四官刑部兵部左
(12) 司吏部□是也迁司[宰]少卿銜□礼部[侍]郎出守忠州□未□
(13) □自徵讉迁爲寧朔鎭副使二州□□送迎悲喜之□□□攀轅而
(14) □□或引領□相望□□何其得人心□□□□以及代苽之□忽有
(15) □□之悲□□刑部郎中未幾□□□司宰少卿□數月余階加大
(16) □□□將作少監俄迁吏部[侍]郎及壬辰三月爲樞密院右副丞宣
(17) □遊鳳階□□龍□其揖讓周□之禮爲當時縉紳□□以軏也
(18) 當□□□爲樞密院副使贊皇猷而爲左散騎常侍入南□□爲
(19) [守]司空登□□爲知門下遷資爲□叅知政事吏部[尙]書判戶部事
(20) □□所歷階□於朝故無金紫六□□公自□位至於□□
(21) □□作祖之光□□十有年之□□十金□□其爲潔淸不汚之
(22) □可知□□□□□於德□□□□□ 一子之□□喪公之哀榮終始
(23) 可謂□□享年□□□□□ □病□于第□聞之□□
(24) 勅有司□□□□其山爲□□□
(25) 銘[曰]
(26) 以仁澤物□□之龍□節奉□雪壑之□□登鳳閣永□千
(27) 鏡懸車□□最樂□□年□□□□俄窮公之富貴善始
(28) 善終芳名不□万古□□□銘于石永□幽□

〔揭載〕『韓國金石遺文』、一二四－一二六

『韓國金石全文』、中世下 一〇四一－一〇四三

〔參考〕黃壽永、「高麗 崔沆과 崔珙의 墓誌」(『考古美術』一〇六・一〇七合、一九七〇)

一九二、梁宅椿 墓誌銘

所在 서울 國立中央博物館(No. 新 二七七四)

年代 高宗四一年(甲寅、一二五四)

(1) 公姓梁諱宅椿生大定十二年壬辰其先雞林金氏後徙帶

(2) 方郡革爲梁年垂耳順調溫水郡監務初筮仕云過八九玉其

(3) 口加一九紅其腰大晩見榮人間安有是哉以是知命退居

(4) 無干祿意及匡烈崔公怡創禪源社棟一代宗匠主盟而公

(5) 長子安其公倡其選迺爵爲禪師遙住断俗寺皆讓不受以

(6) 子故召公爲左右衛錄事叅軍事令食慶禧宮副使祿公年

(7) 已七十餘矣又除戶部員外郎賜紫金魚袋仍祿之今上相

(8) 崔公沆幹蠱當國移授壽安宮副使又移授興王都監又奏聞

(9) 終身食祿尋拜爲朝請大夫禮賓卿致仕公平生不妄言矯

(10) 行寬厚長者也善說古今事如持掌齋晨不再食能飮不乱

(11) 能碁不睹客至則或飮且碁去則讀經教未嘗以世事爲懷初

(12) 適內侍金脩之女生二子皆剃度長曰天英改爲安其次曰淸
(13) 裕一鉢雲遊金氏沒又適別將裵氏女生三子曰行淵出家爲
(14) 三重住牛頭寺曰靖道場庫判官曰弼隊正皆年幼而達寔由
(15) 長子安其公之蔭也甲寅夏四月七日病革請僧唱念臨絕猶
(16) 諷佛語叫菩薩名如入睡眠脩然右脇而逝時年八十三也其公
(17) 悲泣奉体浴火收骨是年六月十四日葬于水陽山之麓因囑
(18) 予略誌之銘曰
(19) 年八十　命始通　祿于第　腰即紅　周呂尙　漢千秋
(20) 時已遠　跡相侔　法王生　淨信家　誰抱送　老釋迦
(21) 公之榮　亦倚此　奇奇哉　有是子
(22) 　甲寅六月　日將仕郞試尙書禮部郞中國學直講知制　誥賜紫金魚袋金坵撰

（裏面）

(23) （梵語銘文省略）　上品上生眞言
(24) 〃　六字大明眞言
(25) 〃　寶樓閣眞言
(26) 〃　決定往生淨土呪

〔參考〕許興植、「高麗의 梁宅椿墓誌」（『文化財』十七、一九八四：「圓悟國師의 父 梁宅椿墓誌」（改題）、『高麗佛敎史研究』、一九八六）

李蘭暎、「韓國匙箸의 形式分類」(『歷史學報』六七、一九七五)

一九三、崔沆 墓誌銘

所在　京畿道 龍仁郡 湖巖美術館(No. 一二一〇五〇一一一三)
年代　高宗四四年(丁巳、一二五七)

(1) 康民濟世功臣特進金紫光祿大夫守大師開府儀同三
(2) 司中書令上柱國上將軍監修國史判吏部御史臺事大
(3) 子大師晋平郡開國公食邑三千戶食實封一千戶贈謚
(4) 光正公崔公墓誌銘
(5) 洪範之五福爵位功名不与焉故以壽爲一若大丈夫生斯世?位?功名
(6) 亨富貴□在妙岭則足矣安敢以不壽爲歉哉惟　公之謂次?
(7) 公姓崔系出於牛峯郡諱沆曾祖諱元皇追封壁上贊德英烈佐聖功
(8) 臣三重大匡開府儀同三司檢校大尉守司空中書令贈謚翼靖公祖
(9) 諱忠獻皇壁上三韓三重大匡翊聖靖国同心佐命致理措安熙載贊
(10) 化夾輔翊亮安社濟世功臣特進金紫光祿大夫守大師開府儀同三
(11) 司中書令上柱國上將軍判吏兵部御史臺事大子大師晋康公食邑
(12) 三千戶食實封一千戶贈謚景成公考諱怡始名瑀皇推誠衞社同德

(13) 佐理匡辟翼戴相遷□□柱天制帝乱賨天縱應變濟文功臣金紫光
(14) 祿大夫守大師開府儀同三司中書令上柱國上將軍監修国史判御
(15) 史臺事晋陽郡開国公食邑三千戶食實封一千戶贈謚匡烈公外祖
(16) 姓史諱洪紀皇金紫光祿大夫叅知政事上將軍判禮部事贈謚良靖
(17) 公越丁未季夏以祖考□册佐命功業殊異直除爲左右衛上將軍戶
(18) 部尚書十二月加大〔子〕右清道明年夏拜樞密院知奏事多遷龍虎軍
(19) 上將軍□己酉十一月晋陽公卒承襲考業柄国幹家三韓嚮慕梯航
(20) 競湊一如先公之代而圖書寶玩日積月盈却倍於先世此是年累遷
(21) 樞密院副使判事吏兵部尚書御史大夫大子賓客大尉叅政上柱国
(22) 判御史臺大師開府儀同三司門下侍中判吏部大子大師監修国史
(23) 中書令特進康民濟世功臣此□公之富貴也
(24) 公當避狄遷都之後□忠預防於是創外闕以接蒙使□中城以屛皇
(25) 都宗廟是國家之本大享乃敎化之源皆費私貲遣門卒以營之至於
(26) 天創?夏?部釋院□□不日成之備諸儀具或歲造弓甲韜藏禁庫日習射
(27) 御□□□凡所知□悉皆補聖化者北狼噬及南荒經歲不還遣門
(28) 下鈔兵□□往守或書□□潛擊其不意故忽然卷去又有吠主之犬
(29) 起於北原不借官軍一擧盡掃若於□□降將遼京大摠官其勢固不
(30) 可以授我忽一旦□死而來是　公之威令所及也

(31) 上欲崇德報功再命封立礶讓不受益降德音誓以帶防?宣告天下藏

(32) 書石室此　公之功名也且富貴功名已極於半百年前人雖以不壽

(33) 爲慟惜自公視之一无缺然況有家嗣內侍將軍踔是李副樞藏用家婿也

(34) 性本忠孝就幹蠱柱天一新敎化或傾私帑爲充備御時方歲險餓莩

(35) 滿塗大發家廩周邦賑救垂死而復活者幾千万戶神人交感雨暘咸

(36) 若有子若此是所謂死而不死也次子　爲句覆院判官今未冠婚有一女

(37) □幼?　公天資雄麗雅尙出塵尤工於翰墨嘗一日登高閣賞春光作

(38) 一絕落句云无賴狂風吹好事乱驅紅雨過長河有吹落□遠之意其

(39) 夕遇疾入六晨至閏四月初二日薨于見子山東麓別第春秋四十九

(40) 上聞訃震悼罷朝三日追繹前詔乃册爲晉平郡開國公食邑三千戶

(41) 食實封一千戶仍勅有司襄事贈謚曰光正公申命吊誄以八月二十

(42) 六日葬于鎭江縣西昌支山麓

(43) 銘曰

(44) □遷□兮四世功臣開戟門兮食簪□□䨓天爐兮鑄縉紳一吒兮万万

(45) 雷一吹兮□□□□王將相功名富貴自古如

(46) □□□積善有素宜克昌厥後幼身兮雖人石銘其壽

〔揭載〕『韓國金石遺文』、一二六—一二九

『韓國金石全文』中世下、一〇四三—一〇四六

〔參考〕『高麗史』一二九 崔忠獻傳 附 崔沆傳
黃壽永、「高麗 崔沆과 崔珙의 墓誌」(『考古美術』一〇六・一〇七合、一九七〇)
金塘澤、『高麗武人政權研究』、(一九八七)

一九四、尹承解 墓誌銘

典據 『東國李相國集』三五
年代 高宗 代(推定)

① 登仕郎檢校尙書戶部侍郎行尙書都官員外郎賜紫金魚袋尹公墓誌銘
② 予爲文至碑碣銘誌苟不誠其人信其實固拒而不受心竊道曰南山之石其有何辜忍
③ 雕損貞姿書溢美之辭耶及尹公之卒也旣得誠其人又得其實故不可以不敘公諱承
④ 解字子長樹州守安縣人也三韓功臣內史令明義公尹逢之七世孫也曾祖檢校大子
⑤ 詹事諱衡皇祖大樂署丞諱壽皇考檢校戶部尙書行尙書戶部郎中賜紫金魚袋諱裕
⑥ 延皇公實尙書府君第二子也少力學年十八中司馬試一科再擧春官不捷以門蔭從
⑦ 仕調補知水州事判官水州號俗阜率爲人求得故鮮克淸廉政皆姑息吏狃成習頗緩
⑧ 弛無紀公到官一切以法繩之吏畏憚莫敢正視凡約束一如條禁無敢犯者以政異聞
⑨ 秩滿除玄德宮錄事尋遷左右衛錄事叅軍事俄出爲珎島縣令淸約一如水州所理感
⑩ 愛則加焉縣在海中腥陋有蠻獠風凡應對賓客不似沿路他郡奉使者苦之公悉更革
⑪ 使如巨官大邑又民恃魚塩不甚力農公督令歸畝始也民有憚色及得其入然後顧樂

趨之雖歲儉不匱入爲神虎衛錄事叅軍事癸巳歲輦下兵起衣冠搢紳無不逃竄公獨守官確固神色自若上聞而嘉之召見面弊曰昔聞若之忠勇今見其實改授神虎衛別將公以虎職非本情故不受後拜閤門祗候旋擢監察御史出爲西北道分臺先是成州豪黨擅殺官妓前後奉使者初欲窮理其狀延及平民無不械縛闔郡騷擾未幾置而不問由是常爲貨賂之藪公入州鞫按詳審得首謀與手殺者誅之餘悉不理一州安之內外俱慶入爲尙食奉御賜緋魚袋又遷尙書都官員外郞賜金紫上甞遣諫官宋端南方採訪十年來前後典郡者之政績優劣水州以公所理擧爲最凡三十年矣宋公曰朝旨以十年爲界此甚遼遠恐違詔條之意吏民曰天子所以遣使臣苐求異政耳尹公遺愛至今未甞去民心尙如前日故擧之豈論遠近耶皆伏地叩頭其請至痛切宋公頷而奏之上益嘉嘆有司亦不敢訾焉某年月日得疾卒于第年若干某月日葬于某山夫人張氏大府卿諱忠義女也生子男二人曰松筠曰松竹松筠甞倅密城以淸苦嚴毅聞松竹尙爲散官女一人未適人公爲人資端直敢言所至率淸素家無甔石之儲凡不問家事怡怡如也旦夕但以奉官守職爲志眞朝廷之正人也而官不過員郞惜哉子松筠等敘公之世系官爵因人之與予有舊者來請銘於予予不敢拒者以予先君甞與公同寮每見訪袞袞接話言予雖未測淵源頗窺畔岸又所書遺迹則皆播在人口而非其嗣之列以來請者是非誠其人信其實者耶故執筆而銘之云遺子百金惟禍之召公獨以淸萬世之寶有欝斯岡窽安宅兆公保於此迺子孫之保刻銘納竁爲後之考

〔揭載〕『東文選』一二二「登仕郞檢校尙書戶部侍郞行尙書都官員外郞賜紫金魚袋尹公墓誌銘」

『朝鮮金石總覽』上 附錄、五八六—五八七

一九五、金元義 妻 印氏 墓誌銘

典據 『東國李相國集』三五
年代 高宗代

① 金紫光祿大夫叅知政事上將軍金公夫人印氏墓誌銘
② 夫人姓印氏某縣人也某官某之孫左右衛大將軍諱榮寶之第二女而今叅政相國金
③ 諱元義之配也旣笄歸于金公夫人自在家事父母甚篤友兄弟甚穆及嫁移所以事父
④ 母者事舅姑有禮而加敬焉移所以穆兄弟而惇夫之族加厚焉其御婢妾寬重不苛細
⑤ 故下雖畏而不猒叅政公起自將官凡征戍裝賫及隨例餔醵宴飮之費煩浩不細夫人
⑥ 皆手親之無不精辦略無倦容公之歷位至宰相夫人有內助焉家本饒財然不以富故
⑦ 手離女工子姓諫止之夫人曰紡績蠶織婦職也類若輩之文書筆硯烏可須臾離耶及
⑧ 公之至相位然後輟而不親一委妾侍晩節奉佛尤精嘗讀金剛經生子曰公粹進士登
⑨ 第今爲入內侍監門衛錄事叅軍事兼直翰林院次曰某爲將官備宿衛女子適劉昌緖
⑩ 今爲將軍公粹以與予同寮內翰故來乞銘銘曰肥其家不係財秉德之靜專功於國不
⑪ 必身有子之才賢嗚呼男子之無羡夫人其有焉

〔揭載〕『東文選』一二二「金紫光祿大夫叅知政事上將軍金公夫人印氏墓誌銘」
『朝鮮金石總覽』上、附錄 五八五—五八六

Ⅲ、高麗後期 上(忠烈王—忠定王)

一九六、金坵 墓誌銘

所在 서울 國立中央博物館(No. 新 五八三五)
年代 忠烈王四年(元 至元十五年、一二七八)

(1) 匡靖大夫簽議侍郞贊[成]事寶[文]署大學士同修国史判文翰署事金坵墓誌
(2) 礼云無本不立無文不行盖無信[本]也義理文也□諸忠信之□行乎義理之文者吾於文貞公見
(3) 之矣　公諱坵舊名百鎰字次山扶寧縣人父諱挺□□古名儒終于祗侯母夫人金氏
(4) □□女　公生而敏悟[及]長善属文年十七中成均試[三]十二擧春[官]擢乙科第二人及第時座主金
(5) 貞肅公亦是第二人因語傳衣鉢古事大加寵進□啓以謝之至今爲四六元龜歲丙申出倅耽羅
(6) 以廉明稱秩滿還京充書狀官使北甚□延譽至辛[丑]秋入直翰林院三遷六年之間耳不吟鈴索之
(7) 聲詞䟽雲秀出輩益奇丁未夏權補横班自此年除歲遷至于三品履歷悉是清華而未嘗出外良
(8) 以大手筆不可一日暫離於朝廷故也己巳多授銀青光祿大[夫]文昌左相□年入樞院兼左常侍又明年加
(9) 金紫爲政堂文學歷拜叅知政事守大尉中書平章事　今上即祚二年乙亥奉　大元國詔勅改定官號
(10) 換授今職其間掌衡司馬主席春闈所薦皆名士搢紳相賀至如□眞行潔貌厚言沈拙於私敏於官相
(11) 位十年不以自營爲計憂在社稷敢言無所避而人盡愛敬此　公之本也又自辛卯事大以來隴西文
(12) 順公以巨儒擅章奏厥後變故紛[出]是任大難　公觸事下筆語義俱妙巧說所未到曲形于紙使數
(13) 千里外之見者如對面言以致今日之安此　公之文也噫忠信之本義理之文鏘鏘在人耳目足

(14)爲不朽而賢嗣郎官又欲銘于石以壽泉臺之傳請囑勤勤予與郎官嘗數年同質于
(15)此情好不渝義不敢拒勉强以書然甚慚　公春秋六十有八至元十五年九月二十六日寢疾
(16)卒于松京廣里之私第　上深不憖遺之歎下□將斯?之悲贈賻以寵之謚誄以傷之以十
(17)一月二十三日葬于椒山之麓哀榮終始於是乎備矣先娵朴氏內侍令同正朴　之女
(18)先公沒有一女適祗候李　後夫人崔氏禮賓卿致仕崔　之女有三男一女長曰　弱冠登科見爲
(19)完山牧副使一女適寶文署校勘郎　仲男壽昌宮錄事未有室侍大夫人季則落髮
(20)依曹溪師安和大禪師凡是持喪盡情唯不至毀滅嗚呼孝矣哉夫
(21)公之德行文章之美官資揚歷之詳与夫家世之懿有政籍有家諜
(22)有謚誄?有史家此不細備姑記其卒之日葬之時附以閨庭子女之數期不失詰法尔
(23)　　　　　　　銘曰
(24)羽之鳳　鱗之龍　欲美其文章則青天白日不可譽　欲?叙其官爵則□堂黃閣始而終　壽折?縱心
(25)義篤匪躬　盍銘厥德　傳之無窮
(26)　　　　　　　至元十五年戊寅十一月　日　誌

〔揭載〕『海東金石苑』補遺五、九三一－九三六
　　　『韓國金石文追補』、二〇七－二〇八
　　　『韓國金石全文』中世下、一〇五〇－一〇五三

〔參考〕『高麗史』一〇六 金坵傳

一九七、李尊庇 墓誌銘

所在 서울 國立中央博物館(No. 本 一一三六八)
年代 忠烈王十三年(元 至元二四年、一二八七)

(1) 李相國墓誌(題額)
(2) 卒奉翊大夫同判密直司事左常侍文翰學士承旨世子元賓李公墓誌
(3) 歲丁亥正月初七日樞判李公病卒于僑寓享年五十五移殯于私第越閏二月二十三日甲
(4) 申葬于菜田山之東麓公諱仁成後改尊庇字持正固城郡人也皇考諱瑨登第未仕妣白氏
(5) 年八十五至今無恙本藍浦外祖禮部郎中景瑄公爲人心地恬靜無波不營家產居室淡如
(6) 也雖至宰輔常接賓客如措大時年十九登南省試二十八擢礼部試籍屬星閨三十二受權
(7) 務累遷秘書校書郎掖庭內謁者大學博士兼直翰林召入政堂三十六入叅爲權知閣門祗
(8) 候自三十七年內所歷殿中內給事戶部員外郎中中書舍人兵部吏部侍郎大子文學內直
(9) 郎寶文待制知制誥東宮侍讀學士膺善府右詹事階加朝散四十三掌南省試歷閱朝靖朝議中散
(10) 中大夫尚書右丞礼賓卿左右司議大夫秘書尹判礼賓寺事充史舘修撰官密直司右副承旨右
(11) 承旨左承旨三司使知軍簿司事四十七批除中議大夫密直司副使版啚判書文翰學士尋除奉
(12) 翊大夫同知密直司事知密直同判密直文翰學士承旨世子元賓監察大夫左右常侍歲在辛巳
(13) 上國討不庭之日域勑脩過大洋軍料十万餘斛句當是任皆以計避至公即扼腕直進無疑出統

(14) 嶺南咄嗟所辦萬艘載糗三韓之安在一掌中上褒嘉不已授以壬午歲東堂知貢擧公掌試兩度
(15) 率門生往謁恩門侍中柳公璥是爲千古史筆上美談公娵左僕射翰林學士李湊一女生子四女三胤
(16) 子瑀近侍郎將時爲上國弓箭陪次子精行詣修禪社第五祖圓悟國師祝髮爲浮啚於曹溪崛山下三
(17) 子禱良醞丞同正未冠一女適近侍礼賓注簿兼直史館朴莊次女適權知國學學諭柳仁明四子三女才離
(18) 齓齒云子婿等托予以銘故受而銘之曰
(19) 心地恬和筆蹤奇絶四入藥階貂璫珥餙一登栢署豸獬懾物再提文柄鸑鳳交集四子珠聯虎龍
(20) 爭躍魁步紫樞何未登黃閣既過五旬何未至黃髮天道茫茫詰之者孰有水湲湲有山嶷嶷於爲
(21) 窆爲子孫萬億　至元二十四年丁亥閏二月二十三日

〔揭載〕『韓國金石文追補』、二〇八―二〇九(李仁成 墓誌)
『韓國金石全文』中世下、一〇五七―一〇六〇(李仁成 墓誌)

一九八、元傅 墓誌銘

所在 서울 國立中央博物館(No. 本 一二九九八)
年代 忠烈王十三年(元 至元二十四年、一二八七)

(1) 卒匡靖大夫僉議中贊修文殿大學士監修國史判典理
(2) 司事世子師元公墓誌
(3) 觀自古士大夫其始位卑心志高抗常以二踈爲美及富貴方酣
(4) 愛惜日月傴僂公門恬不知退者衆矣唯我侍中元公異於是年

(5) 六十六拂衣勇退此易所謂進退存亡不失其正者歟公諱傅始
(6) 名公植字成之自号足軒秀才源出原州曾祖諱禮尙衣奉御祖
(7) 承胤左司諫知制誥考皇名瑨都齋庫判官以公故追封禮賓卿
(8) 妣鄭氏皇本昌寧郡外祖禧大府卿翰林侍讀學士公年甫十八
(9) 登司馬試二十二擢第春官二十四赴中原牧司錄三十三調同
(10) 文院錄事累遷雜職令大官令兼直史舘中書注書戊午四月義
(11) 士聚謀掃權門復政　大內選入政堂是年秋拜權知閤門祗候
(12) 自秘書郞禮部兵部吏部員外郞中大府少卿戶部侍郞大子司
(13) 經內直郞國學直講寶文閣待制直學士充史館修撰官知制誥
(14) 至樞密院右副左副承宣此九年內揚歷之清華也四十八除禮
(15) 賓卿朝請大夫翰林侍讀學士尋除翰林學士大子右諭德中散
(16) 大夫判禮賓省事知御史臺事五十受銀青光祿大夫樞密院副
(17) 使右常侍翰林學士承旨其年抄陪　大駕朝　上國別有功焉
(18) 翌年夏隨　駕還朝入相爲金紫光祿大夫政堂文學吏部尙書
(19) 寶門閣大學士同修國史判三司事大子少保辛未歲
(20) 今上以東宮上朝公亦隨　駕守司徒守大保叅知政事中書門
(21) 下侍郞兩省平章事集賢修文兩殿大學士修國史監國史大子
(22) 少師大保此四年內揚歷高顯也乙亥承　上朝旨改稱官号改

(23) 爲匡靖大夫僉議侍郎贊成事判軍簿司事世子傅戊寅隨
(24) 駕上朝癸未判典理司事世子師爲冢□乙酉受東堂知貢擧確
(25) 辭不行位都黃閤代天理物十六年至六十六政籍則六十二引
(26) 年乞退以僉議中贊餘仍舊致仕琴棊綠野樂洽揮金公手筆無
(27) 敵書麗淸宮壁凡掌試南省一禮部二採擢皆一代聞人及公解
(28) 位三牓門生大設華筵以慰懸車之慶至丁亥二月初九日卒于
(29) 紅桃井里私第身年六十八仍殯于此越閏二月二十三日甲申
(30) 葬于弘化山之東麓　上聞訃甚悼輟朝三日贈謚文純公百
(31) 官會葬公娵禮賓卿廉守臧一女生子二女一胄子瓘時爲正承
(32) 大夫判秘書寺事寶文署學士季子卿朝奉大夫千牛衛攝大將
(33) 軍女適左中禁指諭郎將金興裔內外□蘭玉盈庭襄事將葬二
(34) 子乞銘嗚呼吾不復見仁人君子之若公者矣不覺涕洟染翰
(35) 而銘之　銘曰
(36) 台星禀粹　愛君至切　竹堂鑄人　綸閤秉約　富貴功名
(37) 嵩岳降奇　對客忘疲　幾於一紀　十有六禩　哀榮終始
(38) 今於海東　三牓出門　二子幹蠱　虎頭山擧　万世之宅
(39) 復見汾陽　桃李芬芳　鸞鳳翺翔　龍腹水長　千孫之昌
(40) 刻銘納竁　至元二十四年丁亥閏　二月　日誌

(41) 隧道有光

〔揭載〕『韓國金石文追補』、二〇九－二一一
『韓國金石全文』中世下、一〇六〇－一〇六三

〔參考〕『高麗史』一〇七 元傅傳

一九九、金周鼎 墓誌銘

典據 『光山金氏族譜』(全南 光州、一九三四)

年代 忠烈王十六年(元 至元二七年、一二九〇)

① 文肅公墓誌
② 生□類未甞專美於一物故騂騮乏鸞鳳之翼彩羽無駿逸之蹄其如應龍者鮮矣士亦
③ 如□龍頭將□古難並黃錢靑錢鮮能雙美其兼得而有之者惟我上國下人而已公諱
④ 周鼎字□海陽郡人也曾祖諱位皇追封尙書令祖諱光世皇追封尙書右僕射考諱鏡
⑤ 亮皇朝請大夫金吾衛大將軍公弱冠喪父於卜葬地□弟偕往公獨於墓中得茯苓見
⑥ 者異之厥後久閒桑梓力學工書□文□藝丁巳調富城縣尉□巡問侯韓就以公政里
⑦ 爲最而擧之權補都兵馬錄事俄以北朝行李書狀官使還陳事時之執政海陽公器之
⑧ 至元元年甲子擧春場擢爲第一累遷海陽府典籤遂籍內侍因□入政事堂連拜閤門
⑨ 祗候刑部郞中國學直講累加國子司業寶文待制知制誥甲戌□今上卽祚驟拜吏部
⑩ 侍郞朝靖大夫大府卿寶文閣直學士右司議大夫論時務二十餘條上封事上嘉之多

⑪ 所施行歷□使典司馬試戊寅扈駕朝北上委以腹心明中贊之非罪□罷達魯花赤之
⑫ 衙門回還種□還除中大夫右承旨俄拜密直司副使文翰學士庚辰復扈駕還上以有
⑬ 文虎之才除上將軍又上國宣□昭勇大將軍管軍萬戶仍授金虎符並印信辛巳以右
⑭ 翼萬戶征□軍中多疾□不能相恤公□軍以公力□卒□保護多護全□又因大風船
⑮ 艦大敗人物湮流於□洋者□公□見□而載出所全活亦四百餘人士卒由是益附還
⑯ 拜匡靖大夫判密直司□監察□學士承□兼□將甲申以東南道兵馬使出鎭□浦俄
⑰ 以知貢擧功還入相□知僉議府事餘□故後因召見□奠陳民間疾苦上嘉納之加寶
⑱ 文署太學士世子貳傅時之所重□豪多依勢而□民不堪上□正持□事而鎭之絳灌
⑲ 之徒曾害其能□錦已成公適於內宴被酒不□因罪之□相□仍貶爲淸州牧使未半
⑳ □三月始得徵恙積至□庚寅三月二十三日卒臨終預□日時□囑後□英自若□修
㉑ 然而化顏色鮮潔享年六十三公爲人莊重望之儼然如可畏然其性□生平未嘗鞭一
㉒ 人明□事飭以□學凡執政事肇者十三年再秉文衡所得皆當世俊不佩金□沛者又
㉓ 且七年屬□之日□無□金之產公之德淸矣惜乎旣生是賢凡人之所遭□一者北□
㉔ 若□益基□登□輔則□生之不蒙其福哉物□豈不知□世□民□人爲久留賢而□
㉕ 娶其□以章德縣司戶張得球之女爲配生一男二女男曰深今爲左中禁指諭文女長
㉖ 適郞□陳□端□適將軍尹□孫□娶贊成事金璉之女生一男曰珂今爲□錄事後娶
㉗ 判閤門事李信孫□葬也子□具狀□爲銘盖以予嘗爲公所厚得公之□故□見奇傳
㉘ 卓□如公矣□銘之曰猗歟我公□龍頭□國文虎之□之則入在廟堂神律衆蓮墓棘

㉙ 圍一身□賴其德玉本無瑕蒼蠅□
㉚ 至元二十七年庚寅誌

〔參考〕『高麗史』一〇四 金周鼎傳
金龍善、「新資料 高麗 墓誌銘 十七點」(『歷史學報』一一七、一九八八)

〔編者註記〕 判讀文 중의 □부분은 缺落된 곳이나 몇 글자씩인지 확실하지 않다。

二〇〇、許珙 墓誌銘

所在 서울 國立中央博物館(No. 新 五八六七)
年代 忠烈王十七年(元 至元二八年、一二九一)

(1) 文敬公之墓誌(題額)
(2) 卒匡靖大夫僉議中贊修文殿大學士監修國史判典理司事世子師贈謚文敬公許墓誌
(3) 公諱珙字山輝孔嵒縣人也曾祖利涉皇典厩署丞祖京皇禮賓少卿知制誥考遂銀青光祿大夫樞密院副使
翰林學士丞旨致仕顯宗大王子大師王沖第六
(4) 代外孫也母新定郡夫人張氏閤門祗候□友之女也自公之鼻祖至公凡十一世圭組蟬聯桂籍相傳之世系
也公生而頴悟器局離倫十九入成均試二十三以門蔭直受幞頭店
(5) 錄事及戊午歲權臣掃迹復政 王室簡文士入政堂公時猶未第以文才吏幹無能及者得居是選尋入內侍
受大樂署丞是年以直赴第二生登第五人及第旋拜大學博士
(6) 翌年除權知閤門祗候是後歷秘書郎戶部員外郎國學直講吏部郎中直寶文閣國子司業充史舘修撰官朝

散大夫戶部侍郎寶文閣待制知制誥東宮侍講學士至三
(7) 十七己巳拜樞密院右副承宣吏部侍郎翰林侍讀學士太子右贊善大夫遷至朝請大夫大僕卿知御史臺事
國子監大司成翰林學士皆兼三字仍条造化四十歲壬申拜
(8) 銀青光祿大夫簽書樞密院事翰林學士承旨尋遷樞密院副使右散騎常侍同知院事及　朝廷避　上朝官
制授中議大夫密直司使監察提憲世子元賓
(9) 判密直四十七己卯拜匡靖大夫知僉議事寶文署大學士同修國史条文學事判版啚事集賢殿大學士修國
史判軍簿司事五十四丙戌拜僉議侍郎贊成事修文殿
(10) 大學士判典理司事越丁亥夏　上國有邊憂七月　主上率兵助戰公請扈駕　上以本朝無當留守者不許
公再奏云臣雖無氣勇今　主上赴難殊方臣以何心安坐而下
(11) 食其辟至切　上許之及　大駕還朝嘉其功進拜僉議中贊至辛卯六月下旬初因微恙沉淹漸篤八月初八
日寅時卒于私第享壽五十九　上聞之震悼追慕而即以
(12) 三子冠除官八品命有司襄事葬于普賢院西山之麓贈謚曰文敬公公性本耿介淳謹節儉不衒飾求媚自居
要地十五年間題品人物常以平反濟活爲意及居相位二十年間
(13) 益殫忠悋竟効王臣之節弱冠從事至拜侍中常享寵榮一無譴劾刻三掌禮闈揀閱精强門下之賢已居樞要
半在臺閣己丑歲十一月　主上與世子朝覲　帝庭以公權行尚
(14) 書省事庚寅正月朔方道成將報以寇賊行指我彊人心洶洶不知所就宗室宰輔及致仕舊相會闕庭議避患
事皆言率人民入海島宜矣公獨断曰使人更候寇賊所指如其
(15) 所聞則入海島安社稷猶未晩也況今　主上入聘　王庭大臣豈擅以徙都遷民之事輕擧哉群議乃寢斥候

之果寇賊屯在女眞地由是　朝廷多推之公先娶政堂文學尹公克敏

(16)之一女生三男二女長子近侍郞將禔娶知僉議府事致仕奇公□□之女次子朝顯大夫將軍監察侍[史]許娶

贊成事上將軍廉公□□之女次子大倉署丞冠一女適正丞大夫判秘

(17)書寺事文翰侍講學士知制誥金賆一女適升仕郞秘書少尹知制誥金恂後娶同知樞密院事崔公澄之六女生

二男二女長子刪定都監判官寵次子東面都

(18)監判官富一女適守太尉上柱國平陽侯昡二女適興威衛保[勝]別將趙璉　朝廷之選多出一門噫公之平生

旣備万全之美天何獨靳其壽考耶莫究造物

(19)之與奪也予有葭莩之眷又被其請粗叙而誌之銘曰

(20)默然我公　儉素謙冲　弱冠敏悟　高步泮宮　如期中第　入政堂東

(21)各專題品　贊化輸忠　早登相位　福祿兼豊　五十六歲　卓拜侍中

(22)活人爲意　多有陰功　三開棘院　揀盡英雄　不看□釁　善保始終

(23)天胡不壽　大限俄窮　男五女四　蘭玉成叢　王孫作壻　更振家風

(24)系連十世　積善所鍾　予惟姻舊　慟竭哀悰　鐫銘樂石　馬鬣爲封

(25)　至元廿八年辛卯九月　日　誌

〔揭載〕『海東金石苑』補遺六、九三七—九四四
『朝鮮金石總覽』上、四六四—四六七
『韓國金石全文』中世下、一〇六三—一〇六七

〔參考〕『高麗史』一〇五　許珙傳
朴龍雲、「高麗時代의 定安任氏・鐵原崔氏・孔巖許氏 家門 分析—高麗 貴族家門 研究(二)—」(『韓國史論叢』三、一九七八)

二〇一、金方慶 墓誌銘

典據 『安東金氏大同譜』(서울、一九七九)
年代 忠烈王二六年(元 大德四年、一三〇〇)

(1) 高麗國上洛公之墓誌(題額)

(2) 夫天下有達尊三德一齒一爵一君子之行於世得其一二猶難況得其三者乎其得三而無缺者惟我上洛公而已公姓

(3) 金諱方慶永嘉郡人也曾祖司戶義和贈檢校軍器監祖掌冶署丞兼直史舘敏誠贈銀青光祿大夫尙書右僕射考正議

(4) 大夫兵部尙書翰林學士充史舘修撰官知制誥孝印贈金紫光祿大夫中書令皆以公故追加妣元興鎭副使郎將宋耆

(5) 本金海府之女也公天性忠勤而恭儉信厚而沉嚴雖起自虎官能於吏幹以將軍兼給事中或兼御史中丞或以金吾衛

(6) 大將軍知閣門事又知御史臺事又拜御史大夫揚歷臺閣夙夜匪懈決断神明凛凛然生風人皆畏肅或以民望累鎭西

(7) 北恩威迭用其俗謳歌至今懷慕國家當庚午歲自江都復出松京有不臣輩謀乱而南公以同知樞密院事爲追討使統

(8) 軍圍賊于珍島至翌年五月凡大戰十五度而取之遂拜金紫光祿大夫守大尉中書侍郎平章事判吏部事大子大保俄

(9) 拜門下侍郎平章事是役也漏網餘種入據耽羅阻險肆毒又以公爲行營中軍兵馬元帥癸酉四月二十八日帆過大洋

(10) 盪盡蜂屯如以大山壓卵三韓擧有聊生之望　元廟召入寢殿曲賜宴慰授守大師開府儀同三司門下侍中上柱國

(11) 判御史臺事是年　先帝詔入朝御廣寒殿坐公於丞相列設大宴手賜於案上珍味仍以金符金鞍白銀鋌多般幣帛

(12) 賞之天下之見聞者無不歆艶知三韓有人焉於是又奉東征之命甲戌入討日本俘馘甚多越己卯公再上章乞退

(13) 上每遣中使敦諭云孤欲賜卿几杖以時多故禮儀未備孤心怏怏請卿更起視事公未遂其志庚辰冬朝于

(14) 帝所　帝授中奉大夫管高麗軍都元帥辛巳夏又入日本南宋軍後期三月因以淹留腐船而疫興上國群師每誘以

(15) 還軍公力爭不可累戰而後還癸未又上章懇乞上不得已加三韓壁上推忠靖難定遠功臣匡靖大夫三重大匡判都僉

(16) 議事上將軍判典理司事世子師仍令致仕　上心未滿丙申冬又加上洛公食邑一千戶食實封三百戶公之在

(17) 位常夜寢早起坐而待旦及懸車亦如之猶以邦國安危爲慮至大德四年秋八月十有六日因疾而薨于栢木

洞鷺溪里

(18) 以九月初三日歸葬于禮安西山之麓從遺敎也於戲救難濟民社稷復安德一也年至八十九齒一也以上國
都元帥又

(19) 加封公爵一也所謂備三而無缺者盖實錄非溢美也公嘉耦起居郎知制誥朴益旋之女也生三男三女瑄爲
奉翊大夫

(20) 副知密直司事典法判書上將軍先公卒忻爲管高麗軍万戶鎭國上將軍匡靖大夫都僉議叅理上將軍恂爲
奉翊大夫

(21) 密直司副使判秘書寺事文翰學士一女適叅知政事趙季恂之二子忭忭仕至奉翊大夫副知密直司事上將
軍典理判

(22) 書一適知僉議府事金光遠之一子朝顯大夫神虎衛保勝將軍金元冲一適通禮門使權允明朴氏先公薨又
娶孫氏生

(23) 一女適通禮門祇候蔡宜諸孫繩繩亦爲華顯蘭接玉聯而輝映門戶公至九十而童顔眼見孫之是亦異哉若
夫征戰

(24) 之際每與　大朝軍馬出入應對由法雖和而不使狎雖抗而不使怒至於臨難無苟免奮死不顧生如此等
一一功業

(25) 皆布在錄券與國史此不詳陳但存其大槪耳予有瓜葛之分且別承知待者又有嗣子相國之請謹把筆而銘
之曰

(26) 大廈庇人　惟柱惟石　寒暑不侵　風雨不迫　於万斯年　居之無斁　巍巍我公　爲周旦奭

(27) 佐明之功　定乱之策　至今三韓　民受其澤　國老其殂　天地脉脉　行路無知　感念今昔
(28) 故鄕勝墟　滿山松栢　厥祖有靈　卜隣可宅　遺囑分明　何必更擇　公不獨安　子孫蒙益
(29) 　大德四年庚子九月　日
(30) 　前正獻大夫密直司左承旨判秘書寺事文翰學士充史舘修撰官知制誥　李　瑱　撰

〔參考〕『高麗史』一〇四　金方慶傳
金龍善、「新資料　高麗　墓誌銘　十七點」(『歷史學報』一一七、一九八八)

二〇二、兪克諧　墓誌銘

所在　日本　東京國立博物館(No. 二七三八〇)
年代　忠烈王二七年(辛丑、一三〇一)(推定)

(1) 　故□□前分司大府試丞檢校軍器監兪氏墓誌銘
(2) 公諱克諧全□□□□□父師昌曾任追封佐丞祖兪邇曾任檢校
(3) 太子少傅考元夫曾任京市署丞娶監察御史井良五之女而生公焉公自
(4) 幼齡善文章丙辰年始□□籍名姓雖在登朝之路尙負初心未成□
(5) 墨之功乃奮而赴試□□□之試不問一歲至戊午而登第可謂□
(6) 摘頷髭者矣?不數年調補義州判官秩滿還輦路以正直不媚□稱?□□
(7) □投閑累年□□□□□累至南面北面句覆院判官甲申年以守□□
(8) 署令出爲隘守鎭將爲郡政績如義州而功實倍焉考績又遷內園中

(9) 尚署令又爲分司大府試丞散官至檢校軍器監越辛丑歲孟
(10) 春以病終于第嗚乎哀哉以公循良恭儉之德也博敏該通
(11) 之才也且將可以大用而卒不至於達官豈非命乎公娶祗
(12) 候洪允濟之女而生五男五女封爲殷栗縣君先公十三歲卒
(13) 長子不幸未十歲而物故次曰伯散戶部令史次子幼而物故
(14) 次曰傅散文林郎衛尉丞季曰存粹去爲浮屠氏之教長女
(15) 適倉庫都監判官金存智次適將仕郎李用文次適良醞
(16) 令同正朴惟精次未嫁而物故次適國子進士韋承誼承誼
(17) 不幸短命而死　銘曰
(18) 謂公有德而不壽乎年幾七十謂公有才而不官乎位登六
(19) 品雖然以公之德也以公之才也宜爲榮顯達官而反低回
(20) 於青衫之秩吾不足謂之官也

〔揭載〕『朝鮮金石總覽』上、五三七—五三八
『韓國金石全文』中世下、一二八九—一二九〇

〔編者註記〕이 墓誌銘이 作成된 年代는 분명하지 않다。단지 第(9)行에는 辛丑歲에 사망하였으며、第(5)行에는 戊午年에 登第하였다고 되어 있다。『高麗史』七三 選擧志一 選場 條에서 科擧가 실시된 戊午年을 조사하여 보면 顯宗九年(一〇一八) 五月、文宗三二年(一〇七八) 三月、仁宗十六年(一一三八) 三月、神宗元年(一一九八) 六月、高宗四五年(一二五八) 六月이 각각 해당되며、高麗後期의 戊午年인 忠肅王五年(一三一八)과 禑王四年(一三七八)에는 科擧가 실시되지 않은 것으로 나타났다。이 가운데에서 高宗四五年 六月에 시행된 **科擧에 兪克諧가 급제하였을 가능성이 높다고 생각된다。이 가정이 옳다면 그가 사망한 辛丑歲는 忠烈王**

二七年(一三〇一)이 될 것이다。 한편『高麗史』四二 崔忠獻傳附 崔沆傳의 高宗四三年代 기록에는 及第 兪汝諧라는 인물이 언급되고 있는데、兪克諧와 같은 行列의 인물이 아닌가 짐작된다。

二〇三、金賆 墓誌銘

所在　서울 國立中央博物館(No. 新 五八六〇)
年代　忠烈王二七年(元 大德五年、一三〇一)

(1) 文愼公墓誌銘(題額)
(2) 匡靖大夫都僉議叅理集賢殿大學士同修國史金　賆　墓誌
(3) 　匡靖大夫政堂文學寶文閣大學士同修國史致仕金　晅　撰
(4) 公姓金諱賆字損之彥陽郡人也王考金紫光祿大夫守大傅門下侍郞平章事上將軍判吏部事贈謚翊
(5) 戴公諱佺王祖考金紫光祿大夫守大師特進開府儀同三司門下侍郞平章事上柱国判吏部事大
(6) 子大師贈謚威烈公諱就礪曾王父朝議大夫金吾衞大將軍諱富妣昌原郡大夫人崔氏考銀靑光祿
(7) 大夫尙書右僕射翰林學士承旨諱宗梓特進三重大匡開府儀同三司守大師中書侍郞平章事修文
(8) 殿大學士監修国史上柱国判吏部事諱誂之子也中書平章集賢殿大學士諱惟淸之孫也匡靖大夫僉議中
(9) 贊修文殿大學士監修国史判典理事世子師贈謚文敬公許諱珙公之氷淸也此公之家世也公生於戊申歲
年
(10) 甫十六以門蔭爲東面判官至二十一戊辰年春場登第翌年加国子博士庚午爲閤門祗候辛未歲

(11) 今上在東宮入侍　天庭公爲礼部郎中隨從上朝勤勞四載輔導功多　朝家表請　公主公与一行賛成釐
(12) 降之休是爲　安平公主至甲戌年奉　兩主還国値　我龍飛之慶洽致大平至今三韓賴福在此行也是故
公
(13) 爲二等功臣受錄劵賚及子孫爾後歷揚淸要年少而位緊乃啚護分徐驅累請外補歷仁州開城安西
(14) 等三卜盤桓却步而鵬程尚早所爲無受天益難也丁丑出按中道至三十八乙酉拜三品歷吏卿位至判諸
(15) 曹不離誥院庚寅爲同知貢擧乙未爲右承旨戊戌爲奉翊大夫副知密直是年出爲西北面都指揮使
(16) 入爲監察大夫己亥爲匡靖大夫判三司事寶文閣大學士俄遷知都僉議司事庚子加叅理集賢殿大
(17) 學士同修国史此公之官品之大槩也公之同腹凡三妹四兄長妹適御牽龍行首郎將李汾陽李公夭亡而
(18) 寡在長兄朝奉大夫衛尉尹致仕諱昕早逝是公之女入宮爲淑昌院妃二妹適重大匡都僉議侍郎賛成
(19) 事上將軍金公琿而戊寅亡二兄匡靖大夫都僉議叅理致仕諱顗己亥十一月薨三兄奉翊大夫密直副使
(20) 版啚判書致仕諱仲甫今無恙四兄華嚴業僧統坦如己亥八月示寂三妹適小府少尹金由祉公之嗣凡四
(21) 男三女一男牽龍行首郎將倫歸奉翊大夫密直副使文翰學士致仕崔公瑞之女二男近侍別將禑歸奉翊
(22) 大夫知密直司事版啚判書文翰學士承旨全公昇之女三男瑜伽業三重玄抃四男微少一女適近侍前
(23) 朝奉李季珹而庚子五月夭逝二女於戊子歲以衣冠童女之選上朝三女微少此公之昆季胤嗣也孫姪文
(24) 煩不錄公性純厚無華以蟬聯奕系弱冠立朝履正奉公位峻黃扉而終無微譴之錯眞愼謹君子也於
(25) 大德五年辛丑三月十一日寢疾四月初二日薨
(26) 上聞而追悼命有司襄後事　賜□吊誄書以旌其功德以寵其子孫以是年五月二十二日葬
(27) 于大德山南麓礼也予以姻親別承眷厚深加悲慟公之子壻來請誌于墓不可以老鈍爲辭强記始末云

(28) 大德五年辛丑五月 日足軒老人 金晅 題 銘曰

(29) 德爵功名 旣爲天賦 云何不弔 獨靳其壽

〔揭載〕『海東金石苑』補遺六、九四四—九五〇

『韓國金石文追補』、二二一—二二三

『韓國金石全文』中世下、一〇八一—一〇八四

〔參考〕『高麗史』一〇三 金就礪傳 附 金晅傳

二〇四、李德孫 墓誌銘

典據 「雜同散異」(安鼎福)

年代 忠烈王二十七年(元 大德五年、一三〇一)

① 贊成事致仕莊淑公李德孫墓誌銘

② 夫李其姓鄕其陜而生今世得於君者誰歟惟相國莊淑公諱德孫後改帖者是也曾祖

③ 諱 祖益端爲州司戶及考淳牧官至尙書右僕射近代韻人也妣河陽郡夫人李氏文

④ 庇之女也亦陜州人僕射有子五人皆列簪裾公乃季子也公性聰敏而精明弱冠宰草

⑤ 經郡元王九年誅柳璥?金俊等己卯以版圖摠郎赴東京留守方今上八年征?日本辛卯

⑥ 出爲西北面指揮使以鷹揚上將首居戎秩三歲遷三司右使公稱病上不得已仍令致

⑦ 仕時年六十一密直副?史崔公瑞判書學士崔謁等以始賀之大德五年七月薨于私第

⑧ 葬于大德山玉洞之東麓公娶庾成一之女生一男一女男今右司諫知制誥僎女適宋

⑨ 璘上將軍判是察司玢之二子也大德五年又翰林?學士承旨是漢鄕誌

〔揭載〕『韓國金石文追補』、二七六—二七七
『韓國金石全文』中世下、一〇八四—一〇八五
〔參考〕『高麗史』一二三 權宜傳 附 李德孫傳

二〇五、蔡謨 墓誌銘

典據 『平康蔡氏文學公世譜』(全北 扶安、一九八六)
年代 忠烈王二八年(元 大德六年、一三〇二)

① 寬愼公墓誌銘
② 公姓蔡諱謨字膺之系出平康郡考諱華金紫光祿大夫門下侍郎平章事上將軍判吏
③ 部事母崔氏全州人也文化郡大夫人銀青光祿大夫樞密院使戶部尙書上將軍璉之
④ 女也公以宏德偉器又籍門地早登祿仕初補萬寶殿直俄籍金閨出爲龍山道王旨別
⑤ 監以稱旨擢左?右衛公於是所薦道內官員十四人皆登卿相鄭中贊可臣爲其一其鑑
⑥ 識如是至元甲子總綱于內備院于時　元廟方如蒙古得糸扈從既還以功超授閤門
⑦ 祗候出守靈巖政滿以權知申事見召尋遷尙舍奉御出爲全羅道察　按西海大振英
⑧ 名至待以兩府所申貢及子孫之褒俄遷殿中侍御翌年庚午遷都時有賊暴起公以單
⑨ 騎跳出進告闕下承命復守花山輸內府金帛其勞勤不少又按全羅道于時逆賊南下
⑩ 公有制勝討伐之功朝議褒嘉超拜侍御史仍賜金紫屢歷戶刑部郎中以禮賓少卿出
⑪ 守晉州牧間以非罪見屈今上六年己卯起爲典法侍郎于時典法有爭奴婢簿籍積年
⑫ 未決者甚多四朔中公所決者凡一百五十　道至今垂三十年以爲龜鑑　超受太府

⑬ 小尹辛巳出爲慶尙道勸農使是年有伐倭事乘輿南幸公於是時竭盡心力益荷上知

⑭ 超受朝請大夫太僕尹驟拜龍喉自此昇進階歷中列榮列正潤奉翊大夫官歷監門衛

⑮ 司巡衛上將軍知軍簿知典理三司使典法典理判書監察大夫皆兼上將軍於密直則

⑯ 左右副左右承旨知院事副使知司事於宮官則世子舍人宮令少詹事　事元賓使相

⑰ 則全羅道都指揮使等皆所經由也庚寅春以匡靖大夫都僉議叅理上將軍致仕懸車

⑱ 　之後至僉議侍郎贊成事判軍簿司事　退處綠野凡十三年不以琴棊爲事日夜孜

⑲ 孜於善業越大德壬寅六月遘疾至八月初一日翛然而逝享年七十有四　上哀悼勅

⑳ 有司令百官　庀葬　贈謚曰寬愼公噫大丈夫生於世孰不欲富貴令終哉然榮終始

㉑ 無缺者鮮矣今於我公見之矣公於平生近修唯是勝因想今日之　報奚啻如平生而

㉒ 已哉夫人　氏禮賓少卿澍之長女也以公故封江華郡夫人生三男三女長曰宗璘今

㉓ 爲朝顯大夫近衛役令將軍都僉議中事次曰宗瑞全州判副使朝顯大夫興威衛精勇

㉔ 將軍次曰神煥祝髮爲禪者女長適秘書郞權漢功次適近侍郞吳璉次適牽龍李希聃

㉕ 其葬也子宗璘等以吾在族姪之行別荷知遇託其銘誌不獲已銘之曰

㉖ 堂堂我公器大才雄遭時　異克　引年退老志在貞功位極黃扉無歉於爵　過

㉗ 從心亦全壽樂作善保終勝緣　君子終始無虧卜明玄堂山水靈　蘭蓀萬葉永

㉘ 賴于玆

㉙ 　大德六年壬寅九月　日光祿大夫都僉議參理英賢殿太學士同修國史判文翰署

㉚ 　　事閔漬製

二〇六、蔡仁揆 墓誌銘

所在 서울 國立中央博物館(No. 本 一〇四八八、一〇一三)
年代 忠烈王二九年(元 大德七年、一三〇三)

(1) 大德七年癸卯十月二十八日重大匡都僉議中賛上護軍判典理事致
(2) 仕蔡公卒公平康人也諱仁揆字鴻育父諱楨皇仕至中書門下平
(3) 章事上將軍王父諱松年皇官高如上曾王父諱泳皇試大廟署
(4) 令銀州郡人監門衛上將軍劉公昌緒之女實公之母篤生我公公自少
(5) 溫和忠正擧止不群年甫十六試除儀仗府散員不數年而或以行
(6) 首指諭昵侍於御殿者至再或承宣直蹋鴻樞以至重大匡僉議中
(7) 賛榮極懸車綠野噫公所享殘七十四年間凡其揚歷之華要行
(8) 爲之忠謹與夫終始之哀榮大率如此公娵牛峰郡人僉議賛成事
(9) 上將軍崔公瑛之女生子九女一男一女適郞將李周源二女適左
(10) 諫議大夫韓謝奇三女適將軍林惟琱四女適中郞將吳謙五女
(11) 適司僕官正郞文証六女適景陵直李奕七女適郞將奇之丙八
(12) 女適朝奉徐憲九女適大元承相王相哥皆結□族成家頗極眼前

(13) 榮孝上所謂一男者左正言知內旨曰禑少有幹蠱之姿世謂蔡
(14) 氏有子是年十二月初七日將葬尊喪于貞州之東大釜洞之南
(15) 以公之行狀來示予噴銘其德甚勤辝不獲已銘之万一其
(16) 銘曰
(17) 骨貴而族顯　位極而德純　家已成而多子　年又過於七旬
(18) 備葬故而得吉壤　靈自若以穩歸□　既盡人間善美
(19) 傳必壽於千春
(20) 　　升仕郎西部副令崔元中　撰

〔揭載〕『韓國金石文追補』、二二三—二二四
『韓國金石全文』中世下、一〇八七—一〇八八

二〇七、金晅 墓誌銘

所在　서울 國立中央博物館(No. 本 一〇六二八、四—三)
年代　忠烈王三一年(元 大德九年、一三〇五)

(1) 大德九年乙巳二月三十日
(2) 都簽議贊成事金晅自撰墓誌 (題額)
(3) 匡靖大夫政堂文學寶文閣大學士同修國史致仕金　晅　自撰

(4) 金晅字用晦義城縣人也父諱閎秘書郎母兔山郡夫人蒙氏檢校大將軍養正之女也晅生於甲午六月三十日二

(5) 十登士板戊午娵禮部員外郎李公方均之女是年赴務安監務庚申六月以初任政課得中部錄事八月屬院九

(6) 月登乙科第三人及第丙寅以舘翰所薦除直史館戊辰加七品兼直翰林院己巳以賀節書狀官上朝庚午還國

(7) 九月拜叅赴金州副使辛未五月在任加禮部郎中癸酉春以閤門使復 命尋遷侍御史是年多爲全羅州道

(8) 按察使乙亥拜四品是年秋以全羅州道部夫使路遇其道按廉私膳沒之被權勢讒搆丙子貶襄州副使居一年以

(9) 國子司業上京其年秋爲東界安集使轉朝散大夫典法捴郎戊寅復以全羅州道察訪使忤旨己卯落職又墮

(10) 馬得病置散八年終不求復出至丙戌六月執事哀之奏爲寧越監務而意不欲行爲晅計者責而督遣故不得已

(11) 唯率一奴孑然赴官朝家議以其邑安集別監結衔□憚其久留丁亥多詐訪隣官員單騎發縣直抵京師辞

(12) 之不去戊子正月降差長史其年復舊秋厥後歷揚淸要不離臺閣恒典演誥癸巳以朝議大夫左諫議大夫翰

(13) 林侍講學士知制誥爲賀正使上朝時 前王殿下以世子入侍

(14) 天庭値 上陪仁明大后上朝勑晅爲世子隨從乙未典成均試二月還國九月關?試□□得李瑄等七十四人是月超拜爲奉翊大

(15) 夫密直學士國子監大司成文翰學士其年十二月又扈 世子强策老病上朝丙申在燕京拜匡靖大夫政堂

文學寶文閣

(16) 大學士同修國史丁酉二月還國稱病不出戊戌以本官致仕此晅之官路始末也晅爲人駑劣無補國家而爵
壽至此

(17) 終無災禍者未必無陰護也嘗以所居爲鈍村又號足軒居士庚子四月細君李氏先逝有一女二男隨分孝養
其

(18) 平生行迹不可不記自書始終大略留示二子畢竟行李之月日歸葬之處所宜當繼書留誌于墳耳銘曰

(19) 其一　顧此孱軀　下土之疣　質微而弱　性直且愚　學無所就　强名曰儒　吹竽朝列　濫得紆朱

(20) 其二　久□演誥　至登樞要　僅免戢窓　染指廊廟　超拜政堂　因擠退老　不爲不達　亦云壽考

(21) 其三　妻緣所資　做一塊癡　是什麼物　畢竟何之　徵來推去　不可宅斯　自書始末　屬子而遺

(22) 其四　乾坤之化　草木何謝　養拙育頑　造物私我　一女二男　不少不□　桃李在門　此亦可□

(裏面)

(23) 都僉議贊成事金公墓誌後繼書

(24) 奉翊大夫密直司事文翰司學承旨致仕李　瑱　製

(25) 鈍村相國金公平生天性耿介淸廉凡人之貪鄙諂曲者於公席則必欲力自排之於閑居讌處則亦皆斥言其
事故世人雖景慕

(26) 才行尙或憚之未得悅附而公亦不苟寬假常愼許可述業有二□曰文曰詩書字有三絶曰眞曰行曰草又敬
信　三寶頌念頗多

(27) 時或染指於禪味可謂無乎不備矣晚年招集所親者常以美酒珍羞數開歡席或作唱酬之樂間以絲桐歌吹

之聲窮日盡

(28) 夜而後乃已盖聊復遺懷耳大德七年文地宰樞上書請復舊祿十二月二十九日下　批爲匡靖大夫都僉議
贊成事延英

(29) 殿大司學判版圖司事致仕八年正月上書辭免八月遽得風疾因陰陽家說避方于左京里族人之家九年正
月十四日

(30) 卒焉即移殯于第至二月三十日葬于九龍山東麓子二曰瑞卿曰瑞廷皆祿仕已過七品女一嫡東部副令崔
實一日其子

(31) 賫公自撰墓誌來謂曰嚴君之誌有云卒年月日与葬所後當継書請君継之予乃見之其世系及從仕始末詳
且實也已

(32) 巳之年國有權臣擅行廢立其時今　上入侍朝廷議封東安公与大軍遣之此事若成則權臣因人之望誘之
曰已無

(33) 王號能有国名一心逆拒心矣公以書狀官承　上命国耳忘家且不顧身命即作書啓呈于都堂然後寢而不
行

(34) 上以詔稱爲功臣特加褒賞其書至今猶在此實三□之永賴也及赴於金州時隣邑推火郡叛国搆乱擅殺官
員大

(35) 擧方面部落勒兵而來公乃急鍊不多精銳敢死之人向敵直進凶徒瓦解又有三　賊人之舡大至州南公
先事登城

(36) 死守制禦賊乃捕風而返噫以一儒冠捍蔽南極能使一道咸賴不貽國家之憂其智勇功烈何如也此大美

(37) 公皆謙抑不錄況其小者乎予濫受見侍?師事之兄事之已久然且略無後補將安用之姑叙一二事仍銘之曰

(38) 大期將迫　自撰誌詞　功多不錄　唯紀迁資　其謙其智　於此可知

(39) 囑擇葬所　山靜而奇　永世蒙益　綏之所之

(40) 大德九年乙巳二月二十九日門生及第高門啓書

〔揭載〕『韓國金石文追補』、二一五—二一八
『韓國金石全文』中世下、一〇九二—一〇九六

〔參考〕『高麗史』一〇六 金晅傳

二〇八、崔瑞 墓誌銘

所在　서울 國立中央博物館(No. 本 一三八六七)
年代　忠烈王三一年(元 大德九年、一三〇五)

(1) 笑軒居士墓誌(題額)

(2) 奉翊大夫副知密直司事版圖判書文翰學士致仕崔　瑞墓誌

(3) 大德九年乙巳二月十日丙戌公卒二十八日葬于松林縣地大德山南麓禮也公諱瑞字夢其安西人也王考
諱淳官

(4) 至朝散大夫尙書戶部侍郎故王祖諱洪胤位至金紫光祿大夫守太保門下侍郎同中書門下平章事修

(5) 文殿大學士監修國史判兵部事贈謚景文公卒王祖考金紫光祿大夫檢校太傅守司空中書門下侍郎

(6) 平章事上柱國贈謚靖順公灌卒母任氏封定安郡夫人考尙書都官郎中國學直講絪壽故此公之家

(7) 世也公不以綺紈爲心氷淸水潔恬淡剛明甲寅春初得官於江華判官是年擢第乙卯冬調延陵直丙

(8) 辰秋爲秘書校勘中統元年出爲處仁縣令四年十二月入作大官丞乃帶式目錄事至元六年佐幕於北

(9) 界先知有變航海如京　扈駕於燕都七年還國拜犀□?入烏府八年遷右正言知制誥九年以禮部員

(10) 外郎爲甫州副使旣而移忠州判官秩滿爲閤門通事舍人十二年秋以工部員外出按交州道遷版圖

(11) 佐郎十三年拜殿中侍史十五年秋以典理佐郎出按全羅道十月拜秘書丞十六年春中舍郎知制誥出按

(12) 慶尙道十八年爲僉議典書知制誥十九年春出爲東界安集使八月朝散大夫版圖摠郎出守安東大都護府
二十三年以

(13) 朝顯大夫試典法摠郎知制誥復　命二十四年春以典理摠郎知制誥出按忠淸道六月拜朝奉大夫大府□
□□□□□九月遷右司議

(14) 大夫十二月充史館修撰官二十五年以左司議帶寶文署直學士二十七年窮寇入境以中烈大夫左司議宝
文學士知制誥出□□□□□

(15) 揮使二十八年爲榮列大夫判大府事二十九年遷正獻大夫判秘書事膺善府左詹事三十一年

(16) 皇帝有命以耽羅復爲我土分符之始實難其人公受命往諸克復古風元貞二年以鴻樞懸車自号笑軒無著
居士常誦金剛經日修淨

(17) 業享年七十三終于家凡從仕已來以廉平爲已任中外賢勞東西惟命終始一節茂著聲績始娶秘書監閔徽
之女生四男皆早逝後娶

(18) 密直副使軍簿判書上將軍朴琈第三女恭謹貞淑德協閨門有四男二女一男仲濡左史郎知內旨材器頴異

二男晶悟出家三男仲滋延德宮錄
(19)事四男元貴出家一嫡入近侍護軍金倫都僉議叅理集賢大學士同修國史上將軍文愼公金賆之子大有吏
幹二女嫡廣平府典
(20)僉趙文瑾副知密直上將軍趙抃之子有學業□□位不稱德者有後公其終有後乎族弟三司捴郞知內旨林
仲□題銘曰
(21)崔爲顯姓 世著文聲 支分族盛 門戶□□ □□□□ □□□□ 令聞有継

〔揭載〕『韓國金石文追補』、二二四—二二五
『韓國金石全文』中世下、一〇八九—一〇九二
〔參考〕朴龍雲、「高麗時代의 海州崔氏와 坡平尹氏 家門 分析—高麗 貴族家門 硏究(一)」—(『白山學報』二三、一九七七)

二〇九、鄭仁卿 墓誌銘

所在 서울 國立中央博物館(No. 新 五八五〇)
年代 忠烈王三二年(元 大德十年、一三〇六)

(1) 朝議大夫判禮賓寺事充史館修撰官知 內旨方 于宣 述
(2) 壁上三韓三重大匡推誠定策安社功臣匡靖大夫都僉議中贊上護軍判典理事致
仕鄭公墓誌銘
(3)公諱仁卿淸州富城縣人也考諱彪皇官至刑部員外郞以公貴追贈門下侍郞平章事母吳氏丞同正永老之

女也以公故累封至高敞郡大夫人公之桑梓本爲縣令以公立功加号
(4)爲知官改爲瑞州公生而有雄偉之量策名山西越丙辰年　大朝軍馬闌入我圻公年甫十九應募從軍斬首
虜多得孝溫下隊正又解習兩國言語至至元六年己巳
(5)今上親朝公以攝校尉扈從是年七月還至婆娑府聞林衍廢立事議欲還赴　朝廷左右侍從不能無懷土之
心或勸涉鴨江公礭擧大義奉　乘輿□至　闕庭先赴
(6)帝所奏陳　元王復位　鸞降公主遣兵討賊等數條事一皆　頷可此則万世之功也七年庚午拜散員兼御
牽龍行首八年辛未拜郎將兼世子府右指諭是年　今上率衣冠胤胄入質欲以公從
(7)行固?請於　元王王素愛公之奉職無他不欲斯須暫離於左右故不允之自此常出入禁闥眷注益厚九年壬
申別批授將軍兼入內侍十一年甲戌　元王賓天　今上來襲宝位因被
(8)疑投閑數四年　上心不欲遐弃擬將大用十五年戊寅復授將軍兼典法捴郎十九年壬午加大將軍累轉至
卅三年丙戌拜攝上將軍翌年丁亥超授鷹揚軍上將軍兼軍簿判書是
(9)年特下　綸旨以公爲一等功臣賜丹卷蓋賞其前功也二十六年己丑授三司使未幾遷密直司副使兼典法
判書秋部爲左執法必擇人而授故三兼是職累遷至知司
(10)事尋遷右常侍適有內竪權倖者來請通婚公以義拒之由是蓄憾　上訴至於落職有識者皆嘆之至大德三
年己亥三月　上念其勞舊授判三司事復起視事七
(11)月授知都僉議司事九月授叅理十二月授賛成事不數月閒四加寵弊其　上䁂如此是年以賀正使入聘詳
聞　都堂議論許多條迴奏　上聰有忤於當時
(12)謀臣之意即以都僉議侍郎致仕不復朝請公禀性公正苟可以利於國家則直陳無隱人多忌之因以再有歇

官之厄然恭已守分不以苟進爲念故略無慍色理
(13)鷲溪別業怡神自適者有年矣至九年乙巳九月　上追紀前勞陞加壁上三韓三重大匡推誠定策安社功臣
都僉議中贊以榮之是年九月有疾十二月十七日
(14)卒于第享年六十九　上聞訃甚悼命有司襄後事以十年丙午二月十九日葬于樸峴贈謚曰襄烈公先娶
礼賓尹陳琇之一女生一男曰瑹今爲僉議舍人後娶其二女生四男二女
(15)男曰信英今爲版啚正郎曰信丘投書溪剃髮曰信和今爲都染署令曰信綏今爲懷陵直長女適三司右尹蔡
宗瑞次女適司僕官佐郎金光軾皆相門之貴胄也銘曰
(16)英英鄭公　人中之龍　性寬膽大　色溫皃恭　克勤乃職　惟正之供　四方奔命　一節匪躬　功高壁
上　位極侍中　富貴壽考　哀榮始終
(17)門庭赫赫　蘭玉葱葱　餘芳不盡　百福攸同　宜刻厥石　傳於無窮　大德十年二月　日墓誌

〔揭載〕『海東金石苑』補遺六、九五一—九五七
『朝鮮金石總覽』上、四七三—四七六
『韓國金石全文』中世下、一〇九七—一〇九九

〔參考〕『高麗史』一〇七 鄭仁卿傳

二一〇、金坵 妻 崔氏 墓誌銘

所在　서울 國立中央博物館(No. 本 九五三四—五二)
年代　忠宣王元年(元 至大二年、一三〇九)

(1)樂浪郡太夫人崔氏墓誌銘(額題)

(2) 樂浪郡大夫人崔氏慶州人故朝請大夫禮賓卿致仕玠之女卒僉議侍郎贊成事判版圖司
(3) 事寶文署大學士文貞公金坵之妻也夫人於平生營產閒心無苟得亦不甚惜凡當饋客無親踈
(4) 貴賤盡其所有猶謂不稱意文貞公先卒寡居三十餘年家本清而又益不溫其自守晏如也夫人性剛
(5) 正無華不事祀鬼神鬼或有自言畏而不敢近者恐涉荒恠於此不錄年至八十三以老病將終前一日剃度
(6) 爲尼名向眞以至大二年七月四日卒於泥坂闊洞之私第是月二十二日葬于椒山文貞公之墓前
(7) 蓋効古人附葬之義也夫人生三男一女長男曰汝盂爲同知密直司事文翰司學承旨致仕卒
(8) 一女適鄭氏諱瑎官至都僉議贊成事延英殿大司學卒女亦先壻而沒二男曰宗盉今爲
(9) 穠華府丞季男依曹溪出家法名冲壯爲大禪師噫金枝玉葉雖有先凋諸孫皆及目前
(10) 揚歷華顯至有連婚　王室者亦可慶也詞曰
(11) 八十三歲兮亦如逝川　有一可快兮作勝緣　聞昔夫人兮名有相　一日出家兮便生天
(12) 今夫人兮亦如昔人事　子孫有賴兮慶緜緜

〔揭載〕『海東金石苑』補遺六、九五七―九五九
『韓國金石文追補』、二一八―二一九
『韓國金石全文』中世下、一一〇四―一一〇五

二一一、權呾 墓誌銘

典據　『海東金石苑』附錄 上
年代　忠宣王四年(元 皇慶元年、一三一二)

① 端誠亮節功臣壁上三韓三重大匡僉議政丞判選部事贈謚文淸公權公　墓誌銘幷序

② 　匡靖大夫僉議賛成事進賢館大提學知春秋館事判民部事致仕李　瑱述
③ 大抵人有所長一能能勝其任則亦足爲當世士大夫故有文學者不以吏能責之有吏
④ 能者不以文學責之又況兼之而百行俱全卒備達尊之三者屈指不可多得惟　公其
⑤ 庶幾乎權氏之族永嘉郡之甲乙也　公諱昛字晦之曾祖仲時皇贈正献大夫戸部尚
⑥ 書祖守平皇贈銀青光祿大夫尚書左僕射上將軍考諱韙皇通議大夫判大僕寺事翰
⑦ 林學士充史館修撰官知制誥妣李氏雜織署令　榮之女也　公始自長湍縣尉移爲
⑧ 仁州判官秩滿初受北面都監判官嘗有物外想大人以多方勸留要付克家之任於甲
⑨ 寅求爲門下錄事　公不得已就焉往時是職衣冠中有巨產者令子婿當之盖經費煩
⑩ 重而超拜犀秩不循魚貫故也是年六月有東堂柳文正公名知人諭曰君有文才不宜
⑪ 唯以吏路爲仕令赴試果中之閏六月即遷權知閣門祗候尋出補禮州昇州副使又爲
⑫ 猛州兼价州副使所履有恩威凡遷轉官司奉使出入若家史在此不具載　公旣歷乘
⑬ 驄栢署外則按察使內則選軍別監等大小簿書之務恢恢游刃動著神明玆非吏幹之
⑭ 優者歟抑嘗批鳳藥階至於翰林學士史館修撰祭酒大司成兩制三字著述敎誨皆爲
⑮ 世所延譽玆非文華之贍者歟當甲申同知貢擧所擢皆知名士乃今爲一時名宰相者
⑯ 數四此亦美事也然本不進取苟容自拜三品十年未相及丁亥進拜龍喉戊子除奉翊
⑰ 大夫密直學士版圖判書文翰學士承旨旋躡典理判書其入處台階計當不遠則燮理
⑱ 之日猶長　公自以辞滿忌盈明哲保身爲念己丑引年上表乞退甚蔫因下　批爲匡
⑲ 靖大夫知僉議府事寶文閣大學士同修國史仍令致仕甲午加都僉議侍郎賛成事集

⑳賢殿大學士修國史判版啚司事戊戌別　判下書題宰臣辛丑授修文殿大司學判軍
㉑簿司事懸車之後加　批如此又兼書題自古罕有　主上始也重違知機之請姑從之
㉒耳倚重之慮久而不歇於此可見矣東京古有甲坊名爲國稅之所出其羡餘寔爲專城
㉓者所私及　公之留守也即破去以一年之收支三年又徵司戶之貪猾盜用租賦者民
㉔到于今稱之若全羅慶尙攬轡之事播在人口者固多矣於忠淸時予爲廣州牧司錄目
㉕覩之專務問民苦瘼察吏賢不肖外無他事州若府有知委公事一禁持牒差使但以皮
㉖角傳遞尙不違令又雖有閑隙不迩聲色是豈人人之所可爲也予獻詩其略曰雨雲枕
㉗冷花樓月星火鈴飛柳驛風　公笑而頷之公於許多年修白業斷酒肉雖在家已爲靈
㉘運之佛頃有南嶽鐵山和尙航海而來　公知其見性落髮而師之道号野雲遊名山飽
㉙禪味强七霜矣辛亥十一月二十三日遘疾至十二月初一日端坐而薨享年八十四
㉚公平生性度貞潔謹亮柔而介和而辨歷仕三朝無一點可磨操心行已憂出於世人意
㉛表寔海東偉人也娶朝議大夫右諫議大夫東宮侍讀學士知制誥盧演之女生一男曰
㉜溥今爲重大匡僉議贊成事右文館大提學監春秋館事上護軍判摠部事其孫盛多至
㉝有已爲鴻樞而受　上國三珠万戶牌與父並持國論而榮孝於眼前者贊成公適受
㉞行宮之命奉大藏經入　上朝聞訃顚倒申請還國　主上亦震悼皇慶元年壬子正
㉟月十二日下　鈞首加端誠亮節功臣壁上三韓三重大匡僉議政丞判選部事贈謚曰
㊱文淸公兼贈先逝之耦盧氏曰　韓國大夫人玆非百行俱全終得達尊之三者欤予於
㊲贊成公重重有緣分請誌其墓敬拜而銘之

㊳ 銘曰
㊴ 公之立朝也 吏其能文其術 公之捨世也 善以終壽以卒 宅于靈邱兮旣安且寧
㊵ 世世賴福兮子孫昌吉
㊶ 皇慶元年壬子二月 日誌

〔揭載〕『海東金石苑』附錄上、一〇六八—一〇七五
『韓國金石全文』中世下、一一〇九—一一一二
〔參考〕『高麗史』一〇七 權呾傳

二一二、庾自偶 墓誌銘

所在 서울 國立中央博物館(No. 本 一二四九九)
年代 忠肅王卽位年(元 皇慶二年、一三一三)

(1) 通憲大夫檢校僉議評理庾公墓誌銘
(2) 公諱自偶舊諱瑞系出三韓統合第五虎騎尉大師開國公三重大匡壯威翼戴匡衛協輔佐聖底定功臣忠節
公庾黔弼之世譜茂松縣即其桑
(3) 梓也玄祖諱弼皇 庙配享輸忠同德佐理功臣守大保門下侍郎同中書門下平章事判尚書吏部事監修國
史兼大子大師恭肅公高祖
(4) 諱資諒皇銀青光祿大夫尚書右僕射致仕曾祖諱敬玄皇銀青光祿大夫尚書左僕射翰林學士承旨祖諱弘
皇朝散大夫樞密院左承

(5) 宣尙書禮部侍郎直寶文閣知制誥大子左贊善大夫考諱垓皇銀靑光祿大夫樞密院副使左散騎常侍妣慶
原郡人正議大夫千牛衛上
(6) 將軍李長之女也公自生孩頴異不群年甫十七判官于西材塲二十一而權錄都評議事九年之間品七八而
年二十有九超拜神虎衛
(7) 保勝郞將明年兼監察御史又明年以人物推考救急塩稅別監使于忠淸道無不承當其任明年按廉于西海
道番春夏仍秋冬
(8) 大有声稱元貞二年副令于東部大德元年試監察侍史賜紫金魚袋尋試大僕少尹又按廉于東界交州道五
年失宜於執政權
(9) 倖左迁副使于江華郡未幾遂入佐郞於軍簿尋迁宗庙令又佐郞於版啚司賜紫金魚袋明年迁礼賔令又明
年秋察訪于慶尙
(10) 道明年少尹于內盈兼知通礼門事迁朝顯大夫三司捴郞已而出爲忠州牧副使十一年入爲朝顯大夫版啚
捴郞知通礼門事賜
(11) 紫金魚袋迁典理捴郞又迁朝奉大夫三司右尹又知通礼門事迁中列大夫判通礼門事又使別監于選軍明
年除通憲大夫

(裏面)

(12) 檢校選部典書行都津令俄迁檢校僉議評理行尙州牧使兼上洛星山道田民計點使明年改爲福州牧使又
明年改爲海州牧使明年
(13) 移病去任至皇慶二年癸丑十月十八日卒于鶯溪里私第春秋五十四歲娶横川郡人奉翊大夫密直副使上

護軍諱趙抃之
(14) 一女生子男三女五長曰僡以義盈庫使知鳳州事二子曰益輿威衛精勇郎將三子曰公濬令同正一女適司
憲糾正崔中
(15) 安二女適前民部直郎李林宗三女適懷陵直鄭信綏四女適及第散員朴良桂五女年六歲公爲人內强外柔
仁孝於
(16) 家忠果於國實邦家貞宰輔也將葬也長子僡乞銘於予予不敢固拒銘之萬一其辭曰　官雖峻兮未符節
(17) 峻壽雖長兮不稱材長偉鼻祖兮力扶統合抑高祖兮忠貫彼蒼我特生兮殿厥餘美如隱月兮忽爾再光何大
行
(18) 兮未窮大限意造物兮意甚茫茫有山脉兮環成其勢有水派兮破順其方有眞宅兮誠得其所有冥福兮曷可
(19) 勝量鐫樂石兮聯辭載實萬斯年兮名亘流芳
(20) 　皇慶二年十一月　日正順大夫判典校寺事藝文館直提學同知春秋館致仕崔　元中　撰

〔揭載〕『韓國金石文追補』、二一九—二二〇
『韓國金石全文』中世下、一一一二—一一一四
〔參考〕朴龍雲、「高麗時代의 茂松庾氏家門 分析」(『斗溪李丙燾博士九旬紀念韓國史學論叢』、知識産業社 一九八七)

二一三、朴全之 妻 崔氏 墓誌銘

典據 『竹山朴氏派譜』(平北 宣川、一九三八)
年代 忠肅王三年(元 延祐三年、一三一六)

① 大寧郡夫人崔氏墓誌銘并序
② 延祐三年丙辰三月初二日甲辰重大匡中書侍郎同中書門下平章事修文殿大學士
③ 監修國史判吏部事致仕杏山居士朴全之妻卞韓國大夫人崔氏卒于家是月十日壬
④ 子殯于第之北堂至月十八日己未葬于京城西南二十許里三郞山之麓杏山銘其墓
⑤ 曰夫人姓崔氏海州大寧人也考曰恬官至朝議大夫衛尉卿東宮侍讀學士知制誥祖
⑥ 曰椿命銀青光祿大夫知樞密院事左散騎常侍太子賓客曾曰　奕通議大夫判禮賓
⑦ 省知御史臺事夫人中書令文憲公冲之十世孫也母曰唐城郡夫人洪氏銀青光祿大
⑧ 夫知樞密院事刑部尙書翰林學士承旨洪縉之女也平章事洪瓘七世孫也夫人年十
⑨ 四歸于杏山事舅姑以孝敬事杏山以柔順性聰慧謹愼每杏山對從客言及當世事從
⑩ 而聽之及客去誡之曰論文談古宜矣何必言當世事恐君及於累其謹愼如是也杏山
⑪ 讀書傍坐而聽問之則輒能記之其聰慧如此從杏山生二女一男女適銀青光祿大夫
⑫ 檢校叅知政事鄭倬壁上三韓三重大匡門下侍中修文殿大學士監修國史判吏部翰
⑬ 林院事可臣之子也生一男二女適華族二女適開城府記室叅軍事李稷生五女一男
⑭ 李稷即正議大夫刑部尙書寶文閣學士行儉之子也男曰瑗通直郞國學直講娶金紫

⑮光祿大夫門下侍郎平章事上將軍贈諡良順公敬一女生三男二女子孫繁盛門戶崢
⑯嶸杏山妄擬與夫人同甘苦到壽考越年前三月二女隨夫官于寧越郡至今年二月十
⑰七日病卒于郡齋二十五日訃音到京師夫人問訃呼泣不止忽忽不樂至第七日卒即
⑱三月初二日也時　主上入覲大庭子瑗扈從在彼是月二十三日訃書達於瑗　主上
⑲聞之傷悼追贈卞韓國大夫人　賜米五拾碩賻之謂瑗曰汝不幸遭喪還國汝其歸矣
⑳善孝慰汝父無令過哀致殯仍封杏山爲重大匡延興君以寵其行誡之曰過百速回以
㉑全忠孝瑗之歸崔氏之受封杏山之錫土皆出於　上慮也時人榮之及其葬也杏山揮
㉒涕而銘之曰聰慧過人柔嘉有則　既善女工又敦婦德　孝事舅姑睦于兄弟雍肅閨
㉓門諸和夫婿男女有三愛鍾季女女既云亡母亦隨去爰卜吉日葬此膴原杏山傷痛胡
㉔可勝言嗚呼哀哉

〔參考〕 金龍善、「新資料 高麗 墓誌銘 十七點」(『歷史學報』一一七、一九八八)

二一四、洪奎 墓誌銘

典據 『南陽洪氏族譜』(平北 博川、一九三九)
年代 忠肅王三年(元 延祐三年、一三一六)

(1) 推誠陳力安定功臣三重大匡南陽府院君洪奎墓誌銘
(2) (缺)□下視人間其猶塵垢粃糠不足數也然或因觸誤往往有未免降來於世者何以知其然以風彩襟靈斗
異於常流故也昔者賀監呼李太白曰謫仙人是也今南陽府院君亦其徒歟公諱文系改曰奎字彌樓中古名

宰

(3)(缺)同三司門下侍郞平章事判吏部事上將軍上柱國洪諱灌之孫諱源中是曾祖也官止於成佛都監判官予恐是早世耳銀靑光祿大夫樞密院使工部尙書諱斯胤其祖也銀靑光祿大夫同知樞密院事刑部尙書翰林學士

(4)(缺)源于唐城其來尙矣學士之配曰昌原郡夫人崔氏而生公焉公之內外祖宗皆衣冠甲族也始得權務尋改散員仍以金帽錦衣領牽龍爲行首昵奉禁杖轉加黑槊將軍兼栢署中丞衛社功臣林衍從平微而起者也嘗切請爲壻

(5)(缺)在東床屢發不遜言語罵辱之林公(缺)雖猜忍亦不能色怒佯不聞矣及搆廢立謀專執國柄作權臣時元廟入　上國受嚴命欲移都出陸擁兵東還林公已歿而其子惟茂繼立圖不軌三韓皆謂國非其國慄慄若

(6)(缺)三月十五日公與大將軍宋松禮(缺)智勇驅堅銳襲其府徵惟茂及支黨然後先於文虎羣臣出迎　行李主業由是而不墜其功烈奚啻帶礪之不忘哉是年十二月下　批爲右副承宣壬申年拜銀靑光祿大夫樞密院

(7)(缺)朝　帝所勑赴大(缺)有九袍雲錦雙勒銀鞍之賜乃奬諭之曰當以一二品賞之公受賜辭職況此本國官職乎然其讓不允敎書云朕昔親朝於上國　帝云出宅於古都與大軍入疆亙千里絡如張網有罯

(8)(缺)從學士家躡將軍之列權門結媾豈本心之使然大義滅親唯忠節之止耳廓決羣疑於劒下奉迎行蹕於兵頭敦諭如是公進謝表其畧云社稷未寧敢効琴書之逸蒭蕘可採庶勤帷幄之謀未久公又

(9)(缺)有林下之志幾二十年至辛卯年下　批爲推忠安社功臣匡靖大夫僉議侍郞贊成事乙未年爲匡靖大夫三重大匡都僉議中贊竝是致仕從其望也丁酉十月日批壁上三韓三重大匡匡靖大夫守司徒判三司

(10)(缺)批崇祿大夫守司徒景靈殿使戊申年封益城君至庚戌年以三重大匡守僉議丞上護軍行漢陽府尹益城君出鎭十二月十四日遷知益城郡事本邑得任自公而始此是　瀋王復奬而出爲顯秩也然自

(11)(缺)祿甲寅正月授推誠陳力安定功臣三重大匡南陽府院君備典籤錄事等佐幕員僚優賞之公體叚魁梧眉宇秀麗自妙齡琴碁得妙馳馬擊毬之戲高出於豪俠之中一朝盡屛去畧不介懷惟與文儒有聲

(12)(缺)翰墨場爲樂尤工於行草書別作一家氣骨爲詩必淸越豪放若見輞川詩一篇餘可知也雖尊貴之人有忤於意者必奮髯加仲尼之杖叩示楊子之墻麾人人無不憚其抗厲一進一退自省所行反復商酌而不能輕遽

(13)(缺)士門戶闐(缺)晝掩雙扉雀羅可設專情事佛帖一詩於壁上其詩云何用燒丹苦駐顔閙非城市靜非山有人若問長生藥對物無心是大還座右銘若是則其胷中豈有一點塵累乎後娶金紫光祿大夫知門下省事吏部尙

(14)(缺)事金　鍊之女光州郡大夫人金氏生一男五女男時爲大匡三司使上護軍女一適　中國左丞相阿高歹一適都僉義贊成事鄭瑎一爲　順和院妃一適密直副使元忠一今爲　德妣蘭玉之榮顯如許而兩代以窈窕之淑

(15)(缺)緊貴如何　易曰積善之家必有餘慶吾於今日見之矣壽至七十五延祐三年六月二十三日感疾而逝擧國傷歎適是

(16)(缺)平之時擇葬月(缺)未傁惟七月二十八日無犯有吉兩府馳驛傳中式日准敎广喪事贈謚曰匡定公卜兆于德水縣猪龍洞先葬日三司相公懇請墓誌僕於公辱知最厚敢以老鈍辭乎謹爲之銘曰

(17)(缺)佑　苟進之情　(缺)成且賤　越分永榮　公生閥閱　又立功名　自辭冠冕　却喜身輕　一心向

佛香火專精　金枝玉葉　貴冠王城　封君立府　寵至若驚　門常晝掩　請謁無聲
(18) (缺)業　貞儉貞淸　云胡遘疾　奄棄平生　有山有地　脉絡分明　安葬于地　永世之禎　勒銘樂石
光耀墳塋
(19) 重大匡檢校僉議政丞領藝文舘事臨海君李瑱述

〔參考〕『高麗史』一〇六 洪奎傳
金龍善、「新資料 高麗 墓誌銘 十七點」(『歷史學報』一一七、一九八八)

二二五、崔瑞 妻 朴氏 墓誌銘

所在　서울 國立中央博物館(No. 本 一四一六一)
年代　忠肅王五年(元 延祐五年、一三一八)

(1) 務安君夫人朴氏法名省空墓誌(題額)
(2) 藝文館供奉通直郎右獻納知製　敎兼春秋館編修官崔　洳誌
(3) 夫人姓朴氏系出務安郡奉翊大夫密直副使軍簿判書上
(4) 將軍諱琈之第三女追封匡靖大夫都僉議侍郎賛成事行
(5) 奉翊大夫版啚判書文翰司學致仕崔諱瑞之配也祖朝散
(6) 大夫兵部侍郎金吾衛攝將軍諱成器曾祖通議大夫左右
(7) 衛大將軍知兵部事諱蕤母鮮氏封俠溪郡夫人考朝靖大
(8) 夫金吾衛大將軍諱大有年二十三歸于崔公公乃文憲公

(9) 之玄孫也早備文才吏幹勤勞中外輔主安民具瞻攸歸以
(10) 其秉志淸直行不枉尺故位止判秘書而以樞副退老焉凡
(11) 生四男二女一男正順大夫典醫令仲濡娶正獻大夫監門
(12) 衛上將軍致仕金公鉉昌之二女二男晶悟祝髮寓修禪社
(13) 三男密直司堂後官季濡娶奉常大夫選部議郎文公証之
(14) 三女四男華嚴宗大德元庇今住龍興寺長女適通憲大夫
(15) 密直副使上護軍金倫都僉議叅理集賢殿大學士上將軍
(16) 文愼公昪之胄嗣也次女適承奉郎揔部散郎趙文瑾奉翊
(17) 大夫密直副使上將軍抃之三子今爲尙州牧判官其後孫
(18) 亦已濟濟文煩不載夫人禀性正直不行邪法崇信
(19) 佛道眞善女也越大德九年乙巳佳耦卒孀居餘一紀享壽
(20) 七十及今延祐五年戊午七月初二日疾篤遂知大期之難
(21) 免請妙蓮社主法兩街都僧統木且刻草爲尼法名省空具
(22) 法服受戒仍捨一奴出家至十一日午時洗浴更衣呼子女
(23) 等付囑後事合掌專念
(24) 阿弥陀佛當夕翛然而化氣息將絶念佛之脣動而不止氣
(25) 盡然後兩手乃頹以是年八月十八日葬于大德山之西麓
(26) 予有舊於夫人之子壻故誌其墓而銘之曰

(27) 康寧保壽 剃度捐軀 美哉末路 二事能俱

(28) 延祐五年戊午八月 日

〔揭載〕『韓國金石文追補』、二三〇-二三二

『韓國金石全文』中世下、一一一八-一一二〇

〔參考〕朴龍雲、「高麗時代의 海州崔氏와 坡平尹氏 家門 分析-高麗 貴族家門 研究(一)-」(『白山學報』二三、一九七七)

二一六、尹珤 妻 朴氏 墓誌銘

所在 서울 國立中央博物館(No. 新 一〇〇八二)

年代 忠肅王八年(元 延祐八年、一三二一)

(1) 興禮郡大夫人朴氏誌銘

(2) 維延祐七年三月十六日今重大匡鈴平君尹公珤細君興礼郡大夫人朴氏年五十有九寢疾二月十一日歿
于南部万石坊第越三月三十日窆于長湍

(3) 縣地北村栢木谷原王父諱敦和皇追封左右衞保勝中郎將父諱保皇官至中議大夫密直司副使版啚判書
上護軍致仕□永嘉郡夫人金氏外王父諱

(4) 惟銑皇檢校軍器監夫人在家孝父母甚篤敬友諸弟甚和睦及其故移所以孝父母者事舅姑盡□而加謹焉
移所以友諸弟者惇夫族而和?厚焉及其成

(5) 家處中饋□□□□寬□不苛細故一家雖畏而不憚事無不諧且敏?凡鈴平君之自微官歷華顯任緊重其公
正淸平之譽大噪於人者惟內助居大半焉

(6) 生子男六女四男曰安□綺齡魁金榜而官至三司判官取判通礼門事羅允皇之第一女爲配次曰諳左右衛

保勝中郞將㛑匡靖大夫判三司事上護軍

(7) [朴][之]亮皇之第二女次曰冲坦祝髮爲僧今鑑智　王師丘乙堂下禪□寺住持禪師次曰安淑　大殿宝馬陪
行首郞將㛑通憲大夫民部典書致仕盧承世皇

(8) 之第一女次曰安勝安和寺眞殿直㛑典客錄事任伋第一女次曰繼延直長同正未㛑一女嫡大護軍致仕崔
直皇次女時護軍尹莘係之妻次女內侍成

(9) 均學諭李繼英之妻次女太元院使齊齊豆皇之妻繼英乃予族弟故鈴平君以夫人行狀授之伻來乞銘勤懇
試詳其狀且悉繼英之辭叅酌素所聞於世

(10) □如夫人德行族□□固□銘法僅銘大略其辭曰

(11) 其德也略無虧　其族也甲一時　處壼也守壼彝　爲婦也闥婦規　爲母也極母儀　既多子英且奇?　況
予美誠美斯　陰從陽鳳得凰

(12) 凡所□俱堂堂　嗚呼　壽未□□可傷　卜貞宅還故鄕　銘可銘擧大綱　能事畢亡不亡

(13) 正順大夫判典校寺事藝文館提學同知春秋館事致仕　崔　元中　述

(14) 內侍通仕郞成均學諭　李　繼英　書

(15) 中□　德　宗桓　刻

(16) (梵語銘文　省略)

二一七、金恂 墓誌銘

典據 『安東金氏大同譜』(서울、一九七九)

年代　忠肅王八年(元　至治元年、一三二一)

①　重大匡判三司事寶文閣大提學上護軍金恂　墓誌銘　幷序
②古所謂君子者德行云乎哉功業云乎哉予曰惟德行耳非功業也何也德行在心功業
③在時在心者人所修也在時者天所授也能修人之所可修者爲君子耳夫德行本乎忠
④孝能以忠孝立揚於當世者惟我判三司相君有焉公諱恂字歸厚系出新羅王金傅□
⑤□□□□□□□□□□□□□□□□□□公爲金傅十世孫而安東府即其桑梓之
⑥鄕也曾祖諱敏成追封左僕射行掌冶署丞兼直史舘祖諱孝印追封中書令行正議大
⑦夫兵部尙書翰林學士充史舘修撰官知制誥考諱方慶宣授中奉大夫管高麗軍都元
⑧帥推忠靖難定遠功臣匡靖大夫三重大匡判都僉議司事典理司事上將軍上洛郡開
⑨國公食邑一千戶實封三百戶贈宣忠協謨?定難靖國功臣壁上三韓三重大匡忠烈公
⑩母朴氏中書舍人知制誥諱益旌之女封陰平郡夫人公以善書多寫碑文年方志學以
⑪門蔭入仕爲掌牲署丞後改爲別將御牽龍行首職雖從東至西　其志未嘗不在文學
⑫盖嚴君雖位極兩朝將相惟以未叅桂籍爲恨　冀嗣子之能復祖業故也公由是力學
⑬不倦至至元十六年己卯春塲一擧爲金榜副元是年初拜攝郞將後改爲國學直講此
⑭公之能伸大人之遺憤者也自是先公益推偏季之恩常令不離左右賀正上國無不令
⑮隨但其東征船上不許追陪者不從軍叅危事也公於是扈駕不待命而先登戰艦頗有
⑯扶衛救援之功是公惟專忠孝而奮不顧身者也壬午遷殿中侍史翌年出爲尙州判官
⑰政聲登聞未一年而入爲典法佐郞□知通禮門事考功正郞壬戌奉使南方爲陪先公

⑱拜祖墓於桑鄕也戊子除秘書少尹知通禮門事是年上命公爲世子府行李別監委以
⑲師傅之任壬辰加朝顯大夫典法摠郎知制誥累遷少府尹□□□學軍簿摠郎典理摠
⑳郎朝奉大夫秘書尹三司右尹皆兼三字元貞乙未冬同知貢擧所取皆當時名士大開
㉑綺席□□□士朝野莫不嘉歎是先公之極於榮孝者也是年加朝議大夫丙申兼世
㉒子舍人大德丁酉遷國學典酒又拜奉烈大夫密直使右副承旨驟遷左副承旨寶文閣
㉓直學士翌年加右承旨知版圖司事每遷皆兼三字是年春奉使南方旣還改授通議大
㉔夫光政副使承旨成均祭酒又改爲正議大夫集賢殿學士左散騎常侍是年七月復爲
㉕密直使右承旨國學祭酒寶文閣學士知民曹事依前三字八月加奉翊大夫三司左使
㉖崇文館學士九月又改爲正獻大夫密直司左承旨判秘書寺事充史館修撰官知制誥
㉗知軍簿司事十二月拜奉翊大夫密直司副使文翰學士己亥知止乞退翌年八月先公
㉘棄世　依遺囑葬于桑梓庚戌冬行祭于先公墓壬子起爲重大匡上洛君承襲先公之
㉙茅土己未又拜先公墓上命季子永煦奉使以陪行所以重其行也至治元年辛酉命相
㉚以賢擢公爲判三司事八月加寶文閣大提學上護軍至是月二十一日寢疾卒于第享
㉛年六十四公性敦厚直柔內實剛毅孝悌忠信出於天眞惜乎以公之才德若延數載則
㉜利澤豈不及於蒼生名位豈止如是而已哉娶匡靖大夫僉議中贊修文殿大學士監修
㉝國史判典理司事世子師贈謚文敬公諱許珙之女生四男三女曰永暾今爲都官直郎
㉞知陝州事曰永暉今爲興威衛保勝別將曰思順剃度爲慈恩宗大德曰永煦爲司憲持
㉟平女一嫡入內侍中正大夫親禦軍大護軍鄭憤二嫡大匡上黨君白頤正三嫡舍人別

㊱ 里哥不花大元左承相阿忽反之子也永暾等既卜兆于德水縣馬山將葬也以予爲先
㊲ 公親舊具公之行狀乞銘甚切予雖病不忍堅拒受而銘之銘曰
㊳ 赫赫忠烈　東國汾陽　滿庭蘭玉　并秀爭芳　白眉爲季　時號最良　家尊所
㊴ 歎　未入桂堂　公承厥志　銳意文場　世傳祖法　時効錦囊　妙齡乙第　名
㊵ 振四方　揚歷臺閣　演誥含香　一提文柄　桃李成行　高堂喜淚　流溢壽觴
㊶ 眼前拜相　錄鬢金章　力彈榮孝　哀極梓鄉　子道無缺　宜降百祥　暮年閑
㊷ 退　天意茫茫　終傳茅土　門戶更光　不叅時政　虛度九霜　俄登極品　民
㊸ 固邦寧　胡未卒歲　遽促仙裝　在公無慊　爲國可傷　刻銘流耀　庶及無彊
㊹ 　大元至治元年辛酉十月十四日
㊺ 　宣授朝列大夫　翰林直學士　三重大匡　檢校僉議政丞　右文舘大提學
㊻ 　監春秋舘事　驪興君　閔漬　撰

〔參考〕『高麗史』一〇四　金方慶傳　附金恂傳
金龍善、「新資料　高麗　墓誌銘　十七點」(『歷史學報』一一七、一九八八)

二一八、裴廷芝 墓誌銘

所在　서울 國立中央博物館(No.　新　五八六五)
年代　忠肅王九年(元　至治二年、一三二二)

(1) 密直裵公墓誌銘(題額)
(2) 通憲大夫密直副使上護軍提調德泉倉事提擧永安宮事裵公墓誌銘并序

(3) 前通憲大夫知密直司事惣部典書進賢館大提學上護軍李 齊賢 撰

(4) 介冑勇夫少有廉平之譽簿書俗吏曾微卓落之庸其有出惣師律而士樂爲用入筦利權而人不敢欺
非義之財一毫不取於人自反而縮三木莫屈其志則可謂出乎其

(5) 類爲邦之傑者矣誰居惟裴公其人也諱廷芝字瑞漢始名公允大丘縣人也曾祖贈大護軍府君諱孫
迪祖贈鷹揚軍上護軍府君諱仁儉考贈通憲大夫民部典書府君諱

(6) 瑩妣羽溪郡夫人李氏內侍良醞令同正諱臣松之女皆皇公七歲屬禁衞爲都知不好弄無惰容耽耽
有食牛之量識者奇之至元七年庚午國家倉卒遷都公年十二負紲

(7) 扈從不離銜橛以□拜隊正二十八年辛卯有哈丹窮寇闌入我疆出于燕岐之野公以別將從万戶印
公侯往討之策馬摧鋒所向披靡流矢貫其輔車拭血裹創詰朝復戰

(8) 俘馘甚衆於是超數級授中郎將示旌賞也印公與俱入朝具以聞于

(9) 宸所

(10) 皇帝即日見于思而皤體幹魁□屢目之賜以白銀五十兩名之曰覇都兒蓋華言勇力士也及還鷹嶙宿衞之
班虎步警巡之列爪牙之用既著膂襟之蘊未舒人皆服虎略之無虧

(11) 世莫識吏能之有裕大德乙巳兩府擧以爲忠淸道察訪使丙午又爲全羅道察訪使登車攬轡毅然不可
犯而寬猛得中移咨擧劾口占其文老民事者皆歛衽焉

(12) 大尉王知其賢嘗有大用意及嗣位擢爲奉常大夫弘信軍護軍尋加鷹揚軍護軍不數年遂歷備巡衞大
護軍監門左右衞上護軍雖度越諸將用當其能終無間言矣

(13) 王謂富國莫先乎農也設典農司荒政不可不備也立有備倉公皆掌其草創之事甚稱

(14) 上旨而錢穀之所丘?則知民部事禮義之所關則兼中門使以至判內府都津司僕繕工寺事提擧豊儲
廣興義成德泉倉料物庫延慶永安宮事幹辦內侍院事剖決如流
(15) 多多益辦物論翕然以爲無施不可眞奇才也然其酌貪泉而彌潔遇錯節而逾利窮益堅而老益壯者
亦尠有知之者焉延祐戊午耽羅賊成仝等嘯聚扇變逐守土者
(16) 阻□以啚不□公承朝命提軍渡海直擣其巢穴殲渠魁而貸餘黨吏民按堵奏凱而歸
(17) 王大悅特授通憲大夫密直副使上護軍辛酉黨獄起公以非罪亦在縲紲之中發憤自訴受辝者莫能難
其子前別將天慶請以身代不聽同遷而異處爲善之報一
(18) 何爽歟賜環如京遂閉門謝病日以琴酒自娛越壬戌四月遘微疾至五月二十七日卒焉篋無重衾囊
無餘粟家產不直十金聞者然後益嘆其過人遠矣七月
(19) 甲辰葬于牛峰縣桃李村之南阜享年六十四嗚呼孰謂叔季之世椎朴之士而有是賢哉嚮使窺詩書
之藩閫漸師友之淵源輔其美質而文之其所樹立豈
(20) 若是而已也娵郞將鄭公承伯之女生子男三子女二長曰成慶神虎衞郞將季曰咸慶檢校散員行伍
□天慶其仲也女一適郞將吳仁景次適前天水寺
(21) 孝貞殿直李洪澤云銘曰
(22) 洸洸裴公　百夫之特　奮跡□賁　游刃文墨　掌握利權　弊廬糲食　狂賊底平　超資密直
雄飛刺天　孰鎩其翼
(23) 身屈□颺　壽不償德　報施無差　子孫千億
(24) 至治二年壬戌七月　日　誌　及第朴濡　書

(25) 道人□非 □

〔揭載〕『海東金石苑』補遺六、九五九—九六六
『朝鮮金石總覽』上、四七六—四七八
『韓國金石全文』中世下、一一二二—一一二五
〔參考〕『高麗史』一〇八 裴廷芝傳

二一九、金賆 妻 許氏 墓誌銘

典據 「雜同散異」(安鼎福)
年代 忠肅王十一年(元 泰定元年、一三二四)

① 追封卞韓國大夫人眞慧大師行陽川郡夫人許氏墓誌銘 幷序
② 愚溪晩進金開物 述
③ 坤輿方大萬品該牝馬之行姆範陵遲千載聞良姬之出間或著聞後當勤辟大夫人姓
④ 許氏以國俗不名安南陽川人許氏自平章事許載始大?曾祖王父諱京禮賓少卿知制
⑤ 誥祖王父諱逖銀青光祿大夫樞密院副使禮部尙書翰林學士承旨致仕學士之外祖
⑥ 王父李公諱惟實閣門舍人舍人其中書令諱子淵之玄孫也王考諱珙忠烈王配享功
⑦ 臣匡靖大夫僉議中贊修文殿大學士監修國史判典理司事世子師贈謚文敬公々儉
⑧ 約自守德望爲當世第一王妣鈴平郡夫人尹氏金紫光錄大夫政堂文學禮部尙書修
⑨ 文殿大學士贈謚文平公克敏之女也文平其侍中諱瓘之後胄也一等功臣匡靖大夫
⑩ 都僉議叅理集賢殿大學士同修國史上將軍贈謚文愼公諱賆其良人也公有春雲氣
⑪ 象祖上相考丕承之而各以其德得謚爲公夫人之男女兄弟凡九人胞同者五而異者

⑫ 四夫人寓居一三男弟諱嵩陽川君卒子諱琮尙壽春翁主封定安君六弟初配平陽公
⑬ 諱昡平陽公?惟元廟之親甥今爲順妃無恙其他則不錄此夫人之宗戚始末也夫生丈
⑭ 夫子四人女子三人長子曰倫前密直副使歸副知密直司事藝文司學致仕崔公諱瑞
⑮ 之女次曰禑前元尹歸密直司使寶文閣大學士金公昇次子童出家曰玄抃爲清悟大
⑯ 師今住感恩寺次亦童出家曰如璨投迦智山門以四選首座捷上々科振衣南巡至天
⑰ 目山迺還有禪師批掉臂一女適李諱季瑊早亡次女以童女選入于朝季女適密直副
⑱ 使上護軍元諱善之諸孫甥何濟々所謂家之肥也者歟夫人生于乙卯歲性貞信懿恪
⑲ 在齔游弄異常未笄而稜角已成出吾多警聳十四合二姓既合能下於夫主餘食績紡
⑳ 事以盡其婦道而家猷所積熏稍知典章莫不輔助于內以之於爲母也子女子生方其
㉑ 幼而未有思便各以所當業敎誨之嘗語曰男不謹飭則譣詖所由鑠女不謹飭則邪僻
㉒ 所自靡其所操厲如是爲宗門楷模家及成公先薨于辛丑歲夫人哀悼過人辭國儀自
㉓ 庀葬具窆于大德山之离岡既窆因於是山坤角相其可相望以安生地其去兆不一里
㉔ 創一蘭若爲追薦埸名之曰感應仍傾家貲貨至寶器請僧寫圓頓經典錯金銀字其餘
㉕ 所營佛事不記越壬寅無禪師自江淮航而來夫人慕見始聞法要甲辰鐵山南來施化
㉖ 次受大乘戒辛亥騰裝之彌勒大院禮丈六石驅歷諸山瀆至涅槃清凉二山聖跡乙卯
㉗ 薙髮爲尼法名性曉戒壇主白修其師也始孀也方四十七望朔祭禮必躬行山園徹三
㉘ 年雖寒暑無懈厥後於名辰之祭亦非出入未嘗不親往如初出家乃罷丙辰往通度寺
㉙ 乞舍利得十二枚東下抵鷄林故國鷄林多壯觀故於此盡意而返焉其經由山水無數

㉚行旅斯畢歲在庚申乃卜于京都南山之南作草堂栖止長男之第其西意其以遵夫死
㉛從嫡之訓也泰定元年二月十一日丁卯寢疾享年七十以是年三月初四日庚寅終于
㉜堂臨終語言不乱屈伸如生有司聞之歎其節義終始循王制追封爲卞韓國大夫人眞
㉝慧大師稀哉用是年四月初四日己未將祔于先塋由塋而西若干步從于良人夫人之
㉞志也其嫡主詢于弟慼容而來囑予曰先君之誌鈍老之作令則愚溪其當繼述云後昆
㉟以通家之好且復爲族属粗得其狀毋辞其辞愨實將以揚先妣之德也予非但如主之
㊱言少居近聞夫人之行如襲蘭馨口常悱々而敢欲摛辞私自爲葩又於孤索有斷金利
㊲則寧貽神羞非所宜拒禮曰銘者自名祖先無美而稱之誣善不知不明知而不傳不仁
㊳此三者君子之耻也則以大夫人美及諸子之明與仁遠此三耻無疑矣故書夫人之閥
㊴與行悉備納之壙銘曰
㊵貴不賢々且貴壽不仁々以壽婦人行丈夫氣子壻夥一體秀
㊶　　大元泰定元年甲子四月日

〔揭載〕『韓國金石文追補』附錄、二七八－二七九
『韓國金石全文』中世下、一一二八－一一三〇
〔參考〕朴龍雲、「高麗時代의 定安任氏・鐵原崔氏・孔巖許氏 家門 分析－高麗 貴族家門 硏究(二)－」(『韓國史論叢』三、一九七八)

二二〇、閔宗儒 墓誌銘

典據 『拙藁千百』一
年代 忠肅王十一年(元 泰定元年、一三二四)

① 有元高麗國故重大匡僉議贊成事上護軍判摠部事致仕謚忠順閔公墓誌
② □國興於唐季始奠東方累仁積德歷世愈光至今凡四百有餘年士大夫皆世祿寧以
③ 禮相尙焉驪興閔氏夙著其望號爲名臣之門至諱令謨相
④ 明王爲大師平章謚文景是爲公高大父也其曾大父諱公珪故大保平章謚定懿大父
⑤ 諱仁鈞故翰林學士父諱滉故戶部侍郎戶部公受室昌原崔氏封昌原郡夫人故平章
⑥ 謚文景諱璘之女爲公母也公生於忠憲王乙巳幼敏慧外大父愛之不置常曰令器甫
⑦ 十一就學通大義以門地選爲王子始陽府學友十九調淸道郡監務實　忠敬王癸亥
⑧ 而　皇元中統四年也淸道邑多大姓而監務秩卑俱與之元禮素號難治而公少年未
⑨ 更事人始易之及其莅任不受請謁一切繩以法而無敢枝梧以克治聞罷秩補都兵馬
⑩ 錄事未幾移籍內侍除都染署丞尋換武資以興威衞別將差御牽龍行首　忠烈王尙
⑪ 帝女齊國公主特立膺善府乙亥徙爲膺善府牽龍行首拜左右衞郎將轉右指諭尋借
⑫ 興威衞將軍癸未復文資爲朝顯大夫試少府尹賜紫金魚袋出副忠州牧戊子以典法
⑬ 惣郎知通禮門事爲東界安集使改典理惣郎己丑爲忠淸道按廉使遷大府大僕尹壬
⑭ 辰又出副東京留守尋以礼賓尹召改三司右尹兼世子宮門令累遷判通禮門選軍別
⑮ 監使階五轉至正獻大夫拜密直知申事知典理監察司事戊戌進授奉翊大夫密直副
⑯ 使明年以不苟合免丁未起授判密直司改監察大夫陞匡靖大夫遙授贊成事太尉王
⑰ 元年以僉議贊成事致仕　今王己未授重大匡封復興君至治辛酉省非王氏而君者
⑱ 隨例去復興爵復以僉議贊成事上護軍判惣部事致仕至泰定改元甲子五月五日己

⑲丑卒于家享年八十公諱宗儒資莊重美風度明識禮文優於吏幹內而刑曹憲府外而
⑳按部牧民所至咸稱其能至如主賔贊任喉舌則揖讓應對多副上旨而時輩自以不及
㉑蓋公既以名家子爲崔文景公所養長又托姻兪文度多有所聞熏故遇事優閑若自成
㉒者前後處二府雖不久卒能位列諸君完名保壽以令其終使之任政得專且久則所施
㉓爲當何如也平生不妄與人交而篤於宗族其於弟妹俱有思自始仕登輔相退公便故
㉔家少干謁媚於人治宅舍務淨潔常灑掃庭戶不留一塵性好馬聞人有良馬必購致之
㉕每繫置堂下朝夕愛賞忘倦晚年尤喜音所密雜藝花木日以絲竹自娛於其間不知老
㉖之將至年及耆艾登降尙健精爽不少衰至治中
㉗王朝　　元久留而喜事者聚黨逼人署名白狀謀在傾危國卿士庶畏勢延合惟恐爲
㉘後問或詭避無敢斥言不是者有挾紙至門諷公着名則公叱曰臣爲君隱直在其中至
㉙如欺誷是可恐歟吾生已老不爲若賣御而不署其人內媿而退是則可謂老而益强者
㉚矣國俗以端午日祭其先公至是日早起盥浴致祭如常事畢若困而假寐家人恠久不
㉛寤視之已卒矣配長沙郡夫人兪氏故大尉平章諡文度諱千遇之女也初文度公爲都
㉜兵馬使公爲錄事見而器之遂以夫人敀焉生子男二女一男曰頔登至元乙酉第今爲
㉝通憲大夫前同知密直司事次曰舒檢校神虎衞郎將女適承奉郎前典校署丞鞠譚孫
㉞男五人除舒生一男餘皆通憲公所生曰平前興威衞別將登延祐乙卯科曰曲出篤曰
㉟金剛曰忙哥篤舒生幼未名公卒之五日予往吊通憲公則受吊畢以墓文見屬予以卑
㊱陋不足發先德辭不獲命則以公方哀毁重傷公第唯而退後數日公令男平錄其歷官

㊲ 顚末來徵銘復念先君子嘗游通憲公而予又與平善義不可負故謹拜受叙而銘之葬
㊳ 用是年六月六日庚申墓在某山之原距京有若干里有司依故事謚曰忠順銘曰
㊴ 爵列諸君齒八旬壯仕老退樂終身考之行實不媿人卜得新兆崇其阜公藏百世慶流
㊵ 後鐫石納窆詔未久

〔參考〕『高麗史』一〇八 閔宗儒傳

二二一、趙延壽 墓誌銘

所在 서울 國立中央博物館(No. 本 六四五〇)
年代 忠肅王十二年(元 泰定二年、一三二五)

(1) 万戶右僕射趙公墓誌銘 (題額)
(2) 宣授昭勇大將軍管高麗軍万戶寶文閣大學士金紫光祿大夫尙書省守司空右僕射上將軍趙
延壽 墓誌銘
(3) 璧美而不樇花艷而長榮斯人所甚慕彼天所不與豈天公使一物全雙美今東韓平壤趙司空富與貴極而容
儀秀
(4) 麗才與智齊而識度淵弘善解音律尤工書畫射御無缺君子六藝中唯一碁欠至如出將入相一身文虎一舌
華夷全
(5) 百美而綽綽有餘閒嗚呼天不與年司空諱翊後改名延壽高麗平壤郡人也考 宣授嘉議大夫王府断事官
宣忠

(6) 翊戴保祚功臣壁上三韓三重大匡判中書門下省事平壤君贈謚貞肅公仁規妣興陽郡大夫人趙氏正議大
夫判將作監事

(7) 溫呂之女也年甫九歲以門資初調隴西牧監直尋遷東大悲院錄事旣冠而遷神虎衛錄事叅軍事十七擢第
春官二

(8) 十授司[醞]衛役[領]將軍俄改授朝散大夫戶部侍郎春宮侍讀事賜紫金魚袋又遷將作監吏部侍郎直寶文閣
秘書監皆

(9) 兼三字氷衡當□而立夏四月恐崇資峻級壓來出牧晋陽而却之明年夏四月

(10) 宣降三顆明珠虎符特授昭勇大將軍管高麗軍万戶六月除銀青光祿大夫檢校戶部尙書御史臺執義兼判
閤門事冬十月

(11) 批金紫光祿大夫同中書門下平章事金州牧使兼鎭合浦紅蓮幕三十二復爲銀青光祿大夫檢校戶部尙書
御史臺執義兼判閤

(12) 門事三十三改授金紫光祿大夫檢校門下平章事上將軍三十七拜司徒三十九又除金紫知樞密院事御史
大夫翰林學士同修國

(13) 史上將軍又集賢殿修文殿翰林院歷縉大學士四十三階大匡授門下侍郎平章事又除守司空右僕射寶文
閣大學士上將

(14) 軍至四十八乙丑六月壬寅寢疾薨于官斯不是功名富貴大全而壽不足耶公先娵金紫光祿大夫門下平章
事上將軍金由祉

(15) 一女生一男一女男曰忠臣　王賜名也今爲左右衛郞將後娵重大匡光山君金珸一女生一女年尙幼是年

九月庚申將葬于天
(16) 和山麓忠臣托予求誌辞不得已略銘之曰
(17) 平壤之先　仙人王儉　至今遺民　堂堂司空　平壤君子　在三韓前　壽過一千　胡考且仙
(18) 拜之藩宣　其系蟬聯　衰盾之日　公悉兩全　公壽何止　四十八年　嗟國之瘁　梁木其顚
(19) 身雖云歿　名豈沒焉　埋在此地　召在彼天　窀穸之夜　窅尓冥然　誌以明德　輝光重泉
(20) 泰定二年乙丑九月　日
(21) 翰林直學士朝顯大夫吏部侍郞同修國史知制誥李　叔琪　撰

〔揭載〕『朝鮮金石總覽』上、四七八—四八一
『韓國金石全文』中世下、一一三一—一一三三
〔參考〕『高麗史』一〇五　趙仁規傳　附　趙延壽傳
閔賢九、「趙仁規와 그의 家門(上·中)」(『震檀學報』四二·四三、一九七六·一九七七)

一三二、崔雲 墓誌銘

典據　『拙藁千百』一
年代　忠肅王十二年(元　泰定二年、一三二五)

① 皇元高麗故通憲大夫知密直司事右常侍上護軍崔公墓誌銘
② 公諱雲字蒙叟其先東州昌原縣人也十世祖諱俊邕仕國初有功爲大師三重大匡傳
③ 至曾孫諱奭爲開府儀同三司謚曰譽肅譽肅生金紫光祿大夫諱惟淸謚曰文淑文淑
④ 生門下平章諱詵謚曰文懿文懿生尙書左僕射諱宗梓僕射生中書平章諱昷謚曰文

⑤ 信文信生奉翊大夫諱文立奉翊公娵樞副洪公諱縉之女是生公世以忠顯珪組蟬聯

⑥ 門望藹然公生十五歲擧中司馬試實至元己丑也元貞丙申補都齋庫判官屬籍內侍

⑦ 大德己亥換武資以神虎衛別將別差牽龍行首庚子拜左右衛將軍壬寅復文資授朝

⑧ 顯大夫軍簿捴郞賜金紫俄改典理捴郞判司盈署事至大戊申又換武拜左右衛大護

⑨ 軍己酉出爲羅州牧使皇慶壬子徙知鐵原府延祐甲寅移知公州秋復知鐵原府尋免

⑩ 丙辰復官拜正尹陞元尹至治辛酉省宂官隨例罷泰定乙丑四月起授通憲大夫知密

⑪ 直司事右常侍上護軍至七月庚午以疾卒春秋五十一公儀表甚偉性直且愿平生事

⑫ 佛謹念佛經佛菩薩名號日有常課未嘗以他故蹔廢處家嚴肅人莫有敢犯及其居官

⑬ 臨民若處家然大德癸卯以世家子隨王琠宿衛　闕庭號都魯花而琠因　太尉王久

⑭ 遭讒釁有非覬心至丁未春事發琠及黨與皆誅竄而公獨以不附拜大護軍至治中樂

⑮ 禍之徒謀擾東社卿士畏勢從風而靡公又不與焉及下密直之命人咸以擧得其人然

⑯ 拜官數月病不能與嗚嘑豈非命也哉公娶故僉議宰相宋公諱玢之女早卒後娶大護

⑰ 軍任公諱綏之女封晋陽郡夫人以是年八月甲申葬于城東大德山之艮原公無子任

⑱ 夫人於予爲姨母因嘗受恩葬不可闕文遂最績而銘之銘曰

⑲ 善積福厚源深流長魁然而偉克傳芳兮何任不久厥施未光何德不紹祚不昌兮孰

⑳ 尸此責悠悠上蒼漬筆臨窆涕滂滂兮

〔掲載〕『東文選』一二三「皇元高麗故通憲大夫知密直司事右常侍上護軍崔公墓誌銘」
『朝鮮金石總覽』上 附錄、六〇三—六〇四

〔參考〕 朴龍雲, 「高麗時代의 定安任氏・鐵原崔氏・孔巖許氏 家門分析―高麗 貴族家門 研究(二)―」(『韓國史論叢』三, 一九七八)

二三三、朴全之 墓誌銘

所在 『竹山朴氏派譜』(平北 宣川, 一九三八)

年代 忠肅王十二年(元 泰定二年, 一三二五)

① 上護軍延興君墓誌銘 并序
② 前通訓大夫密直副使藝文舘提學同知春秋舘事本宗人號石齋朴孝修撰
③ 公諱全之字返圓系出竹州其先新羅始祖朴赫居世從紫卵而生其卵如瓠自天而降
④ 鄕人以瓠爲朴故因姓曰朴封其陵於天興君繼紫三韓壁上功臣朴奇悟十三世之孫
⑤ 也父諱煇正議大夫典法判書膺善府右詹事母慶源郡大夫人李氏金紫光祿大夫□
⑥ 特進守太□開府議同三司門下侍中修文殿大學士監修國史判吏部翰林院事太子
⑦ 太師□贈謚文眞公諱藏用之女也公之初降也文眞公識其英器養如己子及長博通
⑧ 三墳百家兼貫陰陽秘訣至於□□方藥之書無不精核善屬文而樂章最尤王父公愛
⑨ 且貴之祖孫相爲知己唯以傳傳家萬卷文書者誠知金滿籯不如一卷經之遺也十八
⑩ 至元丁卯中國子監試戊辰四月登第放榜簾前命屬內侍己巳以門蔭直補校書郎辛
⑪ 未累遷司儀都校大官三署丞甲戌爲良醞令俄遷大官令皆兼翰林院乙亥六月除門
⑫ 下注書冬拜權知閤門祗候丁丑正月以試祗候出佩東州郡符翌秊二月權祗候召還

⑬ □□春授秘書寺承賜紫金是年本國奉 世祖皇帝詔旨揀選公卿子弟入侍 天庭

⑭ 公裒然爲擧首辭國赴朝先是文眞公入朝學士王鶚金國壯元也見公如逢舊識遂結

⑮ 心交其外甥翰林學士王之綱聞公來詣闕下因念兩□□相得之心引公觴于家出示

⑯ 王鶚壽容公瞻禮作詩云雪髭紅頰宛如存人道中朝老壯元對我相看何不語相公曾

⑰ 識樂軒孫一家子侄見詩皆墮淚自此文章之名動於中華淹留輦轂公年每與耆儒高

⑱ 士確論古今興亡治亂之跡與夫異國山川土風如指諸掌皆歎服其聰敏曰公不曾目

⑲ 覩何知彼土風俗如是耶可謂不出戶知天下者也上聞之嘉其顯美中國隨年增其官

⑳ 資賜之廩粲以褒賞之自庚辰至大德丁酉十八年間其歷揚六部諸曹三四五品兼學

㉑ 士帶制誥者若電移風轉倏忽紛紜未容其例也當己丑歲出守安東大都護者公自憚

㉒ 其年少爵高上章乞解 上惜其去職乃分憂也丙戌上國勅授將仕郎征東行中書省

㉓ 照磨兼充儒學教授同提擧公受 宣還國戊戌 太尉王受禪即祚近置詞林院委摠

㉔ 萬機兼掌喉舌之任以公爲奉翊大夫三司右使詞林學士承旨尋加密直學士中京留

㉕ 守常居院中夙夜都僉凡沿革官號大爵與奪皆出公之一手變起不虞逸壽王復位公

㉖ 寵極前朝故歇職閑居□□太尉王端遇 成宗皇帝龍飛之旦特立殊功名振四方其

㉗ 本國官爵(職?)陞降制理之事一皆擅斷故丁未春授奉翊大夫密直副使寶文閣大司學秋

㉘ 加判密直司提修史尋加匡靖大夫多□省爲政堂文學僉議都監使至大戊申以檢校

㉙ 評理出爲溫州牧使此非貶也 太尉王降書曰慰其淸寒也己酉六月重大匡僉議贊

㉚ 成事右文館大提學監春秋館事判選部事致仕延祐己未四月爲推誠贊化功臣藝文

㉛ 館大提檢校僉議政丞監春秋館事延興君從至大己酉至至治辛酉或議會或封君或
㉜ 致仕朝入暮出復如□者公雖衰暮惛其爕理嘉謨不可不預於廟堂也今　主上知病
㉝ 耄不堪復起泰定乙丑四月加授三重大匡守僉議政丞右文舘大提學監春秋舘事上
㉞ 護軍致仕延興君功臣號如故徃於丁巳八月主闘禮闈選得掌服令洪義孫爲牓魁三
㉟ 韓科擧已來?帶犀赴試者惟此而已餘皆鳴世韻士談者美之噫公稟性溫深和雅待人
㊱ 以禮見之者莫不欣敬故中朝小林長老一見奇之寫影傳眞南嶽鐵山讚之則可知高
㊲ 風爽氣感激達人之襟懷也自號爲杏山蒙泉無垢居士常頌金剛般若無話尤切聞樂
㊳ 啣盃未嘗不擧無字嗚呼享年七十六之乙丑七月癸酉戌初示微疾甲戌卯時翛然而
㊴ 逝慟哉何其速也如此上聞而哀悼贈謚曰文匡命有司齊葬具八月甲辰令百官會葬
㊵ 于城府二十許里參廊山之麓公之配大寧郡夫人追贈卞韓國大夫人崔氏朝靖大夫
㊶ 衛尉卿東宮侍讀學士知制誥諱恬之女也先公沒生一男二女男曰瑗藝文舘提學正
㊷ 順大夫密直司右副代言成均舘大司成知製敎同知春秋館事知三司事娶唐城郡夫
㊸ 人洪氏匡靖大夫僉議贊成事上護軍贈謚良順公洪敬一之女也生五男二女長女延
㊹ 興君夫人適前匡靖大夫僉議評理上護軍鄭諱倬生一男二女次女延興君夫人今亡
㊺ 矣適□□郎料物庫副使李稷生一男五女盛矣哉詩所謂宜爾子孫振振者也及其葬
㊻ 也嗣子瑗伐石圖其不朽請銘勒石□□公□□于義重敢以才拙爲辭遂以銘曰
㊼ 天降紫卯肇啓華宗伊誰繼世延興其封翊忠四代熙載奮庸明良道契龍飛雲從一壽
㊽ 一品於我偏重揚靑騰紫毫墨難容草頭寒露盍爾無蹤風悲秋樹□□阡松德山吉宅

㊾漫聳幾峰子孫萬世列鼎鳴鍾

㊿ 泰定二年乙丑八月 日上石

〔參考〕『高麗史』一〇九 朴全之傳
金龍善、「新資資 高麗 墓誌銘 十七點」(『歷史學報』一一七、一九八八)

二二四、李德孫 妻 庾氏 墓誌銘

典據 「雜同散異」(安鼎福)
年代 忠肅王十三年(元 泰定三年、一三二六)

① 茂松郡大夫人?庾氏?墓誌銘
② 曾大父諱敬玄右僕射翰林學士承旨大父諱弘樞密院左承宣禮部侍郎寶文閣直學
③ 士父諱垓舊曰世方樞密院副使右散騎常侍垓娶慶源李氏父諱長龍?虎?軍上將軍夫
④ 人年若干適李氏系出江陽諱德孫後改帖凡中外所歷多有聲績官至知都僉議府事
⑤ 臨老以贊成事杖笏及卒謚曰莊淑公父諱淳牧右僕射翰林學士承旨中古名儒庾李
⑥ 兩家皆望顯世所謂甲乙者夫人禀性柔靜其事夫義以順而就盡婦道故李氏之能守
⑦ 富貴不危溢者夫人以助焉耳李氏卒後孀居二十六年常以修善爲事也夫人生一男
⑧ 一女男曰偰今重大匡僉議贊成事上護軍娶藥城池氏父諱允輔謚莊烈公有子二人
⑨ 女適礪良宋氏諱隣密直司知申事國學大司成先沒父諱珍僉議中贊亦三韓國華宗
⑩ 也從夫人私封茂松郡以子故累封爲大夫人於其溫清偰頗有勤因教警就大德山東

⑪ 麓先塋之側構一願刹曰禪寂薦冥祐已有年矣夫?人年八十泰定三年丙寅九月有微
⑫ 疾至二十八日洗浴更衣請僧剃髮名目眞十月七日薨于正元里之私第之逝也倏然
⑬ 侍側者不知覺也葬于莊淑公之兆次長子相公與予同出文靖公之門下相信已熟故
⑭ 承囑之銘之曰庾氏本家蟬聯之後自歸隴西或有賢婦贊成好逑贊成玆母母儀有光
⑮ 子孝無偶天亦假年九々其壽母兮子兮三韓稱首刻于貞珉用傳不朽

〔揭載〕『韓國金石文追補』附錄、二七七
『韓國金石全文』中世下、一〇八五―一〇八七

〔編者註記〕安鼎福의「雜同散異」(亞細亞文化社、一九八一) 所收의「茂松郡大夫(人)庾氏(墓)誌銘」에는 本書에 수록해 놓은 第⑨行 第23字부터 第⑩行 第8字 사이의 20字가 빠져 있다。그러나『韓國金石文追補』와『韓國金石全文』에 의하여 이 부분을 채워넣었다。

二三五、閔漬 墓誌銘

典據 『驪興閔氏文仁公派譜』(一九二九)
年代 忠肅王十三年(元 泰定三年、一三二六)

① 有元高麗國推誠守正保理功臣三重大匡判僉議府事右文館大提學監春秋館事
② 上護軍驪興府院君 贈謚文仁閔公墓誌銘幷序
③ 推誠亮節功臣大匡三司使藝文館上護軍李齊賢撰
④ 國家臣天子以禮交賓客以文必選耆儒潤色詞命在高王時有若李文順公在元王時
⑤ 有若金文貞公而自忠烈王時至今代則故相驪興府院君閔公實專其任公諱漬字龍

⑥ 延黃驪郡人也考諱輝皇金紫光祿大夫門下侍中判吏部御史臺事太子太師祖諱命
⑦ 莘皇尙書左僕射曾祖諱湜皇太中大夫兵部尙書寶文閣學士知制誥高祖諱令謨皇
⑧ 金紫光祿大夫開府議同三司特進守太子太師上柱國門下侍郞同中書門下平章事
⑨ 集賢殿太學士監修國史判吏部事諡文景公妣皇河源郡大夫人李氏皇朝議大夫司
⑩ 空卿右諫議大夫寶文閣直學士知制誥世華之女也公幼聰明八歲能屬文讀書有脫
⑪ 誤輒以意增損觀者咸取善本考之果是皆驚歎以爲宿習十七中司馬試十九擢春場
⑫ 乙科第一出掌南京書記樂軒李侍中爲留守不以新進待拜通文院錄事扈駕朝元還
⑬ 衞尉主簿兼直翰林上䟽論時政得失元王嘉納焉歲庚寅天子詔王世子入朝時因避
⑭ 寇遷都道路梗艱公以國子（缺）傅世子晨夜兼馳以達朝廷廷臣方議用兵交趾有
⑮ 旨高麗世子師儒者其召問之公對以爲勞師致討不如遣使招降言稱旨特拜朝列大
⑯ 夫翰林直學士歲壬辰朝廷勅修征倭戰艦中外騷然忠烈王與公主入朝公以右副承
⑰ 旨從見樞密洪君祥曰倭民（缺）在海（缺）民頑雖得之不足以肥中國一失利悔
⑱ 之何及（缺）漢得珠崖（缺）以激君祥君祥曰得聞國王言吾當入白天子王問諸
⑲ 大臣無敢出口公密啓于王歸語君祥奏寢其議以須明年適有事故遂罷（缺）駕還
⑳ 命同知貢學所選皆知名士後多爲將相達官其處吏部淸約自持松髯鶴骨望之眞山
㉑ 澤仙也事有當奏朝廷而言所難悉者公述之以文坦然易曉如風俗驅良請因土舊朝
㉒ 廷皆從之者難一二數也公甞以爲前世之跡人主所宜知而浩汗難以遍閱製爲一圖
㉓ 上之凡王覇理亂世代修短定都立號混並分裂靡所不載黃朱與黑或列或圈若網在

㉔ 綱若珠在貫一世服其（缺）神聖系出宣宗矯累世之謬太尉王寶重之賞賚優渥太
㉕ 尉王之西也逆豎伯顔豆思懷毒假威禍福由口（缺）詣上都表請召還歸國事雖中
㉖ 格聞者義之泰定乙丑授推誠守正保理功臣三重大匡僉議丞政右文館大提學驪興
㉗ 君三年加封判僉議府事驪興府院君盖服其忠也越十二月壬申病薨于私第年七十
㉘ 九訃聞王震悼命有司庀葬事謚曰文仁公公大夫人夢感星龍孕十一月而生公其爲
㉙ 堂后官持命牒夜詣密直使金光遠宅金方寢有老叟推其枕曰門有巨賓胡睡爲乃驚
㉚ 悟衣冠而出則公也公少多疾身若不勝衣故人雖以遠到相期莫知其能壽也卒乃位
㉛ 極人臣年至八旬旣爵而齒令聞經始非操守有方不餒其氣將天道福善所以陰相之
㉜ 然耶娶匡靖大夫僉議贊成事申佺之女生二男三女長曰祥正中正大夫密直知申事
㉝ 司憲執義進賢館提學知制教知選部事季曰祥伯爲通直郎讞部直郎女一適管軍萬
㉞ 戶匡正大夫僉議評理上護軍羅益禧一適重大匡三司使藝文館大提學上護軍金元
㉟ 祥一適入內侍保勝別將朴允鏐云銘曰
㊱ 驪江之水淸淪漪（缺）襟期崑山片玉桂一枝高官巨筆歌緝熙披雲閶闔持皂囊
㊲ 鏘鏘威鳳鳴朝陽討論王覇補元良翺翔中朝翰墨場帝臣廷議征海夷片言徧藥民瘡
㊳ 痍抗忠救主老不辭氣挫凶豎同狐狸騎龍歸來白雲鄕士林千載歆聲光磨礱翠琰銘
㊴ 幽堂勿剪松柏如甘棠

泰定三年丙寅十二月 日

〔參考〕『高麗史』一〇七 閔漬傳

閔賢九、「閔漬와 李齊賢—李齊賢所撰〈閔漬 墓誌銘〉의 紹介 檢討를 중심으로—」(『斗溪李丙燾博士九旬紀念韓國史學論叢』、知識産業社、一九八七)

二三六、金開物 墓誌銘

典據 『拙藁千百』一
年代 忠肅王十四年(元 泰定四年、一三二七)

① 故司憲持平金君墓誌銘
② 東方人性多慢又不力學以養氣故或圖隨世立身飽煖妻孥庸人是之而有乖於君子
③ 之論至如明義利審出處不以人之是非爲其榮辱者盖無之也矧屬衰季士無定議順
④ 福逆禍入主出奴之際迺能中行獨復介然自處則不曰廉士哉若愚溪金君其近之矣
⑤ 君近代名學士鈍村公季子也初　大尉王爲世子鈍村爲傅以其二子俱見　王特愛
⑥ 君待之有殊禮後嗣位擢任監察史轉典符寺丞時以君舊臣且賢咸期大用適以事觸
⑦ 忤內竪之黠者因貶海島連年困躓勢不克堪而君夷然若甘心焉及放屛處家園時有
⑧ 賓客至則置酒鼓琴賦詩自娛不復以名宦爲慮如是者殆十五年至泰定乙丑今　王
⑨ 回自都慨然有意反正授君通直郞司憲持平强起之視事數月士林有望肅淸焉適有
⑩ 炎客居中弄權蔑視東士至擅放憲府牢禁君對辨於　王門語甚激烈反爲所擊遂移
⑪ 病不出家居如初於是受屈者不得伸其寃而君子竊嘆其去矣去年秋忽遇疾患忘藥
⑫ 治之平至前月疾復作一日而卒嗚呼哀哉君性資剛正詩與字畫俱有家法與人交一
⑬ 以信愈久而愈不可褻也人以君抱志太高不能小貶迺至於此是俗子自論非所論於

⑭君也夫士生斯世有遇有不遇遇則其道行蒙施博不遇則其身退自得者全然則遇不遇
⑮迺在於人之幸不幸爾胡有損益於我哉君字元龜諱瑞庭後改爲開物嘗擧進士不第
⑯自號愚溪其先福州義城縣人祖諱閎官至監察御史考則鈍村公諱晅官至政堂文學
⑰妣李氏御史諱方昫之女也君再娵生一男五女男銛權知典校寺校勘女適某官某次
⑱適某次適某二幼未有歸君生以至元癸酉十月庚戌卒以泰定丁卯二月戊戌葬以是
⑲年三月壬寅卜兆于某山之原君不以俗士待我而命其子來學於余故謹爲之銘銘曰
⑳可能者學也行也不可能者位也年也惟君子然後取可能者而力爲之舍不可能者而
㉑付之天也嗚呼愚溪尙何慊焉

〔揭載〕『東文選』一二三「故司憲持平金君墓誌銘」
『朝鮮金石總覽』上 附錄、六〇五―六〇六
〔參考〕『高麗史』一〇六 金晅傳 附 金開物傳

二二七、金須 妻 高氏 墓誌銘

典據 『光山金氏族譜』(全南 潭陽、一九二三)
年代 忠肅王十四年(元 泰定四年、一三二七)

① 沃溝郡大夫人高氏墓誌銘竝序
② 大夫人姓高氏其薨也聞者皆嗟嘆以爲人情所甚欲者莫如壽天之報施於人而所甚
③ 靳者亦莫如壽大夫人年一百又二歲視明聽聰康寧考終具洪範五福之三其必有以

④ 致之歟問其世朝請大夫禮賓卿致仕諱侹之女朝散大夫東宮侍講學士禮賓卿知制
⑤ 誥諱瑩中之孫文林郞監察御史諱世材之曾孫太中大夫右諫議大夫國子監大司成
⑥ 翰林侍講學士知制誥趙諱通之外孫金紫光祿大夫叅知政事集賢殿太學士判禮部
⑦ 事金諱須之妻今壁上三韓三重太匡匡靖大夫僉議中贊修文館大提學監春秋館事
⑧ 上護軍判典理司事致仕台鉉之母在父母家肅恭貞惠無擇言惰容及笄事舅姑亦率
⑨ 時閨門雍雍如也叅政府君嘗奉內勑監西海道今彌莊莊人矯府君命致炭數車大夫
⑩ 人曰夫子非其義也絲毫靡嘗取諸人況所監臨者乎此必妄也閉門不納迨夜莊人置
⑪ 之去時權臣金仁俊子弟挾憾欲中傷府君遂以譖仁俊使覘之炭委積於外無收視者
⑫ 乃感悟不問庚午之亂府君以靈光郡守押兵戍耽浮羅至冬將寄衣同僚者遺白金助
⑬ 其費强之再三大夫人亦竟不受中外莫不賢之府君旣力戰以歿寡六十年睦親戚仁
⑭ 僕妾如府君時有二子皆幼弱敎養成就之長曰台一官神虎衛錄事叅軍先卒次則中
⑮ 贊公也嗚呼大夫人以名家女爲節婦慈母使其夫爲淸臣烈丈夫使其子爲通儒名宰
⑯ 相其德之懿人所可見亹亹如此所不可見固有愈此者然則致天施之不靳享人情之
⑰ 甚欲無足恠矣以亡金正大三年丙戌二月二十一日生薨于皇元泰定四年丁卯七月
⑱ 朔丁酉是月十二日戊申葬于松林縣笠巖山之西麓銘曰
⑲ 雙明雅會世號神仙磊落高趙婉德均賢琪樹生柯醴泉分派維大夫人慶鍾外內在家
⑳ 敦孝容婉色愉克敬克愼以承舅姑氷霜其操蘭蕙其芳財毋苟得厥美載揚烈烈乃公
㉑ 捐軀殉國義篤崩城之死靡慝有子煢煢旣撫而敎乃相三朝光于祖考天降之祥壽百

㉒有二明主是嘉廩粟歲遺維大夫人誰其與儔刻銘納竁焜燿千秋

㉓ 益齊 李齊賢 撰

〔參考〕 金龍善、「高麗墓誌銘 二例—高瑩中과 그의 孫女 高氏夫人 墓誌銘」(『斗溪李丙燾博士九旬紀念韓國史學論叢』、知識産業社、一九八七)

二二八、金承用 墓誌銘

所在 서울 國立中央博物館(No. 本 七八八六)

年代 忠肅王十六年(元 天曆二年、一三二九)

(1) [天]曆二年己巳歲三月甲戌　宣授宣武將軍管高麗軍万戶匡靖大夫密直使寶文閣大提學上護軍
金公奉表朝元賀

(2) □□渡鴨淥江感疾薨于新安旅館是月庚辰靈柩乘傳入京都殯於孤柳洞私第越四月丙申葬于墨洞北山
之麓嗚呼公諱承用永嘉人

(3) 曾祖皇正議大夫兵部尙書翰林學士充史館修撰官知制誥追封中書令諱孝印祖皇中奉大夫都元帥推忠
宣力靖難定遠功臣匡靖大夫三重

(4) 大匡都僉議中贊上將軍判典理事世子師上洛公諱方慶父皇奉翊大夫副知密直司事典法判書上護軍諱
瑄母皇朝靖大夫司宰卿薛仁儉之女也公之

(5) 爲人沉重寡言溫和正直常怡怡如也長身斗膽眞得宰相體居官淸儉爲務尤善於將人出將則與士卒同甘
苦動得人心臨民則吏不敢欺民

(6) 皆仰如父母入相則履正奉公執節不移公平生交人淡若水臧否不掛亡酒以朋黨之忌逆志於先朝出牧完山州移刺益城府又遠移長興府靈光

(7) 郡非人望也洎爲東藩兵馬使兼監倉安集淮陽道抑摩鎭合浦營兼慶尙全羅道巡問使是公望也嘗肅持風憲折獄秋書咸有令聞中

(8) 外服其平 公以門資年方十四直調天和寺眞殿二十三登進士第二十七帶弓箭入侍 皇元自衛尉注簿歷官通礼門祗候神虎衛長史

(9) 秘書郎軍簿佐郎都官正郎監察侍史司宰少尹國子司業司憲掌令捴部議郎司憲執義判內府事讞部典書同知密直

(10) 事密直使皆縮大學士上將軍階奉常中顯中正奉順通憲至匡靖大夫此其詳也公先娵僉議贊成事元瓘一女生二男

(11) 一女一子曰厚今爲西部副令二子曰玖爲郞將女嫡開城判官柳之演生子女若干先公歿後娶大護軍□資□監察侍史朴

(12) 永堅女皆無後嗚呼年登六十二年不謂殤官登金紫階官不謂卑爵齒則於公何歉之有哉但滿腹經論大度不得

(13) 殿施於廟堂之上重爲三韓惜之二孤知予爲先君舊執泣血□誌濡淚滋毫爲銘曰

(14) 鵠峰過迤 鴨水汪洋 勤王一夢 瞥尒還鄕 家塡喪乱 國失忠良 上洛功業 公盛傳揚 今忽卒去

(15) 誰襲餘芳 鐫美于石 爲宅穸光 千秋万祀 永天不忘

(16) 中正大夫密直司左副代言三司右尹寶文閣提學知製教李 叔琪述

〔揭載〕『韓國金石文追補』、二三三－二三三
『韓國金石全文』中世下、一一三六－一一三八

二三九、安于器 墓誌銘

典據 『謹齋集』三
年代 忠肅王十六年(元 天曆二年、一三二九)

① 高麗國匡靖大夫檢校僉議賛成事兼判典儀寺事上護軍安公墓誌銘 幷序
② 公諱于器字虛仲興州人也曾祖永儒贈樞密院副使祖諱孚密直副使致仕贈門下侍
③ 中父諱珦宣授儒學提擧都僉議中賛贈諡文成公母金氏判將作監事祿延之女文成
④ 公有中興儒學大功食夫子廟公繼父業以文雅顯名至元壬午年甫十八登進士第從
⑤ 仕秘書翰林院驟拜通禮門祗候五歲六遷至考功正郞歲餘遷秘書小尹知制誥自是
⑥ 歷兵曹總郞詞林寶文二待制國學典酒判內盈秘書寺事兼翰林侍講司學知制旨皆
⑦ 自朝散至正承凡六大夫大德甲辰八拜正獻大夫右副承旨歲中遷至右承旨明年進
⑧ 拜奉翊大夫密直副使文翰司學承旨累加至知密直司事大司憲民部總郞二典書後
⑨ 拜匡靖大夫檢校僉議評理再加檢校賛成事兼判典儀寺事上護軍天曆二年九月十
⑩ 二日以疾終于私第享年六十五夫人崔氏典籤冲若之女也先公沒子二長曰頂音剃
⑪ 曺溪惠鑑國師之門爲大禪師次曰牧奉常大夫司憲掌令後娶李氏女有子二長曰愼

⑫鹵簿都監判官次少公性恭儉寬和儀表莊重以禮法自守常掌銓選在政堂有年注授
⑬公無私到今稱之及典成均試考閱精明多取知名士嘗仗鉞出鎭合浦以威信撫軍實
⑭除禁民間疾瘼一方賴以安業聲振中外皆望公復處廟堂大任而天不假年惜哉是年
⑮十月己酉將葬于大德山先公墓之右掌令以余爲同邑人詳公德行屬以銘銘曰
⑯積德兮可至極位行仁兮宜享克壽嗚乎公之爵齒其止斯耶天其意者將福慶於後乎

〔參考〕『高麗史』一〇五 安珦傳 附 安于器傳

一三〇、崔誠之 墓誌銘

典據 『益齋亂藁』七
年代 忠惠王卽位年(元 至順元年、一三三〇)

①推誠亮節功臣重大匡光陽君崔公墓誌銘并序
②完山崔氏自禮部郞中鈞死節西(一作東)賊爲名家其子甫淳相高王謚文定文定生奉
③御允偁奉御生學士侶學士生贊成事毗一娶司宰卿辛洪成之女生公公五易名阜瑞
④琇實最後名誠之字純夫號松坡未弱冠以進士及至元甲申第管記雞林入補史翰選
⑤爲春宮屬隨德陵朝元執政畏惡德陵百計誘之使去公笑曰窮達在天忱於利非士也
⑥及大德末扶皇大弟定內難擁立武宗皇帝公常居左右贊襄之人無知者由朝顯揔郞
⑦六遷爲三司左使階奉翊尋轉僉議評理三司使僉議贊成事階重大匡號推誠亮節功
⑧臣封光陽君德陵如吐蕃公之子文度聞難馳赴道遇公與俱追至關西僧圓明叛阻兵

⑨中南不得前事定蹹隴抵洮鬼域之境單騎不可行留洮上半年方還會本國人分黨相
⑩訴朝廷議立省比內地公與前宰相金廷美李齊賢等獻書陳利害遂寢其議瀋府僚佐
⑪又䟽國家得失將言之廟堂公獨不肯署最後主謀者同坐府中令錄事持紙筆請署公
⑫厲聲曰吾嘗備位宰相僉錄欲相脅耶衆沮喪泰定甲子上書求退得允以光陽君家居
⑬畜聲妓召賓客淸談雅笑不問人間事至順庚午感疾至七日癸亥卒于第壽六十五有
⑭司庇喪事謚文簡公公性剛直不妄語字畫楷正詩醞籍可喜尤邃陰陽准步之法任風
⑮憲選擧星官詞苑且二十年德陵眷遇終始無出右者嘗闢春塲取安震等三十三人名
⑯士居多夫人金氏贊成事鈍村居士晅之女賢有行先三年亡一子前上護軍文度讀書
⑰喜程朱學先達皆從之遊一女適萬戶密直副使權謙云銘曰
⑱爲名家之嗣得其君而伸其志進以禮而退以義有賢妻以養其生有良子以送其死求
⑲之今時十無一二嗚呼光陽可無憾矣

〔揭載〕『東文選』一二四「推誠亮節功臣重大匡光陽君崔公墓誌銘幷序」
『朝鮮金石總覽』上 附錄、六〇七－六〇八
〔參考〕『高麗史』一〇八 崔誠之傳

二三一、元善之 墓誌銘

所在 서울 國立中央博物館(No. 新 五八六六)
年代 忠惠王卽位年(元 至順元年、一三三〇)

(1) 大元故征東都鎭撫高麗國匡靖大夫檢校僉議評理兼判內府寺事元公墓誌

(2) 勅授將仕郎前遼陽路盖州判官崔　瀣譔
(3) 至順元年閏七月丙戌征東都鎭撫元昭信年五十以病卒將以九月甲申葬葬不可無誌子壻
(4) 等以夫人之命索文於雞林崔瀣嗚呼東方故事位登二府者葬皆得銘矧公行實端方雅爲衆
(5) 允瀣敢以諛墓爲辭而不諾耶元氏藉出北原有諱克猷佐
(6) 神聖王定三韓號功臣官至正議大夫兵部令厥後益大代稱有人兵部生左僕射諱徵演僕射生
(7) 兵部尙書諱穎尙書生閤門祗侯諱禹卿閤門生檢校少保諱德少保生監察御史諱深夫御史
(8) 生尙衣奉御諱禮奉御生左司諫諱承胤司諫生贈左僕將諱瑨僕射生僉議中贊文純公諱傅
(9) 文純生同知密直諱卿始受
(10) 宣命帶金符爲武略將軍征東行中書省都鎭撫武略公娵知僉議府洪公諱祿遵之女封開寧郡夫
(11) 人是爲公考妣也公諱善之生七歲以父任爲西面都監判官十七換虎職爲散員二十七拜郎
(12) 將二十八攝左右衞護軍帶奉善大夫明年
(13) 德陵召至大都大見眷遇躐拜中顯大夫密直司右副代言司僕正知三司事又襲父職
(14) 宣授昭信校尉征東都鎭撫是時
(15) 德陵入侍
(16) 聖朝久殊無東歸意國人遑遑罔知所出皇慶癸丑公與今政丞化平君告
(17) 朝廷欲奉
(18) 德陵就國因忤
(19) 德陵旨化平有臨洮之行而公罷歸延祐甲寅貶官以通直郎出知沔州未幾還至治辛酉起判繕

(20) 工寺拜通憲大夫尋改大司憲移判典儀寺是年

(21) 德陵西往吐蕃而

(22) 上王入

(23) 朝見留東人分曹流言而多有詭隨而公守正不撓士論是之及泰定甲子入密直爲副使遷同知

(24) 司事才一年罷爲匡靖大夫檢校僉議評理上護軍家居六年而歿公通介多能處事徐詳無不

(25) 辦者琴與棊妙絶一時甞以醫可利人廣市良材依法修合丐藥者日踵門待之無惶容人多賴

(26) 以活者娩彥陽郡夫人金氏故相文愼公諱賆之女生子男龜壽爲幞頭店錄事松壽尙幼女適

(27) 神虎衞郎將柳寶鉢次適濟危寶判官安靖系曰

(28) 嗚呼爲善者福而仁者壽孰以宜福而不厚宜壽而不久耶彼蒼者天此其何負吾意屈於前者

(29) 伸其後天不終靳人無妄受告而子孫惟先人之業是守

(30) 大元至順元年庚午九月　日前通直郞都官直郞宋　翰書

〔參照〕　大元故征東都鎭撫高麗匡靖大夫檢校僉議評理元公墓誌銘

(『拙藁千百』一　所收)

① 至順元年閏七月丙戌征東都鎭撫元昭信年五十以病卒將以九月甲申葬葬不可無

② 誌子壻等以夫人之命索文於雞林崔某嗚呼東方故事位登二府者葬皆得銘矧公行

③ 實端方雅爲衆允某敢以諛墓爲辞而不諾耶元氏故爲北原右族有諱克猷者佐神聖

④ 王定三韓號功臣官至正議大夫厥後益大代有令聞正議生左僕射諱徵演僕射生兵

⑤部尚書諱頴尚書生閤門祗候諱禹卿閤門生檢校少保諱德少保生監察御史諱深夫
⑥御史生尚衣奉御諱禮奉御生左司諫諱承胤司諫生贈左僕射諱瑨僕射生僉議中贊
⑦諱傅中贊生同知密直司事諱卿始受　宣命帶金符爲武畧將軍征東行中書省都鎭
⑧撫武略公娵知僉議府洪公祿遵之女封開寧郡夫人是爲公考妣也公諱善之生七歲
⑨以父任爲西面都監判官十七換武職爲散員廿七拜郎將廿八攝左右衛護軍帶奉善
⑩大夫明年　德陵召至大都大見眷遇躐拜中顯大夫密直司右副代言司僕正知三司
⑪事又襲父職　宣授昭信校尉征東都鎭撫是時　德陵入侍　聖朝久殊無東歸意國
⑫人遑遑罔知所出皇慶癸丑公與今政丞化平君告　朝廷欲奉德陵就國忤　德陵旨
⑬化平有臨洮之行而公罷故延祐甲寅貶官以通直郎出知沔州未幾還至治辛酉起判
⑭繕工寺拜通憲大夫尋改大司憲移判典儀寺是年　德陵西往吐蕃而　上王入　朝
⑮見留東人分曹流言多有詭隨而公守正不撓士論是之及泰定甲子入密直爲副使遷
⑯同知司事纔一年罷爲匡靖大夫檢校僉議評理上護軍家居六年而歿公通多能處事
⑰徐詳無不辦者琴與棊妙絶一時嘗以醫可利人廣市良材依法修合丐樂者日踵門待
⑱之無惰容人多賴以活者娵彥陽郡夫人金氏故國相文愼公諱賆之女生子男龜壽爲
⑲幞頭店錄事松壽尚幼女適神虎衛郎將柳寶鉢次適濟危寶判官安靖系曰

〔揭載〕『海東金石苑』補遺六、九六八—九七三
『韓國金石文追補』、二二三—二二四・二二六（元昭信　墓誌）
『韓國金石全文』中世下、一一四〇—一一四三

〔參考〕『高麗史』一〇七　元傅傳　附　元善之傳

二三二、金台鉉 墓誌銘

典據 『光山金氏文簡公派世譜』
年代 忠惠王卽位年(元 至順元年、一三三〇)

① 文正公台鉉墓誌銘並序
② 公諱台鉉字不器金氏本光山望族自國初入仕代不絕人大王父神虎衛中郎將諱光
③ 世贈尚書左僕射王父金吾衛大將軍諱鏡亮贈門下平章事父監察御史諱須累贈門
④ 下侍中侍中嘗於乙卯歲登科質貌偉麗膽畧過人從□中外以廉能稱已由御史出
⑤ 知靈光郡州事三別抄叛掠江都人物舟而南下志有先據耽羅國家遣將軍高汝霖定
⑥ 討又牒下全羅道從征官□道人信服者領軍偕赴侍中□其選不宿于家行抄軍函會
⑦ 汝霖于耽羅賊猶保珍島未至於是晝夜築堡理械謀斷來道使無得入而守土者首竄
⑧ 不爲助賊由他道至不覺侍中素激大義勵士卒人多感激有百其勇奮呼遙登殺賊先
⑨ 鋒殆盡然而土人資賊衆不□竟與高將軍沒陣不還人寃之□□公年十歲而孤大夫
⑩ 人故禮賓卿高公諱侹之女也自靈光挈孤以歸□之有法度能□卽讀書甫十四從叔
⑪ 父文肅公□擧□□□見其詞賦奇之曰大吾門者汝乎吾兄爲不亡矣十五一擧司
⑫ 馬試中魁明年又赴禮闈□進士丁丑□除江陰監牧□俄錄□事□中□□□除左右
⑬ 衛叅軍□直文翰署自此七年及三吏官至七品皆稱文翰戊子由堂後□權知通禮門

⑭ 祗候□除□正言知制誥歷左司諫服銀□薦監察御史賜金紫改起居郎由起居注□
⑮ 僉議舍人轉典法摠郎階朝顯大夫大德戊戌春德陵改受內讓嗣王位以公從□秋德
⑯ 陵入侍闕庭忠烈□復位□爲判圖摠郎轉殿中尹累遷至密直右承左判司宰事文□
⑰ □讀書舘修撰知製誥知軍簿監察同知朝奉中□□二大夫庚子拜奉翊大夫密直副
⑱ 使兼監察大夫辛丑奉王命大賀天壽聖節行至上□□成宗行朔方留守□奉□□□
⑲ 路使臣除軍情□緊一切停住公詣省言下國自事大以來朝賀聖節未嘗有闕今留不
⑳ 進實甚恐懼遂得許北行見上□還都過一年一站達行在具袍笏拜賀如儀赴宴帳殿
㉑ 上□還至特賜御衾以寵之時車駕親征□敵公先奉旨而回所至皆慶還同知□□司
㉒ 事帶文翰承□又宣命授承務郎征東行中書省左右司郎中遷密直司事帶大寶文轉
㉓ 匡靖大夫乙巳入僉議爲知司事同年又入賀天壽節而廻是時忠烈朝□在□□戊戌
㉔ 復□之後國人分曹□使父子之情有所不□公周旋其間一以至公人無異言及丁未
㉕ 春德陵奉仁宗掃清內亂功高天下而本國之臣□懷二於王者皆去之而上自二府下
㉖ 至庶僚或誅或流鼇革且盡獨留公復知密直司夏罷密直爲咨議贊成事至大戊申忠
㉗ 烈王上昇德陵即位分遣大臣諸道計點民俗欲成戶籍以公爲楊廣水吉道計點使行
㉘ 水州牧使諸道牒報僉議司承受條□僉議無所定議回文□當依楊廣水吉諸道定體
㉙ 施行故皆遣僚佐來取法焉己酉夏復命判三司事居□年罷三司爲大匡商議贊成事
㉚ 辛亥又以商議官隨例罷自是閒居者十年起爲僉議評理復判三司延祐末德陵有吐
㉛ 蕃之行至治初上王入朝見留國中黨論起是□軍從于王所而□□□府□□下者

㉜□執國權不與□心事皆扞格然不誤國者惟公也泰定甲子上王得復政多所更改而
㉝欲罷公王曰此老終始無他不宜去執政無贊之者卒見罷明年王歸國以三重大匡僉
㉞議政丞致仕是年大夫人年登百歲賜歲廩三十石丁卯復忠烈時官制以三重大匡僉
㉟議中贊修文館大提學兼春秋館上護軍判典理司事致仕如故是年遭大夫人憂年百
㊱二歲特賜卞韓國大夫人至順庚午春國王受嗣封之命□朝廷遣客省使□堅來取金
㊲印而命公權行省事公重違其命且起署事朝使以二月二日回二十九日時宰會坐巡
㊳軍所以□□□王命召公公至則收丞相印于省府出公聽命歸家累月別無行遣四月
㊴挈家東遊金剛山蓋避嫌也五月王使□都責時宰以擅收丞相印事罷其左右司官停
㊵月□遣宣使□人到山傳命公乘驛復署省事非其好也七月氣疾作藥理不效至十月
㊶癸丑卒于家享年七十公世□廉平儀表秀整言語擧止動循禮法人望之若不可犯及
㊷乎接應聲氣又溫然而和莫知其有也其事大夫人孝待夫人以禮敎養子孫有方親姻
㊸克睦不言而和與人不妄交亦無與爲仇怨者其居二府至罷閒居賓客往來不爲之增
㊹減平生無事□夙興夜寢晝不偃臥暑不袒裸雖坐簾□整襟危坐肅肅如也方其年少
㊺入內侍奉命監倉寺紛繁愈辦老事者以爲不可及至叅□□諫所陳皆遠謀其□□忠
㊻淸慶尙二道安集東界獄訟歸于平輿除利害若嗜慾然常將已以經濟期之歷事三王
㊼進退以禮未嘗有絲毫之失言歷代典古班班如昨日也每國有大疑就咨而是正焉其
㊽所著述訓敎得體詩淸艶可愛手集東人之文號東國文鑑以擬配選粹自號快軒晩年
㊾又號雪菴嘗主成均試得李穡等七十人闢禮闈得朴理等三十餘人一時聞士多入選

㊿ □公娶左右衛郎將金儀之女早逝又娶神虎衛郎將王丁旦之女封開城郡大夫人賢
51 而□家不以有無溷于公以三子皆登科食國廩歲二十石子男四人女二人先夫人生
52 一男餘皆後夫人生也光軾登甲午科官至揔部議郎先卒無子光轍登乙巳科今爲軍
53 部揔郎進賢直提學光載登癸丑科今爲都官正郎光軫登丁巳科無嗣夭官至嘉安府
54 錄事女適典校令藝文直提學安牧封海陽郡夫人次適藝文供奉朴允文孫男三人皆
55 幼國王自幼素聞重名□□□省權任之蓋有復相意□國公□病聞其卒爲之不懌
56 □贈加享贈謚文正更命有司用十一月十八日甲申葬于德水縣□□□之原以遺
57 命□門人鷄林君崔瀣□□瀣事公近三十年常□無□有眞知符至□諉德華之不
58 朽宜讓能者然公之理□不可辭也謹□拜泣而銘之銘曰
59 嗚呼文正實國元龜今而忽□于何質疑山□□哲人其委□□賜也有感宣尼
60 拙　翁　崔　瀣　撰
61 紫金魚袋　金元俊　書

〔參照〕　金文正公墓誌

(『拙藁千百』一　所收)

① 公諱　字不器金氏本光之望族自國初已入仕代不絶人大王父神虎衛中郎將諱光
② 世贈尙書左僕射王父金吾衛大將軍諱鏡贈門下平章事父監察御史諱須累贈門下
③ 侍中侍中甞於忠憲王乙卯歲登進士第質貌偉麗膽略過人從事中外以廉能稱至元

④己巳自御史出知靈光郡明年三別抄叛掠江都人物舟而南下志在先據耽羅　本國
⑤遣將軍高汝霖追討又牒下全羅道選正官雅爲人所信服者領軍偕進侍中當其選不
⑥宿家遂行抄軍亟會汝霖于耽羅則賊猶保珎島未至於是晝夜築堡役械謀断來道使
⑦無得入而守土者首鼠不爲力賊由他道至不覺侍中素以大義勵士卒人多感激有百
⑧其勇奮呼爭登殺賊先鋒殆盡然而土人資敵衆寡不俟竟與高將軍歿陣不還人寃之
⑨至今公年十歲而孤大夫人故禮賓卿高公諱挺之女也自靈光挈孤以歸敎之有法度
⑩而公能折節讀書甫十四從叔父故相文肅公學擧業文肅見其詞賦奇之曰大吾門者
⑪汝乎吾兄爲不亡矣十五一擧司馬試果中魁明年又赴禮闈第進士丁丑錄苑事後直
⑫江陰牧監俄錄詹事府事庚辰夏中殿試除左右衞叅軍兼直文翰署自此七年凡三更
⑬官至七品戊子由密直堂後官權知通禮門祗候尋除右正言知制誥歷右司諫服銀緋
⑭遷監察侍史賜金紫改起居郎由起居注拜僉議舍人改典法捴郎階朝顯大夫大德戊
⑮戌春　德陵受內讓嗣王位以公過免秋　德陵入侍　闕庭　忠烈王復位起爲
⑯版圖捴郎轉殿中尹累遷至密直右承旨判司宰寺文翰侍讀史館修撰知制誥知軍簿
⑰監察司加朝奉中列二大夫庚子拜奉翊大夫密直副使兼監察大夫辛丑奉　王命入
⑱賀　天壽聖節行至上都適　成宗幸朔方留守省奉　勑諸路使臣除軍情閒
⑲緊一切停住公詣省云下國自事大來朝賀年節未嘗有闕今留不進實深恐懼遂得許
⑳北去上都過一年一站達　行在値　聖節具抱笏拜賀如儀起宴帳殿上以遠至特賜
㉑御食以寵之時　車駕親征却敵公先奉喜音而回所至皆慶遷同知知司事帶文翰承

㉒旨又欽受　宣命授承務郎征東行中書省左右司郎中遷密直司使帶大寶文轉匡靖
㉓大夫乙巳入僉議爲知司事丙午又入賀　天壽節而回是時　忠烈朝覲在都自戊戌
㉔復位之後國人分曹至使父子之情有所不通公周旋其間一以公正人無異言及丁未
㉕春　德陵奉　仁宗掃清內難功高天下而本國之臣有懷貳于　王者皆
㉖去之上自二府下逮庶僚或誅或流釐革且盡獨留公復知密直司夏罷密直爲咨議贊
㉗成事至大戊申　忠烈上昇　德陵即位分遣大臣諸道計點民居欲成青籍以公爲楊
㉘廣水吉道計點使行水州牧使諸道牒報僉議司承受條畫僉議無所定擬回文每日當
㉙依楊廣水吉一道定體施行故皆遣僚佐來取法焉己酉夏復命判三司事居二年罷三
㉚司爲大匡商議贊成事辛亥又刪商議官隨例罷自是閑居者十年辛酉起爲僉議評理
㉛尋判三司階重大匡延祐末　德陵有吐蕃之行至治初　上王入朝見留國中黨論起
㉜時冢宰從于　王所而公首居二府在下者反執國權不與一心故事皆扞格然終不至
㉝誤國者由有公也泰定甲子　上王得復政多所更改而欲罷公　王曰此老終始無他
㉞不宜去執政罔有贊者卒見罷明年　王歸國以僉議政丞致仕是年大夫人年百歲賜
㉟廩歲三十碩丁卯更革官号就以三重大匡僉議中贊修文館大提學監春秋館事上護
㊱軍判典理司事仍致仕及是太夫人卒年百二歲特贈卞韓國大夫人至順庚午春　國
㊲王受嗣封之命　朝廷遣客省使七十堅來取金印而命公權行省事公重違其命且起
㊳署事朝使以二月二日而回至廿九日時宰會坐巡軍所以　前王命召公至則收丞相
㊴印于省府出令听命故家數月別無行遣四月挈家東游金剛山蓋避嫌也五月　王使

至自都責時宰以擅收丞相印事而罷其左右司官皆停月俸遣宣使一人到山傳命公乘驛還京復署省事非其好也七月氣疾作藥治不效至十月六日癸丑卒于家享年七十公性資廉平儀表秀整言語擧止動循禮法人望之若不可犯及乎一接聲氣又溫然而和莫知其有也其事大夫人孝待夫人以礼教養子孫有方親姻克睦不言而化與人無妄交亦無與爲仇怨者其居二府至罷閑居賓客往來不爲之增減也平生無事必夙興夜寐晝不偃臥暑不袒裸雖處簾閤整襟危坐肅〻如也方其年少入內侍奉命監倉寺務繁劇辦老事者以爲不可及至条臺諫所陳皆遠謀其出按忠淸慶尙二道安集東界獄訟歸于平興除利害若嗜欲然當時已以經濟期之歷事　三王進退由礼未嘗有絲毫之失言歷代典故班〻如昨日事每國有大疑就訪而是正焉其所著述詞敎得体詩淸艶可愛又手集東人之文號東國文鑑以擬配選粹自號快軒晩年又號雪庵嘗主成均試得李僐等七十人闢礼闈得朴理等三十餘人一時聞士多入選中公娶左右衛郎將金儀之女早逝又娶神虎衛郎將王旦之女封開城郡大夫人賢而能家不以有無溷于公以三子皆登科食國廩歲二十石公子男四人女二人先夫人生一男餘皆後夫人生也光軾登甲午科官至捴部議郎先卒無子光轍登乙巳科今爲軍簿捴郎進賢直提學光載登癸丑科今爲都官正郎光輅登丁巳科未娶而夭官止嘉安府錄事女適典校令藝文直提學安牧封翼陽郡夫人次適藝文供奉朴允文孫男二人曰某職爲別將次未名　國王自幼素聞重名在初受封卽以省權任之蓋有復相意及就國公已病聞其卒爲之不懌吊賻加厚贈謚曰文正更命有司用十月八日甲申葬于古德水縣東多

58 草之原二孤以遺命屬門人崔某銘其墓某事公近三十年常懼無似有負知待至如謨
59 德垂之不朽宜讓能者然公之治命不可辭也謹百拜泣而銘之銘曰
60 嗚呼文正實國元龜今而忽喪于何質疑山頽梁毁哲人其萎匪獨賜也有感宣尼

〔參考〕『高麗史』一一〇 金台鉉傳
金龍善、「新資料 高麗 墓誌銘 十七點」(『歷史學報』一一七、一九八八)

二三三、李齊賢 妻 權氏 墓誌銘

典據 『拙藁千百』一
年代 忠肅王復位年(元 至順三年、一三三二)

① 永嘉郡夫人權氏墓誌銘
② 至順三年三月高麗國匡靖大夫前政堂文學李公齊賢之妻永嘉郡夫人權氏感疾以
③ 是月廿八日丁酉卒于楊堤坊之第謀所以藏卜日得四月己未吉其乇古臨津縣北章
④ 和寺之南原又吉於是李公泣謂同郡人崔某曰嗟予不幸遽喪良媲顧無以慰藉其魂
⑤ 子知予宲久且詳盍爲我銘其藏某不敢辭退撫其實而叙之曰夫人生於至元戊子至
⑥ 今壬申年四十有五曾大父諱韙故翰林學士大父諱昍故僉議政丞謚文淸公父名溥
⑦ 今三重大匡永嘉府院君君受室始寧柳氏封卞韓國夫人故知僉議諱陞之女也是生
⑧ 夫人權氏實永嘉之望親婣列位既貴且或夫人在室以柔婉聰慧爲父母所鍾愛年十

⑨ 五擇其歸適李氏李公自延祐初從　大尉先王居都下往來不在家者有十餘年之久
⑩ 而夫人事夫家盡婦道逮舅姑之終甚得其懽心焉其承上御下制資用奉賓客必謹必
⑪ 飭俱有常法平生無故足不至堂處於閤中未嘗一日捨紅而嬉其待宗戚雖克敦雍睦
⑫ 亦不與之相狎蓋其閨門嚴內外之別自有受之非强之也李公自少年從仕至登政府
⑬ 不以家事爲累專其學問爲國名臣者由內助致之焉耳嗚呼爲善者未必受福爲惡者
⑭ 不必及旣天之任此責其有矣孰以夫人之令年不克永而止於此耶其不可知也已凡
⑮ 生子男三人長曰瑞種通直郎前弘福都監判官次曰達尊承奉郎奉車署令季未周歲
⑯ 夫人病乳哺失節後十日而亡女四人一適左右衛護軍任德秀三處且幼銘曰
⑰ 生盛族配名家積世德董閨門有禮法順女則嗟若夫人兮獨靳年討之無所兮惟漠然

二三四、金恂 妻 許氏 墓誌銘

典據 『益齋亂藁』七
年代 忠肅王復位年(元 至順三年、一三三二)

① 金文英公夫人許氏墓誌銘 幷序
② 夫人許姓中贊文敬公諱珙之第二女大父樞密院副使諱邃曾大父禮賓少卿諱京母
③ 尹氏政堂文學文平公諱克敏之女夫人生而謹愿文敬所鍾愛尹氏之葬日直乙丑或
④ 以夫人生年請改卜文敬曰吾此女後必享福無嫌也擇佳壻妻故相上洛君文英金公

⑤諱恂金許皆大族也侈富相高夫人禮法自持人無間言文英晚喜聲妓未嘗有妬媢之
⑥色後文英十二歲至順壬申七月辛卯病卒凡生子男四子女三男長曰永暾奉常大夫
⑦典法摠郎次曰永暉興威衞郎將次出家名思順慈恩宗大德次曰永煦奉善大夫資贍
⑧司使一女適大匡淸河君鄭愼先沒次適大匡上黨君白頤正季適王人別里哥不花江
⑨淅省叅知政事云銘曰
⑩柔婉中正婦德之備寬淑惠和母則之懿於惟文敬鑑裁孔明矧于厥子賞宜益精作配
⑪君子克臧克壽我銘幽墟用諗攸久

〔揭載〕『東文選』一二四「金文英公夫人許氏墓誌銘幷序」
『朝鮮金石總覽』上 附錄、六〇八―六〇九

二三五、朴居實 妻 元氏 墓誌銘

典據 『拙藁千百』二
年代 忠肅王復位四年(乙亥、一三三五)

① 平原郡夫人元氏墓誌
②高麗有大臣諱恒者在 世祖皇帝時相 太師忠烈王姓朴氏位僉議賛成事謚曰文
③懿有子曰光挺始以本國子弟被選宿衛闕庭受 天子之命帶金苻爲昭信校尉高麗
④西京等處水手軍副万戶兼匡靖大夫平壤府尹而卒其子正尹居實孫禿滿能世襲其

⑤職階皆昭信故平原郡夫人元氏實正尹公之妻於禿滿爲母其十一代祖諱克猷仕國
⑥初爲正議大夫華冑蟬聯益顯以大祖諱傅故僉議中贊諡文純父諱璀故僉議賛成事
⑦母金氏封樂浪郡大夫人故密直承旨諱信之女也其子男二人女五人男長即禿滿次
⑧長命未仕女適中政院長史瀋陽洪義孫先歿次適興威衛郎將金之庚次適重大匡樂
⑨浪君王琇與國同宗次適　宣授王府断事官匡靖大夫前政堂文學李齊賢夫人生有
⑩淑質性柔且慧父母愛之年十三擇所從配朴氏入門承舅姑愛如其父母而礼待過之
⑪未幾匡靖公下世姑鄭氏在堂正尹公替父充宿衞仕　輦下而夫人左右鄭氏奉養無
⑫違以善事得其終焉後正尹公又逝男女未冠笄者有五人夫人主家未九年俱選其對
⑬以昏嫁之元家弟妹皆貴顯太夫人尙無恙宗姻日盛而夫人早寡處於其間所以奉承
⑭接遇盡其恭順而以禮自守一門多稱之家故足貲正尹公不以爲問夫人制之有法度
⑮撫御婢僕且數百不聞有人出一言以負且怨者元統二年甲戌十二月甲戌以疾卒年
⑯四十又七嗚呼夫人其賢而不壽者乎子壻治喪卜以明年乙亥二月己未葬于某地之
⑰原問銘於予予於洪長史爲同年友又受知李匡靖爲不淺銘其敢拒而已耶銘曰
⑱女承而親婦信而身母慈而子維時維均賢不克壽嗟嗟夫人

二三六、王昷 妻 壽寧翁主 金氏 墓誌銘

所在　서울 國立中央博物館(No. 新 五八七四)
年代　忠肅王復位四年(元 元統三年、一三三五)

(1) 大元高麗國故壽寧翁主金氏墓誌銘
(2) 勑授將仕郎前遼陽路盖州判官雞林崔　瀣撰
(3) 金氏爲貴族盖起新羅之初俗傳金櫝降之自天取以爲姓又言自以小昊金天之後因氏焉子孫享國
(4) 久至敬順王傅遇
(5) 國祖神聖王誕興知天命有歸納土自附其宗屬多內徙蒙恩被位代著忠勤愈遠而愈大以盛近有名宰
(6) 相諱鳳毛門下平章生門下平章諱台瑞平章生樞密院知奏事諱慶孫知奏事生密直承旨諱信承旨
(7) 受尹氏女父諱璠判大府監事故壽寧翁主其季女也年十四以右姓而賢配于王氏諱昷故藥城府院
(8) 大君寔
(9) 顯王第四子
(10) 文王之母弟平壤公諱基十世孫也世附近屬克襲公候伯父帶方公諱澂在
(11) 世祖皇帝時率本國子弟宿衞于　內
(12) 天子嘉其勞　寵賚歲至累百翁主年二十九已寡而三子一女稚且幼旣皆敎育成立至于抱孫長珣淮安
(13) 府院君次瑀昌原府院大君次琇樂浪君孫有八人曰証爲保寧君曰讜曰謂爲正尹曰詷曰頲餘俱幼
(14) 延祐至治閒有
(15) 詔索王氏女而女入其選今適河南等處行中書省左丞室烈問封靖安翁主迺所鍾愛當其遠送憂懣成疾
(16) 自後時已時作至元統三年病殆藥不効越九月乙酉卒年五十五先此東方子女被刮西去無虛年雖
(17) 王親之貴不得匿母子一離杳無會期痛入骨髓至於感疾隕謝者非止一二天下孰有至寃過是哉
(18) 今天子用御史言　制禁之擧國老幼喜際　仁明不知手舞足蹈者獨恨翁主未及而至於斯也嗚呼悲夫

(19) 用是月甲辰合葬于大德山西麓大君墓之東其襄事
(20) 命有司官庀之而淮安昌原二君執喪如礼其季在都不及焉二君好書愛客有承平貴公子之風且習
(21) 家國礼文典故王氏取宗法者歸之豈非慈訓有方而致之然耶皇慶二年
(22) 王始受封即位之日淮安君陪侍左右礼無違者覃恩及親於是　錫壽寧之號繼命趂月供支視長翁主
(23) 皆特恩也士議金氏既配大君其稱謂不宜與宗女同他日必有能辨之者予客長君久而性又魯於其
(24) 徵銘無敢辭直叙氏族顚末而及其士議無有隱也銘曰
(25) 有山翼〃　有水汯〃　神安新乇　有崇其墳　千載之下　尚考斯文

〔掲載〕『拙藁千百』二「壽寧翁主金氏墓誌」
『東文選』一二三「壽寧翁主金氏墓誌」
『海東金石苑』補遺六、九七三―九七九
『朝鮮金石總覽』上、四八一―四八三
『韓國金石全文』中世下、一一四三―一一四六
〔參考〕葛城末治、「高麗壽寧翁主墓誌」(『朝鮮金石攷』、一九三五)

二三七、忠宣王 妃 順妃 許氏 墓誌銘

典據　『益齋亂藁』七
年代　忠肅王復位五年(丙子、一三三六)

① 王順妃許氏墓誌銘

②維皇元後至元元年歲在乙亥月日高麗國王順妃薨春秋六十五姓許氏孔巖郡人也
③曾祖諱京皇檢校尙書右僕射行禮賓少卿知制誥祖諱遂皇銀青光祿大夫樞密院副
④使禮部尙書翰林直學士承旨考諱珙皇匡靖大夫僉議中贊修文殿大學士監修國史
⑤判典理司事世子師贈謚文敬公配饗忠烈廟莫不才高視草擅手筆於摛華任重調梅
⑥煥腰章於累葉而文敬克勤克儉不吝不驕溫溫惟德之基蹇蹇匪躬之故積善有慶不
⑦亦宜乎妃英精毓務麗質方娥橫月玉簫感秦樓之鳴鳳映波羅襪步洛浦之游龍至大
⑧己酉册爲王順妃無言成桃李之蹊有信奉蘋蘩之祀綠衣之諷不興於時彤管之書足
⑨信于世有男三人女四人男長曰順正君璹本朝錫爵稱府院大君天子䟽恩拜翰林學
⑩士次曰雙峰長老慈覺脫身紈綺抗志烟霞被法匠之推尊號禪師而加大次曰懷仁君
⑪禎習狄鞮之語叅虎衞之行例襲分茅何止說三韓公族名揚剖竹久已爲兩浙州官女
⑫長曰永福翁主適襄陽君金臺彥次曰延禧翁主適中書左丞吉吉反懿妻知敬仲之賢
⑬苗氏見韋郎之孝以今況古亦無愧矣次則伯顏忽篤皇后也道大眞以霓裳琴瑟之和
⑭已洽貯阿嬌於金屋翟褕之寵俄崇妃由是芝綸得賜於華冠簞茀親朝於蘂闥累內帑
⑮之珍錫奉璽命以榮歸開紺宇之擅筵寫琅函之貝典祀鼇報上可謂至矣次曰慶寧翁
⑯主適慶陽君盧頊愛鍾於季那無九十之儀配得其賢罔有二三之德今則懷仁去水陸
⑰萬里想猶阻於訃音皇后處雲霄九重義莫臨於哭位順正雙峰永福延禧並先晞於薤
⑱露嗟永負於棘風故於妃之喪自歛及葬唯慶寧翁主與慶陽君獨得以盡心焉屬纊而
⑲哀動城崩盖棺而淚傾河注以明年丙子二月壬寅窆于德水縣甑山之原禮也且徵拙

⑳筆用勒幽銘豈比蜀王枉殉佳人之鏡唯慚漢(溪?)客曾題幼婦之碑銘曰
㉑於赫許宗興自國初世濟其美史不絕書文敬謙謙敦儉愼德天胙陰功猶播有穡儲祥
㉒夢虺有女之英芙蕖讓麗蘭茝羞馨既沐銀潢載繁玉葉寵溢門閭光增譜牒不寧一宗
㉓邦人仰之不寧一邦天子賞之年踰耳順終始哀榮青烏卜兆方相啓行欝彼佳城臨平
㉔之皐邦君之妃皇后之母

〔揭載〕『東文選』一二四「王順妃許氏墓誌銘」
『朝鮮金石總覽』上 附錄、六一〇—六一一
〔參考〕『高麗史』八九、后妃二、順妃許氏傳

二三八、朴華 墓誌銘

典據 『拙藁千百』二
年代 忠肅王復位五年(元 後至元二年、一三三六)

① 故密直副使致仕朴公墓誌
②公諱華姓朴氏先世密城郡籍曾祖奇輔甞以中軍錄事死於國事官至大觀殿直贈某
③官祖洪升故衛尉注簿同正贈衛尉丞父誠故檢校軍器監贈禮賓尹禮賓府君娶陰竹
④安氏女封陰平郡夫人是生公實 元朝 憲宗皇帝第二年壬子歲也至元十五年由
⑤典理司書員任全州臨陂縣尉罷秩入內侍積年勞歷板積窰直供驛司醞署令紫雲坊

⑥判官至大三年拜司憲糾正出使慶尙道照刷諸州架閣文卷摘發無隱被劾者側目反
⑦爲所攻見免延祐三年長子仁幹赴召　太尉瀋王邸起以選部散郎出知慶原府尋致
⑧仕泰定元年仁幹從　太尉王廻自吐蕃於是又起任廣州牧明年以通憲大夫密直副
⑨使上護軍致仕至後至元二年正月十二日病卒享年八十有五越三月八日葬王京東
⑩大德山感恩寺之北麓夫人趙氏封金堤郡爲故相文良公諱簡之姉也先公四年而卒
⑪子男五人女二人仁幹登庚子科又中乙卯應擧試魁盡誠秉義翊贊功臣匡靖大夫僉
⑫議評理見任漢陽府尹仁祉辛未科司設署令仁杞左右衞散員仁翊軍簿佐郎仁宇乙
⑬卯科知丹陽郡事女嫁中門祗候柳韶版圖佐郎徐玶孫男有六人女二人公性恭勤莅
⑭事惟謹而廉於進取其處家教諸幼槩以慈祥必勸之從學曰人無學無以立苟有過則
⑮又嚴加切責故五子奉承不敢怠忽至於三人登科皆以良能見稱而其長公從　先王
⑯於絕域艱險万狀主耳忘軀卒就功名盖由義方夙激而成之也少從仕官雖低回未達
⑰晩因子貴乃得高資厚祿以養年及九秩而終嗚呼又多望乎哉予聞死事者其後必大
⑱亦其先報不騫也歟銘曰
⑲嗚呼公之次子仁祉在大德六禩嘗與予同擧司馬試爲進士距今三十有四年矣予既
⑳與其子而爲友則不得不拜公猶諸父故其長公弟畜我我視其弟又自處以兄其誰曰
㉑不可是以公之一門父子弟昆於歿於存義密情惇玆其歸土宜有銘我秉其筆尙無媿
㉒于幽明

〔揭載〕『東文選』一二三「故密直副使致仕朴公墓誌」

『朝鮮金石總覽』上 附錄、六一二—六一四

二三九、朴遠 妻 洪氏 墓誌銘

典據 『竹山朴氏大司憲公派譜』(서울、一九八一)
年代 忠肅王復位五年(元 後至元二年、一三三六)

① 高麗故唐城郡夫人洪氏墓誌銘并序
② 故延興君杏山老先生有孫名文琡以其客西原鄭誧狀先夫人之行來泣而言曰惟先
③ 生嘗與吾父與吾舅俱有年契吾母之藏不可無銘非先生誰謁焉予曰嗚呼其然鄙文
④ 安足惜按唐城洪氏爲東方望族祖諱子藩相忠烈王爲國太宰十五年位僉議中贊考
⑤ 諱敬階其先積□□官至贊成事夫人年十三選歸朴氏爲杏山家婦實匡靖大夫前政
⑥ 堂文學遠之妻封唐城郡夫人長子仁龍故版圖正郎次子即文琡爲典儀寺丞次德龍
⑦ 東部副令次壽龍千牛衛別將次天龍綏陵直女配王氏璉爲益興君夫人次嫁士族爲
⑧ 散員許齡妻夫人之生在至元戊子至後至元丙子春秋四十有九而病卒以七月辛酉
⑨ 葬以十一月甲辰宅兆三郎山之原其葬也仁龍已卒而政堂公赴輦下不及臨悲哉銘
⑩ 曰　粤若洪宗貴擅天東匪積匪厚曷殷而豊維文維武有德有功力贊靑社世濟以忠
⑪ 太宰之孫有夫人美幼奉酒親愛鍾衆子爰擇所從適于朴氏自其入門舅姑以喜旣敦
⑫ 女範又婉婦儀承事夫子以箴以規董治家政有備無虧亦克多慶五男二女謂言夫人

⑬享祿未艾胡哲其身年則不逮夫子出遊歸也無侍泉路幽幽留恨千載嗚呼哀哉

⑭ 丙子十一月 日

⑮ 勅授將仕郞前遼陽路盖州判官號拙翁鷄林 崔 瀣 撰

〔揭載〕『拙藁千百』二「唐城郡夫人洪氏墓誌」

『東文選』一二三「唐城郡夫人洪氏墓誌」

『朝鮮金石總覽』上 附錄、六一一－六一二

〔參考〕金龍善、「新資料 高麗 墓誌銘 十七點」(『歷史學報』一一七、一九八八)

二四〇、吳潛 墓誌銘

典據 『同福吳氏大同譜』(全南 和順、一九八〇)

年代 忠肅王復位五年(元 後至元二年、一三三六)

① 龜城君墓誌文

②重大匡前僉議贊成事右文舘大提學監春秋舘事判摠部事龜城君吳祁字興雨故諱

③子宜賜名潛號爲東軒同福人也父匡靖大夫僉議侍郞贊成事判版圖郞事上護軍致

④仕諱璿祖朝靖大夫神虎衛大將軍致仕諱光礼曾祖侍中文獻公諱大陞母安康郡大

⑤夫人安氏安康人也父金吾衛精勇別將諱孚之女也妻利川郡夫人申氏利川人也父

⑥通議大夫判禮賓寺事春宮侍讀學士修史舘修撰官知制誥諱頊生二男一男承奉詔

⑦內府寺承佶先公亡娶密直副使致仕白瑞卿一女生二女大邱人也二男前左都指諭

⑧神虎衛保勝郞將偆娶密直司右副承旨上護軍宋瑨之二女生五男三女礪山人也公

⑨生南宋開慶元年己未至元十二年乙亥登進士於至

⑩元十七年庚辰五月登天場丙科及第七月始加秘書校書郞遂循資歷除掖庭內謁者

⑪尙乘直長司宰注簿詹事府注簿司直堂後官宗廟承通禮門祇侯少府承監察史禮門

⑫舍人內衣朝奉版圖佐郞東京判官尙舍朝奉都官佐郞國學直誦殿中侍史大德元年

⑬八月以非罪流喬桐　世子命也是年十月還京師大德二年入政房十二月加起居郞

⑭三年正月加起居注朝顯大夫都僉議舍人直寶文閣知制誥軍簿摠郞寶門閣待制典

⑮理摠郞文翰侍誦官是年五月修撰官知制誥十二月加朝奉大夫密直司左副承旨秘

⑯書尹知制誥此一年遷轉也四年三月掌成均試取金琅韻等八十人七月加朝議大夫

⑰密直司知申事知制誥知監察司事十二月加國學大司成依前知申事知監察司事是

⑱年隨從入朝七月宣授承務郞高麗國王府斷事官五年五月加文翰內學上護軍依前

⑲知申事知制誥知監察司事自大德二年至五年凡四年執政九月加奉翊大夫同知密

⑳直司事文翰學事應旨上護軍六年正月知密直司事餘如故四月知貢擧試得崔凝等

㉑三十三人七月加監察大夫餘如故十月加匡靖大夫知都僉議使司事寶文閣大司學

㉒同提修史上護軍七年閏五月加政堂文學延英殿大司學已上皆　忠烈王之命也是

㉓年八月爲儕輩見妬被讒入　朝八年十二月謫居長安京兆府得漢人嚴氏女生一男

㉔名訥至大三年庚戌重移汴梁皇慶元年壬子八月聖旨還都隨從　忠宣王賜名潛二

㉕年二月獨就移匡靖大夫密直司事判典儀寺事藝文舘大提知春秋舘事上護軍三月

㉖移摠部典書餘如故五月隨從還國七月移讞部典書上護軍餘如故是月又移判典校

㉗寺事餘如故十二月加僉議評理商議會議都監事上護軍三年正月加三司使上護軍
㉘商議都監事延祐元年閏三月移正尹三年正月移元?尹六年二月加重大匡龜城君七
㉙年十一月加藝文館大提學重大匡僉議贊成事知製敎知春秋館事上護軍至治元年
㉚正月加重大匡僉議贊成事右文館事提學監春秋館事判摠部事龜城君四月隨從入
㉛朝泰定元年二月在大都坐免至順元年庚午七月還國至至元二年八月二十日年七十八
㉜以疾卒于私第九月始四日定于大德山東麓禮也將葬之日其孤偆來謁以余爲先人
㉝之所托且泣且言請余爲墓誌余亦春秋之徒也人之善惡不可不書一則美大夫之行
㉞事二則嘉孝子之用心粗叙始終誌而銘之其銘曰堂堂人傑矯矯時雄德無不備才無
㉟不通亦忝朝右齊望侍中閑者舞巧訴以背公謫居京兆遙望海東可逭天孽獲聞帝聰
㊱特頒有詔恩許歸宗缺月再圓殘焰復烘止登亞相遽保幽宮官不報德爵不償功人有
㊲遺恨國無顯容誰任其責漠漠蒼穹
㊳　後至元二年九月日匡靖前僉議政堂文學右文館大提學知春秋館事野齋樗軒
㊴　尹奕述　門生前承郞司設署令李暄書

〔參考〕『高麗史』一二五 吳潛傳
金龍善、「新資料 高麗墓誌銘 十七點」(『歷史學報』一一七、一九八八)

二四一、閔頔 墓誌銘

所在 서울 國立中央博物館(No. 新 五八七二)

年代 忠肅王復位五年(元 後至元二年、一三三六)

(1) 閔公墓誌(題額)

(2) 故匡靖大夫密直司使進賢館大提學知春秋館事上護軍閔公墓誌銘 幷序

前匡靖大夫政堂文學右文館大提學知春秋館事李 齊賢撰

(3) 有元後至元丙子正月己巳高麗國舊密直宰相閔公卒卜得二月甲申葬于松林縣之楙原公諱頔字樂全姓
閔氏忠州黃驪郡人

(4) 明庙宰相太師文景公諱令謨六世孫曾大父諱仁鈞故翰林學士大父諱滉故戶部侍郞考諱宗儒故重大匡
僉議贊成事致仕謚忠順公母兪平章事文度公

(5) 諱千遇之女公姿質夙美風彩動人結髮就學游道甚廣 慶陵時及進士第權校秘書六官宿儒始則待以紈
袴及見其詞翰敏且麗皆赧服凡四遷試軍簿正

(6) 郞改版圖賜服金紫 德陵時自前朝散少尹知制誥出任羅州牧未久□遷與其倅易位人謂公必不能堪公
怡然不介懷召還由選部議郞拜奉順大夫密直司

(7) 右承旨典儀令兼司憲執義知選部事尋以通憲大夫出爲平壤尹 今王即政除選讞二部典書皆帶寶文閣
提學上護軍入密直爲副使改民部典書大司

(8) 憲皆同知密直司事丁卯封驪興[君]階重大匡辛未復爲密直使大進賢階匡靖每進見 王與公主必體貌之
其閑居自號芸齋居士喜賓客呼琴酒相與

(9) 盡歡□不一降詞色以徇權貴士益以此多之公生至元庚午到今年享壽六十有七先娶萬戶上洛君金諱忻
之女生一男曰子夷時爲奉善大夫衛尉少尹知

(10) 製敎後娵元氏贇成事諱瓘之女生三男曰愉曰抃曰渙愉抃爲同年及第渙未仕三女皆適世家子齊賢逮事

(11) 德陵於□邸

(12) 德陵每論舊僚猶稱公曰閔校書以爲莊重不細苛有故家風流及公賀正京師引見與語前席造膝如布衣之交君臣之際迺如是耶

(13) 德陵旣夬世公雖再登右府竟不及大用以殁嗚呼命矣夫銘曰

(14) 維古之世臣　克寬克愼　作孚于民　維今之世臣　以太以吝　取怨于身　追古而隣　恥今之侚　惟公其人　岳岳肫肫　中勁外靱

(15) 有席之珍　道不益伸　壽不益峻　匪天匪仁　餘慶來臻　有儲有振　效在千春

〔揭載〕『海東金石苑』補遺六、九七九―九八三
『朝鮮金石總覽』上、四八三―四八五
『韓國金石全文』中世下、一一四六―一一四八
〔參考〕『高麗史』一〇八 閔宗儒傳 附 閔頔傳

二四二、尹莘傑 墓誌銘

典據 『拙藁千百』二
年代 忠肅王復位六年（元 後至元三年、一三三七）

① 故杞城君尹公墓誌

② 公諱莘傑字伊之初以文學輔　王於江陵府逮　　王嗣位蹀擢登宰府身爲舊臣年

③七十二後至元丁丑二月廿四日病卒夫人朱氏以予嘗友其姪暉俾暉來請曰妾事夫
④子五十四年今亡矣不幸無子獨葬不可以緩將卜用三月十三日行事願刻文納隧以
⑤啚其不朽惟君之託焉予與暉厚安可拒之公之先雞林杞溪縣人蓋其始由鄉擧而入
⑥仕曾祖良庇故檢校詹事祖維楨故閤門祗候考珝故監察史祖及考皆登科前輩有稱
⑦其文者監察公娵壽城賔氏女生子五人公爲長生廿歲擧司馬試中魁廿五赴禮闈擢
⑧乙科至元廿一年任南京留守司錄罷秩國學學諭轉四門大學博士遷崇慶府丞大德
⑨十一年拜左正言左司諫左史郎皆帶知製敎至大元年革官爲右獻納江陵府翊善成
⑩均樂正階奉善大夫皇慶元年轉典儀副令選部議郎知製敎階奉常延祐元年累遷至
⑪奉順大夫密直司右代言藝文提學知製敎同知春秋館事三年拜通憲大夫密直副使
⑫兼選部典書遷同知密直知密直密直使陞藝文大提學知春秋館階匡靖又錫號純誠
⑬輔理功臣泰定元年拜大匡三司使進賢館大提學上護軍又封杞城君階陞重大匡公
⑭資嚴重訥於言人望之若泥塑莫知其中何有也大德間爲學官時執政以博士只占一
⑮經多非其人聞於　王嚴其選必通六經者然後除之公獨以兼明得補見稱於一時
⑯太尉先王因擧以傳王善事　父子兩王久主銓選不以自意輕重之皆目爲長者自謝
⑰事後遂閑門杜絶賔客常塊然獨處不問外事如是十餘年而終嗚嘑公可謂篤愼君子
⑱者矣朱氏考諱悅謚文節　忠烈王時名大夫也公喪朱氏命公姪衡希甫二人主焉又
⑲命其姪暉佐之其皆從理命也歟銘曰
⑳予於天下之理未敢自謂其窮盖亦粗知其如是而已獨於人之有子與無其不可理推

㉑ 而知知矣當謂賢者有後而却無何不肖者宜絕而寔蕃乎此予所以反覆三思而未得其
㉒ 辭者也今夫尹氏之喪予又不覺有言嗚呼公有猶子二人焉亦豈云公杞之不存

〔揭載〕『東文選』一二三「故杞城君尹公墓誌」
『朝鮮金石總覽』上 附錄、六一五―六一六
〔參考〕『高麗史』一〇九 尹莘傑傳

二四三、元忠 墓誌銘

典據 『拙藁千百』二
年代 忠肅王復位六年(元 後至元三年、一三三七)

① 有元故武德將軍西京等處水手軍万戶兼提調征東行中書省都鎭撫司事高麗宰
相元公墓誌
② 王京之南距城三十里有山蜿蜒若行若伏若顧而住水自艮涓涓潛洩至坤流爲溝瀆
③ 合大江入于海背山面水宅得其埶(勢?)不曰蓄德之丘乎玆故征東万戶宰相元公之藏藏
④ 用後至元丁丑六月丁酉其里人崔某受諸孤之謁不敢拒直叙公且爲銘詩以慰其孤
⑤ 之心焉叙曰公諱忠字正甫先世盖新羅北原人十一代祖克猷始仕本國爲正議大夫
⑥ 祖諱傅相 忠烈王爲僉議中賛諡文純考諱瓘故僉議賛成事大夫人金氏封樂浪郡
⑦ 故承旨諱信之女也公生於至元二十七年庚寅八歲以廕補東面都監判官十八始召

⑧入事　太尉先於京師之邸擢授禮賓內給事日見寵愛賜姓王氏改名曰鑄遷中門副
⑨使轉典符令司僕正穠華右司尹階由奉常至奉順大夫而　王益欲貴異之特除密直
⑩代言公辭曰臣齒少無知驟登三品取譏多矣若夫喉舌之任清望攸屬願乞擇人因忤
⑪　王旨命復其姓名降職知鐵州促登之實至大三年八月也理鐵四年政簡而民便之
⑫皇慶二年　王及　今王歸國公迎拜鴨江上待遇如初命從歸王京授典儀令兼中門
⑬副使密直代言世子右司尹知惣部事延祐三年拜通憲大夫密直副使左常侍上護軍
⑭七年陞密直使階匡靖尋出爲商議評理至治元年從　王朝　天子所時　太尉王有
⑮吐蕃之行又見留京師傾危之徒謀覆宗社從行大臣亦皆革面勢至不測公獨左右於
⑯　王終始無二心　朝廷識者稱之至泰定元年　太尉王得西迴　王復爵授公推誠
⑰佐理功臣重大匡僉議贊成事判民部事上護軍明年王就國　父王臨辭目　王曰元
⑱忠是世祿舊家且連外戚近又盡匡救之力非他臣比宜聽其言又戒公曰尒亦永肩乃
⑲心以輔於　王然而自歸國後言入見踈閑居五年至順元年　前王嗣封起公任以前
⑳職陞判軍簿監察司事而　今王入朝冬公奉賀年表赴都至三年　王又復位而　前
㉑王入朝因替職留都下元統二年欽受　宣命帶虎符爲武德將軍西京等處水手軍万
㉒戶兼提調征東都鎭撫司事至後至元二年奉徽政院差使乘馹東歸自是見事至無可
㉓奈何而志在求田問舍而已明年遘疾召醫無驗至五月己酉不起春秋四十有八公天
㉔性端實習無堂府處事之變若有學然其始辭代言意在忌滿至治戴　君又執不移之
㉕節事出誠心俱亦可尙一時之人皆謂之良宰相而方强遽止嗚呼其不謂之命也而何

㉖ 娩室洪氏封南陽郡夫人考故南陽府院君諱奎於　王德妃爲女兄也男三人曰顥前與
㉗ 威衞護軍曰詡備巡衞別將曰顗未仕女五人長適親禦軍別將金光利次適前左右衞護
㉘ 軍洪瑜次適管高麗軍万戶羅英傑次適正尹王諝爲國宗季幼在室銘曰
㉙ 吁其道無偏物難以兩全得位又得壽豈可多責天公旣貴富矣所未究在年安得知命者
㉚ 與之論自然

〔揭載〕『東文選』一二三、「有元故武德將軍西京等處水手軍萬戶兼提調征東行中書省都鎭撫司事高麗宰相元公墓誌」
『朝鮮金石總覽』上 附錄、六一四—六一五
〔參考〕『高麗史』一〇七 元傅傳 附 元忠傳

二四四、閔漬 妻 申氏 墓誌銘

典據 『驪興閔氏文仁公派譜』(一九二九)
年代 忠肅王復位六年(元 後至元三年、一三三七)

① 皇元高麗國驪興閔文仁公妻東韓國大夫人申氏墓誌銘并序
② 正順大夫前成均館大司成寶文閣提學知制敎白文擧撰
③ 有元後至元三年丁丑(缺)戊辰大夫人卒閔文仁公之妻今宰相祥正之母也予於文
④ 仁公爲門生義切悲悼而閔相君見予號泣且曰予早在先君之門知吾家世旣詳矣請
⑤ 爲之誌予雖無文恐違重意姑叙其畧大夫人姓申氏天安府人也父諱思佺匡正大夫

⑥僉議侍郎贊成事上將軍判典理司事諡純簡祖諱宣冑正議大夫樞密院右承宣千牛
⑦衞上將軍判禮賓寺事曾祖諱周錫金紫光祿大夫守太保叅知政事上將軍諡文簡妣
⑧呂氏封谷城郡大夫人故金吾衞大將軍公就之女也夫人年十四純簡公擇其婿以歸
⑨閔氏夫人生二男三女長曰祥正重大匡僉議贊成事藝文館大提學知春秋館事判版
⑩圖司事上護軍娶政堂文學李彥冲之一女生七男珹爲軍簿摠郞藝文應敎知製敎瑚
⑪爲司僕副正琡爲大殿寶馬陪行首郞將義存出家爲禪師璿爲監察糾正琇玹皆爲別
⑫將珹瑚琡璿珣又皆有子季曰祥伯中正大夫司僕正知鐵原府事娶民部典書朴弘秀
⑬之二女生三男二女釋龍出家爲僧瑾爲權務餘皆幼長女適宣授武德將軍前管軍萬
⑭戶重大匡錦城君羅益禧生一男一女英傑承替爲萬戶女爲上護軍崔文度妻次女適
⑮重大匡前判三司事進賢館大提學金元祥生一男一女配昌原府院大君王瑀次女適
⑯版圖正郞朴允鏐於戲盛哉其善慶所由來遠且大寔宜子孫如此其多也夫人仁厚根
⑰於天性克勤而儉克柔而順事舅姑敬而愉撫子孫愛而周婦道旣備家政底治文仁公
⑱諱瀆字龍涎專以文章自任爲國師表大尉王爲世子入朝時公以傅從之世祖皇帝召
⑲見大悅授以朝列大夫翰林直學士公之忠勤邦家入處宴安不以產業累其心實賴其
⑳內助焉泰正三年丙寅公以推誠守正保理功臣壁上三韓三重大匡判都僉議司事右
㉑文館大提學監春秋館事上護軍驪興府院君卒年七十九夫人於至元二年丙子封東
㉒韓國大夫人至是年八十五感疾以逝殯于其第之正寢以九月丙午國禮葬于松林縣
㉓大德山下文仁公之塋側盖有其始者未必有其終生莫大於榮死莫重於哀榮而善其

㉔ 始哀(令?)而全其終惟夫人乎宜繼以銘刻于貞石銘曰
㉕ 粤若華宗擇其所從歸于德門敦睦肅雍執婦之功成家之道六十一年怡然偕老有子
㉖ 有孫而昌而熾大而候相小而卿士敎之義方亦克永世敬而生養禮而葬祭相彼原矣
㉗ 鬱其佳哉德人攸止葢歸乎來

〔參考〕 閔賢九、「閔漬와 李齊賢—李齊賢所撰、〈閔漬 墓誌銘〉의 紹介 檢討를 중심으로—」(『斗溪李丙燾博士九旬紀念韓國史學論叢』、知識產業社、一九八七)

二四五、李彦沖 墓誌銘

所在 서울 國立中央博物館(No. 本 一三八六九)
年代 忠肅王復位七年(元 後至元四年、一三三八)

(1) 大元高麗國故匡靖大夫政堂文學藝文館大提學知春秋館事上護軍李公墓誌
(2) 勅授將仕郎前遼陽路盖州判官雞林 崔 瀣 譔
(3) 人禀陰陽以生生爲氣聚散則爲死其閒窮達得喪脩短遲疾亦各因其所禀無可怪者苟委其然不加以脩
則其卒與草木同腐泯焉無聞又非所謂粂
(4) 二儀妙萬物者矣古之死而不死者匪德則功如大山靜而不動人知膚寸之與[澤][周]四海之謂德事機[之]會
雷風相盪振民塗炭利在社稷之[謂]功[是]則身
(5) 幽而道弥著事遠而名愈彰千載之下日月爭光尙何平昔出處險易之足[論][哉][余]老矣所閱者多矣方見炎

〃赫〃可愛可畏曾不旋踵論[謝]已盡未

(6) 及問其行業俱可哀已越若三韓宰相李公雅爲一國所稱尙而余又嘗[從][容]後者宜軫其憚而其孤謁以隧
道之文則安敢自重而拒[之]乎公之始

(7) 仕在

(8) 忠烈王時

(9) 太尉王已引以爲屬因久任羇靮之勞致位高顯及結

(10) 今王之知特置政府待以文學與評治道替遇

(11) 前王[復]仍厥任凡事

(12) 四王每承　寵接勝如前日自非詞采風流有動

(13) 人[主]疇克如是耶公諱彦冲字立之先世淸之全義縣人爲國近時名[宰]諱混謚文莊公猶子也故鷹揚軍大
將軍諱仟故直文翰署贈大司成諱子蒝爲公祖

(14) 及考也故檢校軍器監金惟銑之女封永嘉郡夫人爲公妣也公擧壬辰司馬試中魁又登甲午年第自入內
侍與[信]宮錄事累轉軍簿佐郞正獻大夫大司成

(15) 進賢館提學知製敎通憲大夫檢校選部典書行典儀令兼司憲執義提點典符司事平壤道存撫使行平[壤]
府尹慶尙道鎭邊行金州牧使徙開城

(16) 府尹左常侍判繕工寺密直副使上護軍匡靖大夫政堂文學僉議評理藝文館大提學知春秋館事爲[公]平
日所歷官也金氏封化平郡故僉議

(17) 評理諱禧之女洪氏封江寧郡今王京等處巡軍萬戶諱綏之女爲公之兩夫人也金先而洪繼前左右衛中

郎將光起前興威衛郎將光翊前

(18) 典儀寺注簿侯傑上元方成童三寶才十歲爲公子也見任僉議贊成事閔祥正管高麗軍千戶李乙年前備

巡衛別將元翊昌陵直尹

(19) 希甫爲公壻也三女處而幼歲癸酉月丁巳日乙卯爲公生也歲戊寅月癸亥日庚戌爲公卒也是歲月乙丑

日丁酉爲公葬也銘曰

(20) 見君子之未亡有神氣兮揚〃謂言福祿久弥昌恨　君子之已亡討大空兮芒〃信乎人生不可常

〔揭載〕『拙藁千百』二「故政堂文學李公墓誌」

『東文選』一二三「故政堂文學李公墓誌」

『朝鮮金石總覽』上 附錄、六一七—六一八

『韓國金石文追補』、二二六・二二五・二二七

『韓國金石全文』中世下、一一四八—一一五〇

二四六、金深 墓誌銘

典據　『光山金氏族譜』(全南 光州、一九三四)

年代　忠肅王復位八年(元 後至元五年、一三三九)

① 忠肅公墓誌

② 名家右族兼資將相德望巖巖如泰華威聲礌礌若雷霆銘功鍾鼎流光竹帛而終始無

③ 缺者古亦罕焉今於政丞化平府院君　金公見之矣　公諱深字淵叟光州人也曾祖

④ 諱光世贈朝議大夫神虎衛大將軍祖諱鏡亮朝靖大夫興威衛大將軍考諱周鼎宣授

⑤ 昭勇大將軍管軍萬戶匡靖大夫知都僉議府事寶文閣太學士同修國史判三司事上
⑥ 將軍謚文肅公母張氏系出尙質縣贈正獻大夫軍簿判書鷹揚軍上將軍得球之女也
⑦ 以公貴封尙質縣大夫人公年甫十五以門蔭補吏職俄改充別將至元十五年戊寅公
⑧ 年十七以衣冠子弟入侍天庭辛巳拜郎將丁亥以西海道勸農使受命還國首領禁衛
⑨ 己丑扈駕朝上國庚寅隨駕而還遷司巡衞精勇將軍是年出鎭角山軍令嚴肅有父風
⑩ 焉甲午知閣門容儀奇偉周旋中度上有大用之心元貞元年乙未宣授正略將軍高麗
⑪ 右軍萬戶副萬戶大德元年丁酉除興威衞大將軍翌年擢密直使右副承旨未幾循資
⑫ 爲右承旨知中事奏對詳華甚稱上旨尋遷右常侍上將軍五年出爲西北面都巡使察
⑬ 吏問民一境晏然六年循次爲知司事判司事九年乙巳宣授宣正將軍高麗右軍萬戶
⑭ 是年也國有厲階朝野洶懼公與四老相赴大都敷奏立功乃平劾安劉也十一年丁未
⑮ 爲匡靖大夫都僉議叅理上護軍判三司事至大元年戊申宣授鎭國上將軍高麗兵馬
⑯ 都元帥二年爲壁上三韓大匡僉議中贊領司僕事上護軍三年爲都僉議贊成事上護
⑰ 軍判民部事四年加勵節保安功臣三重大匡密直使領會議都監事上護軍化平君皇
⑱ 慶二年癸丑奉行宮在大都留都歲久爲未便與一行臣僚上書乞還因忤上旨投于臨
⑲ 洮府會子承石與其妹永靖翁主昵侍宸所同誠衷訴帝乃赦之遂承詔徃還之因以還
⑳ 都是行也無是子之力翁主之功幾乎殆矣眞至孝也歟延祐七年庚申公在大都是年
㉑ 忠宣王有西域之行隨從臣僚並皆逃竄惟公奮義獨出終始侍側送至遠境上乃感極
㉒ 流涙曰悔不聽公之前言此愛主忠誠也至治元年辛酉上以公爲舊德特授壁上三韓

㉓ 三重大匡都僉議右政承判摠府司憲府事上護軍化平府院君泰定二年乙丑輸誠守
㉔ 義忠亮功臣三重大匡守僉議政丞判典理司事上護軍化平府院君至順二年庚午輸
㉕ 誠守義協輔忠亮功臣三重大匡都僉議中贊判典理司事化平府院君歲在辛未公年
㉖ 七十上書乞退上重違其意仍授壁上三韓三重大匡化平府院君解其機務公得謝家
㉗ 居以閒適爲樂怡養性情者七八年及乎後至元四年戊寅十月二十三日卒于第享年
㉘ 七十七上聞訃震悼命有司庀明器葬于奉國山之東麓贈諡曰忠肅公公爲人雄威嚴
㉙ 重人望而畏服然待賓客不施戟級愉愉如也其在家不以細務介懷不營產業家無贏
㉚ 餘之財其在官以經濟爲己任宿夜匪懈夷險一節非易所謂王臣蹇蹇者歟子曰承石
㉛ 今爲匡靖大夫三司右使上護軍判司宰寺事配卞韓國夫人王氏生四女一男一適宣
㉜ 授顯正將軍全羅道鎭邊萬戶正順大夫判通禮門事吳瞻二入大元爲皇后三爲宗室
㉝ 丹陽府院君妃福安翁主四適大都留守安董敬寧宅主男曰承嗣中正大夫鷹揚軍大
㉞ 護軍幹辨內侍院事後娶鎭江郡夫人魯氏生二男長曰承漢都齋庫判官次曰承晉無
㉟ 官又娶永嘉郡夫人金氏生一女臨洮之行有二息男曰承魯女未適人先是有一女適
㊱ 司宰注簿崔漢嗚呼公之先公以龍頭名相受宣爲萬戶望重兩朝公亦爲萬戶爲都元
㊲ 帥本朝除拜三爲政丞皆帶勳階稱功臣府院君兼資將相位極人臣家門盛大子姓並
㊳ 登卿相女有皇后翁主宅主享壽遐長近於八旬其於人世何慊之有何其美哉先葬日
㊴ 右使以予備祥公之擧措始末請爲辭不獲已遂銘之曰
㊵ 維嶽降神生我明公社稷爲任謇謇匪躬位高冢宰威重元戎輸誠輔國泰山其功七旬

㊶有七耆德益崇東國汾陽人望雷同子登相府女配皇宮門閥鼎盛焜燿海東仙遊碧落
㊷杳茫冥鴻朝野興歎三韓其空百官會葬送終禮豊壽原膴膴奇峯叢叢宅兆旣妥子孫
㊸無窮鐫辭示後納于竁中千載之下厥美益洪後至元五年正月匡靖大夫僉議評理藝
㊹文館大提學監春秋館事上護軍致仕尹宣佐述通直郎起居注知製敎李暄書

〔參考〕『高麗史』一〇四 金周鼎傳 附 金深傳
金龍善、「新資料 高麗 墓誌銘 十七點」(『歷史學報』一一七、一九八八)

二四七、全信 墓誌銘

典據 『拙藁千百』二
年代 忠肅王復位八年(元 後至元五年、一三三九)

① 全柏軒墓誌
② 至元大德間上有 天子之明四海又安而 太師忠烈王以世勳懿戚之重坐鎭東方
③ 三十有五年是時士習忠厚不勸自修其登 天朝者已不在論降而仕於王國人皆謹
④ 飭恥爲浮薄雅僻之行自三二十年來俗風日潰無隄可遏間有擧其當時事者莫不嗤
⑤ 點以爲固然見遺老典刑猶在近又相繼隕謝風流頓盡嗚呼可勝嘆也哉故會議宰相
⑥ 全公其逮事 先王者公謹厚君子人也諱信字而立先世天安府籍太僕少卿諱世柱
⑦ 閤門祗候贈左僕射諱仁亮密直使大寶文諱昇公三世祖父也先夫人崔氏大宰文清

⑧公諱滋之孫封齊安郡公之始仕用父任大德辛丑以內侍內衣直長赴礼闈登科明年
⑨除崇慶府丞仍預政房官再轉爲秘書郎甲辰試國學直講賜服金紫丁未出爲安東府
⑩判官至大己酉以典儀副令召階加奉常大夫三改官爲摠郎議郎辛亥出知金海府明
⑪年移成安府又二年移水原府延祐甲寅以司憲掌令召轉讞部選部議郎丁巳授寶文
⑫閣提學奉順大夫判內府寺肅寧府右司尹知製教知民部提擧有備倉兼選軍別監使
⑬己未出尹雞林府辛酉徙牧福州至泰定甲子免至順庚午起拜監察大夫進賢館大提
⑭學上護軍階奉翊明年罷監察爲同知密直司事商議會議都監事壬申又罷閑居八年
⑮而歿實後至元己卯七月七日也春秋六十有四夫人李氏封上黨郡版啚摠郎諱昌祐
⑯之女先卒又娶金氏封咸昌郡神虎衞大護軍諱孝進之女男成安爲司儀署丞次出家
⑰名希璨爲曺溪僧次佛奴未仕女壻前宗簿令韓大淳次壻行中書省知印李冲仁次幼
⑱孫一人亦幼公之先密直在先王時處迩密掌題品人稱其平及公繼入又以克肖見重
⑲未幾　王倦親政公出爲郡後數更官雖至華顯而其政迹多在於外民去益思㝡後主
⑳憲府發老贓數人抑隷竪擅勢欲焚其元役之籍以脫者稍振頹綱而未一年罷公凡莅
㉑事務盡已而以嚴重處之故請謁不得行其家貧又不以生產爲意嗚呼此所以爲君子
㉒者矣晩自號柏軒以寓歲寒後凋之意與彝齋竹軒益齋三先生交甚懽每相會不以予
㉓爲狂鄙引与游故得接從容焉成安等卜用八月二十八日將擧柩迁葬京東禪興寺之
㉔後洞南距夫人李氏之墓若干步見託以銘其安敢辭銘曰
㉕噫予之文奚以自祕亦或爲人刻銘于隧意在重遠詞豈無媿追惟公生恥蹈非義第短

㉖於才書懼未備泉臺冥冥尙視不異

〔揭載〕『東文選』一二三「全柏軒墓誌」
『朝鮮金石總覽』上 附錄、六一八—六一九

二四八、洪奎 妻 金氏 墓誌銘

所在 서울 國立中央博物館(No. 新 五八六九)
年代 忠肅王復位八年(元 後至元五年、一三三九)

(1) 三韓國大夫人金氏墓誌銘幷序

(2) 三重大匡金海君領藝文館事李 齊賢 撰

(3) 大夫人金姓系出海陽郡金紫光祿大夫叅知政事諱鍊之女朝請大夫大將軍諱坪之孫金紫光祿大夫叅知

(4) 政事諱元義之曾孫朝散大夫樞密院左副承旨庾諱弘之外孫推誠陳力安定功臣三重大匡南陽府院君洪

(5) 諱奎之夫人也淑哲慈嚴動無違禮雖親兄弟未嘗踰閾與之言婦道備毋儀全論家法者稱首焉年八十二卒

(6) 于後至元五年八月辛卯以十一月壬申葬于松林縣洪□原祔府院君之塋礼也□□□□□□□武德將軍

(7) 全羅鎭邊萬戶大匡三司使女一適

(8) 皇元左丞相阿忽台次適贊成事鄭瑎次爲
(9) 德陵賢妃次適贊成事元忠次爲
(10) 懿陵德妃實生我
(11) 嗣王丞相公兩子別里奇普花爲御史大夫自當爲同知徽政院使名重天下諸餘子姓並列靑紫門戶之盛
古
(12) 今未有府院君卒獨處二十餘年姬媵遵其□□黨服其義富壽康寧哀榮終始嗚呼休哉
(13) 銘曰
(14) 南陽府院君之終也吾先君子實爲墓銘余以不材嗣爲文而又誌大夫人之塋顧余父子何有於洪氏之門
府
(15) 院君夫婦之賢盖無媿於斯文也
(16) 后至元五年己卯十一月　日立

〔掲載〕『海東金石苑』補遺六、九八三—九八六
『朝鮮金石總覽』上、四八五—四八六
『韓國金石全文』中世下、一一五一—一一五二

二四九、蔡洪哲 墓誌銘

典據 『稼亭集』十一
年代 忠惠王復位元年（元 後至元六年、一三四〇）

①有元奉議大夫太常禮儀院判官驍騎尉大興縣子高麗純誠輔翊贊化功臣三
②重大匡右文館大提學領藝文館事順天君蔡公墓誌銘
③至元六年歲在庚辰正月十日癸亥大興縣子順天君蔡公年七十九以疾卒于其第將
④葬以禮其子壻以公之行狀乞銘於李穀穀曰公之行義高一時而功德著于國於銘何
⑤有公諱洪哲字無悶交州道平康縣人生十八以能文詞中成均試二十三登進士第始
⑥命膺善府錄事五轉而爲通禮門祗候出守長興府有惠政已而棄郡即閑于家凡十四
⑦年自號中菴居士常以浮圖禪旨琴書劑和爲日用性又不喜干謁與世淡然若將終身
⑧焉德陵素知其名至大戊申新政焉賢將大用公公臥益堅强而後起即除司醫副正皇
⑨慶壬子拜密直副使由前祗候一起而八遷五年作相士林榮之延祐甲寅使正經界公
⑩專其任廼相四方三壤之宜酌其古制徵其定墾務適於時公私以便德陵益器之累加
⑪密直使明年多以事已聞陞僉議評理轉三司使尋遷賛成事庚申封平康君有公子仕
⑫元朝秩五品者以恩封大常禮儀院判官具階勳爵至順壬申毅陵復位圖任舊人再起
⑬相之旣又更封順天君進階三重大匡加功臣號仍以大右文領藝文館知丙子貢擧時
⑭稱得士公於文章技藝皆極其精而尤深於釋敎至論其道雖稱開士公片言折之苟無
⑮所見烏能如是耶甞於第北刱旃檀園常養禪僧頗有得道者又施藥園中國人賴之呼
⑯爲活人堂後於第南作堂名中和時邀永嘉君權公以下國相八人爲耆英會盖慕昔賢
⑰而風流不減焉公鑒識絕倫風猷希代取人無備觀過知仁居室接物一團和氣可謂大
⑱雅君子矣曾祖諱某贈尚書令祖諱某小府監贈平章事考諱某左右衛保勝郎將贈僉

⑲ 議政丞妣朴氏昇平郡夫人贈韓國太夫人贈知密直事諱某之女也夫人金氏永嘉郡
⑳ 夫人亦以子貴封大興縣君考諱某位至僉議中贊上洛公有功世皇朝授中奉大夫都
㉑ 元帥夫人柔嘉淑善克持閨門生子五人長男河中宿衛輦轂選太傅府咨議參軍間仕
㉒ 本國判三司事今爲平康君次男河老判宗簿寺事次男先智學佛爲繼祖演眞大禪師
㉓ 長女適今雞林府尹檢校僉議評理薛玄固次女適故左右衛保勝別將鄭光祖先公歿
㉔ 公之卒也人亡楷範國失蓍龜莫不嘆悼以四月初八庚寅葬城東原銘曰
㉕ 人之有德必位必壽亦或不然惟公克有惟其有之是以不朽

〔揭載〕『東文選』一二四「有元奉議大夫太常禮儀院判官驍騎尉大興縣子高麗純誠輔翊贊化功臣三重大匡右文館大提學領藝文館事順天君蔡公墓誌銘」

『朝鮮金石總覽』上 附錄、六二三―六二四

〔參考〕『高麗史』一〇八 蔡洪哲傳

二五〇、崔安道 墓誌銘

典據 『拙藁千百』二

年代 忠惠王復位元年(元 後至元六年、一三四〇)

① 崔大監墓誌
② 予性嬾而怯於鬭憶在十年時見誣於一隷豎得幸於 王者雖予之嬾不得不一往見
③ 之則時賢士大夫咸在客次其門如市少頃豎出客延拜曲膝猶恐爲後予謂士不當如

④是欲以礼相見竪漫視之遂上馬不顧而去予且媿且恨而退曰事來旣非意雖無辨奚
⑤傷聞崔密直日接於　王言無不納克著時譽或有勸令謁而別白之予從而候於門墻
⑥之側密直望見予於衆人之中特降位次先爲之礼問所以來意乃曲爲之地時竪勢方
⑦熾而抑之甚力故事終於不直而已然感密直無爲先容而接納士流有古義俠風自是
⑧每往每見殊礼密直王國官其仕　天子之朝位三品今而遽然予獨不念之哉宜受其
⑨孤之屬論次行實而爲之文以寓予之悲也公諱安道姓崔氏小字那海先世海州人後
⑩徙龍州因占籍其昭穆則遠不可考曾祖諱光爲州副戶長祖諱大富始仕爲檢校大將
⑪軍考諱玄爲匡靖大夫檢校僉議評理上護軍用公貴　朝廷贈朝請大夫大都路同知
⑫驍騎尉追封大興縣男妣金氏追封大興縣君至大元年公年十五以散員擢爲郎將延
⑬祐四年拜護軍階奉常大夫賜服金紫陞累大護軍上護軍階三轉至正順泰定四年主
⑭鷹揚軍判軍簿書至順九年登副密直司階奉翊尋改監察大夫同知密直司事錫協謀
⑮同德功臣之號又受　勑于　朝征東行省左右司員外郎二年奉　旨入　朝克宿衛
⑯元統元年特除中尙監丞官奉議大夫至大二年轉太府監少監官朝請六年又轉本監
⑰大監官中議凡宦京師九年三轉官再奉　詔書爲鄕國榮前以至順三年後以至元五
⑱年明年春已使事欲還　朝而感疾七日而卒年四十有七實庚辰三月廿七日也公幼
⑲穎　隨朝請公事　太尉瀋王于京邸遂通三國語敍爲　先王官屬而服事久用其勞
⑳賜田一㔺結東谷以五畝減百弓爲結與除一斗爲苫文昌侯云奴婢一十口至治中　先王爲不臣所構留京師公執靮
㉑無二心賜田二百結奴婢二十口泰定初　朝廷採畔人言議置征東省官例同天下而

㉒公與故相金怡等力辨能止之論其功賜田一百結奴婢一十口以逮　嗣王莅國躐拜
㉓密直之除倚任無居右者又至順間　今上在海上供御所需出私力爲多後正　宸極
㉔錫賚甚厚蒙降璽書凡土田産業人勿得侵奪其官于　朝實基於此烏虖觀此槩足見
㉕其爲人他不論也妻具氏故奉翊大夫諱藝之女也亦以公貴封博陵郡君生四男四女
㉖男長曰濡今上護軍次曰源今護軍次曰淑臣次日文丘倶未仕女長適前護軍印瑺次
㉗適前郎將金有溫次適前別將林熙載季未有適是五月　葬公于某地之原礼也銘曰
㉘仕　王國爲　王之臣仕　天子之朝爲　天子之臣彼輕此重曾何足計乎吾身古語
㉙云有一國之士有天下之士才非有兼人其孰能如此惜也慮甚長而年則不長所未可
㉚恃者其曰不在於蒼蒼其曰不在於蒼蒼

〔掲載〕『東文選』一二三「崔太監墓誌」
『朝鮮金石總覧』上 附錄、六二五—六二六
〔參考〕『高麗史』一二四、崔安道傳

二五一、權廉 墓誌銘

典據 『牧隱文藁』十六
年代 忠惠王復位元年(元 後至元六年、一三四〇)

①重大匡玄福君權公墓誌銘幷序
②權氏始於金幸新羅大姓也守福州　太祖既正位攻新羅行至福幸能知天命所歸擧
③邑以降　太祖喜曰幸也可謂有權矣因賜姓曰權後世多聞人文淸公諱㫜有重望僉

④議贊成事菊齋先生諱溥位冢宰文章道德冠一時松齋先生諱準封吉昌府院君置僚
⑤佐謙恭守節義善居室一國傾向三世知貢擧門生多達官是以歆富貴慕禮法者皆歸
⑥權氏　毅陵納公之女曰壽妃　永陵納公之姉之女洪氏曰和妃重權氏故也公雖以
⑦門蔭致身華顯心甚不樂惟重節義世以此多之公諱廉字士廉松齋娶密直使吳公諱
⑧仁永之女以大德壬寅冬十月己巳生公年十歲補含慶殿錄事延祐甲寅遷別將明年
⑨選充寶馬陪行首未幾進郎將歲丁巳如燕京戊午拜三司副使階奉常大夫夏東還至
⑩治癸亥又如京進奉帝所泰定甲子加中正大夫司僕正明年奏授宣武將軍合浦鎭邊
⑪萬戶府萬戶盖世職也又明年改鷹揚軍大護軍又明年爲選軍別監授田有法人便之
⑫天曆戊辰如京師至順庚午東還拜正順大夫左常侍後至元乙亥封玄福君以公雅量
⑬不樂治公務故也歲丁丑作樓于崇教里蓮池之傍額曰雲錦益齋侍中爲之記每花開
⑭設盛饌邀大賓上尊公壽子姓咸集時人歆慕之歲戊寅春三月　毅陵曰玄福君可與
⑮議政事於是批公匡靖大夫僉議贊成事時燕南梁載得幸於上公鄙其爲人不與交禮
⑯載深銜之力沮其命明年再封玄福君一年而公以病卒于家歲庚辰四月初七日也正
⑰獻公王煦公之叔父也泣涕而言曰權氏子弟莫賢於萬戶吾甞望其庇宗族焉天何奪
⑱吾賢子弟如此之亟乎正獻公不阿所好且有鑒識公之賢可知已公生長膏粱而郤美
⑲飾慶吊必親送人之葬不問宗族朋友玄冠素服戚見顔色觀者服其誠皆自以爲不及
⑳平生善交人遇其患難盡力救解事已乃已雖好燕飮不喜聲妓又工射御田不詭遇而
㉑獲甚多武夫皆稱能也其所不樂者爵祿也獲乎親獲乎朋友其大欲也公所事而友之

㉒者如益齋李侍中淮安庄(莊)順公陽坡洪侍中安常軒安謹齋洪唐城金彥陽閔及庵崔拙
㉓翁李評理權褒僕射天慶皆一時豪傑文章政事馳騁射御人至今宗之公游其間習慣
㉔如自然而又招故侍中金公逸逢習蒙古語多通之其才之美有足多者而天不與之壽
㉕何歟公之亡也祖父母父母皆無恙祖父母父母之心爲如何而公之將絕也念及祖父
㉖母父母其爲心又如何也嗚呼悲哉夫人趙氏都僉議贊成事謚忠肅諱璉之女妙年而
㉗寡敎諸子有法宗族稱之公之歿今三十餘年矣諸子皆達官能世其家九原之下夫豈
㉘無知哉公歿時穡年纔十三誰謂十三歲之童子當秉公幽堂之筆乎嗚呼是皆可以感
㉙矣公之諸子皆與穡善來徵銘故叙其家世歷官而書子孫長男曰鏞宣授宣武將軍合
㉚浦鎭邊萬戶府萬戶重大匡玄城君次曰鉉宣授王府斷事官奉翊大夫版圖判書上護
㉛軍次曰鎬奉翊大夫典法判書上護軍次曰鈞宣授奉議大夫隆祥提點所提點奉翊大
㉜夫典工判書上護軍次曰鑄中正大夫三司左尹進賢館直提學知製敎長女壽妃也次
㉝適元朝翰林學士承旨榮祿大夫普達實理次適奉翊大夫判典儀寺事吳仲和次適中
㉞正大夫典儀令寶文閣直提學知製敎廉國寶次適宣授征東行中書省都鎭撫司都鎭
㉟撫忠勤贊化功臣匡靖大夫政堂文學進賢館大提學知春秋館事上護軍元松壽孫男
㊱女若干人玄城君生二男四女長曰濬行首別將次曰演散員女適別將閔公亮次適中
㊲郎將宋仁壽次在室斷事官生一男五女男曰壽安成均學生女適都祭庫判官金稛次
㊳適寶馬陪行首別將朴子安次適別將金乙富餘皆幼判書生三男二女長曰澄行首郎
㊴將次曰澣成均進士次曰湛典寶都監錄事女適左右衛錄事洪希忠次適別將韓烋提

㊵ 點生一男二女男曰弘成均學生女皆幼左尹生二男一女長曰㬇次曰埴皆幼女幼外
㊶ 孫若干人承旨生一男一女男曰拾得驢女幼吳氏一男四女男曰齊甫興福都監錄事
㊷ 女皆幼廉氏二男一女長曰致中穆陵直次曰致和昌陵直女幼元氏二男長曰序幞頭
㊸ 店錄事次曰庠寫經院判官葬在開城縣大平院之西原銘曰
㊹ 旣孝于親而信於人位又封君顯矣其身天子曰吁錫之虎符善繼家門光溢海隅多男
㊺ 而壽世則多有獨慊於公誰其掣肘惟時之寵匪賢不重公名不磨有荒丘壠

〔揭載〕『東文選』一二六「重大匡玄福君權公墓誌銘并序」
『朝鮮金石總覽』上 附錄、六二一—六二三
〔參考〕『高麗史』一〇七 權旺傳 附 權廉傳

二五二、崔瀣 墓誌銘

典據 『稼亭集』十一
年代 忠惠王復位元年(元 後至元六年、一三四〇)

① 大元故將仕郞遼陽路盖州判官高麗國正順大夫檢校成均大司成藝文館提
② 學同知春秋館事崔君墓誌
③ 皇朝進士有名東方者曰雞林崔壽翁始除盖州判官地僻職冗居五月移病東歸不復
④ 于朝雖仕本國才奇志高不容於時年五十四至元六年庚辰六月十日壬辰以病卒葬
⑤ 有日其弟監察糾正瀶以所爲行狀來乞墓銘曰吾兄之才不愧于古而吾兄之志不行
⑥ 于世卒至官不達齒不高無澤以及物無子以爲後其又不克銘諸幽堂以列其行則吾

⑦ 負吾兄矣知吾兄莫如子宜爲銘穀義不可辭次廼其世系而叙其行實焉君諱瀣一字
⑧ 彦明父遠祖允順仕新羅官至太守世家雞林府曾祖諱某慶州司兵贈軍簿判書祖諱
⑨ 某檢校軍器監贈版圖判書考諱伯倫狀元及第名聞于朝授高麗王京儒學教授累遷
⑩ 本國民部議郎階中顯大夫妣任氏封晋陽郡夫人大護軍致仕諱某之女也君幼穎悟
⑪ 九歲能詩既長學日進大爲先輩所服未及冠再以詞賦試有司試輒中之初罷成均學
⑫ 諭選藝文春秋館檢閱尋以事貶監長沙務既又復選注簿藝文春秋館由注簿拜長興
⑬ 庫使遷成均館丞藝文應教典校典儀二副令檢校大司成君之所歷如是君讀書爲文
⑭ 辭不資師友講習超然自得於義理之歸不惑異端不溺俗習而務合於古人至論同異
⑮ 苟知其正雖老師宿儒爲時所宗者且詰且折確持不變君之所學如是延祐科興聞詔
⑯ 乃曰可試所學旣而果中辛酉科狀元宋祭酒稱其才屢形於詩自是名益著異已者益
⑰ 不喜而益排之君又不善伺候放蕩敢言而喜說人善惡故輒擧輒斥卒不大用然取友
⑱ 必端知命無憂不以仕已喜慍惟以詩酒自娛常選本國名賢所著題其目東人之文凡
⑲ 二十五卷平生不理家人生産自號拙翁後居城南獅子山下開園曰取足遂稱猊山農
⑳ 隱卒葬其山之東家甚貧凡知君者爭致賻乃克葬君再取先取檢校評理潘永源之女
㉑ 生一女適士人池燮後取通禮門祇候蔡輿之女生二女皆幼無子銘曰
㉒ 嗚呼崔君不覊不羣私淑其學好古而文奮不牽俗陽狂敢言雖無其年名有可傳雖無
㉓ 其子弟有可倚彼位我德孰失孰得君自不疑其又奚悲猊山之東馬鬣之封千載之下
㉔ 知有拙翁

〔揭載〕『東文選』一二四「大元故將仕郎遼陽路蓋州判官高麗國正順大夫檢校成均大司成藝文館提學同知春秋館事崔君墓誌」
『朝鮮金石總覽』上 附錄、六二六—六二七
〔參考〕『高麗史』一〇九 崔瀣傳

二五三、柳甫發 墓誌銘

典據 『稼亭集』十一
年代 忠惠王復位元年（庚辰、一三四〇）

① 高麗國正順大夫密直司右副代言宗簿令兼監察執義知版圖司事柳君墓誌銘
② 儒州柳氏有佐命開國者其後延慶食德代生賢哲明王宰相諱公權好學工草隸卒官
③ 叅知政事謚文簡是時崔忠獻挾討賊功擅廢立子孫相繼專政至忠憲王戊午文簡之
④ 孫諱璥才華德望冠一時與別將金仁俊謀誅忠獻之曾孫誼用能歸政于王施惠于民
⑤ 而功在社稷到于今稱之官至匡靖大夫僉議中贊修文殿大學士監脩國史上將軍判
⑥ 典理司事世子師謚文正於君爲曾祖文正生知都僉議司事諱陞謚貞愼貞愼生文化
⑦ 君諱仁奇謚溫靖娶僉議中贊諱之淑謚光節之女海陽郡夫人金氏於君爲考妣君諱
⑧ 甫發年十六以門蔭除興王都監判官再遷郎將至元二年丙子拜少府少尹轉通禮門
⑨ 副使己卯春陞密直代言兼監察執義性聰慧恭恪幼承毅陵之知至是將大用試以納
⑩ 言之任攝風紀之司君能深惟家業志于無忝方將立功于時而垂名于後世人亦以此
⑪ 望之也已而毅陵棄國時事一變明年八月乙未病暴卒年三十七夫人元氏故檢校評

⑫理諱善之之女毓德華閥姚賢大家承祀主饋以順以則生男女五人長繼高方十歲次
⑬尙左八歲長女適審陽路達魯花赤洪川君忽失帖木耳次適指諭郞將洪有龜季適新
⑭陽君盧瑛以九月庚申葬城東大德山麓夫人以君之甞所往還者於文士莫若余使來
⑮乞銘銘曰
⑯柳氏之興與國並焉源其遠矣流慶緜緜文簡文正既藝既賢相我鼇東五葉蟬聯惟君
⑰克肖志篤紹先天未厭德胡不永年孰尸壽夭莫究其然刻銘幽室惟後之傳

〔揭載〕『東文選』一二四「高麗國正順大夫密直司右副代言宗簿令兼監察執義知版圖司事柳君墓誌銘」
『朝鮮金石總覽』上 附錄、六二八—六二九

二五四、李達尊 墓誌銘

典據 『稼亭集』十一
年代 忠惠王復位元年(元 至元六年、一三四〇)

① 高麗國奉常大夫典理摠郞寶文閣直提學知製敎李君墓表
②有元至元六年庚辰十月朔王府斷事官僉議評理李公命其門生征東行省員外郞李
③穀曰子早與吾兒達尊游知其爲人宜爲表其墓又曰人孰不愛其子而吾之愛甚故其
④亡也哀之過嗚呼穀其尙忍爲之辭乎君諱達尊字天覺系出雞林李氏故臨海君李公
⑤瑱之孫今永嘉君權公溥之外孫上黨君白公頣正之壻內外皆奕世門閥凡稱道德文
⑥章必先三相家君少無紈綺習孝友恭儉生十一以門功拜別將十八工文詞登乙科第

⑦由思補陞獻納尋遷監察掌令典儀副令己卯之冬尊公以國亂隨王北上時人心危疑

⑧君曰吾知有君父而已匹馬往從之明年事定王復政轉典理捴郎思補以上皆兼館職

⑨六月東還得疾輿過鴨綠水二十九日辛亥歿于道旅殯長林驛八月某甲子使迎柩十

⑩月某甲子葬某原年二十八子男女五長曰德林年十一次曰壽林九歲餘皆幼嗚呼始

⑪君居太夫人憂哀毀幾滅性宗族稱其孝旣學而文旣事而幹人知其能業其家天若篤

⑫生斯人而有爲於斯世也胡不假年而至於斯嗚呼

〔揭載〕『東文選』一二四「高麗國奉常大夫典理捴郎寶文閣直提學知製敎李君墓表」
『朝鮮金石總覽』上 附錄、六三〇

〔參考〕『高麗史』一一〇 李齊賢傳 附 李達尊傳

二五五、朴遠 墓誌銘

典據 『竹山朴氏大司憲公派譜』(서울、一九八二)

年代 忠惠王復位二年(辛巳、一三四一)

①推忠翊戴功臣匡靖大夫政堂文學藝文館大提學知春秋館事兼監察大夫軍簿

②判書上護軍慶源君謚文康公墓誌

③(上缺)兵?部?公爲高祖兵部生起居郎益旌起居生典法判書膺善府左詹事 (缺)

④僉議政丞致仕封延興君卒謚文匡公諱瑗後改遠 (缺) 少以門 (缺) 古阜郡

⑤事考滿召歸爲丞司僕寺改主典儀簿歷摠選二部 (缺) 延祐間 (缺) 國人遑

⑥遑靡所適從公一日慨然辭杏山曰夫子嘗敎我曰 (缺) 赴都下旣至則忠言嘉謨

⑦補益弘多事明 (缺) 司憲權征東省左右司郎中主泰定三年貢擧明年拜推忠翊
⑧戴 (缺) 春秋館事兼軍簿判書上護軍居歲餘即閑于家 (缺) 壬申年五十九
⑨(缺) 不爲苟異與人交不立崖岸苟親且舊無賢不肖一遇之非有大故 (缺)
⑩泰定科獲事公未嘗見公侮慢人雖後進遇之未嘗不爲之禮由署 (缺) 職無過失
⑪疇克如是耶夫人唐城洪氏僉議中贊子藩之孫僉議贊 (缺) 文珤通直郎起居郎
⑫知製敎德龍通直郎通禮門判官壽龍前奉 (缺) 通直郎崇福都監判官許齡後夫
⑬人文化柳氏今鐵原府使湜之女 (缺) 三郎山先塋之次將葬夫人與諸子謀曰葬
⑭不可無文凡居公門(以下缺)
⑮左司議大夫藝文館直提學知製敎西原 鄭 誧 撰

〔參考〕 金龍善、「新資料 高麗 墓誌銘 十七點」(『歷史學報』一一七、一九八八)

二五六、李兆年 墓誌銘

典據 『益齋亂藁』七
年代 忠穆王卽位年(元 至正四年、一三四四)

①　有元高麗國誠勤翊贊勁節功臣重大匡星山君贈謚文烈公李公墓誌銘
②墓之有誌古也世代旣遠或有崩隳見其誌知其爲誰所藏固有不忍不掩焉者士君子
③葬其親所不可後者也星山君李公卒逾年余始爲之譔銘盖有由焉曹頔之變詔徵永
④陵入覲至則丞相伯顏蓄宿憾至使與不臣臣兩造而置辭公慷慨發憤謂余曰吾面訴

⑤丞相前其意可回(廻?)列戟守門莫叫其闔垂(幸?)其出田城南吾當上書道左碎首馬蹄之下死
⑥明吾君吾子其把筆書吾書夜起沐浴鷄鳴將行伯顏適以是日敗余感其義語之曰死
⑦生不可期然公長我且二十歲有不(大?)諱不敢愛鄙文以銘幽堂公笑許之永陵復國明年
⑧冬嘗步自北宮彈雀于松岡公徑造跪曰殿下寧忘明夷之時乎今惡少假威略婦女攘
⑨貨財民不樂其生朝夕(旦?)禍至恐往者之不啻此而不邺顧玩細娛乎永陵始甚怒已而謝
⑩遣之旣出從者爲惡少所歐以其言已事也公即歸臥故園不交人間事嗟乎經曰諸侯
⑪有諍臣五人雖無道不失其國公之去也若有骨鯁之士能繼而言之者四五輩岳陽之
⑫辱其亦庶乎免夫公沒其孫仁復服闋如京授行狀且曰大父理命俾徵前言丐銘葬近
⑬而塗遠不反相聞玆敢告於是乎無以爲辭也謹受其狀而次之公姓李氏諱兆年字元
⑭老京山府龍山里人也曾祖諱敦文祖諱得禧考諱長庚皆爲府吏考後贈某官妣某氏
⑮贈某郡夫人公年十七以鄉貢進士登第丙科調安南府書記移晋州牧司錄錄事通文
⑯署典籤江陵府遷通禮門祗候轉禮賓內給事出知陝州入爲郎秘書以前秘書丞起爲
⑰奉善大夫司憲掌令自是階至重大匡官至政堂文學上護軍館職至進賢大提學賜號
⑱誠勤翊贊勁節功臣星山君爵也文烈公謚也公爲人短小精悍確於志而敢於言所歷
⑲多聲績而其大節尤可稱者有五大德末公從忠烈王朝京師忠宣王來(靡?)問安群僚素黨
⑳王宋皆懷疑縮縮走匿公恃無他進退惟謹例遠竄歸而居鄉十三年未嘗一出言自訟
㉑其非罪一也羣不逞訟忠肅王于朝見留五年公與十六士署一紙欲赴闕以請公竟獨
㉒走四千里獻其書二也初永陵奉詔宿衞春秋富頗以不謹聞公思有以誠之因告歸進

㉓曰殿下與大臣貴戚比肩事天子宜日愼一日何乃棄禮縱情以速累乎然此非殿下之
㉔過殿下長於阿保之家所共遊多無賴子其後朴仲仁李仁吉實左右之殿下孰從而聞
㉕正言見正事乎夫儒者雖朴拙皆能習經書識廉恥殿下目之爲沙箇里此何等語耶殿
㉖下能遠佞倖之徒而親儒雅之士改行自飭則可不然天威咫尺其嚴乎永陵不能堪其
㉗言踰牖走後頗念之三也幷欲死於伯顏切諫而勇去二者而五也嗚呼可不謂賢哉公
㉘至元六年己巳某月某甲子生至正三年癸未五月己巳卒葬以其月辛卯墓在其鄕之
㉙釜洞夫人草溪鄭氏監察大夫允宜之女一子曰褒密直副使上護軍孫七人長即仁復
㉚右副代言左諫議大夫嘗射策皇朝制科云銘曰
㉛膽偉於身質愈於文勤以從政誠以事君既爵而壽有子與孫謂天不賚來視里門

〔揭載〕『東文選』一二四「有元高麗國誠勤翊贊勁節功臣重大匡星山君贈諡文烈公李公墓誌銘」
(이 銘文과 『益齋亂藁』所載 墓誌銘과 서로 다른 글자는 ( )속에 밝혀 두었다。)
『朝鮮金石總覽』上 附錄、六三二—六三四
〔參考〕『高麗史』一〇九 李兆年傳

二五七、權溥 妻 柳氏 墓誌銘

所在 서울 國立中央博物館(No. 未詳)
年代 忠穆王即位年(元 至正四年、一三四四)

(1) 卞韓國太夫人柳氏墓銘(題額)

(2) 卞韓國大夫人柳氏墓誌銘并序
(3) 子壻推誠亮節佐理功臣三重大匡判三司事領
(4) 藝文館事上護軍李 齊賢譔
(5) 曾孫宣武將軍合浦鎭邊萬戶府万戶奉翊大夫
(6) 右常侍權 鏞書篆
(7) 始寧柳氏自國初爲著姓有大丞車達者佐
(8) 太祖有功其七世孫文簡公諱公權以文學叅大政
(9) 生右僕射諱澤僕射生侍中文正公諱璥文正生知
(10) 僉議司事貞愼公諱陞娵同知樞密院事洪諱縉之
(11) 女是生大夫人年十三歸權氏爲今領僉議司事永
(12) 嘉府院君菊齋公之室孝舅姑仁親戚敎子孫以礼
(13) 使婢妾以義不御鉛華不服文綉巫尼卜祝罕言於
(14) 口子母利息恥計於心與菊齋公居六十七年終始
(15) 無小忤雍雍如也至正四年甲申八月感疾壬戌薨
(16) 王聞訃命有司襄葬事公辞焉則特贈謚卞韓國賢
(17) 信和淑大夫人其年九月甲辰窆于德水縣鉢松原
(18) 之北礼也男曰準吉昌府院君曰宗頂出家爲曺溪
(19) 宗都捴攝大禪師曰皐知僉議司事曰煦鷄林府院

(20) 大君
(21) 德陵養爲子附籍宗簿寺曰謙僉議賛成事三子受
(22) 元朝
(23) 宣命準謙皆爲萬戶煦郡公女適密直右副代言安
(24) 惟忠次適判三司事李齊賢次適宗室順正大君王
(25) 璹次適宗室淮安大君王珣三壻亦受
(26) 宣命惟忠萬戶齊賢斷事官璹蒙古翰林學士內外
(27) 諸孫及曾孫男女一百有餘人每歲時內集軒盖
(28) 塡門朱紫盈庭至有玄孫之戲綵于前者嗚呼盛哉
(29) 豈非積善之報也銘曰
(30) 予於權公匪惟門生謂公曰舅公謂我甥卞國之薨
(31) 公命作銘感念之懷得寓斯文自不計於親嫌之倫
(32) 也然其克孝於姑克順於夫相敬如賓偕登八旬兒
(33) 孫棣棣百十其麗爵命其膺謚策其承哀榮終始女
(34) 中汾陽微予之辞固足以歷世而流芳者矣
(35) 至正四年九月　日刊

〔揭載〕『益齋亂藁』七「卞韓國大夫人柳氏墓誌銘并序」
『朝鮮金石總覽』上 附錄、六三五－六三六

『韓國金石文追補』、二三七—二三八
『韓國金石全文』中世下、一一五八—一一六〇

二五八、羅益禧 墓誌銘

典據 『益齋亂藁』七
年代 忠穆王卽位年(元 至正四年、一三四四)

匡靖大夫僉議糸理上護軍羅公墓誌銘

至正四年甲申八月己丑匡靖大夫僉議糸理羅公卒王命有司吊誄贈謚良節其年十一月庚寅以禮葬于松林縣藥師院之北原公諱益禧籍貫羅州三韓功臣大匡諱聰禮十一世孫曾祖諱孝全皇贈太中大夫禮部尙書知都省事祖諱得璜皇金紫光祿大夫守司空尙書左僕射判戶部事致仕皇懷遠大將軍管軍上萬戶奉翊大夫知密直司事軍簿判書上將軍世子元賓諱裕爲公考皇銀靑光祿大夫同知樞密院事兵部尙書[上]將軍趙諱文柱之女　郡夫人爲公妣娶翰林直學士朝列大夫三重大匡判都僉議司事默軒先生閔諱漬之女生男女二人女適奉翊大夫同知密直司事上護軍崔文度男曰英傑今爲奉翊大夫密直副使上護軍公自以將家子幼習武藝不暇讀書而天性耿介慕節義恥與人爭訟母夫人分家產別遺臧獲爲口四十公辭焉曰以一男居五女之中烏忍苟得其贏以累鳲鳩之仁夫人義而許之年十七受皇朝宣命帶金符爲上千戶懷遠卒後襲爵爲管軍上萬戶階虎德將軍帶三珠虎符忠烈王季年爲神虎衛護

⑬軍賜金紫兼僉議中事德陵痛革舊弊朝士一切罷黜於郎官獨留公時命令一下有司
⑭奉行若恐不及公守法多所封駁權貴側目或撼以危言不爲動落職十年方爲檢校上
⑮護軍七年遷監門衛上護軍轉千牛衞兼中門使換左常侍三遷爲匡靖大夫商議評理
⑯封錦城君年五十七授其子世爵閑居又十七年每念民生休戚人材用捨負手感鼻獨
⑰行園庭若有隱憂嘗一尹雞林三鎭合浦廉勤慈惠南民至今稱頌之今王嗣政起復爲
⑱僉議叅理世所謂五宰者貌甚癯耳頗重聽然臨事慷慨不少懈一日語判三司事李齊
⑲賢曰吾君幼委任宰相彼負且乘者不誡覆轍吾其引避毋俱爲十手所指公當云何齊
⑳賢謝曰僕前以二三策曉執政者未見施行常愧不能勇去敢不惟公言是從後十許日
㉑聞公告以病意謂欲遂前計嗚呼烏知其竟不起也亟往吊哭而退子與壻繼而踵門乞
㉒鄙文將鑱石納竁義不可辭受而爲銘明日上書自免庶幾不負公言於存沒也其銘曰
㉓爲官惠慈爲將廉恥惟義之求不恤勢利由稟受能匪學以致鏃而羽之入不此止顧予
㉔何人晚辱知已敢負一言而謂公死

〔揭載〕『東文選』一二四「匡靖大夫僉議叅理上護軍羅公墓誌銘」
『朝鮮金石總覽』上 附錄、六三六—六三八
〔參考〕『高麗史』一〇四 羅裕傳 附 羅益禧傳

二五九、許琮 墓誌銘

所在 서울 서울大學校 圖書館(古 四六五五—三一：拓本所藏)
年代 忠穆王元年(元 至正五年、一三四五)

(1) 定安大君墓誌銘(題額)
(2) 三重大匡定安府院大君贈諡尙惠公
(3) 推誠亮節佐理功臣三重大匡金海府院君領藝文館孝思觀事李 齊賢譔
(4) 竹軒金政丞請於余曰故定安府院大君吾之親舅昆弟友愛甚篤不幸而不祿將以今至正
(5) 五年五月丙申葬匃子□詞鏡?諸石以納幽墟子必毋讓感其義爲□
(6) 銘曰
(7) 陽川之許 奕世珪組 文敬諱珙 位室之冢 生良肅公 諱評改嵩
(8) 委禽廉氏 秦晋偕美 定安英々 許胄廉甥 旣剛而敏 亦精而謹
(9) 績善有慶 名以義定 可寶可宗 故易爲琮 齊長公主 免而抱哺
(10) 及長成人 令尙壽春 忠宣作后 曰予汝舅 汝長憲司 繩愆格非
(11) 封伕彈劾 具寮褫魄 院君加大 佩玉張盆 與之觀光 引見仁皇
(12) 擧止中度 兼善蒙語 皇心悅諸 授六尙書 滿盈是戒 撝謙自退
(13) 三十五年 優亭淸閑 施藥濟民 世感其仁 損金供佛 歲無虛月
(14) 爲事俱備 一恨無悶 乙酉孟陬 壽春僊遊 哀毁成疾 日二十七
(15) 沒時丙寅 年纔六旬 情感之深 實罕古今 吾文在石 千載歎惜
(16) 至正五年 五月 日書

〔揭載〕 『大東金石書』木集一一二(拓本의 部分인)
『韓國金石全文』 中世下、一一六四－一一六五

【參考】『高麗史』一〇五 許珙傳 附 許倧傳
許興植、「定安大君墓誌銘」(『韓國中世社會史資料集』、一九七二)
【編者註記】 이 銘文은 현재 8面의 拓本帖의 형태로 남아 있어서, 원래 형태는 알 수 없으므로 編者가 임의로 行을 구분해 두었다.

二六〇、崔文度 墓誌銘

所在　서울 國立中央博物館(No. 本 一〇八〇〇)
年代　忠穆王元年(元 至正五年、一三四五)

(1) 崔良敬公墓銘(題額)
(2) 有元高麗國匡靖大夫都僉議叅理上護軍春軒先生崔良敬公墓誌銘幷序
(3) 推誠亮節佐理功臣三重大匡金海府院君領藝文館孝思觀事李　齊賢譔
(4) 春軒崔良敬公諱文度字羲民年五十有四至正五年六月癸丑卒卜得八月壬申葬于玉金山之
(5) 麓以祔先塋禮也子曰思儉先歿孫皆幼長女壻左諫議大夫鄭誧在京師未歸次女壻版圖正郎
(6) 閔璿以羅夫人之命丐文於予將鑱石納壙予老矣懦於紀譔自以平生相爲知已義不可辭把筆
(7) 題其端曰春軒先生墓銘或詰之曰春軒少(起自)爲將官且其齒下於子六年子乃先生之豈有說乎答
(8) 曰春軒光陽君諱誠之之子也賛成事大提學致仕諱吡一其王父也戶部侍郎知制誥(戶部尙書翰林學士致仕)諱佑其曾
(9) 王父也賛成事大司學致仕金諱晅其外王父也固儒雅搢紳之冑也然而光陽君遇知於
(10) 德陵典機密專選擧二十餘年聲勢籍甚春軒宿衛中朝習蒙古字語綺襦紈袴之與處韋鞲毳帽

(11) 之與游是宜富驕(而)於格物致知脩己理人之道莫得其門而入焉顧能出則手弓劍入則目簡編濂
(12) 溪二程晦菴之書皆彙而觀之夜分而寢雞鳴而起必將詳節目極蘊奧心得躬行然後乃已溫然
(13) 如春陽湛然如秋波雖僕妾嬖嘗一見其卒怒而遽喜也
(14) 德陵遜于西蕃春軒奉光陽君奔問至洮隴往返萬里婉容愉色不懈益虔光陽安焉若在庭闈之
(15) 中也
(16) 忠肅王入朝瀋府用事者煽起鬩墻之禍讒口交騰擧無全人春軒身從其居而志從其義直而[能]
(17) 敬彼此無憾喪二親三年立家廟事亡如存子男女皆先夫人金氏出事羅夫人亦莫知其爲繼母
(18) 焉其判書典法司也嬖倖(幸)莫能遂其姦奉使平壤雙城也頑獷莫(能)敢肆其欺及乎入密直升僉議一
(19) 國之士喜於柄用而民蒙其惠天不假年奄爾淪逝莫不彈指驚嗟或至賨涕嗚呼春軒之道盡於
(20) 已而信於人行於家而及於國存係蒼生之望歿與殄瘁之悲求之於今蓋絕無而僅有者也予以
(21) 老自居以儒自私而不先生春軒可乎哉可乎哉其銘曰
(22) 儒而匪儒　世則寔(是)繁　匪儒而儒　獨吾春軒
(23) 至正五年八月　日書

〔揭載〕『益齋亂藁』七「有元高麗國匡靖大夫都僉議叅理上護軍春軒先生崔良敬公墓誌銘」(이 銘文에는 題額、撰者 및 年代가 빠져 있다。아울러 『亂藁』 소재 銘文 중 實物의 것과 다른 부분은 ( ) 안에 밝혀 두었다。)
『東文選』一二四「(右와 같음)」
『韓國金石文追補』、二二九—二三〇
『朝鮮金石總覽』上 附錄、六三八—六三九
『韓國金石全文』中世下、一一六一—一一六四

〔參考〕『高麗史』一〇八 崔誠之傳 附 崔文度傳

二六一、權溥 墓誌銘

所在 서울 國立中央博物館(No. 未詳)
年代 忠穆王二年(元 至正六年、一三四六)

(1)贈謚文正公權氏墓銘
(2)推誠翊祚同德輔理功臣三重大
(3)匡脩文殿大提學領都僉議使司
(4)事永嘉府院君贈謚文正公權公
(5)墓誌銘幷序
(6)子壻推誠亮節佐理功臣三重
(7)大匡金海府院君領藝文春秋
(8)館事李 齊賢 撰
(9)曾孫宣武將軍合浦等處鎭邊
(10)萬戶府万戶重大匡玄成君權
(11)鏞 書幷篆
(12)大德辛丑菊齋權文正公提衡春
(13)官齊賢幸中丙第公妻以其子因
(14)得師事者四十有七年至正丙戌
(15)公年八十有五其秋遘疾冬十月
(16)己巳命左右扶起端坐而逝齊賢
(17)往吊痛哭其後數日諸孤泣且告
(18)曰日君爲吾大夫人銘墓今大人
(19)見棄將以後十月丁酉合葬于德
(20)水縣鉢松原所以光侶幽堂又非
(21)君誰託於是退而叙之曰
(22)公吉昌權氏諱永字耆卿後改溥
(23)而字齊萬曾王父諱守平尙書左
(24)僕射王父諱韙翰林學士考諱㫜
(25)贊成事判典理致仕謚文清公妣
(26)盧氏左諫議大夫諱演之女也公

(27) 年十五擧進士及己卯第中簾前
(28) 試錄詹事府事移國學學諭轉博
(29) 士拜右正言累遷至僉議舍人又
(30) 累迁至詞林學士秘書監改右副
(31) 承旨判礼賓寺事入密直爲學士
(32) 至判司事迁都僉議至賛成事遂
(33) 拜政丞判選部事加脩文殿大提
(34) 學領都僉議使司事階自升仕郎
(35) 至三重大匡館職自知制誥至大
(36) 右文監春秋爵永嘉府院君號推
(37) 誠翊祚同德輔理功臣又嘗爲征
(38) 東行省員外郎郎中王府斷事官
(39) 未嘗一補外寄一見彈劾此其凡
(裏面)
(40) 也夫人柳貞愼公陞一女封卞國
(41) 生五子準宗頂臯煦謙準封吉昌
(42) 煦鷄林謙福安皆府院君臯知都
(43) 僉議事文化君宗頂出家爲兩街
(44) 都摠攝亦封廣福君長女適代言
(45) 安惟忠次適府院君李齊賢次適
(46) 順正大君璹次適淮安大君珣皆
(47) 王氏一家九封君古未之有焉文
(48) 清年高無恙而公知貢擧及公以
(49) 冢宰懸車吉昌引門生稱壽公之
(50) 二門生門生之三門生相繼掌試
(51) 亦可謂盛事矣遠祖太師金幸佐
(52) 太祖有功賜姓權世濟其美以至
(53) 文清禱于福靈寺水月菩薩像以
(54) 中統三年仲冬十有一日日將晡
(55) 而生公戊子己未虛拱壬巳之祿
(56) 而互衝發之天機之妙如此公溫
(57) 乎春風湛乎晴空敬以事君誠以
(58) 事親睦於僚友惠於族姻目不睨
(59) 粉黛口不商財賄齒旣壯雖子姪
(60) 待之如賓爵旣崇雖輿臺遇之如
(61) 尊嗜讀書老不輟註銀臺詩廿卷

(62)觀者服其該博爲詩文簡而警閔
(63)默軒潰洪信齋革每擊節歎賞而
(64)不以是自矜任政房十有三年位
(65)宰相二十有二年而不以是自滿
(66)盖惇謹若萬石君公廉若盧懷愼
(67)鄕用五福不亦宜哉其銘曰
(68)權系于金　實繇鷄林
(69)世佋德音(其一)丈人其承
(70)道義孔富　天畀貴壽
(71)(其二)克念公心　克踐公行
(72)益篤餘慶(其三)繩繩雲來
(73)適尔戩穀　不疑何卜(其四)
(74)　至正六年閏十月　日刊

〔揭載〕『益齋亂藁』七「推誠翊祚同德輔理功臣三重大匡脩文殿大提學領都僉議使司事永嘉府院君贈諡文正公權公墓誌銘」
(이 銘文에는 (1)~(11)行 및 (74)行이 빠져 있다。)
『東文選』一二四「(右와 같음)」
『朝鮮金石總覽』上 附錄、六四二—六四四
『韓國金石文追補』、二三一—二三二
『韓國金石全文』中世下、一一六五—一一七〇
〔參考〕『高麗史』一〇七 權昍傳 附 權溥傳

二六二、金倫 妻 崔氏 墓誌銘

所在 서울 國立中央博物館(No. 未詳)
年代 忠穆王三年(元 至正七年、一三四七)

(1) 卞韓國大夫人崔氏墓誌銘有序

(2) 推誠亮節同德佐理功臣三重大匡金海府院君領藝文春秋館事李齊賢撰
(3) 　宣武將軍合浦鎭邊萬戶府萬戶重大匡玄成君權鏞書幷篆
(4) 夫人姓崔氏海州人曾大父諱洪胤相高王卒謚景文公大儒中書令文憲公諱冲
(5) 十一世孫大父諱淳戶部侍郎父諱瑞副知密直司事致仕娶副知密直司事朴諱
(6) 玿三女生夫人年甲午歸于無?政丞彥陽府院君竹軒金公倫生七男二女男長曰
(7) 金海府使可器先歿曰均球君敬直曰德泉大師宗烜?曰億政大禪師達岑曰料物
(8) 庫使淑?明曰密直右副代言希祖曰護軍承矩女一適騈興君閔思平一適大護軍
(9) 金輝南輝南海均人與彥陽之金非一派爲無㨾竹軒公歷官中外至拜首相夫人
(10) 靡甞一爲姻婭私有請安公公之清德重望盖夫人無有內助其餉賓客賙宗黨盩
(11) 耶有不問餘閨門肅睦稱安當時至正丁亥六月丁酉以疾殂享年六十九贈卞韓
(12) 國大夫人用七月己未□于大德山感應寺之東附先舅姑禮也其銘曰
(13) 崔踵厥生載竹邑經偉德文世乃業夫人乳臭熟蹈襲左右君子爲可法口絕私
(14) 謁志有立類饋賓惠族若不及彼賢子孫宜蟄蟄於虖壽不滿七十去從舅姑玄宅
(15) 入追琢琬琰鐫此什
(16) 　至正七年丁亥七月日　　刊右　　誌

〔揭載〕『韓國金石文追補』、二三二—二三三
　　　　『韓國金石全文』中世下、一一七八—一一七九

二六三、金倫 墓誌銘

典據 『益齋亂藁』七
年代 忠穆王四年(元 至正八年、一三四八)

① 有元高麗國輸誠守義協贊輔理功臣壁上三韓三重大匡彥陽府院君贈諡貞烈
② 公金公墓誌銘幷序
③ 公姓金氏諱倫字無己號竹軒又號戇村雞林彥陽人也曾大父皇太師門下侍郎平章
④ 事贈諡威烈公諱就礪大父皇太傅門下侍郎平章事贈諡翊戴公諱佺考皇都僉議叅
⑤ 理集賢殿大學士監脩國史贈諡文愼公諱賆妣皇陽川郡大夫人許氏僉議中贊修文
⑥ 殿大學士贈諡文敬公諱珙之一女以至元十四年丁丑夏六月二十有九日丁亥生公
⑦ 十七年庚寅哈丹寇我疆我遷都江華文敬爲冢宰殿國人之後命公挈家以先公年十
⑧ 四指畫如成人一族賴之蔭補鹵簿判官轉典廐丞由別將陞郎將爲牽龍行首左都知
⑨ 右中禁二指諭拜神虎衞護軍兼監察侍丞累遷獻部議郎典符令中門使兼司憲執義
⑩ 提點典符密直右副承旨以檢校僉議評理階匡靖大夫出刺忠水益三州入爲讞選二
⑪ 部典書密直副使以慶尙全羅都巡問使鎭合浦加僉議評理商議會議都監事三司左
⑫ 右使封彥陽君階重大匡號推誠贊理功臣又加都僉議贊成事判版圖司事號推誠守
⑬ 義協贊功臣遂判(拜?)左政丞未幾乞退封府院君階壁上三韓號加輔理二字此歷官出處

⑭ 大略也其爲護軍也洪忠正子藩擧以爲辨正都監副使有巨室與鄕民爭一女奴子孫
⑮ 百口公閱其籍曰此某代某相某歲月與諸子立劵者距今玆若干年矣齒女奴子若孫
⑯ 以較先後相懸而女奴之名一字微偏豈改魚爲魯者乎某相諸子俱有後當家置籍一
⑰ 本盍取而考其異同如其言巨室遂詘其爲侍丞也某甲乙二人爭家口乙曰先世嘗訟
⑱ 于臺知臺姓許忘名別白而分與之甲所得物故無由孽乙家幸得蕃殖因遺火亡其籍
⑲ 甲幸灾誣乙爲兼幷爾公默計歲月曰所謂許知臺必吾家文敬公也命吏檢當時印簿
⑳ 所分名數俱存以詰甲甲亦詘其精詳多類此內臣挾憾手敺五品郞殿門公劾論甚峻
㉑ 兼劾證左言不以實爲內臣地者內臣者方有寵證左亦達官大族排根公左官爲州時
㉒ 大修宮室及佛廟驅民就役使者旁午皆憚公非不得已莫敢入境州人賴以息肩其鎭
㉓ 合浦也軍將不敢以緩急私撓於民州郡不得以喜怒妄加於吏天子之使來觀之卒乘
㉔ 之肅號令之嚴無不悚然以敬及與之游畋左右馳射舍拔屢中則又歡然以樂所至稱
㉕ 道不容口公嘗從忠烈王入朝忠宣王日候于邸從臣慕顧退縮公身兼數任獨侍左右
㉖ 忠烈嘉其志忠宣亦待以禮毅陵見留京師五年瀋王得幸天子羣不逞之徒誘脅國人
㉗ 上言願得瀋王爲主公與弟元尹禍獨不署名狀中或私於公曰違衆自異若後悔何公
㉘ 罵曰臣無二心職耳何後悔之有曹頔構亂自速其死永陵命公訊其黨于巡軍萬戶府
㉙ 一府嫉其從逆勇欲拷掠痛理公曰此輩詿誤於曹頔指嗾何足責哉若使傷肌膚毀筋
㉚ 骨必謂我枉法强服以欺朝廷乃弛其刑囚感悅首罪無隱永陵被徵道召公與偕公年
㉛ 過六旬聞命馳赴數日及之鴨綠江至則丞相伯顏奏令五府官雜問而力右頔黨頔黨

㉜ 多利口公折以片言辭理簡直五府官改容目之爲白鬚宰相永陵得釋東歸襲爵四年
㉝ 讒構蜎毛天子賜以襲衣尊酒而寵普寔來繼遣朶赤頒德音王出迎朶赤露刃扶王載
㉞ 一騎馳去公時家居聞變遽起痛不及奔問詣寵普又知其不可以義感退與宰相言所
㉟ 以乞哀朝廷者咸曰陪臣犯天威恐有大譴公慷慨責之曰君臣父子也子而救父孰以
㊱ 爲罪畏罪不救可謂子乎於是始議上書卒不果公終身憤憤形於言色公主與嗣王訪
㊲ 公請謚事對曰先王不返徒以憸壬歛怨累德今其禍首猶在必先擧正厥罪以明先王
㊳ 非辜然後可請因䟽其人罪惡上之兩宮感悟轉呈朝廷授公改正贈謚二請表入奏謝
㊴ 曰臣桑榆之年七十又二恐顚擠道路以辱明命未死敢不勉退而理裝行有日矣遽得
㊵ 風疾十日不飮水漿令左右扶起具衣冠趺坐而逝實至正八年戊子二月二日也訃聞
㊶ 輟朝三日官庀葬事贈謚貞烈公是月二十四日窆于大德山感應寺之巽岡祔文愼公
㊷ 兆域遵理命也公喜觀書多識典故有問響應無疑仁於宗姻信於故舊見其來必置酒
㊸ 竟日極歡聞其病每市藥造門相視悃愊如漢吏而疾惡嘉善之公無擇於戚踈曠達若
㊹ 晋士而愛君憂民之切不渝於夷險故賢者慕其行不肖者畏其義街童巷婦聞稱竹軒
㊺ 亦能知其爲公也夫人副知密直司事崔諱瑞之女先一年沒贈卞韓國大夫人生七男
㊻ 二女曰可器版圖摠郎金海府使先沒曰敬直重大匡陽城君曰宗烜出家爲華嚴師曰
㊼ 達岑亦出家爲禪師曰淑明開城判官曰希祖典理判書藝文提學曰承矩通禮門副使
㊽ 女一適驪興君閔思平一適宗簿令金輝南亦先沒輝南化平人與公非一金也庶出男
㊾ 曰穢迹二女未適人某辱知於公見謂詩友而希祖又委禽爲子壻於其謁銘義不可負

㊿ 謹取李執義達衷善狀隳括而爲序且系以辭嗚呼風敎之移世也剛可使繞夫指兮方
51 可使內夫柄也鼎柱車不尙烹兮冠苴履不愧弊也允也貞烈兮溫而厲儼而和也松栢
52 乎歲寒兮砥柱乎頹波也榮慕而瘁擯兮我獨敦乎信也害違而利從兮我獨全乎忠也
53 化斯民之庶幾兮有諸已之不啻也胡登庸而惠疇兮旋脫去若棄屣也雖謝事而杜門
54 兮寧一飯而忘吾君也惓惓乎刷恥于國兮汲汲乎除民之賊也嗚呼如公兮當求諸古
55 人之中也

〔揭載〕『東文選』一二四「有元高麗國輸誠守義協贊輔理功臣壁上三韓三重大匡彥陽府院君贈謚貞烈公金公墓誌銘并序」
『韓國金石文追補』附錄、二七九―二八二
『朝鮮金石總覽』上 附錄、六四四―六四七
「雜同散異」(安鼎福)「金貞烈公墓誌銘」(이 銘文에는 題銘 다음에 「宣授王府斷事官推誠亮節同德佐理功臣三重大匡判三司事領藝文春秋館事上護軍李 齊賢譔」이라는 文章과 銘 다음에 「宣授昭陵核尉征東省都鎭撫前通直所右獻納知製敎元松壽書册令同朴忠茂刊字」라는 文章이 추가되어 있다)
『韓國金石全文』中世下、一一八〇―一一八四

〔參考〕『高麗史』一一〇 金倫傳

二六四、安軸 墓誌銘

典據 『稼亭集』十一
年代 忠穆王四年(戊子、一三四八)

① 大元故將仕郎遼陽路盖州判官高麗國三重大匡興寧府院君領藝文館事謚

② 文貞安公墓誌銘

③ 余在京師聞謹齋病旣歸問疾見余則潸然曰吾不可久於斯世矣指其子宗源曰子如
④ 吾思無忘吾兒且以墓誌屬之曰吾平生無可稱吾四爲士師凡民之屈抑奴人者必理
⑤ 而良之此其可記者也余聞之悲而姑復之曰病豈皆不愈言何遽如此嗚呼可謂知命
⑥ 君子矣旣卒將葬其弟輔與余同年以公行狀來乞銘嗚呼余甞受業於公而公又親命
⑦ 之敢以辭爲公諱軸字當之福州興寧人曾祖得財祖希諝俱爲本郡戶長考碩及第遂
⑧ 隱不仕以故皆贈官妣興寧郡太夫人安氏同郡人檢校軍器監成器之子公生而穎悟
⑨ 知讀書力學工文辭中成均試擢進士第調金州司錄選藝文春秋館檢閱修撰再中鄉
⑩ 試拜司憲糾正癸亥又中鄉試第一名甲子會試京師廷對第三甲七人勑授盖州判官
⑪ 時忠肅王被留輦轂四年矣公謂同志曰主憂臣辱主辱臣死吾曹之學如此乃上書訟
⑫ 王之無它王甚嘉之超拜成均樂正盖州守遣人禮請王方嚮用故不能去國之任由樂
⑬ 正轉典法版圖軍簿典理四捴郞遷右司議大夫永陵莅位命存撫江陵道有文集曰關
⑭ 東瓦注再拜判典校知典法事忠肅王復位凡得幸於永陵者皆斥之或以公爲所斥者
⑮ 之親褫其職時人語曰得之自身失則由親旣而起爲典法判書俄又忤內竪之用事者
⑯ 見罷永陵復位復起判書典法同知貢擧取今判密直司事李公遂等三十三人時稱得
⑰ 士由判書轉監察大夫樂正以上常兼館職雖長憲司猶帶之表牋詞命多出其手癸未
⑱ 以檢校評理出牧尙州尙與福接境而太夫人在桑梓往來起居以盡孝道甲申春王新
⑲ 政首論相召副使密直尋陞政堂文學明年加僉議評理又加贊成事右文館大提學監

⑳春秋館事丁亥秋遘疾除興寧君盖執事者不喜吾儒故有是命其冬衆論紛騰復職如
㉑初戊子春疾復作乃乞致事夏六月朔復除興寧君進階開府至二十一日訃聞王命有
㉒司弔贈以禮謚曰文貞百官會葬哀榮終始可謂無缺矣以七月十一日窆于大德山享
㉓年六十七娩甘泉郡夫人文氏檢校軍器監龜之女生二男一女長宗基寶馬陪行首別
㉔將先歿次宗源及第今爲有備倉副使女適別將鄭良生有二弟輔及第中京師乙酉科
㉕除遼陽省照磨因覲省歸國今爲右代言輯及第今爲成均祭酒先公早世公敎二弟無
㉖異已生以至成人故其弟之事公如事父云本國之制三子登科廩其母終身公與二弟
㉗既登第矣又與其仲俱中皇朝甲第實世所稀而亦公敎養之力也公處心公正持家勤
㉘儉發言便便無遁詞居官矻矻無倦色見善則稱之不已故多譽見惡則避之不近故寡
㉙怨自號所居曰謹齋其志可見已銘曰
㉚謂非壽耶年薄七旬謂非貴耶位冠諸君有弟有子有德有言我銘不諛維公之墳

〔揭載〕『謹齋集』四「墓誌銘并序」
『東文選』一二四「大元故將仕郎遼陽路蓋州判官高麗國三重大匡興寧府院君領藝文館事謚文貞安公墓誌銘」
『朝鮮金石總覽』上 附錄、六四七—六四八
〔參考〕『高麗史』一〇九 安軸傳

二六五、金永暾 墓誌銘

典據 『安東金氏大同譜』(서울、一九八〇)
年代 忠穆王四年(元 至正八年、一三四八)

①　有高麗國推忠秉義翊贊功臣壁上三韓三重大匡上洛府院君金公墓誌銘幷序
② 公諱永暾字暉谷其先出自新羅王金傅□□□□□□□□王中世以婚姻故徙居安
③ 東都護府其府今福州牧也至十三代孫判都僉議司[事]□□□□諱方慶會上國東征
④ 日本□□□助官軍水戰有功天子授中奉大夫管高麗軍都元帥推忠靖難定遠功臣
⑤ □□□□□季諱恂位至判三司寶文閣大提學上洛君是爲公考公幼持氣節其學□
⑥ □□□□□□大德乙巳登第自福源宮□□□□爲嘉順府丞延祐丙辰從忠肅王朝
⑦ 京師請爲嘉禮及尙公主册公一等功臣賜田民祿券再遷掖庭內謁者監出知陜州事
⑧ □□威惠邑居載寧民至今歌其德秩滿除讞府散郎徙民部尋復讞府爲直郎遷監察
⑨ □□□□全羅□巡郡縣輒恕罵曰民有困窮惠撫廉謹得以稗王化其守令□職□以
⑩ □蘇復□□典校副令移典法摠郎後至元戊寅判事小府己卯改宗簿副[令]使朝京師
⑪ 留都□□後入朝就從負紲庚辰襲位□都僉議評理是秋□□遂遷□□□使掌春試
⑫ 官得李公秀等十二人其禁□嚴肅士林稱爲□□至正辛巳以推誠秉義翊贊功臣上
⑬ 洛府院君□職□讌□□□□公出□合□南民積幣意治盡祛猶理亂絲□□□□□
⑭ □□□餽宴饗畋獵皆徹不□□近自□至明年□解□□鎭上□□內酒諭勉故復留
⑮ 一年丙戌[僉][議]贊成事右文館大提學典春秋舘事□月朝京師天子召□不□□無帝
⑯ 嘉其忠直掌□百□得□□旨得整理公東還□□□稟國王□□整理都監訴寃
⑰ 枉者一日無慮千餘□□□公爲左政丞□是擇官員與之根刷通洗衆寃口折是非而
⑱ 折欺枉權勢怨謗悉叢公身帝遣使賜御酒御衣者老歎其未曾有也旣而衆怒難□公

⑲ □見斥七月□壁上三韓三重大匡上洛府院君功臣號如故遂斂跡杜門不復與整理
⑳ 其□未寃者□王者起公以盪吾胸公嘗築野莊德水縣東有江山之好每往輒留旬月
㉑ 若將遺世其□清濁抑强扶弱衆未嘗忘也至戊子七月戊申遘疾卒春秋六十四移殯
㉒ 城中私第朝士大夫皆痛惜相吊妣陽川許氏都僉議中贊諱珙之女公姿端廉果斷不
㉓ 以內外尊顯自多衣不爲華食不兼味至於貨財不求不殖待族親甚睦雖飯寢之際苟
㉔ 聞其至必則呼前喜□□不至□若士夫汚諂嬌飾根脚必對面唾罵故一時名宦者深
㉕ 惡焉夫人申氏版圖仕郞汝岡之女封利川郡生二女一男長女適通禮門判官吳元敬
㉖ 先公卒次適三司[判]官尹湜男縝掌服直長娶右代言柳甫發之女公嘗與予言吾晩生
㉗ 一子將復其□業八月丙戌葬德水仰洞山贈謚文肅予旣遇公知米書其末其銘曰
㉘ 身頎而長　性直而□　□處廟堂　萬民所望　遭國老召　敷奏天子　聿降□旨
㉙ 俾之整理　疾視豪權　根刷違愆　天不假年　泰山其頽　刻時德行　共耀無境
㉚ 積善之慶　子孫昌盛
㉛ 至正八年八月　日
㉜ 勅授將仕郞匡靖大夫檢校僉?議叅理藝文舘大提學知春秋舘事安山君　安震　撰

〔參考〕『高麗史』一〇四　金方慶傳　附　金永旽傳
金龍善、「新資料　高麗　墓誌銘　十七點」(『歷史學報』一一七、一九八八)

二六六、尹宣佐 墓誌銘

典據 『稼亭集』十二
年代 忠定王元年(己丑、一三四九)

高麗國匡靖大夫僉議評理藝文館大提學監春秋館事上護軍致仕尹公墓誌銘

公諱宣佐字淳叟鈴平郡人三韓功臣莘達之後莘達玄孫太師門下侍中瓘平戎拓地配享王廟瓘之孫太師門下侍中鱗瞻靖難匡國功在社稷鱗瞻生判禮賓省事宗海宗海生內庫副使世芳世芳生贈判司宰寺事應植應植生贈僉議評理均均取贈贊成事宋世堅之女於公爲考妣公生而潁異七歲能屬文歲戊子擢第一人及第由金海掌書記入補秘書郎直文翰署累轉堂後官丁未忠宣王嗣政沙汰百寮拜左正言再轉右思補兼讞部散郎出按淮陽道累遷內書舍人選部議郎壬子按全羅道有古按轡持斧風事聞就陞都津令癸丑王遜位于忠肅王忠肅素聞其名授成均祭酒命掌符印在左右仍令進講資理通鑑轉監察執義中以事罷辛酉復職如初是年瀋王得幸于英宗誣王以罪欲攘其位患得之徒皆附焉其黨十餘人忽自都下來言瀋王已得國國人耑狀王之非以達于朝乃連數十紙書其狀云云鋪于旻天寺門招百官而署之人爭趨之公獨曰吾不知吾君之非臣而訴君狗彘不爲唾之而去由是臺諫文翰得不署名事乞中書以其狀歸之王數其不署者而嘆曰非尹某在憲司則其它未可知也時王被留五年財

⑭用賣乏瀋王之黨知其然封府庫以沮輸運公撒察官趙瑄督責主者輸運乃行乙丑王
⑮歸國除判典校階通憲俄以民部典書出尹漢陽旣而王及公主如龍山謂左右曰尹尹
⑯淸儉故使牧民汝曹愼毋擾溷辛未引年致事乙亥王親注守令至雞林尹輟筆以思曰
⑰朝臣盈庭無如尹尹即注之其見信於王類此公再尹大府益廉益勤凡民之所病必務
⑱去而可以利民者擧行無遺丙子加僉議評理仍令致仕癸未九月某甲子得微疾呼子
⑲女而前曰今人之兄弟多不相能者由有爭也命子粲書文契均分家業且戒之曰和而
⑳無爭以訓汝子孫言畢正其衣冠端坐而逝以某月某甲子葬于北原享年七十有九夫
㉑人尹氏國學大司成諧之女生子三人長棣先公歿次粲及第今爲典儀寺丞女適大護
㉒軍庾良俊繼昇平郡夫人朴氏生二男廕及第今爲通禮門祗候季剃髮學佛再繼林氏
㉓無子公平生不理家產性不飮酒人未嘗見其戲謔歌舞愼交遊重然諾獨居常若對賓
㉔唯以經史自娛有質疑者輒據經以對至于老莊之書刑名之學靡不硏窮故學者多歸
㉕之詞翰淸便正言以上常兼館職一時表牋多出其手旣葬之七年右代言尹澤與余同
㉖年及第以所撰公行狀來乞墓銘曰嗚呼公雖姑夫恩猶父也適公歿吾在南方而未及
㉗葬葬期又迫而未暇銘銘人之墓如吾公乃可無愧而猶無銘而至于今可恨也已子銘
㉘人多矣亦嘗有如吾公者耶余無辭以辭唯唯而銘之銘曰
㉙人以貧憂公以富羞或諂于君公以直聞孰尸厥爵爵劣于德德與齒尊公貴何言才名
㉚出衆蘄其見用見用之蘄公亦不慍赫赫者誰泯滅如澌公死猶生視此刻銘

〔揭載〕『東文選』一二五「高麗國匡靖大夫僉議評理藝文館大提學監春秋館事上護軍致仕尹公墓誌銘」

『朝鮮金石總覽』上 附錄、六四八—六五〇
〔參考〕『高麗史』一〇九 尹宣佐傳

二六七、趙瑋 墓誌銘

所在 서울 國立中央博物館(No. 新 五八五二)
年代 忠定王元年(元 至正九年、一三四九)

(1) 贈謚莊景公墓銘(題額)
(2) 高麗國重大匡僉議賛成事上護軍平壤君趙莊景公墓誌銘
(3) 惟昔
(4) 世皇旣一海内而懷柔要荒嘉我　忠憲之歸欵　忠敬之勤勞而行崇德報功之典迺釐降
(5) 帝女于　忠烈王其貳室之恩三接之寵天下無對焉當是時賢能並出奔走輔翼光大三韓之業貞肅趙公
(6) 尤爲傑然者也貞肅諱仁規官至僉議中賛封平壤府院君旣樹中興之功都上相之位以勳以舊蔚爲元
(7) 臣而諸子振〻又皆克家功名富貴冠於一時公其季也公諱瑋字季寶平壤祥原人贈樞密院副使瑩之
(8) 孫司宰卿致仕趙公溫呂之外孫管軍萬戶羅公裕之壻也生九歲以門功權務昌禧宮再迁攝護軍五轉
(9) 大護軍歲庚戌拜密直左副代言乙卯除讞部典書明年以揔部典書行平壤尹事又明年出牧淸州北界
(10) 人多桀驁南方俗亦奸黠公一以惠不以威期于無事聽訟之餘飮酒圍獵人始不知其德去乃思之延祐
(11) 末　忠肅王與瀋王構釁或以間公授以元尹置之散地事定　忠肅知其無它癸酉拜知密直乙亥迁判
(12) 密直俄陞僉議賛成事時　忠肅倦于政委之宰相公持大體不務瑣尾發言侃〻人服其公謂有父風期

(13) 以冡宰戊寅閏月以事免時宰公例罷襲封平壤已而　忠肅捐國事隨以變公屛埽日與親故讌集至正
(14) 改元之春樂禍者誣公與客論議國是　永陵怒甚夜半下命貶福州牧衛士押送不許一刻留公倉皇出
(15) 城馳赴任所意頗不樂稍覺傷和旣還疾作艱行步重語言百方莫醫丁亥秋進封府院君以病不謝戊子
(16) 十一月乙巳卒于家享年六十二夫人羅氏封通義郡夫人生男興門今爲小府尹孫男一人以明年三月
(17) 己未葬于松林原將葬其兄　元朝三藏法師旋公以墓誌屬予曰吾姪方萬里奔喪未暇匍匐以請吾弟
(18) 之德之行誠不愧于前人謂當一起以慰東人之望嗚呼今已矣夫又其亡踰丁國恤衆議謚以易名官庀
(19) 事以會葬其德之感人可見已盍銘諸穀諸而銘之曰　天之降材弥薦于人何以薦之有君有親允也平
(20) 壤厥稟惟醇貞肅之子　忠肅之臣旣能竭力又致其身予齒去角賦已不鈞與德奪壽天或匪仁我銘公
(21) 墓其悲爲民措辞無愧刻此貞珉　至正九年己丑淸明奉訓大夫中瑞司典簿李　穀撰　後學韓脩書

〔揭載〕『稼亭集』十二「高麗國重大匡僉議贊成事上護軍平壤君趙公墓誌」(이 銘文에는 題額과 제일 뒷 부분의 年代、撰者、書者를 밝히는 부분이 빠져 있다)
『東文選』一二五「(右와 같음)」
『海東金石苑』補遺六、九八六—九九〇
『朝鮮金石總覽』上、四九三—四九五
『韓國金石文追補』、二三四—二三五
『韓國金石全文』中世下、一一八四—一一八七

〔參考〕『高麗史』一〇五 趙仁規傳 附 趙璋傳
閔賢九、「趙仁規와 그의 家門(上·中)」(『震檀學報』四二·四三、一九七六·一九七七)

二六八、王煦 墓誌銘

典據 『東文選』一二五
年代 忠定王元年(元 至正九年、一三四九)

① 鷄林府院大君贈謚正獻王公墓誌銘幷序 (李仁復)
② 至正己丑春有國大臣僉議政丞王公入賀聖節于京師秋七月癸巳還至昌義縣以疾
③ 卒遼東部使者傳歸其柩士大夫皆相弔街童巷婦莫不驚嘆四方之民至有痛哭者王
④ 於是贈謚曰正獻公命有司董喪事如禮以九月辛酉葬于臨津縣栢木谷之原前事之
⑤ 三月金海府院君益齋李公召謂仁復曰嗚呼王郡公吾先室之弟尚忍銘耶子其最行
⑥ 事之大者刻諸石藏之則猶吾銘也仁復甞辱公知其可以不文辭謹案公慶尙道福州
⑦ 人曾大父諱韙判大僕事翰林學士大父諱旵僉議中贊判典理司事致仕謚文淸父諱
⑧ 溥永嘉府院君謚文正母柳氏卞韓國大夫人公生於大德丙申爲兒寡言笑絶嬉戲且
⑨ 不類諸昆季韓國以異爲其伯兄吉昌君受知忠宣王王問其兄弟聞公名則喜未及見
⑩ 受以郞將俄遷三司判官年十四五從事鞅掌同列奇之歲辛亥王自都召公一見遂以
⑪ 爲子慈愛兼至癸丑夏從王還國常同車由司僕副正轉司憲執義明年陞爲三重大匡
⑫ 鷄林府院君書之王族譜王還朝奏以爲皇太子東古赤爵雞林郡公階資德大夫即都
⑬ 下買田宅以賜英宗初宦者伯顏豆古思有寵構王王獲譴西行公一心翼翼欲以身代

⑭帝聞而憐之宦者不能害癸亥冬與門客兩三輩將詣王所道見使者西去與語使者喜
⑮曰吾奉詔迎王來矣吾當巡諸路恐晩公宜先報因與驛三騎公兼行至臨洮見王旣而
⑯使者適會遂陪至京師泰定帝踐祚之初也時忠肅王久留未歸瀋王內懷覬覦詭計百
⑰端而王無所可否左右多反覆公獨以義自將終始無間言乙丑夏五月王薨斬衰廬經
⑱奉喪東來旣葬每月朔望私祭陵下至歿身又修其傍海安寺以奉冥福王嘗泥金銀書
⑲六百般若經未半及他經亦衆公用私錢畢其功自王之薨垂二十年未有謚公入朝請
⑳王謚幷請謚忠肅王柄國者莫小助公自以爲已責所費無筭卒得請甲申秋韓國棄世
㉑其冬先國王起公爲僉議右政丞而永嘉君尙無恙强之再三不得已起視事首以選法
㉒歸之典理軍簿舊判官吏祿薄賜京畿田人若干畝謂之祿科權貴奪之幾盡諸領府尤
㉓受其害公下令復之賢有才行者力佑之其奸回貪暴不忍與之言由是未久見罷丙戌
㉔冬有詔召至闕下委以整理其副京兆相執已見恥與校朝士來詰獨委公其事戊子春
㉕復爲政丞京城大饑楊廣西海尤甚公發廩賑濟所全活不可勝計公爲人剛靜莊重魁
㉖顏脩幹望之毅然不可犯而城府機穽則無之平生不妄言讀書不甚多而通大義能言
㉗先賢事業好接賓客雖下士必待之盡禮性廉簡寡欲侍忠宣王有年未嘗以事私謁前
㉘後在位三年擧賢才恤民隱節浮費凡可以興利除害者無所不用其極非宴會退朝則
㉙必齋居慨然念國家或不知其食味內而臺諫外而守令多承風礪節橫政暴賦一不及
㉚民流亡以歸其爲整理也詞訟蝟午一斷以法雖親戚故舊不小貸其大公至正盖天性
㉛然也嗚呼若公者可不謂大臣乎公配洪氏宰相詵之子女適上國監察御史上左男重

㉜ 貴郎將尙未冠公本姓權氏諱載改姓名即王煦忠宣王所賜也又小字曰脫歡銘曰
㉝ 於維我公闕盛衰生自岳降死騎箕德人之容吉人辭妙齡深結忠宣知視猶已出愛且
㉞ 慈敎我誨我式似之恩榮兩國崇班資忠孝始終無所虧好賢樂善心孜孜再起爲相能
㉟ 救旹天子有詔鼇東陲獨持國是終無疑砥柱不動頽波馳大廈更賴一木支伊尹其任
㊱ 廉公儀積者已百纔一施何天不弔遽奪歸子產已矣君子悲惟公功德古亦稀有欲徵
㊲ 之銘在斯

〔揭載〕『朝鮮金石總覽』上 附錄、六五〇—六五二
〔參考〕『高麗史』一一〇 王煦傳

二六九、李自成 妻 李氏 墓誌銘

典據 『益齋亂藁』七
年代 忠定王二年(元 至正十年、一三五〇)

① 大元制封遼陽縣君高麗三韓國大夫人李氏墓誌銘有序
② 大夫人姓李氏興禮府人曾大父諱淳匡司宰注簿大父諱祐父諱椿年皆不仕旣笄歸
③ 韓山李氏監井邑務諱自成原兩家所以得氏非一李也生三男一女長曰培次夭次曰
④ 穀女適張氏先沒井邑府君卒守寡四十年明敏慈嚴勉二子宦學俾有立培官司儀署
⑤ 丞穀登國試秀才科又登皇朝制科今以奉議大夫爲郎中征東行省又爲國相爵韓山
⑥ 君由是朝命贈井邑府君秘書監丞大夫人封縣君而國命封三韓國大夫人當世榮之

⑦ 年八十三至正十年十月壬寅卒其年十二月丙申葬韓原銘曰
⑧ 持身有節訓子有則士也其難惟母時克身享尊榮由子名遂刻文幽墟于永厥际

〔揭載〕『東文選』一二四「大元制封遼陽縣君高麗三韓國大夫人李氏墓誌銘并序」
『朝鮮金石總覽』上 附錄、六五四

Ⅳ、高麗後期 下(恭愍王－恭讓王)

二七〇、洪彬 墓誌銘

典據 『牧隱文藁』十九
年代 恭愍王三年(元 至正十四年、一三五四)

① 唐城府院君洪康敬公墓誌銘
② 南陽洪氏三韓名家世爲大官而足不出境其顯于中國則或有反吠者焉至於仕中國
③ 以名節稱仕本國位冢宰功在社稷者康敬公一人而已公諱彬字文野其先世入居燕
④ 公生于至元戊子父母絶愛之稍長宿衛　內庭積其勞皇慶壬子用長官薦授從事郎
⑤ 大都路覇州同知以塩折革功　拘再轉抄紙房提領階承務郞幹事之才爲人所服天
⑥ 曆己巳奏授承直郞松江府判官吏不敢欺以都水監經歷召還陞承德郞都水之政不
⑦ 少撓又轉奉訓大夫太常禮儀院經歷未幾丁外艱　忠肅王被讒留京師者五年公於
⑧ 是多爲　王出死力訟　王之屈而別白之及其復爵從之東歸實後至元丁丑也　王
⑨ 念公功篤將留之佐政馳請于　朝授公征東省理問所官又曰詞訟不足以煩公盍以
⑩ 國事委之遂拜都僉議贊成事階重大匡帶上護軍俄而進判軍簿司事人之稱之則曰
⑪ 二相己卯春三月　忠肅王禮陟遺命權征東省事秋八月政丞曹頔陰右瀋王將廢
⑫ 忠惠王以誅君側小人爲名率百官擁永安宮　忠肅王公主之所居也頔旣脅百官矣

⑬惟憚公百計動公且告其謀公曰若是則失之又甚矣從其兄不道有弟在瀋王何與焉
⑭拒之益堅頔雖脅百官疏王罪公竟止使者不得行　忠惠王驍勇善騎射率精銳十數
⑮人突出潰圍馳呼於道曰逆賊頔也餘人爲所脅耳予悉知之無恐旣誅頔則又呼曰老
⑯賊伏辜矣餘人安心焉　忠惠王雖在圍中知公守義又知公沮撓迪謀甚德之及　王
⑰赴京有　旨中書省樞密院御史臺宗正府翰林院雜訊之　忠惠王不能自明事殆矣
⑱公曰頔王之奴也奴而欲戕其主王法之所不赦也且挺刃旣接誰復丐迪斯須活哉則
⑲王之罪當從末減彬以　先王遺命權行省事事之干于邦憲彬實當之王不當坐辞氣
⑳慷慨知公者皆爲公危之公曰吾王之子吾不直之吾何以見先王地下乎　王旣復爵
㉑歸國賜鉄券功一等進三重大匡封唐城君開府且曰凡所以事天子行省實主之左右
㉒司非其人事或慢且失禮責之何及於是薦公爲郎中階朝散大夫　明陵嗣位有許政
㉓者中原人也誣公言斥乘輿蔡政丞爲之證事聞中書省省差官來鞫之二人言卒牴牾
㉔反抵罪公曰吾不可久於此遂如京知公者皆喜曰文野來矣薦之朝將顯擢公又求出
㉕於是揔管興國路階正議大夫公莅民以恩御吏以法至今遺愛存焉歲辛卯　玄陵即
㉖位　錄功臣若曰洪彬自始至于今甚忠於我且見在　先王大臣無如彬者宜宅右揆
㉗以輔予理於是賜功臣號推誠翊戴同德協義輔理十字階壁上三韓三重大匡判典理
㉘司事封唐城府院君盖古者丞相封侯之典寵異大臣之極也至正癸巳冬十二月十七
㉙日以病卒于第年六十六訃聞　上哀悼命重賻賜謚曰康敬公官庀葬事以明年三月
㉚初八日葬于城南公之哀榮可謂無憾矣曾祖諱冲本國贈銀青光祿大夫樞密院副使

㉛ 上將軍祖諱世贈三重大匡都僉議政丞判典理司事上護軍考諱允深贈推誠翊戴佐
㉜ 理功臣南陽君有元授通議大夫集賢直學士妣金氏封燉煌郡夫人正議大夫判繕工
㉝ 寺事諱祉之女也娶高氏封燉煌郡夫人中奉大夫禮部尙書克仁之女生一男曰壽山
㉞ 繼室以通儀君王珩之女敬和翁主王氏無所出壽山仕元朝累轉內藏庫副使高州同
㉟ 知秘書郎中尙經歷陸運提擧官至奉訓大夫本國奉常大夫通禮門副使孫男女各一
㊱ 人貴今爲奉善大夫興威衛保勝護軍女適中議大夫左右衛保勝將軍白絢曾孫曰康
㊲ 幼白氏二人皆幼公之敎提擧也浙東胡仲淵先生館于公予先君稼亭公佐幕東省於
㊳ 公爲同僚又相善也是以予得同受業焉日且晩將歸公輒留之動踰旬月公之食我館
㊴ 我其恩又深矣嗚呼銘其忍辞諸公之道德政事載在國史金縢石室人罕得窺則撰爲
㊵ 家傳播之聲詩此吾責也況提擧請之屢乎至於持家嚴遇事果断臨難守節不可奪雖
㊶ 古烈丈夫無以過之嗚呼公可謂剛明之至矣公之身老矣而天下始乱公之心可知已
㊷ 其强毅果敢之氣將欝結於九原之下而已耶將如麟如鳳以竢大平而出邪吾今不得
㊸ 而知之矣嗚呼銘其忍辞諸銘曰
㊹ 嗚呼洪公宿衛中宮長迺擢用才出於衆惟江之南再騁我驂所居稱職人懷其德　毅
㊺ 陵惟惜群小轢凌公憎于懷如炭于氷奸夫抵隙　永陵之阨惟公之舌惟公之掖　先
㊻ 王曰嘻予少之時知公之忠念兹在兹爰立作相百寮是長保奭是師惟德之尙嗚呼洪
㊼ 公爵祿則豊子孫無幾誰卹其窮誰卹其窮嗚呼洪公

〔揭載〕『東文選』一二八「唐城府院君洪康敬公墓誌銘」

『朝鮮金石總覽』上 附錄、六五五—六五七
[參考] 『高麗史』一〇八 洪彬傳

二七一、韓宗愈 墓誌銘

典據 『東文選』一二五
年代 恭愍王三年(元 至正十四年、一三五四)

① 漢陽府院君韓公墓誌銘并序 (李仁復)
② 公諱曰宗愈字曰師古漢陽人年十五入大學肄業卓然自樹立有聲未及冠擧進士擢
③ 第丙科延祐初由權知校勘選授藝文春秋館檢閱從毅陵入朝錄行宮日曆且書批判
④ 文字既還以勞遷惣部散郎階承奉郎賜服六品歷都官直郎轉司僕副正知製教兼藝
⑤ 文應教春秋館編修官人以爲稱職至治中群不逞誣毅陵以事徵在京師瀋王與之相
⑥ 持使其人來曰我已得志矣國人頗惑焉公獨慨然欲爲毅陵訟理乃與儒士之賢者十
⑦ 六人連名爲書累數百言我祖文烈公躬至上京獻之丞相毅陵多歸功公擢爲密直司
⑧ 左副代言泰定末毅陵爲用事者所誤密以禪位表示公且曰吾欲以此與瀋王趣行印
⑨ 公時爲密直司知申事固諫不得命既退托以墜馬不起與我文烈公以告大臣大臣謀
⑩ 諸王人執其用事者斥之事竟不行然亦以是失職至順之元永陵受命起爲密直提學
⑪ 明年加政堂文學典試貢士又明年毅陵復政公免歸其鄉築室以居至元之季毅陵薨
⑫ 曹頔構亂公至自鄉與我文烈公及諸大臣同侍永陵頔敗故政丞金公倫與公理其黨

獄成驛聞丞相伯顏不省顧奏徵永陵赴都公等實從行至則俱繫獄事叵測我文烈公欲上書以明會伯顏死得解永陵既復位錄其功命爲僉議評理改贊成事賜號推誠保節贊化功臣至正三年冬永陵西行使者稱制起公爲進奉使明年正月有詔奉明陵歸國且輔政由是拜僉議左政丞判軍簿司事上護軍加功臣號未幾進封漢陽府院君公於館職由應敎編修累遷爲右文藝文二館大提學監春秋館事於階自承奉郎凡九轉至三重大匡既罷政歸臥其鄕非有事故或終歲不肯至王京今國王之未嗣位也諸老臣多屬望而公亦與焉王以是每見必加優禮十四年夏六月戊戌以疾卒于京城舊第疾革謂其子若壻曰吾繇布衣荷國重恩官至極品縱不得中壽以沒亦復何恨吾於後三日當與若等別若等其候之至期果卒遠近聞訃者皆相弔以哭曰於虖大臣亡矣王爲之不視朝俾官理喪謚曰文節以其年八月壬寅葬于大德山禪寂寺之南原春秋六十又八曾祖諱元諝檢校太子詹事贈叅知政事祖諱彥東面都官判官贈同知密直司事考諱英密直副使上護軍致仕妣李氏咸安郡大夫人公瞻視異衆魁顏偉幹望之儼然知其爲公輔器其未達也與一時名士相還往群飮無虛日醉則起垂袖爲舞歌楊花詞曰待如晦淸風飛歇到黃閣中識者皆異之自檢閱至爲宰相常典銓選親戚故舊多賴公以達性寬厚且重處事接物皆有餘裕爲文章務去世俗氣尤致意於詩又喜談笑樽俎間和氣油然可愛而親復齋其自號也初李文定公一見於大學遂以其子駕洛君諱琯之女配之生子男三人曰伯淳曰仲明曰季祥子女五人云云及葬伯淳等相與謀曰吾先公所與共事者惟文烈李公爲詳其孫仁復甞事二公聞見有素而今爲太史氏

㉛ 是能道吾先公事業垂之無窮者也乃來請銘銘曰
㉜ 器偉且宏學博名成何用不臧歷事三君以忠以勤蟬冕有章啓慶自躬善始令終維德
㉝ 之光埋石於墳我銘以文來者可忘

〔揭載〕『朝鮮金石總覽』上 附錄、六六九—六七一
〔參考〕『高麗史』一一〇 韓宗愈傳

二七二、朴元桂 墓誌銘

典據 『牧隱文藁』十九
年代 恭愍王四年(元 至正十五年、一三五五)

① 判書朴公墓誌銘并序
② 寧海朴氏以儒術吏事顯于世者曰典法判書諱元桂字 當 忠肅王時使臣至自
③ 都恃恩作氣勢以奴婢事白于 王將屈人之直而入之已兩造宮門使臺臣決之判書
④ 公時爲掌令別白邪正不少撓使臣大怒而去 王曰臺臣當如是遂陞執義以賞其直
⑤ 當世榮之初公年十九歲在辛丑鄭常侍僐取士成均益齋李侍中年十五擢狀元次則
⑥ 公也是年菊齋權公溥悅軒趙公簡掌試禮闈公又中焉司錄全州兼掌書記境內有虎
⑦ 暴牧使判官捕之不能得既而委之公公則部分騎射要於隘一箭中之遂斃延祐丙辰
⑧ 權知典校校勘丁巳秋移成均學正其冬入藝文爲檢閱從 忠宣于燕邸執筆在側勤
⑨ 謹無過甚見愛重戊午冬移嘉安府丞己未冬授承奉郎中門祗候庚申夏轉都官散郎

泰定甲子夏以開城少尹知寶城郡事有惠政至順壬申秋授通禮門判官元統乙亥春拜奉常大夫監察掌令綱紀大振班行肅淸明年有宮門決事進拜中承之命至元丁丑移宗簿令知製敎歲戊寅春判小府寺事階奉順大夫寶文閣提學依前知製敎選爲江陵道存撫使秋將代還宰臣謂江陵人便於朴存撫遂馳一介仍齊祭留之明年春又如之秋又如之民至于今思公不置庚辰　忠惠王卽位置便民條例推辨都監以公爲使者二年裁決平　時人稱之忠定初政大用人才典選者重法司難其人遂用公進階奉翊大夫館職兼寶文閣提學廷中皆曰典法判書得人矣是歲公年六十七夏四月十二日得疾二十三日卒某月某日葬于童城兩足山馬田谷實至正九年己丑也歲乙未正月初二日夫人吳氏年　十　以病卒同域以葬夫人豆原人禮賓卿諱誼之女持家敎子皆有法度生男二人曰寶生官至奉順大夫判衛尉寺事曰童生今爲奉翊大夫典工判書女一人適檢校成均大司成金臺卿孫男女若干人衛尉穡之妹夫也無子判書先娶益齋侍中之女生男曰經奉常大夫三司副使曰緯典校寺校勘曰秀門別將女在室繼室以判宗簿寺事致仕蔡滋之女生一子幼曾孫男女若干人副使娶贊成事奇有傑之女生三子校勘娶判事李思義之女生二子皆幼外孫男女若干人曰可久中顯大夫典校令女適正順大夫判典校寺事金禧次適奉善大夫司宰副令鄭漬外曾孫若干人典校令娶繕工令權承矩之女生男女云判典校無子副令生二男一女皆幼予旣成童判書公往來吾家觀其貌豊厚聽其言慈祥未知其可畏焉稍長聞其爲臺臣憲使則知其有紀綱烈丈夫也及其亡恨親炙之未久痛老成之無在爲日久矣又況典工中進士

㉘科爲時通才揚揚入是府持斧專城所至遺愛存焉故其請銘也不必辭而書其世家係
㉙之以銘曾祖諱得珠左僕射祖諱文圭禮賓卿父諱琯中顯大夫典客令外祖通禮門祗
㉚候大寧崔壻其銘曰
㉛東海之隅我公出焉丹陽之區蜚英通衢事我忠宣珥筆燕都烈文　忠肅威臨咫尺決
㉜訟宮門析白于黑迺擢中承邦之司直存撫江陵海循山登一方靜謐非我之能惟久於
㉝任風化其承無訟是尚秋官之長弗竟厥施蔓草黃壤我銘匪私太史攸掌

〔揭載〕『東文選』一二八「判書朴公墓誌銘幷序」
『朝鮮金石總覽』上 附錄、六五二—六五四

二七三、金台鉉 妻 王氏 墓誌銘

典據 『光山金氏族譜』(全南 寶城、一九三四)
年代 恭愍王七年(元 至正十八年、一三五八)

① 開城郡大夫人王氏墓誌銘幷序　牧隱李穡撰
② 夫人姓王氏開城郡人祖諱覲我太祖十一世孫朝請大夫禮賓卿致仕考諱丁朝贈銀
③ 青光祿大夫樞密院使戶部尙書翰林學士承旨妣李氏金馬郡夫人左司諫知制誥瑞
④ 春之女夫人年十四歸于文正諱台鉉貞忞淑德克配高門生子五人長男光轍以密直
⑤ 使封化平君先八年卒謚文敏次光載三司右使兼典理判書退于家今在墓側次光輅
⑥ 嘉安府錄事早卒無子長女適政堂文學藝文舘大提學安牧次適密直司右代言左司

⑦議大夫朴允文孫男三人長承祖千牛衛海領別將次興左右衛保勝郞將次懷祖中成
⑧試忠勇衛虎賁別將女五人長適開城少尹崔冲孫次適合浦萬戶□□□玄城君權鏽
⑨次適兵部員外郞柳蕙符次適崇福都監判官洪仁喆次適內府副令朴門壽曾孫男三
⑩人女五人皆幼外孫男六人安元崇軍簿判書進賢舘朴密?陽及第刑部員外郞朴太陽
⑪及第考功郞中朴紹?陽中成均試入元爲荆湖池□元帥府奏差朴三陽及第忠州判官朴
⑫季陽左右衛精勇散女一人適奉翊大夫右常侍閔愉外曾孫男十五人閔德生尙書左
⑬司員外郞閔秀生中成均試閔□生直史館朴淑□西林場判官餘未冠女十七人適金
⑭吾衛精勇郞將□□一適遼陽寺處行中書省右承[旨]一適秘書監金士廉一適右副代
⑮言奇曰龍一適國子直學成□一適堅銳府別將具禧餘未笄外玄孫五人夫人年至五
⑯十二歲而內外諸孫若此之盛夫豈偶然耶國制三子登科廩其母終身光轍載輅俱中
⑰進士第而夫人□□其榮外孫朴氏亦濟其美時人欽之至正十六年丙申三月十八日
⑱卒于寢是年四月九日窆于德水縣海雲山文正之塋夫人慈嚴聰慧持家有法撫諸族
⑲有恩人□□之咸若已母姑???高氏禮賓卿知制誥瑩中之孫早年而寡老益康享年百單
⑳二歲夫人事之愈勤性愛佛金書華嚴經三本□□文正之願又成法華經諸凡二百餘
㉑卷函盛褥籍極其精緻讀誦供養必以文正之忌常念佛至於屬纊之時□□□□其篤
㉒信如此予□□謁三司公于守墓之廬公潛然曰汝門生吾母之德汝其誌?之予義不可
㉓辭退列其□□□□而序之曰嗚呼積善積惡殃慶隨之不忒文正公道德功名赫然於
㉔世而三司公與其兄光轍皆以宏材重□子姓振振咸稱其家夫人之所以內助者不旣

㉕ 多乎是宜銘銘曰
㉖ 文?正?之?賢百世不磨?夫人配之克柔以和有子三?俱踐文科終身國廩受福不那壽過九
㉗ 十□□□多伯兮叔兮已□□□仲也三司白首皤皤居墓終制痛栽蓼莪德水之陽海
㉘ 雲之阿□□□□省克無訛
㉙ 至正十八年三月日

〔參考〕 金龍善、「新資料 高麗 墓誌銘 十七點」(『歷史學報』一一七、一九八八)

二七四、閔思平 墓誌銘

典據 『霽亭集』三
年代 恭愍王八年(元 至正十九年、一三五九)

① 高麗故輸誠秉義協贊功臣重大匡都僉議贊成事商議會議都監事進賢館大提
② 學知春秋館事上護軍　贈謚文溫公閔公墓誌銘幷序
③ 余少遊大人先生之門獲侍話言每論士風必戲欷嘆息曰今不如昔余竊以爲固矣何
④ 必爾旣閱事多始信其爲然也前輩風流日以淪謝顧寥寥無所矜式則求舊之懷隨感
⑤ 而興可勝歎哉余於及菴公深有族姻情好之敦故其卒痛悼滋甚而夫人銘墓之請至
⑥ 再則敢以陋辭焉公諱思平字坦夫號及菴忠州驪興人考諱頔匡靖大夫密直司使進
⑦ 賢館大提學知春秋館事上護軍謚文順妣金氏宣授鎭國上將軍管高麗軍萬戶重大

⑧ 匡上洛君金忻之女封永嘉郡夫人祖諱宗儒重大匡都僉議贊成事上將軍判摠部事
⑨ 致仕謚忠順曾祖諱滉朝散大夫戶部侍郎盖其先世種德滂仁培植悠久自九代祖諱
⑩ 稱道奉御公而下代有碩輔其功烈位號磊落相望家有譜國有史略而不書公生於元
⑪ 貞乙未十二月戊辰五歲而喪妣長于忠順資超然有器度大宰金貞烈公素號知人妻
⑫ 公以女貞烈喜賓客一時名勝多從之遊因有所觀感學日進試補奉先庫判官轉右列
⑬ 爲散員加別將且不樂虎資讀書益力延祐乙卯吾東菴文定公主禮闈考閱甚精所取
⑭ 不滿常額選無匪人公中之由是學問優游十秊之久時　毅陵久於上國至泰定乙丑
⑮ 正位東還愼簡庶僚公拜藝文春秋二修撰歷左右二正言獻納服賜銀緋金紫視其品
⑯ 庚午　永陵即位頗不喜儒苟非有得於中者惟虎是效爲之媚悅公時以軍簿正郎藝
⑰ 文應敎亦出入王府與議選授其操守不小變至順壬申　毅陵復位大明黜陟公拜衛
⑱ 尉少尹知製敎階奉善丙子加奉常以版圖摠郎出爲慶尙道鹽鐵使民便之召以典校
⑲ 副令右文館直提學復版圖摠郎館職改藝文進成均祭酒遷左司議大夫階以中顯陞
⑳ 中正館改進賢出爲全羅道按廉使惠化敦洽入拜成均大司成充春秋館修撰官由正
㉑ 順進奉翊至正壬午以判典校掌成均試取金仁琯等九十三人甲申　明陵即政授典
㉒ 理判書轉監察大夫乙酉入密直爲提學帶上護軍歷副使知司事明年封驪興君越己
㉓ 丑　聰陵入朝公從之旣踐位以其勞授僉議參理藝文館大提學知春秋館事號輸誠秉
㉔ 義協贊功臣進贊成事商議會議都監事退而閒居者八年至正己亥年六十五秋七月
㉕ 戊申病卒于私第訃聞　上嗟悼賜謚曰文溫公於戲公奕世衣纓事業昌熾未嘗略有

㉖ 矜色性資溫雅處親姻雍容敦睦雖有拂戾不以爲言終必赧服善交游嘗與拙齋崔先
㉗ 生友善尤篤喜其文出力刊行其敦信樂善類如此居官處事不爲崖異一循義理而已
㉘ 率以詩酒自娛坦蕩蕩君子人也以公觀之未必士風今不如昔公旣歿矣所遇日新則
㉙ 余亦不覺歔欷歎息曰今不如昔此余所以信其大人先生之言爲然也生一女適世家
㉚ 子弘福都監判官金昂孫男二人公愛之敎養有方皆登科曰齊閔德寧府注簿曰齊顏
㉛ 直翰林院孫女四人長適世家子監門衛參軍事金士安餘皆未笄齊閔昆季主喪盡禮
㉜ 是庚申葬于大德山感應寺之南麓其銘曰
㉝ 如公之裕如公之粹人所畝兮靡底于耇靡胤厥後天難諶兮有女之懿有甥之美慰我
㉞ 心兮詩有旨味文有高致俾余長吟兮中而不倚羣而不類一以忱兮念之宛爾於戲已
㉟ 矣嗟歲月之駸駸兮

〔揭載〕『東文選』一二五「高麗故輸誠秉義協贊功臣重大匡都僉議贊成事商議會議都監事進賢館大提學知春秋館事上護軍贈諡文溫公閔公墓誌銘幷序」
『朝鮮金石總覽』上 附錄、六六一－六六三
〔參考〕『高麗史』一〇八 閔宗儒傳 附 閔思平傳

二七五、金光載 墓誌銘

典據 『牧隱文藁』十七
年代 恭愍王十七－二〇年(元 至正二三年、一三六八－一三七一)

① 松堂先生金公墓誌銘并序
② 至正辛巳予年十四赴成均試在庭中望見先生具袍笏端坐儼然如泰山喬嶽群士屏
③ 氣不敢譁既爲門生往來聽教則溫言柔色推明國典奬誘人材亹亹不已慨然有風俗
④ 日頽之歎居家不理生産左右琴書澹如也栽松東岡植蓮南池每歲庭中牧丹花開具
⑤ 酒食召門生上太夫人壽兄弟子姓怡〃愉〃孝悌之至通于神明太夫人享九十一歲
⑥ 之壽嗚呼盛矣歲丙申三月太夫人以病卒葬于皇考文正公之墓次居其傍終制先生
⑦ 素以病艱於行步然朝夕奠酒掃必親無少輟國俗守父母墳多以奴代私爲復其身先
⑧ 生不忍褻其親躬行之盖近世宰相所未有也先生姓金氏諱光載字子輿號松堂居士
⑨ 光州人司空金吉之後也司空佐　大祖有功其裔孫諱匡瑞中郎將中郎將生諱偉三
⑩ 司使三司使生諱鏡亮大將軍大將軍生監察御史諱須元初三別抄者不樂內附叛入
⑪ 海島御史守靈光死之御史娶國子祭酒高公諱瑩中之孫某官諱夢卿之女年至百二
⑫ 歲初高氏夢見明星入懷中生快軒先生文正公諱台鉉以四世元老爲國蓍龜政丞致
⑬ 事甞集國初以來文章目曰海東文鑑行于世掌試成均知貢擧所取士多聞人竹溪安
⑭ 謹齋崔拙翁尤其傑然者也先娶行首郎將金儀之女生一男曰光軾官至選部議郎繼
⑮ 室以　太祖子孝隱之後侍郎諱丁旦之女生三男二女長光轍及第官至密直使次先
⑯ 生次光軺及第女長適政堂文學安牧次適密陽君朴允文公之昆季三人既登科大夫
⑰ 人受廩祿終其身朴氏子四人安氏孫三人皆登科時人歆之公以至元甲午正月甲子
⑱ 生既生而身長二尺餘父母異之絕愛之既冠中皇慶癸丑科座主一齋先生權政丞愛

⑲其知禮厚待之補成均學官至順庚午從　忠惠王京師以勞授司僕寺丞遷都官正郎
⑳後至元己卯　忠惠王幾爲曹頔所廢而幸勝之然其黨多附勢必將甘心焉及　王如
㉑京師公曰吾君危矣吾忍獨免乎哉往從之賴　天子聖明復爵東還實庚辰秋七月也
㉒以軍簿揔郞叅銓選事累轉成均祭酒三司左尹判典校寺事皆兼館職知製敎明年秋
㉓掌試成均取今知密直司事成士達等九十九人時稱得士　忠惠王素憚公嚴左右又
㉔多忌之顧無所籍口迺曰金公愛靜仕進非其志也　上稍信之乃褫其職群小益張癸
㉕未冬岳陽之禍起矣甲申　忠穆王立起公爲右副代言遷至知申事用事大臣惡不附
㉖已白授版圖判書未幾　上悔之卽拜密直副使提調銓選事陞知司己丑　忠定王立
㉗開書筵以公爲師公固辭入僉議爲評理匡靖大夫藝文館大提學知春秋館事上護軍
㉘仍提調銓選事俄改三司右使入告于　王曰文選吏曹掌之虎選兵曹掌之揔于政房
㉙自權臣始非令典也殿下如聽臣言仍舊便從之然必　公命公兼典理判書辛卯冬十
㉚月　玄陵嗣位公杜門不出奉養大夫人朝夕盡禮及其琴祥侍中洪陽坡先生與一時
㉛名卿往勞苦之公曰吾年六十三始居于玆常懼一旦身先朝露以爲宗族羞獲至今日
㉜考妣之德也言畢泣下諸公皆泣下嘆服既還設版位於堂北隅每行事泣不止以舊病
㉝不出門　玄陵聞其風使使諭公曰思與公語久矣不識可使寡人得見乎公惶恐子姪
㉞扶以入　上曰年顔非甚衰也而有斯疾何耶嘆惜者久之命有司旌表所居曰靈昌坊
㉟孝子里復其里若干戶以奉祀焉辛丑冬十一月避紅賊至高昌縣因留居之癸卯春三
㊱月感微恙起居語言無少變十四日既晚謂夫人曰吾今年七十死復何恨男子不絕於

㊲婦人之手禮也可與衆婢退矣且戒無或高聲疾語以擾我也俄而絶平日所養可知已
㊳子壻扶柩遷京某月甲子葬于德水先塋公娶門下平章謚良簡金公諱承澤之女生子
㊴二人男曰興祖倜儻有志官至中顯大夫軍器監歷使水原海州政績頗著死於鷲城之
㊵手人至今憐之女適奉善大夫內府副令朴門壽新羅始祖奕居世之後也孫男女若干
㊶人軍器娶監察大夫申仲全之女生一女適郎將宋義番內府生二男長蕟好學尙志前
㊷奉善大夫左右衛保勝護軍季苞進士典儀錄事外曾孫若干人皆幼護軍以公行狀徵
㊸銘於韓山李穡曰子宜銘乃受而叙之嗚呼先生之德行政事表〃如此宜其子孫之多
㊹也而軍器監無後是天之未定也是天之好惡與人殊也嗚呼悲夫幸而朴氏存焉士之
㊺樹立以顯其外大父者史不絶書朴氏其勉旃其勉旃銘曰
㊻惟東有岡有松蒼〃君子之宅池水之盈蓮香之淸君子之德出以事君有政有文正我
㊼王國入以事親愈老愈貞化我民俗先生之風被于海東永世攸則我作斯銘匪私先生
㊽史筆之直

〔揭載〕『東文選』一二七「松堂先生金公墓誌銘幷序」
『朝鮮金石總覽』上 附錄、六六三—六六五

〔參考〕『高麗史』一一〇 金台鉉傳 附 金光載傳

二七六、李嵒 墓誌銘

典據　『牧隱文藁』十七
年代　恭愍王 一三年(元 至正二四年、一三六四)

鉄城府院君李文貞公墓誌銘幷序

至正甲辰五月初五日推誠守義同德贊化翊祚功臣壁上三韓三重大匡鉄城府院君李公年六十八以病卒于第大常論文貞有司供葬事如典故六月初九日窆大德山夫人洪氏域中明年　上思公親命工畫其形旣肖錫朋酒以祭季子岡泣謝退徵穡銘曰銘之不亟若有待今可銘矣穡以岡故父事公嗚呼忍銘諸公諱君侅字翼之後避兇人名改嵒字古雲晋州固城縣人曾大父諱瑨及第不仕大父諱尊庇用儒術事　忠烈王掌銓選餘三十年試士成均又知貢擧卒官判密直司事監察大夫父諱瑀以材幹歷使淮陽金海全晋二牧所至有遺愛封鉄原君妣朴氏咸陽郡夫人父諱之亮判三司事有功至元間　天子賜金符授萬夫長公髫齔異凡兒入小學已稱善書年十七中癸丑科知貢擧權政丞崔贇成大加賞異曰公輔器也自是學大進華問日播　毅陵愛其材命典符印除官秘省由校勘再遷爲郎注簿丹陽府佐都官就陞正郎　永陵初元以典儀令擢密直司代言兼監察執義同知辛未貢擧至元庚辰復職知申事俄改成均大司成階奉翊未幾有旨成均師道所在任亦重矣然左右予理兩府實專其職其予樞密同知

⑭命下朝士相慶曰善人與政矣旣而遷政堂文學僉議評理知辛巳貢擧是時用事者詆
⑮姍我儒公孤立無助志竟不得行然亦多所匡救焉　明陵立眷顧益豊加贊成事　聰
⑯陵立以爲　先王舊臣之中有德有勞惟李某可輔予政遂拜左政丞未幾罷　今上還
⑰國欲用公未果令襲父封開府以致敬三年癸巳公自念年將六十位亦極矣不以此時
⑱乞骸骨復何竢去入淸平山　上求理甚急徵禮耆老公還諭留之時時召入對遂決意
⑲用公八年戊戌秋復爲守侍中己亥冬毛賊犯北鄙以公爲兵馬都元帥往督諸軍軍未
⑳集而賊已近矣西京守臣謀守不可又欲謀焚倉廩公曰非計也賊遠鬪其鋒不可當不
㉑中止其勢必震我國都欲賊中止莫若啗以此城可令吾民挈老幼東走鐍倉廩屋廬無
㉒所壞賊見必怯我亦且少駐怯我心驕少駐氣衰俟吾軍集可一旦襲取安知今日所欲
㉓焚者不爲吾他日用乎未踰月賊果敗如公所料倉廩屋廬完全如初辛丑冬從　幸安
㉔東功第一明年賊平行賞公面奏今不幸罹玆多故將相須才臣以無狀久叨尤揆請避
㉕賢上愈益嘉其無他加賜功臣號封君奉朝請公於官勤謹守繩墨無一毫假貸於家不
㉖問有無費圖書自娛淡如也與禪源息影老人爲方外友築堂寺中扁曰海雲扁舟往還
㉗至輒忘歸盖其雅量如此杏村其自号也甞手寫太甲篇以獻語其子岡曰汝志之吾旣
㉘老矣無官守無言責當以格君心爲務尔公自秘書以至宰相必與銓選予奪不少私故
㉙終身無怨言前後門生多達官聞人諸子皆有所樹立嗚呼天之報施善人其有徵哉夫
㉚人侍中謚忠正諱子藩之曾孫右代言諱承緖之女先公二(蔭)十七年歿胤慶配德母有多
㉛子男四人寅中正大夫宗簿令次崇正順大夫判典客寺事次陰與平毛賊以功拜上將

㉜ 軍辛丑冬戰歿安州次即岡今爲密直司知申事藝文舘提學知製敎知典理司事女二
㉝ 人一適判事金光丙一適淮陽府使趙愼側室子曰牧郞將孫男某某官曰某曰某孫女
㉞ 若干外孫金某某官曰某曰某外孫女若干銘曰
㉟ 巍〃文貞開府鉄城初宅尤揆曰噫戒盈奉身而退水綠山明如雲卷舒杳乎無情還居
㊱ 廟堂不動色聲長虵封豕就戮西京天啓公衷從容策成俾驕以覆九廟不驚人始歎服
㊲ 詩書用兵大已盖世其細奚評王曰元老雖死猶生我儀圖之以風列卿既成既肖明禋
㊳ 繼仟列卿用勸子孫與榮自古在昔君臣聚精不亡其亡匪他曰誠詔爾太史尙徵斯銘

〔揭載〕『東文選』一二七「鐵城府院君李文貞公墓誌銘幷序」
『朝鮮金石總覽』上 附錄、六六六—六六八
〔參考〕『高麗史』一一一 李嵒傳

二七七、韓公義 墓誌銘

典據 『牧隱文藁』十六
年代 恭愍王十四年(乙巳、一三六五)

① 重大匡淸城君韓諡平簡公墓誌銘幷序
② 上之十四年平簡公始拜密直副使其多將賀來歲正京師宰臣入對今丞相鎧甲殿庭
③ 號令天下朝覲會同非他日比臣等實難其使謹昧死請即日有旨非韓某不可召公入

④面諭曰丁酉之賀　聖節也去無難也來無虞言予惟汝嘉迄今不忘汝往敬哉公再拜
⑤謝臣不肖備位樞府無他材能以效萬一敢使事之避使還果稱旨未幾封君就第猶冀
⑥其起之不久也嗚呼遽至於斯乎公姓韓氏世爲淸州人遠祖蘭有功國初號三韓功臣
⑦其後最盛者曰康在元王時掌試成均相　忠烈王兩知貢擧中贊致仕謚文惠文惠生
⑧諫議大夫謝奇諫議生上黨府院君渥謚思肅嘗以奇謀脫　忠肅王明夷之中相　永
⑨陵再爲冢宰配食　大廟思肅娶同知密直典理判書元卿之女生子五人大淳卒官知
⑩都僉議司事仲禮方信皆政堂文學公於次爲第二兄友弟恭時人慕之學浮圖法者曰
⑪覺星亦曺溪韻釋也公諱公義字宜之享年五十九初以門蔭錄南部事蚤爲　永陵所
⑫知超授護軍累轉大護軍三司右尹安恬忤時輩出牧全州有惠政　明陵時歷小府衛
⑬尉繕工三判事　聰陵擢代言遜位之日奏食白馬山下私謂人曰君臣須有終始　今
⑭上以爲忠久欲試其能官制行拜散騎常侍未久改戶部尙書再歲遷刑部訟田訟不法
⑮群口迭咻隨事裁遣人無怨言其在朝堂吏抱成案請署遇不可反覆以示其意然後署
⑯盖非偶然者夫人慶氏右代言斯萬之女贊成事鄭瑎之外孫爲婦爲母以順以則男三
⑰人曰脩好古而文由及第歷舘職今爲軍簿判書次理亦及第有名開城判官次齊別將
⑱學學業女三人皆先沒宗簿令金士謙三司右尹李彰路軍簿判書廉興邦其婿也孫男
⑲四人祐復別將次善復餘幼女五人外孫男金禑權務女二人將以十一月甲申葬臨津
⑳縣瑞谷南麓脩與邦來乞銘公之子婿予友也銘友之父何忍辭諸公慈祥勤儉動循禮
㉑法蘊而不發經濟之具一日不獲專乎國政天也雖然身無擇行敎子有成歿得美謚是

㉒足以傳諸其後矣亦可以無憾也夫銘曰
㉓文惠之孫思肅之子振振弟兄克世其美公事　聰陵既有終始不問其忠其能可使再
㉔覲大庭還必稱旨衆曰時哉公則退矣維時巍〃莫或尚此而止於斯孰徵其理我庸詩
㉕之以訊來世

〔揭載〕『東文選』一二六「重大匡清城君韓謚平簡公墓誌銘并序」
『朝鮮金石總覽』上 附錄、六六八—六六九

二七八、李公遂 墓誌銘

典據　『牧隱文藁』十八
年代　恭愍王十五年(丙午、一三六六)

①有元資善大夫大常禮儀院使高麗國推忠守義同德賛化功臣壁上三韓三重
②大匡益山府院君謚文忠李公墓誌銘并序
③益州之李其稱盖久尚書左僕射諱周衍生叅軍諱洌叅軍生直史舘諱英梓直史舘生
④贈尚書左僕射諱陽眞僕射生銀青光祿大夫尚書左僕射翰林學士承旨諱溱承旨生
⑤朝奉大夫國子典酒寶文閣直學士知製誥諱行儉以直節聞其爲刑部官同僚逼於勢
⑥屈訟之直者典酒死執不可會疾作在告同僚幸於無公即決之人有夢利釖自天而下
⑦斮刑部官吏未幾皆暴病死獨典酒無恙至今稱誦典酒生承奉郎監察糾正諱崖取通
⑧直郎中宋耽之女以至大戊申十二月二十四日生公既而母亡養於宰相全公諱思義

⑨ 之家公之姊夫也及全公存公已光顯矣如子事父全公歿事其姊如母葬同其穴祭盡
⑩ 其禮老而不衰可謂能後已至元庚辰公年三十又三矣上洛君金公諱永暾順興君安
⑪ 公諱軸掌禮圍試公以郞將兼監察糾正擢狀元至正辛巳再遷典儀注簿成均直講歲
⑫ 壬午轉奉善大夫成均司藝藝文應敎知製敎歲癸未加奉常移典校副令充春秋館修
⑬ 撰官歲甲申進中顯大夫典校令密直司右副代言藝文館直提學知製敎乙酉遷至知
⑭ 申事其冬移典理判書明年進監察大夫丁亥秋七月拜密直副使戊子春正月進匡靖
⑮ 大夫判密直司使四月入賀　天壽聖節夏六月兼監察大夫歲庚寅拜政堂文學歲壬
⑯ 辰閏三月遷僉議評理又兼監察大夫冬十月改三司右使歲癸巳復入都僉議進贊成
⑰ 事歲乙未知貢擧取安乙器等三十三人多爲達官聞人是歲　玄陵辟爲東省都事拜
⑱ 受勅牒詣　內謝恩未幾辭不就職進封三重大匡益山府院君歲辛丑沙賊犯我北鄙
⑲ 公禦之于竹田京城失守公以單騎追及行宮于中原　上喜甚厚禮焉歲壬寅夏六月
⑳ 拜贊成事進判版圖司事藝文館大提學知春秋館是歲沙賊既奔潰京城新刳于兵庶
㉑ 事草創公受　命而來量材度事指授方略朝無廢政勞來安輯給糧與種野無游民祀
㉒ 宗廟祭先聖先師廩生徒內外學悉贍道成禮俗養育人材盖於投戈講藝息馬論道之
㉓ 義深有得焉歲癸卯迎　駕還京奸臣崔儒奉德興君緣寅權倖謀廢　玄陵受命將行
㉔ 於是命公奉表如京密直提學許綱輔之行至西京詣太祖原廟再拜誓曰吾　君而不
㉕ 復位臣公遂之死不復還既至都　皇后皇太子郊勞絡繹四月初三日　帝在興聖宮
㉖ 命典瑞院使完澤篤召公入勞之公獻禮物既而　皇后設饌厚慰謂公曰公既盡心孝

㉗吾母是吾親兄也敢不以待親兄之禮待公乎公曰周姜嫄大任太姒育聖基化風雅存
㉘焉及其中衰姜后待罪宣王以興褒妲呂武覆宗絕祀美惡昭然千載龜鑑我高麗之於
㉙大朝也戎臣結爲兄弟於初　天子定爲甥舅於後百有餘年魚水相得矧今　殿下
㉚即周之姙姒也三韓之幸於斯爲大今　王勤王敵愾爲國樹勳當行賞典昭示四方以
㉛激將帥之氣奈何逞私憾廢公義乎丙申之禍實我家盛滿不知止足之所致耳非王之
㉜罪也不知自咎而欲廢有功之主朝庭無人乎他日必爲天下笑願　殿下善奏于　帝
㉝復吾王逐奸臣幸甚幸甚　皇后雖感其言怒猶未已遂令公奉德興東歸公托疾請留
㉞於是有　旨高麗人在朝者李公遂外皆從王行二十一日拜太常禮儀院使明日入奏
㉟臣生長邊方言語不通不習中國禮何敢冒寵取譏今將帥布列于外獲功者未賞臣恐
㊱天下有以議　陛下也既不得命二十七日之任資政院奉　懿旨盛設禮食以饗同寮
㊲　宗廟大享公再爲大常卿循蹈禮則觀者敬之於是贈祖祭酒公中奉大夫集賢學士
㊳考科正公資善大夫典瑞院使祖妣鄭氏妣宋氏室金氏皆封隴西郡夫人　皇太子以
㊴　帝命召公同上萬壽山廣寒殿　太子問殿額仁智之義公曰愛民之謂仁辨物之謂
㊵智帝王用二字御四海萬世太平矣入殿指金玉之柱又曰老人曾見如此之柱乎公曰
㊶聞之　帝王發政施仁則所居之屋雖朽木猶金玉之堅不然則金石之堅反如朽木也
㊷出殿賜王家奴太師伯撒里少保坐命公坐其次禿魯帖木兒詹事立彈瑟　太子取而
㊸彈之未成曲捨之曰久不習忘之矣公即跪曰憂民之心不至于忘則瑟上一二調忘之
㊹何害　帝在太液池舟上　太子以公語奏之　帝曰吾固知此老賢者也汝外家唯此

㊺ 一人耳一日　皇后問兒平章家禍所由公曰貪財聚怨鮮有免者勢激而然非王之心
㊻ 非王之罪也宦官朴不花密告于　皇后曰李某但爲其主豈念其親　皇后久不召見
㊼ 德興君既至遼陽路崔儒曰李某在都其心莫測事或中變悔之何及重賂禿魯帖木兒
㊽ 朴不花必欲得公以歸公知之謂其書狀官林樸曰吾既無父母又無後位又極矣豈復
㊾ 有一毫顧藉意耶當祝髮入山決不從彼也二人入奏　帝不允秋七月孛羅帖木兒引
㊿ 兵入城黜丞相搠思監代其位禿堅帖木兒爲臺臣革弊政迺曰高麗王有功無罪而爲
(51) 小人所困盍先治之於是降　詔復位械崔儒以送公亦乞歸田里出齊化門使蒼頭吹
(52) 笛謂從者曰天下之樂復有加於此者乎沿途馬困蒼頭以一矢買一束蔌飼之公見之
(53) 曰何故奪窮民之食乎截棉布以充其價閭山站無人粟積于野公問粟一束直木綿幾
(54) 尺如其言書於兩端置于粟積中從者曰持馬者回必取之去何益不如不償之爲愈也
(55) 公曰吾固知之矣然必如是然後吾心安焉耳十月二十五日入京詣閤門告曰奉使臣
(56) 李公遂廻略不及艱苦狀　上厚待之時成均館工役方興公聞之大喜即解　御賜金
(57) 帶助其費鶖城當國頗忌公公亦以盛滿自戒杜門不出公既如京師夏四月拜公都僉
(58) 議左政丞判軍簿司事明年十月十七日進推忠守義同德贊化功臣壁上三韓三重大
(59) 匡領都僉議事右文館大提學監春秋館事二十五日至國歲乙巳六月封益山府院君
(60) 是以未嘗一日坐廟堂行冢宰事人頗恨之嗚呼公之精明愼謹一時耆舊大臣罕見其
(61) 比至於果斷剛毅屹然不爲形勢所屈而風流閑雅山野之趣有不能自掩焉者置別墅
(62) 於德水縣自稱南村先生幅巾藜杖招同年諸公嘯咏其中或門生進謁輙醉以酒夫人

⑥③金氏新羅金傅大王十三世孫三重大匡義興府院君金公諱上琦之女有賢行克配君
⑥④子宗族稱其仁丙午歲五月初一日以病卒于第訃聞　上哀悼命易名曰文忠官庀葬
⑥⑤事二十四日窆于別墅西山之麓公無子養族女適成均生員安束嗚呼李氏八世至公
⑥⑥而益昌如典酒之德之名天固嗇其位矣糾正公積善以承之是以有文忠之報也文忠
⑥⑦益大其門既光其祖矣而又無後信乎其蒼茫無端而暫寓於其間矣嗚呼悲哉公諱公
⑥⑧遂字　其所居曰衡齊(齋)公之賀　聖節也稽實從之受業胄庠用文科躋膴仕以至今
⑥⑨日皆公之賜也銘其可辭乎銘曰
⑦⓪三冬而青松也惟貞百鍊而剛鐵兮孔良懿哉文忠委虵朝中有冽其泉有熏其風盡忠
⑦①所事帝嘉其志成功不居人服其義從享大室僉同其吉匪功之多迺德之一雖無子孫
⑦②祧廟之存

〔掲載〕『東文選』一二七「有元資善大夫大常禮儀院使高麗國推忠守義同德贊化功臣壁上三韓三重大匡益山府院君謚文忠李公墓誌銘并序」
『朝鮮金石總覽』上 附錄、六七一―六七四
〔參考〕『高麗史』一一二 李公遂傳

二七九、李岡 墓誌銘

典據 『牧隱文藁』十八
年代 恭愍王十七年(戊申、一三六八)

①文敬李公墓誌銘并序

②先稼亭公嘗知丁亥貢擧所取士多聞人文敬李公年十五神采曄然當時已謂有父風
③云其後學邃識高名日益重堂堂乎宰相之材矣及其病也衆以爲必無患也斯人豈止
④斯哉及其亡也又以爲生之不辰乎藥物之有誤乎何斯人而至於斯乎士大夫相與弔
⑤於朝親戚故舊相與哭於其位行路爲之嗟惜上聞之悼甚命重賻下太常議謚若曰樞
⑥密不應謚吾特褒岡者文臣服勞久政堂文學松壽耳吾是以不能忘異體同功今岡而
⑦已議旣上　上曰文敬唯岡足以當之嗚呼公可以無憾矣其友人上黨韓脩孟雲曲城
⑧廉興邦仲昌父謀於韓山李穡曰自吾友亡人孰不悲之然猶未免死吾友使可傳者傳
⑨而死則吾三人者之責而亦所以自慰其悲也於是以銘屬穡脩書興邦篆而其刻石則
⑩仲昌父孟雲實幹之嗚呼悲夫吾尙忍銘吾友也哉公諱岡字思卑初名綱避同列名遂
⑪改之姓李氏固城人曾祖諱尊庇判密直司事兼監察大夫有名　慶陵朝祖諱瑀鐵城
⑫君父諱嵒都僉議侍中謚文貞書法妙一時號杏村母洪氏侍中謚忠正諱子藩之孫右
⑬代言諱承緖之女初以門功錄事幞頭店旣第丞慶順府於典儀爲直長主簿又爲令兵
⑭部爲員外門下省爲司諫吏部爲郎中戶部爲待郞密直司爲代言知申事提學副使歷
⑮內外制館職至大提學官至奉翊大夫　聰陵在書筵選充侍讀及遜位公從之居其立
⑯志可謂不苟矣　上即位之五年乙未召見奇之即授主簿令掌符璽自是常在左右愈
⑰久愈謹其在吏部當遷公奏曰臣執筆注臣名臣實不敢　上益重之辛丑秋爲慶尙道
⑱按廉使會北邊失守擧國南徙入其境供待充斥所至如歸士氣復振卒殲兇黨盖有助
⑲焉旣還京代元文定掌銓選方邊報絡繹上下維持各飽所望而成駿功公之力居多侍

⑳ 中之歿　上親圖其形雖　上所以褒異大功臣欲動衆心其德甚盛亦由孝誠能有以
㉑ 動天也至於臨事懼交友信好善之篤存心以平吾所以友也天或假年坐廟堂決大疑
㉒ 行大政無不如志則吾將師之而未果也悲之庸有既乎夫人郭氏考判開城府事諱延
㉓ 俊女若干皆幼男一人今年生某月某日卒某月某日葬城南藍村享年三十六其銘曰
㉔ 胡畀其全而不予年夢夢乎其天之未定也我鐫斯銘千載而鳴尚有攷乎吾文敬也

〔揭載〕『東文選』一二七「文敬李公墓誌銘幷序」
『朝鮮金石總覽』上 附錄、六七四―六七六
〔參考〕『高麗史』一一一 李嵒傳 附 李岡傳

二八〇、尹澤 墓誌銘

典據 『牧隱文藁』十七
年代 恭愍王十九年(庚戌、一三七〇)

① 栗亭先生尹文貞公墓誌銘幷序
② 栗亭先生既葬三月孫紹宗以所撰家狀求銘其墓嗚呼公亡矣余自燕京奔先子喪先
③ 生先諸公來哭哭既畢執余手欷歔良久乃去盖今二十年矣不敢忘也而道途之遠也
④ 不獲匍匐往哭銘其可辭乎叙曰公諱澤字仲德曾大父良庇茂松縣戶長大父諧正獻
⑤ 大夫國學大司成文翰司學致仕司錄尙州民有乱其妹者時旱甚正獻與長官爭竟置
⑥ 極刑天果雨歷任刑憲剛正自持慶尙全羅楊廣淮陽皆所按察其爲中丞饘粥不繼煎

⑦豆充飢而已世號清白考守平贈奉翊大夫密直副使先正獻歿妣金氏進禮郡夫人以
⑧至元己丑生公公生三歲就學既授輒成誦正獻每見公有警句抱之泣曰興吾門其汝
⑨乎守平爲不死矣稍長痛自樹立從姑夫尹狀元宣佐讀書無不通究尤長於左氏春秋
⑩常誦范文正公先天下之憂而憂後天下之樂而樂以謂大丈夫寧可傺傺耶延祐丁巳
⑪中進士擧庚申中秀才科寶劒賦第一人多誦之調京山府司錄董耕葺學勸民追遠禮
⑫俗以興入錄書籍事爲校勘爲檢閱官纔九品自視宰輔或以爲侮公傲然處之不疑至
⑬順壬申　毅陵在燕邸公單騎上謁一見器重因有托孤之語意在今　上也公拜謝臣
⑭且老矣何能爲明年　上駐駕西京以檢閱權叅軍供頓有制民賴以安　上每歎曰賢
⑮哉回也以公貌類西人故云詔使至　命公讀詔左右曰讀詔自有內外製叅軍恐非例
⑯上曰叅軍爲兩製顧不在吾耶遂　命權應敎賜紫未幾欲擢爲府尹以資淺陞判官或
⑰誣公不遜　上曰尹生忠必汝罔也戊寅拜右副代言掌銓選　上欲官公子護軍公曰
⑱名器至重賢勞猶滯敢私臣子　上愈重之己卯轉右代言試士成均取安元龍等九十
⑲九人多知名士三月癸未　上寢疾　上復以燕邸所語語公公跪曰無煩聖慮　永
⑳陵立改政圖新公屏居自頤　明陵立被選牧羅州公所至政尚寬恕仆强植弱　聰陵
㉑立貶光陽監務初　明陵薨民望歸今上公倡議拜書都堂言本國兄弟叔姪相繼之故
㉒少主不堪保釐之狀辭甚剴切　聰陵啣之故有是命歲辛卯　上初政入密直爲提學
㉓慨然自任以當世之事上疏建白不允乃以開城尹致仕公年六十有四矣近臣議追鄉
㉔樂公聞之上疏曰世皇已甞却之今復進恐取譏又以節用上言　上深納之築宮南京

㉕ 公言釋妙精惑　仁廟幾至覆國厥鑑不遠矧今四境當備他盜訓兵養士猶惧不給輿
㉖ 工勞衆恐傷本根　上命寫無逸篇賜宰臣命公講因陳周公輔成王勤勞曰願　殿下
㉗ 成法成王能聽周公之訓嚴恭抑畏社稷之福　上爲動容公以眞西山大學衍義本朝
㉘ 崔中令承老上　成廟書皆進講時　上深味空桑之譚超然有遠擧之志公曰　殿下
㉙ 上奉宗廟下保生靈奈何欲效匹夫廢絕倫理之事乎如聽臣言非孔子之道不可願加
㉚ 聖意白岳之役公極言其弊因曰凡事得失　聖意雖灼其然委之大臣未即處分因仍
㉛ 之際其害已成救之莫及　上賜酒公一飮三巵神氣自若前侍中洪彦博歎曰不謂尹
㉜ 公戇直至此吾所不及也公雖致事自以　先朝顧托知無不言或至切直　上亦優容
㉝ 焉甲辰公年七十六疾作乞歸錦州以山水自娛者七年而憂君之心未嘗食息忘庚戌
㉞ 八月丙子前子孫而訓之曰吾正獻與寒地以淸白忠直名一時吾先君不幸早世吾夙
㉟ 夜不克繼志是惧誤爲　上知寵祿過望年逾八旬此皆先世潛德正獻淸白之所遺也
㊱ 若等其守之毋墜我且死葬毋拘忌用浮屠法毋侈九月丁酉卒是夕天大風以雨旣棺
㊲ 乃止己亥窆于大夫人之墓側訃聞　上悼甚下大常謚曰文貞公之哀榮可謂無缺矣
㊳ 公旣早孤不及識先君面時祭上冢必哭甚哀公於方策見述父子之情未嘗不垂涕氣
㊴ 塞不能言常佩一囊得異味必盛之歸獻大夫人不以非笑少止尹狀元殁女孫二人孤
㊵ 無所依公曰吾而不恤吾姑夫之孫吾尙爲人乎擇士人嫁之游燕時道見遺金百兩守
㊶ 以待其主其主泣謝而去略無德色公平生布被弊席饔飱或缺晏如也至春秋良晨必
㊷ 置酒邀客其任情自適又如此公凡四娶文氏進士富之女生龜生散員次李氏侍衛護

㊸軍長衍之女生鳳生別將女適進士金耀次適故起居郎知製誥許湜次奇氏贈密直副
㊹使璉之女生東明及第理部散郎女適郎將朴龜齡又娶奇氏檢校大護軍鼎輔之女生
㊺故進士李存中室孫男九人孝宗散員癸巳進士昌宗散員嗣宗興順宮錄事宣暢學浮
㊻圖紹宗乙巳科狀元禮部散郎會宗興宗牧監直茂宗秀宗女四人外孫二人許操成均
㊼生員朴成女三人曾孫四人皆幼嗚呼磊落奇偉非常之材不世出出而不遇與遇而不
㊽用與用而不久皆天也若栗亭先生之遇　毅陵之知可謂千載一時而　毅陵上賓之
㊾亟　今上既深知先生手寫眞書栗亭二字以賜其遇極矣而公在政府才數閱月而致
㊿事家居者十有九年抗論雖切竟亦何補嗚呼悲夫銘曰
51 堂堂文貞高視闊步雖厠末寮巍然宰輔　毅陵一見出示肺腑溫言托孤果叶所負既
52 試糸軍欲尹其府姑陞判官可謂奇遇出納王言糸與銓注盖將納麓鼎湖淚雨扶日至
53 忠先屯後亨人望公庸公懷不平不平伊何我言丁寧如藥瞑眩云胡不聽惟錦之山有
54 嶙其蒼有氣屬天實公幽堂厥或不信眎此刻章

〔掲載〕『東文選』一二七「栗亭先生尹文貞公墓誌銘幷序」
『朝鮮金石總覽』上 附錄、六七六―六七八
〔參考〕『高麗史』一〇六 尹諧傳 附 尹澤傳

二八一、朴允文 妻 金氏 墓誌銘

典據 『圃隱文集』續錄一
年代 恭愍王二三年(明 洪武七年、一三七四)

① 海陽郡大夫人金氏墓誌銘幷序
② 大匡密城君朴公夫人金氏光州人也昔司空金吉佐太祖爲功臣其後若干世孫大將
③ 軍鏡亮於夫人爲曾祖生贈門下侍中須侍中生僉議政丞致仕文正公台鉉文正生四
④ 男二女夫人最季選部議郞光軾異母兄也文敏公光轍文簡公光載政堂文學安牧夫
⑤ 人及第光輅皆同母兄也外祖郞將王丁朝亦孝隱太子之後夫人天性溫淑而加以賢
⑥ 父兄之教年若干歸朴氏修行婦道不以世族之貴而有絲毫驕傲色大匡公亦好禮君
⑦ 子雖平居敬相對如賓夫人平生事父母孝事兄弟順均子孫慈婢僕夜誦佛經晝執紡
⑧ 績年高不怠至於衣服飮食亦必豊儉中度大夫人王氏以三子登科恩封郡大夫人歲
⑨ 受廩祿夫人亦以四子登科恩例如王氏而廩祿有加焉一日相告曰吾一家二婦人無
⑩ 益於國而受厚恩非願也皆辭不受其用心類此五子長密陽奉順大夫判典校寺事次
⑪ 大陽奉翊大夫典法判書寶文閣提學上護軍次紹陽試成均後游京師奉使雲南不返
⑫ 次三陽拜正言言事出倅雞林卒于官次啓陽中正大夫秘書監以非罪廢物論寃之孫
⑬ 男女十餘人密陽娶章敬公柳敦之女二男曰郞將敬茂判司宰敬仁四女別將具禧中
⑭ 郞將朴忱清州判官張續其壻也季未嫁大陽娶益山君洪云遂之女無子外室一男昌

⑮ 左右衛錄事叅軍啓陽娶全州牧使洪萬龍之女生二男二女皆幼曾孫男女內外合十
⑯ 餘人嗚呼夫人之德行如彼而子孫之衆且貴顯如此有是德者有是福也宜矣夫人至
⑰ 正辛丑與大匡公避兵密城因居焉年七十三卒于 洪武甲寅八月己亥其月辛丑葬
⑱ 于守山縣九明山其季子與余同年進士今方廬墓血泣終喪以書幷家狀來請銘故爲
⑲ 銘銘曰
⑳ 蟬聯世家婉婉令德克愼其儀以禮自飭歸配君子蘭玉滿庭母以子貴爵祿之榮年七
㉑ 十三終焉允臧哀哉棘人泣血墓傍
㉒ 前奉順大夫成均大司成知製敎充春秋館修撰官鄭夢周撰

〔揭載〕『朝鮮金石總覽』上 附錄、六八二—六八三

〔編者註記〕『圃隱文集』의 銘文에는 題銘 다음에 出夫人後孫朴必義家藏蓋必義得夫人墓欲辨眞僞啓隧得此誌라는 註釋文이 삽입되어 있다。

二八二、閔思平 妻 金氏 墓誌銘

典據 『牧隱文藁』 十六
年代 禑王卽位年(甲寅、一三七四)

① 彥陽郡夫人金氏墓誌銘幷序
② 夫人姓金氏彥陽郡人高祖諱就礪大師門下侍郎謚威烈曾祖諱佺大傅門下侍郎謚
③ 翊戴祖諱賆都僉議叅理謚文愼父諱倫輸誠守義協贊輔理功臣壁上三韓三重大匡
④ 彥陽府院君謚貞烈母卞韓國大夫人崔氏大儒中書令文憲公諱冲十三世孫副知密

⑤直司事諱瑞之女也年十三歸閔氏盡婦職性嚴敎子弟必以禮宗族至今稱之生一女
⑥適判軍器寺事金昴新羅王諱傅十八世孫也金氏子男曰齊閔曰齊顏曰九德女適密
⑦直副使金士安前開城尹李彰路前宗簿令崔有慶前郎將許顯前典客副令許誼郎將
⑧兼博士李存斯門下注書金贍次未適齊閔改九容遣其子興威齎錄事明善以狀徵銘
⑨且曰吾外祖及菴公性眞率不立崖岸日以詩酒自適不問家人生產而惟夫人之是聽
⑩夫人議酒食以娛外祖之心亦惟日不足也敎女孫必曰事夫之禮自始至老唯守一敬
⑪而已至於衣食必精必潔惟其時可矣故當時語曰閔公之放曠夫人理於內故也彥陽
⑫伯敬直雖長於夫人亦憚夫人不敢少慢簽書密直希祖與諸弟皆母事之歲己亥及菴
⑬公旣歿喪甫畢避辛丑紅賊于嶺南還居驪興嘗自嘆曰吾孫齊顏不得其死吾何顏復
⑭入京邑乎其剛烈有父風云歲甲寅秋九月十九日　以病卒年七十三歲也以其年十
⑮二月十五日葬于郡南鉢山之西及菴之葬予嘗以詩相其挽夫人之墓銘其可辭曰然
⑯銘曰
⑰驪江之西鉢山之陽及菴之室金氏攸藏威烈之風振于貞烈閨門肅然有文有節惟爾
⑱子孫惟心之存無墜婦則以慰九原

〔揭載〕『東文選』一二六「彥陽郡夫人金氏墓誌銘幷序」
『朝鮮金石總覽』上 附錄、六八四－六八五

二八三、李仁復 墓誌銘

典據 『牧隱文藁』十五

年代 禑王元年(乙卯、一三七五)

有元奉議大夫征東行中書省左右司郎中高麗國端誠佐理功臣三重大匡興安府院君藝文館大提學知春秋館事謚文忠公樵隱先生李公墓誌銘并序

元興百餘年進士位宰相者甚鮮高麗士科一人累官至大夫者惟樵隱先生與吾父子而已然位皆止東省郎中車駕北狩七年而先生歿穡以病莫能與者又六年矣穡之始病也甚劇先生過門悲泣久而後去數月而先生仙去穡至于今悲焉先生長孫密直代言存性來曰先生與吾祖同持文墨議論爲日甚久知吾祖者當世莫如公公宜銘其墓穡曰然死生有命穡之死或先先生先生歿而穡繼之則亦已矣穡之病幸少間而先生之墓尙未銘予何庸辭先生姓李氏諱仁復字克禮京山府人也曾祖諱長庚恭儉有威鄉人嚴憚之雖仕于朝者凡於擧措皆相顧曰吾公聞之得無不可於意否苟有過公必貽書切責之老而家居聞府官喝道聲必下床伏于地俟其聲不聞然後復坐有子四人曰百年某官曰千年某官生遼陽省叅知政事諱承慶以孫貴贈某官曰萬年某官季曰兆年先生之祖也官至政堂文學謚文烈先生淸燕言必稱曾大父戶長公又嘗曰吾大父疾惡如讎赴人急如水趍下吾終身慕焉而未能也文烈年未冠神彩秀發草溪鄭允宜使其府一見知其異人以其子妻之未幾擢第補官名日益重事忠惠王以嚴見憚每

⑮公入　王聞履聲曰李某來矣屏去左右整容以俟己卯之變文烈從至京師請李益齋
⑯代作書將白于丞相府會丞相敗書不果上然聞者莫不悚然且曰膽大於身李公是已
⑰旣還國錄功當得樞密　王曰李某老矣其志可嘉迺授政堂文學一日　王彈雀于東
⑱岡公直入前奏曰　殿下已忘明夷之時乎狎群小玩細娛非所以奉宗廟也言甚剴切
⑲王大怒不敢發以溫言謝遣之公旣歸第嘆曰　王年方强而肆於欲吾旣老矣而又無
⑳助不去必及於禍且數諫而不納責有所歸今兆年旣不能順其美適足以增其惡非臣
㉑之所以愛主也不如去之明日匹馬還鄉終身不出先生之考曰褒醇厚長者位省宰循
㉒〃蹈禮有五子長則先生次今侍中公名仁任次某以病不仕次某次某皆位樞密先生
㉓友愛天至衆弟事先生謹甚當世歆之先生生而狀貌魁偉稍長知讀書擧止如老成文
㉔烈公每撫背曰大吾門者汝伯仲乎仲侍中公也泰定丙寅先生年十九判書辛蔵監試
㉕吉昌君權公準密直朴公遠知貢擧先生一擧連中之明年三月調福州司錄歲己巳校
㉖勘典校明年又遷典儀直長先生以爲文章非精研博攷無以致其極故當操筆點綴極
㉗苦至其得意出以示人則辭嚴義奧卓冠一世叙事賦物往往含譏諷至元戊寅史翰相
㉘謂曰李直長文學高古盍薦之於是授藝文修撰歲己卯陞春秋供奉歲庚辰移僉議注
㉙書至正辛巳春陞承奉郎監察糾正五月拜左正言知製敎俄陞通直郎典儀寺丞知製
㉚敎秋中征東鄕試第二名冬移起居舍人歲壬午會試京師中選授將仕郎大寧路錦州
㉛判官其在都也遷右獻納歲癸未再遷起居郎起居注歲甲申　明陵即位徵禮儒臣且
㉜曰李某擢第天朝今已三年而不超擢豈予崇文意哉於是三遷典理揔郎司僕正左司

㉝ 議大夫皆具館職知製敎春秋館編修官明年正月　王曰予之待李某猶未至也以本
㉞ 官授密直司右副代言其冬以奉翊大夫判書軍簿又明年移典理冬十月　明陵曰李
㉟ 某今可大用進拜密直提學且命先生進講書筵先生貌嚴詞氣簡重　明陵每謂左右
㊱ 曰吾見李公不覺竦然是歲先君稼亭公建言修　忠烈　忠宣　忠肅三王實錄益齋
㊲ 李侍中謹齋安贇成分年秉筆公亦與焉明年春進密直副使秋進知司多又進左使歲
㊳ 己丑授征東行省都事罷本國任歲辛卯　玄陵即位歲壬辰秋趙日新聚群不逞用夜
㊴ 半殺皇后兄奇轅入王宮又殺宿衛近臣自爲政丞號令內外朝臣洶懼噤無一言　上
㊵ 密召先生曰事已至此何爲則可先生曰人臣敢倡乱固有常刑況今天朝堂〃法令彰
㊶ 明如其猶豫臣恐累及於　上上遂決意誅日新事定命先生譔書以聞　上素重公將
㊷ 大用及是對益重之歲癸巳復入密直判司宰寺事秋進拜匡靖大夫政堂文學進賢館
㊸ 大提學知春秋館事上護軍明年兼監察大夫歲乙未春先生辞政府封星山君秋復政
㊹ 堂冬授征東省員外郎又兼監察大夫歲丙申官制行拜金紫大夫依前政堂文學寶文
㊺ 閣大學士同修國史判翰林院事又兼御史大夫朝廷赦使回當進表謝恩難其使　上
㊻ 曰今宰相知大躰守節義無如李某迺以使事命之先生不少辞使還稱旨歲丁酉監修
㊼ 國史知貢擧取今政堂文學廉興邦等三十三人時稱得士歲己亥改尙書左僕射兼御
㊽ 史大夫先生甞謂穡曰予猥以不才攝行臺事者至于再三未甞振擧紀綱自念瑣碎不
㊾ 足煩　上聽大事又在廟堂不可中撓於是乎無一事可言矣然先生入臺百官肅然先
㊿ 生之謙退皆此類也歲庚子拜叅知中書政事歲辛丑丁外艱其冬沙賊入界國家南徙

⑤①且避其鋒先生與今侍中公迎拜　行宮于忠州　上喜甚命從行明年二月我軍大集
⑤②克復京城大兵之後庶事當有措置上以先生判開城府事俄拜僉議評理多進重大匡
⑤③三司左使癸卯春拜都僉議贊成事夏進右文館大提學監春秋館事賜功臣號曰端誠
⑤④佐理歲甲辰封興安君判藝文春秋館事其冬進三重大匡都僉議贊成事判版圖司事
⑤⑤孛剌帖木兒引兵入朝黜丞相代其位入奏實難其人　上又曰非李某不可先生入見
⑤⑥丞相辭簡貌重丞相屢目之先生退謂從者曰就之不見所畏其斯人乎　上薦幕屬于
⑤⑦天子又以先生長左右司遂進階奉議大夫歲乙巳封興安府院君俄拜判三司事閏十
⑤⑧月稽與先生同在貢院先生封君之命又下取今典校寺丞尹紹宗等廿八人歲己酉先
⑤⑨生知貢擧稽爲副焉取今左獻納柳伯濡等三十三人歲庚戌拜檢校侍中歲辛亥拜藝
⑥⓪文館大提學知春秋館事階爵仍舊歲甲寅先生年六十七矣三月疽發背先生自度不
⑥①起具衣服北面稽顙若辞違之狀謂侍中公曰宰臣歿官庀葬事國家厚恩也顧吾平日
⑥②未有絲毫補死且有愧公爲我辞焉言訖命加元服於身蕭然而逝　上聞之悼甚素膳
⑥③徹朝遣使致祭謚曰文忠卒之三日葬于城南粟村之原先生治命也明年配享　忠定
⑥④王廟曾祖贈某官祖具銜謚文烈　玄陵廿十一年論功贈星山侯配食　忠惠王廟考具
⑥⑤銜謚敬元曾祖母某氏贈某郡夫人祖母鄭氏封某郡夫人母薛氏成均大司成諱文遇
⑥⑥之女封某郡夫人先生凡三娶生子二人判事姜居正之女生一男曰向郎將姜氏歿繼
⑥⑦室李氏某官某之女生一男曰容官至奉常大夫典法摠郎皆先歿又娶河氏某官某之
⑥⑧女無子孫一人郎將生代言曾孫女二人代言先娶某官尹某之女生女而歿今娶判開

(69) 城府事李公成林之女穡既從先生後嘗見先生聞人善雖小必喜一事失當必怒而皆
(70) 形于色然不發之口人皆謂先生口吃嘗語穡曰吾性褊急恐失於言以認爲守迄今老
(71) 矣不覺心動此吾養之未至耳嗚呼先生學問之密操守之篤尙能變化氣質則其行事
(72) 之審宜其不可及也是爲銘銘曰星山之英入貢天庭流光東海有爛文星有行斯愼有
(73) 言斯認惟古之才惟今之儁惟時之艱惟使之難公躬雖瘁公必出關誅親拒命悉干王
(74) 政萬目瞿瞿公不少病公歸自西有馬之斯室家相慶我公歸兮惟是我國如骨而肉匪
(75) 我公歸予寒誰燠人言我公文章之宗國而忘家專對是工烈〃行實升配大室迪后降
(76) 祥子孫其吉栗村之陽星山之岡魂無不之祖孫相望嗚呼興安永世不忘

〔掲載〕『東文選』一二六「有元奉議大夫征東行中書省左右司郎中高麗國端誠佐理功臣三重大匡興安府院君藝文館大提學知春秋館事諡文忠公樵隱先生李公墓誌銘幷序」
『朝鮮金石總覽』上 附錄、六七八—六八二
〔參考〕『高麗史』一一二 李仁復傳

二八四、李齊賢 墓誌銘

典據 『牧隱文藁』十六
年代 禑王二年（丙辰、一三七六）（推定）

① 鷄林府院君諡文忠李公墓誌銘
② 至正二十七年歲在丁未秋七月　推誠亮節同德協議贊化功臣壁上三韓三重大匡

③鷄林府院君領藝文春秋館事益齋先生李公以病卒于第年八十一大常諡文忠公十
④月　有司具儀衛葬于牛峯縣桃李村先塋丙辰冬十月　配享　玄陵廟庭公諱齊賢
⑤字仲思父姓李氏新羅始祖赫居世有佐命大臣曰李謁平其後蘇判居明生兵部令金
⑥現兵部生三韓功臣大守金書新羅王金溥旣納土入朝尙　大祖女樂浪公主生女以
⑦妻金書生潤弘潤弘生承訓承訓生周復周復生倆倆生侈連侈連生寵遲寵遲生春貞
⑧春貞生玄福玄福生宣用宣用生升高升高生文林郎尙衣直長同正諱得堅尙衣生贈
⑨左僕射諱翮僕射生檢校政丞諡文定諱瑱娶戴陵直朴仁育之女辰韓國大夫人以至
⑩元丁亥十二月庚辰生公公自幼嶷然如成人旣知爲文已有作者氣大德辛丑公年十
⑪五鄭常侍僐試成均擧者負其能相頡頏聞公所作消縮莫敢爭先公果爲魁是歲菊齋
⑫權公溥悅軒趙公簡試禮闈公又中丙科權公以其子妻之公曰此小技耳不足以大畜
⑬吾德討論墳典淹貫精硏折衷以至當文定公大喜曰天其或者益大吾門乎癸卯權務
⑭奉先庫判官延慶宮錄事戊申選入藝文春秋館館中人推讓不敢論文其冬遷齊安府
⑮直講己酉擢司憲糾正庚戌遷選部散郎辛亥再轉典校寺丞三司判官所居稱職皇慶
⑯壬子選爲西海道按廉使有古持斧風陞成均樂正冬提擧豊儲倉事癸丑副令內府豊
⑰儲監斗斛內府校錙銖尺寸公爲之無難色人曰李公可謂不器君子矣　忠宣王佐
⑱仁宗定內難迎立　武宗故於兩朝寵遇無對遂請傳國于　忠肅以大尉留京師邸構
⑲萬卷堂考究以自娛因曰京師文學之士皆天下之選吾府中未有其人是吾羞也召至
⑳都實延祐甲寅正月也姚牧菴閻子靜元復初趙子昂咸游　王門公周旋其間學益進

㉑ 諸公稱歎不置乙卯遷選部議郎秋拜成均祭酒仍兼議郎丙辰奉使西蜀所至題詠膾
㉒ 炙人口是歲判典校寺事丁巳拜選部典書己未王降香江南樓臺風物遇興遣懷每從
㉓ 容曰此間不可無李生也庚申知密直司事賜端誠翊賛功臣之號知貢擧時稱得士公
㉔ 年盖三十四文宂辰韓外舅姑三座主皆無恙公擧觴稱壽一世歆之是年奏授高麗王
㉕ 府斷事官至治壬戌冬還京師未至　忠宣王被譖出西蕃明年公往謁謳吟道中忠憤
㉖ 藹然泰定甲子加匡靖大夫密直司事乙丑改賜功臣号曰推誠亮節再轉僉議評理政
㉗ 堂文學丙寅移三司使天曆庚午忠惠王權國復爲政堂文學未幾罷後至元丙子以三
㉘ 重大匡封金海君領藝文舘事己卯春二月　忠肅王薨其秋政丞曹頔脅百官屯兵永
㉙ 安宮宣言逐去君側惡小而陰爲瀋王地　忠惠王率精騎擊殺之而其黨之在都者甚
㉚ 衆必欲抵　王罪人心疑危禍且不測公憤不顧曰吾知吾君之子而已從之如京師代
㉛ 舌以筆事得辨折功在一等旣還群小益煽公屛迹不出著櫟翁稗說至正甲申冬忠穆
㉜ 王即位進府院君領孝思觀事書筵以公爲師丙戌修　忠烈王實錄戊子判三司事辛
㉝ 卯冬　玄陵即位未至國拜公右政丞權署征東省事數月國空虛公措置得宜人賴以
㉞ 安壬辰賜推誠亮節同德協議賛化功臣之號元從功臣趙日新忌公居其上公知之三
㉟ 上表固辭其冬十月日新聚群不逞夜入宮害所忌縱兵誅殺公以辭位得免日新伏誅
㊱ 起公爲右政丞癸巳正月辭五月以府院君知貢擧甲午十二月復爲右政丞明年又辭
㊲ 公年七十封金海侯十二月爲門下侍中丁酉五月乞以本職致仕從之國制封君致仕
㊳ 頒祿有差旣老而猶受厚祿於義不安故有是請朝論以爲本職致仕非所以敬大臣也

㊴ 壬寅復封鷄林府院君公自十五登科名盖一世立朝以來專奉文書歷外制於藝文春
㊵ 秋館由屬官至兩府封君未嘗去職唯　忠定三年不與焉以公嘗奉表請立　玄陵故
㊶ 也公天資厚重輔以學問高明正大故其發於議論措諸事業者燁然可觀也初公讀史
㊷ 筆削大義必法春秋至則天紀曰那將周餘兮續我唐日月後得朱子綱目自驗其識之
㊸ 正人有片善稱譽惟恐不聞先輩遺事雖細以爲難及平生未嘗疾言遽色有及於穢語
㊹ 對客置酒商確古今亹亹不倦崔拙翁歎曰士別三日刮目相待吾於益齋見之矣公務
㊺ 遵舊法不喜更張嘗曰吾志豈不如古人但吾才不及今人耳公之孫連姻奇氏公忌其
㊻ 盛滿及其拜平章　玄陵勅兩制賦詩以賀且命公叙其事公辭不爲自号益齋辛旽之
㊼ 敗　玄陵曰益齋先見之明不可及也嘗言旽非端人今果驗公自少儕輩不敢斥名必
㊽ 稱益齋及爲宰相人無貴賤皆稱益齋其見重於世如此公所著文集若干卷行于世公
㊾ 凡三娶吉昌國夫人權氏生二男三女長男曰瑞種奉常大夫宗簿副令次曰達尊奉常
㊿ 大夫典理摠郎寶文閣直提學知製敎長女適正順大夫判司僕寺事任德壽次適中正
51 大夫典農正李係孫次適銀青光祿大夫簽書樞密院事翰林院大學士金希祖封義和
52 宅主壽春國夫人朴氏宣授西京等處萬戶府副萬戶中顯大夫司僕正諱居實之女生
53 一男三女男曰彰路奉翊大夫開城尹長女適正順大夫判典農寺事朴東生次適奉順
54 大夫判典校寺事宋懋次惠妃今爲尼瑞原郡夫人徐氏通直郎知瑞州事諱仲麟之女
55 生二女長適中正大夫三司右尹金南雨次適奉善大夫典醫副正李有芳側室生二女
56 長適中郎將林富陽次幼宗簿娶密直使兼監察大夫洪侑之女生一男二女男曰寶林

⑤⑦ 匡靖大夫政堂文學商議會議都監事進賢閣大提學上護軍長女適通憲大夫判衛尉
⑤⑧ 寺事趙茂次適中顯大夫順興府使李元禴又娶檢校中郞將金松柱之女生一男曰乃
⑤⑨ 猷曺溪宗廣度寺住持揔郞娶上黨君白頤正之女生三男一女長曰德林朝奉郞驪興
⑥⓪ 郡事次曰壽林奉翊大夫同知密直司事仕元朝爲翰林學士資善大夫以故贈公太常
⑥① 卿具勳階爵次曰學林中顯大夫小府尹女適奉翊大夫開城尹光祿大夫同知樞密院
⑥② 事奇仁傑開城娶重大匡淸城君謚平簡諱公義之女韓氏生一女適春秋檢閱元序繼
⑥③ 室正順大夫判典客寺事金昴之女生二男一女長曰蟠刪定都監判官次曰袞慶仙店
⑥④ 錄事女幼司僕生二男四女長男曰純義奉善大夫軍器少尹次曰純禮中郞將長女適
⑥⑤ 通直郞起居郞知製敎申渾次適中正大夫親禦軍大護軍朴永忠次適奉善大夫小府
⑥⑥ 尹黃侃次適中郞將金錘典農正生二男一女長曰隲郞將次曰亮中郞將女適通憲大
⑥⑦ 夫判繕工寺事安翊判典農生三男一女長曰經奉善大夫軍器少尹次絺別將次殊文
⑥⑧ 別將女幼典校生一男幼左尹生二男長曰上佐次曰廣大女皆幼曾孫男女若干人趙
⑥⑨ 衛尉生二男二女長曰從善中郞將次遷善權務女皆幼李順興生一男二女男曰有喜
⑦⓪ 崇恩殿直女皆幼驪興生二男二女長男曰伸承奉郞供造署令次曰密長女適正順大
⑦① 夫判衛尉寺事李承源次適宣德郞通禮門祗侯郭游禮密直生二男二女長曰崇義次
⑦② 崇道典客錄事女皆幼小府生一男二女男幼長女適司憲持平金萬具次幼奇開城生
⑦③ 一男曰愼純義生一女幼純禮生一男曰滋一女幼申渾生一男二女男曰浩大殿指諭
⑦④ 中郞將長女適郞將黃允奇次幼大護軍生三男三女長曰龍壽別將餘皆幼黃小府生

⑦⑤ 一男二女男曰藥奴餘皆幼隲生一男一女男曰孝奴女幼亮生三男一女長曰伯恭次
⑦⑥ 伯謙餘幼銘曰
⑦⑦ 天地儲精公迺挺生奎壁耀芒公迺發揚名溢域中身居海東道德之首文章之宗
⑦⑧ 北斗泰山昌黎之韓光風霽月春陵茂叔四秉國鈞年踰八旬麟鳳其瑞蓍龜其神功在社
⑦⑨ 稷澤流生民閟宮升配哀榮無對惟爾子孫忠孝是遵勿謂無知公在九原

〔揭載〕『益齋文集』附錄「雞林府院君諡文忠李公墓誌銘」(이 銘文에는 題銘 뒤에 「推忠保節同德贊化功臣三重大匡韓山君領藝文春秋館事兼成均大司成李穡撰」이라는 文章이 삽입되어 있다)

〔參考〕『東文選』一二六「雞林府院君諡文忠李公墓誌銘」
『朝鮮金石總覽』上 附錄、六八五―六八九
『高麗史』一一〇 李齊賢傳
金庠基、「李齊賢의 在元生涯에 대하여」(『大東文化研究』一、一九六四:『東方史論叢』、一九七四)
高柄翊、「李齊賢」(『人物韓國史』二、一九六五:『東亞史의 傳統』、一九七六)
金哲埈、「益齋李齊賢의 史學」(『東方學志』八、一九六七:『韓國古代社會研究』、一九七五)
震檀學會、「益齋集의 綜合的 檢討」―第九回 韓國古典研究심포지움―(『震檀學報』五一、一九八一:『韓國古典심포지움』第二輯、一九八五)

二八五、安輔 墓誌銘

典據 『牧隱文藁』十九
年代 禑王四年(一三七八)

① 雞林府尹謚文敬公安先生墓誌銘幷序

②順興安氏自文成公珦以下多達官文成之曾孫政堂文學元崇生子三人皆登科文成
③族子及第諱碩隱不仕謹齋先生之父也三子登科而謹齋之子今密直公之三子又登
④科謹齋伯仲皆登中國制科受朝命光耀一時文成子孫所不逮也元朝科擧以來吾東
⑤人父子兄弟相繼而登科者順興安氏與吾韓山李氏而已稼亭先生受業於謹齋而銘
⑥其墓穡之鄕試也先生又爲主文穡雖衰病亟不獲讓嗣爲銘文則於先生敢辞諸先生
⑦性豁達喜讀史漢臨事務遵大躰略不依違顧望飮酒少然不少辭醉則止爲文章去華
⑧取實達而已矣　玄陵知其賢將大用擢密直提學兼監察大夫提調銓選事進同知乙
⑨未同知貢擧取安乙器等三十三人拜政堂文學先生自謂遇知知無不言久而　上以
⑩爲闊於事情而先生以母老請出於是尹雞林府歲丙申改官制未及召先生先生歸養
⑪于鄕會疾作歎曰慈顏無恙而季氏亡伯氏又亡吾又如此奈何奈何又曰命也可如何
⑫已而果不起嗚呼悲哉嗚呼悲哉謹齋先生之子今密直宰相宗源吾之同年進士也與
⑬其妹夫密直宰相鄭良生來曰文敬公年十九歲在庚申中進士科許判書其試官也其
⑭年又中秀才科益齋李文忠石齋朴判書其知貢擧也文敬公天資旣美吾先人敎之又
⑮嚴人皆服文敬質之美而尤重其有賢父兄也其初歷官廣州司錄權知典校校勘藝文
⑯檢閱春秋修撰藝文供奉門下注書監察糾正軍簿佐郞左正言右獻納典理正郞監察
⑰掌令典儀副令典理摠郞衛尉尹監察執義右代言兼執義典法判書也館職則自提學
⑱至大提學也其登中國進士科乙酉歲也其奉命出使甲申楊廣道按廉使乙酉交州道
⑲按廉使也丁酉九月初四日卒于順興府因葬焉五十六歲其享年也今二十二年矣而

⑳ 墓未誌嗚呼文定之無後也益可悲矣夫人崔氏無子故無所從無所從故難於守節而
㉑ 吾等奔走職事又不得專志於其間遷延至今嗚呼益可悲矣子其銘之將鑱石而納之
㉒ 壙中庶其不朽也稽曰先生之名之傳也何患焉登科有錄題名有碑鴈塔流芳散在中
㉓ 國人之見之誰不曰高麗安氏兄弟登科因以歆其風於東海之外則先生幽堂之石雖
㉔ 未刻焉亦可也矧其行事載於國史異日撰　玄陵實錄則先生之列傳又足以焜耀史
㉕ 册其傳也愈必矣予獨悲其無後焉雖然近世名公善人如南村李侍中愚谷鄭密直及
㉖ 菴閔贊成德行文章蔚爲時宗未聞有纖毫過擧況於絶嗣之大故乎而皆無後天之有
㉗ 未定也審矣先生之提調銓選事也稽嘗執筆隨其後一日夜半召先生入有所除授旣
㉘ 而　上曰今日何日命取曆觀之曰猖鬼日也姑止先生嘗惡陰陽拘忌卽跪曰王者奉
㉙ 天時不在於此願　殿下欲行則行猖鬼何害　上變色初先生登科授將仕郞遼陽等
㉚ 處行中書省照磨兼承發架閣庫先生曰旣受命矣而不供職是不恭也況照磨惟在收
㉛ 掌文書而無他務乎吾當赴省旣上官省官重其才皆禮貌之先生曰吾今足以塞吾責
㉜ 矣母老而不歸養又非孝也於是掛冠而歸予之在都也韓仲輔御史言吏部官有知先
㉝ 生者擬進翰林國史院編修官省臣却不奏稽之不肖猶且繼踵先人供奉翰林先生竟
㉞ 如是信乎其命也夫信乎其命也夫先生嘗曰吾旣無子門生卽吾子也今其門生李寶
㉟ 林政堂文學廉國寶李韌禹玄寶皆樞密宰相奉翊大官又多其他通流以名聞于時而
㊱ 闢浮屠以扶吾道者草溪鄭習仁也避仇怨能遁荒野者廣州李元齡也得人之盛當世
㊲ 稱之先生名輔字員之祖諱某曾祖某皆本府戶長外祖檢校軍器監安某銘曰

㊳ 嗚呼先生學底于成對策丹墀克振厥聲相我　先王周旋廟堂弘敷文化迺闢春場曰
㊴ 我儒生斯爲至榮母老不養我心胡平忠孝立揚君子之光厥或不全非癡則狂迺陳其
㊵ 情迺尹月城母則無恙而疾是嬰雲徂乎方永矣其傷有德無子云何彼蒼嗚呼先生木
㊶ 拱于塋千載之下可傳惟名惟名之彰死猶不亡竹溪有源其流之長

〔揭載〕『謹齋集』附 文敬公逸稿「墓誌銘幷序」
『東文選』一二八「雞林府尹諡文敬公安先生墓誌銘幷序」
『朝鮮金石總覽』上 附錄、六五七—六五九
〔參考〕『高麗史』一〇九 安軸傳 附 安輔傳

二八六、崔宰 墓誌銘

典據 『牧隱文藁』十五
年代 禑王四年(戊午、一三七八)

① 高麗國大匡完山君諡文貞崔公墓誌銘幷序
② 完山之崔氏譜可考者曰純爵官至檢校神虎衛上將軍生崇中郞將中郞將生南敷官
③ 至通議大夫左右衛大將軍知工部事工部生諱佺左右衛保勝郞將郞將生諱正臣左
④ 右衛中郞將中郞將生諱得枰通憲大夫選部典書上護軍致仕廉正自守人敬憚之歷
⑤ 事　忠烈　忠宣　忠肅三王而　忠宣尤器重之　忠宣雖內禪而國政必與聞故士
⑥ 大夫之升黜多出於　忠宣選部在臺綱紀立在刑部刑罰淸出守金海尙州民懷其惠
⑦ 再按全羅民畏其風其量田也副蔡宰相洪哲分理全羅州縣之田不廢法不擾民享年

⑧七十五選部娶奉翊大夫知密直司事監察大夫文翰學士承旨世子元賓郭公諱預之
⑨女以大德癸卯四月癸酉生公公名宰字宰之至治元年補東大悲院錄事泰定甲子入
⑩內侍四年授散員明年轉別將天曆庚午順興君安公文凱深岳君李公湛同掌試公中
⑪之六年然後改丹陽府注簿又四年始授中部令階承奉郎未幾知瑞州事以母憂不赴
⑫盖欲終制也明年　忠肅王沙汰冗官有薦公者　王曰吾固知其父風憲無以易此人
⑬矣即授監察持平不獲已就職　玄陵即位迺褫其職及高氏之亂作凡王所設置悉皆
⑭更革立都監以公爲判官公甚不樂稱疾不出相府頗督之且脅之公徐出謂其判事宰
⑮相曰王固失德矣然爲臣而揚君之不美於公安乎王之惡非出於王左右逢之耳逢之
⑯於前揚之於後吾實耻之其宰相默不敢言　明陵即位初政授典法正郎其年冬出知
⑰興州凡可以便民者靡不擧行田籍久且爛公修之仍藏舊本相質聞者歎服印政丞當
⑱國素忌公故替之歲丁亥政丞王公煦金公永暾奉　聖旨整理田民詞訟擧公爲判官
⑲且馳驛召之公至則二公又曰長興府今號難治非崔某不可又出之公將之任二公又
⑳曰崔某前爲持平有威望盍留之再任適外氏郭公迎俊爲大夫法當避遷典法正郎歲
㉑戊子按察慶尙道一年再遷典客副令資贍司使公兼理支應內用事羡餘盡歸之民前
㉒弊絶矣歲己丑出知襄州有使者降香凌辱存撫使公曰非禮也將及我矣棄官而歸執
㉓政者喜白授監察掌令臺綱復振矣一年而罷歲辛卯　玄陵即位選臺臣復掌令明年
㉔移開城少尹辭歸淸州日新之難作歲甲午以典法摠郎召未幾移版圖其秋出使福州
㉕牧察民情守條約去之日人如失怙恃其所施設至今遵之乙未秋以中顯大夫監察執

㉖義直寶文閣召至選軍以田其法舊矣命公爲其都監使一人受田有子孫子孫傳之無
㉗則他人代受有罪當收其田則人人皆欲得於是雜然矣公曰是爭民施奪也可乎於是
㉘與其當得者一人而止訟稍簡矣歲丙申拜大中大夫尙書右丞歲丁酉進正議大夫判
㉙大府寺事盖公年五十五而志不少衰益勤於職旬月間府庫實矣　玄陵曰判大府盡
㉚其職者崔某而已歲己亥出爲公州牧如在福日歲辛丑又出爲尙州牧其冬　國家避
㉛兵南徙明年春　幸尙州公盡力供辦惟恐一毫或傷於民故求之不得者稍短之三月
㉜以奉翊大夫典法判書分司本京公辭違　玄陵引見溫言慰諭歲甲辰拜監察大夫進
㉝賢館提學同知春秋館事其多封重大匡完山君明年移典理判書又明年移開城尹歲
㉞己酉官制行改榮祿大夫歲辛亥安東闕守臣　玄陵曰安東守我已得人矣於是批下
㉟遣衛士督公行慮公辭不就也甲寅春以老乞歸鄕秋九月　玄陵薨公會哭盡哀今
㊱上拜公密直副使商議公固辭請還鄕封完山君階大匡明年春命駕往見江陵崔密直
㊲安沼而歸盖永訣也秋九月有微疾語諸子曰吾甞夢異人謂我曰至午死今戊午年也
㊳而又如此吾必不起也十月己巳卒享年七十六十二月壬寅葬于居第之東坎麓理命
㊴也嗚呼公可謂達人矣公再娶靈山郡夫人辛氏奉翊大夫判密直司事藝文館提學致
㊵仕諱蕆之女也務安郡夫人朴氏軍簿正郎諱允鏐之女也辛氏生二男長思美奉翊大
㊶夫禮儀判書次德成及第中正大夫三司左尹朴氏生子三人男曰有慶中正大夫宗簿
㊷令知典法司事女適誠勤翊戴功臣匡靖大夫門下評理上護軍禹仁烈次適宣德郞繕
㊸工寺丞趙寧孫男女若干人判書生子五人長恕護軍今爲全羅道按廉使次愿中郞將

㊹ 次愨別將女適禮儀揔郎宋仁壽次幼左尹生子四人男曰復昌別將次曰世昌別將次
㊺ 仕昌未仕女幼宗簿生子三人士威郎將餘皆幼評理生子三人男曰良善英明殿直女
㊻ 皆幼寺丞生女一人幼左尹吾友也倜儻使酒居官所至有名來請銘銘曰
㊼ 惟公之直惟公之淸惟公之德惟公之名惟名惟德惟世之則胡不大用正我王國旣相
㊽ 我王周旋廟堂年七十六尙爾康强公退則決允矣明哲嗚呼崔公世歆其風

〔揭載〕『東文選』一二六「高麗國大匡完山君謚文貞崔公墓誌銘幷序」
『朝鮮金石總覽』上 附錄、六九一－六九三
〔參考〕『高麗史』一一一 崔宰傳

二八七、金昴 妻 閔氏 墓誌銘

典據 『牧隱文藁』十九
年代 禑王五年(一三七九)

① 驪興郡夫人閔氏墓誌銘
② 吾友金九容氏以今年閏五月甲辰葬其母驪興郡夫人閔氏于祖母金氏之塋直其西
③ 十數步旣而走其子叅軍事明善求銘予義不辭按其狀輸誠秉義協贊功臣重大匡都
④ 僉議贊成事進賢館大提學知春秋館事謚文溫及菴先生諱思平其考也匡靖大夫密
⑤ 直司使謚文順諱迪其大父也僉議贊成事謚忠順諱宗儒其曾大父也都僉議政丞謚
⑥ 貞烈竹軒金公諱倫其外祖也內外赫然一國所慕而夫人生於其間習熟見聞凡所當

⑦爲壹是皆以母則爲本事父母甚孝朝昏定省不以疾病廢宗族稱之辛丑多避賊南遷
⑧奉母以行母安焉如在室中其後居驪興十有餘年事之益勤母既歿矣夫人之子壻每
⑨請還京夫人涕泣曰吾母葬於斯吾去矣拜掃闕矣吾何忍焉吾何忍焉五月癸巳以病
⑩歿年五十六九容氏又曰吾父淸德畏人之知喜於晦養母今亡焉嗚呼奈何穡曰賢哉
⑪金母也文溫公雖無子有是女以生九容氏宅相成遷史傳可不謂賢哉男三人長九容
⑫前中正大夫三司左尹進賢館直提學知製敎充春秋館編修官次齊顏中議大夫中書
⑬兵部郎中兼簽書河南江北等處行樞密院事奉善大夫典校副令知製敎兼春秋館編
⑭修官次九德前左右衛保勝散員女九人適密直副使金士安前開城尹李彰路前宗簿
⑮令崔有慶前郞將許顥前副令許誼兼博士李存斯門下注書金瞻次未適其銘曰
⑯物歸其根其生不窮驪興閔氏葬于其中江之沄々曷其有終與之俱長永嘉之風

〔揭載〕『東文選』一二八「驪興君夫人閔氏墓誌銘」
『朝鮮金石總覽』上 附錄、七〇六—七〇七

二八八、柳淑 墓誌銘

典據 『牧隱文藁』十八
年代 禑王五年(己未、一三七九)(推定)

①有元高麗國忠勤節義贊化功臣重大匡瑞寧君謚文僖柳公墓誌銘幷序

玄陵功臣曰文信公姓柳氏名淑字純夫至正辛巳以侍學從　玄陵居燕京十一年受履以東叅掌機密十五年退老于鄉以避鷟城之禍者四年旣卒四年而鷟城誅又六年而配享　大室又三年而韓山李穡銘其墓嗣子密直公之請也嗚呼忍銘諸至正丙戌先君稼亭公頒曆東方文信公實從之來穡始得內交焉其後同事　玄陵穡或時妄發言觸怒公輒救之其於銘墓義所不辭按其婿李行所撰公狀柳氏瑞州人也曰公器承奉郎閤門祗候曰宏贈僉議評理上護軍曰成桂通議大夫大常卿知茶房事公之三代也妣姜氏贈都僉議贊成事諱文世外大父也室楊氏吳氏男實奉翊大夫密直副使商議會議都監事上護軍厚奉常大夫軍簿摠郎女三人適中顯大夫繕工令金子盅承奉郎版圖佐郎崔正濡楊氏出也一適宣德郎義盈庫副使李行吳氏出也孫若干人密直男曰惠剛別將曰惠南學浮圖法曰惠和散員女適丁巳科狀元承奉郎典儀注簿成石珚摠郎男曰沂曰漢女一人外孫若干人繕工男曰汾曰潭副使男曰滋曰迹女一人佐郎女一人公之初入學也精舍主人夢見灑掃院宇問何爲對曰柳承旨來明日公至心異之年十六中辛未進士科諫議大夫金右鏐其試官也二十五中庚辰及第科政丞金鈎軒永暾贊成事安謹齋軸其座主也至正辛巳調安東司錄會　玄陵以王大弟江陵府院君入侍　天庭公棄官從之居四年歲在甲申　明陵即位江陵僚佐多不守節公獨不變　明陵義之多授吉昌府典籤明年升開城叅軍公益堅無他嘗一覲親旣至則史翰交章薦公補春秋修撰官公曰儒林重選也吾雖不才亦足以慰吾親矣遂就職即頒曆書也明年丁亥　忠烈　忠宣　忠肅實錄旣成命公馳馹藏之海印史庫秋遷三

⑳ 司都事即棄去如京師時掌銓選官以爲柳史官供史職既有勞宜錄用授官秩六品
㉑ 明陵薨王政丞倡議上表請　玄陵嗣　位又以耆老衆官書達　中書省稼亭公實執
㉒ 其筆旦夕　命且下公聞母病即日請歸或止之公曰忠臣孝子名異實同本末則有序
㉓ 焉孝之或廢忠將焉出又況忠之日長孝之日短萬一有不諱悔之何益遂歸母見公喜
㉔ 病即愈又從先稼亭公游金剛山縱觀東海公曰今燕邸又如前日吾不可以久留遂如
㉕ 京師實　聰陵元年己丑也歲辛卯秋九月　玄陵即位行至遼陽省授密直司左副代
㉖ 言軍簿摠郎階奉常大夫藝文館直提學知製敎兼春秋館編修官知三司事有　旨叅
㉗ 決機務然非有召未嘗詣　內明年進右代言左司議大夫宰相趙日新忌公乞解職
㉘ 屛居德水莊既而丁外艱日新聚群不逞誅殺所忌未幾伏誅癸巳四月起復供職代言
㉙ 甲午二月遷左代言知軍簿司事乙未正月掌成均試取全翊等九十九人拜奉翊大夫
㉚ 判典校寺事藝文館提學同知春秋館事上護軍其秋再遷版圖判書典理判書歲丙申
㉛ 姜資正金剛降香金剛山命公護其行既至山曰吾疾作欲少留願公善辭焉因居青蓮
㉜ 寺數月王召公不獲已還朝五月奇氏之難作入密直爲提學官制行拜銀青榮祿大夫
㉝ 樞密院直學士翰林學士承旨上將軍事㝎　賜安社功臣鉄劵公謂諸公曰功劵即罪
㉞ 案也願賜相勉保終始如汾陽郭氏可也又曰君子不黨吾決不黨於人願同心奉　王
㉟ 室無私黨幸甚俄改副使歲丁酉進同知商議會議都監事歲己亥進知院提點司天臺
㊱ 事辛丑冬沙賊犯黃州勢甚逼廷臣不知所爲公從容決策南幸其言曰國所恃者城池
㊲ 也糧食也今城未完倉無儲萬一賊在四郊將何以守乎既至安東府進樞密院使翰林

㊳學士承旨同修國史明年賊平三元帥功益高擅殺摠兵官鄭世雲則又曰今旣殺摠兵
㊴官矣柳某居中每出奇謀可畏也去之便公知之告于　上曰衆怒難犯今諸將忌臣者
㊵徒以在　殿下左右耳　殿下如逐臣則臣一布衣耳誰復置齒牙間邪於是出爲東京
㊶留守至府十有餘日措置已愜民望　國家旣正元帥罪名三月以知都僉議　召進階
㊷匡靖大夫賜功臣號忠勤節義賛化六字吏民曰何不留公數月奪之棘乎其秋　駕移
㊸于淸同知貢擧取朴實等三十三人時稱得士冬遷評理提點書雲觀事洪氏有封翁主
㊹者在南陽貧乏不能自存　上憐之下手敎於按廉使李之泰賜米之泰曰凡　上命必
㊺由兩府而頒布于外今將奈何不敢不受又不敢拆闍之案上其人怒復之于　內　上
㊻謂之泰不恭將使使械之泰來罪且不測公固執不可　上怒甚曰事皆由卿等耶目公
㊼曰出公趨出　上復召公公伏於前具以之泰之語白之且曰如　殿下怒不已臣恐後
㊽世以爲口實於是置之泰不問他日復召公入公謝曰臣受　恩旣久而無纖芥之効反
㊾以口舌妄觸　天威罪在不赦　上賜黃金以慰之且曰賞卿之言也間以盛滿難居乞
㊿骸骨保餘生　上久而後許之封瑞寧君因請拜掃至京明日又　召歲癸卯駕還京以
51興王寺爲行宮賊用夜半潛入內殺直宿官　上避於密室聞賊相語　曰何故來遲賊
52曰殺洪某柳某故遲來旣而諸將率兵入救公隨之入　上曰謂卿已死不復再見及見
53卿面疑其思成聞卿之語疑始釋矣即日　入城拜政堂文學冬十月兼監察大夫歲甲
54辰進僉議賛成事商議會議都監事藝文館大提學知春秋館事上護軍領書雲觀事歲
55乙巳三月封瑞寧君旽故也旽之出入禁闥外托浮屠內懷譎詐公稍抑之及其長髮冠

(56) 顚領都僉議作威福中傷大臣氣焰可畏每招公公絶不往來及其秋乞歸田里卜築伊
(57) 山縣之伽倻山優游以自老京山樵隱先生寄以詩有已向危時安社稷更從平地作神
(58) 仙之句歲戊申盹之浸潤旣久其計得行縊公于靈光郡十二月廿一日也公之屛居也
(59) 聞　國家事異於平日未嘗不涕泗交下及其禍作家人以公平日之言送龍腦又謂不
(60) 如走乃送良馬曰公其自擇公曰吾思之君父天也天可逃乎且生死有命固當順受亡
(61) 將何之就死顏色如平時人皆爲之流涕及盹敗　上始知其然悼甚有　旨雪其寃謚
(62) 文僖歲壬子正月十一日以禮葬于德豊縣加也洞丙辰十一月　玄陵祔廟廷議配享
(63) 公得與焉此公哀榮之大槩也若其謀猷之密操履之詳有所薦引未嘗言之其人有所
(64) 罪黜未嘗斷之於已遇大事決大疑又未嘗猶豫其間盖於精明仁恕兩得之矣宜其嗣
(65) 子賢也銘曰
(66) 文僖有質美玉之潔文僖有行薰風之發遇事精彊存心惻怛相我　玄陵夷險一節告
(67) 老懸車矯命賜玦命也奈何時哉昭雪升于大室允矣功烈天道不爽赫如對越刻石幽
(68) 室用告來哲

〔揭載〕『東文選』一二七「有元高麗國忠勤節義贊化功臣重大匡瑞寧君謚文僖柳公墓誌銘并序」
『朝鮮金石總覽』上 附錄、六九三—六九六
〔參考〕『高麗史』一一二 柳淑傳

二八九、鄭思道 墓誌銘

典據『牧隱文藁』十九

年代 禑王五年(一三七九)

① 烏川君謚文貞鄭公墓誌銘幷序
② 近世言大平者必稱 明陵朝盖 永陵比群小以致岳陽之禍 聰陵享國日淺且有
③ 崔源反吠之難獨 明陵五年朝野淸謐士樂民附謂之小康亦不過矣當是時由郞官
④ 叅銓選歷四年致位樞密執事敬行已簡重蚤有譽於一國者烏川鄭文貞公當爲稱首
⑤ 玄陵初例罷相閑居者十又三年日以山水自適安焉無外慕 玄陵久乃嘉之封之日
⑥ 城旣而拜密直商議宰相出鎭合浦東北面入相出將望益重矣今 上方用舊臣而公
⑦ 病作嗚呼公之病也予往候之不甚困也數月又往候之則不接客矣及其亡也予與上
⑧ 黨韓孟雲同往致祭而予以病作不果執紼予至今恨之今其子壻請銘其墓嗚呼忍辞
⑨ 諸公諱思道字思道幼名良弼旣登第有當避則名思度事 玄陵始改今名其意盖曰
⑩ 或處或出無非道也鄭氏延日望姓曾祖諱均之贈金紫光祿大夫門下侍郞平章事祖
⑪ 諱潤奉善大夫獻部議郞知製敎考諱侑中顯大夫宗簿令妣蔡氏封慶原郡夫人奉常
⑫ 大夫獻部議郞惟吉之女也以延祐戊午十一月乙卯生公幼知讀書稍長爲詩有豪氣
⑬ 有名儕輩間年十九順天君蔡公洪哲延平君安公規同掌試公一擧中之後至元丙子
⑭ 也至正辛巳春權知典校校勘俄遷注簿夏爲郞多去之爲堂後官以勞授承奉郞監察
⑮ 糾正入仕十閱月而拜叅官亦罕矣歲甲申 明陵即位由糾正超授軍簿佐郞明年春
⑯ 陞正郞夏移典理凡十八日遷至奉善大夫成均司藝冬十一月擢密直司左副代言軍
⑰ 簿捴郞藝文館直提學知製敎充春秋館編修官階仍奉常由佐郞歷一歲而拜承宣之

⑱命亦甚罕矣明年陞左副代言典理揔郎又陞右代言知軍簿六月進右司議大夫階中
⑲正大夫其冬進階正順大夫右代言同知春秋館事又明年試士成均取今知密直朴形
⑳等九十二人時稱得士夏進知申事知典理秋拜奉翊大夫典理判書館職如故俄而
㉑明陵將大用公命公直提學於密直司自始拜代言凡廿二月而入兩府公年才三十矣
㉒然而士論不以爲大蚤其得時譽可知已歲丙申母歿廬墓終制歲癸卯　玄陵曰鄭某
㉓忠於所事孝又如此予甚嘉之封日城君自後凡有禱于上下必命公取其正直也秋拜
㉔密直副使商議大寶文同知春秋館明年春尹漢陽府秋以同知密直召還俄封君出鎭
㉕合浦軍機民務兩得其宜一道便之會鷲城欲抵今判三司崔瑩死罪使其黨李得霖往
㉖鞫之公死執不可得霖訴于鷲城鷲城白于　上罷鎭歲丁未簽書密直歲辛亥進知司
㉗明年賜端誠翊贊功臣之號又明年以密直行安邊府事鎭東北面其名曰上元帥曰都
㉘巡問使軍民之任叢于一身處之有其道人到于今稱之歲癸丑改功臣端誠曰忠勤其
㉙冬以本官商議會議都監事今上即位進匡靖大夫知門下省事未幾拜政堂文學知書
㉚筵事館職並如故明年改評理商議俄封日城君俄改烏川君大進賢加賜功臣號曰忠
㉛勤節義翊贊歲戊午公之甲子周而復始矣名節無少虧矣而病之作也天也歲己未九
㉜月十五日卒于第享年六十二官庀葬事十一月庚申日窆于栗村之原嗚呼君子而未
㉝得其壽者多矣壽矣而才踰耳順天之靳人也甚矣公凡再娶裴氏少尹諱玄甫之女生
㉞二女長適典法揔郎李容次適司憲持平安景恭鄭氏左司議大夫諱誧之女生一男曰
㉟洪典校副令孫男女若干人揔郎無子持平生一男曰金經副令生一男二女皆幼銘曰

㊱文貞之賢文武具全致身兩府餘三十年歷事四朝展也淸標儉而非固豪而非驕美
㊲哉文貞宜得其名千載之下尙徵斯銘

〔揭載〕『東文選』一二八「烏川君謚文貞鄭公墓誌銘幷序」
『朝鮮金石總覽』上 附錄、六九七－六九八

二九〇、尹侅 墓誌銘

典據 『牧隱文藁』十八
年代 禑王六年(庚申、一三八〇)

① 坡平君尹公墓誌銘幷序
② 至正辛丑冬沙賊逼京城　玄陵決策南幸士大夫多棄官奔竄坡平君尹侅以前福州
③ 牧使匹馬扈　駕至廣州坐客舍門談笑自若予始得知其面盖奇偉人也予之在病中
④ 甞問疾焉見其色若甚哀予予至今不敢忘也嗚呼公之歿已五年矣而以病餘拙文銘
⑤ 公之墓豈不可感也夫公諱侅字子奇坡平縣人也十三世祖莘達號三韓功臣生功臣
⑥ 先之功臣生左僕射金剛左僕射生右僕射執衡右僕射生推忠佐命平戎拓地鎭國功
⑦ 臣開府儀同三司上柱國守大尉門下侍中判吏部事鈴平郡開國伯食邑三千五百戶
⑧ 實封三百戶監修國史文肅公瓘　睿王時女眞侵我彊文肅公率兵逐去之女眞遠遁
⑨ 立石紀功而還文肅生中書平章事彥頤有志氣達死生之理將易簀有詩一篇類禪者
⑩ 語平章生尙書兵部侍郞惇信侍郞生衛尉少尹商季少尹生大常錄事諱復元於公爲

⑪ 高祖錄事生曾祖監察御史諱純御史生祖鈴平府院君諱琁鈴平生考少府尹諱諳娶
⑫ 萬戶判三司事朴公諱之亮之女以元貞丁未七月某日生公公年十四以門蔭授周陵
⑬ 直至元庚辰超授興威衛精勇護軍階奉善大夫賜紫金魚袋明年陞奉常兼通禮門副
⑭ 使與拜周旋皆中其度護軍四十餘人多驍傑豪放不拘繩墨公動以禮法至今矜式焉
⑮ 歲壬午進親禦軍護軍監試主司閔思平家奴取柴城外而析生松班主印安適出郊法
⑯ 當禁故禁之家奴不知其爲班主也聚擊之傷其脚　王大怒令重房壞主司宅公以謂
⑰ 奴信有罪矣其主何與焉且今多士刮目放牓而壞主司宅主司何心而考閱哉未幾
⑱ 上怒解事得寢歲癸未進中正大夫三司左尹公以廉勤爲寶興庫官凡三年及　王被
⑲ 召赴都政丞洪彬會計錢物獨公無少汚洪公嘆賞之歲己丑選臺臣執政者皆曰尹某
⑳ 世守禮尙淸節且知綱紀大體無以易此人也遂遷執義多所立白雖未盡行名動一時
㉑ 持平鄭國經亦以淸謹慷慨爲人所望時察院有執義執綱持平持節之語搢紳歆之歲
㉒ 庚寅以奉順大夫判少府寺事知典法司事裁決平允人無怨言　玄陵五年乙未授監
㉓ 門衛上護軍重房諸吏素知公名敬憚之不敢欺閱月而有福州牧使之命措置有法民
㉔ 受其賜辛丑冬命其子今密直公曰吾不可不赴行在所也汝其與汝母便道而去遂從
㉕ 王行爲慶尙道點軍兵馬使既而克復京師而錄功臣公功在二等知公者皆謂公屈盍
㉖ 訟之公笑而不答歲甲辰進奉翊大夫判典儀寺事歲壬子拜典法判書甲寅冬封坡平
㉗ 君階大匡公嘗曰吾家侍中公而下凡七世登科而吾父子悔之何及丙辰冬十二月十
㉘ 二日以病卒于第享年七十明年正月甲寅葬于松林先塋夫人崔氏奉常大夫司憲掌

㉙令諱甬之女生四男二女長曰虎奉翊大夫密直副使上護軍次皆夭女長適判內府事
㉚金懷祖次適知驪興郡事柳元茂孫男女若干人密直公娶知善州事李公元厚之女生
㉛一男二女男曰　女長適中書舍人方恂次適閤門祗候南在內府生三男四女長男曰
㉜瞻門下注書次曰盱次曰盼幼女適護軍金侃餘皆幼驪興生六男一女長曰某次曰某
㉝餘皆幼密直公端謹有志善書能碁甞爲　玄陵所知　玄陵命書古詩以進盖賞其筆
㉞跡也公曰月露風花非所以陳於　王前乃書欺暗常不然欺明當自戮難將一人手掩
㉟得天下目旣進　上謂其譎諫寢疏之君子曰公於是不負所學矣嗚呼坡平可謂有子
㊱矣密直公又曰吾父平居不喜飮酒當飮又無量生而無疾性尙儉約少肉食暑必具服
㊲寒不重裘其於聲色遠之又甚　通制條格本國判旨留意尤深天不與之命奈何奈何
㊳予於是益知公之有子也銘曰
㊴鈴平之封王錫尹公出師關國乃碑其功襲封開府在于公祖公克嗣之惟仕之膴惟公
㊵之名惟誼之明位不稱德孰司其平幽堂之誌于永厥眎匪我之諛公有賢子

〔揭載〕『東文選』一二七「坡平君尹公墓誌銘幷序」
『朝鮮金石總覽』上 附錄、六八九－六九一

二九一、尹龜生 妻 崔氏 墓誌銘

典據 『牧隱文藁』十九
年代 禑王七年(明 洪武十四年、一三八一)

① 尹母崔夫人墓誌幷序
② 栗亭尹文貞公爲其子今三司副使龜生擇婦聞夫人賢執女工豊寒盛署不輟而又勉
③ 其弟母墜家聲文貞曰是足以配吾子矣以禮聘之既至事尊舅盡婦職嫁其弟撫其女
④ 如已出族屬或飢寒夫人衣食之而自甘菜色文貞之祖先墳墓在錦者七所三司歲時
⑤ 拜掃夫人力貧治奠物如式仁親敬先盖天性云夫人長子曰紹宗吾門生乙巳科狀元
⑥ 也今爲典儀副令藝文應教文貞之老于錦也每見夫人曰吾孝婦吾孝婦我家出狀元
⑦ 矣及文貞卒葬夫人過哀盡喪禮洪武辛酉冬十月壬戌以病歿年六十五壬寅葬于錦
⑧ 之南山文貞之塋之右朝之士大夫哭以詩相其挽者相續走其弟成均博士會宗請銘
⑨ 會宗齊衰犯霜雪予哀之不忍辞乃書其家世子孫而系以銘夫人崔氏孤竹郡人經德
⑩ 齋生諱峙其曾祖也三別抄之叛逃難漁中不汚禮賓丞同正諱臣牧其祖也隱不仕人
⑪ 目之曰處士進士諱英粹其父也有詩名早歿朱溪事審官雙阜監務裵君諱宗衍其外
⑫ 祖也廉平字民孫男女若干人典儀娶右尹姜昌壽之女生一女繼室以判書朴瓊之女
⑬ 生一男曰匯博士娶判事鄭仁彥之女生二男曰江曰河皆幼銘曰
⑭ 爲女執德爲婦蹈則爲母有儀其儀不忒宜有其子榮以祿食生事文貞死藏其側山密
⑮ 水長實惟玄宅庶其勿訛保玆石刻

〔揭載〕『東文選』一二八「尹母崔夫人墓誌幷序」
『朝鮮金石總覽』上 附錄、六九九

二九二、尹之彪 墓誌銘

典據　『牧隱文藁』 十七
年代　禑王八年（一三八二）

① 海平君謚忠簡尹公墓誌銘并序
② 善之海平望姓尹氏也諱君正歷事　高王　元王官至金紫光祿大夫守司空尙書左
③ 僕射判工部事諱萬庇事　忠烈王爲己巳一等功臣卒官奉翊大夫副知密直司事上
④ 護軍諱碩政丞公也朝廷使者至政丞時爲別將以盞人立于　王前使者傳　旨兩王
⑤ 子入侍天庭政丞聞之默自念吾當從弟歸告尊公尊公曰兒計失矣所以從　王子者
⑥ 爲後日計也兄在而弟先有國乎公又告曰吾亦知其然然吾見少則敬心生見長則否
⑦ 此所以決吾策也尊公不復語長　元子早亡少　忠肅王也公從朝京師僚佐未有居
⑧ 公右者其後歷官至都僉議右政丞判典理司事封海平府院君階壁上三韓三重大匡
⑨ 賜忠勤節義同德贊化保定功臣之號亦未有居公之右者君臣遭逢千載一時豈非天
⑩ 乎其後　天子聞公名特授鎭國上將軍高麗都元帥以寵異之海平娶奉翊大夫密直
⑪ 副使上護軍李公諱百年之女以至大庚戌四月癸亥生公延祐庚申公年十一而補泰
⑫ 雲寺眞殿直十五而補司設直長十六而授郞將十九而拜護軍從　永陵在朝之明年
⑬ 也時晉邸陟遐　文宗自江南先入宮正位迎　明宗于朔方　文宗出勞于野丞相燕

⑭ 帖木兒進毒酒　明宗中夜崩六軍乱公與宰相曺益清李君侅等官左右　永陵永陵
⑮ 侍以無恐賜功臣鉄券至順庚午陞大護軍公年廿一也至正辛巳進判司僕寺事　明
⑯ 陵即位之五月拜上護軍多陞軍簿判書明年四月遷典理判書王政丞當國用舊法文
⑰ 選歸之典理武選歸之軍簿公佐政丞無毫髮私明年出尹平壤試公臨民也甫一期而
⑱ 政成以知密直召公年三十八矣　玄陵之五年再知密直司事其冬奉表朝于京師謝
⑲ 賜衣也十八年三知密直司事洪武庚戌進密直使明年知門下省事商議會議都監事
⑳ 又明年進評理多封重大匡海平君與廉曲城尹漆原諸老結社從容者十餘年而壬戌
㉑ 九月感疾十月初九日端坐而逝公年七十又三矣公稟性寬厚不立崖岸略通蒙古語
㉒ 擧止如北庭人於政事務遵大躰而不苛細盖長者也公凡再娶平壤郡夫人趙氏大匡
㉓ 僉議賛成事商議寶文閣大提學諡文克諱延壽之女李氏大匡月城君諱蒨之女趙氏
㉔ 生男二人長曰寶官至鷹揚大護軍先歿次曰珎重大匡海平君孫男女若干人鷹揚男
㉕ 曰可觀今爲奉翊大夫密直副使上護軍出爲慶尙道副元帥一女適尉衛注簿李持海
㉖ 平君男曰彰今爲典理佐郎次曰莘今爲德昌府舍人次曰須今爲春秋檢閱長女適判
㉗ 事金九容次適郎將洪潤福次適司設署令成溥李夫人無子曾孫男女若干人某〃公
㉘ 之奉表謝恩也予爲書狀官公之長子予同甲也故父事公予僥倖入樞府而公復職爲
㉙ 同寮然予之事公也如昔而公亦視予猶子吾宜銘公〃之季子政堂公今嗣封其知貢
㉚ 擧也又取豚犬種善爲門生銘又可辝諸銘曰
㉛ 海平之尹左右　高元君子之澤流慶源〃惟元帥公蔚爲侍中忠簡承之有長者風少

㉜ 而翹英老而享榮季子繼相而典文衡孫拜中樞折衝海隅惟公之門弛張攸俱凡厥降
㉝ 祥惟善是彰我非諛公公永于藏

〔揭載〕『東文選』一二七「海平君謚忠簡尹公墓誌銘幷序」
『朝鮮金石總覽』上 附錄、七〇四－七〇六

二九三、韓脩 墓誌銘

典據 『牧隱文藁』十五
年代 恭讓王四年(壬申、一三九二)

① 韓文敬公墓誌銘幷序
② 予年十六七喜從詩僧游至妙蓮寺儒釋雜坐啜茶聯句文敬公年才十二三每有的對
③ 衆皆驚歎雖老於文墨者推讓不敢齒予固心異之歲丁亥吾先君知貢擧文敬果中高
④ 第時年十五歲也落第者服其才皆曰韓生非僥倖也先是以門蔭再爲眞殿直別將以
⑤ 故不求仕討論墳典從益齋先生讀左傳史漢作字眞草皆入妙　聰陵襲位補德寧府
⑥ 注簿召置政房爲秘閣赤歲辛卯遜于江都公從之居　玄陵召還不即用歲癸巳始授
⑦ 典儀注簿又爲秘閣赤明年遷典理佐郎知製敎又明年再加通直郎成均直講奉善大
⑧ 夫成均司藝皆帶藝文應敎歲丙申改官制爲中散大夫秘書少監知製誥明年遷兵部
⑨ 侍郎翰林待製秋陞直學士又明年進中大夫國子祭酒知製誥歲辛丑國家避沙賊于

⑩安東再轉典儀典校二令皆中正明年秋還京加奉順大夫判司僕寺事右文舘直提學
⑪多拜密直司左副代言寶文閣直提學知工部事盖用公知銓選也明年進右副代言又
⑫進左代言歲乙巳春辛旽得幸於　上其跡甚秘公知之密告曰旽非正人也恐致亂願
⑬上思之非臣誰敢言　上方愛倖旽夏判書禮儀秋進軍簿盖踈之也多十月丁父憂終
⑭三年制　上以前言猶不用歲辛亥秋旽敗　上曰韓某有先見之明可急召來乃授榮
⑮祿大夫理部尙書修文殿學士居數日　上念銓選重事也非聰敏精密不足以授其柄
⑯吾思唯韓某其人也於是以正議大夫拜右承宣多進左承宣知銓選歲乙卯夏進拜密
⑰直提學同知書筵秋陞簽書明年正月改副使俄進同知夏五月同知貢擧取今判書鄭
⑱摠等三十三人時稱得士秋進知司歲戊午封上黨君階大匡館職改進賢錫輸忠贊化
⑲功臣之號己未多以書光巖碑功復簽書明年春封淸城君階重大匡歲壬戌扈從南京
⑳明年秋錄功拜匡靖大夫判厚德府事右文館大提學知春秋館事上護軍功臣號如故
㉑歲甲子二月廿八日以病卒于第國人皆歎悼曰斯人也年才五十二而亡天道奚爲至
㉒此也卜日葬于臨津縣瑞谷南麓先塋禮也韓氏上黨大家曰闌三韓功臣也曰謝奇僉
㉓議府右司議大夫寶文閣提學知製敎於公爲曾祖曰渥宣力佐理功臣壁上三韓三重
㉔大匡上黨府院君謚思肅佐　忠肅王位冢宰功在社稷於公爲祖思肅生子五人皆爲
㉕明宰相其諱公義者由密直封重大匡淸城君謚平簡娶密直司左代言兼監察執義慶
㉖公諱斯萬之女於公爲考妣公娶檢校門下侍中吉昌府院君權公諱適之女生四男六
㉗女長尙桓前三司右尹次尙質西北面都觀察黜陟使兼平壤尹次尙敬工曺摠郞知製

㉘ 敎兼尙瑞少尹次尙德宗簿寺丞孫男女若干人右尹娶門下評理尹承順之女生二女
㉙ 幼黜陟娶門下侍中李成林之女生一女適前宗簿寺丞姜策再娶知淸風郡事宋臣義
㉚ 之女生女幼摠郞娶前版圖判書吳俊良之女生一女幼寺丞娶前代言李貴生之女女
㉛ 長適三司右尹安景儉生五女一男次適成均直講李作生二男一女皆幼次適大護軍
㉜ 權邦緯次適前護軍任中善生四男次適懿德府丞朴登次適中郞將田甫長聰敏好讀
㉝ 書以病廢業黜陟庚申科第三名摠郞壬戌科第三名季寺丞乙丑年科第九名以國制
㉞ 三子登科廩其母終身今權氏夫人享其榮養公之含笑地下可知已公之仙居今已九
㉟ 年矣而聲音容貌在吾心目何日而忘之耶黜陟公與昆季謀銘幽堂日遠而志愈懃來
㊱ 請銘嗚呼吾以文敬之請嘗銘其考平簡公矣今又銘文敬其亦可悲也已銘曰
㊲ 玉壺置氷惟公之淸塵匣開鏡惟公之明長于紈綺無華靡事游於詩書絕絲毫利孝友
㊳ 忠信廉靜寬和宜至眉壽天奪奈何惟其多子有才有美公名之傳如在于世我銘父子
㊴ 心胡不傷庶其垂裕子孫其昌

〔揭載〕『柳巷集』墓誌銘「韓文敬公墓誌銘」
『東文選』一二六「韓文敬公墓誌銘幷序」
『朝鮮金石總覽』上 附錄、七一〇—七一二

〔參考〕『高麗史』一〇七 韓康傳 附 韓脩傳

V、年代未詳

二九四、金某 妻 韓氏 墓誌銘

所在 서울 國立中央博物館 (No. M. 四三〇—七)
年代 未詳

(1) 延德郡君姓韓氏系本平州人也檢
(2) 校太子太保試尙書考功員外郞之
(3) 第二女顯任朝散大夫秘書監權知
(4) 尙書工部事知制誥賜紫金魚袋金
(5) 之妻也又其外祖張氏曾任兵部尙
(6) 書上將軍家世食祿故郡君自離襁
(7) 褓已來常食廩米分亦厚矣禀性□
(8) 正制行柔嘉一無不善但生多疾恙
(9) 身體羸瘦行年七十一越在丁未歲
(10) 春正月寢疾或作或息緜歷□□至
(11) 於夏五月十日卒于長女之私第蒿
(12) 燒于京城外東南隅天壽寺之外麓
(13) 收遺骨以今秋八月十五日葬于此
(14) 地聊紀行迹之始末其銘曰
(15) 猗歟郡君生有淑質無非無儀惟精惟一
(16) 起迹吏門作嬪儒室三隨外行淸節是率
(17) 合嚮眉壽以保其身吁何不幸而已返眞
(18) 卜地藏骨靑山爲鄰刻辭貞石永耀後□

〔揭載〕『朝鮮金石總覽』上、五三六
『韓國金石文追補』、一三七(「本平州人墓誌銘」)
『韓國金石全文』中世下、一一八二—一一八三

二九五、蔡環 墓誌銘

所在 서울 國立中央博物館(No. 本 一〇四八八)
年代 未詳

(1)高麗軍器監司蔡公
(2)墓誌銘
(3)公姓蔡諱　環邵城
(4)人銀青光祿大夫大
(5)將軍諱愼徵五世孫
(6)司設直長諱　珪之
(7)子官至軍器監司行
(8)都察庫判官門下侍
(9)中享年六十三子允
(10)臣官匡靖大夫僉議
(11)評理配南陽洪氏

〔掲載〕『韓國金石文追補』、二四一
『韓國金石全文』中世下、一三〇六－一三〇七
〔參考〕藤田亮策「簡單なる高麗墓誌銘三例」(『青丘學叢』十九、一九二五：『朝鮮金石瑣談』一九三五)

二九六、楊仁庇 墓誌銘

所在 서울 國立中央博物館(No. 本 一二九二六)
年代 未詳

(1)檢校大子少傅行監門衛長史楊公墓誌銘

(2) 公諱仁庇其先□於西海安岳曾祖諱康禮功故拜中郎將祖諱國
(3) □□□□□□□□□□□□□□□□□□□□□國子司業士珎
(4) □□□□□□□□□廷?瑾之二女有二男四女公幼以國學□□□
(5) 入內侍仍擢第春官例受溟州通判秩滿即屬茶房轉七品出知
(6) 成州於□□皆有政判官□□六品年八十六卒于庚寅八月初五日
(7) 葬于京山北麓至丙申二月十四日改葬其山之西麓□□世之富
(8) 昌乃爲之銘曰　公之爲人溫良勵操□疇嚮福壽康
(9) 至耄歷官內□淸白遺孫二男四女□□高門□□□

〔揭載〕 『韓國金石文追補』、二四四—二四五
『韓國金石全文』 中世下、一二七〇—一二七一

二九七、 某氏 墓誌銘(承化郡大君銘)

所在　서울　國立中央博物館(No.　本　一三八〇五)
年代　未詳

(1) 承化郡大君□□□□□□□校□□郎
(2) 書□封尚□□僕射行□□員外郎□□
(3) □□堂□□曾祖善□□少府□□□□
(4) □皇守大師中書□□□郡□國?□□□
(5) 始□□□朝散大夫國子□□□□□之
(6) □□祭酒即□之□凡□十六□歲在□
(7) □甲寅二□十□以□卒于□□□□
(8) □越是□□□二□□于□□山□北麓

(9) 礼也□□□資□□德□□□□□□過
(10) 未□□□祭□以□□□學□□蹇諤□
(11) □□□時□所揚□□外□□□君□□
(12) 內□焉□子男□人長□尙□直長?同正
(13) □孝□子年□進士□次曰允□□□□
(14) 剃□□□□□曰□□癸丑□中□□人
(15) □敦孝□□□□□不何□□西□時□
(16) 以爲宋□□□□□長適礼賓□簿□□
(17) 林□□□□先□君□□□□礼□□□
(18) □□叙□酒□室□□□□大□□□□
(19) □□□如□子□□鳩□德□又甞
(20) □□歸□眞□□心□教□其易□
(21) □□敦慧□　具□正□而逝始終
(22) 嗚呼偺□
(23) 積善之□　□慶□□　□□□□
(24) 于□□□　德□□　婦
(25) 　　　　　□偺　閨闈
(26) □□□　□□□樹□□□□□
(27) □□無我　代□□□　□□□封

〔揭載〕『韓國金石文追補』、二四九―二五〇
『韓國金石全文』中世下、一二四六―一二四八

二九八、某氏 墓誌銘(裴氏銘)

所在　서울 國立中央博物館(No. 本 一〇〇七)
年代　未詳

(1) 　　　　　年十一月　遂
(2) □身拾□□而上洛也今辛□年五□
(3) 一十二□葬于歸法寺南山之東麓
(4) 公□□□一女男則飄纓當世之人也

(5)□爲人靜淑嫡裵氏之婦也惜乎□
(6)□志未得大行而年□未□於縱心而
(7)奄及於此天之報施善人也竟如何哉
(8)故輙序其大率而誌焉
(9)銘曰
(10)□公雄偉□夫之□歷官近貴
(11)□□使稱旨□譽四方三□□績
(12)□□嗚呼不祐□□□至若得爲
(13)□□斯銘□□□□□□□□

〔揭載〕『韓國金石文追補』、二四〇—二四一
『韓國金石全文』中世下、一二七五—一二七六

二九九、某氏墓誌銘(高康赫銘)

典據　『海東金石苑』補遺六
年代　未詳

(前缺)
(1)保勝郎將高康赫妻氏女諱富哀大將
(2)軍蔡周納女生二男四女封平康郡夫人
(3)歸季男所任朔州壬午四月二十一日卒
(4)□□□而歸殯所於五月六日火葬於朔
(5)□□□□□□子負來當癸未孟夏二十
(6)□□□□□□□□時敏墓東南長子時
(7)□□□□□□□□□嗚呼何恃生我劬
(8)□□□□□□□□□□靡至今以
(9)□□□□□□□□□□居莫莫葛
(10)□□□□□□□□□□□書

〔揭載〕『海東金石苑』補遺六、九九〇—九九一

『韓國金石全文』 中世下、一二五二

三〇〇、某氏 墓誌銘(康英銘)

所在 서울 國立中央博物館(No. 未詳)
年代 未詳

(1) 登仕郎檢校少府少監試掖庭寺 (2) 伯康 英 安州

〔揭載〕『韓國金石文追補』、二三六－二三七
『韓國金石全文』 中世下、一二八五 및 一二九二

三〇一、林氏 墓誌銘

所在 서울 國立中央博物館(No. 德 三一六七)
年代 未詳

(1) 高麗國太子大 (2) 保林公葬所

三〇二、金智源 女 墓誌銘

所在 서울 國立中央博物館(No. 德 二五八〇)
年代 未詳

(1) 樂浪金氏女

(2) 父戶長智源

三〇三、某氏 墓誌銘(韓愈銘)

所在 서울 서울大學校 中央圖書館(No. 三七四八八〇―一一三：拓本所藏)
年代 未詳

(1) 产
(2) 雖貧
(3) 寬厚椎
(4) 平章謚曰貞
(5) 接虎於朝聯而
(6) 韓愈曰位不稱德
(7) 之德而官止於亞
(8) 矣銘曰
(9) 　源清
(10) 本深

三〇四、金某 墓誌銘

所在 서울 國立中央博物館(No. 本 一三一六〇)
年代 未詳

(1)甲寅七月十五日卒慶州在京
(2)檢校太子少保金氏之靈

三〇五、趙某 墓誌銘

所在 서울 國立中央博物館(No. 本 一三一六一)
年代 未詳

(1) 二月初九日故
(2)郎將同正趙 氏之靈
(3)歲正月十 日 記

三〇六、某氏 墓誌銘

所在 서울 國立中央博物館(No. M. 四三〇一六)
年代 未詳

(1) 尙存(以下缺)

(2) 之恨艱慽萬端痛(以下缺)

(3) □□□易補筆仍銘其墓曰

(4) 內守□□兮端正□?心外發英華兮肅雍□

(5) 德何皇天兮忍□不扶乃鬼神兮忽然无良

(6) 先朝□兮浮生大夢?飛丹□□九原荒□□

(7) □地久方有時□此限綿綿兮無絕期

〔編者註記〕 이 묘지명은 「王瑛 女 王氏 墓誌銘」의 한 부분이다。 소장처인 서울 국립중앙박물관이 이 지석을 별개의 소장으로 분류하고 있어서 이 책에서도 독립된 묘지명으로 취급하였으나、 원래의 묘지석과 합쳐져야 할 것이다。

Ⅵ、增 補

三〇七、趙仁規 墓誌銘

典據 『平壤趙氏世譜』(京城、一九二九)
年代 忠烈王三十四年(元 至大一年、一三〇八)

①宣忠翊戴輔祚功臣壁上三韓三重大匡守太尉判中書門下事上將軍平壤君贈謚貞肅公墓誌銘
②夫爲臣之體有四焉飾躬而嚴重持正者一也臨事而循公蔑私者二也奉使而專對延
③譽者三也立朝而進止詳華者四也人臣有一體者亦鮮矣況一身而備四體者蓋千載
④一人而已惟吾平壤君其人也公諱仁規字去塵平壤郡人也考諱瑩皇金吾衛別將以
⑤公故贈金紫光祿大夫樞密院副使吏部尙書上將軍母李氏皇內園丞有芬之女也累
⑥封至土山郡夫人母夢日輪入懷因娠而生焉自小穎異不好遊戲年至志學有立功匡
⑦國之大志以文字爲浮薄乃捨之充太子府侍衛至戊午歲得補將軍仁揆下隊正國家
⑧選山西子弟有通敏才者令習大朝言語公與是選癸亥加校尉己巳今上以世子入朝
⑨公在從行之數加攝散員扈從四年間多有補導之力甲戌主上配皇支來襲正位以勞
⑩舊超受中郞將尋拜將軍知閤門事兼御史中丞戊寅遷大將軍直門下省己卯拜右承
⑪宣加正議大夫上將軍知兵部事太子右諭德尋遷左承宣知吏部事壬午以神虎衛上
⑫將軍超拜銀靑光祿大夫樞密院副使兵部尙書甲申加知院事丙戌加御史大夫太子
⑬賓客丁亥躐加金紫光祿大夫知門下省事尋加門下平章事太子少師戊子加太子太

保庚寅加門下侍郞平章事宣授嘉議大夫王府斷事官就帶三珠虎符辛卯加判兵部事壬辰加門下侍中判吏部事太子太師丁酉加壁上三韓三重大匡守太尉判中書門下事餘幷如故戊戌有奸人飾辭妄訴公以此赴朝廷朝廷以多般詰問確持大義終始無異言中朝士大夫皆賢之勸留七八年帝嘉其一節於大德九年乙巳詔許依舊勾當回還本國是年十二月復授壁上三韓三重大匡判中書門下事如故丁未加咨議中書門下事封平壤君雖在家凡軍國要務皆就決焉戊申立府置員僚加宣忠翊戴輔祚功臣公乃曰平生鞅掌四方畧無暖席今己至封侯年邁七旬宜以讌娛怡神禀謝傳東山之樂又心專佛事嘗印出大藏經特於居第招集開士粧成卷帙自是年三月始手至四月十九日斷手是日家內上下數四人同夢夢有神人盛服扣門曰冥士聞平壤君粧了蚪藏遣使迎致故來耳果至翌日頸上有微瘇使良醫視之曰疾不可爲也公亦曰死生有命不可廻避遂屛醫藥初公夢見觀音尊像竟天而立今欲畵成等身一幀當病劇之時擧身傍壁標點之卽命工手摹出草圖雖在病中其快活自在如此先是諸子皆乘馹入朝唯二子璉侍側至二十五日囑之曰宿劫有緣生爲同腹不可以家事互相猜忌凡欲利國必先正其家待長子瑞等回來兄恭弟順無被人撳言訖洗浴更衣至昏時向西胡跪奉香爐念讚佛古偈端坐而逝享年七十二城中士庶奔走瞻禮曰聞公正直奉公者久矣乃今知其實本性也皆讚歎泣下上聞訃震悼命有司襄事以六月二十八日葬于開城熊谷之北麓贈謚曰貞肅公公之爲人美風儀寡言語端實無華雖從虎職其於四書傳記稍有留意又善於筆法平生接物寬和若謙謙然當事則謇謇然人無敢犯者

㉜ 自微官至今出入中朝凡三十餘度動有匡救之効越乙亥年中朝所遣頭目黑的與我

㉝ 國蓄憾欲改國俗往訴于天陛業已成矣無如之何公單騎朝天親奏情狀無不允兪乃

㉞ 至達魯花赤種田軍一皆罷還此則萬世之功也抑又主上爲八字功臣陞加行省丞相

㉟ 僉議府爲二品衙門領降兩臺銀印與夫南洲北鄙之還屬我疆等事皆公之力也前後

㊱ 樹立不可盡記但擧其尤者耳娶朝請大夫司宰卿致仕趙公溫呂之女生五男四女男

㊲ 一曰瑞以羽林登第今爲銀靑光祿大夫知樞密院事寶文閣大學士上將軍宣授管高

㊳ 麗軍征東左副都元帥生二子及公眼前開收科官至犀級二曰璉今爲金紫光祿大夫

㊴ 樞密院副使兵部尙書鷹揚軍上將軍宣授王府斷事官三曰延壽今爲榮列大夫秘書

㊵ 監翰林侍讀學士充史舘修撰官知製誥宣授管高麗軍萬戶兄弟三人一時俱帶三珠

㊶ 虎符眞稀有事也今春元帥公入中朝初受符命先作詩寄呈高堂云一門三虎符千萬

㊷ 古應無未識誰陰德高堂有白鬚適公卒未及眼見但膾炙於人口是一恨耳四曰義旋

㊸ 投天台中禪選上上科今爲禪師住珍丘寺五曰瑋今爲朝散大夫神虎衛保勝將軍女

㊹ 一適榮列大夫樞密院左副承宣判秘書寺事翰林侍讀學士充史舘修撰官知製誥盧

㊺ 穎秀二適大元榮祿大夫江浙等處行中書省平章政事吳抹三適朝議大夫神虎衛大

㊻ 將軍知閣門事白孝珠四適朝奉大夫龍虎軍大將軍廉世忠公自褊裨歷揚要秩至登

㊼ 冢宰現受分茅之寵而又蘭蓀繁衍輝映臺閣自有三韓已來得如公之哀榮終始者能

㊽ 有幾人睡齋居士侍中洪公奎作詩哭之曰歷事三朝冢宰臣分茅居右更誰人又繼之

㊾ 曰滿堂子壻已爲相繼踵賢雖可保民蓋實錄也先葬日元帥公具公行狀囑余爲銘予

(50) 於昨年以直翰林陪公入賀聖節親承顧睞況諸子壻皆子親舊敢以必拙爲辭謹再拜
(51) 而銘之曰
(52) 角者麟也翼者鳳兮區區飛走雖多亦奚昔公之母夢日入懷載生載育頷燕顱犀比至
(53) 長成策名山西乘軺拱北出入幾回三朝歷補鵰閣鸞臺爲邦柱石爲鼎塩梅封高五等
(54) 位極三台聯珠數子虎頭金牌功名德業高無幷齊儼然坐逝終始不迷銘詞無愧宅兆
(55) 孔佳刻石納竁嗚呼哀哉
(56) 至大元年戊申六月 日 朝議大夫判禮賓寺事充史舘修撰官知製誥方于宣述

〔參考〕『高麗史』一〇五 趙仁規傳
閔賢九、「趙仁規와 그의 家門」(上)·(中)、(『震檀學報』四二·四三、一九七六·一九七七)

三〇八、權準 墓誌銘

所在 서울 國立中央博物館(No. 新一三八五〇)
年代 恭愍王一年(元 至正十二年、一三五二)

(1) 贈謚昌和權公墓銘(篆)
(2) 有元高麗國三韓壁上功臣三重大匡吉昌府院君權公墓誌銘幷序
(3) 門人征東行中書省左右司都事奉翊大夫密直司使進賢舘大提學知春秋舘事上護軍李 仁復撰

(4) 孫子　宣授宣武將軍合浦等處鎭邊万戶府萬戶重大匡寶文閣提學玄城君權　鏞書幷篆

(5) 至正壬辰秋七月乙酉吉昌府院君權公卒既斂其壻三司左使洪君以狀來曰先外舅顧言銘吾葬者莫若
吾門人而□□

(6) 李仁復其言不華可信於後世其以屬筆毋容辭仁復謹受命拜手稽首而言曰惟權氏望福州世有人德史
不絶書翰林學

(7) 士諱賆於公爲曾祖僉議侍郞贊成事諱晅謚文淸於公爲祖永嘉府院君諱溥謚文正公於公爲考卞韓國
大夫人柳氏於

(8) 公爲妣公諱準字平仲生九歲以門功補□齋庫判官積九年爲大殿行首甫冠擧進士登第由行首□六遷
爲左右代言又

(9) 六遷至檢校僉議政丞大右文監春秋上護軍　賜号三韓壁上功臣階累陞三重大匡爵累封府院君大德
末公至京師

(10) 忠宣王見而喜之遂擢爲代言年二十七自是恩遇愈久愈豊前後所賜無筭明年至大之元　王自元還踐
位於壽寧宮有

(11) 旨帥衛士直宿事內其冬從朝于京明年從遊五臺又明年從至上都又明年　奏以爲武毅將軍合浦万戶
皇慶初

(12) 王遜位于　忠肅王因與之俱歸既而還朝屢以使事命公□是亟往亟來至延祐末乃已至治中　忠肅
王又至輦下

(13) 與瀋王相持群不逞在本國爲謀益甚公自以義固守事定拜爲贊成事且知應擧試曺頔之變公閉門自絶

頓敗　永陵復

(14) 政進府院君開府置官　明陵旣薨中外無所屬望公乃與耆舊大臣獻書

(15) 宸極願奉今　王爲君去年冬　王□就國公有疾毉問不絕于家至是竟不起春秋七十又二訃聞　王慟

不視朝命

(16) 有司理喪事依礼諡曰昌和以八月丙辰葬于慈孝寺之西原公之志也初中書令昌和李公葬在臨津郎其旁有寺曰慈孝

(17) 公嘗爲之重修且曰是寺廢久而吾所以修之者若此吾安知其前身不爲昌和耶吾死后以是寺□而葬於此□□□乎公

(18) 儀表秀偉望之巍然可尊文正公嘗曰吾兒必大吾門及貴見其拜於庭下必爲之興其在相位也□□□□□□□□之

(19) 爲礼性純重常寡言笑□居簾間據几終日無敢通刺者自奉甚厚甘旨燕飮尤極豊腆每旦飯十僧者三十年所與□權醴

(20) 泉漢功裵完山珽蔡平康洪哲奇德城轍皆當世偉望公年六十有四而韓國卒又二年文正公卒公母弟三人皆賴公起家

(21) 卒至大官夫人姓□吳氏宰相仁永之子子男二人廉先卒合浦万戶玄福君適王府斷事官花山君子女二人長適行省郎

(22) 中益城府院君洪鐸季適儒學提擧三司左使洪彥博孫男六人曰鏞合浦万戶曰鉉典儀令曰鎬上護軍曰鈞曰鑄皆別將

(23) 曰顯□溪錧直曾孫三人皆幼予惟洪範五福是人之所欲而能有以享之者蓋鮮豈天靳是必待其人而昇
之歟世之所謂

(24) 貴富家者得之於功或失之於德得之於初或失之於終樂之於身或不能無憂於其心言之可不憐哉公於
富貴無是數者

(25) 之患又得其壽而子孫皆貴顯於虖天之所畀於公者爲何如也銘曰

(26) 孰順於親　不獲於君　公遇　宣王　允也其臣　匪孝曷忠　匪愛曷恩　既富且貴　(缺)

(27) 滿無不溢　高無不危　我則異是　克守克持　□以有譽　胡不令終　刻銘玄堂　(缺)

(28) 至正　(缺)　月既望　道人　義堅刊

〔參考〕『高麗史』一〇七 權呾傳 附 權準傳
『坡州 瑞谷里高麗壁畫墓 發掘調査報告書』(文化財管理局 文化財研究所、一九九三)

三〇九、金黃元 墓誌銘

揭載 『破閑集』下
年代 睿宗 一二年(一一一七)(推定)

① 以爲晩登 淸要之識

〔參考〕 『高麗史』 九七 金黃元傳
〔編者註記〕 李仁老의 『破閑集』(下-一四、學士金黃元)에는 「상국 金富儀가 (김황원의) 무덤에 誌를 지었는데 「以爲晩登 淸要之識」이라고 하였다。」고 하여、김황원의 묘지명의 한 귀절을 소개하고 있다。

三一〇、閔脩 墓誌銘

揭載 『朝鮮古蹟圖譜』(一九二九)
年代 仁宗 卽位年(一一二二)

(1) 歲在壬寅十月十九日甲辰 檢校礼
(2) 賓卿行左司郎中知制誥閔公卒公諱
(3) 脩年五十六越十一月十七日壬申葬于
(4) 松林縣長峯洞公之平昔所行歷〃
(5) 有可觀眞忠信剛懿之士也有子二人長

(6) 彥實次彥誠有五女三皆適名人二未嫁

〔參考〕 朴宗基、「高麗時代 墓誌銘 新例」(『韓國學論叢』二〇、一九九七)

三一一、金光中 妻 李氏 墓誌銘

所在 서울 國立民俗博物館(No. 未整理)
年代 明宗 十三년(一一八三)

(1) □□監金公□人?□□□銘
(2) 左?諫?[議]大夫□□監金公光[中]之配曰慶源郡夫
(3) 人李氏?守?太師[門][下]侍中㼁□□孫?贈尙書左僕
(4) 射資[孝][之]□尙書□[僕]射叅?[知][政]事[軾]之女夫人生
(5) 於□貴?□□□□□惟序與□以事其?親?惟禮與?
(6) 義以□□□故?□□□□而以殞大□也有子?男四人長曰
(7) 叢內侍?□□注?簿?[次][曰]□京市署丞次曰□□華嚴
(8) 業大師次曰蔕?□□□□癸巳甲午之?□謂?叢?之獲?
(9) □□之□□□□爲忠孝之□萃?於?一門士論以
(10) □高□有□一人曰□□而?不離□□致養?焉夫人以

(11) 勞成□壬寅冬十□月十四日卒享年七?十至明年正

(12) 月十□日葬于城北□銘曰

(13) 德足以□世胄賢足以配名臣?一門忠孝有□子□此

(14) 母?豈?□此人年登七?十?可謂□身雖有盡□

(15) 傳□□葬□□□笠?吉□十□□安□

〔參考〕『高麗史』一〇一 金光中傳 附 金莘傳

藤田亮策、「李子淵と其の家系」、『青丘學叢』一三·一五、一九三三·一九三四 : 『朝鮮學論考』、一九六三。

李萬烈、「高麗 慶源李氏 家門의 展開過程」、『韓國學報』二一、一九八〇。

〔編者註記〕 지석의 크기는 가로 四三.五cm, 세로 三五cm이고, 해서체인 글자의 크기는 一cm-〇.五cm로 다양하며, 각 행의 글자수도 일정하지 않다。 지석에는 글자나 행을 구분하는 선이나 테두리 선 등 일체의 장식은 없으며, 상태가 좋지 않아 읽을 수 없는 글자가 많다。 지석은 六매로 된 조립식 석관(51×78×43)과 함께 출토되었는데, 석관의 네 면에는 청룡·백호·주작·현무가, 안쪽 면에는 꽃의 형상이, 뚜껑에는 중앙을 향해 마주보고 있는 飛天이 음각되어 있다。

三二一、林椿 墓誌銘

掲載 『東國李相國集』八 古律詩

年代 神宗 一年(一一九八)

① 林某字耆之性孤峭頗以才自負累擧春場不捷某月日卒于家銘曰未施才命哉

〔參考〕 『高麗史』 一〇二、李仁老傳 附 林椿傳
朴宗基、「高麗時代 墓誌銘 新例」(『韓國學論叢』 二〇、一九九七)

〔編者註記〕 『동국이상국집』에 실려 있는 古律詩 「悼朴生兒兼書夢中事」의 서문은 다음과 같다。
「林先輩 椿이 세상을 떠난 지도 거의 二四년(二紀)이나 되었다。 무오년(神宗一、一一九八) 六월 二五일에 꿈을 꾸었는데 내 친구 朴還古가 와서 말하였다。『林先生을 장례지내며 묘지명이 없었으니、그대에게 부탁하려 하오。』 이에 나무를 꺼내 세 치 정도로 잘라서 글을 써 줄 것을 청하였다。 내가 너무 작다고 꺼려하는 빛을 보이자 朴이 말하였다。『그대가 글을 써주기만 한다면 비록 한 글자라도 족할 것이오。』」

三一三、元瓘 墓誌銘

所在 京畿道 龍仁市 京畿道博物館
年代 忠肅王 三年(元 延祐 三年、一三一六)

(*『원주원씨족보』에는 一九九七년 처음 이 묘지명이 발견되었을 당시 이를 판독한 원문이 실려 있다(「匡靖大夫僉議贊成事府君墓誌銘幷序」)。 지금은 이 묘지명의 글자가 상당히 마멸되어 있는데、현재 읽지 못하는 글자는 이 『족보』를 참조하면 어느 정도 복원할 수 있다。 끝내 읽어낼 수 없는 글자는 □로、『족보』 등을 통해 복원할 수 있는 글자들은 ( )에 넣어 이용에 도움을 주고자 하였다。 이에 대하여는 이 책의 〔參考〕에 소개하는 金成煥의 논문을 참조할 것。)

(1) 僉議贊成(事)(元)公(墓)(誌)(銘)(幷)(序) 〈缺落〉 書
(2) 重大匡(檢)校僉議政丞右文館大提學監春(秋)(館)(事)驪(興)君(閔) 漬 撰
(3) 公諱瓘字退(翁)原州人也(本)名(貞)以姓名皆與 上國年号相同(以)改之曾祖左司諫知制誥

諱承(胤)祖追封樞密院副使諱璿(父)(金)(紫)光祿大夫守大傅門下侍郞(同)

(4) 中書門下平章事修(文)(殿)大學士監修(國)史判兵部事諡文純公諱傅母峰城(郡)(大)夫人廉氏禮(賓)□(卿)守(藏)之長女郎中古名(宰)相信若(之)(孫)也□(生)(而)穎悟外祖知必(爲)□□(親)(自)撫養及長以門蔭始(仕)　元(宗)四年癸亥(蔭)補知江華郡判(官)(政)滿

(5) 又爲(寫)經院判(官)(元)(宗)(七)(年)丙寅以(弱)冠擢丙(科)(轉)(國)(學)學錄歷(海)□府錄事典(元)

(6) (宗)(十)(己)巳遷掖庭內侍伯是(年)(冬)(十)二月　元正朝　(本)國文純公以副樞(扈)(駕)故公(亦)扶侍嚴(君)(而)(兼)掌　行宮班祿及　駕還加詹事府丞未幾拜監察御史歷

(7) (官)(至)(太)(傅)少尹出爲淸州牧副使(政)有(威)(惠)(翌)(年)　國家以宰相子有才幹者十餘人入侍(天)(朝)(稱)(爲)弓箭陪于時冢宰之子大將(軍)金忻爲其首公□以相子爲副

(8) □是(時)超拜朝議大夫秘書尹世子中允(丁)(亥)以父喪還服(闋)(起)(爲)正獻大夫典法判書文(翰)(學)(士)知詹事府事戊子以秋官群(謗)(忽)起公亦不免投閑(一)年己丑復起

(9) 爲正獻(大)(夫)判禮賓寺事寶文閣學士知制誥庚寅哈丹(賊)(暴)起於隣境將入(我)(疆)(賊)勢甚盛其鋒不可當故　國家方卷入江華以避之以公爲本京留守万戶公於

(10) 是時國因忘軀臨難不懼盡忠竭力遂使城闕閭舍雖(經)(賊)(火)而晏然如舊　上甚嘉(之)特(授)(版)(圖)(判)書以賞之癸巳冬

(11) 世祖皇帝詔令本國備東征戰艦　上分遣(大)(官)(之)(諸)道以公爲西海道指(揮)使公於是克勤夙(夜)不日督成六(十)(餘)(艘)　朝野稱其能東征事雖寢猶以爲官船歲取其

(12) 稅而爲(國)(用)(其)利之判于今者不少甲午拜奉翊大夫(三)司使(文)(翰)學(士)承旨丙申
授(密)(直)(學)(士)累知密直司事版圖判書因舍弟同(知)密直司事卿之婚媾家生事
(13) 故公亦被疑而見斥由是杜門不出但以琴書自娛(耳)(越)大德十一年丁未 □(王)(親)政之初
(起)(公)爲匡靖大夫都僉議侍郞贊成事商議都僉議事戊(申)(改)授僉議中
(14) 護行民部典書領典儀(等)事(己)酉又改爲密直司使仍兼民部典書復參機密(以)(公)以滿盈
爲懼當急(流)(而)(勇)(退) 上(亦)重違其志以匡靖大夫僉議贊成事進賢館大
(15) (提)(學)(副)摠副事致仕庚戌大夫人卽世公於是歲(年)踰耳順鬢髮盡白復加縞(素)(殫)(力)(送)
終國人咸嘉母之壽(子)之孝焉自是歸誠 三寶懋爲追福城北九龍山舍那
(16) 寺僧□□□□□□年旣久頹廢亦多公於是(彌)發(重)新之(願)(未)(及)(朞)(年)(金)
(碧)(輪)(魚)(之)(觀)供 佛齋僧之具有加於前古又於江浙之(地)卽成大藏經一(部)(入)安
于杭
(17) 州惠因寺之□(實)爲万世寶幷買納□(田)□藏□白(粲)十(五)□(者)以爲
(年)(轉)(藏)(之)(費)(立)石以壽其傳(江)(南)(道)俗莫不詠歌聯成大軸以送之及今延祐
三(年)(丙)(辰)首夏
(18) 又殫所蓄(寫)(成)(銀)(字)華嚴經三(譯)一部日夜催迫如有及(到)(就)(筆)(於)(季)夏中
(公)(始)得微疾至二十六日(卒)于私第享年七十公先娶知僉議府事判三司事洪祿遵之女
(19) (無)嗣而(卒)中娶同知密直司事典理判(書)致仕郭汝弼之女生(一)(男)一
(女)(而)(一)(男)則未冠而夭女適官軍万戶(成)(均)(祭)(酒)金(承)(用)先公而歿後娶

(20) (左)承旨金信之女生二
男三女長曰忠□□通憲大夫密直副使上護軍次曰□亦先逝女長(適)(西)(原)(水)軍万(戶)
□□(衛)(保)(勝)護軍(朴)居(實)次適同知密直司事(民)部典書閔頔次適右思(補)知
(21) 製敎(金)(光)(轍)以是年□九月初四(日)(行)葬(于)(長)湍縣之(金)(洞)(子)壻等具公之
行(狀)屬予爲(銘)□(予)(老)(病)久癈□□□□□辭避公與予爲同榜故不能獲已粗
(記)(其)略而
(22) 爲之(銘)(曰)
(23) □□先公東韓柱石　(公)(實)鳳雛一朝五色　(顯)□中華盡忠(社)(稷)　(黑)頭拜(相)民
懷其德　知(其)思盈引退閑適　晩年樂善(竭)(盡)(其)力　(願)(刹)□□(重)(新)
(24) (金)(碧)　(虬)(藏)□□(名)(傳)異域　畢竟所營大經三譯　靑楮銀泥字(重)(和)(璧)
(餘)慶不窮勝功又積　所自逍遙天堂極樂　遺及子孫淸風黃閣

〔參考〕 金成煥、「高麗時代 墓誌銘 新例 -元瓘墓誌銘-」(『韓國文化』二五、二〇〇〇)

三一四、柳墩 墓誌銘

所在　大田 文化柳氏大宗會(拓本 所藏)
年代　忠定王 一年(元 至正 己丑、一三四九)

(1) 柳章景公墓銘(題額)

(2) 匡靖大夫都僉議贊成事藝文館大提學知春秋館事上護軍判版圖司事致仕柳公墓誌銘

(3) 勅授將仕郎匡靖大夫檢校都僉議叅理藝文館大提學知春秋館事上護軍安山君安 震撰

(4) 公諱墩字伯丘姓柳氏初名仁和文化縣人也其先車達

(5) 太祖代功臣微時過本縣巨虎咆哮當路而伏聞聲而知病擘其口抽喉中橫刺乃銀釵也虎躍而去其夜夢有神來曰我主九月山昨遘喉病

(6) 幸賴公活其報在九代平章乎公年十三席門廕拜東大悲院錄事十九爲權知都兵馬錄事遷式目都監錄事掌國論公直不欺衆稱宰相器

(7) 登庚子年第移秘書校書郎出監塩稅慶尙道入福州按廉使先在館迎公不具禮公怒歸別館呼按廉營吏數之曰你使倚官高耶何無礼乃爾

(8) 凡士不鬻姉妹得高爵豈乏乎笞其吏數十蓋其使以妹寵驟登四品故聞而大慙三轉爲通礼門祗候七遷至選部議郎除密直司左副代言成

(9) 均祭酒徙司憲府執義讞部典書皆兼代言逮加通憲出牧尙州州舊無竹公曰鄕人多俗豈無竹耶移栽滿邑民賴其利又守廣州見官舍隘陋曰

(10) 州八牧領袖宜示重威此但兵火後假設殆非旧址闢地數尺階礎宛然一州服公明職以爲前身履此也州西有大路父老相傳人物凋弊盖此路敗氣也公聞

(11) 之曰若尒豈有難俾移開而北後果蕃殖再經讞部判宗簿典儀二寺事移大司憲激揚淸濁有裨風化授知密直司事判典校寺事加密直使上護軍后至元

(12) 丁丑出鎭合浦見前帥蓄聲妓曰婦人在軍中不祥併斥之撤遊宴練騎射得爲軍大体其府歲貢乾
鹿一千頭公曰凡圍獵豈捕鹿而捨餘獸此非吾
(13) 王好生之德以其害狀聞　上允之寢其貢晩年封始寧君尋以都僉議贊成事藝文館大提學致仕自号
湛菴居士居閑養性十許年至正己丑五月戊申病卒于
(14) 家前一日呼子緫曰明日吾其逝及夜艾再問雞鳴已而天明曰迴向迴向言訖而終年七十六廣
州之民有來吊賻取六月庚申窆于松林縣東麓母夫人兆卽公所嘗占
(15) 也曾大父諱澤尙書右僕射翰林學士大父諱瓛都僉議中贊修文殿大學士致仕謚文正父諱陞知
都僉議事上將軍謚貞愼母夫人洪氏知樞密院事翰林學
(16) 士諱縉之女也公之夫人金氏同知密直司事版啚判書致仕諱仲全之女封承化郡生男女七人
男曰緫密直司左副代言判司僕寺事次鎭三司副使女適軍簿正郎崔
(17) 季眞先逝次適鷹揚軍護軍薛鳳次適典法摠郎李蒙正次適典客寺丞金仁瑄次適內府寺丞
朴僯其內外孫凡四十餘人公性儉謹食不兼味衣不至華自筮
(18) 仕至拜相不造權勢之門初卜居三峴左股其夜怳然青衣數四舞中庭曰今得眞主人閭門嚴肅
喬木蔚然有故家風氣惜也位靡至極其抱能未施於國銘
(19) 曰
(20) 言溫而簡　行儉而謙　修身就職　允蹈公廉　其入齊家　敎子以正　其出爽邦　事君以敬
朱轓兩邑
(21) 政垂去思　碧幢合浦　仁及野麛　望重濟時　位微稱德　子孫旣多　流慶無極

(22) 今上嗣位追贈章景公

(23) 承奉郎內府寺丞朴 僯 書丹

〔參考〕 柳甲善、「柳墩의 墓誌石 拓本」(『鄕土硏究』二三、忠南鄕土硏究會、一九九九)

三一五、許邕 妻 李氏 墓誌銘

所載 『雙梅堂篋藏集』二五
年代 禑王 七年(一三八一)

① 江陽郡夫人李氏墓誌銘
② 許君繼道余之深友也母沒廬于墓次轉石擔土惟苦是甘余一日往省之許君謂余曰子旣
③ 好我矣少由兄之子昶姻兄於子而子之從弟秬亦爲兄之甥矣且吾姉妹之夫綱若皓又皆
④ 得子矣吾之門子不可謂不知子雖不遇嘗出身翰墨備員郎署文亦不可謂無矣吾母氏平
⑤ 日言行有一二示後可無忝者子爲我譔之余則力辭曰事雖素知而悉言之爲難不遇時而
⑥ 言之見信於世爲尤難也況望其徵後乎旣歸數日許君列夫人言行之始末以至而其志益
⑦ 堅然後不敢辭也夫人姓李氏陜州士族也曾王父諱南沖王父景芳皆不仕父植仕至承奉
⑧ 郎通禮門祗候祗候公娶中顯大夫內盈尹鄭氏犀女於慶陵乙巳生夫人德陵己未令配卒

⑨ 奉翊大夫典理判書進賢館提學上護軍迂軒許氏邕迂軒公倜儻好敢言而夫人能柔嘉貞
⑩ 淑於其側事有所過當者率以箴規故公累歷臺諫知無不言而危不至敗反見收用而令其
⑪ 終斯夫人之助也永陵某年公爲起居郎切補袞闕且力持用事者之告牒因叢衆喙幾不自
⑫ 保夫人爲公曰以公勁直不離是曹謗何繇弭勸令自免旣而讒寖旣罷遂家于丹溪縣明陵
⑬ 乙酉公除監察執義被召如京將欲挈家以行夫人辭曰公今位在司憲必忤於人其爾行遣
⑭ 當隨之家獨得自安乎不肯從行公亦不强其後公果坐言事見收行省如夫人言旣而免官
⑮ 而來相與偕老玄陵丁酉五月公病篤夫人與子女在側號哭公指夫人謂諸子曰乃母足以
⑯ 保養汝輩後事吾無憾焉言終而卒夫人孀居二十餘年執母道字諸孤婚媾旣畢而錢貲不
⑰ 耗至是心西方口誦其世界之主之名仍以香佛飯僧爲事凡刱三寺夢禪寺公在時同願重
⑱ 新也加恩蘭若雲龍寺以先考妣兆域近爲福冥而作也然其施捨於雲龍尤謹行年七十六
⑲ 以洪武十三年五月二十五日卒?卒?第幾月卜明年之某月某日葬于丹溪縣之某丘
⑳ 上則位之六年也夫人生男六人女二人長曰少由奉常大夫監察掌令直寶文閣先亡七男
㉑ 四女次曰光甫無位先亡二男三女次曰宗道奉順大夫判司宰寺事於夫人歿之明年某月
㉒ 卒次曰承孺前左右衛保勝郎將五男二女次出家梵額寺住持大禪師恪經已順寂次曰繼
㉓ 道前通直郎雞林府判官一女女適前奉善大夫典醫副正張綱一女次適□奉常大夫三司
㉔ 副使李皓際子女各一無後外孫男女併二十五人少由之子前別將昶亦□□孫少由外孫
㉕ 令同正鄭善財亦爲曾孫之長餘孫生六人俱幼銘曰
㉖ 女有士行言簡意長君子是賴子孫其昌德然後福理顯穹蒼嗚嘑夫人今也則亡

三一六、趙云仡 墓誌銘

揭載 『高麗史』一一二 趙云仡傳
年代 朝鮮 太宗 四年(一四〇四)

① 趙云仡本豊壤人高麗太祖臣平章事趙孟三十代孫恭愍代興安君李仁復門下登科歷仕
② 中外佩印五州觀風四道雖大無聲績亦無塵陋年七十三病終廣州古垣城無後以日月爲
③ 珠璣以淸風明月爲奠而葬于古楊州峩嵯山南摩訶耶孔子杏壇上釋迦雙樹下古今聖賢
④ 豈有獨存者咄咄人生事畢

〔參考〕 朴宗基、「高麗時代 墓誌銘 新例」(『韓國學論叢』二〇、一九九七)

〔編者註記〕 趙云仡(一三三二-一四〇四)이 스스로 지은 묘지명은 『고려사』의 그의 전기에 실려 있다。그는 朝鮮 太宗 四년(一四〇四) 七三세의 나이로 사망하였는데、이 묘지명은 이 때 지어졌다。조선 초기에 지어진 묘지명이지만 『고려사』에 실려 있는 것이고、또 『고려사』를 지으면서 묘지명을 주요한 자료로 이용하였다는 직접적인 증거가 된다는 점에서 이 묘지명을 특별히 싣는다。

三一七、徐恭 墓誌銘

所在 서울 國立中央博物館(No. 新一四九六〇)
年代 明宗 一年(辛卯、一一七一)

(1) 卒檢校大子太傅金紫光祿大夫中書侍郎同中書門下平章事贈謚貞□公徐氏神道碑

(2) 公諱恭利川郡人五代祖徐弼　大祖聖朝功臣三重大匡內史令四代祖熙大師內史(令)曾祖諱維傑
追封大□□□□□(左)(僕)

(3) 射祖諱靖中書侍郎平章事考諱鈞儒林郎檢校戶部尙書判將作監事致仕妣昌化郡大夫人李氏檢?校
禮部侍(郎)(給)(事)中(李)(唐)

(4) 鑑之女公卽判將作監事第三子稟性寬仁公正年十一以祖蔭登仕版三十二調爲景靈殿判官屬　仁
廟幸□□□□□□□

(5) 有中?者獨?扈　駕者莫能中之　上忤慮公被薦射中非侯左右嘆服　上乃厚賞歷官句覆院八關寶判官
神虎□□□□□□?

(6) 署令歲在庚申例受黃州牧判官兼勸農使閤門祗候淸白勤政以公餘粟代徭貢救衝路驛?人?馬或植栗
十一万餘□□□□□□

(7) 勞逸黃州人便之按察使以此馳　聞上嘉之命有司錄功登庸秩滿拜尙衣直長次拜閤門祗候通事舍
人試尙書□□員外郞

(8) 兼三司判?官賜緋魚袋被執柄者忌出爲羅州牧副使兼勸農使試尙書戶部郞中賜紫金魚袋三載政理
與黃州□□□期?爲□

(9) 閤門副使明?年復兼三司判官歷尙書戶刑部郞中司宰少卿知閤門事兼大子中舍人出督慶尙晉州道
按察使時盜□公?□□

(10) 姓慅擾　下詔捕之承　命奇計捕二十五人而後其害息焉都兵馬使褒奏　奬擢之授少府監尙書刑部侍

郎尋改吏□□□

(11) 兼三司副使踰年 授朝散大夫試禮賓卿自郎中少卿之卿凡帶知閤門事九度太子中舍人六度未久
拜判閤門事□□司使

(12) 試吏部尙書樞密院副使兼大子賓客改 授兵部尙書同知樞密院事加拜院知院使判三司事 上知有
公輔材□□授知(門)

(13) 下省事戶部尙書轉叅知政事加大中大夫尙書左僕射金紫光祿大夫大子大保遷中書侍郎同中書門
下平章事公儀表□□

(14) 氣槩不羣以疾預?上章懸車歷任以淸儉節用許國先是再出爲東西北面兵馬元帥所過方鎭咸服奉己
薄奉公厚或西都□□

(15) 叛公領奇兵備嘗險阻佐幕有功今歲在辛卯七月二十日遇疾卒于位春秋七十一 上聞之軫悼命尙
食致祭于公三日□□

(16) 視朝焉夫人?江陽裴氏明淑知禮左散騎常侍景誠之長女所欠無一兒可保家故幼養景誠長子刑部郎
中知閤門事晉?之□□

(17) 爲猶子猶子允?材職在內侍尙舍直長儂於猶子爲姊之夫及八月四日以 國制飾葬于德水縣吉地猶子
托予爲誌辭不獲□

(18) 心哀而濡翰書銘于墓曰 嗚呼公乎季過縱心不謂之夭位兼將相不謂之少然未康吾民未盡吾道在
公之心卽爲□□□

(19) 哉道在而俗薄時矣夫心□而業季命矣夫嗚呼公乎已矣夫 文林郎試尙書吏部員外郎知制誥賜緋

魚袋洪　倫敍□書

〔參考〕『高麗史』九四 徐熙傳 附 徐恭傳
金東宇、「徐恭神道碑 試考」(『美術資料』六七、二〇〇一)

三一八、朴僕射 墓誌銘

所在　日本 關西大學博物館（No. 三三九）
年代　毅宗 七年(金 天德 四年、一一五二)

(1) 朴僕射墓誌　幷序
(2) 　朝請大夫試礼部尙書知制誥賜紫金袋金　子儀　撰
(3) 族人掌牲丞朴氏純古來告于予曰吾父亡矣
(4) 請誌以本末傳之不朽予聞之不勝悵怏公乃
(5) 新羅時朝散大夫王公式七世之苗裔也公爲
(6) 人剛正忠亮孝於父母信於宗族姻黨亦不
(7) 營財産未嘗與俗人交年十五指京師於路
(8) 傍逢賊乃還俄而又欲離去本州父母族黨

(9) 固留之不聽折節讀書遂入于京輦之下投
(10) 屬文憲公徒誠明齋將求多能蚤夜以孜孜
(11) 二十中成均試乃與先生長者偕進偕退三十
(12) 赴天場擢進士第出佐撫州守節奉公其
(13) 政聲烈烈於中外兵馬使御史中丞李公
(14) 永等皆稱導雖古賢人其何以加焉乙卯西
(15) 京叛公以通糧從軍略無毫髮之差忽一日挑
(16) 戰軍將乱退而公獨領十餘人禦敵敵乃退
(17) 五軍皆稱之便爲元帥所奬挨丙辰拜右正
(18) 言知制誥乃上疏九事皆外家及宦官等作
(19) 弊之事也其言辭甚切識者皆以手加額而
(20) 望公曰復正三韓者必此公也尙或見貶于殿
(21) 省未幾轉西京留守判官借尙書礼部員
(22) 外郎是歲遷羅州牧副使借郎中賜紫金
(23) 魚己未拜侍御史又論外戚事貶尙書刑部
(24) 員外郎辛酉爲忠淸道按察使抑奸雄絶
(25) 貨賂澄汰百端掃盡盜賊一方安之以此加
(26) 檢校礼部尙書癸亥復爲春路察訪使以謂

(27) 豺狼當路安問狐狸乃慨然攬轡通昔不
(28) 寐權門使者冈弗斂衽失色奔走于四方
(29) 況州縣之猾吏乎及復　命召對便殿垂紳
(30) 正笏不動聲氣而稱　旨可謂社稷之臣
(31) 矣丁卯爲西京監軍坐使軍民莫敢仰視
(32) 於是號令皆肅正焉戊辰加給事中充史

(裏面)

(33) 舘修撰又極言外戚宦官山僧批職事待
(34) 不測之灾賴　主上聖明不加罪焉比歲
(35) 有一僧妄授大禪師朝廷皆以爲不可
(36) 上召公催督朝謝公傑然特立曰臣在中
(37) 書時誓不奉詔　上曰樸直而無他公
(38) 往往言事如此以故貶兵部侍郎充史舘
(39) 修撰己巳爲東北面兵馬副使　陛辭日
(40) 親奉　聖旨款密歷歷行下改爲吏部
(41) 侍郎御書檢討官庚午加朝散大夫試
(42) 衛尉卿知都省事仲秋遘疾越翼歲乙
(43) 骸改爲大僕卿知工部事致仕十月庚午

(44) 卒于私第享年六十七公密城人也王父
(45) 諱壽王祖諱執忠曾王祖諱膺傑外王
(46) 祖諱正民皆戶長也王母密城郡君朴氏
(47) 夢紫氣衝天乃孕妊生公公卒時先是老婢又夢
(48) 月落于庭中始終皆有祥瑞嗚呼可謂神仙中
(49) 人塵埃表物爾娶全義縣大君乃工部員外郎
(50) 兪公元胥女女善事夫以及親戚乃均生三男二
(51) 女一純古娶中書平章事高公兆基女生二男三
(52) 女皆幼爲二衛尉注簿同正純正娶試礼部尙書
(53) 知制誥金公子儀女三良醞丞同正純守娶起居
(54) 注知制誥李公元膺女生一女甚少長適滎陵
(55) 直孫君景章生一男一女二適殿中內給事同正
(56) 朴君仁進生一男二女天德四年八月癸亥朔二十八日庚
(57) 寅諸孤奉公之喪葬于湍州濕田谷北麓　銘曰
(58) 噫公之志爲人所不可奪噫公之義爲世所可尤
(59) 惜天資不常特立獨行聲猷烈烈風彩堂
(60) 堂中外從事正而不撓凡百吏民至於夷狄膽
(61) 落股慄從而化之發爲文章輝光古今

(62) 仁宗之聖明　今上之智勇方將大用　睿意
(63) 宏深何其不壽掩于黃泉公之去兮天蒼蒼
(64) 公之來兮風蕭蕭一點靈臺丹青莫狀

〔參考〕 西尾尙也、「關西大學博物館所藏の高麗墓誌銘-朴僕射墓誌銘について」、『關西大學博物館紀要』七、二〇〇一)

三一九、金振鐸 墓誌銘

所在　日本 關西大學 博物館 (No. 三四一)
年代　明宗 一八年(戊申、一一八八)

(1) 君姓金氏諱振鐸□□
(2) 縣人也父諱寬夫曾任試
(3) 閤門祗候祖諱惟訪曾任
(4) 尙書都事曾祖諱希奭曾
(5) 任員外郞母姓龍氏外祖諱
(6) □兪曾任工部侍郞奉□品
(7) 鎭□丙戌年春場擢□

(裏面)

(8) 第官至順天館泊禮賓
(9) 丞同正年五十有一歲大
(10) 定中戊申三月十四日
(11) 卒葬于龍興寺西北
(12) 麓其銘曰是惟振鐸之
(13) 室既固既堅以利其後□

〔參考〕 西尾尚也(長森美信 譯)、「일본 간사이(關西)대학 박물관 소장 고려 묘지」(『역사와 현실』四四、二〇〇二)

三二〇、蔡祥正 墓誌銘

所在 日本 關西大學博物館
年代 明宗 二二年(金 明昌 三年、一一九二)

(1) 朝散大夫禮賓卿太子中允蔡公諱
(2) 祥正濟陽人也明昌二年辛亥三月十六
(3) 日以疾卒于私第享年□十五歲是

(4) 年四月八日火葬京北山朴穴寺北麓明
(5) 昌三年壬子十一月十六日乙酉骨葬
(6) 于黃奉山西北麓

〔參考〕 西尾尙也(長森美信 譯)、「일본 간사이(關西)대학 박물관 소장 고려 묘지」(『역사와 현실』四四、二〇〇二)

三二一、□純誠 墓誌銘

所在 日本 關西大學博物館(No. 三四〇)
年代 明宗二七年(一一九七)

(1) □諱純誠黃州□□人父□臣福源宮直□
(2) 高□丞同政祖作侯閤門祗候同政曾祖攸元□
(3) 麗□□散員同政母□氏檢校少府監□碩之女也
(4) □□□司空□□□立功於 大祖統合初君以其
(5) 奉蔭□右吏□□者中樞院別駕考績爲軍器注簿
(6) 恩 同政□授□□□縣監務君正直而方直所謂淑人
(7) 寺 君子□□父□□□醫術每施鍼下藥輒應手而愈

(8) 眞 □門□如歸無問親疎及於□人不受一介之報斯
(9) 殿 仁者之□也大定中執政疾病邀君徑之□效相府
(10) 直 聞之表授順陵直有年遷奉恩寺眞殿直久不
(11) 檢 得調年番掛冠解職家居晏如也享年七十八歲
(12) □ 明昌七年□辰十二月十八日以疾終于家承安二年丁
(13) □ 巳正月初□日茶毗于五龍山之南麓十一日□□三
(14) □ 月初六日葬于若頭山之南麓禮也妻金氏考功
(15) □ □□知 制誥金世麟之女生一子□孝今爲東
(16) □ □□□尙食直長同政能盡其孝道可謂有子
(17) □ (判讀不能)
(18) □ □□□方　惟德可迎　世襲靑囊
(19) □ □□仁術　設使爵國　國其紀兮
(20) □ □不副德　可謂愴悽
(21) 大金承安二年丁巳三月　日　謹誌

〔參考〕 西尾尙也(長森美信 譯)、「일본 간사이(關西)대학 박물관 소장 고려 묘지」(『역사와 현실』 四四、二〇〇二)

三三二、 金瑞□ 墓誌銘

所在　日本 關西大學博物館（No. 三四三）
年代　神宗三年（金 承安 五年、一二〇〇）

(1) □金□瑞□字寵鱗□□□戶長□阜母□氏公少好讀
(2) □樂爲□曲吏負及入于京師門下相公金永□見尙器
(3) □□爲同字人□□□一區朝暮跼煦由是公之文□宏
(4) □□□□年間爲□□□應賢良科出爲安南都護府□
(5) 兼管書記會國家□兵□厚□身率軍□平之有功秋□
(6) 權補都兵馬錄事明年卽眞時而西都賊臣□兪非□以致
(7) 斧鑕之誅　上□□民失所發鴻雁之使欲安集之公以□
(8) □推薦補行及平□□□兼濟西入得望歷官□□州防禦
(9) 使二年政淸人和明昌二年遷尙食奉御□利安身都□□
(10) 府政理□防禦時而人之愛畏如焉溟本□□遵公應□
(11) 赴解于□府者數矣故府之人或有指曰相知以爲榮者
(12) □□至殿中□御史大凡自溟應□仕宦者必顯達以
(13) □□相以是公之邑人咸以公輔望公不□於承安五

⑭ □□申八月癸卯疾□以秘書丞終春秋□□□□
⑮ □□□者監李應通女生子女二人長男早卒男一□□
⑯ □□葬于京城西黃鳳山之南麓噫公平生爲人在
⑰ □□喜營産業出私入公出公入私不容足於權門
⑱ □□唯以讀書著□爲事及殯家無一金云
⑲ 銘曰
⑳ □□□□ 文方有聲 奚□□
㉑ 不□□□ □之尤 不久□
㉒ 如此石 淚眦盈

〔參考〕 西尾尚也(長森美信 譯)、「일본 간사이(關西)대학 박물관 소장 고려 묘지」(『역사와 현실』四四、二〇〇二)

三一三、崔溱 妻 林氏 墓誌銘

所在 日本 國學院大學 考古學資料館(No. 六二六八)
年代 毅宗 一〇年(一一五六)

⑴ 沃溝郡大夫人林氏墓銘幷序

(2) 沃溝郡 大夫人林氏始則溫然
(3) 且惠及笄養貞專之德志在女功
(4) 當其盛時以禮歸于清河公溱宜于
(5) 室家閨門雍睦以事皇舅盡其婦道
(6) 孝順稱於宗黨恩愛及於僕隷率循
(7) 法度輔佐君子使清河公累至守大
(8) 傅門下侍郎平章事判尚書兵部事
(9) 上柱國而勢不危溢故上加授門下
(10) 侍中卒贈忠懿公此無他夫人愼其
(11) 德之所致也曾大王父宗翰守尚書禮
(12) 部侍郎大王父槩守大尉門下侍郎
(13) 平章事判尚書刑部事卒贈元敬公
(14) 王父有文守大尉門下侍郎平章事判
(15) 尚書兵部事卒贈良憲公妣永嘉郡
(16) 夫人金氏向者長男方其夫人無恙
(17) 時秩就三品上封 大夫人嘉號一
(18) 何榮哉夫人享年七十甲戌年九月
(19) 十日以疾卒越今丙子八月二十七

(20) 日上吉卜塋域於松林北原奉安其
(21) 骨銘曰貞專養德君子所逑旣適其
(22) 家宜爲匹儔閨門雍睦子孫詵詵能
(23) 事皇舅宗黨稱仁執其婦道以事君
(24) 子不危不溢魁三台位宜幷衆美謂
(25) 永在堂夫何昊天忽降暴殀未及中
(26) 壽遊於北邙日月有時卜其吉方
(27) 奉移靈骨永秘其藏億萬斯年惟
(28) 　休無疆

〔參考〕 鈴木靖民·趙明濟、「國學院大學 考古學資料館 所藏 德富蘇峰コレクションの高麗墓誌銘」、『國學院大學考古學資料館紀要』二〇、二〇〇四。
趙明濟、「日本 國學院大學 考古學資料館 소장 高麗墓誌銘」、『한국중세사연구』一六、한국중세사학회、二〇〇四。

三一四、趙某 妻 皇甫氏 墓誌銘

所在 日本 國學院大學 考古學資料館(No. k六二一七〇)
年代 毅宗 一五年(一一六一)

(1) 高麗國齊安郡夫人皇甫氏墓誌
(2) 檢校尙書右僕射戶部侍郎趙公妻齊安郡夫
(3) 人皇甫氏越丙子年遘瘻瘤疾歷數年醫療無
(4) 效至大金國正豊六年辛巳三月二十日歿於
(5) 私第殯于法興寺四月十九日依佛氏火葬于
(6) 歸法寺西山之麓越十月二十二日收骸骨葬
(7) 于弘華寺之東南之麓夫人黃州人十一代祖省
(8) 干諱能知六代祖三韓功臣大匡諱玉山父諱許
(9) 以貢擧推第一人及第官至殿中侍御史夫人
(10) 生而柔惠孝順父母善理絲枲十七笄德充於
(11) 容行踐於言十九配于趙公奉姑以孝謹聞家
(12) 公嚴重敬事無違志如有小失低顔諷諫多所
(13) 裨益及家公□承仁谷忠三州外寄奉公忠節內
(14) 補居多生五男五女而三子俱以文學連年取
(15) 科第歷館翰文地之選布列於朝廷人一子出
(16) 家投華嚴業中大選得住名藍先是　本朝三
(17) 子登第者其母未有祿廩之賜及兄弟三人擢
(18) 第之日　上乃褒嘉特下命有司凡三子登科

⒆ 者每年以廩粟三十碩給其母以旌劬勞之效
⒇ 自此家始時人莫不歆豔三女俱適于衣冠之
(21) 族皆遵家戒以能名于夫族一男二女並早世
(22) 初夫人家貧時勸諸子遊學資糧不足至典衣
(23) 供給諸子賓客來集自內窺之若文學之士喜
(24) 殷於色設酒饌以待之每訓諸子忠國孝家立
(25) 功名爲意以是不數年三子繼踵取科第其教
(26) 義之方主饋之能鄉黨鮮有比之者及祿豊雖
(27) 疎屬丐貸者無不周贍故親親之化形於九族
(28) 嗚呼夫人以女美婦德母儀之具美配趙公之
(29) 顯秩宜延上壽以觀諸郎之富貴奈何纔及中
(30) 壽奄終大數所恨不及見三子縱壑昴霄云銘曰
(31) 夫人之德 柔惠生資 配我德門 家室其宜
(32) 奉姑甚謹 惠下以慈 三與家公 出守州麾
(33) 內補尤多 秋毫無私 克生衆子 稱其家兒
(34) 及長遊學 訓以禮儀 孟母陶母 何以加玆
(35) 卓矣三子 穎脫不羈 踵登科第 若摘頷髭
(36) 帝念劬勞 廩粟是縻 門戶克壯 時人榮之

(37) 嗚呼夫人 宜享壽祺 以觀諸郎 縱壑之姿
(38) 奈何不永 山舟密移 佳城一閉 煙慘雲悲
(39) 勒石頌美 永示千斯
(40) 時正豊六年辛巳十月二十二日 □□誌

〔參考〕 鈴木靖民·趙明濟、「國學院大學 考古學資料館 所藏 德富蘇峰コレクションの高麗墓誌銘」、『國學院大學 考古學資料館紀要』二〇、二〇〇四。
趙明濟、「日本 國學院大學 考古學資料館 소장 高麗墓誌銘」、『한국중세사연구』一六、한국중세사학회、二〇〇四。

三二五、廉守藏 墓誌銘

所在 日本 國學院大學 考古學資料館(No. k 六二七一)
年代 元宗 六年(一二六五)

(1) 朝請大夫禮賓卿致仕廉公墓誌銘
(2) 夫驥馳百里而人以不走爲嘆者意在千里也鵬□
(3) 半空而世時不飛□名□□□□也人亦有之□
(4) 官清要出入臺閣大嗚一時而物議以不得時爲稱

(5) 者何哉盖望繫蒼生位宜黃閣而非此則謂之不遇
(6) 可也予得一於今之世非朝請大夫禮賓卿致仕廉
(7) 公不知其他守藏公之諱也峯城縣公之桑梓也兵
(8) 部員外郎金黃伯外王父也大僕少卿德方曾大考
(9) 也政堂文學信若大考也工部侍郎克髦皇考也首
(10) 登金牓公所起也靜州判官國學學正直翰林院內
(11) 園典廐二丞內園大倉二令中書注書監察御史尙
(12) 衣奉御羅州牧倅平州副使再入尙衣右司諫知制
(13) 誥賜銀魚考功員外郎侍御史賜金魚全羅州道按
(14) 察副使起居舍人知制誥以禮賓卿解位檢校尙書
(15) 右僕射此公之內外所閱始卒也國子祭酒沈文濬
(16) 之女公之配也有賢行生二女長適試大府少卿寶
(17) 文閣待制知制誥元次適海陽府錄事崔此公之後
(18) 也乙丑十月二十一丙戌公之薨也十一月十五日

(裏面)

(19) □□臨江縣北山之南杏樹麓公之佳城也初以直
(20) □□權臣擅柄而被讒見流于在錦城按廉非其人
(21) 不甚禮待乃爲所中罷以非其罪又在臺中以剛整

(22) 不屈迂執政意而致散然有重名於世僨輒勇起在
(23) 五品而超陞三品者靡必不由此也於乎文章氣膽卓
(24) 犖軒豁事有非理不問忌避卽明目面折之吐出心
(25) 肝迺已故凡所踐歷無敢乎視吏畏民愛及乎晩節放
(26) 弃万緣頓斷酒肉專精內典而臨絶從容此公之天賦
(27) 有大過人也或有以公之無子爲一欠者是大不然
(28) 待制公望傾朝野而吊客輪蹄闐咽街巷至有不重
(29) 生男之語其藏喪庀事何其盛矣哉予於銘事承之
(30) 與榮焉囑之重而受而輕眇事之鉅而颺之淺陋但執
(31) 筆而泣敍者右補闕典誥南陽彬然也銘曰
(32) 千駟之馬 不及首陽之下 公之志節聲望
(33) 直壓鼎軸之上 誰謂天之嚮公大嗇 水盤山
(34) 擁兮公之眞宅 子孫千億

〔參考〕 鈴木靖民・趙明濟、「國學院大學 考古學資料館 所藏 德富蘇峰コレクションの高麗墓誌銘」、『國學院大學考古學資料館紀要』二〇、二〇〇四。
趙明濟、「日本 國學院大學 考古學資料館 소장 高麗墓誌銘」、『한국중세사연구』一六、한국중세사학회、二〇〇四。

編著者 略歷

김용선(金龍善)

1951년 생
서강대학교 사학과 졸업
서강대학교 대학원 졸업(문학박사)
경남대학교 • 전북대학교 사학과를 거쳐 현재 한림대학교 사학과 교수

저 서 : 『고려음서제도연구』(1991, 일조각)
『고려금석문연구』(2004, 일조각)
역 주 : 『역주 고려묘지명집성(상 • 하)』(2001 초판, 2006 개정판, 한림대학교)
색 인 : 『고려묘지명집성 색인(원문 • 역주)』(2001 초판, 2006 개정판, 한림대학교)
그 밖에 고려시대에 관한 논문이 여러 편 있음.

판 권
소 유

高麗墓誌銘集成

1993年	4月	20日	初版 發行
1997年	9月	30日	改訂版 發行
2001年	12月	31日	第三版 發行
2006年	5月	23日	第四版 發行
2012年	1月	5日	第五版 發行

編著者 金 龍 善
發行處 翰林大學校 出版部
200-702 江原道 春川市 한림대학길 1
(登錄 第48號 : 1983. 3. 10)
TEL : (033) 248-2875
FAX : (033) 248-2879

디자인 • 印刷 상현디앤피
TEL : (031) 955-1872~3 FAX : (031) 955-1874

저작권이 등록되어 있는 저작물이므로 무단전재와 복제를 금합니다.
(저작권등록 제C-2006-002099호)

ISBN 978-89-6402-017-3 93900 (값 58,000원)